Thomas Schildbach, Patricia Feldhoff
Der Konzernabschluss nach HGB und IFRS

Thomas Schildbach, Patricia Feldhoff

Der Konzernabschluss nach HGB und IFRS

8., vollständig überarbeitete Auflage

DE GRUYTER
OLDENBOURG

ISBN 978-3-11-053539-6
e-ISBN (PDF) 978-3-11-053572-3
e-ISBN (EPUB) 978-3-11-053611-9

Library of Congress Control Number: 2018934534

Bibliografische Information der Deutschen Nationalbibliothek
Die Deutsche Nationalbibliothek verzeichnet diese Publikation in der Deutschen
Nationalbibliografie; detaillierte bibliografische Daten sind im Internet über
http://dnb.dnb.de abrufbar.

Umschlaggestaltung: Flyfloor/iStock/Getty Images Plus
Satz: le-tex publishing services GmbH, Leipzig
Druck und Bindung: CPI books GmbH, Leck

www.degruyter.com

Vorwort zur 8. Auflage

Seit der letzten Auflage haben das Bilanzrechtsmodernisierungsgesetz (BilMoG), das Bilanzrichtlinie-Umsetzungsgesetz (BilRUG) sowie eine Reihe von Deutschen Rechnungslegungsstandards und zuletzt erst das CSR-Richtlinie-Umsetzungsgesetz die Regelungen zum Konzernabschluss nach GoB und HGB umfassend verändert. Gleichzeitig sind mit den überarbeiteten Standards IFRS 3, IAS 27 und IAS 28 sowie den neu geschaffenen Standards IFRS 10, IFRS 11 und IFRS 12 zentrale internationale Regelungen zur Konzernrechnungslegung mit zum Teil deutlich verändertem Inhalt für kapitalmarktorientierte Muttergesellschaften verpflichtend geworden. Beiden Entwicklungen trägt die 8. Auflage umfassend Rechnung. In der Praxis hat sich zeitgleich die Nutzung der US-GAAP bei Konzernen mit Sitz in der EU aufgrund der seit 2007 endgültig unabdingbaren Verpflichtung zur Konzernrechnungslegung nach IFRS für kapitalmarktorientierte Konzerne deutlich reduziert. Folgerichtig konzentriert sich die Neuauflage auf die Konzernrechnungslegungsvorschriften nach HGB und IFRS.

Um die Neuauflage zu ermöglichen und sie weiterhin aktiv in die Hochschullehre einbinden zu können, haben wir uns entschieden, dass die Aktualisierung ab dieser Auflage schwerpunktmäßig in den Händen von Frau Prof. Dr. Feldhoff liegt. Danken wollen wir deshalb insbesondere auch den bisherigen Mitautoren Dr. Michael Feldhoff, Dr. Jens-Peter Kählert, Dr. Stefan Koenen und Bernd Lutter für ihr vorbehaltloses Vertrauen in die Überarbeitung. Zu danken haben wir auch dem De Gruyter Verlag, der die Neuauflage in neuer Gestaltung ermöglicht hat.

Passau und Aschaffenburg, im Oktober 2017   Thomas Schildbach
                                                            Patricia Feldhoff

https://doi.org/10.1515/9783110535723-201

Vorwort zur 1. Auflage

Durch das Bilanzrichtlinien-Gesetz vom 19.12.1985 wurden die Vorschriften zur Konzernrechnungslegung in zweifacher Hinsicht entscheidend verändert.

Die Pflicht zur Konzernrechnungslegung geht seit dem 1.1.1990 über den bisherigen engen Kreis solcher Aktiengesellschaften hinaus, die an der Spitze von Konzernen stehen. Einbezogen werden bereits entsprechende Gesellschaften mit beschränkter Haftung, und eine Erweiterung auch auf offene Handelsgesellschaften sowie Kommanditgesellschaften ohne voll haftende natürliche Person ist seit der Verabschiedung der GmbH & Co-Richtlinie nur noch eine Frage der Zeit. Da außerdem Pflichten zur Aufstellung von Teilkonzernabschlüssen eingeführt wurden, steigt die praktische Bedeutung der Konzernrechnungslegung gewaltig. Sie muss dementsprechend von einem exklusiven Randgebiet des Rechnungswesens zum Standardgegenstand der Ausbildung verwandelt werden.

Zur Ausweitung des Kreises der konzernrechnungslegungspflichtigen Unternehmen kam eine Hinwendung zu aufwendigen Verfahren der Konzernrechnungslegung. Konzerneinheitliche Bewertung im Rahmen einer Handelsbilanz II und Währungsumrechnung aufgrund des Weltabschlussprinzips wurden ebenso zur Norm wie die erfolgswirksame Erstkonsolidierung, die Quotenkonsolidierung, die Equity-Methode, die Zwischenergebniseliminierung unabhängig vom Vorzeichen und die Abgrenzung durch latente Steuern.

Das vorliegende Lehrbuch ist als Reaktion auf diese Entwicklungen konzipiert worden. Es soll den Leser durch die problembezogene Gliederung in die Lage versetzen, sich die Grundsätze, Methoden und Zweifelsfragen der Konzernrechnungslegung selbständig zu erarbeiten. Nur so können begleitende Lehrveranstaltungen von der Vermittlung des umfangreichen Stoffes entlastet und auf Übung sowie Festigung desselben konzentriert werden.

Rechnungslegungsmethoden sollten besonders dann theoretisch gerechtfertigt werden, wenn sie einer großen Zahl von Wirtschaftssubjekten vorgeschrieben werden und zugleich schwierig sind. Am Anfang stehen daher Ansätze zur Rechtfertigung der Konzernrechnungslegung. Sie offenbaren allerdings Spannungen zwischen den Vorschriften, wie sie sind und wie sie sein sollten. Insoweit will das Buch über eine kritische Auseinandersetzung mit den neuen Vorschriften zu einem besseren Verständnis der gesamten Materie beitragen.

Das Buch ist in Gemeinschaftsarbeit entstanden. In diesem Zusammenhang habe ich meinen Mitarbeitern für die fruchtbare Zusammenarbeit ebenso zu danken wie dem Oldenbourg Verlag, der den aufwendigen Verfasserausweis ermöglichte. Dank schulde ich zudem besonders auch den beiden Sekretärinnen des Lehrstuhls, Frau Gudrun Reicheneder und Frau Ingrid Grübl, für die Hilfe bei der Erstellung von Reinschriften und Druckvorlagen. Zusammen mit den studentischen Mitarbeitern Ruth

https://doi.org/10.1515/9783110535723-202

Beer, Stefanie Maier, Thomas Heidemann, Hans-Georg Kamann und Hermann Krämer haben sie außerdem dankenswerterweise bei der Erstellung von Schaubildern und beim Korrekturlesen geholfen.

Passau, im Mai 1991

Thomas Schildbach

Inhalt

Abbildungsverzeichnis

https://doi.org/10.1515/9783110535723-203

Abkürzungsverzeichnis

aA	anderer Ansicht
Abs.	Absatz, Absätze
Abschr.	Abschreibungen
Abt.	Abteilung
ADS	Adler/Düring/Schmaltz
AG	Aktiengesellschaft/Die Aktiengesellschaft (Zeitschrift)
AICPA	American Institute of Certified Public Accountants
AIN-APB	Accounting Interpretation of Accounting Principles Board Opinion
AK	Anschaffungskosten
AK_E	Anschaffungskosten von E
AktG	Aktiengesetz
AN	neubewertetes assoziiertes Unternehmen
Anh.	Anhang
Anm.	Anmerkung
ant.	anteilig, -e
a. o.	außerordentlich
APB	Accounting Principles Board (Opinion)
APO	Ausgleichsposten
ARB	Accounting Research Bulletin
Art.	Artikel
ASC	Accounting Standards Committee
Aufl.	Auflage
Aufw.	Aufwand bzw. Aufwendungen
AV	Anlagevermögen
BB	Betriebs-Berater (Zeitschrift)
BBergG	Bundesberggesetz
BC	Basis of Conclusion
Bd.	Band
bearb.	bearbeitet
BFuP	Betriebswirtschaftliche Forschung und Praxis (Zeitschrift)
BGBl.	Bundesgesetzblatt
BHR	Bonner Handbuch Rechnungslegung
Bil-Komm.	Bilanz-Kommentar
BilMoG	Bilanzrechtsmodernisierungsgesetz
BilRUG	Bilanzrichtlinie-Umsetzungsgesetz
BT	Bundestag
bzgl.	bezüglich
bzw.	beziehungsweise
CSR	Corporate Social Responsibility
D	Deutschland
DB	Der Betrieb (Zeitschrift)
DBW	Die Betriebswirtschaft (Zeitschrift)
d. h.	das heißt
DK	Durchschnittskurs

https://doi.org/10.1515/9783110535723-204

DP	Diskussion Paper
DRS	Deutscher Rechnungslegungs Standard
DStR	Deutsches Steuerrecht (Zeitschrift)
d. V.	die Verfasser
DVFA/SG	Deutsche Vereinigung für Finanzanalyse/Schmalenbach-Gesellschaft
E	Enkelunternehmen/Konzernempfänger
ED	Exposure Draft
EGHGB	Einführungsgesetz zum Handelsgesetzbuch
EITF	Emerging Issues Task Force
EK	Eigenkapital
EN	neubewertetes Enkelunternehmen
Ertr.	Ertrag
EStG	Einkommensteuergesetz
etc.	et cetera
EU	Europäische Union
e. V.	eingetragener Verein
EW	Einzelbilanzwert
f.	folgende
FASB	Financial Accounting Standards Board
ff.	fortfolgende
FIFO	First in First out
FIN	FASB Interpretation
FK	Fremdkapital
Fn.	Fußnote
FS	Festschrift
FWE	Fremdwährungseinheiten
G	Gemeinschaftsunternehmen
GAAP	Generally Accepted Accounting Principles
GB	Großbritannien
gem.	gemäß
ggf.	gegebenenfalls
GK	Gezeichnetes Kapital
GmbH	Gesellschaft mit beschränkter Haftung
GmbHG	Gesetz betreffend die Gesellschaften mit beschränkter Haftung
GmbHRdsch.	GmbH-Rundschau (Zeitschrift)
GoB	Grundsätze ordnungsmäßiger Buchführung
GQ	quotale Bilanz des Gemeinschaftsunternehmens
Grds.	Grundsatz
GuV	Gewinn- und Verlustrechnung
H	Haben
HB	Handelsbilanz
HdJ	Handbuch des Jahresabschlusses
HdR	Handbuch der Rechnungslegung
HFA	Hauptfachausschuss
HGB	Handelsgesetzbuch

HIFO	Highest in First out
HK	Historischer Kurs
HK$_L$	Herstellungskosten von L
hM	herrschende Meinung
Hrsg.	Herausgeber
hrsg.	herausgegeben
HWRev	Handwörterbuch der Revision
IAS	International Accounting Standard
IASC	International Accounting Standards Committee
IASB	International Accounting Standards Board
i. d. R.	in der Regel
IDW	Institut der Wirtschaftsprüfer e. V.
i. e. S.	im engeren Sinne
i. f.	im Folgenden
IFRIC	International Financial Reporting Interpretations Committee
IFRS	International Financial Reporting Standards (als Regelwerk umfassen sie auch IAS, IFRIC u. SIC)
imm.	immateriell
IOSCO	International Organization of Securities Commission
IRZ	Zeitschrift für Internationale Rechnungslegung
iSv.	im Sinne von
iVm.	in Verbindung mit
i. w. S.	im weiteren Sinne
Jg.	Jahrgang
JLE	Journal of Law and Economics (Zeitschrift)
JÜ	Jahresüberschuss
Kap.Ges.	Kapitalgesellschaft
Kfz	Kraftfahrzeug
KG	Kommanditgesellschaft
KGaA	Kommanditgesellschaft auf Aktien
KHK	Konzernherstellungskosten
KIFO	Konzern in First out
KILO	Konzern in Last out
Komm.	Kommentar
KonBefV	Konzernabschlussbefreiungsverordnung
KoR	Internationale und kapitalmarktorientierte Rechnungslegung (Zeitschrift)
KSt.	Körperschaftsteuer
KStG	Körperschaftssteuergesetz
KV	vorläufiger Konzernabschluss
KW	Konzernbilanzwert
KWG	Gesetz über das Kreditwesen (Kreditwesengesetz)
L	Konzernlieferant
lat.	latent, -e
LIFO	Last in First out
Lit.	Literatur

M	Muttergesellschaft
M_0	Bilanz der Muttergesellschaft vor Kapitalerhöhung
M_1	Bilanz der Muttergesellschaft nach Kapitalerhöhung
M-Eigner	Eigner der Muttergesellschaft („Mehrheitseigner")
M-Gläubiger	Gläubiger der Muttergesellschaft
Mio.	Millionen
mögl.	möglich, -e
MU	Mutterunternehmen
m. w. N.	mit weiteren Nachweisen
NA	(Sonderausschuss) Neues Aktienrecht
NCI	non-controlling interest
N. F.	Neue Folge
No.	Number
Nr.	Nummer
NZG	Neue Zeitschrift für Gesellschaftsrecht
o. g.	oben genannt, -e
OHG	Offene Handelsgesellschaft
Para.	Paragraph
Pos.	Position
PublG	Gesetz über die Rechnungslegung von bestimmten Unternehmen und Konzernen (Publizitätsgesetz)
QJE	Quarterly Journal of Economics (Zeitschrift)
RAP	Rechnungsabgrenzungsposten
RL	Rücklagen
Rn	Randnummer
Rz	Randziffer
s.	siehe
S	Soll
S.	Seite, -n, Satz, Sätze
s. a.	siehe auch
SABI	Sonderausschuss Bilanzrichtlinien-Gesetz
SEC	Securities and Exchange Commission
SFAC	Statement of Financial Accounting Concepts
SFAS	Statement of Financial Accounting Standards
SIC	Standing Interpretations Committee (der IAS)
sog.	so genannter, -e
sonst.	sonstiger, -e
Sp.	Spalte, -n
SPE	Special Purpose Entity
SSAP	Statement of Standard Accounting Practice
STB	Steuerbilanz
str.	strittig
StuB	Steuern und Bilanzen (Zeitschrift)
StuW	Steuer und Wirtschaft (Zeitschrift)

T	Tochtergesellschaft
T-Eigner	Minderheitseigner der Tochtergesellschaft
T-Gläubiger	Gläubiger der Tochtergesellschaft
TK	Tageskurs
TKA	Teilkonzernabschluss
TN	neubewertetes Tochterunternehmen
TU	Tochterunternehmen
Tz.	Textziffer
u.	und
u. a.	und andere/unter anderem
ÜG	Übernahmegesetz
Umsatzkostenv.	Umsatzkostenverfahren
USA	United States of America
US-GAAP	Generally Accepted Accounting Principles
usw.	und so weiter
u. U.	unter Umständen
UV	Umlaufvermögen
Ver.	Vermögen
VG	Vermögensgegenstände
vgl.	vergleiche
VIE	Variable Interest Entity
Vol.	Volume
WiSt	Wirtschaftswissenschaftliches Studium (Zeitschrift)
WISU	Das Wirtschaftsstudium (Zeitschrift)
WP	Wirtschaftsprüfer
WPg	Die Wirtschaftsprüfung (Zeitschrift)
WPO	Wirtschaftsprüferordnung
WR	Wahlrecht
z. B.	zum Beispiel
ZE	Zwischenergebnis
ZfB	Zeitschrift für Betriebswirtschaft (Zeitschrift)
ZfbF	Zeitschrift für betriebswirtschaftliche Forschung (Zeitschrift)
ZG	Zwischengewinn
ZHR	Zeitschrift für das gesamte Handelsrecht und Wirtschaftsrecht (Zeitschrift)
ZV	Zwischenverlust
z. T.	zum Teil

A Der Konzern im Spannungsfeld zwischen Unternehmen und Markt

A.1 Überblick

Warum es Konzernabschlüsse gibt und wie sie gestaltet werden sollten, lässt sich letztlich nur sagen, wenn man weiß, was Konzerne sind und warum es sie gibt. Mit den beiden zuletzt genannten Problemen werden allerdings ökonomische Grundfragen aufgeworfen, die Leser in einem Buch über handelsrechtliche Konzernabschlüsse nach HGB und IFRS nicht unbedingt vermuten. Die in diesem Kapitel näher zu untersuchenden Grundfragen sollen daher zunächst überblicksartig beleuchtet werden, um das Verständnis der späteren Details zu erleichtern. Die weltweit zunehmend wichtiger werdenden Konzerne sind den jeweiligen Bedürfnissen angepasste Instrumente zur Bewältigung des grundlegenden Koordinationsproblems in der Wirtschaft. Diese Aussage wird erst verständlich, wenn erläutert wird

- worin das Koordinationsproblem in der Wirtschaft besteht,
- welche in Transaktionskosten zum Ausdruck kommenden Schwierigkeiten den Markt als klassisches Instrument daran hindern, das Koordinationsproblem zu lösen,
- inwieweit Unternehmen alternative Ansätze zur Lösung des Koordinationsproblems darstellen und warum Koordination in Unternehmen billiger sein kann als über den Markt,
- warum Markt und Unternehmen nur die Extreme in einer Welt vielfältigster Mischformen sind sowie
- welche Gründe Konzerne als spezifische Mischformen in die Lage versetzen, Transaktionskosten zu senken.

Die soeben kurz umrissene Argumentationskette wird im vorliegenden Kapitel ausführlich dargestellt. Das dadurch entworfene ökonomische Bild vom Konzern, das die Vielfalt an Konzernen wirtschaftlich wertvoll erscheinen lässt, dient als Basis für die späteren Untersuchungen zu Konzernrecht und Konzernrechnungslegung.

A.2 Koordination als Grundproblem in arbeitsteiligen Wirtschaften

Die Wirtschaft bemüht sich um die Lösung eines elementaren Problems. Menschen haben einerseits eine Fülle von Bedürfnissen, zu deren Befriedigung sie Güter oder Dienstleistungen benötigen, und andererseits höchst unterschiedliche Fähigkeiten und Begabungen, aber auch Bestände an Grundvermögen oder anderen Gütern, die

https://doi.org/10.1515/9783110535723-001

direkt oder indirekt nach einer Umformung zur Bedürfnisbefriedigung beitragen können. Verschiedene Argumente sprechen dafür, die Lösung nicht darin zu suchen,
dass jeder Mensch sämtliche von ihm benötigten Güter und Dienstleistungen selbst
erzeugt. Dieser Weg verspricht angesichts der Vielfalt an Bedürfnissen, der Fülle der
technisch immer aufwendiger werdenden Produkte und der immer diffiziler werdenden Dienstleistungen einerseits sowie der beschränkten Fähigkeiten der einzelnen
andererseits nur ein geringes Maß an Zielerreichung. Ein höheres Maß an Zielerreichung ist zu erwarten, wenn sich die Menschen spezialisieren können und innerhalb
einer arbeitsteiligen Wirtschaft eine Detailaufgabe im Rahmen eines Prozesses zur
Bereitstellung bestimmter Güter oder Dienstleistungen übernehmen.

Dieser Weg einer arbeitsteiligen Wirtschaft, in der die Menschen spezifische Beiträge bei der Erstellung von Gütern und Dienstleistungen anbieten, um im Austausch
für ihr Angebot Anrechte auf die von anderen Menschen bereitgestellten Güter und
Dienstleistungen zu erhalten, vervielfacht allerdings den Koordinationsbedarf. Ein
Mensch, der alle von ihm benötigten Güter selbst erzeugt, muss nur seine eigenen
Bedürfnisse und Produktionsmöglichkeiten nach Zeit und Umfang aufeinander ab-
stimmen („Robinson-Wirtschaft"). In der arbeitsteiligen Wirtschaft dagegen müssen
die Angebote aller Menschen an Beiträgen zur Erstellung von Gütern und Dienstleistungen abgestimmt werden mit den Wertordnungen aller dieser Menschen über die
Wünschbarkeit der verschiedenen Güter und Dienstleistungen, so dass letztlich jeder
sowohl möglichst viel zur Bedürfnisbefriedigung der Menschen beiträgt als auch –
nicht zuletzt wegen dieses hohen Beitrags – selbst eine möglichst vorteilhafte Kombination von Gütern und Dienstleistungen erreicht.

Dem Ideal der Marktwirtschaft entspricht die Lösung dieses umfassenden Koordinationsproblems über den Markt. Aus den individuell geplanten Angeboten an Beiträgen zur Erstellung von Gütern und Dienstleistungen einerseits und der Nachfrage
andererseits ergeben sich Wertrelationen zwischen den Beiträgen, Gütern und Dienstleistungen, die sich in einer Geldwirtschaft in Preisen niederschlagen. Im Idealfall erwartet man letztlich Gleichgewichtspreise, die die angebotenen und nachgefragten
Mengen an Produktionsbeiträgen, Gütern und Dienstleistungen zum Ausgleich bringen.

A.3 Transaktionskosten als Hemmnisse der Koordination über den Markt

Die Koordination der individuellen Pläne und Wertschätzungen der Menschen über
den Markt gelingt nur im Ideal des vollkommenen Marktes kostenlos. Unter realisti-
schen Bedingungen wird die Koordination über den Markt durch verschiedene Hindernisse beeinträchtigt, die „Kosten" verursachen, weil es zusätzlicher Anstrengungen bedarf, um trotz der Hindernisse die Pläne über den Markt abzustimmen, oder

weil wegen der Hindernisse eine nur unvollkommene Koordination mit Nachteilen für die einzelnen Menschen im Vergleich zu der ohne solche Hindernisse erreichbaren Lösung gelingt. Diese in den vielfältigsten Formen entstehenden, meist nicht leicht quantifizierbaren und auch hinsichtlich aller ihrer Entstehungsursachen noch nicht voll zu übersehenden so genannten Transaktionskosten kommen zu den Kosten der Produktion hinzu. Nur auf der Grundlage der Summe aus Produktions- und Transaktionskosten kann entschieden werden, ob sich Arbeitsteilung lohnt und wie Produktion und Koordination organisiert werden sollten, um ein Höchstmaß an Bedürfnisbefriedigung zu erreichen.

Transaktionskosten erwachsen zunächst etwa aus der Notwendigkeit, Informationen über die Angebote am Markt hinsichtlich Preis und Qualität zu sammeln und zu verarbeiten. Sie resultieren aber beispielsweise auch aus Hemmnissen für Transaktionen, die durch Informationsunterschiede bei individuell rationalem Verhalten aller Beteiligten hervorgerufen werden.

Wenn zum Beispiel ein Gut in unterschiedlichen Qualitäten auf dem Markt angeboten werden kann, nur die Anbieter, nicht aber die Nachfrager, die individuellen Qualitäten der einzelnen angebotenen Exemplare des Guts jeweils genau kennen, alle rational handeln sowie die Informationsverteilung und das rationale Verhalten aller anderen Beteiligten richtig einschätzen, dann kommt es zu Transaktionshemmnissen, sofern die Nutzenschätzungen der Nachfrager für das betreffende Gut nicht sehr viel höher als diejenigen der Anbieter sind (vgl. Akerlof, QJE 1970, S. 488 ff.). Unter den beschriebenen Bedingungen können die Nachfrager als ihr Gebot zunächst einen Preis in Erwägung ziehen, der der mittleren Qualität aller verfügbaren Exemplare entspricht, weil sich bei diesem Preis die Vorteile aus dem Kauf der überdurchschnittlich guten und die Nachteile aus dem Kauf der unterdurchschnittlich guten Exemplare in etwa ausgleichen würden. Bei rationalem Verhalten der Anbieter und einer Nutzenschätzung, die nicht viel niedriger als die der Nachfrager ist, werden die Anbieter allerdings zu dem gebotenen Preis nur die Exemplare konkret anbieten, deren Wert nicht höher ist als dieser Preis, wodurch ein großer Teil der überdurchschnittlich guten Exemplare aus dem Angebot ausscheiden müsste. Ein Teil der Chance der Nachfrager auf gute Produkte entfällt somit. Weil die Nachfrager dieses rationale Verhalten der Anbieter absehen werden, können sie auch nur einen niedrigeren Preis bieten. Bei diesem niedrigeren Preis werden die Anbieter erneut die jeweils besten Stücke aus dem Angebot nehmen, und die Nachfrager werden das wiederum durch ein noch niedrigeres Preisgebot antizipieren, bis sich schließlich nach konsequenter Fortsetzung dieses Prozesses am Schluss ein minimaler Preis ohne Angebot ergibt. Obwohl die Transaktionen vorteilhaft wären, weil die Nachfrager das Gut höher schätzen als die Anbieter, kommt angesichts der Informationsunterschiede der wünschenswerte Austausch über den Markt nicht zustande. Die Wirtschaftssubjekte stehen schlechter da als bei reibungslos möglichem Handel, und der gesamte Nachteil aus der Verhinderung der Transaktionen kann als Beispiel für Transaktionskosten am Markt angesehen werden.

Beim Versuch, die Transaktionskosten entsprechend ihren verschiedenen Komplexen von Entstehungsursachen zu gliedern, um zumindest ihren wichtigsten Bestandteilen Rechnung tragen zu können, bietet sich folgender Katalog an (vgl. Picot, DBW 1982, S. 270):

– Anbahnungskosten umfassen Kosten der Suche nach möglichen Transaktionspartnern sowie der Beurteilung der von diesen gebotenen Konditionen.
– Vereinbarungskosten entstehen aus der Notwendigkeit, die genauen Konditionen der Transaktion mit dem Partner auszuhandeln, eindeutig zu formulieren und sich schließlich mit ihm auf dieser Basis zu einigen.
– Kontrollkosten decken die Kosten ab, die entstehen, um die Einhaltung der vereinbarten Termine, Qualitäten, Mengen, Preise und Nebenverpflichtungen wie z. B. Geheimhaltungspflichten sicherzustellen.
– Anpassungskosten entstehen bei längerfristigen Vereinbarungen aus der Unmöglichkeit, allen künftig möglichen Entwicklungen schon bei Vertragsschluss angemessen und justiziabel in bedingten Verträgen Rechnung zu tragen. Die unvermeidlichen Unzulänglichkeiten längerfristiger Verträge machen bei unerwarteten Entwicklungen der Bedingungen Anpassungen der Konditionen erforderlich, die zusätzlichen Verhandlungs- und Kontrollbedarf, aber auch Risiken unzulänglicher Anpassungen auslösen.

A.4 Das Unternehmen als Alternative zur Koordination über den Markt

Die in bestimmten Fällen nicht unbeträchtlichen Kosten der Koordination über den Markt legen die Suche nach anderen und billigeren Instrumenten der Koordination nahe. Eine solche Alternative kann das Unternehmen sein. Es ersetzt die Koordination von Angebot und Nachfrage nach den für die sachzielbezogene Produktion benötigten Arbeitsleistungen und Eigenkapitalbeträgen über den Markt durch langfristig angelegte, in Grenzen kündbare Verträge. Diese Verträge übertragen Anordnungsgewalt auf die Eigenkapitalgeber (Eigner) bzw. auf die von diesen ausgewählten Managern. Die Anordnungsgewalt ermöglicht es diesen dann, die mit den Arbeitnehmern in längerfristigen Verträgen nur grob vereinbarten Pflichten zur Arbeitsleistung in den vertraglichen und gesetzlichen Grenzen im Detail zu spezifizieren, so dass der Arbeitseinsatz der Mitarbeiter durch zentrale Planung und daraus abgeleitete Weisungen im Blick auf das unternehmerische Sachziel koordiniert werden kann. Im Kern wird also Koordination mit Hilfe des Marktes ersetzt durch Koordination auf der Grundlage von hierarchischer Planung und Anweisung von oben.

Verschiedene Gründe sprechen dafür, dass diese Koordination durch Hierarchie billiger sein kann als eine Koordination über den Markt.

Das Streben nach niedrigen Produktionskosten, aber auch der Wunsch der Kunden nach hochwertigen Produkten machen vielfach vor Beginn der Produktion umfangreiche Investitionen in langfristig nutzbare Anlagen erforderlich, die sich nur für die spezielle, ins Auge gefasste Produktion eignen. Zu den Investitionen in materielle Sachanlagen kommen in zunehmendem Umfang weitere Investitionen in die Entwicklung des zur Produktion benötigten Wissens und in die Ausbildung der an der Produktion beteiligten Mitarbeiter hinzu. Derartige Vorleistungen der Kapitalgeber sind allerdings praktisch nur im Rahmen langfristig angelegter vertraglicher Zusammenarbeit mit den Arbeitnehmern verantwortbar (vgl. Williamson, JLE 1979, S. 240 f.). Solange die Vorleistungen nicht erbracht sind, kommt das Projekt nur zustande, wenn die vertraglich vereinbarten Konditionen den Kapitalgebern die Investition vorteilhaft erscheinen lassen. Wenn der Vertrag aber nur eine kurze Frist gilt und dann erneut verhandelt werden muss, kann die Kapitalseite in diesen neuerlichen Verhandlungen nicht mehr ohne Verluste zurück in ihre anfängliche Position: Sie hat eine weitgehend irreversible Vorleistung erbracht. Um zumindest einen Teil des investierten Geldes zurückzugewinnen, können die Kapitalgeber gezwungen sein, Konditionen zuzustimmen, die zwar besser sind als eine sofortige Liquidierung der Investition, die sie aber trotzdem für die erbrachten Vorleistungen nicht voll entschädigen. Die Kapitalgeber werden diese Gefahr antizipieren und nur noch dann Vorleistungen erbringen, wenn sich diese innerhalb der Laufzeit des ersten kurzfristigen Vertrages amortisieren. Viele vorteilhafte Investitionen lassen sich auf der Grundlage rein kurzfristiger Verträge am Markt nicht realisieren; die Transaktionskosten sind zu hoch.

Natürlich liegt es nahe, nach anderen, billigeren Koordinationsformen zu suchen, welche die langfristig vorteilhaften Investitionen durchführbar machen. Das Unternehmen, das die Arbeitskräfte längerfristig vertraglich bindet und einem Weisungsrecht unterwirft, ihnen zugleich aber kontinuierliche Arbeitsmöglichkeit und Einkünfte verspricht, löst dieses Problem.

Die aufgrund der angestrebten längerfristigen Verbindung zwischen Kapital und Arbeit zu erwartenden Transaktionskosten in Form von Vereinbarungs-, Kontroll- und Anpassungskosten halten sich beim Unternehmen aufgrund verschiedener Ursachen in Grenzen. Zunächst kann bei der Vertragsgestaltung auf umfangreiche Erfahrungen aus der Vergangenheit zurückgegriffen werden, die sich zu einem großen Teil auch in gesetzlichen Rahmenvorgaben für mögliche vertragliche Gestaltungen niedergeschlagen haben. Vorbilder, die sich in den verschiedensten Wechselfällen des Lebens vielfach bewähren mussten, sind vielleicht am ehesten geeignet, Parteien Vertrauen einzuflößen, die vor einer unsicheren Zukunft stehen. Weiteres Zutrauen mag davon ausgehen, dass der Gesetzgeber die Rahmenvorgaben der Vertragsgestaltung im Gesellschafts- und Betriebsverfassungsrecht z. B. nicht nur gebilligt und damit aufgewertet hat, sondern diese auch allgemein vorgibt. Verbliebene versteckte Mängel bedrohen somit eine große Zahl von Vereinbarungen gleichermaßen, und das Risiko, bei ungünstigen Entwicklungen schlechter als die anderen dazustehen, wird vermindert.

Zusätzlich kann in Zweifelsfragen auf eine breite Basis an Kommentierungen und Urteilen zurückgegriffen werden.

Unternehmen begründen zwar nicht unauflösliche, aber dennoch langfristige, nur unter Schwierigkeiten auflösbare und daher besonders risikobehaftete vertragliche Bindungen zwischen Kapital und Arbeit. Sie ermöglichen solche Bindungen, ohne dass alle Elemente im Detail festgelegt werden müssen. Die grob vereinbarten Arbeitspflichten können mit abnehmender Unsicherheit von der Hierarchie spezifiziert werden. Die Anpassung des Arbeitsentgelts kann den Tarifvertragsparteien überlassen oder an deren Vorgaben zumindest orientiert werden.

Unternehmen überlagern mehr oder weniger stark die individuellen Interessen der Beteiligten durch Gemeinschaftsbindungen; die Individuen machen sich zumindest zum Teil die Interessen und Ziele der Gemeinschaft zu eigen. Ein derart eingeschränkter Egoismus der einzelnen mindert Risiken und Anpassungskosten, weil wenigstens in Grenzen die Bereitschaft besteht, bei unvorhergesehenen Schwierigkeiten Lösungen auch dann mitzutragen, wenn diese Einbußen an individueller Zielerreichung bescheren. Dass solche Gemeinschaftsbindungen schwerlich von alleine entstehen, sondern Grundlagen etwa in Form sozialer Absicherungen oder der Sorge um Entwicklungs- und Entfaltungsmöglichkeiten der Mitarbeiter voraussetzen, darf dabei nicht vergessen werden.

Was als Bindung von alleine zu wachsen vermag, kann auf der Grundlage des individuellen Erfolgsstrebens auch durch vertragliche Erfolgsbeteiligung (durch Kapital- bzw. Gewinnanteile oder durch Optionen zum Erwerb von Anteilen) ganz gezielt geschaffen werden. Solche Erfolgsbeteiligungen führen zu einer gewissen Interessenangleichung zwischen den Eigenkapitalgebern als den ursprünglichen Erfolgsempfängern und den zusätzlich am Erfolg beteiligten Managern oder Mitarbeitern beispielsweise. Dadurch lassen sich mögliche Spannungen aus langfristigen, unerwarteten Entwicklungen mildern. Außerdem wird das jetzt gemeinsame Erfolgsziel bei allen am Erfolg Beteiligten fest verankert und demzufolge bei sämtlichen Entscheidungen dieser Personen zumindest mitbeachtet.

Unternehmen reduzieren auch den Bedarf an Unternehmerqualifikation und Risikobereitschaft auf Seiten der Mitarbeiter. Bei einer Koordination über den Markt wäre jeder Mitarbeiter hinsichtlich seines Arbeitsangebots Unternehmer. Er müsste sich ständig selbst um die Anpassung seines Angebots an die Bedürfnisse des Markts bemühen, mögliche Vertragspartner suchen, Konditionen aushandeln, die Einhaltung dieser Konditionen überwachen und Risiken insbesondere aus vorübergehender Nichtbeschäftigung tragen.

A.5 Unternehmen mit Anweisungen und der Markt mit Preisen als bloße Extreme einer Fülle von Zwischenformen der Koordination

Die Koordination der Pläne etwa von gelegentlichen Nachfragern und Anbietern von „Altertümchen" allein über den Flohmarkt oder der Aktivitäten von Mitarbeitern in einem Unternehmen ausschließlich durch hierarchische unternehmerische Planung und durch Anweisungen von oben sind nur die beiden Extremfälle aus einer mehrdimensionalen Vielfalt von Koordinationsmöglichkeiten. Die oft beachtliche Höhe der Transaktionskosten zwingt zu Versuchen, diese Vielfalt der Möglichkeiten auf der Suche nach einer billigen Koordinationsform voll auszuschöpfen.

So muss Koordination im Unternehmen nicht auf hierarchischen Planungen und Anweisungen basieren. Sie kann sich vielmehr auch auf Abstimmungen von Wünschen, Informationen und Aufgabenverteilungen in geeigneten Gruppen stützen oder – bei einer dezentralen Organisation mit Kapital- und Erfolgsverantwortung der Sparten als den einzelnen Elementen – auf individuelles Erfolgsstreben der einzelnen Sparten und damit auf die Institutionalisierung marktähnlicher Verhältnisse innerhalb des Unternehmensgeschehens.

Auch auf dem Markt ist der nicht zumindest auf Erfahrungen mit dem Marktpartner gestützte, sondern ausschließlich auf einen möglichst umfassenden Vergleich der angebotenen Qualitäten und Preise beruhende Kauf nicht die einzige Möglichkeit. Zwischen den Marktparteien können sich vielmehr beispielsweise suchkostensparende Vertrauensverhältnisse entwickeln, die auf der Erfahrung wiederholter günstiger Geschäfte fußen, oder es kann sich herausstellen, dass die Verständigung mit einem Partner besonders leichtfällt, so dass Vereinbarungs- und Kontrollkosten eingespart werden. An die Stelle einer Folge von unabhängigen, allein auf jeweiligen Konditionenvergleich gestützten Käufen vermag schließlich ein langfristiger Vertrag über die wiederholte Lieferung von Produkten zu treten, der die beiden Parteien aneinanderbindet. Dabei können die Produkte gemeinsam erarbeitet und den sich ändernden Anforderungen des Marktes angepasst werden; die Vertragstreue beider Seiten lässt sich durch vorab vereinbarte Sanktionen absichern.

A.6 Konzerne als Koordinationsformen zwischen Markt und Unternehmen

Zusätzlich zu den beiden zuvor dargestellten Ansatzpunkten, um Koordinationsformen zwischen Unternehmen und Markt zu finden, gibt es noch einen dritten Ansatz, der den Konzern zwischen die beiden Extreme stellt.

Den Ausgangspunkt reiner Koordination über den Markt bildet dabei der Leistungsaustausch zwischen Unternehmen auf dem Markt, die nicht über Beteiligungen oder Unternehmensverträge miteinander verbunden sind. Ein erster Schritt hin zu hierarchischer Koordination wird getan, wenn eines der Unternehmen eine Beteiligung an dem anderen erwirbt, weil mit dieser Beteiligung Stimm- und Einflussrechte, aber auch Ansatzpunkte zum Interessengleichklang über den Anspruch auf einen Teil des Erfolges verbunden sind. Die Bedeutung der Hierarchie wächst, wenn die beiden Unternehmen durch einen Unternehmensvertrag oder mehrere verbunden werden, die vom Betriebspachtvertrag bzw. Betriebsüberlassungsvertrag über eine Gewinngemeinschaft, einen Teilgewinnabführungsvertrag und einen Gewinnabführungsvertrag bis zum Beherrschungsvertrag reichen. Die engste Bindung zwischen rechtlich noch eigenständigen Unternehmen und damit das Höchstmaß an hierarchischer Einflussmöglichkeit bei mehreren Unternehmen wird durch die Eingliederung erreicht. Die Verschmelzung schließlich hebt die rechtliche Eigenständigkeit der Unternehmen auf und bildet somit innerhalb der hier entwickelten Systematik das andere Extrem rein hierarchischer Koordination.

Zwei Kategorien von Vorteilen machen Konzerne als Zwischenformen der Koordination interessant, die Reduktion von Transaktionskosten und Unsicherheiten einerseits sowie die Erweiterung der Handlungsspielräume speziell der Manager andererseits, wobei die Vorteile der beiden Kategorien teilweise zusammenwirken und sich dementsprechend nicht immer streng trennen lassen.

Transaktionskosten- und Unsicherheitsreduktionen ergeben sich zunächst aus den auf Beteiligung oder sogar Beherrschungsvertrag gegründeten Mitentscheidungsrechten in Tochterunternehmen. Die zur Verhinderung ausbeutungsoffener Positionen wirtschaftlich vorteilhaften längerfristigen Vereinbarungen zwischen Unternehmen unterliegen dem Risiko, dass über solche Fristen die Umweltentwicklungen nicht vorhergesehen und daher im Vertrag auch nicht angemessen berücksichtigt werden können. Mitentscheidungsrechte der Mutter bei der Tochter verringern dieses Risiko und damit auch die Anpassungskosten, weil sie Schlichtungen im Sinne der Mutter wahrscheinlich machen. Derartige Reduktionen von Risiko und Anpassungskosten durch Mitentscheidungsrechte sind im Konzern nicht nur bei Beteiligungsquoten von 51 % oder zumindest der Mehrheit der auf der Hauptversammlung vertretenen Stimmen, sondern auch schon bei faktisch geringeren Beteiligungsquoten dann möglich, wenn die Beteiligung indirekt über mehrere Stufen von knappen, etwa 51 % umfassenden Mehrheitsbeteiligungen gehalten wird (Pyramideneffekt).

Der Konzern kann Suchkosten senken, indem er Bezugsquellen oder Abnehmer an den Konzern bindet – allerdings zu Lasten eines zusätzlichen Risikos. Die Bindung wird nämlich dann zur Belastung, wenn der Partner unattraktiv wird und zu vergleichsweise ungünstigen Konditionen oder zu verlustbringender Beteiligungsveräußerung zwingt. Verglichen mit dem bloßen Unternehmen aber, das seine Produktionstiefe vergrößert hat, ist die Flexibilität des Konzerns im Sinne der Reversibilität einer einmal getroffenen Entscheidung größer, weil sich Beteiligungen leichter als Teilkapazitäten veräußern bzw. abbauen lassen.

Die Kosten der Vereinbarung eines angemessenen Preises bei Austausch nicht marktgängiger Leistungen werden insoweit reduziert und der Situation bei einem bloßen Unternehmen angenähert, als mit zunehmendem Beteiligungsumfang die Höhe des vereinbarten Preises eine immer geringere Rolle spielt. Was der Mutter durch einen eventuell zu geringen Preis entgeht, gewinnt sie zumindest entsprechend ihrem Anteil durch die Beteiligung an der Tochter zurück.

Risiken aus langfristigen, aktuell noch nicht absehbaren Entwicklungen und die daraus erwachsenden Kosten der Vertragsanpassung lassen sich auf dem Weg der Konzernbildung auch durch eine Vergrößerung der Marktmacht vermindern. Da Vorteile für den Konzern in diesem Falle allerdings aus einer Beschränkung des Wettbewerbs mit Nachteilen für die übrigen Wirtschaftssubjekte resultieren, versucht der Gesetzgeber, Konzernbildungen mit dieser Zielrichtung zu verhindern oder wenigstens zu erschweren, so dass Marktmacht durch internes Wachstum sicherer als durch Konzernbildung erreichbar sein kann.

Der Konzern schafft die Grundlagen für verschiedene Formen der Koordination von Aktivitäten der Konzernunternehmen, so dass diejenige mit den niedrigsten Transaktionskosten gewählt werden kann. Einerseits ermöglichen die Mitentscheidungsrechte der Mutter die Einführung einheitlicher Informationssysteme bei allen Töchtern als Basis einer zentralen Informationsauswertung und – zumindest bei Vorliegen von Beherrschungsverträgen – auch einer zentralen Planung und Steuerung. Andererseits sind im Konzern sämtliche Voraussetzungen für eine dezentrale Führung mit Koordination der Pläne über den Markt erfüllt. Die rechtlich eigenständigen Konzerngesellschaften haben eigene Führungsgremien und Rechnungssysteme, die auf die jeweilige Gesellschaft bezogen sind. Auf diesen Grundlagen können im Vergleich zum Gesamtkonzern kleine überschaubare Entscheidungseinheiten mit großen Freiräumen für Kreativität und unternehmerisches Handeln geschaffen werden, deren Erfolgsstreben nicht nur anhand der Einzelerfolgsrechnungen durch die Konzernzentrale überwacht, sondern auch durch Erfolgsbeteiligung angespornt werden kann.

Die Handlungsspielräume insbesondere der Unternehmensführung erweitert der Konzern in vielerlei Hinsicht. Grundlagen für verschiedene Formen der Koordination – wie sie zuvor als beim Konzern gegeben beschrieben wurden – können auch in einem bloßen Unternehmen geschaffen werden. Allerdings erweitert der Konzern die Möglichkeiten insoweit, als er den Führungskräften auch auf unteren Ebenen die prestigeträchtigen Titel von Geschäftsführern oder sogar Vorstandsmitgliedern zugesteht. Der Konzern ermöglicht durch Kauf von Beteiligungen Wachstumsraten, wie sie von einem bloßen Unternehmen durch internes Wachstum oder durch volle Verschmelzung schwerlich erreicht werden können. Durch Konzernbildung werden einem interessierten Unternehmen fremdes Know-how, fremde Patente, Markennamen oder Firmennamen zugänglich, die ansonsten nur unter größten Schwierigkeiten erworben und genutzt werden könnten. Die rechtliche Eigenständigkeit der Konzernunternehmen sichert dabei die Möglichkeit zum Fortbestand traditionsreicher Firmennamen, des Goodwills und des akquisitorischen Potentials der übernommenen Gesellschaften unabhängig von den Firmen der übrigen Konzernunternehmen ab. Die Expansion ins Ausland, die angesichts der weltweit zusammenwachsenden Märkte und dem sich verschärfenden Wettbewerb immer wichtiger wird, der sich aber auf dem Wege der ausländischen Betriebsstätte große Probleme entgegenstellen können, wird durch Konzernbildung ebenso erleichtert wie die grenzüberschreitende Kooperation, nicht zuletzt, weil der Konzern länderspezifischen Restriktionen hinsichtlich der Höchstbeteiligungsquoten von Ausländern flexibel Rechnung tragen kann. Vor dem Hintergrund der Vielfalt an Unternehmensverträgen und der Differenzierungsmöglichkeiten zwischen Anteilen und Stimmrechten ist die Beteiligungshöhe nämlich nur ein Parameter der Konzernbindung.

Konzerne erschließen besondere Dimensionen unternehmerischer Risikopolitik. Zu den Aktionsparametern, mit deren Hilfe der Umfang der Haftung der Eigner für die Risiken eines einzelnen Unternehmens gesteuert werden kann (etwa Rechtsform, Gesellschafterdarlehen, Anmietung von Gebäuden oder Anlagen der Gesellschafter) kommt im Konzern ein konzernspezifischer Parameter hinzu. Im Konzern können auf Basis der rechtlichen Grenzen zwischen den Konzernunternehmen Haftungswälle innerhalb einer Gesamtheit von Unternehmen errichtet werden, die durch einheitliche Führung miteinander verbunden sind – zumindest versprechen Versuche dazu Erfolg. Diese Haftungssegmentierung erlaubt es, Risiken der Forschung, der Produktion oder des Absatzes allgemein oder speziell bezogen auf bestimmte Produkte, Produktbereiche oder Absatzmärkte beispielsweise jeweils auf gesonderte Konzernunternehmen zu übertragen, so dass bei Eintritt des Risikos im Notfall nur das jeweils betroffene Unternehmen „geopfert" werden muss, ohne dass dem Konzern insgesamt gefährlicher Schaden entsteht. Haftungssegmentierung muss allerdings nicht Ausdruck unternehmerischer Risikopolitik sein. Sie kann vielmehr auch hoheitlichen Auflagen entsprechen, wie das in der Versicherungswirtschaft gilt, wo die einzelnen Versicherungssparten gemäß § 8 Abs. 4 VAG (Versicherungsaufsichtsgesetz) jeweils verschiedenen Konzerngesellschaften zuzuordnen sind.

Konzerne bieten schließlich Ansatzpunkte zur Modifikation der vom Gesetzgeber vorgegebenen strengen Verfassungen von Kapitalgesellschaften, insbesondere von Aktiengesellschaften. Anders als bei den Personengesellschaften, wo der Gesetzgeber die Einigung der verschiedenen Gruppen nur erleichtern wollte, ihre Autonomie aber nicht beschneiden zu müssen meinte und daher ein weitgehend dispositives und nachgiebiges Recht schuf, glaubte er insbesondere bei den Aktiengesellschaften an die Notwendigkeit eines detaillierten und im Wesentlichen unbeeinflussbaren, zwingenden Rechts. Starre Verfassungen mögen zwar schwachen Unternehmensbeteiligten einen vergleichsweise großen Schutz bieten, sie beinhalten aber in jedem Fall die Gefahr, wirtschaftlichen und sozialen Entwicklungen nicht ausreichend oder nicht schnell genug Rechnung zu tragen und deshalb unbrauchbar zu werden. Bemühungen um eine Weiterentwicklung der Verfassung von Kapitalgesellschaften, die darauf abzielen, ein solches „Unbrauchbarwerden" zu verhindern, dienen der Sicherung einer ausreichenden Menge an Organisationsformen der Wirtschaft und nutzen

der Gesamtwirtschaft. Sie lassen sich allerdings auch kaum von solchen Verfassungsänderungen trennen, die nur auf die Lockerung der Schutzregeln ausgerichtet und
daher eher skeptisch zu beurteilen sind.

A.7 Der Konzern im Widerstreit der Urteile

Wie bereits an verschiedenen Stellen anklang, müssen die im vorigen Abschnitt dargestellten Argumente für den Konzern als Koordinationsform zwischen Unternehmen
und Markt nicht durchweg als positiv empfunden werden. Was aus der Sicht speziell
der Manager der Obergesellschaft, aber auch meist der Eigner der Obergesellschaft als
Vorteil erscheint, kann aus der Perspektive der Eigner der Tochtergesellschaften, der
Gläubiger oder der Gesamtwirtschaft unvorteilhaft sein.

Besonders bedroht sind die konzernfremden „Minderheitseigner" und Gläubiger
der Tochtergesellschaften. Zwar können die Mitentscheidungsrechte der Mutter bei
der Tochter allgemein und speziell bei der Festlegung von Verrechnungspreisen oder
bei der Nutzung von Know-how sowie die Ansätze zur Haftungssegmentierung und
zur Änderung der Unternehmensverfassung vom Management des Mutterunternehmens so zum Nutzen des Gesamtkonzerns eingesetzt werden, dass auch die Töchter
und damit deren konzernfremde „Minderheitseigner" und Gläubiger daraus Vorteile
erlangen, die Vorgehensweise ist aber weder zwingend noch wahrscheinlich. Das Management der Mutter ist – abgesehen von den eigenen Zielen – primär den Interessen
der Eigner der Muttergesellschaft verpflichtet. Daher liegt es nahe, dass Mitentscheidungsrechte bei der Tochter im Zweifel so ausgeübt werden, wie es den Interessen
der Eigner des Mutterunternehmens entspricht, Verrechnungspreise folglich für die
Mutter eher günstig ausfallen, Know-how und Markennamen eher großzügig oder zu
günstigen Konditionen genutzt werden, Haftungsgrenzen so gezogen werden, dass sie
die Risiken für die Mutter verringern, und auch Verfassungsänderungen tendenziell
zum Vorteil der Mutter erfolgen.

Hinsichtlich der Beurteilung der Gefahren ist allerdings zu unterscheiden zwischen Minderheitsaktionären und Gläubigern, die ihr Kapital in Kenntnis der Konzernbindung gewährten, und solchen, die handelten, bevor die Konzernbindung bekannt war. Die ersteren werden dem Risiko Rechnung getragen haben. Betroffen sind
nur die letzteren, soweit es den Gläubigern unter ihnen nicht gelang, ihre Ansprüche
durch Sicherheiten wirksam zu schützen.

Negative Folgen kann die Konzernbildung aber nicht nur für Minderheitseigner,
Gläubiger der Tochtergesellschaft und – über die Beeinträchtigung des Wettbewerbs –
für die Wirtschaftssubjekte allgemein, sondern auch für die Eigner der Obergesellschaft haben. Ihre Interessen sind durch die Möglichkeiten zu Verfassungsänderungen bedroht. Der Konzern vergrößert die Handlungsspielräume der Manager der Obergesellschaft, die bei den Tochtergesellschaften etwa in der Hauptversammlung die
Rolle des jeweiligen Mehrheitseigners spielen und die durch Transaktionen zwischen

Mutter und Töchtern zumindest versuchen können, Gewinne zu den Tochterunternehmen zu verlagern und so der Ausschüttung an die Eigner zu entziehen. Da die Eigner der Obergesellschaft aber letztlich die Manager bestimmen, haben sie ein wirksames Gegenmittel, wenn sie allgemein ihre Interessen bedroht sehen und sich daher gegen die Manager einigen können. Und zur Disziplinierung der Manager kann ihnen der Konzern wiederum helfen. Wenn nämlich die bisherigen Manager eine Politik zum Nachteil der Eigner verfolgen, gibt es für andere Manager einen Anreiz, eine Übernahme der Obergesellschaft etwa auf dem Wege der Einbindung in einen übergeordneten Konzern zu versuchen. Sie versprechen, den Wert der Obergesellschaft für die neuen Eigner durch eine eignerfreundliche Politik zu erhöhen, so dass die alten Eigner mit einem Preis oberhalb des Wertes des ursprünglichen Konzerns unter der eignerunfreundlichen Politik abgefunden werden könnten.

Literaturhinweise

Akerlof, George A.: The Market for „Lemons": Quality Uncertainty and the Market Mechanism, in: Quarterly Journal of Economics, Vol. 84, 1970, S. 488–500.

Bössmann, Eva: Unternehmungen, Märkte, Transaktionskosten: Die Koordination ökonomischer Aktivitäten, in: WiSt, 12. Jg., 1983, S. 105–111.

Coase, Ronald H.: The Nature of the Firm, in: Economica, New Series, Vol. 4, 1937, S. 386–405.

Druey, Jean Nicolas (Hrsg.): Das St. Galler Konzernrechtsgespräch, Konzernrecht aus der Konzernwirklichkeit, Bern und Stuttgart 1988.

Laux, Helmut/Liermann, Felix: Grundformen der Koordination in der Unternehmung: Die Tendenz zur Hierarchie, in: ZfbF, 39. Jg., 1987, S. 807–828.

Ordelheide, Dieter: Der Konzern als Gegenstand betriebswirtschaftlicher Forschung, in: BFuP, 38. Jg., 1986, S. 293–312.

Picot, Arnold: Transaktionskostenansatz in der Organisationstheorie: Stand der Diskussion und Aussagewert, in: DBW, 42. Jg., 1982, S. 267–284.

Schubert, Werner: Konzern als Zusammenschlußform, in: Küting/Weber (Hrsg.), Handbuch der Konzernrechnungslegung, 2. Aufl., Stuttgart 1998, S. 289–324.

Theisen, Manuel René: Der Konzern. Betriebswirtschaftliche und rechtliche Grundlagen der Konzernunternehmung, 2. Aufl., Stuttgart 2000.

Williamson, Oliver E.: Markets and Hierarchies: Analysis and Antitrust Implications, New York 1975.

Williamson, Oliver E.: Transaction-Cost Economics: The Governance of Contractual Relations, in: The Journal of Law and Economics, Vol. 22, 1979, S. 233–261.

B Konzernrechnungslegung und Konzernrecht

B.1 Grundüberlegungen zur Konzernrechnungslegung

B.1.1 Konzernrechnungslegung als Informationsinstrument

Rechnungslegungsinstrumente lassen sich nur auf der Grundlage ihrer Zwecke gestalten und beurteilen. Anders als Steuerbilanzen, die fast ausschließlich Steuerbemessungsaufgaben erfüllen, oder als handelsrechtliche Einzelbilanzen, die zumindest bei Kapitalgesellschaften auch den aus dem Jahresergebnis maximal an die Eigner ausschüttbaren Betrag festlegen (Ausschüttungsbemessungsfunktion), dient der handelsrechtliche Konzernabschluss bislang in der Bundesrepublik Deutschland ausschließlich der Information externer Interessenten (zur fraglichen Eignung des Konzernabschlusses als Ausschüttungsbemessungsgrundlage vgl. Schildbach WPg 1993, S. 53 ff. und 94 ff.). Entsprechend der obigen These ist er auf diese Informationsaufgabe auszurichten.

Wer an einem Unternehmen als Eigner, als Gläubiger, als Arbeitnehmer, als Kunde oder als Lieferant „beteiligt" ist oder eine solche Beteiligung erwägt, hat im Hinblick auf diese Beteiligung Entscheidungen zu treffen. So ist beispielsweise zu entscheiden, ob das Management im Amt bestätigt werden soll, ob ein Kredit gewährt werden soll oder ob die weitere Mitarbeit in dem Unternehmen noch lohnt. Unabhängig von der Art der Beteiligung werden solche Entscheidungen im Blick auf ihre Konsequenzen für den Entscheidungsträger bzw. – im Fall eines Bankmanagers als Gläubiger – für die vom Entscheidungsträger zu vertretenden Interessen gefällt. Jeder Entscheidungsträger wird sich bemühen, die für ihn subjektiv relevanten Konsequenzen für alle ihm erwägenswert erscheinenden Handlungsalternativen abzuschätzen, um die Alternative mit den besten Konsequenzen wählen zu können.

Aus dieser Perspektive sind die Kosten für die Erstellung und Offenlegung von Jahresabschlüssen Transaktionskosten im Sinne der am Anfang des Buches angeführten Anbahnungs- oder Kontrollkosten. Ohne Kenntnisse über ein Unternehmen wird niemand Anteile an diesem Unternehmen erwerben wollen oder dem Unternehmen Kredit geben. Will daher ein Unternehmen neue Kapitalgeber und Mitarbeiter gewinnen oder bisherige behalten, muss es Informationen bereitstellen. Die Umformung der wirtschaftlichen Verpflichtung zur Information Außenstehender in eine gesetzliche Verpflichtung durch den Gesetzgeber kann dabei speziell im Fall von Publikums-Kapitalgesellschaften der Senkung der Transaktionskosten dienen. Statt nach Lösungen für das schwierige Problem suchen zu müssen, wie für die Vielzahl unterschiedlichster Interessenten jeweils geeignete Informationen bereitgestellt werden können, wird ein normiertes, allgemein anerkanntes Informationsinstrument verwendet.

Speziell für Außenstehende ist es schwierig, die Konsequenzen von Entscheidungen abzuschätzen, die sich auf eine Beteiligung an einem Unternehmen beziehen. Die-

https://doi.org/10.1515/9783110535723-002

se Schwierigkeit soll durch den handelsrechtlichen Jahresabschluss verringert werden. Im Rahmen der Informationsfunktion ist es seine Aufgabe, die Außenstehenden bei der Abschätzung der Konsequenzen von Entscheidungen zu unterstützen, die ihre Beteiligung an dem jeweiligen Unternehmen betreffen.

Wie der traditionelle Jahresabschluss diese angesichts der unterschiedlichen Beteiligungsformen, Beteiligungsumfänge und Vorbildungsstände der Beteiligten äußerst vielschichtige Aufgabe tatsächlich löst, ist allerdings unklar, weil es keine eindeutigen ökonomischen Gesetze gibt, die künftiges Geschehen mit Sachverhalten verbinden, die in traditionellen Jahresabschlüssen ausgewiesen werden. Auch liegt dem handelsrechtlichen Jahresabschluss nicht das Ziel möglichst umfassender Information zugrunde, denn vieles spricht dafür, dass er durch eindeutigere Ansatz- und Bewertungsvorschriften sowie durch stärkere Aufgliederungen aussagefähiger gemacht werden könnte. Der handelsrechtliche Jahresabschluss ist also im Grunde Ausdruck eines nicht genau durchschaubaren Kompromisses zwischen Informationsinteressen einerseits und Geheimhaltungsinteressen andererseits.

Für Personen, die nicht mehr an einem unabhängigen „Einzel"-Unternehmen, sondern an einem konzerngebundenen Unternehmen beteiligt sind oder die eine solche Beteiligung erwägen, ändert sich hinsichtlich ihrer Informationsinteressen im Grundsatz nichts. Auch sie möchten die für sie subjektiv relevanten Konsequenzen ihrer Beteiligung an dem konzerngebundenen Unternehmen abschätzen.

Die weiterhin verfügbaren Einzelabschlüsse der konzerngebundenen Unternehmen stehen in dem Verdacht, dass sie die Beteiligten nicht in die Lage versetzen können, die Konsequenzen ihrer auf ihre Beteiligung bezogenen Entscheidungen im Falle konzerngebundener Unternehmen annähernd so gut abzuschätzen wie im Fall unabhängiger Unternehmen. Der Konzernabschluss soll dieses Defizit beseitigen. Wenn sich Externe nur auf der Basis von mit Einzelabschlüssen vergleichbaren Informationen über den Konzern an diesem beteiligen oder ihre Beteiligung aufrechterhalten, sind die Kosten für die Aufstellung und Offenlegung von Konzernabschlüssen spezifische Transaktionskosten des Konzerns.

B.1.2 Anforderungen an den Konzernabschluss als Informationsinstrument

Im Folgenden wird davon ausgegangen, dass bei der Gestaltung des Konzernabschlusses als Informationsinstrument drei Anforderungen zu beachten sind.

B.1.2.1 Informationsinstrument nach dem Vorbild des Einzelabschlusses
Der Konzernabschluss soll bei konzerngebundenen Unternehmen wie der Einzelabschluss bei unabhängigen Unternehmen helfen, die Konsequenzen von Beteiligungsentscheidungen abzuschätzen (vgl. Busse von Colbe u. a., Konzernabschlüsse, 2010, S. 26 ff.). Die Tatsache allein, dass es um andersartige Unternehmen geht, ist kein

Grund für ein prinzipiell abweichendes Informationsinstrument und eine neuartige Beurteilung des Konflikts zwischen Information und Geheimhaltung. Unterschiede zum Einzelabschluss können bzw. müssen sich nur insoweit ergeben, als der Konzernabschluss nicht der Ausschüttungsbemessung dient. Das macht ihn zwar weniger informativ, weil er nicht Auskunft über den ergebnisabhängig ausschüttbaren Betrag geben kann, erhöht aber die Möglichkeit zur Information insoweit, als der Konzernabschluss anders als der Einzelabschluss voll auf die Informationsfunktion ausgerichtet werden kann.

B.1.2.2 Wirtschaftlichkeitsprinzip

Die Aufstellung von Konzernabschlüssen muss dem Wirtschaftlichkeitsprinzip entsprechen. Daraus folgt, dass Konzernabschlüsse so weit wie möglich und mit ihrer Aufgabe verträglich auf vorhandene, gesetzlich vorgeschriebene Rechnungslegungsinstrumente, wie etwa die Einzelabschlüsse der einzubeziehenden Unternehmen, gestützt werden sollten. Sofern ein begründetes Interesse an zusammenfassenden Abschlüssen besteht, die nur bestimmte Konzernunternehmen berücksichtigen, darf Wirtschaftlichkeit solchen Teilabschlüssen aber auch nicht entgegenstehen.

B.1.2.3 Berücksichtigung der Besonderheiten des Konzerns

Konzernabschlüsse müssen den spezifischen Einflüssen Rechnung tragen, die sich aus der Konzernbindung eines Unternehmens auf die Konsequenzen von Beteiligungsentscheidungen ergeben, im Einzelabschluss aber nicht deutlich werden. Diese spezifischen Einflüsse wiederum liegen auf verschiedenen Ebenen.

Wie bereits dargestellt wurde, verspricht die Konzernbildung Vorteile etwa in Form der Senkung von Transaktionskosten. Derartige Vorteile schlagen sich allerdings schon in den Einzelabschlüssen der konzerngebundenen Unternehmen nieder und bedürfen als solche keiner besonderen Erfassung.

Nicht in den Einzelabschlüssen erfasst werden dagegen die andersartigen Perspektiven, aus denen die auch in unabhängigen Unternehmen üblichen oder die für Konzernunternehmen spezifischen Vorgänge im Konzern zu sehen sind. Zwei Perspektiven, in denen sich rechtliche und ökonomische Überlegungen vereinigen, erscheinen wichtig.

Soweit Konzernunternehmen einheitlich geleitet werden, stellen sich Transaktionen zwischen ihnen aus der Sicht des Konzerns als einheitlich geleitetem Gebilde anders dar als aus der Sicht der rechtlich eigenständigen Unternehmen. Aus der zuletzt genannten Sicht sind sie nicht von den Transaktionen mit nicht konzerngebundenen Unternehmen zu unterscheiden und daher genau wie diese anderen Transaktionen zu erfassen. Aus der Sicht des Konzerns als einheitlich geleitetem Gebilde dagegen sind es Geschäfte des Konzerns mit sich selbst, Geschäfte einer Abteilung mit der anderen. Die Interpretation, wonach im Konzernabschluss das Geschehen im Konzern aus der Perspektive eines einheitlich geleiteten Gebildes (Perspektive einheitlicher Leitung) darzustellen ist, prägt die Konzernrechnungslegung derzeit. Das Konzernrecht ist dabei insoweit tangiert, als es die Rechte zur einheitlichen Leitung regelt.

Die Einbeziehung eines Unternehmens in einen Konzern kann Einfluss darauf nehmen, gegen wen sich der Anspruch der Aktionäre auf Ausschüttungen in Zukunft richtet, an welchen Erfolgen die Aktionäre also künftig beteiligt sein werden, oder wer den Gläubigern für ihre Ansprüche haftet. Für Aktionäre und Gläubiger kann es dabei bleiben, dass das einzelne Unternehmen weiterhin für ihre Ansprüche maßgeblich ist. Wegen der unveränderten Rechtsansprüche benötigen sie dann zur Abschätzung der Konsequenzen ihrer Beteiligungsentscheidungen weiterhin nur den Einzelabschluss, und ein Konzernabschluss erübrigt sich insoweit. Im Konzern können die Unternehmen aber auch zu einer Anspruchs- und Haftungseinheit verschmelzen, so dass die Aktionäre nicht mehr am Erfolg ihres Konzernunternehmens, sondern zusammen mit Aktionären anderer Konzernunternehmen am Erfolg mehrerer Konzernunternehmen beteiligt sind, und die Ansprüche der Gläubiger nicht mehr nur gegenüber ihrem Schuldner Konzernunternehmen, sondern gemeinsam mit den Ansprüchen von Gläubigern anderer Konzernunternehmen gegenüber einer Gesamtheit aus mehreren Konzernunternehmen bestehen.

Wollen Aktionäre oder Gläubiger solcher Konzerne die Konsequenzen ihrer Beteiligungsentscheidungen abschätzen, ist zunächst wichtig, welche Unternehmen innerhalb des Konzerns zu einer Anspruchseinheit verschmelzen und welche unabhängig bleiben. Bezogen auf diejenigen Unternehmen, die zu einer Anspruchseinheit verschmelzen, benötigen Aktionäre und Gläubiger einen Konzernabschluss, weil ein solcher Abschluss am ehesten Rückschlüsse auf die für sie relevanten Entwicklungen zulässt. Diese zweite Interpretation, wonach Konzernabschlüsse aus der Perspektive der Anspruchseinheiten aufzustellen sind, hat für die Konzernrechnungslegungsvorschriften derzeit keine unmittelbare Bedeutung. Das Konzernrecht ist für Aktionäre und Gläubiger im Konzern hingegen von allergrößter Bedeutung, weil es die Fragen regelt, gegen wen sie Ansprüche haben.

B.2 Grundzüge des Konzernrechts und der Übernahmeregelungen

B.2.1 Einführung

Aus der Konzernbindung der Unternehmen ergeben sich – wie bereits beschrieben wurde – Rückwirkungen nicht nur auf die möglichen Ansprüche von Eignern, Gläubigern und Arbeitnehmern, sondern auch auf die Leitungs- und Kontrollbefugnisse in den betroffenen Unternehmen allgemein. Insbesondere wenn der Gesetzgeber dabei helfen möchte, die Rechte und Pflichten der verschiedenen, an konzerngebundenen Unternehmen beteiligten Gruppen abzugrenzen, um Verhandlungskosten einsparen zu helfen, aber auch um ihm schützenswert erscheinende Interessen abzusichern, kann er ein Konzernrecht schaffen, das nicht nur einzelnen Bedrohungen im Konzern entgegentritt. Zusätzlich zu Vorschriften über den Schutz der Minderheitsaktionäre und Gläubiger sowie über die ergänzende Konzernrechnungslegung wird es um die Verfassung des Konzerns insgesamt gehen.

Obwohl angesichts der weltweit steigenden Bedeutung konzerngebundener Unternehmen die Relevanz eines solchen Konzernrechts stetig zunimmt, gibt es ein gesetzlich kodifiziertes und über Konzernrechnungslegungsvorschriften hinausgehendes nationales Konzernrecht in der EU außer in Deutschland nur in Kroatien, Italien, Ungarn, Tschechien, Slowenien und teilweise in Belgien (vgl. Ego in: MüKoAktG VII, 4. Aufl., Konzernrecht der europäischen Aktiengesellschaft, Rn. 1). Das nationale kodifizierte Konzernrecht bezieht sich zudem zumindest in Deutschland bisher nur auf Aktiengesellschaften. Ansätze zur Kodifizierung eines Konzernrechts auch für die GmbH in Deutschland sind bislang ebenso gescheitert wie die Ansätze zur Begründung eines Konzernrechts in den EU-Mitgliedstaaten durch entsprechende Richtlinien (vgl. Ego in: MüKoAktG VII, 4. Aufl., Konzernrecht der europäischen Aktiengesellschaft, Rn. 4 und 9). Das heißt allerdings nicht, dass es über die Ausnahmefälle der Konzernrechnungslegungsvorschriften sowie des in wenigen Staaten kodifizierten Konzernrechts hinaus kein Konzernrecht gibt. Konzernrecht wird vielmehr im Regelfall nicht kodifiziert. Es gründet sich überwiegend auf allgemeine Grundsätze des Gesellschaftsrechts, die meist durch als richtungweisend angesehene Urteile auf Probleme von Konzernen übertragen wurden.

Den Gefahren, die Minderheitsaktionären drohen, weil ihre Gesellschaft als Tochtergesellschaft in einen Konzern eingebunden wird, beugen die meisten Länder der Welt durch Übernahmeregelungen vor. Derartige Regelungen werden teilweise in Gesetze gefasst (etwa in den USA, wo ihr Kern einen Teil des Securities Exchange Act von 1934 ausmacht), teilweise aber auch in Form einer Selbstregulierung von der Wirtschaft vereinbart (etwa in Form des „City Code on Takeovers and Mergers" in Großbritannien). Sie dienen auch nicht nur dem vorbeugenden Minderheitenschutz, sondern sollen zugleich den Weg besonders für wertsteigernde und damit ökonomisch zweckmäßige Unternehmensübernahmen freimachen sowie für Transparenz auf dem Markt sorgen.

Im Folgenden wird ein auf die zentralen Grundlinien beschränkter Überblick über das deutsche Konzernrecht gegeben, wobei die Konzernrechnungslegungsvorschriften aber unbeachtet bleiben. Diese werden weitgehend unabhängig vom Kern des Konzernrechts im HGB geregelt und später eingehend erörtert. Im Mittelpunkt der Ausführungen dieses Abschnittes stehen die beiden Lösungsansätze zur Konzernproblematik im deutschen Aktienrecht – faktischer Konzern und Vertragskonzern – sowie die Grundzüge des Richterrechts zum GmbH-Konzern.

Ergänzend werden die für das Konzernrecht relevanten Vorschriften des deutschen Wertpapiererwerbs- und Übernahmegesetzes (WpÜG) erörtert.

B.2.2 Der Konzernbegriff im Aktienrecht

Die aktienrechtliche – weil rechtsformneutral formuliert, aber auch auf Unternehmen anderer Rechtsformen übertragbare – Definition des Konzerns in § 18 Abs. 1 AktG stellt diesen im Grunde an einen zumindest grob definierten Platz innerhalb des früher beschriebenen Kontinuums zwischen hierarchie- und marktbezogener Koordination. Mehrere Unternehmen, von denen eines die Möglichkeit besitzt, unmittelbar oder mittelbar einen beherrschenden Einfluss auf die übrigen Unternehmen auszuüben (herrschendes Unternehmen und abhängige Unternehmen nach § 17 AktG) bilden dann einen Konzern, wenn sie tatsächlich *„unter der einheitlichen Leitung des herrschenden Unternehmens zusammengefasst"* (§ 18 Abs. 1 Satz 1 AktG) sind. In der Begründung zum Regierungsentwurf des AktG 1965 wurde eine gesetzliche Definition der einheitlichen Leitung noch als unmöglich angesehen, da sie in der Praxis höchst unterschiedliche Formen annehmen könne, die auch lockere Formen gemeinsamer Beratungen etwa einschließe (vgl. Kropff, Aktiengesetz, 1965, S. 33). In der späteren Literatur dagegen werden die Anforderungen höher angesetzt. Danach werden im Konzern zumindest ein wichtiger Unternehmensbereich, insbesondere etwa die Finanzierung, sowie die langfristige Geschäftspolitik und die grundsätzlichen Fragen der Geschäftsführung zentral geplant und hierarchisch koordiniert (vgl. etwa Scheffler, FS Goerdeler, 1987, S. 469 ff.).

Aus der Sicht der anfänglichen allgemeinen Überlegungen zum Konzern bedeutet das Folgendes. Im Konzern stellt sich anders als bei nicht konzerngebundenen Unternehmen die spezifische Frage, inwieweit die Aktivitäten der Konzernunternehmen hierarchisch und inwieweit sie über den Markt koordiniert werden sollen. Diese Frage muss von der Konzernleitung beantwortet werden. Dabei ist allerdings völlige Koordination über den Markt mit einheitlicher Leitung unvereinbar. Nach derzeit herrschender Meinung (vgl. Emmerich/Habersack, Aktien- und GmbH-Konzernrecht, AktG § 18, Rn. 9–12) sind zentraler Planung und Koordination vorzubehalten

- die langfristige Geschäftspolitik, wie etwa die Vorgabe der Ziele, der anzubietenden Produkte und der zu bedienenden Märkte sowie die Entscheidungen zu Erwerb oder Veräußerung von Beteiligungen,
- grundsätzliche Fragen der Geschäftsführung, wie etwa die Art der Koordination der einzelnen Aktivitäten im Konzern, die Gestaltung des Informations- und Kontrollsystems im Konzern und die Besetzung der Führungspositionen bei den abhängigen Unternehmen sowie
- ein wichtiger Unternehmensbereich, insbesondere die für die Verteilung der Ressourcen auf die verschiedenen Aktivitäten wichtige Finanzierung, aber auch der Absatz oder die Beschaffung beispielsweise.

B.2.3 Konzernformen

Im Rahmen eines Konzerns können die Unternehmen in unterschiedlicher organisatorischer Form zu einem Konzern verbunden sein. Neben dem praktisch häufig auftretenden Unterordnungskonzern, in dem die Konzernunternehmen in hierarchischer Form einander über- bzw. untergeordnet sind, gibt es auch die Form des Gleichordnungskonzerns, in dem die einheitliche Leitung nicht von einem übergeordneten Unternehmen ausgeübt wird, sondern von mehreren Unternehmen gemeinsam (vgl. ADS, 6. Aufl., § 18 AktG, Tz. 77 m. w. N.).

Grundlage eines Unterordnungskonzerns ist das bereits erwähnte Abhängigkeitsverhältnis nach § 17 Abs. 1 AktG: Rechtlich selbständige Unternehmen, „auf die ein anderes Unternehmen (herrschendes Unternehmen) unmittelbar oder mittelbar einen beherrschenden Einfluss ausüben kann", sind danach als abhängige Unternehmen einzustufen. Ein Abhängigkeitsverhältnis wird immer dann gesetzlich vermutet, wenn ein Unternehmen im Mehrheitsbesitz eines anderen Unternehmens steht (§ 17 Abs. 2 AktG). Dafür reicht nach § 16 Abs. 1 AktG grundsätzlich die Mehrheit der Anteile oder die Mehrheit der Stimmrechte. Stehen ein herrschendes und mindestens ein abhängiges Unternehmen unter einheitlicher Leitung, wird also die Konzernleitungsmacht ausgeübt, bilden sie, wie bereits erläutert, gemäß § 18 Abs. 1 AktG einen Konzern.

In Abhängigkeit davon wie das Beherrschungsverhältnis begründet ist, wird beim Unterordnungskonzern weiter unterschieden in den faktischen Konzern, den Vertragskonzern und den Eingliederungskonzern. Ein **faktischer Konzern** liegt grundsätzlich vor, wenn keine rechtliche Konzernleitungsmacht besteht, aber aufgrund eines Abhängigkeitsverhältnisses, beispielsweise aufgrund einer Mehrheitsbeteiligung, Vorstand und Aufsichtsrat der abhängigen Gesellschaft sich der faktischen Konzernleitungsmacht der herrschenden Gesellschaft unterordnen. Das herrschende Unternehmen übt dann tatsächlich seine Beherrschungsmacht aus. Entsprechend vermutet auch § 18 Abs. 1 S. 3 AktG widerlegbar in dieser Situation, dass herrschendes und abhängiges Unternehmen einen Konzern bilden. Die Beweislast dafür, dass die Beherrschungsmöglichkeit tatsächlich nicht ausgeübt wird und entsprechend kein Konzern besteht, liegt beim herrschenden Unternehmen (vgl. Bayer in: MüKoAktG I, 4. Aufl., AktG § 18 Rn. 9).

Rechtliche Konzernleitungsmacht der herrschenden Gesellschaft über einen Beherrschungsvertrag nach § 291 AktG lässt hingegen einen **Vertragskonzern** entstehen. Da in diesem Fall die Unternehmensleitung des herrschenden Unternehmens rechtlich weisungsberechtigt gegenüber dem Vorstand des abhängigen Unternehmens ist (§ 308 Abs. 1 S. 1 AktG), sieht § 18 Abs. 1 S. 2 AktG die einheitliche Leitung als unwiderlegbar gegeben an, so dass beide Unternehmen zwingend einen Konzern bilden.

Die strengste Form des Unterordnungskonzerns bildet der **Eingliederungskonzern** gemäß § 319 ff AktG. Hier scheiden die Minderheitsgesellschafter der eingegliederten Gesellschaft gegen Abfindung aus und die eingegliederte Gesellschaft unterliegt aufgrund der Eingliederung einer rechtlichen Konzernleitungsmacht. Auch hier bilden herrschendes und eingegliedertes Unternehmen unwiderlegbar einen Konzern (§ 18 Abs. 1 S. 2 AktG).

B.2.4 Der faktische Konzern im Aktienrecht

Im faktischen Konzern des Aktienrechts bleiben die einzelnen konzerngebundenen Unternehmen als eigenständige Anspruchseinheiten erhalten. Die Aktionäre sind weiterhin nur an dem Erfolg ihres konzerngebundenen Unternehmens beteiligt, und den Gläubigern haftet weiterhin nur ihr Schuldnerunternehmen. Das Festhalten an den einzelnen Unternehmen als Anspruchseinheiten wird mit dem Versuch verbunden, diese durch verschiedene Maßnahmen gegen nachteilige Eingriffe speziell der Konzernspitze zu schützen. Die Rechtsvorschriften zum faktischen Konzern (§§ 311–318 AktG) zielen darauf ab, zu verhindern, dass zu Lasten der Eigner und Gläubiger Vermögen eines konzerngebundenen Unternehmens von diesem auf ein anderes Konzernunternehmen übertragen wird.

Ob entsprechend dieser Grundlinie der faktische Konzern ein Konzern mit einheitlicher Leitung sein kann, war lange umstritten. Eine Minderheit bestritt im Blick auf den notwendigen Schutz der einzelnen Haftungseinheiten und damit der Ansprüche von Eignern und Gläubigern abhängiger Gesellschaften das Recht des herrschenden Unternehmens zu einheitlicher Leitung im faktischen Konzern (vgl. Mestmäcker, FS Kronstein, 1967, S. 141) oder sah dieses Recht auf die Schaffung eines einfachen faktischen Konzerns mit locker strukturiertem Leitungsgefüge beschränkt (vgl. WP-Handbuch, Band I, C Tz. 193 und 194). Nach heute herrschender Meinung hingegen nimmt der Gesetzgeber in § 311 Abs. 1 AktG das Recht des Vorstands des herrschenden Unternehmens hin, die Konzernunternehmen im faktischen Konzern einheitlich zu leiten (vgl. z. B. Emmerich/Habersack, Aktien- und GmbH-Konzernrecht, AktG § 311, Rn. 8 und 13). Dabei darf das abhängige Unternehmen sogar zu aus seiner Sicht zunächst nachteiligen Geschäften veranlasst werden, solange diese im Konzerninteresse liegen und jeder Nachteil bis spätestens zum Ende des Geschäftsjahrs ausgeglichen wird. Der Nachteilsausgleich ist dann die von dem herrschenden Unternehmen zu erbringende Mehrleistung, die erforderlich ist, um Leistung und Gegenleistung aus einem unausgewogenen Geschäft zwischen herrschendem und abhängigem Unternehmen so zum Ausgleich zu bringen, dass auch unabhängige Gesellschaften auf das Geschäft eingegangen wären (§ 311 AktG).

Der theoretisch haltbar erscheinende Ansatz über den Nachteilsausgleich stößt praktisch allerdings auf unlösbare Probleme. Nachteile können auszugleichen sein, wenn das abhängige vom herrschenden Unternehmen veranlasst wurde, Rechtsgeschäfte vorzunehmen, Maßnahmen zu treffen oder diese zu unterlassen. Da solche Veranlassungen in den verschiedensten Formen erfolgen können und ein unabsehbar großer Bereich von Rechtsgeschäften und Maßnahmen betroffen sein kann, lässt sich schwerlich sicherstellen, dass jede Pflicht zum Nachteilsausgleich erkannt wird.

Hinzu kommt das Problem, den Umfang des Nachteils zu bestimmen. Speziell bei konzernverbundenen Unternehmen spielen Rechtsgeschäfte oder Maßnahmen mit nur kurzfristigen Folgen, wie etwa bei einem einmaligen Barkauf, eine eher untergeordnete Rolle. Regelmäßig werden längerfristige Bindungen, etwa durch Zulieferung nicht marktgängiger Teile oder Nutzung einer gemeinsamen Einkaufsabteilung, eingegangen. Bei derartigen mehrperiodigen und – weil größtenteils erst in Zukunft eintretend – auch unsicheren Konsequenzen fällt der Vergleich von Leistung und Gegenleistung schwer. Die in der Literatur propagierten vereinfachenden Maßstäbe zur Bemessung von Nachteilen, die Marktpreise und die Selbstkosten, finden schon aus diesem Grund ihre Grenze. Weitere Unklarheiten ergeben sich aus dem Verhalten eines ordentlichen und gewissenhaften Geschäftsleiters einer unabhängigen Gesellschaft (§ 317 Abs. 2 AktG) als Nullpunkt der Nachteilsmessung. Offen bleibt, ob damit optimales Verhalten oder gerade noch pflichtgemäßes Verhalten gemeint ist und wie derartiges Verhalten konkretisiert werden kann. Zudem besteht die Gefahr, dass durch die Einbindung eines Unternehmens in einen Konzern der Charakter dieses Unternehmens derart verändert wird – es hat z. B. sein Produktionsprogramm auf den Konzern abgestimmt und verkauft nur über die konzerneigene Vertriebsgesellschaft –, dass schwerlich gesagt werden kann, wie eine unabhängige Gesellschaft gehandelt hätte. Jedenfalls erscheint aus dieser Perspektive das in der Literatur verschiedentlich genannte entscheidende Kriterium für das Vorliegen eines Konzerns, wonach das Einzelinteresse des Tochterunternehmens dem Konzerninteresse tatsächlich untergeordnet werden müsse (vgl. ADS, 6. Aufl., § 18 AktG Tz. 20; Grottel/Kreher in: Beck Bil-Komm., 11. Aufl., § 290 Rn. 26) äußerst problematisch (vgl. Hommelhoff, DB 1992, S. 309 ff.). Es beschwört die Gefahr herauf, dass das Eigeninteresse als Maßstab für den Nachteilsausgleich systematisch verschüttet und der Minderheitenschutz im faktischen Konzern aus den Angeln gehoben wird.

Zur Durchsetzung des Nachteilsausgleichs sieht der Gesetzgeber einen vom Vorstand der abhängigen Gesellschaft aufzustellenden *„Bericht über die Beziehungen der Gesellschaft zu verbundenen Unternehmen"* (Abhängigkeitsbericht, § 312 AktG) vor, der vom Aufsichtsrat (§ 314 AktG) und – soweit die abhängige Gesellschaft prüfungspflichtig ist – vom Abschlussprüfer dieser Gesellschaft (§ 313 AktG) zu prüfen ist. In diesem Bericht sind vollständig und klar gegliedert aufzuführen

– alle Rechtsgeschäfte der abhängigen Gesellschaft, die im vergangenen Geschäftsjahr mit dem herrschenden Unternehmen oder einem mit ihm verbundenen Unternehmen, auf Veranlassung oder im Interesse dieser Unternehmen vorgenommen wurden und

– alle anderen Maßnahmen der abhängigen Gesellschaft, die im vergangenen Geschäftsjahr auf Veranlassung oder im Interesse dieser Unternehmen getroffen oder unterlassen wurden.

Damit die Angemessenheit beurteilt werden kann, sind zu jedem Rechtsgeschäft Leistung und Gegenleistung, zu jeder Maßnahme Vor- und Nachteile sowie die Gründe für die Vorgehensweise ausführlich und detailliert zu beschreiben.

Der Bericht und seine Prüfung dienen indirekt dem Schutz der Minderheitseigner und Gläubiger der abhängigen Gesellschaft. Wenn nämlich entweder der den Bericht erstellende Vorstand feststellt, dass Nachteile entstanden und nicht ausgeglichen wurden, oder der Aufsichtsrat Einwendungen gegen die Erklärung des Vorstandes erhebt, wonach Nachteile nicht entstanden bzw. stets ausgeglichen wurden, oder der Abschlussprüfer den Bestätigungsvermerk zum Abhängigkeitsbericht einschränkt oder versagt, kann jeder Aktionär der abhängigen Gesellschaft, nicht aber ein Gläubiger, eine Sonderprüfung beantragen (§ 315 AktG).

In der Sonderprüfung werden die Beziehungen zwischen der abhängigen Gesellschaft und demjenigen herrschenden oder verbundenen Unternehmen umfassend analysiert, dem der Vorteil zufloss, welcher die Sonderprüfung letztlich auslöste. Der Bericht über die Sonderprüfung, der anders als der Abhängigkeitsbericht und der Bericht über dessen Prüfung den Aktionären zugänglich ist, soll die Minderheitsaktionäre der abhängigen Gesellschaft in die Lage versetzen, Schadensersatzansprüche geltend zu machen. Wurde nämlich die abhängige Gesellschaft vom herrschenden Unternehmen veranlasst, ein nachteiliges Rechtsgeschäft vorzunehmen oder Maßnahmen zu ihrem Nachteil zu treffen oder zu unterlassen, ohne dass der Nachteil ausgeglichen wurde, so bestehen Schadensersatzansprüche der abhängigen Gesellschaft und – für darüber hinausgehende Schäden – auch solche der Minderheitseigner (§ 317 AktG). Der Prüfungsbericht der Sonderprüfung liefert den Aktionären das für die Schadensersatzansprüche erforderliche Beweismaterial.

Zum Ersatz des Schadens gesamtschuldnerisch verpflichtet sind das herrschende Unternehmen, die gesetzlichen Vertreter dieses Unternehmens, soweit sie das Rechtsgeschäft oder die Maßnahme veranlasst haben, und die Vorstandsmitglieder der abhängigen Gesellschaft, soweit sie das nachteilige Rechtsgeschäft oder die nachteilige Maßnahme nicht im Abhängigkeitsbericht aufgeführt haben oder nicht darauf hinwiesen, dass es insoweit zu Nachteilen kam, die nicht ausgeglichen wurden (§ 317 Abs. 1 und 3 AktG).

Das auf Abhängigkeitsbericht und Sonderprüfung aufbauende Schutzsystem im faktischen Konzern wird allerdings zusätzlich zu den früher beschriebenen Problemen bei der Feststellung und Messung der Nachteile durch die Bedingung beeinträchtigt, wonach entweder der Vorstand oder der Aufsichtsrat oder der Abschlussprüfer der abhängigen Gesellschaft einen unvollständigen Nachteilsausgleich bestätigen müssen. Ohne einen weiteren Zugang bliebe auf dieser Basis der Weg zur Sonderprüfung praktisch versperrt, denn die ausgewählten Personen werden aufgrund der gegebenen Interessenlage solche Eingeständnisse am liebsten vermeiden.

Der Vorstand der abhängigen Gesellschaft, der den Abhängigkeitsbericht erstattet, steht in einem Konflikt. Einerseits ist er den Interessen der abhängigen Gesellschaft und damit auch denjenigen der Minderheitseigner und Gläubiger dieser Gesellschaft verpflichtet. Andererseits hängt seine Zukunft von den Entscheidungen des herrschenden Unternehmens ab, so dass das Eigeninteresse ein Handeln im Sinne des herrschenden Unternehmens und damit nur des Mehrheitseigners nahelegt. Dieser Konflikt wird durch Vorstands-Doppelmandate beim abhängigen und herrschenden Unternehmen weiter erheblich verschärft. Vorstandsmitglieder wären in diesem Fall unmittelbar zur Wahrung der zum Teil widersprüchlichen Interessen von Mehrheits- und Minderheitseignern verpflichtet.

Der Aufsichtsrat der abhängigen Gesellschaft wird in der Regel von Vertretern des herrschenden Unternehmens dominiert sein, die im Falle von Interessenkonflikten zwischen abhängigem und herrschendem Unternehmen schwerlich ein Interesse an einem Schutz der Minderheitseigner und Gläubiger der abhängigen Gesellschaft haben.

Der Abschlussprüfer der abhängigen Gesellschaft wird von der Hauptversammlung dieser Gesellschaft auf Vorschlag des Aufsichtsrats bestellt. Sowohl die Hauptversammlung als auch der Aufsichtsrat der abhängigen Gesellschaft werden von Vertretern des herrschenden Unternehmens dominiert. In dieser Situation wird es dem Prüfer insbesondere dann sehr schwer fallen, den Interessen des herrschenden Unternehmens entgegenzutreten, wenn sich sein Widerspruch nur auf kaum belegbare Vermutungen über eine Veranlassung durch das herrschende Unternehmen oder zwangsläufig ungenaue Maße für Nachteile aus Geschäften oder Maßnahmen stützen lässt. Unter den beschriebenen Umständen droht nämlich bei Widerspruch Streit mit den Vertretern des herrschenden Unternehmens und Verlust des Mandats, während Verzicht auf Widerspruch Wiederwahl bei geringen Risiken in der Sache verspricht, weil Veranlassung und Nachteil auch von anderen kaum nachgewiesen werden können.

Um den Zugang zur Sonderprüfung nicht zu „totem Recht" degenerieren zu lassen, hat der Gesetzgeber im Rahmen des Gesetzes zur Kontrolle und Transparenz im Unternehmensbereich die Möglichkeiten der Minderheitsaktionäre gemäß § 315 AktG erweitert. Der Antrag auf Sonderprüfung kann zusätzlich auch dann gestellt werden, wenn „sonstige Tatsachen vor(liegen), die den Verdacht einer pflichtwidrigen Nachteilszufügung rechtfertigen". Diese materielle Voraussetzung erfordert die Vorlage von glaubwürdigen Argumenten (nicht aber schon Beweisen) für Tatsachen, die mit hinreichender Wahrscheinlichkeit den Verdacht der pflichtwidrigen Nachteilszufügung rechtfertigen. Allerdings kann der Antrag nicht von einem Aktionär allein gestellt werden. Das Recht steht gemäß der formellen Voraussetzung nur einer Minderheit von mindestens 1% des Grundkapitals oder von mindestens dem anteiligen Betrag von 100.000 Euro zu, die zusätzlich glaubhaft machen muss, „dass sie seit mindestens drei Monaten vor dem Tage der Antragstellung Inhaber der Aktien" ist. Um auf diesem Wege einen Verdacht ausreichend belegen zu können, benötigen die Minderheitsaktionäre freilich Informationen, an die sie mangels Publizität des Abhängigkeitsberichts nur schwer herankommen. Die praktisch bedeutsamste Chance, derartige Informationen zu erhalten, bietet ihnen das Auskunftsrecht des Aktionärs in der Hauptversammlung nach § 131 AktG speziell bezüglich der „rechtlichen und geschäftlichen Beziehungen der Gesellschaft zu einem verbundenen Unternehmen". Ob die Minderheitsaktionäre diese Chance allerdings nutzen können, hängt entscheidend von dem Ausmaß des Aussageverweigerungsrechts des Vorstands gemäß § 131 Abs. 3 AktG ab.

B.2.5 Der Vertragskonzern im Aktienrecht

Im Vertragskonzern des Aktienrechts bleiben die einzelnen Konzernunternehmen zwar vordergründig als Anspruchseinheiten für die jeweiligen Eigner und Gläubiger erhalten, tatsächlich aber wird letztlich der Konzern die gemeinsame Anspruchseinheit für alle Eigner und Gläubiger der Unternehmen des Vertragskonzerns. Die Rechtsvorschriften zum Vertragskonzern erfüllen dementsprechend mehrere Aufgaben.

B.2.5.1 Umfang der Weisungsbefugnis im Vertragskonzern

Zunächst schaffen die Rechtsvorschriften eine klare Grundlage für die einheitliche Leitung im Vertragskonzern, denn eine Bündelung der Ansprüche ohne einheitliche Leitung ist nicht verantwortbar. In diesem Sinne führt von den verschiedenen möglichen Unternehmensverträgen nur der Beherrschungsvertrag zum Vertragskonzern. Soweit im Vertrag keine Grenzen vereinbart sind, verschafft dieser Beherrschungsvertrag dem herrschenden Unternehmen eine weitgehend unbeschränkte Leitungsmacht über die abhängige Gesellschaft (§§ 291 Abs. 1, 308 bis 310 AktG). Zulässig sind alle Weisungen, soweit sie nicht den geltenden Gesetzen – insbesondere § 299 AktG –, dem Konzerninteresse oder der Satzung der abhängigen Gesellschaft widersprechen und soweit sie nicht auf die Gewinnabführung hinauslaufen, für die das Gesetz einen eigenen Unternehmensvertrag vorsieht, der allerdings in der Praxis meist zusammen mit dem Beherrschungsvertrag geschlossen wird. Der Vorstand der abhängigen Gesellschaft ist verpflichtet, diesen Weisungen zu folgen, auch wenn sie für die Gesellschaft nachteilig sind, ja sogar, wenn sie auf eine verdeckte Gewinnausschüttung hinauslaufen, denn die Vorschriften der §§ 57, 58 und 60 AktG zum Schutz des Vermögens der abhängigen Gesellschaft sind aufgehoben (§ 291 Abs. 3 AktG).

Der isolierte Gewinnabführungsvertrag führt, wenn er zulässig ist, nicht zum Vertragskonzern, obwohl die wichtigsten Schutzvorschriften des Vertragskonzerns (§§ 300–307 AktG) auch in diesem Fall gelten. Beim faktischen Konzern mit Gewinnabführungsvertrag entfallen allerdings Abhängigkeitsbericht und Sonderprüfung.

B.2.5.2 Abschluss, Änderung und Beendigung des Beherrschungsvertrags

Da ein wirksamer Beherrschungsvertrag die Ansprüche speziell der Eigner und Gläubiger der betroffenen Unternehmen entscheidend beeinflusst, bedürfen die Bedingungen einer genauen Regelung, unter denen dieser Vertrag und der mit ihm praktisch meist verbundene Gewinnabführungsvertrag abgeschlossen, geändert und beendigt werden können.

Damit ein Beherrschungs- oder ein Gewinnabführungsvertrag wirksam zustande kommt (Abschluss), sind mehrere Bedingungen zu erfüllen. Im Fall von Aktiengesellschaften nach § 293 Abs. 3 AktG muss der Vertrag von den Vorständen der beiden Gesellschaften in schriftlicher Form abgeschlossen und – bei entsprechenden Satzungsbestimmungen oder bei mitbestimmten Unternehmen – von den Aufsichtsräten der beiden Gesellschaften genehmigt werden. In jedem Falle zustimmen müssen die Hauptversammlungen der beiden Gesellschaften, und dies jeweils mit drei Vierteln des bei der Beschlussfassung vertretenen Grundkapitals oder einer in der Satzung vorgesehenen größeren Mehrheit (§ 293 Abs. 1 AktG). Um ihre Entscheidungen auf solider Basis treffen zu können, haben die Aktionäre ein Recht auf umfassende Information. Entsprechend müssen die Vorstände der am Unternehmensvertrag beteiligten Aktiengesellschaften regelmäßig gemäß § 293a AktG den Unternehmensvertrag in einem ausführlichen Bericht rechtlich und wirtschaftlich erläutern. Zusätzlich haben beide Aktiengesellschaften den Unternehmensvertrag durch einen Wirtschaftsprüfer prüfen zu lassen (§ 293b AktG). Bei beiden Gesellschaften sind die wesentlichen Inhalte des Vertrags im Rahmen der Einberufung der über den Vertrag beschließenden Hauptversammlung mitzuteilen. Vom gleichen Zeitpunkt an ist der Vertrag, die Berichte über den Vertrag sowie die Prüfungsberichte der Wirtschaftsprüfer in den Geschäftsräumen der Gesellschaften zur Einsicht auszulegen und jedem Aktionär auf Verlangen, unverzüglich und kostenlos eine Abschrift zu erteilen (§ 293f AktG). In den Hauptversammlungen selbst haben die Aktionäre gemäß § 293g AktG ein Recht auf Auskunft über alle für die Einschätzung des Vertrags und die Beurteilung des Vertragspartners wichtigen Sachverhalte.

Eine Änderung liegt vor, wenn der Vertrag in seiner Art beibehalten, in einigen mehr oder weniger wichtigen Details aber modifiziert wird. Damit durch nachträgliche Änderungen die Vorschriften über den Abschluss des Vertrags nicht unterlaufen werden können, müssen die dort aufgestellten Bedingungen insbesondere hinsichtlich der Zustimmungs- und Informationserfordernisse auch hier erfüllt werden. Von Änderungen besonders betroffen sind in der Regel die außenstehenden Minderheitsaktionäre. Zu ihrem Schutz wird daher zusätzlich verlangt, dass in einem Sonderbeschluss nur der Minderheitsaktionäre diese der Änderung zustimmen, wobei zwar keine Einstimmigkeit, aber doch eine Mehrheit von drei Vierteln oder mehr laut Satzung erforderlich ist (§ 295 AktG).

Das Gesetz sieht verschiedene Formen der Beendigung von Unternehmensverträgen vor. Anders als bei Abschluss und Änderung des Vertrags wird hier allerdings nicht die Zustimmung der Aktionäre insgesamt, sondern allenfalls diejenige der beschriebenen Mehrheit der Minderheitsaktionäre in Sonderbeschlüssen verlangt, und das auch nicht in jedem Fall. Beachtet wird also neben dem Schutz der Gläubiger durch § 303 AktG, wenn überhaupt, nur der Schutz der Minderheitseigner. Dies gilt etwa im Falle der Aufhebung, in dem beide Seiten das Ende des Vertrags einvernehmlich wünschen und in dem der Sonderbeschluss erforderlich ist.

Bei der Kündigung als der Beendigung des Vertrags durch einseitige Willenserklärung, grundsätzlich geregelt in § 297 AktG, müssen vier Varianten unterschieden werden. Sie zeichnen sich einerseits durch die kündigende Partei – herrschende oder abhängige Gesellschaft – und andererseits durch die Art der Kündigung aus – ordentlich ohne wichtigen Grund oder außerordentlich mit wichtigem Grund.

Gesetzlich gewährleistet durch das Erfordernis eines Sonderbeschlusses ist der Schutz der Minderheitsaktionäre nur im Fall der ordentlichen Kündigung durch den Vorstand der abhängigen Gesellschaft (§ 297 Abs. 2 AktG). Wenn dieser Vorstand dagegen aus wichtigem Grund, wie etwa der voraussichtlichen Nichterfüllung der Vertragspflichten durch den anderen Vertragsteil, kündigt, bedarf es keines Sonderbeschlusses der Minderheit (§ 297 Abs. 1 AktG). Ob das Erfordernis eines wichtigen Grundes zum Schutz der Minderheit ausreicht oder die Vorteile aus der Möglichkeit zu raschem Handeln des Vorstands die Gefahren des fehlenden Erfordernisses eines Sonderbeschlusses überkompensieren, kann unterschiedlich beurteilt werden.

Die herrschende Meinung geht davon aus, dass eine ordentliche Kündigung durch das herrschende Unternehmen, die ebenfalls per Gesetz keinen zustimmenden Sonderbeschluss voraussetzt, nur zulässig ist, wenn ein entsprechendes Recht dazu im Vertrag ausdrücklich vorgesehen wurde. Die Minderheitsaktionäre werden dann durch diese Kündigungsvariante nur in dem Fall bedroht, in dem sie im Vertrag vorgesehen werden soll und es nicht gelingt, das Kündigungsrecht an die Bedingung der Zustimmung durch die Minderheitsaktionäre in einem Sonderbeschluss zu binden. Sofern entgegen der herrschenden Meinung eine ordentliche Kündigung durch das herrschende Unternehmen möglich ist, auch wenn sie nicht vertraglich vereinbart wurde, kann sich die Minderheit auf zwei Wegen schützen. Zunächst kann sie versuchen durchzusetzen, dass die ordentliche Kündigung durch das herrschende Unternehmen im Unternehmensvertrag von einem zustimmenden Sonderbeschluss der Minderheit abhängig gemacht wird. Damit würde ein Sicherungsansatz gewählt, auf den die Begründung zum Regierungsentwurf ausdrücklich verweist (vgl. Kropff, Aktiengesetz, 1965, S. 386). Eine zweite Möglichkeit, den Minderheitenschutz wiederherzustellen, könnte darin bestehen, ein Einvernehmen des Vorstands der abhängigen Gesellschaft mit der Kündigung durch das herrschende Unternehmen nachzuweisen, so dass die Vorschriften über die Aufhebung zur Anwendung kommen, die einen Sonderbeschluss vorsehen (§ 296 AktG). Die Kündigung durch das herrschende Unternehmen aus wichtigem Grund, die wiederum keinen Sonderbeschluss der Minderheitsaktionäre erfordert, bedroht die Interessen der Minderheitseigner ebenfalls, weil das Recht zu einer solchen Kündigung vertraglich nicht ausgeschlossen werden kann – zwei konkrete Fälle werden im Gesetz in §§ 304 Abs. 4 und 305 Abs. 5 Satz 4 AktG sogar genannt – und weil es nicht leicht sein wird, durch restriktive Kommentierung des erforderlichen wichtigen Grundes einen Missbrauch dieses Rechts auszuschließen.

B.2.5.3 Gläubigerschutz im Vertragskonzern

Die Gläubiger der abhängigen Gesellschaft werden im Vertragskonzern durch verschiedene Vorschriften geschützt, von denen die wichtigste erst mit der Beendigung des Beherrschungs- oder Gewinnabführungsvertrags wirksam wird.

Zunächst wird versucht, eine rasche Dotierung der gesetzlichen Rücklage zu erreichen (§ 300 AktG). Zusammen mit der Kapitalrücklage soll sie durch Thesaurierung in den ersten fünf Geschäftsjahren nach Vertragsschluss auf 10 % oder den höheren, in der Satzung festgelegten Anteil des Grundkapitals gebracht werden. Zusätzlich wird die Möglichkeit zur Gewinnausschüttung an das herrschende Unternehmen beschränkt. Ausschüttungen sind erst möglich, nachdem zusätzlich zur Dotierung der gesetzlichen Rücklage auch ein Verlustvortrag abgedeckt wurde. Andere Gewinnrücklagen dürfen nur aufgelöst werden, soweit sie während der Laufzeit des Vertrags dotiert wurden (§ 301 AktG). Endlich ist das herrschende Unternehmen verpflichtet, jeden innerhalb der Laufzeit des Vertrags bei der abhängigen Gesellschaft entstandenen Jahresfehlbetrag auszugleichen, soweit dieser nicht durch Auflösung anderer Gewinnrücklagen aufgefangen werden kann, die während der Laufzeit des Vertrags gebildet wurden (§ 302 AktG).

Insgesamt wird durch diese Vorschriften nur ein auf vergangenheitsorientierter Basis bewertetes Reinvermögen in Höhe des um die Mindestrücklage erweiterten Grundkapitals gesichert. Offen bleibt, ob mit dem vergangenheitsbezogen bewerteten Vermögen auch die Erfolgskraft oder der Zerschlagungswert erhalten wird, zumal das heute wichtige originäre immaterielle Vermögen (Know-how, Personalausbildung, Stellung auf dem Markt) nicht bzw. nicht umfänglich gesichert wird, der Abwicklungsverlust bei Auflösung der abhängigen Gesellschaft (Verlust, der erkennbar wird, wenn von der Annahme der Unternehmensfortführung auf Unternehmenszerschlagung umgestellt wird) nach überwiegender Meinung nicht ausgleichspflichtig ist und auch keine Pflicht des herrschenden Unternehmens besteht, die Liquidität der abhängigen Gesellschaft jederzeit zu gewährleisten (vgl. Emmerich/Habersack, Aktien- und GmbH-Konzernrecht, AktG § 302, Rn. 39).

Mit der Beendigung des Vertrags und damit nicht nur mit Aufhebung oder Kündigung, sondern vor allem auch mit der Eröffnung des Insolvenzverfahrens über das Vermögen der abhängigen Gesellschaft ändert sich die Position der Gläubiger entscheidend. Praktisch wird das herrschende Unternehmen zum zusätzlichen Schuldner, denn die Gläubiger der abhängigen Gesellschaft, deren Forderungen aus der Zeit vor dem Ende des Vertrags stammen und die nicht durch Ansprüche auf vorzugsweise Befriedigung aus der Haftungsmasse der abhängigen Gesellschaft privilegiert sind, erwerben Ansprüche auf Sicherheitsleistung durch das herrschende Unternehmen (§ 303 AktG). Die Beendigung des Vertrags kann dementsprechend die Gläubiger der abhängigen Gesellschaft nicht schrecken. Im Gegenteil eröffnet ihnen dieses Ende erst das Recht auf Absicherung durch das herrschende Unternehmen und damit in dem für sie kritischen Fall, in dem sie von der abhängigen Gesellschaft keine Befriedigung erlangen können, auf Leistungen durch dieses herrschende Unternehmen.

B.2.5.4 Schutz der Minderheitsaktionäre im Vertragskonzern

Durch den Abschluss von Beherrschungs- und gegebenenfalls auch Gewinnabführungsvertrag werden die zentralen Rechte derjenigen Aktionäre ausgehöhlt, die neben dem herrschenden oder den mit ihm eng verbundenen Unternehmen noch an der abhängigen Gesellschaft beteiligt sind (außenstehende Aktionäre oder Minderheitsaktionäre). Der Vorstand ihrer Gesellschaft ist nicht mehr den Interessen aller Aktionäre dieser Gesellschaft verpflichtet, sondern den Weisungen des herrschenden Unternehmens unterworfen, die sich primär, wenn nicht ausschließlich, an den Interessen der Eignermehrheit orientieren. Der Gewinnanspruch der Minderheit kann schon bei Vorliegen nur eines Beherrschungsvertrags dadurch ins Leere laufen, dass die Entstehung von Gewinnen durch ungünstige Konditionen bei Geschäften mit dem herrschenden Unternehmen verhindert wird. Im Falle der Existenz eines Gewinnabführungsvertrags ist der Bilanzgewinn, dessen Ausschüttung allenfalls verlangt werden könnte, voll an das herrschende Unternehmen abzuführen und damit den Minderheiten auch anteilig nicht mehr zugänglich. Die notwendige Kompensation für diesen fast vollständigen Verlust ihrer zentralen Rechte besteht darin, dass den Minderheitsaktionären bei Abschluss sowohl eines Beherrschungs- als auch eines Gewinnabführungsvertrags ein angemessener Ausgleich und eine angemessene Abfindung angeboten werden müssen. Jeder Minderheitsaktionär kann sich für eines der beiden Angebote entscheiden.

Bei Wahl des Ausgleichs (§ 304 AktG) bleibt der Aktionär an der abhängigen Gesellschaft beteiligt, was für den Fall der Beendigung des Vertrags wichtig wird. Der Ausgleich selbst besteht aus wiederkehrenden Geldleistungen in Höhe eines konstanten Betrags (fester Ausgleich), in Höhe der Dividenden, die auf einen vergleichbaren Anteil am herrschenden Unternehmen gezahlt werden (variabler Ausgleich), oder in Höhe eines Maximums aus einem festen und einem variablen Ausgleich. Im Falle des Gewinnabführungsvertrags tritt mangels eines verbleibenden Gewinns der Ausgleich an die Stelle der Gewinnbeteiligung. Im Falle des bloßen Beherrschungsvertrags dagegen kann die abhängige Gesellschaft weiterhin Gewinne erzielen und an ihre Aktionäre ausschütten. Der Anspruch der Minderheitsaktionäre auf solche Gewinnausschüttungen ist zu respektieren. Folglich darf in diesem Fall der Ausgleich unabhängig von seiner Form nur eine zusätzliche Untergrenze darstellen, die den Mindestausschüttungsanspruch definiert, der den Minderheitsaktionären zusteht, eventuell höhere Ausschüttungen aus dem Gewinn der abhängigen Gesellschaft aber nicht ausschließt.

Bei Wahl der Abfindung (§ 305 AktG) scheidet der Minderheitsaktionär als Eigner der abhängigen Gesellschaft aus. Als Abfindung sind ihm für sein Ausscheiden Bargeld oder Aktien anzubieten (§ 305 Abs. 2 AktG).

Wenn der andere Vertragsteil des Beherrschungs- oder Gewinnabführungsvertrags eine nicht abhängige oder nicht in Mehrheitsbesitz stehende inländische Aktiengesellschaft oder Kommanditgesellschaft auf Aktien ist, müssen Aktien dieser Gesellschaft angeboten werden.

Wenn der andere Vertragsteil dagegen seinerseits von einer inländischen Aktiengesellschaft oder Kommanditgesellschaft auf Aktien abhängig ist oder in deren Mehrheitsbesitz steht, sind entweder Aktien dieses übergeordnet herrschenden bzw. mit Mehrheit beteiligten Unternehmens oder eine Barabfindung anzubieten. Welches Angebot von diesen beiden unterbreitet werden soll, steht im Ermessen des anderen Vertragsteils oder seiner Konzernmutter.

Wenn die zuvor genannten Bedingungen nicht zutreffen, der andere Vertragsteil also oder das diesen beherrschenden Unternehmen keine Aktiengesellschaft oder Kommanditgesellschaft auf Aktien ist oder seinen Sitz im Ausland hat, muss eine Barabfindung angeboten werden.

Sofern die Minderheitsaktionäre nicht durch eine Barabfindung aus ihrer Beteiligungsposition gänzlich ausscheiden, werden ihre Interessen durch Ausgleich und Abfindung eng an das Wohlergehen des herrschenden Unternehmens und der mit ihm im Vertragskonzern eng verbundenen Unternehmen gebunden. Bei der Abfindung in Aktien liegt das auf der Hand. Die Minderheiten werden Aktionäre des anderen Vertragsteils des Beherrschungs- oder Gewinnabführungsvertrags oder der diesem übergeordneten herrschenden Gesellschaft. Beim Ausgleich ist der Zusammenhang nicht ganz so eng. Obwohl das Gesetz diese Frage nicht explizit regelt, ist nach herrschender Meinung die abhängige Gesellschaft nur vordergründig zum Ausgleich verpflichtet (vgl. Emmerich/Habersack, Aktien- und GmbH-Konzernrecht, AktG § 304 Rn. 23). Die herrschende Gesellschaft muss ihr den Ausgleich ermöglichen und damit letztlich für den Ausgleich einstehen. Zumindest beim variablen Ausgleich richtet sich auch die Höhe dieses Ausgleichs nach einem Kriterium für das Wohlergehen des herrschenden Unternehmens, nämlich nach dessen Dividende. Im Falle des festen Ausgleichs sind die Minderheiten wie Gläubiger an der Entwicklung des herrschenden Unternehmens interessiert. Allerdings kann bei Ausgleich der weitgehende Interessengleichklang auch wieder unterbrochen werden. Durch Beendigung des Vertrags endet der Ausgleichsanspruch, und die Minderheitsaktionäre sind mit ihren Ansprüchen wieder auf die Gewinne der zuvor abhängigen Gesellschaft beschränkt. Bei der Wahl zwischen Ausgleich und Abfindung ist diese Möglichkeit zu berücksichtigen. Ein zusätzliches begrenztes Interesse an der Entwicklung alleine des abhängigen Unternehmens besteht beim isolierten Beherrschungsvertrag insofern, als der Ausgleich nur eine Untergrenze markiert. Angesichts der umfassenden Weisungsrechte des herrschenden Unternehmens aber lässt sich diese Entwicklung kaum absehen.

Die zentralen und allenfalls näherungsweise lösbaren Probleme von Ausgleich und Abfindung entstehen bei der Bestimmung ihrer Umfänge. Ausgleich und Abfindung müssen laut Gesetz angemessen sein, sollen die Minderheitsaktionäre also zumindest voll für den entgehenden Gewinn bzw. die aufgegebenen Anteile entschädigen. Dabei ist völlig unumstritten, dass ein derartiger Ausgleich und eine derartige Abfindung beide nach den Grundsätzen der Unternehmensbewertung bestimmt werden müssen. Diesen Grundsätzen entsprechend sind für den Unternehmenswert letztlich allein die zum Bewertungszeitpunkt – hier also zum Augenblick der Beschlussfassung der Hauptversammlung der abhängigen Gesellschaft über den Vertrag – für die Zukunft zu erwartenden Erfolgsaussichten maßgebend. Diese lassen sich aber nur ungenau abschätzen, weil sie von einer großen Zahl ihrerseits häufig noch unbekannter oder zumindest ebenfalls zu prognostizierender Einflussfaktoren abhängen. Die Erfolgsentwicklung in der Vergangenheit liefert, wenn überhaupt, nur grobe Anhaltspunkte. Dementsprechend kann ein Unternehmenswert allenfalls auf mehr oder weniger fundierte subjektive Erwartungen gestützt und schon aus diesem Grunde nicht allgemein verbindlich oder gar absolut richtig ermittelt werden.

Dabei sind zur Bemessung von Ausgleich und Abfindung in der Regel mehrere Unternehmen zu bewerten.

Wenn zunächst vom Problem der Synergieeffekte aus der Verbindung und der möglichen Beteiligung der Minderheiten auch an diesen Effekten abgesehen wird, reicht bei festem Ausgleich oder bei Barabfindung die Bewertung alleine der abhängigen Gesellschaft aus. In diesen beiden Fällen geht es nämlich nur darum, den Wert dieser Gesellschaft in Form eines einmalig zu zahlenden Geldbetrags oder eine zu diesem Wert äquivalente, konstante, jährlich zu zahlende, ewige Rente zu finden und dann auf eine Aktie der abhängigen Gesellschaft zu beziehen, weil auch Ausgleichs- und Abfindungsangebote regelmäßig pro Aktie unterbreitet werden.

Beim variablen Ausgleich und bei der Abfindung in Aktien müssen sowohl die abhängige Gesellschaft als auch die Gesellschaft bewertet werden, die zum Vergleich herangezogen wird. Beim Ausgleich geht es um die schwierige, weil von der künftigen Gewinnverwendungspolitik des herrschenden Unternehmens abhängige Suche nach demjenigen Anteil an dem herrschenden Unternehmen, der eine Dividende verspricht, deren Wert den Ausschüttungserwartungen aus einer Aktie des abhängigen Unternehmens vor Vertragsabschluss gleicht. Im Falle der Abfindung in Aktien ist der Anteil an dem Unternehmen, mit dessen Aktien abgefunden werden soll, zu suchen, dessen Wert dem Wert einer Aktie der abhängigen Gesellschaft entspricht.

Sollen die Minderheitsaktionäre an den Synergieeffekten partizipieren, muss auch bei festem Ausgleich und Barabfindung das herrschende Unternehmen oder gegebenenfalls dessen übergeordnetes Mutterunternehmen bewertet werden. Der Synergieeffekt kann sich nämlich in einer Wertsteigerung eines dieser Unternehmen niederschlagen, so dass ein Wertvergleich erforderlich wird. Soweit sich der Synergieeffekt bei der abhängigen Gesellschaft auswirkt und dazu führt, dass ihr Wert vor der Verbindung von ihrem Wert nach der Verbindung abweicht, wäre auch diese Differenz zu bestimmen. Hinzu käme schließlich das Problem der angemessenen Beteiligung der Minderheiten an diesen Effekten.

Die schwierigen Probleme der Unternehmensbewertung bei Ausgleich und Abfindung gewinnen für die Minderheiten durch das vom Gesetzgeber vorgesehene Verfahren zusätzliche Brisanz. Ausgleich und Abfindung werden als gesetzlich geforderte Bestandteile im Rahmen des Vorschlags zu einem Beherrschungs- oder Gewinnabführungsvertrag von dem anderen Vertragsteil angeboten. Werden diese Angebote als nicht angemessen beurteilt, kann jeder Minderheitsaktionär beantragen, dass das zuständige Landgericht einen angemessenen Ausgleich und eine angemessene Abfindung bestimmt (§ 304 Abs. 3 und § 305 Abs. 5 AktG).

Der gesetzlich vorgesehene Weg bürdet die Risiken weit überwiegend den Minderheitsaktionären auf. Angesichts der Unsicherheiten über die wertbeeinflussenden Parameter und über die zu verwendenden Verfahren der Unternehmensbewertung wird es dem anderen Vertragsteil möglich sein, das von ihm zu unterbreitende Angebot von solchen Sachverständigen errechnen zu lassen, die diese unvermeidlichen Spielräume in seinem Interesse nutzen. Die so drohende Gefahr lässt sich durch Versuche zur Verhinderung des angebotenen Vertrags schwerlich bannen, denn einerseits fehlt den Minderheitsaktionären regelmäßig die dazu erforderliche Sperrminorität und andererseits bleiben sie bei dieser Strategie in der für sie bedrohlichen Konstellation des faktischen Konzerns. Nur begrenzten Erfolg verspricht auch die gerichtliche Bestimmung von Ausgleich und Abfindung. Die Rechtsprechung orientierte sich lange an vergangenheits- und substanzwertorientierten Verfahren der Unternehmensbewertung, die zumindest bei erfolgskräftigen und expandierenden Unternehmen den Interessen der Minderheitsaktionäre nicht entsprechen. Inzwischen dominiert zwar auch in der Rechtsprechung die zukunftsorientierte Ertragswertmethode (vgl. Emmerich/Habersack, Aktien- und GmbH-Konzernrecht, AktG § 305 Rn. 51). Da aber gemäß der Wurzeltheorie nur die zum Stichtag der Unternehmensbewertung bereits angelegten zukünftigen Entwicklungen Berücksichtigung finden dürfen, bleiben die Minderheitsaktionäre insoweit mit einem Risiko belastet, dem sie nicht ausweichen können (vgl. Emmerich/Habersack, Aktien- und GmbH-Konzernrecht, AktG § 305 Rn. 56a–57). Das korrespondierende Risiko des anderen Vertragsteils und damit der Eignermehrheit gibt es nicht. Sollte das Gericht nämlich zu einem für sie untragbar hohen Betrag als Ausgleich oder Abfindung gelangen, was ohnehin auf Basis der vergangenheits- und substanzwertorientierten Verfahren unwahrscheinlich ist, so kann der Vertrag von dieser Seite innerhalb von zwei Monaten ohne Kündigungsfrist gekündigt werden (§§ 304 Abs. 4, 305 Abs. 5 Satz 4 AktG). Das Verfahren lädt also zum Versuch ein, auf Basis niedrigen Ausgleichs und geringer Abfindung „einzusteigen". Dem möglichen Erfolg steht als Risiko schlimmstenfalls ein verlustloser Rückzug gegenüber.

B.2.6 Die GmbH als abhängige Gesellschaft im Konzern

Von wenigen Fragen abgesehen – speziell der Konzernrechnungslegung in §§ 290–315 HGB – ist das GmbH-Konzernrecht nicht gesetzlich kodifiziert, sondern durch einige richtungweisende Urteile der Rechtsprechung begründet worden (Überblick bei Lutter, AG 1990, S. 180 f.). Dabei werden nur partiell Überlegungen des Konzernrechts für Aktiengesellschaften aufgegriffen. Um die Probleme zu bewältigen, die sich ergeben, wenn GmbH abhängige Konzerngesellschaften ist, werden drei Lösungswege beschritten, der des einfachen faktischen Konzerns, der des „existenzvernichtenden Eingriffs" und der des Vertragskonzerns.

Im faktischen Konzern, der sich bei der GmbH angesichts der im Vergleich zur Aktiengesellschaft sehr starken Stellung der Gesellschafter und damit der Gesellschaftermehrheit auf Basis der §§ 37, 45–47 GmbHG anbietet, werden Minderheiten und Gläubiger durch die besondere Treuepflicht der Gesellschafter geschützt (Das Schutzsystem im faktischen GmbH-Konzern beruht nicht auf einer Analogie zum Aktienrecht. Vgl. Lutter, AG 1990, S. 184; Emmerich/Habersack, Aktien- und GmbH-Konzernrecht, Anh. § 318 Abhängige GmbH und faktischer GmbH-Konzern, Rn. 2). Das herrschende Unternehmen muss *„die abhängige Gesellschaft als Trägerin eigener unternehmerischer Interessen intakt"* halten (Rowedder/Schmidt-Leithoff, GmbHG, 6. Aufl., Anh § 52 Rn. 40) und darf die abhängige Gesellschaft sowie die Minderheit durch ihre Einflussmöglichkeiten in keiner Weise schädigen. Bei Verstößen gegen das Schädigungsverbot gilt zum Schutz von Minderheiten und Gläubigern eine Schadensersatzpflicht. Die daraus resultierenden Schadensersatzansprüche stehen zunächst zwar nur der abhängigen Gesellschaft zu, dürfen unter bestimmten Umständen aber auch von einzelnen Gesellschaftern für alle betroffenen Gesellschafter geltend gemacht werden (vgl. Emmerich/Habersack, Aktien- und GmbH-Konzernrecht, Anh. § 318 Abhängige GmbH und faktischer GmbH-Konzern, Rn. 30–31). Dabei wird davon ausgegangen, dass den Gesellschaftern die zur Wahrnehmung dieses Rechts erforderlichen Informationen aufgrund ihrer umfassenden Rechte in der Gesellschafterversammlung sowie ihrer Auskunfts- und Einsichtsrechte zur Verfügung stehen. Ob den Minderheitsgesellschaftern zusätzlich ein Recht zum Austritt aus wichtigem Grund gegen volle Abfindung zusteht, ist umstritten.

Im zweiten Fall gehen Eingriffe von Gesellschaftern in der GmbH über das hinaus, was auf Basis der Treupflichten der Gesellschafter ausgeglichen werden kann, weil der Gesellschaft beispielsweise nicht bilanziell erfasste Werte entzogen werden. Bis zum BGH-Urteil Bremer Vulkan (vgl. NZG, 2002, S. 38ff.) von 2001 haben Rechtsprechung und Literatur eine Lösung der dann auftretenden Probleme für den Gläubigerschutz in Anknüpfung an die Rechtsfigur des qualifiziert faktischen Konzerns gesucht (vgl. Baumbach/Hueck/Fastrich, GmbH-Gesetz, 21. Auflage, § 13 Rn. 57a). Unter einem qualifiziert faktischen Konzern wird ein Konzern verstanden, bei dem das zulässige Ausmaß der Konzernleitung überschritten wird, das mangels Zustimmung der Eigner zu der Konzernbindung durch einen entsprechenden Vertrag allgemein als beschränkt angesehen wird. Dementsprechend ist der qualifizierte faktische Konzern im Grunde verboten (vgl. Hommelhoff, DB 1992, S. 309), und es geht nur darum zu regeln, was bei Verstoß gegen dieses Verbot geschehen soll.

Bei noch weitgehender Übereinstimmung im Grundsatz gingen allerdings die Meinungen darüber weit auseinander, welches Kriterium zur Definition des qualifizierten faktischen Konzerns heranzuziehen sei und wo dann genau die Grenze liege. Das zuletzt angesprochene Problem ergab sich daraus, dass es nur sehr wenige Urteile als Orientierungshilfe für diese Frage gab, in diesen Urteilen aber über extrem enge Konzernbindungen entschieden wurde. Aus solchen Extremfällen waren keine Schlüsse zur Grenze zwischen einfachem und qualifiziertem faktischem Konzern möglich.

Die in der Literatur (vgl. Kropff, FS Goerdeler, 1987, S. 264; Hoffmann-Becking, ZHR, Beiheft 62, 1989, S. 73 ff.; Scheffler, AG 1990, S. 173 ff.; Rowedder/Schmidt-Leithoff, GmbHG, 6. Aufl., Anh § 52 Rn. 18 und 65) im Blick sowohl auf den AG-Konzern als auch auf den GmbH-Konzern diskutierten Definitionsansätze laufen im Wesentlichen auf die drei folgenden Kriterien hinaus, die unterscheiden

- nach der Art der Einwirkung, die sachlich so umfassend und zeitlich andauernd erfolgt, dass das Eigeninteresse des abhängigen Unternehmens nachhaltig beeinträchtigt wird,
- nach der betriebsorganisatorischen Einbindung, bei der das abhängige Unternehmen wie eine Betriebsabteilung des herrschenden Unternehmens geführt wird, oder
- nach der Kontrollierbarkeit der Einwirkungen, die angesichts der Breite und Häufigkeit der Beziehungen zwischen den Konzernunternehmen so unübersichtlich geworden sind, „dass die rechtliche Ordnung im Wege des Einzelausgleichs unmöglich ist" (Lutter, AG 1990, S. 182) bzw. dass speziell bei Aktiengesellschaften das Schutzsystem der §§ 311 ff. AktG funktionsunfähig wird.

Alle drei Kriterien sind insoweit problematisch, als sie entweder unklar bleiben oder schwerlich mehr als eine äußerst lockere Bindung im einfachen faktischen Konzern zulassen. Das Eigeninteresse im Sinne des Zielsystems der abhängigen Gesellschaft, das diese hätte, wäre sie noch unabhängig, wird schon bei fühlbarem Leistungsaustausch, bei Abstimmung des Produktionsprogramms oder bei Konzentration einzelner Funktionen im Konzern in dem Sinne beeinträchtigt, dass es seine ursprüngliche Form als Grundlage des Schutzsystems verliert. Ein Schutzsystem etwa nach dem Vorbild von Nachteilsausgleich und Abhängigkeitsbericht kann angesichts der Erfassungs- und Bewertungsprobleme beim Nachteil und angesichts der Interessenkonflikte, in die die für den Nachteilsausgleich verantwortlichen Personen gestürzt werden, schon bei lockeren Konzernbindungen keinen ausreichenden Schutz bieten. Das Kriterium der betriebsorganisatorischen Einbindung schließlich ist unklar, denn eine Betriebsabteilung kann zentral oder dezentral und im Blick auf die Ziele der Abteilung oder im Blick auf die Ziele der Zentrale geführt werden. Die Frage nach den Grenzen zwischen einfachem und qualifiziertem faktischem Konzern erscheint also auf diesen Wegen schwerlich beantwortbar.

Nicht zuletzt aufgrund der beschriebenen Abgrenzungsprobleme wurde der qualifiziert faktische Konzern im Jahr 2001 von der Rechtsprechung aufgegeben. An seine Stelle trat die Haftung der Gesellschafter aufgrund des „existenzvernichtenden Eingriffs" (vgl. WP-Handbuch, Band I, C Tz 193; Baumbach/Hueck/Fastrich, GmbH-Gesetz, 21. Aufl., § 13 Rn. 57a–59): Der BGH knüpfte dabei zunächst an der Entziehung von Vermögenswerten durch offene oder verdeckte Entnahmen der Gesellschafter zulasten der Fähigkeit der Gesellschaft an, ihre Verpflichtungen zu erfüllen, und schloss Eingriffe in die Chancen oder Betätigungsmöglichkeiten der Gesellschaft sowie Überwälzungen von Risiken auf sie ein. Die Haftung setzt Eintritt der Insolvenz voraus, die eine Folge des Eingriffs war. Daraus leitete der BGH zunächst eine persönliche Durchgriffshaftung der (nicht notwendigerweise beherrschenden) Gesellschafter, die den „existenzvernichtenden Eingriff" tätigten oder daran unmittelbar oder mittelbar mitwirkten, gegenüber den Gläubigern her. Mit der Trihotel-Entscheidung (vgl. NJW, 2007, S. 2689ff.) gab der BGH diese eigenständige Haftungsfigur jedoch wieder auf. Seitdem bindet er die Existenzvernichtungshaftung der Gesellschafter an das Vorliegen einer missbräuchlichen Schädigung des zweckgebundenen GmbH-Vermögens und folgert daraus eine schadensrechtliche Innenhaftung der Gesellschafter gegenüber der Gesellschaft. Die Existenzvernichtungshaftung bietet freilich nur den Gläubigern Schutz, den Minderheitseignern bringt sie nichts.

Der Fall, dass eine GmbH als abhängige Gesellschaft in einen Vertragskonzern eingebunden werden soll, wird hinsichtlich der Grundlagen der Konzernleitungsmacht in der Literatur vergleichbar zum aktienrechtlichen Vertragskonzern beurteilt. Die Weisungsbefugnis des herrschenden Unternehmens soll auch hier grundsätzlich eines Beherrschungsvertrages bedürfen (vgl. Emmerich/Habersack, Aktien- und GmbH-Konzernrecht, AktG § 291 Rn. 43). Auch bei der abhängigen GmbH muss die Gesellschafterversammlung zustimmen, damit ein Beherrschungs- und/oder Gewinnabführungsvertrag wirksam zustande kommt. Umstritten ist, ob für diese Zustimmung eine Dreiviertelmehrheit ausreicht oder ob Einstimmigkeit erforderlich ist (vgl. Emmerich/Habersack, Aktien- und GmbH-Konzernrecht, AktG § 293 Rn. 40–44). Die Grundsätze der aktienrechtlichen Regelungen zur Änderung und Beendigung von Unternehmensverträgen einschließlich des Erfordernisses von Sonderbeschlüssen lassen sich ebenfalls auf die GmbH übertragen.

Die Rechtsfolgen für Gläubiger und Minderheitsgesellschafter entsprechen im Kern denjenigen des Aktienrechts. Zwar fehlt eine vergleichbare Verpflichtung zur Dotierung von Rücklagen, völlig unumstritten ist aber die Pflicht des herrschenden Unternehmens zum Verlustausgleich wie in § 302 AktG (vgl. Emmerich/Habersack, Aktien- und GmbH-Konzernrecht, AktG § 302 Rn. 25). Auch der Anspruch der Gläubiger auf Absicherung analog zu § 303 AktG wird zumindest überwiegend anerkannt (vgl. Emmerich/Habersack, Aktien- und GmbH-Konzernrecht, AktG § 303 Rn. 3). Bei den Minderheitsgesellschaftern wird der Anspruch auf angemessene Abfindung nach dem Vorbild von § 305 AktG nicht bezweifelt. Etwas unsicher ist dagegen, ob auch ein angemessener Ausgleich analog zu § 304 AktG angeboten werden muss (vgl. Emmerich/Habersack, Aktien- und GmbH-Konzernrecht, AktG § 305 Rn. 8, § 304 Rn. 11–12). Da der Ausgleich aber im Blick auf die mögliche Vertragsbeendigung ohnehin das schwächere Band für die Anspruchseinheit bildet, ist diese Unsicherheit weniger wichtig. Bedeutsam ist vielmehr die Bestätigung des Vertragskonzerns als letztliche Anspruchseinheit auch bei abhängigen Gesellschaften mit beschränkter Haftung.

B.2.7 Die Regulierung von Unternehmensübernahmen

Das Wertpapiererwerbs- und Übernahmegesetz (WpÜG) vom 20.12.2001 (BGBl I S. 3822) gibt erstmals dem Konzernrecht zuzurechnende deutsche Übernahmeregelungen vor, die zu befolgen sind,

- wenn eine natürliche oder juristische Person oder eine Personengesellschaft allein oder gemeinsam mit anderen (der Bieter), die die Kontrolle über eine AG oder KGaA mit Sitz im Inland (die Zielgesellschaft) noch nicht erlangt hat, ein freiwilliges Übernahmeangebot abgeben möchte, das ihr die Kontrolle in Form von mindestens 30 % der Stimmrechte verschaffen soll, bzw.
- weil jemand, der auf Basis des Haltens von mindestens 30 % der Stimmrechte die Kontrolle über eine AG oder KGaA bereits erlangt hat, den übrigen Aktionären ein Pflichtangebot zur Übernahme ihrer Aktien unterbreiten muss.

Die allgemeinen Grundsätze schreiben die Gleichbehandlung aller Aktionäre gleicher Gattung, die ausreichende Information der Aktionäre, das Handeln von Vorstand und Aufsichtsrat der Zielgesellschaft im Interesse dieser Gesellschaft, ein rasches Verfahren und die Vermeidung von Marktverzerrungen vor (§ 3 WpÜG).

Eine freiwillige Übernahme wird geheim vorbereitet. Sobald sich der Bieter aber für die Abgabe eines Übernahmeangebots entschieden hat, muss er diese Entscheidung zunächst den Geschäftsführern der betroffenen Börsen und der Bundesanstalt für Finanzdienstleistungsaufsicht (BAFin), dann der Öffentlichkeit und endlich dem Vorstand der Zielgesellschaft mitteilen, der Betriebsrat oder Arbeitnehmer unterrichtet (§ 10 WpÜG).

Davon getrennt sind die in deutscher Sprache abzufassenden Angebotsunterlagen. Damit auf fundierter Basis über Annahme oder Ablehnung entschieden werden kann, enthalten sie Angaben über den Bieter, die Zielgesellschaft und deren Wertpapiere, die Gegenstand des Angebots sind, Art und Höhe der gebotenen Gegenleistung, eventuelle Bedingungen für die Wirksamkeit des Angebots sowie Beginn und Ende der Annahmefrist, ergänzt um Angaben über die Fähigkeit des Bieters, sein Angebot zu erfüllen, über seine Absichten mit der Zielgesellschaft und seine Angebote an deren Vorstand und Aufsichtsrat (§ 11 WpÜG). Der Bieter haftet bei Unrichtigkeit und Unvollständigkeit wesentlicher Angaben in den Angebotsunterlagen und muss sicherstellen, dass er über die zur Erfüllung seines Angebots erforderlichen Mittel rechtzeitig verfügt. Die Angebotsunterlagen sind innerhalb von vier Wochen nach Veröffentlichung der Entscheidung zur Abgabe eines Übernahmeangebots der BAFin zur Prüfung einzureichen. Sie müssen veröffentlicht werden, sobald dies gestattet wurde oder wenn zehn Tage nach Eingang bei der Bundesanstalt kein Widerspruch erfolgte (§ 14 WpÜG). Der Vorstand der Zielgesellschaft, dem die Angebotsunterlagen unverzüglich nach deren Veröffentlichung zu übermitteln sind, hat eine „begründete Stellungnahme" zu dem Angebot abzugeben. Darin muss er eingehen auf die angebotene Gegenleistung, die zu erwartenden Folgen der Übernahme für die Zielgesellschaft und ihre Beschäftigten, die vom Bieter verfolgten Ziele sowie zu der Frage, ob die Vorstands- und Aufsichtsratsmitglieder, soweit sie Aktionäre sind, dem Angebot zustimmen werden (§ 27 WpÜG). Bis zur Offenlegung der Zahl der vom Bieter nach Ablauf der letzten Annahmefrist erworbenen Aktien darf der Vorstand der Zielgesellschaft den Erfolg der Übernehme nicht zu behindern versuchen. Davon ausgenommen sind Versuche, ein konkurrierendes Angebot zu erhalten, vom Aufsichtsrat gedeckte Handlungen und solche, zu denen der Vorstand von einer vor Veröffentlichung der Angebotsunterlagen einberufenen Hauptversammlung ermächtigt wurde (§ 33 WpÜG).

Das Übernahmeangebot muss den Aktionären der Zielgesellschaft eine im Vergleich zum durchschnittlichen Börsenkurs und zu den vom Bieter bisher gezahlten Preisen angemessene Gegenleistung in Euro oder in liquiden, zum Handel an einem organisierten Markt zugelassenen Aktien bieten. Ein Barangebot ist allerdings vorgeschrieben, wenn der Bieter in den drei Monaten vor Veröffentlichung seiner Entscheidung zur Abgabe eines Übernahmeangebots insgesamt mindestens 5 % oder wenn er nach der Veröffentlichung seiner Entscheidung zur Abgabe des Übernahmeangebots bis zum Ende der Annahmefrist mindestens 1 % der Aktien oder Stimmrechte der Zielgesellschaft gegen Zahlung von Geld erwirbt. Auch muss die im Übernahmeangebot festgelegte Gegenleistung um den Wert des Unterschiedsbetrags aufgestockt werden, wenn der Bieter oder mit ihm gemeinsam handelnde Personen innerhalb der Annahmefrist Aktien der Zielgesellschaft für eine verglichen mit dem Angebot höhere Gegenleistung erwerben. Als Geldleistung in Euro sind diese Nachbesserungen zu leisten, wenn der Bieter oder mit ihm gemeinsam Handelnde Aktien der Zielgesellschaft innerhalb eines Jahres nach Ablauf der Annahmefrist abseits der Börse zu höheren Gegenleistungen erwerben (§ 31 WpÜG). Dabei muss sich ein Übernahmeangebot stets auf den Erwerb aller Aktien der Zielgesellschaft richten. *„Ein Übernahmeangebot, das sich nur auf einen Teil der Aktien der Zielgesellschaft erstreckt, ist … unzulässig"* (§ 32 WpÜG).

Die Annahmefrist, in der die Aktionäre der Zielgesellschaft über das Übernahmegebot entscheiden, beginnt mit der Offenlegung der Angebotsunterlagen nach deren Prüfung durch die Bundesanstalt und läuft grundsätzlich über 4 bis 10 Wochen. Die im Übernahmeangebot angegebene Annahmefrist verlängert sich um 2 Wochen, wenn dieses Angebot innerhalb der letzten beiden Wochen der ursprünglichen Frist geändert wird (§ 16 WpÜG). Zu solchen Änderungen in Form von Erhöhungen der Gegenleistung, Erweiterungen der Wahlmöglichkeiten bei der Form der Gegenleistung oder dem Verzicht auf Bedingungen ist der Bieter bis zum letzten Werktag vor Ablauf der Annahmefrist befugt. Allerdings dürfen dann auch die Aktionäre der Zielgesellschaft ihre Annahme des alten Angebots rückgängig machen (§ 21 WpÜG). Das Ende der Annahmefrist des ursprünglichen Angebots wird zudem auf das Ende der Annahmefrist eines konkurrierenden Angebots eines Dritten ausgeweitet. So können Aktionäre der Zielgesellschaft, die sich vor Veröffentlichung des konkurrierenden für das ursprüngliche Angebot entschieden hatten, ihre Entscheidung bis zum Ende der gemeinsamen Frist revidieren (§ 22 WpÜG). Während der Annahmefrist müssen zunächst wöchentlich und in der letzten Woche täglich die Zahlen der Aktionäre und Stimmrechte offengelegt werden, über die der Bieter und mit ihm gemeinsam handelnde Personen bereits verfügen oder über die ihm Annahmeerklärungen vorliegen. Entsprechende endgültige Zahlen müssen unverzüglich nach Ablauf der Annahmefrist und nach einer Nachfrist von weiteren 2 Wochen veröffentlicht werden (§ 23 WpÜG).

Ein Pflichtangebot zum Erwerb aller Aktien der Zielgesellschaft nach weitgehend gleichen Regeln und Grundsätzen muss derjenige vorlegen, der mit 30 % der Stimmrechte die Kontrolle über eine börsennotierte AG oder KGaA besitzt. Er hat 7 Tage Zeit, die Erlangung der Kontrolle bekannt zu geben und weitere 4 Wochen, um der Bundesanstalt seine Angebotsunterlage zu übermitteln. Da ein freiwilliges Übernahmeangebot bereits auf die Übernahme aller Aktien gerichtet sein musste, entfällt allerdings die Pflicht zum erneuten Angebot, wenn auf Basis des ersten Angebots zwar die Kontrollmehrheit, nicht aber alle Aktien erworben wurden (§ 35 WpÜG). Außerdem kann die Bundesanstalt für Finanzdienstleistungsaufsicht von der genannten Pflicht auf Antrag befreien, wenn die mindestens 30 % der Stimmrechte auf besondere Weise erworben wurde (z. B. im Rahmen einer Sanierung), die Kontrolle nicht beabsichtigt (z. B. vorübergehender Erwerb) oder angesichts der Verteilung der Stimmrechte nicht möglich ist.

Die Nichteinhaltung der vom Wertpapiererwerbs- und Übernahmegesetz auferlegten Gebote wird mit Sanktionen bedroht. Zunächst ruhen nach § 59 WpÜG einige Rechte aus den Aktien des Bieters – vor allem deren Stimmrechte, nicht aber deren Dividendenansprüche –, wenn ein erforderliches Pflichtangebot nicht unterbreitet wird. In diesem Fall müssen zudem den Aktionären der Zielgesellschaft auf die geschuldete Gegenleistung Zinsen von fünf Prozentpunkten über den Basiszins nach § 247 BGB gezahlt werden (§ 38 WpÜG). Schließlich drohen bei verschiedenen Verstößen gegen die Vorschriften jeweils Bußgelder zwischen 200.000 und einer Million Euro (§ 60 WpÜG).

Weil Übernahmevorschriften konzernimmanente Konflikte im Vorfeld regeln, bevor die Mehrheit ihren Einfluss zum eventuellen Schaden der Minderheit ausnutzen kann, vermeiden sie zahlreiche Probleme, die sich vor allem nach den Erfahrungen mit dem faktischen Konzern als praktisch unlösbar erwiesen haben (Nachteilsausgleich, Wahrung der abhängigen Gesellschaft als Trägerin eigenständiger unternehmerischer Interessen beispielsweise). Sogar Probleme des Vertragskonzerns werden umgangen, soweit sie aus Vertragsänderungen oder aus der Tatsache stammen, dass die Minderheiten alle Entscheidungen im Blick auf die drohende Alternative faktischer Konzerne treffen müssen. Als unausweichlich erweisen sich allerdings die Probleme der Unternehmensbewertung. Sie treten bei der notwendigen Unterbreitung eines Angebots auf Gegenleistung in Euro oder in Aktien und bei der Prüfung dieses Angebots dahingehend erneut auf, ob das Angebot nicht zu gering angesetzt wurde. Die Problematik wird freilich in Fällen, in denen der Bieter abseits des Übernahmeangebots Aktien zu besseren Konditionen erwirbt, durch die Pflicht zum Ausgleich der Differenz etwas gemildert. Der frühzeitige Eingriff in das Geschehen reduziert zudem nicht nur das Risiko eines Abschlags vom Wert der Zielgesellschaft aufgrund der drohenden oder gar bereits vollendeten Konzerneinbindung, sondern hält sogar die Chance auf konkurrierende Übernahmeangebote zu Gunsten der Aktionäre der Zielgesellschaft und der Gesamtwirtschaft (optimale Politik in der Zielgesellschaft) offen. Insoweit beugt das Übernahmegesetz einigen Problemen vor, die sich durch ein Konzernrecht nur begrenzt lösen lassen.

Freilich kann – wie das Angebot von Porsche für VW 2007 gezeigt hat – die Regelung durch ein bewusst niedriges Übernahmeangebot unterlaufen werden. Zudem beseitigt das Übernahmegesetz die Risiken aus einer Konzernbindung nicht vollständig. Die Minorität der Aktionäre der Zielgesellschaft, die sich gegen das Übernahmeangebot entscheidet, wird zu Minderheitsaktionären in einem Konzern. Da sie sich durch eigene Entscheidung in diese Position gebracht hat, lässt sich zwar über die Notwendigkeit zu weiterem Schutz durch ein Konzernrecht streiten, solange aber das deutsche Konzernrecht Bestand hat, wirkt es auch für diese Minderheit. Der eher unwahrscheinliche Verbleib von beachtlichen Minderheiten kann der Mehrheit zudem Verhaltensweisen nahelegen, die den Gläubigern der Zielgesellschaft zu schaden vermögen. Der Schutz der Gläubiger durch ein Konzernrecht bleibt insoweit bedeutsam, zumal sie ohne eigenes Zutun dem zusätzlichen Risiko ausgesetzt werden. Dabei bietet ihnen der faktische Konzern auf Basis des Nachteilsausgleichs weiterhin nur einen schwachen Schutz, und der Abschluss eines Beherrschungsvertrags mit dem für die Gläubiger umfassenderen Schutz des Vertragskonzerns wird nach einem Übernahmeverfahren eher unwahrscheinlich. Jedenfalls bestimmt auch nach einer Übernahme das Konzernrecht die Anspruchseinheit, gegen die sich die Ansprüche von Minderheitsaktionären und Gläubigern richten.

B.3 Zur Ausrichtung des Konzernabschlusses auf seine Informationsfunktion

B.3.1 Einleitung

Als Leitlinien für die Ausrichtung des Konzernabschlusses auf seine Informationsfunktion sind die unter B.1. beschriebenen Anforderungen an den Konzernabschluss als Informationsinstrument und dabei speziell die Forderung nach Berücksichtigung der Besonderheiten des Konzerns noch zu vage. Sie bedürfen vor dem Hintergrund des Konzernrechts der Präzisierung. Vor allem muss untersucht werden, welche Bedeutung den beiden besonderen Perspektiven des Konzerns – der Perspektive einheitlicher Leitung und der Perspektive der Anspruchseinheiten – für die Ausrichtung des Konzernabschlusses auf seine Informationsfunktion zukommt.

Allerdings dürfen die Grenzen einer solchen Untersuchung nicht übersehen werden. Sie ergeben sich vor allem aus dem unzulänglichen Wissen darüber, wie traditionelle Jahresabschlüsse informieren, wie sie die Erwartungen der außenstehenden Eigner und Gläubiger über die relevanten Konsequenzen aus ihrer Beteiligung an dem jeweiligen Unternehmen oder Konzern beeinflussen. Das Problem der insoweit unzureichenden Grundlagen wird im Folgenden dadurch zu lösen versucht, dass der Untersuchung explizite Annahmen zugrunde gelegt werden. Diese Annahmen betreffen die für die außenstehenden Eigner und Gläubiger zentralen Inhalte eines traditionellen Jahresabschlusses und bestimmte Eigenschaften, die diese Größen haben müssen, um informativ zu sein.

Im Anschluss an die Diskussion der grundlegenden Annahmen soll für die verschiedenen, als zentral angesehenen Jahresabschlussinhalte geprüft werden, ob sie aus der Sicht von vier Gruppen von Interessenten in den Einzelabschlüssen von Konzernunternehmen ungeeignet abgebildet werden und daher einer verbesserten Abbildung im Konzernabschluss bedürfen. Dabei werden als Gruppen die Eigner und Gläubiger des herrschenden Konzernunternehmens als der Muttergesellschaft (M-Eigner, M-Gläubiger) sowie die außenstehenden, nicht konzerngebundenen Eigner und Gläubiger von abhängigen Konzernunternehmen als Tochtergesellschaften (T-Eigner, T-Gläubiger) betrachtet. Die Vielfalt möglicher Konzernformen wird, gestützt auf die Grundlinien des Konzernrechts, auf nur zwei wichtige Alternativen reduziert, den (einfachen) faktischen Konzern mit seiner Vielfalt der Anspruchs- und Haftungseinheiten und den Vertragskonzern, bei dem im Ergebnis letztlich die Anspruchs- und Haftungsgrundlagen zu einer Einheit verschmelzen.

B.3.2 Zentrale Inhalte des traditionellen Jahresabschlusses als Informationsinstrument und ihre wichtigsten Eigenschaften

Eigner und Gläubiger von Unternehmen sind im Grunde zunächst an zwei Sachverhalten eines Unternehmens interessiert, an den in Zukunft aus dem Unternehmen an die Eigner voraussichtlich fließenden Dividenden (Erfolgskraft) und an der Wahrscheinlichkeit, mit der das Unternehmen in Zukunft in der Lage sein wird, seinen fälligen Zahlungsverpflichtungen nachzukommen (Liquidität). Beide Eigenschaften hängen – durch heterogene Information gegebenenfalls gestört – zusammen, denn nachhaltige, künftige Erfolgskraft signalisiert den Gläubigern zugleich die Erfüllung ihrer Ansprüche und damit eine Kreditwürdigkeit. Für den Fall, dass das Unternehmen insolvent zu werden droht, richtet sich insbesondere das Interesse der Gläubiger zusätzlich auf die Höhe des bei Insolvenz noch verfügbaren Vermögens, auf den Umfang der diesem Vermögen gegenüberstehenden Gläubigeransprüche und auf eventuelle Prioritäten innerhalb der Gläubigeransprüche (Zerschlagungsfolgen).

Unmittelbar sagt der traditionelle Jahresabschluss allerdings weder über Erfolgskraft noch über künftige Liquidität oder künftige Zerschlagungsfolgen etwas aus. Er informiert vielmehr nur über vergangene Erfolge und Komponenten, aus denen sie sich ergeben, sowie über Strukturen bei Vermögen und Kapital, die allenfalls vage Schlüsse auf die Liquidität und die Folgen einer eventuellen Zerschlagung eines Unternehmens erlauben. Wird davon ausgegangen, dass Erwartungen über die zukünftige Erfolgskraft – soweit sie sich überhaupt auf traditionelle Jahresabschlüsse stützen lassen – gebildet werden, indem vergangene Erfolge auf ihre Nachhaltigkeit analysiert und entsprechend dem Ergebnis dieser Analyse differenziert in die Zukunft projiziert werden, und dass trotz aller Unzulänglichkeiten Prognosen zu Liquidität und Zerschlagungsfolgen auf Strukturuntersuchungen von Vermögen, Eigenkapital und Schulden gestützt werden, dann sind Eigner und Gläubiger, bezogen auf den traditionellen Jahresabschluss, an drei Größen interessiert,

- dem Gewinn, einschließlich der Komponenten, aus denen er sich ergibt, insbesondere Umsätzen und zentralen Aufwandspositionen,
- dem Vermögen und
- dem Kapital eines Unternehmens.

Hinsichtlich der besonderen Eigenschaften, die die aus traditionellen Jahresabschlüssen ableitbaren Gewinne, Vermögen und Kapitalien aufweisen sollten, um voraussichtlich für die externen Eigner und Gläubiger aussagefähig zu sein, erscheinen drei besonders wichtig.

Die Eigner und – soweit ihnen Erfolgskraft als Indikator für Kreditwürdigkeit dient – auch die Gläubiger werden sich nur für die für sie relevanten Gewinne interessieren. Das sind für die Eigner in erster Linie die Gewinne, an denen sie anteilig durch Ausschüttungen partizipieren, bzw. solche Gewinne, die zumindest wegen ihrer sachlichen Abgrenzung auf die Einheit, an deren Erfolg die Eigner durch Ausschüttungen beteiligt sind, am ehesten Schlüsse auf die von ihnen zu erwartenden Ausschüttungen zulassen. Für die Gläubiger gilt analog, dass sie sich für die Gewinne der Haftungseinheit interessieren, die für den von ihnen gewährten Kredit einzustehen hat. Vergleichbares gilt auch für Vermögen und Kapital, soweit diese als Grundlagen für die Abschätzung der Folgen einer eventuellen Zerschlagung dienen sollen. Vermögen und Kapital als Basis einer Liquiditätsbeurteilung dagegen können weiter zu ziehen sein, wenn Liquiditätshilfen zwischen den Unternehmen zu erwarten und möglich sind.

Gewinne, Vermögen und Kapital müssen aber nicht nur sachlich auf eine geeignete Bezugseinheit abgegrenzt sein, sondern sie müssen sich auch inhaltlich rechtfertigen lassen. In diesem Zusammenhang spielt sicher die Manipulierbarkeit eine große Rolle. Der traditionelle Jahresabschluss zeichnet sich sowohl durch unvermeidliche Ermessensspielräume als auch durch im Grunde vermeidbare, vom Gesetzgeber aber bewusst eingeräumte Wahlrechte aus. Insoweit sind von subjektivem Ermessen und bilanzpolitischen Überlegungen unabhängige Abbildungen der zentralen Größen nicht möglich. Im Konzern besteht aber zusätzlich der Verdacht, dass sich die zentralen Größen des Jahresabschlusses durch geeignete Transaktionen wie Käufe, Kreditgewährungen oder Kapitalveränderungen innerhalb des Konzerns gezielt und in erheblichem Umfang verändern lassen. Hinsichtlich des Informationsgehalts wird davon ausgegangen, dass insoweit von realen Transaktionen weniger beeinflussbare Jahresabschlussgrößen vorzuziehen sind.

Die Frage, inwieweit dem Vorsichtsprinzip gefolgt wird, ist ein weiteres inhaltliches Kriterium. Vorsicht findet seine Rechtfertigung in der Funktion der Ausschüttungsbegrenzung im Interesse der Sicherung eines Mindesthaftungspolsters für die Gläubiger. In einer reinen Informationsrechnung dagegen lässt sich Vorsicht nicht uneingeschränkt rechtfertigen, zumal dann, wenn sie im Verein mit Kongruenz und Wahlrechten genutzt werden kann, um in guten Zeiten stille Reserven zu sammeln, die dann bei Eintritt ungünstiger Entwicklungen unbemerkt aufgelöst werden.

B.3.3 Informationsdefizite von Einzelabschlüssen im Vertragskonzern

Beim Vertragskonzern weisen die beiden besonderen Perspektiven des Konzerns in die gleiche Richtung. Sowohl die einheitliche Leitung als auch die Anspruchseinheit greifen über das einzelne Unternehmen hinaus und liegen bei dem Vertragskonzern als neuer wirtschaftlicher Einheit. Dementsprechend sind erhebliche Informationsdefizite in den Einzelabschlüssen und eine hohe Dringlichkeit für einen Konzernabschluss zu erwarten.

Wenig vertrauenswürdig und zumindest als Basis für Ertragskraftprognosen irrelevant sind schon die Aufwands- und Ertragspositionen in den Erfolgsrechnungen der einzelnen Konzernunternehmen sowie die sich daraus ergebenden Einzelerfolge. Entsprechend den umfassenden Weisungsbefugnissen der Muttergesellschaft können Geschäfte mit den Tochtergesellschaften geschlossen werden, denen „*ein ordentlicher und gewissenhafter Geschäftsleiter einer unabhängigen Gesellschaft*" (§ 317 Abs. 2 AktG) nicht zugestimmt hätte. Sowohl die Volumina bestimmter Aufwendungen und Erträge als auch die Verteilung der Erfolge zwischen den Konzernunternehmen und sogar die Höhe der Erfolge aller Konzernunternehmen lassen sich durch Transaktionen innerhalb des Konzerns erheblich beeinflussen, letztere etwa durch den Kauf solcher Anlagegegenstände, in deren Wertansätzen stille Reserven verborgen sind, oder von immateriellen Anlagegegenständen, die der Verkäufer selbst geschaffen hat und im Einzelabschluss nicht aktiviert hat oder nicht aktivieren konnte. Zugleich ist für die langfristige Zielerreichung aller Eigner und Gläubiger im Konzern die Ertragskraft des Gesamtkonzerns entscheidend. Für die T-Eigner gilt das nicht nur, weil die Muttergesellschaft letztlich für den Ausgleich einstehen muss, sondern zumindest beim variablen Ausgleich auch wegen des vom Erfolg der Mutter abhängigen Umfangs des Ausgleichs. Für die T-Gläubiger gilt es, weil die Muttergesellschaft Verluste bei den Tochtergesellschaften ausgleichen und im Insolvenzfall für die Verbindlichkeiten der Tochtergesellschaften Sicherheit leisten muss, weil die Muttergesellschaft für ihre Verpflichtungen den gesamten Konzern mobilisieren kann und weil damit letztlich die Bonität des Konzerns entscheidend wird. Eine Erfolgsrechnung für den Konzern, die die Erträge und Aufwendungen des gesamten Vertragskonzerns zusammenfasst, die Transaktionen innerhalb des Konzerns aber und die daraus resultierenden Erfolge eliminiert, dürfte somit den Interessen der Eigner und Gläubiger des Vertragskonzerns eher als die Einzelerfolgsrechnungen entsprechen.

Das Desinteresse an Einzelerfolgen hat aber auch im Vertragskonzern Grenzen. Aus der Sicht des Konzerns als Einheit haben die Einzelerfolgsrechnungen den Charakter von Segment-Informationen, die Grundlage für eine differenzierte Projektion der Erfolgsentwicklung des Konzerns sein können. Auch bleiben die Bilanzgewinne der Einzelgesellschaften insoweit interessant, als sie für die unmittelbaren Ausschüttungsansprüche sowohl der M-Eigner als auch der T-Eigner bei variablem Ausgleich maßgeblich sind. Ein ähnliches Interesse kann bei bloßem Beherrschungsvertrag an den Bilanzgewinnen der Töchter bestehen, weil ein auf diese Gewinne gestützter Ausschüttungsanspruch dem Ausgleichsanspruch vorgeht, sofern er größer ist.

Zu den allgemeinen Zweifeln an der Aussagefähigkeit von Vermögen und Kapitalien, wie sie in traditionellen Jahresabschlüssen ausgewiesen werden, gibt es im Vertragskonzern weitere Argumente, die dafür sprechen, dass der Informationsgehalt dieser Größen in den Einzelabschlüssen der Unternehmen zusätzlich beeinträchtigt ist.

Angesichts des umfassenden Weisungsrechts der Muttergesellschaft erscheinen die Abgrenzungen der Vermögen und Kapitalien weitgehend willkürlich. Auf Basis dieses Weisungsrechts lassen sich nämlich die Vermögen der Gesellschaften beliebig verschieben, solange bei den Töchtern Reinvermögen in Höhe der um die Mindestrücklage erweiterten jeweiligen Grundkapitalien erhalten werden. Zusätzlich kann durch Kapitalerhöhungen bei den Töchtern und durch Kreditgewährungen innerhalb des Konzerns der Anschein eines veränderten Gesamtvolumens von Vermögen und Schulden geweckt werden, ein Anschein allerdings, den die Externen in einem reinen Vertragskonzern bei Vorliegen aller Einzelbilanzen der Unternehmen angesichts des gesonderten Ausweises von Forderungen und Verbindlichkeiten gegenüber verbundenen Unternehmen zumindest grob selbst bereinigen können.

Der mangelnden Verlässlichkeit der Einzelvermögen und -kapitalien steht ein begrenztes Interesse an diesen Größen gegenüber, weil die Zielerreichung aller Eigner und Gläubiger nicht von den Einzelunternehmen, sondern vom Vertragskonzern insgesamt abhängt. Soweit Vermögen und Kapitalien zur Abschätzung der Liquiditätsaussichten herangezogen werden sollen, ist zwar zu bedenken, dass auch im Vertragskonzern zumindest die einzelnen Tochterunternehmen für ihre Liquidität selbst verantwortlich sind, es also keine Pflicht der Mutter zur Sicherung ihrer Liquidität gibt, dass aber aus wirtschaftlichen Erwägungen heraus der Konzern die für ihn wichtigen Konzernunternehmen liquide erhalten und nicht zuletzt zu diesem Zweck die Finanzplanung zentralisieren wird. Insoweit ist weniger die Liquidität der Einzelunternehmen als die des Konzerns interessant. Sollte allerdings der Konzern die Illiquidität einzelner Tochterunternehmen hinzunehmen bereit sein, kommt es für deren ungesicherte Gläubiger weniger auf das Verhältnis von Haftungsmasse zu Verbindlichkeiten bei dem jeweiligen Tochterunternehmen, als vielmehr auf das entsprechende Verhältnis bei dem gesamten Vertragskonzern an, weil die Mutter für die Forderungen dieser

Gläubiger Sicherheit leisten muss und zur Erfüllung dieser Verpflichtung notfalls den gesamten Konzern einspannen wird.

B.3.4 Informationsdefizite von Einzelabschlüssen im faktischen Konzern

Die Prüfung der Frage, ob Einzelabschlüsse, gemessen an den in Teil B.3.2 beschriebenen Kriterien, gewichtige Informationsdefizite aufweisen, die sich gegebenenfalls durch eine Zusammenfassung der Einzelabschlüsse zu einem Konzernabschluss aufheben lassen, wird beim faktischen Konzern nicht so leicht fallen wie beim Vertragskonzern. Die Perspektive der einheitlichen Leitung und diejenige der Haftungseinheit führen im faktischen Konzern zu verschiedenen Grundaussagen, so dass eine nähere Analyse erforderlich ist. Zu diesem Zweck werden innerhalb dieses Abschnitts sowohl faktische Konzerne mit als auch solche ohne Minderheitseigner bei den Tochtergesellschaften betrachtet. Obendrein muss streng zwischen den Informationsinteressen der Eigner und Gläubiger der Muttergesellschaft und denjenigen der Gläubiger und gegebenenfalls auch der Minderheitseigner der Tochtergesellschaften unterschieden werden.

Für Gläubiger und Minderheitseigner der Tochtergesellschaften (T-Gläubiger und T-Eigner) werden – solange die Gläubiger nicht von der Muttergesellschaft zusätzlich abgesichert werden – allein die Einzelabschlüsse der Konzerngesellschaften relevant sein, an denen sie jeweils „beteiligt" sind. Selbst wenn es im faktischen Konzern möglich ist, die Tochterunternehmen in die Gesamtstrategie des Konzerns einzuordnen, bleibt es für diese Personen dabei, dass sich ihre Ansprüche auf Dividenden bzw. auf Verzinsung und Tilgung nur gegen ihre Tochtergesellschaften richten. T-Eigner und T-Gläubiger müssen insoweit auf den Nachteilsausgleich bauen. Gelingt es mit Hilfe dieses Schutzsystems nicht, die Muttergesellschaft daran zu hindern, dass sie sich zu Lasten der Tochtergesellschaft Vorteile durch Geschäfte mit dieser verschafft, so haben die T-Eigner und T-Gläubiger die Folgen zu tragen. Ein zusammenfassender Konzernabschluss, der den Vorteil der Mutter und den Schaden der Tochter aufrechnet, führt zumindest aus Sicht der Beteiligten des Tochterunternehmens zu falschen Eindrücken. Wird dagegen das Schutzsystem des Nachteilsausgleichs wirksam, dem Nachteil der Tochter also ein Anspruch an die Mutter auf Nachteilsausgleich gegenübergestellt, so bedarf es keines Konzernabschlusses mehr, um die Folgen dieser Transaktion innerhalb des Konzerns zu neutralisieren, denn das geschieht insoweit schon in den Einzelabschlüssen.

Soweit Vermögen und Kapital als Grundlagen für die Bildung von Erwartungen über die künftige Liquidität oder über die möglichen Zerschlagungsfolgen dienen sollen, werden für die T-Eigner und die T-Gläubiger ebenfalls in erster Linie die entsprechenden Größen des Unternehmens interessant sein, an dem sie beteiligt sind. Für die Liquidität des Tochterunternehmens hat primär dieses Unternehmen selbst zu sorgen, denn eine Verpflichtung des Mutterunternehmens gibt es nicht einmal im Vertragskonzern. Zur Abschätzung der Liquidität primär relevant ist somit der Einzelabschluss des jeweiligen Tochterunternehmens. Allerdings wird die Mutter – gegebenenfalls unter Mobilisierung von Liquiditätsreserven aus dem gesamten Konzern – Liquiditätshilfe leisten, wenn das in ihrem Interesse liegt und sie dazu in der Lage ist. Wer folglich davon ausgeht, dass die Mutter zur Hilfe bereit ist, wird sich für die Fähigkeit der Muttergesellschaft und des von ihr geleiteten Konzerns interessieren, Liquiditätshilfe zu leisten. Soweit er sich dazu auf einen traditionellen Jahresabschluss stützt, wird er einen zusammenfassenden Konzernabschluss benötigen. Schon bei der Beantwortung der Frage aber, ob sich die Liquiditätshilfe für die Mutter lohnt, geht es wieder um die Attraktivität der Tochter und diese zeigt sich – wenn überhaupt – im Einzelabschluss der Tochter. Zur Abschätzung der Folgen einer Insolvenz bei dem Tochterunternehmen eignet sich erneut allenfalls die Einzelbilanz dieses Tochterunternehmens, soweit das Mutterunternehmen oder andere Konzernunternehmen den T-Gläubigern nicht besondere Sicherheiten eingeräumt haben. Aufgrund der im faktischen Konzern weiter bestehenden Haftungsgrenzen zwischen den Konzernunternehmen hat ein T-Gläubiger nur Ansprüche gegen die jeweilige Konzerntochter, und die Haftungsmasse dieses Unternehmens teilt er sich – den Prioritäten entsprechend – auch nur mit den anderen Gläubigern des betreffenden Tochterunternehmens.

Für die Eigner und Gläubiger der Konzernobergesellschaft (M-Eigner und M-Gläubiger) ergibt sich ein differenziertes Bild.

Am Erfolg des Einzelabschlusses der Obergesellschaft, der wegen der Ausschüttungsbemessungsfunktion dieses Abschlusses ohnehin von zentralem Interesse ist, sind nicht unbedingt Zweifel angebracht. Trotz einheitlicher Leitung, die nach herrschender, aber nicht unumstrittener Meinung auch im faktischen Konzern möglich ist, wird zumindest vom Gesetzgeber davon ausgegangen, dass die Schutzmechanismen im faktischen Konzern – insbesondere der Nachteilsausgleich und der Abhängigkeitsbericht – Erfolgsmanipulationen zu Lasten der abhängigen Gesellschaft verhindern. Selbst wenn gewisse Wirksamkeitsschranken dieses Schutzsystems berücksichtigt werden, sollte der Erfolg im faktischen anders als im Vertragskonzern nur in Grenzen beeinflussbar sein. Zugleich ist der Erfolg schon im Einzelabschluss der Obergesellschaft in dem Sinne umfassend, dass er die Erfolge der Tochtergesellschaften beinhaltet, soweit diese Erfolge den Beteiligungsquoten entsprechend der Obergesellschaft zustehen. Dass dabei die Erfolge der Tochterunternehmen meist nicht im Jahr ihrer Entstehung bei der Tochter, sondern erst in einem späteren Jahr bei Zufluss zur Mutter berücksichtigt werden, so dass sich im Erfolg des Einzelabschlusses der Obergesellschaft Komponenten aus verschiedenen Entstehungsjahren mischen, spricht eher gegen die bisher praktizierte Methode der Erfassung von Erfolgen der Tochterunternehmen in Einzelabschlüssen ihrer Mütter als gegen den Einzelabschluss generell. Ähnlich problematisch, aber durch Einsatz der Equity-Methode im Einzelabschluss überwindbar, ist die Tatsache, dass im Einzelabschluss der Obergesellschaft nur die an sie ausgeschütteten Gewinne, nicht aber ihr Anteil an den gesamten Gewinnen und an den Verlusten der Tochtergesellschaften erfasst werden. Verluste bei den Tochtergesellschaften wirken sich im Einzelabschluss der Mutter nur dann aus, wenn sie zu Abschreibungen des Beteiligungsbuchwerts führen.

Allerdings gibt es auch im faktischen Konzern Argumente für ein Interesse der M-Eigner und M-Gläubiger an konsolidierten Erfolgsrechnungen des gesamten Konzerns. Selbst wenn sich in der Einzelerfolgsrechnung der Obergesellschaft die Erfolge aller Konzernunternehmen insoweit niederschlagen, wie sie den M-Eignern letztlich zustehen, so spiegelt diese Einzelerfolgsrechnung doch weder die gesamten Umsatzerlöse noch die Aufwendungen wieder, aus denen sich dieser Gesamterfolg ergeben hat. Die Einzelerfolgsrechnung der Obergesellschaft erlaubt also keine Schlüsse auf die Entstehung der Erfolge. Das dürfte besonders dann bedeutsam sein, wenn sich die Obergesellschaft im Wesentlichen auf die Konzernleitung beschränkt, Produktion und Absatz dagegen fast ausschließlich bei den Tochtergesellschaften erfolgen. Die Erfolgsrechnung der Obergesellschaft weist dann kaum Umsatzerlöse und Kosten der Produktion aus.

Hinsichtlich der Höhe des Erfolges sind durch eine konsolidierte Erfolgsrechnung für den faktischen Konzern insoweit Verbesserungen zu erwarten, als die Einzelerfolge der Konzerngesellschaften durch bestimmte Transaktionen innerhalb des Konzerns beeinflusst werden können, die vom Schutzsystem des faktischen Konzerns nicht neutralisiert werden. Auch innerhalb des faktischen Konzerns können Gegenstände gehandelt werden, in deren Wertansätzen beim Veräußerer sich stille Reserven verbergen. Ferner können im Einzelabschluss nicht aktivierbare oder nicht aktivierte, originäre immaterielle Anlagegegenstände durch Erwerb innerhalb des Konzerns scheinbar zu derivativen immateriellen Anlagen gewandelt und aktiviert werden, was den Erfolg des verkaufenden Konzernunternehmens und damit indirekt zumindest vorübergehend auch den Erfolg der Konzernobergesellschaft erhöht. Wieder darf aber nicht übersehen werden, dass solche Erfolgsbeeinflussungen etwa auf der Grundlage des Sale and Lease back auch nicht konzerngebundenen Einzelgesellschaften offenstehen, also ein Maßstab angelegt wird, dem die Einzelerfolge unabhängiger Unternehmen nicht unbedingt genügen.

Nicht eindeutig beantworten lässt sich die Frage, ob Vermögen und Kapital im Einzelabschluss der Obergesellschaft oder in einem Konzernabschluss so abgebildet werden, wie es den Informationsbedürfnissen von M-Eignern und M-Gläubigern im faktischen Konzern entspricht. Bezogen auf die Abschätzung der künftigen Liquidität verdient ein zusammenfassender Konzernabschluss den Vorzug, obwohl es dabei bleibt, dass im faktischen Konzern jedes Unternehmen selbst für seine Liquidität sorgen muss. Das Schutzsystem des faktischen Konzerns stellt nur auf das vergangenheitsorientiert gemessene Vermögen der abhängigen Konzerngesellschaften ab. Es lässt folglich Liquiditätsverschiebungen innerhalb des Konzerns zu, solange die Vermögen der Tochtergesellschaften nicht beeinträchtigt werden bzw. solange die Beeinträchtigungen der Vermögen der Tochtergesellschaften mit dem Instrumentarium Nachteilsausgleich und Abhängigkeitsbericht nicht wirksam erfasst und verhindert werden können. Für die Liquidität der Obergesellschaft sind dementsprechend im Notfall die Liquiditätsreserven aller Konzernunternehmen mobilisierbar, und es wäre weltfremd anzunehmen, dass eine Konzernleitung diese Möglichkeiten nicht nutzt. Wenn überhaupt, können die Liquiditätsreserven des Konzerns nur aus einem zusammenfassenden Konzernabschluss entnommen werden.

Zweifel an der Aussagefähigkeit von Vermögen und Kapitalien einzelner Unternehmen im faktischen Konzern ergeben sich auch aus der Beeinflussbarkeit dieser Größen durch die Konzernleitung. Insbesondere dann, wenn Tochtergesellschaften zu 100 % der Obergesellschaft gehören, steht es im Belieben der Konzernleitung, wo sie in den Grenzen des Schutzsystems des faktischen Konzerns die Investitionen bremst und wo sie im Gegenteil die Investitionen forciert. Die Verteilung des Konzernvermögens und der Kapitalien auf die verschiedenen Gesellschaften erscheint insoweit willkürlich und wenig informativ. Soweit andererseits aber Minderheitseigner an den Tochtergesellschaften beteiligt sind und die Konzernleitungsmacht im faktischen Konzern Grenzen hat, die Vorstände der Tochtergesellschaften also nicht allein den Interessen der Mehrheit, sondern den Interessen aller ihrer Eigner und Gläubiger verpflichtet sind, gewinnt die Trennung der einzelnen Vermögen und Kapitalien auch für die Eigner und Gläubiger der Obergesellschaft wieder an Bedeutung. Nur das in der Einzelbilanz der Obergesellschaft ausgewiesene Vermögen kann dann uneingeschränkt eingesetzt werden. Die Vermögen der anderen Konzerngesellschaften dagegen sind zumindest insoweit als eigenständig zu respektieren, als sie nicht voll in einen nur auf die Interessen der Mehrheit ausgerichteten Konzern integriert werden dürfen. Die Gesellschaften müssen ihre Eigenständigkeit bewahren, damit der Nachteilsausgleich seine zentrale Grundlage behält und ein Verhalten eines ordentlichen und gewissenhaften Geschäftsleiters einer unabhängigen Gesellschaft vorstellbar bleibt.

Einzelabschlüsse der Obergesellschaft verdienen schließlich den Vorzug, wenn insbesondere die M-Gläubiger die möglichen Folgen einer Insolvenz abschätzen wollen. Auch bei Insolvenz der Obergesellschaft hat im faktischen Konzern die Aufteilung der Vermögen und Kapitalien auf die verschiedenen Konzerngesellschaften Bestand. Die Gläubiger der Obergesellschaft haben nur Ansprüche gegen diese Gesellschaft, und sie teilen sich auch nur mit den anderen Gläubigern dieser Obergesellschaft deren Haftungsmasse. Dabei wirken sich die Verbindungen der Obergesellschaft zu den übrigen Konzerngesellschaften allein dadurch aus, dass auch die Beteiligungen zur Masse gehören. Abgesehen von den wahrscheinlich problematischen Wertansätzen vermittelt der Einzelabschluss insoweit also ein geeignetes Bild. Problematisch wird es allerdings dann, wenn unterstellt wird, dass das Schutzsystem des faktischen Konzerns versagt. In diesem Fall kann der Vorstand der Obergesellschaft vor Eintritt der Insolvenz in seinem Bestreben, diese Insolvenz zu vermeiden, die Vermögen innerhalb des Konzerns vor allem zugunsten der Obergesellschaft verschieben. Zumindest im Vorfeld der Insolvenz wären also die Grenzen zwischen den Vermögen der Konzerngesellschaften durchlässig, und der Wert des Einzelabschlusses der Obergesellschaft als Basis für eine Abschätzung von Zerschlagungsfolgen wäre beschränkt.

B.4 Zu den Grundlagen des Konzernabschlusses de lege lata

B.4.1 Leitlinien des Gesetzgebers zur Konzernrechnungslegung versus theoretische Überlegungen zum Bedarf an Konzernabschlüssen

Zwischen den im vorangegangenen Abschnitt präsentierten Überlegungen zur Zweckmäßigkeit von Konzernabschlüssen als Informationsinstrumente einerseits und den Leitlinien andererseits, an denen sich der Gesetzgeber bei der Konzeption der Konzernrechnungslegungsvorschriften orientiert, bestehen erhebliche Spannungen.

Die zuvor dargestellten theoretischen Überlegungen führten zu einem sehr differenzierten Ergebnis. Nur im Fall des Vertragskonzerns, wo sowohl einheitliche Leitung als auch Anspruchseinheit gegeben waren, besteht allenthalben Bedarf an einem Konzernabschluss. Im faktischen Konzern dagegen behalten insbesondere aus der Sicht der Gläubiger und Minderheitseigner der Tochtergesellschaften die Einzelunternehmen als Anspruchseinheiten und die von ihnen aufgestellten Einzelabschlüsse große Bedeutung. Der auf den Konzern als einheitlich geleitetem Gebilde bezogene Konzernabschluss dagegen findet allein aus der Sicht der Eigner und Gläubiger der Obergesellschaft und auch lediglich im Blick etwa auf Umsätze und Aufwendungen oder im Blick auf Anhaltspunkte für die Liquidität der Konzernunternehmen Interesse. Eine eindeutige Überlegenheit des Konzernabschlusses gegenüber den Einzelabschlüssen der Konzernunternehmen ließ sich für den faktischen Konzern nicht nachweisen.

Im HGB und in den IFRS finden diese Probleme keinen Ausdruck. Der Gesetzgeber hat sich vielmehr entschieden, die Konzernrechnungslegungspflicht an das Kriterium des beherrschenden Einflusses (§ 290 Abs. 1 HGB) zu knüpfen, wobei es genügt, dass der beherrschende Einfluss ausgeübt werden kann. Nicht notwendig ist, dass er tatsächlich ausgeübt wird (§ 2901 Abs. 1 S. 1 HGB). Letztlich knüpft die Konzernrechnungslegungspflicht nach § 290 HGB deshalb an derselben Bedingung an wie das Abhängigkeitsverhältnis nach § 17 AktG. Damit wird die Bedingung für Konzernrechnungslegungspflicht nicht enger, sondern weiter gezogen, als es das Kriterium der einheitlichen Leitung für den aktienrechtlichen Konzern vorgibt. Gleichzeitig erfasst die Konzernrechnungslegungspflicht nach § 290 HGB wegen des Rückgriffs auf den beherrschenden Einfluss nur Unterordnungskonzerne, nicht aber auch Gleichordnungskonzerne gemäß § 18 Abs. 2 AktG.

Solange der Konzernabschluss die Einzelabschlüsse der Konzernunternehmen ergänzt, aber nicht ersetzt, scheint dieser Unterschied nur insofern Bedeutung zu haben, als die Pflichten zur Konzernrechnungslegung möglicherweise gemessen an den Kosten und Nutzen von Konzernabschlüssen etwas zu weit gehen. Tatsächlich aber

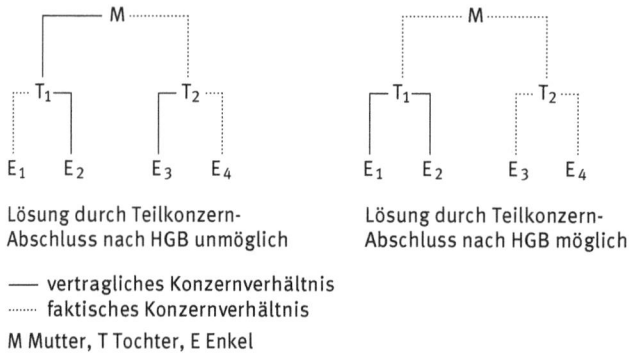

Abb. B.1: Teilkonzernabschluss und Haftungseinheit.

hat der Unterschied größere Bedeutung. Wenn in einem Konzernabschluss sowohl faktische Konzernunternehmen als auch solche eines Vertragskonzerns zusammengefasst werden, können aus der Einbindung derart unterschiedlicher Konzernunternehmen Beeinträchtigungen des Informationsgehalts resultieren. Aus der Sicht der Eigner und Gläubiger von Unternehmen des Vertragskonzerns interessieren auf jeden Fall die auf den Vertragskonzern als Anspruchseinheit bezogenen Daten. Die aber werden nicht geliefert. Verfügbar sind vielmehr Informationen über den Gesamtkonzern, in denen sich solche über den Vertragskonzern mit solchen über zusätzliche faktische Konzernunternehmen mischen. Mit den beschriebenen Einschränkungen werden vom Gesetzgeber zudem allenfalls die Informationsinteressen der Eigner und Gläubiger der Konzernobergesellschaft gesehen, soweit sich diese Interessen auf die Darstellung des Gesamtkonzerns beziehen. Interessen von Minderheiten bleiben unberücksichtigt.

Die gerade herausgearbeitete Problematik der gesetzlichen Regelung wird auch durch das grundsätzliche Recht entsprechender Minderheiten nicht beseitigt, Teilkonzernabschlüsse verlangen zu können (§ 291 Abs. 3 Nr. 2 HGB). Teilkonzernabschlüsse sind nämlich innerhalb eines „gemischten" Konzerns nur in dem Spezialfall Lösungen des hier aufgeworfenen Problems, wenn der oder die Vertragskonzerne innerhalb des gemischten Konzerns sich genau mit einem bzw. mehreren Teilkonzernen decken. Abbildung B.1 mit zwei Konzernen dürfte diese Aussage verdeutlichen.

B.4.2 Einheits- und Interessentheorie

Der Konzern, der sich dadurch auszeichnet, dass die in ihm zusammengefassten Einzelunternehmen in der Regel einheitlich durch die Obergesellschaft geleitet werden, soll im Konzernabschluss so dargestellt werden, als ob er auch wirtschaftlich eine Einheit bilden würde (vgl. Busse von Colbe u. a., Konzernabschlüsse, 2010, S. 38ff.; ADS, 6. Aufl., § 297 Tz. 39–40) bzw. als ob die einbezogenen *„Unternehmen insgesamt ein* *einziges Unternehmen wären*" (§ 297 Abs. 3 Satz 1 HGB). Diese Fiktion ist in der Literatur unter der Bezeichnung Einheitstheorie bekannt, und sie wird vom HGB-Gesetzgeber wie vom Standardsetter IASB sehr weitgehend akzeptiert. Dementsprechend prägt sie nicht nur den größten Teil der in späteren Kapiteln dieses Buches noch im Detail zu erläuternden Vorschriften zur Konzernrechnungslegung, sondern sie ist auch die wichtigste Grundlage zur Ausfüllung von Gesetzeslücken, also zur Lösung solcher Detailprobleme, die im Gesetz nicht explizit geregelt wurden.

Der Einheitstheorie erscheint der Konzern als ein einheitliches Unternehmen, in dem die einzelnen Konzerngesellschaften Abteilungen oder Teilbetrieben dieses Unternehmens vergleichbar sind. Entsprechend diesem Vorbild müssen dann im Konzernabschluss als dem Abschluss der gesamten Einheit alle Vermögensgegenstände und Schulden sämtlicher „Abteilungen" zusammengefasst werden. Beteiligungen zwischen den „Abteilungen" kann es ebenso wenig geben wie Umsätze aus gegenseitigen Lieferungen oder Forderungen und Verbindlichkeiten untereinander. Gewinne dürfen nicht schon dann realisiert werden, wenn eine „Abteilung" an eine andere liefert, sondern erst dann, wenn die Produkte die wirtschaftliche Einheit Konzern verlassen, weil sie an Dritte verkauft wurden. Einheitlich zusammenzufassen ist auch das der Konzernobergesellschaft von ihren Eignern und das den Konzerntöchtern eventuell von Minderheiten bereitgestellte Kapital.

Obwohl die Einheitstheorie die Konzernrechnungslegung weltweit prägt, lässt sich schwerlich verheimlichen, dass sie die Verhältnisse im Konzern sehr einseitig interpretiert und drastisch vereinfacht. Sie hat eher den Charakter einer realitätsfremden Fiktion als den einer Theorie. Wie am Anfang der vorliegenden Untersuchung gezeigt wurde, gewinnt der Konzern seine Bedeutung aus dem Spannungsverhältnis zwischen Vielheit und Einheit. Nicht zuletzt durch die rechtlichen Regelungen verbleiben speziell im faktischen Konzern sehr heterogene Interessen und differenzierte Anspruchsgrundlagen, die eine unkritische Vermischung von Erfolgen, Vermögen, Schulden und Kapitalien nicht unbedingt sinnvoll erscheinen lassen. Diese Schwäche der Einheitstheorie ist auch dem Gesetzgeber bewusst. Er orientiert sich zwar weitgehend, aber nicht uneingeschränkt an der Einheitstheorie. Insbesondere beim Ausweis des Konzernkapitals wird gegen die besonders problematische Implikation der Einheitstheorie von einer Interessenhomogenität aller Eignergruppen verstoßen: Das Kapital der Obergesellschaft und die Minderheitenanteile an Tochtergesellschaften – so genannte Anteile anderer Gesellschafter – werden gesondert ausgewiesen (§ 307 Abs. 1 HGB).

Als abzulehnende Alternative wird der Einheitstheorie üblicherweise die Interessentheorie gegenübergestellt. Die Besonderheit dieser Theorie zeigt sich bei Vorliegen von Minderheitsanteilen an Tochtergesellschaften. Statt der gesamten Einheit Konzern soll nur der Teil der Gesamtheit dargestellt werden, der den Eignern der Obergesellschaft zusteht. Der Konzernabschluss wird als vervollständigter Abschluss der Obergesellschaft angesehen. Deshalb müssen – sofern überhaupt das ganze Vermögen des Konzerns erfasst wird – die Minderheitenanteile als Anteile anderer Gesellschafter gesondert ausgewiesen und streng vom Eigenkapital des Konzerns getrennt werden. Der Interessentheorie wird noch konsequenter gefolgt, wenn bei einer Tochtergesellschaft, an der der Konzern x % und die Minderheiten (100 – x) % halten, nur x % des Vermögens und der Schulden dieser Tochter in den Konzernabschluss übernommen werden, ein Gedanke, der übrigens bei der Quotenkonsolidierung Eingang in das geltende Recht zur Konzernrechnungslegung gefunden hat (ADS, 6. Aufl., Vorbemerkungen zu §§ 290–315 HGB, Tz. 21–25, § 297 Tz. 43; IFRS 11.20 und 11.21A).

Dass die Interessentheorie trotz der ihr zugedachten Rolle als Negativbeispiel einen brauchbaren Kern hat, zeigt sich schon daran, dass Gesetzgeber und Standardsetter den Minderheitenausweis von ihr übernahm. Sie trägt im Ansatz der Interessenheterogenität weit besser Rechnung als die Einheitstheorie. Die Schwäche der Theorie liegt darin, dass sie bisher einseitig nur auf die Interessen der Eigner der Obergesellschaft fixiert wurde, was letztlich zu der zweifellos unhaltbaren Überlegung der anteiligen Zurechnung von Vermögen und Schulden von Töchtern zum Konzern durch die angedeutete Quotenkonsolidierung führt. Eine Interessentheorie dagegen, die versuchen würde, der Vielfalt der Interessen der Beteiligten im Konzern Rechnung zu tragen und der Spannung zwischen Einheit und Vielheit im Konzern Ausdruck zu verleihen, würde sich zu einer gefährlichen Rivalin für die Einheitstheorie entwickeln.

B.4.3 Der ausgeweitete Konzern in den Konzernrechnungslegungsvorschriften nach HGB

Schon die Konzernrechnungslegungspflicht wird, wie beschrieben wurde, nicht an das Kriterium der ausgeübten oder gesetzlich vermuteten einheitlichen Leitung, sondern an das Kriterium des beherrschenden Einflusses geknüpft, das bei einheitliche Leitung im Unterordnungskonzern zwar gegeben ist, die tatsächliche Ausübung der Beherrschungsmacht und damit der einheitlichen Leitung aber nicht voraussetzt. Noch weiter geht der Gesetzgeber bei der Festlegung des Kreises der in den Konzernabschluss einzubeziehenden oder durch konsolidierungsähnliche Korrekturen besonders zu behandelnden Unternehmen. Dieser Kreis umfasst neben den einheitlich geleiteten und den einheitlich leitbaren Konzernunternehmen auch Gemeinschaftsunternehmen sowie assoziierte Unternehmen (§§ 310 und 311 HGB).

Gemeinschaftsunternehmen (§ 310 HGB) sind dabei solche, an denen mehrere Gesellschaften meist mit gleichen, zumindest aber nicht mit derart unterschiedlichen Rechten beteiligt sind, dass eine allein das Gemeinschaftsunternehmen leiten kann. Vielmehr ist die Leitung nur gemeinschaftlich durch mehrere, teilweise nicht zum Konzernkreis gehörende Unternehmen möglich. Wie das Definitionsmerkmal der gemeinschaftlichen Leitung klarstellt, erfüllen Gemeinschaftsunternehmen weder das Kriterium der einheitlichen Leitung noch das Kriterium des beherrschenden Einflusses. Trotzdem werden sie dem Kreis der zu konsolidierenden Unternehmen zugerechnet. Allerdings werden sie nach einem besonderen Verfahren – der schon angesprochenen Quotenkonsolidierung – einbezogen.

Unter assoziierten Unternehmen (§ 311 HGB) versteht der Gesetzgeber ein (noch) nicht in den Konzernabschluss einbezogenes Unternehmen, an dem ein Konzernunternehmen eine Beteiligung von im Zweifel mindestens 20 % hält und bei dem dieses Konzernunternehmen einen maßgeblichen Einfluss auf die Geschäfts- und Finanzpolitik hat. Was dabei genau einen maßgeblichen Einfluss auszeichnet, lässt sich nicht klar umschreiben, wichtig ist aber zunächst nur, dass dieser maßgebliche Einfluss schwächer als der beherrschende Einfluss oder die einheitliche Leitung ist. Obwohl also damit wiederum weder beherrschender Einfluss noch einheitliche Leitung möglich sind, wurden auch assoziierte Unternehmen in Form der Equity-Methode vereinfacht in die Konsolidierung einbezogen.

Der beschriebene, weit gezogene Konzernkreis vergrößert die Spannungen zwischen den in vorangegangenen Abschnitten angestellten theoretischen Überlegungen und den Leitlinien des Gesetzgebers. Nach den theoretischen Überlegungen besteht die Gefahr, dass schon ein Konzernabschluss unter Einbeziehung aller einheitlich geleiteten Unternehmen mehrere Anspruchseinheiten vermischt und deshalb an Aussagefähigkeit verliert. Der Kreis der einzubeziehenden Unternehmen müsste im Zweifel also eher enger gezogen werden. Dem Gesetzgeber dagegen geht die einheitliche Leitung bereits bei der Frage der Aufstellungspflicht und erst recht bei der Frage des Konsolidierungskreises nicht weit genug. Damit müsste dem Gesetzgeber ein über die einheitlich geleiteten Unternehmen hinausgehender Konzernbegriff vorschweben. Ein solcher Begriff wirft über die Aufgabe des Nachweises der Nützlichkeit der mit seiner Hilfe zu gewinnenden Informationen zwei Probleme auf.

Zunächst müsste dieser Konzernbegriff definiert werden. Es reicht nicht aus, bestimmte Unternehmen als Einzubeziehende vorzugeben. Wie beim Leitbild der einheitlichen Leitung bedarf es der Angabe des allgemeinen Kriteriums, an dem sich der Gesetzgeber bei seiner Konzernabgrenzung orientiert und das etwa an die maßgebliche Beeinflussung durch das Management der Konzernobergesellschaft anknüpfen könnte.

Anschließend läge es nahe, sicherzustellen, dass alle Unternehmen, die das Kriterium erfüllen, unabhängig von der konkreten Grundlage, auf der die Erfüllung des Kriteriums beruht, in den Konzernabschluss einbezogen werden. Angesichts der Fülle möglicher Koordinationsformen zwischen Unternehmen und Markt – hier sei beispielhaft auf die interessanten Entwicklungen bei den Zulieferern der Automobilindustrie hingewiesen – und der vielfältigen Wirkungen, die insbesondere von den Entscheidungen großer oder aus anderen Gründen für bestimmte Marktpartner wichtiger Unternehmen ausgehen können, ist es allerdings schwierig, eine solche Konzeption konsequent durchzusetzen. Auch ist fraglich, ob derartige Durchsetzungsversuche angesichts der mannigfachen Ansatzmöglichkeiten für Umgehungen nicht zu aufwendigen Regelungen führen müssten, die obendrein nur Informationsansprüche durchsetzen sollen, welche die Parteien in der Regel leichter vertraglich vereinbaren können. Andererseits würde es bei einem Verzicht auf Versuche zur Durchsetzung des dem Gesetzgeber offenbar vorschwebenden Konzepts einer Konzernabgrenzung bei der unsystematisch partiellen Erweiterung der einheitlichen Leitung bleiben. Sowohl der nationale Gesetzgeber aber auch die EU mit ihrer Kompetenz zum Erlass bindender Richtlinien haben sich allerdings bisher nicht auf eine verpflichtende Konzerndefinition für die Konzernrechnungslegung einigen können (vgl. Baetge u. a., Konzernbilanzen, 2017, S. 85).

Der weite Konzernkreis ist also keineswegs unproblematisch.

Literaturhinweise

Busse von Colbe, Walther/Ordelheide, Dieter/Gebhardt, Günther/Pellens, Bernhard: Konzernabschlüsse, 10. Aufl., Wiesbaden 2010.

Coenenberg, Adolf Gerhard/Haller, Axel/Schultze, Wolfgang unter Mitarbeit von *Maria Assel, Daniel Blab, Christoph Durchschein, Julian Faiß, Tobias Groß, Wolfgang Herb, Cristina Landis, Michael Link, Christina Manthei-Geh, Tobias Oswald und Bettina Schabert*: Jahresabschluss und Jahresabschlussanalyse, 24. Aufl., Stuttgart 2016.

Druey, Jean Nicolas (Hrsg.): Das St. Galler Konzernrechtsgespräch, Konzernrecht aus der Konzernwirklichkeit, Bern und Stuttgart 1988.

Emmerich, Volker/Habersack, Mathias: Konzernrecht, 10. Aufl., München 2013.

Emmerich, Volker/Habersack, Mathias/Schürnbrand, Jan: Aktien- und GmbH-Konzernrecht, 8. Aufl., München 2016.

Großfeld, Bernhard: Aktiengesellschaft, Unternehmenskonzentration und Kleinaktionär, Tübingen 1968.

Hoffmann-Becking, Michael: Der qualifizierte faktische AG-Konzern – Tatbestand und Abwehransprüche – in: Probleme des Konzernrechts, ZHR, Beiheft 62, Heidelberg 1989, S. 68–86.

Hommelhoff, Peter: Die Konzernleitungspflicht, Köln/Berlin/Bonn/München 1982.

Hopt, Klaus J. (Hrsg.): Groups of Companies in European Laws, Legal and Economic Analyses on Multinational Enterprises, Vol. II, Berlin/ New York 1982.

Kropff, Bruno: Aktiengesetz (Textausgabe), Düsseldorf 1965.

Kropff, Bruno: Konzerneingangskontrolle bei der qualifiziert konzerngebundenen Aktiengesellschaft, in: Bilanz- und Konzernrecht, Festschrift für Reinhard Goerdeler, hrsg. von Hans Havermann, Düsseldorf 1987, S. 259–278.

Lehertshuber, Bonaventura: Unternehmensvertragsrecht und Konzernhandelsbilanz, Frankfurt M./Bern/New York 1986.

Lutter, Marcus: Der qualifizierte faktische Konzern, in: AG, 35. Jg., 1990, S. 179–185.

Mestmäcker, Ernst-Joachim: Verwaltung, Konzerngewalt und Rechte der Aktionäre, Karlsruhe 1958.

Mestmäcker, Ernst-Joachim: Zur Systematik des Rechts der verbundenen Unternehmen im neuen Aktiengesetz, in: Das Unternehmen in der Rechtsordnung, Festgabe für Heinrich Kronstein, 1967, S. 129–159.

Moxter, Adolf: Offene Probleme der Rechnungslegung bei Konzernunternehmen, in: ZfhF, N. F., 13.Jg., 1961, S. 641–653.

Piltz, Detlev J.: Die Unternehmensbewertung in der Rechtsprechung, 3. Aufl., Düsseldorf 1994.

Pöppl, Franz: Aktienrechtlicher Minderheitenschutz durch den „Abhängigkeitsbericht", Stuttgart 1972.

Richardt, Harald: Der aktienrechtliche Abhängigkeitsbericht unter ökonomischen Aspekten, Wiesbaden 1974.

Rowedder, Heinz/Schmidt-Leihoff, Christian: Gesetz betreffend die Gesellschaften mit beschränkter Haftung (GmbHG), Kommentar, 6. Aufl., München 2017.

Scheffler, Eberhard: Zur Problematik der Konzernleitung, in: Bilanz- und Konzernrecht, Festschrift für Reinhard Goerdeler, hrsg. von Hans Havermann, Düsseldorf 1987, S. 469–485.

Scheffler, Eberhard: Der qualifizierte faktische Konzern, in: AG, 35.Jg., 1990, S. 173–178.

Schildbach, Thomas: Jahresabschluss und Markt, Berlin u. a. 1986.

Schildbach, Thomas/Stobbe, Thomas/Brösel, Gerrit: Der handelsrechtliche Jahresabschluss, 10. Aufl., Sternenfels 2013.

Stimpel, Walter: „Durchgriffshaftung" bei der GmbH: Tatbestände, Verlustausgleich, Ausfallhaftung, in: Bilanz- und Konzernrecht, Festschrift für Reinhard Goerdeler, hrsg. von Hans Havermann, Düsseldorf 1987, S. 601–621.

Thoennes, Horst: Die Rechtsprechung zur Unternehmensbewertung aus der Sicht der Berufspraxis, in: 50 Jahre Wirtschaftsprüferberuf, Bericht über die Jubiläumsfachtagung vom 21. bis 23. Oktober 1981 in Berlin, Düsseldorf 1981, S. 265–275.

Uecker, Peter: Der Vorteils-Nachteils-Ausgleich beim Abhängigkeitsbericht, Düsseldorf 1972.

Zehner, Klaus: Unternehmensbewertung im Rechtsstreit, in: DB, 34.Jg., 1981, S. 2109–2117.

C Konsolidierungsgrundsätze

C.1 Notwendigkeit und Aufgaben von Konsolidierungsgrundsätzen

Dem Konzernabschluss, bestehend aus Konzernbilanz, Konzern-Gewinn- und Verlustrechnung, Konzernanhang, Kapitalflussrechnung und Eigenkapitalspiegel, kommt – wie schon erläutert wurde – nur eine Informationsfunktion zu. Er hat gem. § 297 Abs. 2 S. 2 HGB *„unter Beachtung der Grundsätze ordnungsmäßiger Buchführung ein den tatsächlichen Verhältnissen entsprechendes Bild der Vermögens-, Finanz- und Ertragslage des Konzerns zu vermitteln"*. Dabei ist die Lage *„der einbezogenen Unternehmen so darzustellen, als ob diese Unternehmen insgesamt ein einziges Unternehmen wären"* (§ 297 Abs. 3 S. 1 HGB).

Der Konzern könnte die Informationsaufgabe grundsätzlich mittels einer eigenen Konzernbuchführung erfüllen. Dieser Weg würde aber hohe zusätzliche Aufwendungen verursachen und wird daher in der Praxis vermieden. Stattdessen wird ein konsolidierter Jahresabschluss für den Konzern erstellt, worunter eine *„Zusammenfassung der Einzelabschlüsse der einbezogenen Konzernunternehmen unter Aufrechnung der Ergebnisse aus dem innerkonzernlichen Geschäftsverkehr, die sich in Vermögens-, Kapital- und Erfolgsgrößen niederschlagen können"* (von Wysocki/Wohlgemuth, Konzernrechnungslegung, 1996, S. 3), verstanden wird.

Die gesetzlichen Regelungen für die Konsolidierung, die später erläutert werden, sind allerdings zum Teil lückenhaft und in der Regel auslegungsbedürftig, da der Gesetzgeber bewusst darauf verzichtet hat, alle Fragen und Details der Konsolidierung im Gesetz zu regeln. Der Grund dafür besteht darin, dass das Gesetz bei einer vollständigen Kodifizierung aller Regeln der Konzernrechnungslegung zu starr und unbeweglich und damit eine entsprechende Anpassung an die technische und wirtschaftliche Entwicklung der Praxis sehr umständlich wäre. Die unvollständigen gesetzlichen Regelungen bedingen aber die Notwendigkeit von Konsolidierungsgrundsätzen, die dazu beitragen sollen, dass im Konzern sinnvoll Rechnung gelegt wird. Sie sollen der Praxis gerade in den Fällen, in denen das Gesetz lückenhaft oder auslegungsbedürftig ist, Kriterien für eine zweckentsprechende Gestaltung der Konzernabschlüsse liefern und Anhaltspunkte für die Ausübung von Wahlrechten geben. Des Weiteren können sie aber auch als Grundlage für die Beurteilung der gesetzlichen Konsolidierungsregelungen, der Konsolidierungspraxis und der Literaturvorschläge zu diesem Themenkomplex herangezogen werden (vgl. Baetge u. a., Konzernbilanzen, 2017, S. 63; vgl. zum Problem der Divergenzen zwischen Regelungen der §§ 290 ff. HGB und den Grundsätzen ordnungsmäßiger Konzernrechnungslegung von Wysocki, WPg 1986, S. 177–181).

https://doi.org/10.1515/9783110535723-003

C.2 Entwicklung und Ableitung von Konsolidierungsgrundsätzen

Die Entwicklung und Ableitung von Konsolidierungsgrundsätzen, die zusätzlich zu den Grundsätzen ordnungsmäßiger Buchführung bei der Erstellung des Konzernabschlusses zu beachten sind und die mit der Umsetzung der 7. EG-Richtlinie zum Teil in den §§ 290–312 HGB gesetzlich kodifiziert wurden, bringen ähnliche Schwierigkeiten mit sich wie die Ermittlung der Grundsätze ordnungsmäßiger Buchführung (s. hierzu Schildbach, Jahresabschluss, 2013, S. 140 ff.).

Bei der induktiven Methode, bei der die Konsolidierungsgrundsätze aus der Konsolidierungspraxis ordentlicher und ehrenwerter Kaufleute abgeleitet werden sollen, besteht die Schwierigkeit, diese Kaufleute von den nicht ordentlichen und nicht ehrenwerten zu trennen. Erschwerend kommt bei dieser Beurteilung hinzu, dass die in- und ausländische Konsolidierungspraxis dabei berücksichtigt werden muss, da bei der Konzernrechnungslegung das Weltabschlussprinzip zu beachten ist, nach dem grundsätzlich Tochterunternehmen mit Sitz im Ausland in den Konzernabschluss einzubeziehen sind. Da es keine anderen Kriterien zur Beurteilung der Ordnungsmäßigkeit der Konsolidierungsgrundsätze gibt, kommt es bei dieser Methode zu der Gefahr eines Zirkelschlusses, denn es muss von Beginn an bekannt sein, was induktiv durch Beobachtung der Kaufleute abgeleitet werden sollte, nämlich wie ordentliche Konsolidierungsgrundsätze auszusehen haben.

Der andere Weg zur Entwicklung und Ableitung von Konsolidierungsgrundsätzen ist die deduktive Methode, wonach die Grundsätze aus den Aufgaben der Rechnungen und aus den Interessen der Beteiligten abgeleitet werden sollen. Dabei stößt man aber auf analoge Probleme wie bei der Ermittlung der Grundsätze ordnungsmäßiger Buchführung für den Einzelabschluss, denn auch hier existiert aufgrund der gesetzlich unklar geregelten Zwecke der Konzernrechnungslegung (§ 297 Abs. 2 HGB) eine mangelhafte Deduktionsbasis. Zudem ist es für die Betriebswirtschaftslehre auch im Bereich der Konzernrechnungslegung schwierig, Regeln festzulegen, nach denen die Aufstellung des Konzernabschlusses erfolgen sollte. Ein weiteres Problem bei der deduktiven Ermittlung der Konsolidierungsgrundsätze besteht in den heterogenen Interessen der Konzernabschlussersteller bzw. -adressaten, die aufgrund der oft komplexen Konzernstrukturen i. d. R. noch widersprüchlicher und umfangreicher sind als bei den Einzelabschlüssen. Daraus folgen zwangsläufig noch vielschichtigere, unterschiedliche Urteile zu der Frage, wie im Konzern zweckmäßig Rechnung zu legen ist.

Aus den obigen Ausführungen ergibt sich, dass auch im Bereich der Konsolidierungsgrundsätze vieles für eine Ermittlung in einem politischen Prozess spricht, in den die verschiedenen an der Konzernrechnungslegung interessierten Gruppen ihre Vorstellungen über eine zweckmäßige Rechnungslegung einbringen, sie diskutieren und ggf. durchsetzen können (vgl. Schildbach, Jahresabschluss, 2013, S. 143–144).

C.3 Inhalte der wichtigsten Konsolidierungsgrundsätze

Ohne den Anspruch auf Vollständigkeit der Darstellung wird im Folgenden versucht, die wichtigsten Konsolidierungsgrundsätze zu erläutern. Da der Aufwand einer umfassenden und systematischen Darstellung und Erläuterung der zu diesem Themenkomplex vertretenen Meinungen im Rahmen dieses Lehrbuches unvertretbar erscheint, wird der Leser diesbezüglich auf die Literatur verwiesen (Trützschler in: Küting/Weber, Konzernrechnungslegung, 2. Aufl., II. Kapitel, Rn. 999–1027). Dies gilt auch für die allgemeinen, hier nicht näher erläuterten Grundsätze ordnungsmäßiger Buchführung, die zwar bei der Erstellung des Konzernabschlusses beachtet werden müssen, dort aber keine wesentlichen Änderungen zum Einzelabschluss aufweisen (vgl. z. B. Leffson, Grundsätze ordnungsmäßiger Buchführung, 1987).

C.3.1 True and fair view

Ebenso wie im Einzelabschluss ist die Forderung nach „*true and fair view*" auch ein Bestandteil der Generalklausel für den Konzernabschluss. Danach hat der Konzernabschluss „*unter Beachtung der Grundsätze ordnungsmäßiger Buchführung ein den tatsächlichen Verhältnissen entsprechendes Bild der Vermögens-, Finanz- und Ertragslage des Konzerns zu vermitteln*" (§ 297 Abs. 2 S. 2 HGB, vgl. auch Busse von Colbe, ZfbF 1985, S. 767).

Da der Konzernabschluss anders als der Einzelabschluss ausschließlich Informationsfunktionen erfüllt, müsste die auf die Informationsfunktionen ausgerichtete „*true and fair view*"-Forderung hier eine besonders große Bedeutung haben. Dem stehen aber mehrere Gründe entgegen. Zunächst kann der Inhalt der Forderung vor dem Hintergrund der Vielfalt an Informationswünschen, der Unklarheiten über die Informationsgehalte traditioneller Jahresabschlusszahlen und dem Konflikt zwischen Informationen und Geheimhaltung nicht klar angegeben werden. Außerdem stehen der Generalklausel konkrete Einzelvorschriften gegenüber, die einen Kompromiss aus den widersprüchlichen Anforderungen zum Ausdruck bringen. Dieser Kompromiss verdient Respekt. Daher ist in der Regel anzunehmen, dass ein den Einzelvorschriften entsprechender Konzernabschluss auch einen „*true and fair view*" vermittelt (vgl. ADS, 6. Aufl., § 297 Tz. 35). Auch gibt es keine Möglichkeit, unter Berufung auf „*true and fair view*" gegen kodifizierte Einzelvorschriften zu verstoßen (vgl. ADS, 6. Aufl., § 297 Tz. 28). Praktisch dient die „*true and fair view*"-Forderung somit nur drei Funktionen:

– Erstens dient sie als Leitlinie für Interpretationen in Zweifelsfragen, etwa im Rahmen der GuV-Konsolidierung, welche im entsprechenden § 305 HGB nur in Grundzügen behandelt wird (vgl. Winkeljohann/Rimmelspacher in: Beck Bil-Komm., 11. Aufl., § 297 Anm. 187).

- Zweitens ist sie Grundlage für zusätzliche Erläuterungspflichten im Anhang, wie etwa solche über schwebende Kartellverfahren (vgl. ADS, 6. Aufl., § 297 Tz. 36) oder über Risiken aus der Einbeziehung von Tochterunternehmen aus politisch instabilen Regionen (vgl. Baetge/Kirsch in: Küting/Weber, Konzernrechnungslegung, 2. Aufl., § 297 Rn. 60).
- Drittens soll sie grobe Grenzen für Erleichterungen bei der Konzernrechnungslegung aus Gründen der Wirtschaftlichkeit liefern, wie etwa bei Ausnahmen von der Einbeziehungspflicht von Tochterunternehmen (§ 296 Abs. 2 HGB), der Schuldenkonsolidierung (§ 303 Abs. 2 HGB), der Zwischenergebniseliminierung (§ 304 Abs. 2 HGB), der Aufwands- und Ertragskonsolidierung (§ 305 Abs. 2 HGB) und der konzerneinheitlichen Bewertung (§ 308 Abs. 2 S. 3 HGB).

Dass aus *„true and fair view"* außerdem die Notwendigkeit zur Aufstellung von Konzernabschlüssen folgt, ist praktisch ohne Bedeutung, weil Konzernabschlüsse im HGB explizit vorgeschrieben sind.

Im Konflikt zwischen Einzelvorschriften und *„true and fair view"*-Forderung setzen sich erstere allerdings teilweise auch dann durch, wenn sie letzterer eindeutig widersprechen. Insoweit wird die Forderung nach „true and fair view" in wichtigen Punkten untergraben. Zu nennen ist diesbezüglich insbesondere § 308 Abs. 2 S. 2 HGB. Er erlaubt die Übernahme von nach dem Kreditwesengesetz gebildeten stillen Reserven der in den Konzernabschluss einzubeziehenden Kreditinstitute und die im Versicherungsaufsichtsgesetz kodifizierten versicherungstechnischen Rückstellungen sowie die Beibehaltung niedrigerer Wertansätze der in den Konzernabschluss einzubeziehenden Versicherungsunternehmen.

International besitzt die Generalklausel unter Umständen eine andere Bedeutung. Im Rahmen von IFRS nimmt das Gebot zur „fair presentation" unter den engen Auflagen von IAS 1.19 ff. den Rang eines „overriding principle" innerhalb der Rechnungslegungsvorschriften ein, das in seltenen Ausnahmefällen, in denen ein Festhalten an bestimmten Einzelvorschriften nach Ansicht des Rechnungslegenden ein irreführendes Bild erzeugen würde, bei Fehlen entgegenstehender Verbote zu einer Rechnungslegung wider diese Einzelvorschriften zwingt. Der Verstoß gegen einen konkreten IFRS ist eingehend zu begründen und zu erläutern, vor allem durch Angaben über (IAS 1.20)

- die Vorschrift, die nicht eingehalten wurde,
- die Gründe dafür, warum eine Beachtung der Vorschrift in die Irre geführt hätte,
- die abweichende Vorgehensweise und
- deren Auswirkungen auf die Positionen im Jahresabschluss in den einzelnen Berichtsperioden.

C.3.2 Vollständigkeit des Konzernabschlusses

Der Grundsatz der Vollständigkeit des Konzernabschlusses folgt aus der Einheitstheorie, nach der – wie schon in B.4.2 erläutert wurde – die einzelnen, rechtlich getrennten Konzerngesellschaften wirtschaftlich als eine Einheit angesehen werden. Der Konzern wird also wie ein Unternehmen mit mehreren Betriebsstätten oder Teilbetrieben betrachtet. Mithin stellt der Konzernabschluss einen Abschluss für die wirtschaftliche Einheit des Konzerns dar.

Entsprechend diesem Leitgedanken müssten grundsätzlich
– sowohl alle einheitlich geleiteten Konzernunternehmen
– als auch alle Vermögensgegenstände, Schulden und Rechnungsabgrenzungsposten sowie sämtliche Erträge und Aufwendungen der in den Konzernabschluss einbezogenen Unternehmen (§ 300 Abs. 2 HGB)
vollständig in den Konzernabschluss aufgenommen werden.

Die handelsrechtlichen Vorschriften zum Konzernabschluss tragen dem Grundsatz der Vollständigkeit zwar Rechnung, sie verstoßen aber auch teilweise gegen diesen Grundsatz, meist dahingehend, dass sie den Kreis einzubeziehender Unternehmen, Vermögensgegenstände und Schulden sehr weit ziehen.

Dem Vollständigkeitsgrundsatz wird insoweit entsprochen, als alle Konzernunternehmen unabhängig von ihrem Sitz in den Konzernabschluss aufzunehmen sind (Weltabschlussprinzip; § 294 Abs. 1 HGB). Ob dem Vollständigkeitsgrundsatz durch Einbeziehungswahlrechte (§ 296 HGB) widersprochen wird, hängt vor allem von der prinzipiellen Beurteilung von Wahlrechten (können Wahlrechte dem Gebot der Vollständigkeit überhaupt dienen?) und von der Interpretation der Bedingungen für das Wahlrecht nach § 296 Abs. 1 Nr. 2 HGB ab. Als Lücke für das Vollständigkeitsgebot muss dieses Einbeziehungswahlrecht nämlich dann angesehen werden, wenn die Voraussetzungen für eine Nichteinbeziehung wegen unverhältnismäßig hoher Kosten oder Verzögerungen bei der Beschaffung der zur Aufstellung des Konzernabschlusses erforderlichen Angaben weit ausgelegt werden und beispielsweise auch vom Konzern abstellbare Informationsprobleme als Voraussetzung anerkannt werden.

Abweichungen vom Grundsatz der Vollständigkeit ergeben sich aber auch insoweit, als der Konzern entgegen dem Einheitstheoriegedanken über die einheitliche Leitung und die Vermögenseinheit hinaus ausgedehnt wird. Nach HGB müssen bzw. können nämlich auch alle
– Unternehmen, auf die ein Mutterunternehmen beherrschenden Einfluss ausüben kann (§ 290 Abs. 1 und 2 HGB),
– Gemeinschaftsunternehmen (§ 310 HGB) und
– assoziierten Unternehmen (§§ 311 f. HGB)
in den Konzernabschluss einbezogen werden.

Hinsichtlich der vollständigen Erfassung aller Vermögensgegenstände, Schulden etc. der zum Konsolidierungskreis gehörenden Unternehmen im Konzernabschluss sind nicht die Ansatzentscheidungen in den jeweiligen Einzelabschlüssen, sondern die für das Mutterunternehmen geltenden Bilanzierungsgebote, -wahlrechte und -verbote maßgebend (§ 300 Abs. 2 S. 1 HGB). Dabei dürfen die Bilanzansatzwahlrechte des Mutterunternehmens im Konzernabschluss vom Konzern ohne Rücksicht auf ihre Existenz und Ausübung in den Einzelabschlüssen neu wahrgenommen werden, so dass im Ergebnis für den Konzern ein eigenes Ansatzwahlrecht besteht (§ 300 Abs. 2 S. 2 HGB). Gleichzeitig sind aber die Bilanzierungswahlrechts im Konzernabschluss wie im Einzelabschluss stetig auszuüben, so dass die einmal gewählte Variante – Ansatz bzw. Nicht-Ansatz – für den Vermögenswert bzw. die Schuld beizubehalten ist (§ 246 Abs. 3 S. 1 iVm. § 298 Abs. 1 HGB). Ob Bilanzierungswahlrechte auch für gleichartige Sachverhalte einheitlich ausgeübt werden müssen, ist in der Literatur nicht gänzlich unumstritten, da § 300 Abs. 2 S. 2 HGB nicht explizit eine einheitliche Ausübung fordert. Wie für den Einzelabschluss spricht sich die Literatur jedoch mehrheitlich im Einklang mit IDW HFA RS 38 für eine einheitliche Ausübung von Bilanzierungswahlrechten bei art- und funktionsgleichen Bilanzierungsobjekten aus, wobei strenge Maßstäbe an die Gleichartigkeit angelegt werden sollen (vgl. u. a. Busse von Colbe in: MüKoHGB, 3. Aufl., HGB § 300 Rn. 18; Winkeljohann/Kroner in: Beck Bil-Komm., 11. Aufl., § 300 Anm. 50).

Der Grundsatz der Vollständigkeit einschließlich des Weltabschlussprinzips gilt auch im Rahmen der IFRS. IFRS 10.19 verlangt wie das HGB die Verwendung einheitlicher Bilanzierungsmethoden. Anders als § 300 Abs. 2 HGB legt IFRS 10.19 jedoch nicht die nach dem Recht des Mutterunternehmens anzuwendenden Bilanzierungsge- und -verbote sowie Bilanzierungswahlrechte zugrunde.

C.3.3 Konzerneinheitliche Bewertung

Schon aus der Einheitstheorie, nach der der Konzernabschluss wie ein Einzelabschluss eines einheitlichen Unternehmens aussehen soll, lässt sich unmittelbar das Verlangen nach einer konzerneinheitlichen Bewertung ableiten. Alle Vermögensgegenstände, Schulden usw. müssten demnach wie in einem Einzelabschluss nach einheitlichen Grundsätzen bewertet werden.

Diesem Verlangen der Einheitstheorie wird auch grundsätzlich durch die Kodifizierung der einheitlichen Bewertung im § 308 HGB entsprochen. Danach hat die Bewertung im Konzernabschluss grundsätzlich nach den für das Mutterunternehmen „anwendbaren Bewertungsmethoden" einheitlich zu erfolgen (§ 308 Abs. 1 S. 1 HGB). Diese bilden also den äußeren Rahmen für die konzerneinheitliche Bewertung.

Werte aus dem Einzelabschluss des Mutterunternehmens dürfen, je nachdem, was der Konzern in seinen Konzernrichtlinie festlegt, entweder unverändert in die Konzernbilanz übernommen oder nach anderen für das Mutterunternehmen anwendbaren und für den Konzernabschluss angewandten Bewertungsmethoden bewertet werden (solche Änderungen innerhalb der dann ggf. aufzustellenden sog. Handelsbilanz II des Mutterunternehmens sind jedoch im Konzernanhang anzugeben und zu begründen, vgl. § 308 Abs. 1 S. 2 und 3 HGB).

Hingegen können die Werte aus den Einzelabschlüssen der übrigen in den Konzernabschluss einbezogenen Unternehmen grundsätzlich nur in den Konzernabschluss übernommen werden, wenn sie den beim Mutterunternehmen für den Konzernabschluss angewandten Bewertungsmethoden entsprechen. Ansonsten müssen sie jeweils in einer sog. Handelsbilanz II auf diese Methoden umgestellt werden. Für den Fall eines Konzerns mit einer inländischen Muttergesellschaft sind hinsichtlich des Umfangs der erforderlichen Modifikationen drei Fälle zu unterscheiden (vgl. auch WP-Handbuch, Band I, G Tz. 300 ff.):

–   Einzelabschlüsse deutscher Kapitalgesellschaften i. w. S. (einschließlich der ihnen nach § 264 a HGB gleichgestellten Gesellschaften) müssen zwar nach den für das Mutterunternehmen anwendbaren, nicht aber nach den für den Konzernabschluss angewandten Bewertungsmethoden aufgestellt sein; sie sind nur auf die letzteren Methoden umzustellen.

–   Einzelabschlüsse deutscher Nichtkapitalgesellschaften müssen nicht zwingend nach den für das Mutterunternehmen anwendbaren Bewertungsmethoden aufgestellt sein. Wenn ihr Mutterunternehmen eine Kapitalgesellschaft i. w. S. ist, müssen in diesem Fall diese Einzelabschlüsse modifiziert werden, damit sie den für das Mutterunternehmen anwendbaren und auch den für den Konzernabschluss angewandten Bewertungsmethoden entsprechen.

–   Einzelabschlüsse ausländischer Konzernunternehmen können nach Bewertungsmethoden aufgestellt sein, die nicht den nationalen Grundsätzen ordnungsmäßiger Buchführung entsprechen. So kann zum Beispiel durch Rückgriff auf Preisindizes der Inflation Rechnung getragen werden. Solche Abschlüsse sind zusätzlich den handelsrechtlichen Grundsätzen ordnungsmäßiger Buchführung anzupassen, die derartige Inflationsbereinigungen verbieten.

Grundsätzlich sind dann im Rahmen der einheitlichen Bewertung die nach § 308 Abs. 1 HGB zulässigen Bewertungswahlrechte und Ermessensspielräume einheitlich und damit willkürfrei auszuüben. Diskutiert wird in der Literatur, wie streng im Detail innerhalb des Rahmens der *„anwendbaren Bewertungsmethoden"* des Mutterunternehmens einheitlich zu bewerten ist.

Sicher ist, dass Bewertungswahlrechte bei art- und funktionsgleichen Vermögensgegenständen nicht willkürlich verschiedenartig ausgeübt werden dürfen, wenn die wertbestimmenden Faktoren identisch sind. Außerdem muss als Maßstab für die konzerneinheitliche Bewertung ein rechtlich einheitliches Unternehmen herangezogen werden (vgl. z. B. Grottel/F. Huber in: Beck Bil-Komm., 11. Aufl., § 308 Anm. 7–8). Besteht für dieses die Möglichkeit, Bewertungswahlrechte aufgrund sachlicher und nachprüfbarer wertbestimmender Gründe unterschiedlich auszuüben, wie z. B. bei Herstellungskosten

- für Gegenstände des Anlage- und Umlaufvermögens,
- für Produkte für verschiedene Märkte oder
- für Produkte aus Fabriken mit unterschiedlicher Produktions- und Kostenstruktur,

oder ist in einem Einzelabschluss die Bewertung verschiedener gleichartiger Vermögensgegenstände aufgrund unterschiedlicher wertbestimmender Faktoren in einer Bandbreite zulässig, so ist dies auch im Konzernabschluss erlaubt. Grundsätzlich sind jedenfalls strenge Maßstäbe daran anzulegen, was als „gleichartige" Vermögenswerte bzw. Schulden einzustufen ist (vgl. z. B. Grottel/F. Huber in: Beck Bil-Komm., 11. Aufl., § 308 Anm. 8–10).

Insofern stellt das Gesetz an die Einheitlichkeit der Bewertung im Konzernabschluss also keine höheren Anforderungen als an die Bewertung im Einzelabschluss eines rechtlich selbständigen Unternehmens.

Allerdings wird der Grundsatz der einheitlichen Bewertung im Konzern durch folgende Ausnahmeregelungen erheblich durchlöchert:

- Wertansätze, die auf spezifischen Bewertungsvorschriften für Kreditinstitute und Versicherungsunternehmen beruhen (z. B. Beibehaltung versicherungstechnischer Rückstellungen, stille Reserven iSv. §§ 340 ff. HGB), dürfen beibehalten werden, wenn sie den Besonderheiten dieser Geschäftszweige Rechnung tragen (§ 308 Abs. 2 S. 2 HGB). Dies gilt auch dann, wenn das Mutterunternehmen selbst kein Kreditinstitut oder Versicherungsunternehmen ist. Auf die Inanspruchnahme dieser Ausnahmeregelung ist im Konzernanhang hinzuweisen.
- Wertansätze brauchen gem. § 308 Abs. 2 S. 3 HGB nicht angepasst zu werden, wenn ihre Auswirkungen für den true and fair view (§ 297 Abs. 2 S. 2 HGB) von untergeordneter Bedeutung sind. Für die diesbezügliche Beurteilung bei Existenz mehrerer Sachverhalte, die einzeln von untergeordneter Bedeutung sind, ist ggf. die Gesamtbetrachtung entscheidend. Eine Angabe im Konzernanhang ist bei Inanspruchnahme dieser Ausnahmeregelung nicht vorgesehen.
- § 308 Abs. 2 S. 4 HGB lässt darüber hinaus *„Abweichungen in Ausnahmefällen"* zu. Diese nicht näher erläuterte Ausnahmevorschrift ist jedoch sehr restriktiv zu handhaben, da ansonsten der Informationsverlust des Konzernabschlusses trotz der Angabe- und Begründungspflichten im Konzernanhang sehr groß werden kann, so dass im Extremfall sogar ein Verstoß gegen die Generalnorm droht.

Aus Sicht der Einheitstheorie und zugunsten der besseren Erfüllung der Generalnorm sollte man jedoch zunächst möglichst selten von diesen Ausnahmeregelungen Gebrauch machen. Außerdem kann die Belastung aus der Verpflichtung zur konzerneinheitlichen Bewertung dadurch verringert werden, dass die Konzernleitung schon für die Einzelabschlüsse konzerneinheitliche Bewertungsrichtlinien erlässt, die die Tochterunternehmen von Anfang an zu einheitlicher Vorgehensweise anhalten.

Sind die für den Konzernabschluss einheitlich anzuwenden Bewertungsmethoden festgelegt, sind sie stetig anzuwenden, da der Grundsatz der Bewertungsstetigkeit gemäß § 252 Abs. 1 Nr. 6 iVm. § 298 Abs. 1 HGB verlangt, dass einmal für den Konzern-abschluss gewählte Bewertungsmethoden in den Folgeperioden beizubehalten sind.

Ergibt sich aufgrund der erstmaligen Anwendung des § 308 HGB eine Erhöhung oder Verminderung des Ergebnisses, so kann der Unterschiedsbetrag gemäß Art. 27 Abs. 4 EGHGB erfolgsneutral „... *in die Gewinnrücklagen eingestellt oder mit diesen offen verrechnet werden...*". Damit beeinflusst er zwar das Jahresergebnis nicht, er be-einträchtigt dafür aber zum Teil die Vergleichbarkeit der Konzernergebnisse, was als erheblicher Nachteil zu werten ist.

Ein Gesamturteil über die einheitliche Bewertung (zusammenfassend dargestellt in Abbildung C.1) fällt nicht leicht. Einerseits erscheint sie vorteilhaft, weil sie einem Wertekonglomerat im Konzernabschluss entgegenwirkt. Andererseits aber darf die-ses Bemühen nicht überbewertet werden, weil ein traditioneller Jahresabschluss sich trotzdem auf eine Vielfalt von Werten stützt. Außerdem wird der nicht operational fassbare Grundsatz durch wichtige Ausnahmen aufgeweicht, und er eröffnet einen ge-waltigen Spielraum für eine eigenständige Konzernbilanzpolitik, die nicht unbedingt der Informationsfunktion dient, die Konzernleitung allerdings aufwertet.

IFRS 10.19 fordert ebenfalls die Verwendung einheitlicher Bewertungsmethoden. Anders als § 308 Abs. 1 wird jedoch nicht festgelegt, dass die im Jahresabschluss des Mutterunternehmens anwendbaren Bewertungsmethoden Grundlage der ein-heitlichen Bewertung sind. Werden bei den einbezogenen Unternehmen in den dem Konzernabschluss zugrundeliegenden Einzelabschlüssen andere Rechnungslegungs-standards als die IFRS verwendet, müssen die Werte an die konzerneinheitlichen Rechnungslegungsgrundsätze nach IFRS angepasst werden (IFRS 10.B87). Da Ab-schlüsse nur als vergleichbar angesehen werden, wenn die in den Vorjahren ange-wandten Rechnungslegungsmethoden beibehalten werden (IAS 8.14–15), kommt dem Gebot der Bewertungsstetigkeit große Bedeutung zu.

C.3.4 Konsolidierungskontinuität

Bei der Konsolidierungskontinuität wird in der Konzernrechnungslegung zwischen materieller und formeller Kontinuität unterschieden.

Allgemein soll durch den Grundsatz der materiellen Konsolidierungskontinuität (Stetigkeit) die Vergleichbarkeit mehrerer aufeinander folgender Konzernabschlüsse erreicht und eine willkürliche Gestaltung der Abschlüsse vermieden werden. Verän-derungen innerhalb der aufeinander folgenden Konzernabschlüsse sollen demnach nur auf Änderungen im realen Bereich und nicht auf dem Wechsel der Abbildungsre-geln bzw. der Ausübung der diesbezüglichen Spielräume beruhen.

Die Stetigkeit hat im Konzern die vier Dimensionen Ansatz, Bewertung, Gliede-rung und Konsolidierung.

Bezogen auf Ansatz und Bewertung im Konzern verweist der Gesetzgeber in § 298 Abs. 1 HGB auf die entsprechenden, für alle Kaufleute geltenden Regelungen in § 246

Grundsätze: – Bewertung in dem von der Rechtsform des Mutterunternehmens abhängigen zulässigen Rahmen (*anwendbare Bewertungsmethoden*)

– Wahl einer konzerneinheitlichen Bewertung innerhalb dieses Rahmens (*angewandte Bewertungsmethoden*)

Abschluss des Mutterunternehmens:

Wertansätze im Einzelabschluss

beibehalten   neu gestalten

Angabe und Begründung im Konzernanhang
(§ 308 Abs. 1 S. 3 HGB)

Entscheidung bindend für konzerneinheitliche Bewertung (*angewandte Bewertungsmethoden*)

Abschlüsse der einbezogenen Tochterunternehmen:

Entsprechen die Wertansätze in den Einzelabschlüssen den *angewandten Bewertungsmethoden* des Mutterunternehmens?

Ja | Nein

| Übernahme in den Konzernabschluss bzw. Ausgangsgrundlage für Konsolidierungsmaßnahmen | Grundsätzliche Pflicht zur Bewertungsanpassung und ggf. Anwendung von Art. 27 Abs. 4 EGHGB |

Werden folgende Ausnahmen von der Anpassungspflicht in Anspruch genommen?

– Spezifische Bewertungsvorschriften für Kreditinstitute und Versicherungen (§ 308 Abs. 2 S. 2 HGB) → Hinweis auf die Anwendung dieser Ausnahme im Konzernanhang erforderlich

– Verzicht auf Bewertungsanpassungen wegen untergeordneter Bedeutung (§ 308 Abs. 2 S. 3 HGB)

– Verzicht auf Bewertungsanpassungen in Ausnahmefällen (§ 308 Abs. 2 S. 4 HGB) → Angabe- und Begründungspflicht im Konzernanhang

Übernahme in den Konzernabschluss bzw. Ausgangsgrundlage für Konsolidierungsmaßnahmen

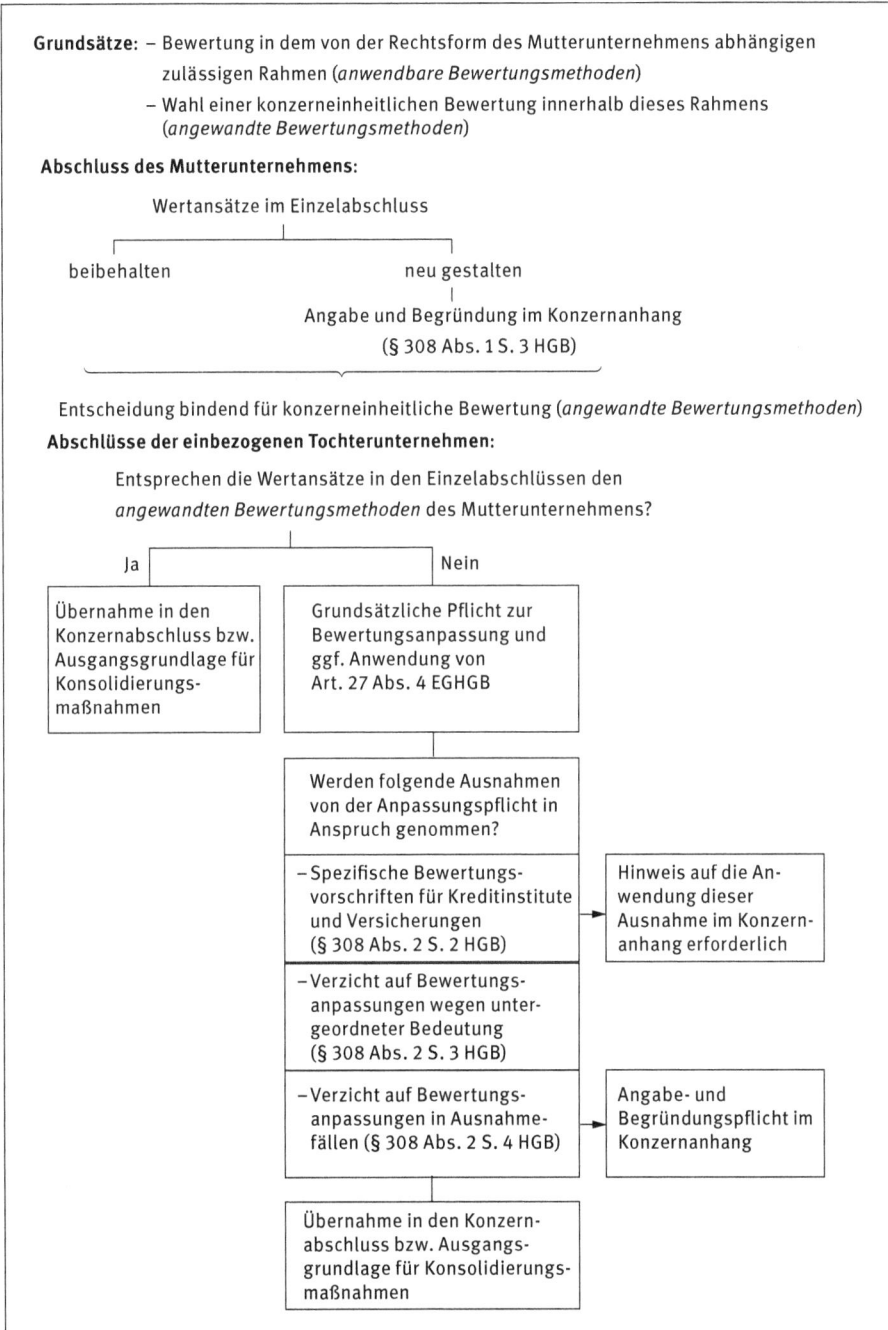

Abb. C.1: Konzerneinheitliche Bewertung (§ 308 HGB).

Abs. 3 und § 252 Abs. 1 Nr. 6 HGB, wonach die auf den vorhergehenden Jahresabschluss angewandten Ansatz- und Bewertungsmethoden beizubehalten sind. Gemäß § 246 Abs. 3 S. 2 und § 252 Abs. 2 HGB darf nur in begründeten Ausnahmefällen von dem bisherigen Ansatz- und Bewertungsmethoden abgewichen werden.

Die §§ 298 Abs. 1, 265 Abs. 1 S. 1 HGB verlangen von den Kapitalgesellschaften explizit die strenge Einhaltung der Ausweis- bzw. Gliederungsstetigkeit. Die Gliederung der Konzernbilanz, der Konzern-Gewinn- und Verlustrechnung, des Konzernanhangs, der Kapitalflussrechnung und des Eigenkapitalspiegels sind also im Zeitablauf grundsätzlich beizubehalten, *„soweit nicht in Ausnahmefällen wegen besonderer Umstände Abweichungen erforderlich sind"* (§ 265 Abs. 1 HGB). Insbesondere aus Gründen der Vergleichbarkeit der Konzernabschlüsse sollten strenge Anforderungen an die Auslegung dieser Regelung gestellt werden.

Auch hinsichtlich der Beibehaltung der Konsolidierungsmethoden regelt § 297 Abs. 3 S. 2 HGB explizit Stetigkeit, wobei gemäß § 297 Abs. 3 S. 3 HGB ebenfalls Abweichungen in Ausnahmefällen zulässig sind. Die im Gesetz vorgesehenen Ausnahmefälle zum Grundsatz der Konsolidierungsstetigkeit dürften durch die Kommentierung auf wenige Fälle beschränkt sein, etwa auf den Fall, in dem früher ausgenutzte Erleichterungen beispielsweise bei der Konsolidierung freiwillig nicht mehr in Anspruch genommen werden sollen (vgl. ADS, 6. Aufl., § 297 Tz. 54). Dabei ist unklar, ob unter Konsolidierungsmethoden in diesem Zusammenhang nur die Kapital-, Schulden-, Zwischenergebnis- sowie Aufwands- und Ertragskonsolidierung oder etwa auch die Abgrenzung des Konsolidierungskreises zu verstehen ist. Vieles deutet darauf hin, dass eine weite Interpretation zweckmäßig wäre. Konsolidierungsstetigkeit bedeutet nach herrschender Meinung allerdings, dass sich bezogen auf einen Konzernabschluss unterschiedliche Konsolidierungsmethoden grundsätzlich gegenseitig ausschließen. Eine solche Einheitlichkeit der Wahlrechtsausübung ergibt sich primär aus dem Einheitsgedanken des § 297 Abs. 3 S. 1 HGB und der Einheitstheorie (vgl. Baetge/Kirsch in: Küting/Weber, Konzernrechnungslegung, 2. Aufl., § 297 Rn. 80).

Unterbrechungen der Stetigkeit bei Ansatz, Bewertung, Gliederung und Konsolidierung lösen stets Pflichten zu Erläuterungen im Konzernanhang aus. Soweit die Stetigkeit bei der Gliederung durchbrochen wird, sind die Abweichungen im Anhang lediglich anzugeben und zu begründen (§§ 298 Abs. 1, 265 Abs. 1 S. 2 HGB). Stetigkeitsunterbrechungen bei Ansatz, Bewertung und Konsolidierung dagegen sind im Anhang nicht nur anzugeben und zu begründen, bei ihnen muss auch der Einfluss auf die Vermögens-, Finanz- und Ertragslage des Konzerns angegeben werden (§§ 297 Abs. 3 S. 4 und 5, 313 Abs. 1 S. 3 Nr. 2 HGB). Allerdings darf der Informationsgehalt solcher Erläuterungen im Anhang nicht überbewertet werden, weil Gesetz und Kommentierung keine verlässlichen Grenzen ziehen. Auch gelten die Erläuterungspflichten nur für echte Stetigkeitsunterbrechungen. Wenn beispielsweise eine andere Konsolidierungsmethode für eine Beteiligung gewählt wird, weil der Beteiligungscharakter durch den Kauf oder Verkauf von Anteilen wechselte, liegt keine erläuterungspflichtige Stetigkeitsunterbrechung vor.

Die Bilanzidentität oder formelle Kontinuität der Bilanzen am Ende eines Geschäftsjahres und am Anfang des folgenden Geschäftsjahres ist nach §§ 298 Abs. 1
iVm. 252 Abs. 1 Nr. 1 HGB auch für den Konzernabschluss streng gefordert. Bestünde
dieser Grundsatz nicht oder würde man ihn nicht sehr streng auslegen, so wären durch
Wertdifferenzen zwischen der Schlussbilanz und der Eröffnungsbilanz des Folgejahres Informationsverzerrungen möglich, die den Nutzen der Konzernrechnungslegung
für den Konzernabschluss- und Konzernlageberichtsleser insgesamt in Frage stellen
und die Ermittlung des Totalerfolges verhindern.

Abweichungen von dem Grundsatz der formellen Kontinuität sind also nur in begründeten Ausnahmefällen möglich (§§ 298 Abs. 1, 252 Abs. 2 HGB), wobei diese Regelung sehr streng auszulegen ist. Denkbar ist eigentlich nur der Fall einer Gesetzes-
änderung, in der dann aber auch explizit – etwa in Form von Übergangsregelungen –
dargelegt werden müsste, wie die Durchbrechung der Bilanzidentität ohne Verlust an
Informationen für den Konzernabschlussleser gezeigt werden kann.

Die international schon in den theoretischen Leitlinien für die Rechnungslegung
(Framework) unverbindlich geforderte Stetigkeit wird auch in konkrete Normen umgesetzt. IAS 8.15 schreibt grundsätzlich vor, dass vergleichbare Sachverhalte im Zeitablauf immer wieder nach den gleichen Methoden abgebildet werden müssen. Dabei
wird nicht zwischen Bilanzansatz, Bewertung, Gliederung und Konsolidierung unterschieden. Stetigkeit (consistency) soll dabei nicht möglichen Verbesserungen im Wege
stehen. Daher darf von der Stetigkeit abgewichen werden, wenn ein verbesserter Rechnungslegungsstandard entwickelt wurde und die Änderung der Methoden aufgrund
dieses IFRS erforderlich ist oder wenn der Konzern auf eine andere zulässige Methode
übergeht, die die wirtschaftliche Lage zutreffender beschreiben kann. Stetigkeitsunterbrechungen müssen aber umfassend erläutert werden (IAS 8.14). Der Grundsatz der
Bilanzidentität ist nicht bekannt, weil er wahrscheinlich als selbstverständlich gilt.

C.3.5 Einheitliche Rechnungsperioden

Hinter der Forderung nach einheitlichen Rechnungsperioden verbergen sich zwei Probleme, die Wahl des Bilanzstichtags für den Konzernabschluss und die noch wichti-
geren Vorschriften bei abweichenden Geschäftsjahren der Konzernunternehmen.

Die zentrale Grundvoraussetzung für eine sinnvolle Konzernrechnungslegung
aus Sicht der Einheitstheorie ist die Einheitlichkeit der Rechnungsperioden der in
den Konzernabschluss einbezogenen Einzelabschlüsse. Nur bei einheitlichen Rechnungsperioden können Verschiebungen von Liquidität und Erfolgen innerhalb des
Konzerns verhindert werden und damit die einheitstheoretische Forderung nach einem Abschluss wie bei einem einheitlichen Unternehmen erfüllt werden.

Nachdem ein großzügiges früheres Wahlrecht abgeschafft wurde, ist der Konzernabschluss jetzt „*auf den Stichtag des Jahresabschlusses des Mutterunternehmens aufzustellen*" (§ 299 Abs. 1 HGB). Auf diesen Stichtag sollen auch die übrigen in den Kon-

Zuordnungsproblem des
Geschäftsjahres 01

Zuordnungsproblem des
Geschäftsjahres 02

Einzelabschluss

Einzelabschluss

aus Kon-
zernsicht
perioden-
fremd

Einzelabschluss
ohne Zwischen-
abschlusspflicht

Einzelabschlüsse auf den
Stichtag des
Konzernabschlusses

30.06.16   30.09.16   31.12.16   30.06.17 30.09.17 31.12.17   30.06.18

Stichtag des Einzelabschlusses des Mutterunternehmens
und damit auch des Konzernabschlusses

Geschäftsjahr des Konzernabschlusses

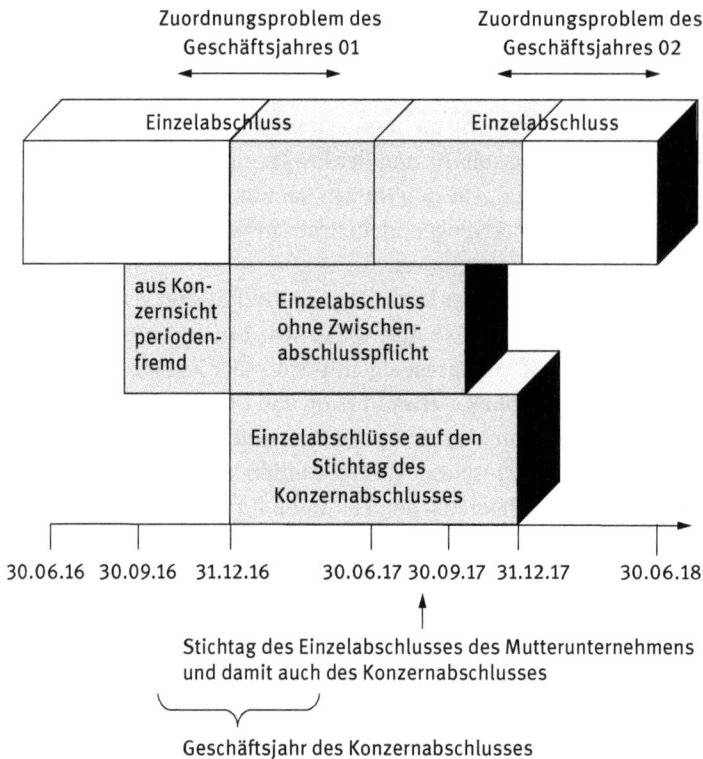

Abb. C.2: Heterogene Rechnungsperioden im Konzernabschluss.

zernabschluss einbezogenen Unternehmen ihre Jahresabschlüsse aufstellen. Soweit gegen diese Sollvorschrift verstoßen wird, ist in Anlehnung an traditionelle angelsächsische Regelungen zu unterscheiden. Liegt der Stichtag des Jahresabschlusses eines einbezogenen Unternehmens um mehr als drei Monate vor dem Stichtag des Konzernabschlusses, so muss ein zusätzlicher Zwischenabschluss auf den Stichtag und den Zeitraum des Konzernabschlusses aufgestellt und der Konsolidierung zugrunde gelegt werden. Liegt hingegen der Stichtag des Jahresabschlusses eines einbezogenen Unternehmens nur bis zu drei Monate vor dem Stichtag des Konzernabschlusses, so darf auf Basis des um maximal 3 Monate zeitlich vor verschobenen Einzelabschlusses konsolidiert werden (§ 299 Abs. 2 HGB).

Beide Ersatzlösungen (in Abbildung C.2 die ersten beiden Balken) haben Nachteile. Wenn Zwischenabschlüsse aufgestellt werden, müssen Elemente aus zwei Geschäftsjahren des jeweiligen Einzelunternehmens dem dazu verschobenen Konzerngeschäftsjahr zugeordnet werden. Das ist nur teilweise auf der Grundlage der Bücher noch möglich (Gehälter, Mieten). In anderen Fällen – insbesondere bei Steueraufwendungen, Pensionsverpflichtungen und Boni etwa – müssen vereinfachende oder künstliche Fiktionen genutzt werden, die Spielräume eröffnen und den Informationsgehalt beeinträchtigen können. Werden bei abweichenden Stichtagen keine Zwischenabschlüsse aufgestellt, so entstehen über die Interpretationsprobleme solcher Konzernabschlüsse hinaus – ihnen liegt nämlich ein „Sammelsurium" von Geschäftsjahren zugrunde – Probleme bei der konkreten Konsolidierung. Auf Basis verschobener Perioden und Stichtage müssen die bei Kapital-, Schulden-, Zwischenergebnis-, Aufwands- und Ertragskonsolidierung aufzurechnenden Positionen nicht zueinander passen. Für derart unsystematische Buchungsunterschiede gibt es auch keine einheitstheoretisch begründbaren Lösungen, sondern allenfalls mit gewisser Willkür behaftete Näherungslösungen.

Werden die damit verbundenen Darstellungsspielräume angestrebt, kann es zu gezielten Geschäften innerhalb des Konzern kommen – etwa zu bewusster Verlagerung von Liquidität zwischen den Stichtagen –, bei denen sich die Buchungsunterschiede nutzen lassen, um den Konzern in einem vorteilhaften Licht – im Beispiel als besonders liquide – erscheinen zu lassen. Die beschriebenen Mängel werden durch die in § 299 Abs. 3 HGB verordnete Pflicht, *„Vorgänge von besonderer Bedeutung für die Vermögens-, Finanz- und Ertragslage eines in den Konzernabschluss einbezogenen Unternehmens, die zwischen dem Abschluss-Stichtag dieses Unternehmens und dem Abschluss-Stichtag des Konzernabschlusses eingetreten sind, in der Konzernbilanz und in der Konzern-Gewinn- und Verlustrechnung zu berücksichtigen oder im Konzernanhang anzugeben"* nur unzureichend behoben. Das Kriterium der besonderen Bedeutung bleibt nicht nur vage und damit umgehbar, es knüpft auch unzweckmäßiger Weise an die Lage des einbezogenen Unternehmens statt an die des Konzerns an.

Sollen die beschriebenen Probleme vermieden und der Informationswert des Konzernabschlusses erhöht werden, muss das Mutterunternehmen die übrigen in den Konzernabschluss einbezogenen Unternehmen dazu bewegen, ihre Geschäftsjahre auf das der Mutter und damit auch des Konzerns umzustellen. Während dies bei voll konsolidierten Tochterunternehmen aufgrund des beherrschenden Einflusses recht einfach möglich erscheint, werden sich diesbezüglich bei Gemeinschaftsunternehmen und assoziierten Unternehmen aber u. U. erhebliche Schwierigkeiten ergeben (siehe Abbildung C.3).

Sowohl die grundsätzliche Pflicht zu einheitlichen Rechnungsperioden als auch die Toleranzgrenzen, in denen in engen Grenzen von diesem Grundsatz abgewichen werden darf, finden sich ähnlich in den internationalen Standards. Grundsätzlich verlangt aber IFRS 10.B92, dass alle einbezogenen Unternehmen für den Konzernabschluss ihre Abschlüsse auf denselben Stichtag aufstellen. Nur wenn dies undurchführbar ist, verwendet das Mutterunternehmen den jüngsten Jahresabschluss des Tochterunternehmens und erfasst die bedeutsamen Geschäftsvorfälle zwischen den Stichtagen (IFRS 10.B93). IFRS 10.B93 zieht aber ebenso wie § 299 Abs. 2 HGB die Grenze bei 3 Monaten, ist aber insoweit etwas großzügiger, als bei den Bilanzstichtagen Abweichungen bis zu 3 Monaten in beiden Richtungen akzeptiert werden. Bei einem Konzern mit dem Kalenderjahr als Geschäftsjahr dürfen also Abschlüsse unverändert übernommen werden, deren Geschäftsjahre jeweils zwischen dem 30.09. und dem

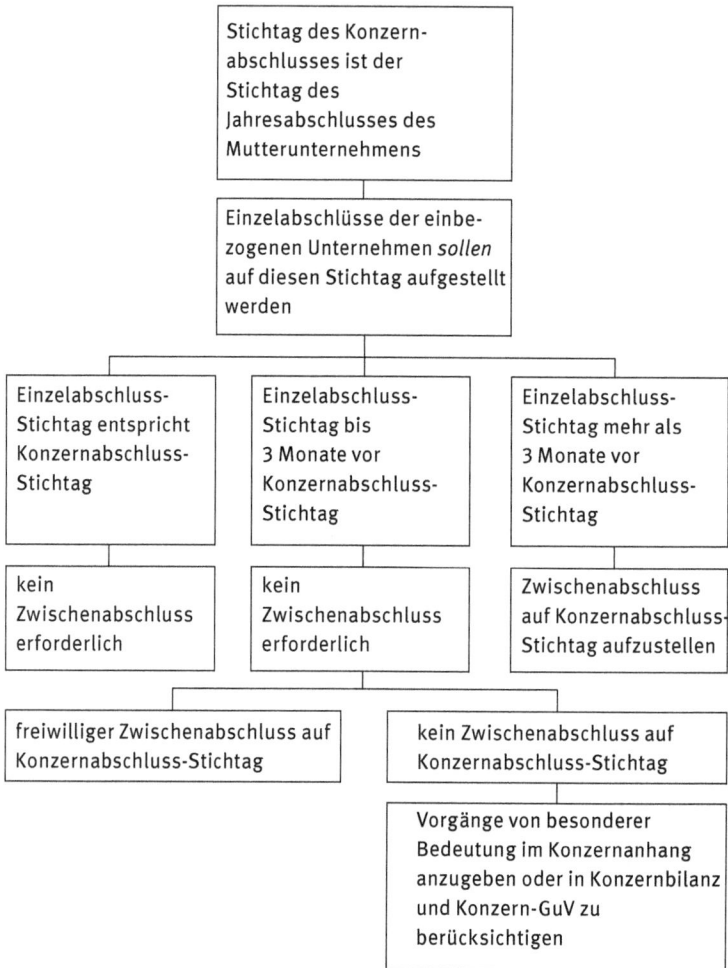

Abb. C.3: Einheitliche Rechnungsperioden.

31.03. beginnen, während § 299 Abs. 2 S. 2 HGB nur den Zeitraum zwischen dem 30.09. und dem 31.12. toleriert. Genau wie die neue Regelung in § 299 Abs. 1 HGB gehen die IFRS ferner davon aus, dass das Geschäftsjahr der Mutter zugleich das Geschäftsjahr des Konzerns bestimmt (IFRS 10.B92).

C.3.6 Grundsatz der Wesentlichkeit (materiality)

Nach dem Grundsatz der Wesentlichkeit sind in den Konzernabschluss nur diejenigen Informationen aufzunehmen, die für den Adressaten des Konzernabschlusses und des Konzernlageberichts und dessen Entscheidungen wesentlich sind. Angaben, die dagegen zur Vermittlung eines den tatsächlichen Verhältnissen entsprechenden Bildes der Vermögens-, Finanz- und Ertragslage des Konzerns von untergeordneter Bedeutung sind, dürfen vernachlässigt, verkürzt oder verdichtet werden. Ungeklärt ist dabei natürlich einerseits, nach welchen Kriterien entschieden werden soll, welche Informationen wesentlich sind und welche nicht, und andererseits, aus Sicht welches Konzernabschlusslesers diese Entscheidung getroffen werden soll; denn aufgrund der oft komplexen Konzernstrukturen können die Informationsbedürfnisse sehr heterogen sein.

Der Grundsatz soll insgesamt dazu beitragen, dass zwischen dem Informationsgehalt des Konzernabschlusses und den zu seiner Aufstellung anfallenden Kosten ein angemessenes Verhältnis besteht. Somit ist in unklaren Einzelfällen zu prüfen, ob den zusätzlichen Informationen, die durch eine bestimmte Handlung vermittelt werden können, nicht zu hohe Aufwendungen gegenüberstehen. Dabei ist der Grundsatz der Wesentlichkeit eng auszulegen, denn eine zu weitreichende Anwendung kann zu einem Verstoß gegen die Generalnorm führen, wie die zahlreichen gesetzlichen Regelungen zeigen, die den Grundsatz explizit oder implizit enthalten, wie z. B.

- § 291 Abs. 1 HGB (unter bestimmten Bedingungen befreiender Konzernabschluss),
- § 293 HGB (größenabhängige Befreiung von der Aufstellung eines Konzernabschlusses und Konzernlageberichtes),
- § 296 HGB (Verzicht auf die Einbeziehung von Tochterunternehmen in den Konzernabschluss),
- § 298 Abs. 2 HGB (Erleichterungen bei der Erstellung des Konzernabschlusses),
- § 299 Abs. 3 HGB (Verzicht auf die Zwischenabschlusserstellung unter bestimmten Bedingungen),
- § 303 Abs. 2 HGB (Ausnahmen von der Schuldenkonsolidierung),
- § 304 Abs. 2 HGB (Ausnahmen von der Zwischenergebniseliminierung),
- § 305 Abs. 2 HGB (Ausnahmen von der GuV-Konsolidierung),
- § 308 Abs. 2 S. 3 HGB (Ausnahmen von der einheitlichen Bewertung)
- § 311 Abs. 2 HGB (Ausnahmen von der Anwendung der Vorschriften für assoziierte Unternehmen),
- § 313 Abs. 3 S. 4 und 5 HGB (Ausnahmen von bestimmten Angabepflichten im Konzernanhang).

Der Grundsatz der Wesentlichkeit (materiality) gilt auch im Rahmen der internationalen, von angelsächsischen Traditionen geprägten Rechnungslegung. Über die nicht verbindliche Erwähnung im Framework (CF.QC6 und. QC11) hinaus wird dem Grundsatz der Wesentlichkeit zudem explizit durch IAS 1.54. und .55 sowie .82, .82A und .85 Geltung verschafft. Danach müssen die Gliederungen von Bilanz, GuV und sonstiger Gesamtergebnisrechnung sicherstellen, dass alle wesentlichen Positionen gesondert ausgewiesen werden.

Literaturhinweise

Außer den einschlägigen Kommentierungen zu den §§ 294–300 und 308 HGB können vor allem folgende Quellen herangezogen werden:

Busse von Colbe, Walther: Der Konzernabschluß im Rahmen des Bilanzrichtlinie-Gesetzes, in: ZfbF, 37. Jg., 1985, S. 761–782.

Harms, Jens E./Küting, Karlheinz: Konsolidierung bei unterschiedlichen Bilanzstichtagen nach künftigem Konzernrecht, Grundprobleme im Rahmen der Voll-, Quoten- und Equity-Konsolidierung, in: BB, 40. Jg., 1985, S. 432–443.

IDW (Hrsg.): Wirtschaftsprüfer-Handbuch 2006, 13. Aufl., Band I, Düsseldorf 2006.

International Accounting Standards Board (IASB): International Financial Reporting Standards 2017, London 2017.

Leffson, Ulrich: Die Grundsätze ordnungsmäßiger Buchführung, 7. Aufl., Düsseldorf 1987.

Schildbach, Thomas: Die neue Generalklausel für den Jahresabschluß von Kapitalgesellschaften – zur Interpretation des Paragraphen 264 Abs. 2 HGB, in: BFuP, 39. Jg., 1987, S. 1–15.

Schildbach, Thomas/Stobbe, Thomas/Brösel, Gerrit: Der handelsrechtliche Jahresabschluss, 10. Aufl., Sternenfels 2013.

Schulz, Ursula: Der Stetigkeitsgrundsatz im Konzernabschluß, in: WPg, 43. Jg., 1990, S. 357–369.

Selchert, Friedrich W.: Bewertungsstetigkeit nach dem Bilanzrichtlinie-Gesetz, in: DB, 37. Jg., 1984, S. 1889–1894.

Sonderausschuß Bilanzrichtlinien-Gesetz: Stellungnahme SABI 2/1987: Zum Grundsatz der Bewertungsstetigkeit (§ 252 Abs. 1 Nr. 6 HGB) und zu den Angaben bei Abweichungen von Bilanzierungs- und Bewertungsmethoden (§ 284 Abs. 2 Nr. 3 HGB), in: WPg, 41. Jg., 1988, S. 48–50.

Stobbe, Thomas: Die konzerneinheitliche Bewertung – Eine Herausforderung für Theorie und Praxis?, in: DB, 39. Jg., 1986, S. 1833–1840.

Trützschler, Klaus: Konsolidierungsgrundsätze, in: Küting/Weber (Hrsg.), Handbuch der Konzernrechnungslegung, 2. Aufl., Stuttgart 1998, S. 623–631.

Wysocki, Klaus von: Das Dritte Buch des HGB 1985 und die Grundsätze ordnungsmäßiger Konzernrechnungslegung, in: WPg, 39. Jg., 1986, S. 177–181.

D Pflicht zur Aufstellung eines Konzernabschlusses und eines Konzernlageberichtes

D.1 Die grundsätzliche Aufstellungspflicht

D.1.1 Aufstellungspflichten nach HGB und PublG

D.1.1.1 Grundsatz

Anders als vielleicht zu vermuten wäre knüpft die Konzernrechnungslegungspflicht nach deutschem Recht nicht unmittelbar an die Konzerndefinition von § 18 AktG an. Vielmehr sind inländische Institutionen dann dazu verpflichtet, einen Konzernabschluss sowie einen Konzernlagebericht aufzustellen, wenn sie

- Kapitalgesellschaften (GmbH, AG, KG auf Aktien),
- Personenhandelsgesellschaften (OHG, KG) im Sinne von § 264a HGB (Kapitalgesellschaften i. w. S.) oder
- Unternehmen, die dem Publizitätsgesetz unterliegen, sind

und die in

- § 290 Abs. 1 HGB oder
- § 11 Abs. 1 PublG

definierten Bedingungen erfüllen. Näher konkretisiert werden die Regelungen des HGB zusätzlich durch DRS 19, der die Pflicht zur Konzernrechnungslegung und die Abgrenzung des Konsolidierungskreises im Rahmen der Grundsätze ordnungsmäßiger Konzernrechnungslegung tiefergehend erläutert.

Der Begriff des Unternehmens wird weder im HGB noch im PublG oder im DRS 19 allgemein gültig definiert. Vielmehr muss je nach der Zweckbestimmung der betreffenden Vorschrift ein eigener Inhalt gesucht werden. Bezüglich der Konzernrechnungslegung ist dieser jedoch mangels eindeutiger theoretischer Grundlagen im Detail noch nicht ganz geklärt, obwohl in der Literatur immer wieder die Kriterien „Kaufmannseigenschaft", „Buchführungspflicht" und „wirtschaftliche Betätigung" herangezogen werden. Die hM geht aber davon aus, dass z. B. Privatpersonen mit mehreren Unternehmen, aber ohne eigenen Geschäftsbetrieb, sowie der Bund, die Länder und Gemeinden mangels eigenständiger erwerbswirtschaftlicher Ziele i. d. R. keine Unternehmen und insofern von den Normen des Publizitätsgesetzes zur Konzernrechnungslegung nicht betroffen sind (vgl. WP-Handbuch, Band I, G Tz. 73 und 74; Siebourg in: Küting/Weber, Konzernrechnungslegung, 2. Aufl., § 290 Rn. 14 f.; vgl. allgemein zu den diesbezüglichen Problemen auch: SABI 1/1988, WPg 1988, S. 340 ff.).

§ 290 HGB regelt die Konzernrechnungslegungspflicht für inländische Kapitalgesellschaften i. w. S. (AG, KGaA, GmbH, GmbH & Co KG). Dabei knüpft § 290 Abs. 1 HGB die Konzernrechnungslegungspflicht an das Vorliegen folgender zwei Bedingungen:

https://doi.org/10.1515/9783110535723-004

Eine inländische Kapitalgesellschaft i. w. S., die
- das Recht auf beherrschenden Einfluss
- auf ein oder mehrere andere in- oder ausländischen Unternehmen hat,

muss einen Konzernabschluss aufstellen.

Dabei ist es ausreichend, wenn die Möglichkeit zur Beherrschung besteht, ausgeübt werden muss die Beherrschungsmacht tatsächlich nicht.

Der Gesetzgeber vermutet außerdem unwiderlegbar, dass eine Kapitalgesellschaft i. w. S immer dann einen beherrschenden Einfluss auf ein anderes Unternehmen ausübt, wenn eines der vier Kriterien von § 290 Abs. 2 HGB erfüllt ist. Statt allgemeiner, wenig operationaler Kriterien werden hier drei konkrete formale bzw. eine vierte konkrete wirtschaftliche Bedingung formuliert, die alternativ die Konzernrechnungslegungspflicht auslösen. Der Vorteil der konkret formulierten Bedingungen liegt in der höheren Praktikabilität und Rechtssicherheit. Gleichzeitig definieren die in § 290 Abs. 2 HGB genannten Fälle jedoch nicht abschließend das Kriterium des beherrschenden Einflusses. Liegt für eine Kapitalgesellschaft i. w. S die Möglichkeit, beherrschenden Einfluss auszuüben, aus anderen Gründen vor, greift für die Konzernrechnungslegungspflicht die Grundsatzvorschrift aus § 290 Abs. 1 HGB.

Liegen die Voraussetzungen des § 290 Abs. 1 oder Abs. 2 HGB vor, so gilt die Obergesellschaft als
- Mutterunternehmen

und die entsprechenden untergeordneten Unternehmen als
- Tochterunternehmen (siehe Abbildung D.1).

Es handelt sich dabei aber um relative Begriffe, denn eine untergeordnete inländische Kapitalgesellschaft i. w. S. kann, wie das folgende Beispiel D.1 zeigt, bei Erfüllung der entsprechenden Voraussetzungen in Bezug auf eine ihr übergeordnete inländische Kapitalgesellschaft i. w. S. ein Tochterunternehmen und gleichzeitig im Verhältnis zu ihr nach gelagerten Unternehmen ein Mutterunternehmen sein. Ein derartiges Unternehmen wird im Folgenden als Teilkonzernmutter bezeichnet.

Beispiel D.1: Mutter-, Tochterunternehmen, Teilkonzernmutter

inländische Kapitalgesellschaft i. w. S. (*Mutterunternehmen*)

   | § 290 Abs. 1 HGB erfüllt

inländische Kapitalgesellschaft i. w. S.
(*Tochter- und Mutterunternehmen*)
(im folgenden *Teilkonzernmutter* genannt)

   | § 290 Abs. 1 HGB erfüllt

inländisches oder ausländisches Unternehmen
(*Tochterunternehmen*)

Eine inländische Kapi-	Ein anderes in-
talgesellschaft i.w.S.	ländisches
(AG, KGaA, GmbH, GmbH & Co	Unternehmen
KG, Stiftung & Co KG)	

(§ 290
Abs. 1)   (§ 11 PublG)

hat bei   hat bei
- **UNTERNEHMEN**   - **UNTERNEHMEN**
  im In- oder Ausland   im In- oder Ausland
- Recht zu beherrschendem   - Recht zu beherrschendem Einfluss
  Einfluss   <u>und</u>
                                     - Erfüllung bestimmter Merkmale

⇒ **Unternehmen oben** gelten dann als **Mutterunternehmen** ⎱ relative Begriffe
⇒ **Unternehmen unten** gelten dann als **Tochterunternehmen** ⎰

⇒ **grundsätzliche Konzernrechnungslegungspflicht nach HGB**
  es sei denn
  → • es gibt befreiende Konzernabschlüsse auf
    höherer Ebene und
  • kein Verlangen nach dem aus dieser Sicht partiellen Konzernabschluss
  → es gibt größenabhängige Befreiungen für:
    • Kapitalgesellschaften i.w.S. als Mutterunternehmen aus § 293 HGB
    • andere Mutterunternehmen aus § 11 PublG mit unterschiedlichen
      Größenmerkmalen für:
      - normale Unternehmen
      - Kreditinstitute und Versicherungen
⇒ ausnahmsweise Pflicht zur Konzernrechnungslegung nach IFRS aufgrund von Art. 4
  der EU-Verordnung 1606/2002 vom 19.7.2002 und § 315e Abs. 1 und 2 HGB (bisher
  § 315a) für kapitalmarktorientierte Unternehmen und für solche, die die Zulassung
  eines Wertpapiers zum Handel an einem organisierten Markt beantragt haben, sowie
  entsprechende Wahlrechte für andere Mutterunternehmen nach Art. 5 EUVO
  1606/2002 und § 315e Abs. 3 HGB (bisher § 315a) (Näheres unter D.4)
(Anmerkung: §§-Angaben beziehen sich grundsätzlich auf das HGB)

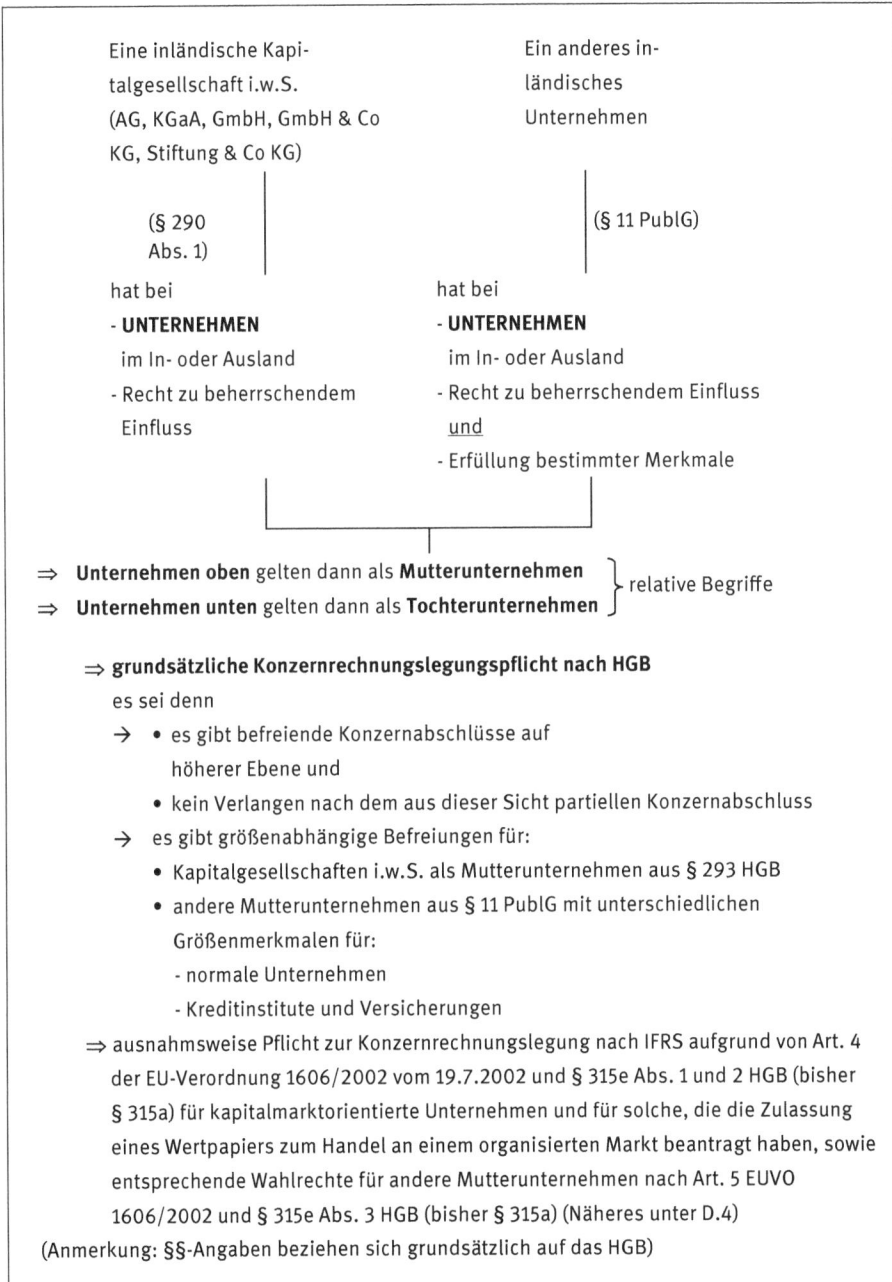

Abb. D.1: Konzernrechnungslegungspflicht inländischer Unternehmen.

§ 11 Abs. 1 PublG enthält die grundsätzliche Verpflichtung zur Aufstellung eines Konzernabschlusses für alle inländischen Unternehmen, die keine Kapitalgesellschaften i. w. S. sind, welche

- beherrschenden Einfluss
- über ein anderes Unternehmen
- mit beliebigem Sitz und unabhängig von der Rechtsform

ausüben kann, und die an drei aufeinander folgenden Stichtagen jeweils mindestens zwei der drei folgenden Merkmale erfüllen:

- Konzernbilanzsumme >65 Mio. €,
- Konzernumsatzerlöse >130 Mio. €,
- Zahl der Arbeitnehmer der inländischen Konzernunternehmen >5000.

Zur Prüfung des Vorliegens der Größenmerkmale Konzernbilanzsumme und Konzernumsatzerlöse muss das Mutterunternehmen ggf. zumindest partiell einen Probe-Konzernabschluss erstellen.

D.1.1.2 Die Kriterien für beherrschenden Einfluss
D.1.1.2.1 Das Konzept des beherrschenden Einflusses

Nach dem Konzept des beherrschenden Einflusses besteht die grundsätzliche Pflicht zur Aufstellung eines Konzernabschlusses immer dann, wenn eine Kapitalgesellschaft i. w. S. mit Sitz im Inland im Verhältnis zu mindestens einem anderen Unternehmen ein Recht auf Ausübung beherrschenden Einflusses zusteht. Nur dann besteht zwischen der Kapitalgesellschaft i. w. S. und dem abhängigen Unternehmen ein Mutter-Tochter-Verhältnis und das Tochterunternehmen ist Teil des Konsolidierungskreises des Mutterunternehmens.

Das Gesetz definiert jedoch den Begriff des beherrschenden Einflusses nicht. Vielmehr benennt der Gesetzgeber in § 290 Abs. 2 HGB vier Kriterien, bei denen unwiderlegbar davon auszugehen ist, dass beherrschender Einfluss besteht:

- Der Kapitalgesellschaft i. w. S. steht die Mehrheit der Stimmrechte der Gesellschafter bei einem anderen Unternehmen zu (§ 290 Abs. 2 Nr. 1 HGB).
- Der Kapitalgesellschaft i. w. S. steht das Recht zu, die Mehrheit der Mitglieder des Verwaltungs-, Leitungs- oder Aufsichtsorgans bei einem anderen Unternehmen zu bestellen oder abzuberufen, und sie ist gleichzeitig Gesellschafter dieses Unternehmens (§ 290 Abs. 2 Nr. 2 HGB).
- Der Kapitalgesellschaft i. w. S. steht das Recht zu, einen beherrschenden Einfluss aufgrund eines mit diesem Unternehmen geschlossenen Beherrschungsvertrags oder aufgrund einer Satzungsbestimmung dieses Unternehmens auszuüben (§ 290 Abs. 2 Nr. 3 HGB).
- Der Kapitalgesellschaft i. w. S. trägt bei wirtschaftlicher Betrachtung die Mehrheit der Risiken und Chancen eines Unternehmens, das zur Erreichung eines eng begrenzten und genau definierten Ziels des Unternehmens dient (Zweckgesellschaft) (§ 290 Abs. 2 Nr. 4 HGB).

Dabei reicht es für die grundsätzliche Verpflichtung zur Aufstellung eines Konzernabschlusses nach den konkreten Kriterien von § 290 Abs. 2 HGB aus, wenn einer der
vier Tatbestände erfüllt ist. Ob das übergeordnete Unternehmen von seinen bestehenden Rechten aus §§ 290 Abs. 2 Nr. 1–3 HGB auch tatsächlich Gebrauch macht, ist nicht
relevant. Mithin ist z. B. auch eine Kapitalgesellschaft i. w. S., die sich lediglich auf
Vermögensverwaltung beschränkt, bei Vorliegen eines der vier Kriterien zur Konzernrechnungslegung verpflichtet, und jede inländische Teilkonzernmutter, die ihrerseits
aufgrund ihrer Stellung zu anderen Unternehmen einen der vier in § 290 Abs. 2 HGB geregelten Tatbestände erfüllt, muss grundsätzlich einen (Teil-)Konzernabschluss und
(Teil-)Konzernlagebericht aufstellen.

Über die konkreten Tatbestände von § 290 Abs. 2 HGB hinaus wird basierend
auf der Regierungsbegründung (vgl. BT-Drucksache 16/12407, S. 89) immer dann von
der Möglichkeit beherrschenden Einfluss auszuüben ausgegangen, wenn die Obergesellschaft ihre Interessen bei allen wesentlichen finanz- und geschäftspolitischen
Entscheidungen auf Ebene des anderen Unternehmens durchsetzen kann. Ziel der
Durchsetzung der Interessen der Obergesellschaft ist es, wirtschaftliche Vorteile aus
der Unternehmenstätigkeit ihrer Tochtergesellschaft zu ziehen. Gemäß DRS 19.11 werden finanzpolitische Entscheidungen dann wesentlich von der Muttergesellschaft
durchgesetzt, wenn in der Finanzpolitik die Interessen der Mutter insbesondere bei
der Budgetierung, Aspekten der Kapitalstruktur sowie der Liquiditätslage durchgesetzt werden können. Wesentliche geschäftspolitische Entscheidungen betreffen die
Unternehmensstrategie und des Geschäftsmodells, der Personalbeschaffung, der Planung des Produktsortiments oder der Forschungs- und Entwicklungsaktivitäten.

Gleichzeitig muss die Möglichkeit, die Finanz- und Geschäftspolitik eines anderen Unternehmens zu bestimmen, von dauerhafter Natur sein und darf nicht so durch
die Rechte Dritter eingeschränkt sein, dass diesen Dritten substanzielle Mitwirkungs-
rechte zustehen, die der Möglichkeit eines beherrschenden Einflusses der Obergesellschaft entgegensteht (vgl. DRS 19.12–14). So kann bei einer Beteiligung von unter 50 %
trotzdem noch von der Möglichkeit beherrschenden Einfluss auszuüben ausgegangen
werden, wenn die übrigen Anteile im Streubesitz gehalten werden (vgl. Baetge u. a.,
Konzernbilanzen, 2017, S. 90; DRS 19.70–71). Zieht das Mutterunternehmen Nutzen
aus seiner Tochtergesellschaft in Form von wirtschaftlichen Vorteilen wie Gewinnausschüttungen oder anderen Vorteile, die sich aus der betriebswirtschaftlichen Integration der Konzernaktivitäten ergeben, kann das ein Indiz dafür sein, dass die Obergesellschaft die Möglichkeit hat, beherrschenden Einfluss auszuüben (vgl. DRS 19.15).

D.1.1.2.2 Mehrheit der Stimmrechte (§ 290 Abs. 2 Nr. 1 HGB)

Stehen einer inländischen Kapitalgesellschaft i. w. S. an einem anderen Unternehmen
die Mehrheit der Stimmrechte der Gesellschafter zu, so ist sie grundsätzlich zur Aufstellung eines Konzernabschlusses und eines Konzernlageberichtes verpflichtet. Auf
die Höhe des Kapitalanteils kommt es dabei nicht an. Beispielsweise verfügt die Kapi-

talgesellschaft i. w. S. auch dann, wenn ihr mehr als 50 % der Anteile zustehen, nicht unbedingt über die Mehrheit der Stimmrechte. Diese Anteile können nämlich zum Teil Vorzugsaktien ohne Stimmrecht gemäß § 12 Abs. 1 AktG sein, die Satzung kann das Stimmrecht gemäß § 134 Abs. 1 S. 2 AktG auf einen Höchstbetrag festsetzen oder das die Rechte innehabende Unternehmen kann gemäß § 20 Abs. 7 AktG daran gehindert sein, die Stimmrechte auszuüben.

Die Mehrheit der Stimmrechte und die darauf gegründete Leitungsmöglichkeit des anderen Unternehmens besteht nur, wenn diese Position rechtlich gesichert ist. Demnach führt eine einmalige oder dauernde Präsenzmehrheit in der Hauptversammlung nicht zur Konzernrechnungslegungspflicht nach § 290 Abs. 2 Nr. 1 HGB.

Unterschiedlich beurteilt werden die Fälle, in denen zwar eine Stimmrechtsmehrheit von knapp über 50 % besteht, wichtige Entscheidungen aber per Satzung an größere Mehrheiten gebunden werden oder der Zustimmung eines anderen Gesellschafters bedürfen, oder wo sich der Inhaber der Stimmrechtsmehrheit vertraglich seiner Mehrheitsrechte begibt (sog. Entherrschungsverträge). Die herrschende Meinung (Grottel/Kreher in: Beck Bil-Komm., 11. Aufl., § 290 Anm. 45 ff.; WP-Handbuch, Band I, G Tz. 29) sieht in diesen Fällen eine Konzernrechnungslegungspflicht, weil § 290 Abs. 2 HGB mit unwiderlegbaren Vermutungen arbeitet, die formell erfüllt sind. Die andere Sicht interpretiert Mehrheit aber materiell im Sinne einer Beherrschungsmöglichkeit, so dass in den beschriebenen Fällen § 290 Abs. 2 Nr. 1 HGB nicht anwendbar sei (vgl. von Wysocki, WPg 1987, S. 278; Siebourg in: Küting/Weber, Konzernrechnungslegung, 2. Aufl., § 290 Rn. 70 ff.).

Die Antwort auf die Frage, wie die Mehrheit der Stimmrechte zu ermitteln ist und welcher Prozentsatz der Stimmrechte einem Unternehmen zustehen, ergibt sich nach § 290 Abs. 4 HGB aus dem Verhältnis zweier Größen. Die Zahl der Stimmrechte, die dem Unternehmen unmittelbar oder mittelbar über die Zurechnungsvorschrift des § 290 Abs. 3 HGB gehören, wird ins Verhältnis zur Gesamtzahl aller Stimmrechte gesetzt. Dabei ist die Gesamtzahl aller Stimmrechte allerdings vor der Berechnung des Verhältnisses gemäß § 290 Abs. 4 S. 2 HGB gegebenenfalls um die Stimmrechte aus den eigenen Anteilen zu kürzen, die
- dem Tochterunternehmen selbst,
- einem seiner Tochterunternehmen oder
- einer anderen Person für Rechnung der vorgenannten Unternehmen gehören.

D.1.1.2.3 Bestellungs- und Abberufungsrechte (§ 290 Abs. 2 Nr. 2 HGB)

Steht einer inländischen Kapitalgesellschaft i. w. S. das Recht zu, bei einem anderen Unternehmen die Mehrheit der Mitglieder des Verwaltungs-, Leitungs- oder Aufsichtsorgans zu bestellen oder abzuberufen, und ist sie gleichzeitig Gesellschafter, so ist sie gemäß § 290 Abs. 2 Nr. 2 HGB grundsätzlich zur Konzernrechnungslegung verpflichtet. Dabei reicht es aus, wenn das Recht für eines der Organe besteht. Als Mitglieder von Verwaltungs-, Leitungs- oder Aufsichtsorganen kommen nach deutschem Gesellschaftsrecht „*Vorstandsmitglieder, Geschäftsführer, geschäftsführende Gesellschafter, Aufsichtsräte, Verwaltungsräte, Beiräte und Personen, die ähnliche Management- und Aufsichts-/Kontrollaufgaben … wahrnehmen*" in Betracht (WP-Handbuch, Band I, G Tz. 32; vgl. DRS 19.28). Mehrheit ist dabei auf das gesamte Gremium und nicht nur auf den Teil zu beziehen, der von den Anteilseignern bestellt wird (vgl. Siebourg in: Küting/Weber, Konzernrechnungslegung, 2. Aufl., § 290 Rn. 87; DRS 19.29).

Das Recht, die Mehrheit dieser Organe oder Gremien bestellen oder abberufen zu können, darf nicht auf rein faktischen Verhältnissen beruhen, sondern muss rechtlich gesichert sein. Dabei kommt es auch hier auf eine tatsächliche Ausübung der Rechte nicht an.

In der Regel wird das Recht zur Besetzung oder Abberufung der Mehrheit der Mitglieder des Verwaltungs-, Leitungs- oder Aufsichtsorgans mit einer Stimmrechtsmehrheit einhergehen. Es sind jedoch außer bei Aktiengesellschaften in allen Rechtsformen auch Fälle denkbar, in denen das Recht durch Entsendungsrechte oder Vereinbarungen mit anderen Gesellschaftern entsteht (siehe zu den Beschränkungen bei Aktiengesellschaften §§ 84 und 101 Abs. 2 AktG).

Zweite Voraussetzung nach § 290 Abs. 2 Nr. 2 HGB ist, dass das Mutterunternehmen Gesellschafter des Tochterunternehmens ist. Dafür reicht auch eine mittelbare Beteiligung an dem Tochterunternehmen gemäß § 290 Abs. 3 S. 1 HGB (vgl. DRS 19.31). Bei haftungsbeschränkten Personengesellschaften nach § 264a Abs. 1 HGB muss der persönlich haftende Gesellschafter für die Gesellschafterstellung nicht auch am Kapital beteiligt sein.

D.1.1.2.4 Beherrschungsvertrag/Satzungsbestimmung (§ 290 Abs. 2 Nr. 3 HGB)

Ein Mutter-/Tochterverhältnis und die damit verbundene grundsätzliche Pflicht zur Konzernrechnungslegung ist auch dann gegeben, wenn einer inländischen Kapitalgesellschaft i. w. S. das Recht zusteht, auf ein anderes Unternehmen aufgrund

- eines Beherrschungsvertrages oder
- einer Satzungsbestimmung

einen beherrschenden Einfluss auszuüben. Dabei kommt es auch in diesem Fall auf eine tatsächliche Ausübung der Beherrschungsmöglichkeiten nicht an.

Durch den Abschluss eines Beherrschungsvertrages können sich Aktiengesellschaften oder Kommanditgesellschaften auf Aktien unter die Leitung eines anderen Unternehmens stellen (§ 291 AktG). Obwohl eine entsprechende Regelung für die anderen Gesellschaftsformen fehlt, ist aufgrund des Regelungszweckes davon auszugehen, dass inhaltlich gleichartige Verträge, die eine inländische Kapitalgesellschaft i. w. S. mit einem anderen Unternehmen abschließt, auch zur grundsätzlichen Konzernrechnungslegungspflicht führen (vgl. SABI 1/1988, WPg 1988, S. 340 ff.; DRS 19.33).

Die grundsätzliche Verpflichtung einer inländischen Kapitalgesellschaft i. w. S. zur Aufstellung eines Konzernabschlusses und Konzernlageberichtes aufgrund einer

Satzungsbestimmung setzt voraus, dass dadurch der beherrschende Einfluss auf das andere Unternehmen in seiner Gesamtheit rechtlich gesichert ist. Gemäß DRS 19.35 ist diese Regelung aus ihrem Sinn heraus auch auf die Statute (z. B. Gesellschaftsverträge) von Unternehmen anderer Rechtsformen auszudehnen, wenn diese einer inländischen Kapitalgesellschaft i. w. S. entsprechende Rechte gewähren.

D.1.1.2.5 Zweckgesellschaften (§ 290 Abs. 2 Nr. 4 HGB)

Ein Mutter-/Tochterverhältnis und die damit verbundene grundsätzliche Pflicht zur Konzernrechnungslegung ist auch dann gegeben, wenn sich eine inländische Kapitalgesellschaft i. w. S. einer Zweckgesellschaft bedient und die Mehrheit der Chancen und Risiken dieser Zweckgesellschaft trägt. Von einer Zweckgesellschaft spricht § 290 Abs. 2 Nr. 4 HGB immer dann, wenn der Geschäftsbetrieb dieses Unternehmens der Erreichung eines eng begrenzten und genau definierten Ziels des potentiellen Mutterunternehmens dient (vgl. auch DRS 19.38).

Hintergrund der Regelung war die exzessive Nutzung von Zweckgesellschaften vor und während der Finanzkrise 2008/2009. Unternehmen, insbesondere Banken hatten damals in großem Umfang insbesondere Forderungen an Zweckgesellschaften übertragen, die sie zwar initiiert aber an denen sie nicht mehrheitlich beteiligt waren bzw. über andere formale Kriterien beherrschenden Einfluss ausüben konnten. Entsprechend unterblieb eine Konsolidierung. Trotz dieser Konstruktion ist bei Zweckgesellschaften wirtschaftlich davon auszugehen, dass sie unter dem beherrschenden Einfluss des initiierenden Unternehmens stehen, da bei Gründung die Zielsetzung und der Tätigkeitsbereich durch den Initiator festgelegt wird. Dadurch ist die operative Entscheidungsmacht der Leitungsorgane der Zweckgesellschaft so stark rechtlich eingeschränkt, dass ihren Leitungsorganen kein wesentlicher Handlungsspielraum bleibt. Vielmehr greift der sogenannte Autopilot-Mechanismus (vgl. DRS 19.39–40). Da in der Krise verstärkt riskante Assets wie ausfallbedrohte Forderungen in Zweckgesellschaften ausgelagert wurden, wurden gerade risikobehaftete Vermögensbestandteile der Konzernberichterstattung entzogen. § 290 Abs. 2 Nr. 4 HGB war die Reaktion auf diese missbrauchsanfällige Konstruktion.

Voraussetzung für die Konzernrechnungslegungspflicht ist, dass die beiden Bedingungen von § 290 Abs. 2 Nr. 4 HGB kumulativ erfüllt sind. Wenn also von einer Zweckgesellschaft auszugehen ist, weil sie entsprechend § 290 Abs. 2 Nr. 2 S. 1 und 2 HGB sowie DRS 19.38–49 nur einem eng begrenzten und genau definiten Ziel des potentiellen Mutterunternehmens dient, muss im zweiten Schritt geprüft werden, ob das Mutterunternehmen mittel- und unmittelbar auch die Mehrheit der Chancen und Risiken trägt. Unter Chancen und Risiken sind dabei alle positiven wie negativen finanziellen Auswirkungen auf die Vermögens-, Finanz- und Ertragslage des Konzerns der Muttergesellschaft zu verstehen, die aus den Geschäfts- und Vertragsbeziehungen mit der Zweckgesellschaft entstehen (vgl. DRS 19.51–52 und DRS 19.55). Ob die Mehrheit der Chancen und Risiken dem potentiellen Mutterunternehmen zusteht, ist anhand einer qualitativen Gesamtbetrachtung des Einzelfalls zu beurteilen. Dabei sind insbesondere auch nicht quantifizierbare Chancen und Risiken zu berücksichtigen, wenn das potentielle Mutterunternehmen schon bei den quantifizierbaren Chancen wie Risiken nahezu 50 % trägt (vgl. DRS 19.57).

D.1.1.2.6 Zurechnung und Abzug von Rechten (§ 290 Abs. 3 HGB)

Die in § 290 Abs. 2 Nr. 1–3 HGB aufgeführten Rechte brauchen einem Unternehmen nicht unmittelbar zuzustehen. Entscheidend ist vielmehr deren wirtschaftliche Inhaberschaft, denn gemäß § 290 Abs. 3 HGB gelten als dem Mutterunternehmen zustehende Rechte auch diejenigen,

- die einem Tochterunternehmen zustehen,
- die den für Rechnung des Mutter- oder Tochterunternehmens handelnden Personen zustehen und
- über die das Mutterunternehmen oder ein Tochterunternehmen aufgrund einer Vereinbarung mit anderen Gesellschaftern dieses Unternehmens verfügen kann.

Unter die letztgenannten Vereinbarungen fallen z. B. Stimmrechtsbindungs-, Stimmrechtsüberlassungs-, Stimmrechtspool-, Konsortial- und ähnliche Verträge, die das Ziel einer gemeinsamen Stimmrechtsabgabe verfolgen (vgl. DRS 19.65). Dabei ist jedoch zu beachten, dass im Fall von Vereinbarungen mit anderen Gesellschaftern die entsprechenden Rechte nur einem Unternehmen mit Gesellschafterstellung zugerechnet werden. Es ist also nicht möglich, dass ein Unternehmen, das nicht Gesellschafter ist, aufgrund von Vereinbarungen mit Gesellschafterunternehmen zu einem Mutterunternehmen im Sinne des § 290 Abs. 2 HGB wird.

Dass das Gesetz auf die wirtschaftliche Inhaberschaft der Rechte abstellt, wird nicht nur durch die o. g. Zurechnungen, sondern auch durch § 290 Abs. 3 S. 3 HGB deutlich. Danach müssen nämlich von der Summe der Rechte, die einem Mutterunternehmen unmittelbar und aufgrund der o. g. Zurechnungen zustehen, ggf. noch diejenigen Rechte abgezogen werden, die mit folgenden Anteilen verbunden sind:

- Anteile, die von dem Mutterunternehmen oder von Tochterunternehmen für Rechnung einer anderen Person gehalten werden oder
- Anteile, die als Sicherheit gehalten und deren Rechte nach Weisung oder im Interesse des Sicherungsgebers ausgeübt werden.

Zusätzlich ist zu berücksichtigen, dass Rechte, die einem Tochterunternehmen zustehen, vollständig und nicht nur prozentual in Höhe der Beteiligungsquote dem Mutterunternehmen nach § 290 Abs. 3 HGB zugerechnet werden. Andernfalls würde ebenfalls nicht der realen wirtschaftliche Situation Rechnung getragen: Besteht nämlich eine Beherrschungsmöglichkeit der Muttergesellschaft über die Tochtergesellschaft, hat das Mutterunternehmen dadurch auch die Beherrschungsmacht über die Rechte, die der Tochter an dem anderen Unternehmen zustehen. Für die Frage, auf welche

Unternehmen das Mutterunternehmen beherrschenden Einfluss ausüben kann, müssen deshalb die dem Mutterunternehmen mittelbar zustehenden Anteile rechnerisch genauso behandelt werden, wie solche, die der Mutter unmittelbar zustehen.

Beispiel D.2: Zurechnung und Abzug von Rechten

Gegeben sei folgende Konzernstruktur, dargestellt durch folgende Abbildung:

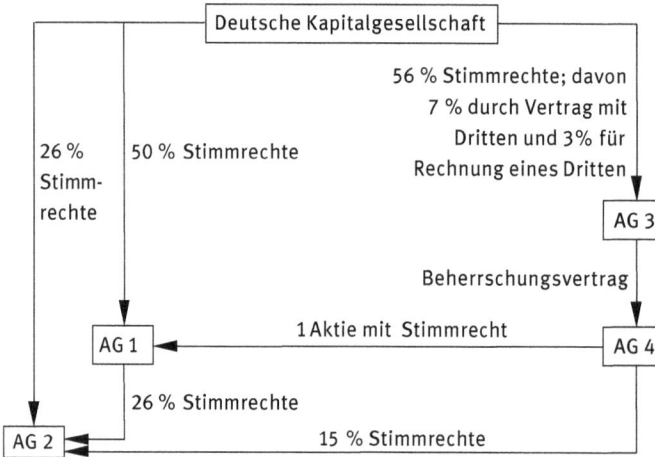

Deutsche Kapitalgesellschaft

56 % Stimmrechte; davon 7 % durch Vertrag mit Dritten und 3% für Rechnung eines Dritten

26 % Stimmrechte

50 % Stimmrechte

AG 3

Beherrschungsvertrag

1 Aktie mit Stimmrecht

AG 1 ← AG 4

26 % Stimmrechte

15 % Stimmrechte

AG 2

Würde man nur die der deutschen Kapitalgesellschaft unmittelbar zustehenden Rechte berücksichtigen, so bräuchte diese keinen Konzernabschluss aufzustellen. Sie verfügt weder bei AG1 und AG2 noch bei der AG3 unmittelbar über die Mehrheit der Stimmrechte, denn bzgl. der AG3 stehen ihr 7 % der Stimmrechte nur mittelbar zu und weitere 3 % sind gem. § 290 Abs. 3 S. 3 Nr. 1 HGB abzuziehen.

Da es aber gem. § 290 Abs. 3 HGB auf die wirtschaftliche Inhaberschaft der Rechte ankommt, sind der deutschen Kapitalgesellschaft auch die mittelbar zustehenden Rechte zuzurechnen. Somit kann sie über (56 % – 3 % =) 53 % und damit über die Mehrheit der Stimmrechte der AG3 verfügen und muss einen Konzernabschluss aufstellen. In diesen muss sie aufgrund des von der AG3 mit der AG4 geschlossenen Beherrschungsvertrages auch die AG4 einbeziehen (§§ 290 Abs. 2 Nr. 3, 290 Abs. 3 HGB). Obwohl die AG4 ihrerseits über 15 % der Stimmrechte der AG2 verfügt und diese gem. § 290 Abs. 3 HGB wirtschaftlich der deutschen Kapitalgesellschaft, der selber 26 % der Stimmrechte der AG2 unmittelbar zustehen, zuzurechnen sind, reicht die Summe dieser Stimmrechte mit 41 % nicht zur Begründung eines Mutter-Tochterverhältnisses aus. Da die AG4 aber auch über eine Aktie mit Stimmrecht an der AG1 verfügt, stehen der deutschen Kapitalgesellschaft über § 290 Abs. 3 HGB die Mehrheit der Stimmrechte an der AG1 zu. Dadurch sind der Kapitalgesellschaft insgesamt 67 % der Stimmrechte an AG2 und damit mittelbar auch die Mehrheit der Stimmrechte an der AG2 zu. Entsprechend sind sowohl AG1 als auch AG2 in den Konzernabschluss einzubeziehen sind.

D.1.1.3 Zur Konzernrechnungslegungspflicht im Gleichordnungskonzern

Ein Konzern liegt nach § 18 Abs. 2 AktG auch vor, wenn rechtlich selbständige Unternehmen unter einheitlicher Leitung stehen, ohne dass zwischen ihnen ein Abhängigkeitsverhältnis (§ 17 AktG) besteht. Diese Art einer Unternehmensgesamtheit wird als Gleichordnungskonzern bezeichnet.

Ein Gleichordnungskonzern kann auf verschiedenen Wegen entstehen. So können rechtlich selbständige, voneinander unabhängige Unternehmen z. B. durch ein von den Unternehmen gebildetes Gemeinschaftsorgan (z. B. eine Holding) oder durch vertragliche Vereinbarungen von einem der gleich geordneten Unternehmen einheitlich geleitet werden (zu beachten ist in diesem Zusammenhang § 291 Abs. 2 AktG). Denkbar ist die einheitliche Leitung solcher Unternehmen aber auch aufgrund einer mehrheitlichen Personenidentität in den Verwaltungs-, Leitungs- oder Aufsichtsorganen.

Der deutsche Gesetzgeber hat von der in Art. 12 der 7. EG-Richtlinie eingeräumten Möglichkeit, auch für Gleichordnungskonzerne die Konzernrechnungslegungspflicht grundsätzlich vorzuschreiben, keinen Gebrauch gemacht, da er *„keine Veranlassung für eine gesetzliche Regelung"* sah (BT-Drucksache 10/4268, S. 113). Somit ist die Antwort auf die Frage, ob ein Gleichordnungskonzern grundsätzlich zur Konzernrechnungslegung verpflichtet ist, anhand von § 290 HGB bzw. § 11 PublG zu entscheiden. Da § 290 HGB wie § 11 PublG aufgrund des Kriteriums des beherrschenden Einflusses eines Unternehmens auf ein oder mehrere andere Unternehmen immer ein Über-/Unterordnungsverhältnis voraussetzt, kann sich eine Konzernrechnungslegungspflicht für den Gleichordnungskonzern nicht ergeben.

D.1.1.4 Exkurs: Zur Konzernrechnungslegungspflicht der GmbH & Co KG

Gemäß § 264a HGB sind Personenhandelsgesellschaften (OHG und KG), die nicht direkt oder indirekt über mindestens eine natürliche Person als persönlich haftenden Gesellschafter verfügen, speziell auch hinsichtlich der Konzernrechnungslegung den Kapitalgesellschaften gleichgestellt. Entsprechend hat auch eine GmbH & Co KG, die einen beherrschenden Einfluss gemäß § 290 Abs. 1 oder 2 HGB auf ein oder mehrere andere Unternehmen ausüben kann, einen Konzernabschluss aufzustellen.

Zusätzlich ist aber zu fragen, ob die Komplementär-GmbH einen beherrschenden Einfluss auf die KG ausüben kann und deshalb ihrerseits bereits verpflichtet wäre, einen Konzernabschluss unter Einbeziehung der KG als Tochterunternehmen aufzustellen, selbst wenn die GmbH & Co KG keine weiteren Töchter hat. § 290 HGB knüpft die Konzernrechnungslegungspflicht an die Bedingung, dass eine Kapitalgesellschaft mit Sitz im Inland genau definierte Voraussetzungen erfüllt (Möglichkeit beherrschenden Einfluss auszuüben entweder nach § 290 Abs. 1 HGB oder bei Erfüllung eines der vier Kriterien von § 290 Abs. 2 HGB). Da die Komplementär-GmbH als Kapitalgesellschaft grundsätzlich unter den Regelungsbereich von § 290 HGB fällt, ist zu prüfen, ob sie beherrschenden Einfluss gemäß § 290 Abs. 1 oder 2 HGB auf die KG ausüben kann.

Grundlage für eine Konzernrechnungslegungspflicht der GmbH & Co KG kann zunächst die Möglichkeit sein, beherrschenden Einfluss auf die KG gemäß § 290 Abs. 1 HGB auszuüben. Da die Komplementär-GmbH gemäß § 164 und § 170 HGB immer dann alleine zur Geschäftsführung und Vertretung der KG berechtigt und verpflichtet ist, wenn es keine gesellschaftsvertraglichen Einschränkungen gibt, hat die Komplementär-GmbH die Möglichkeit, die Finanz- und Geschäftspolitik zu bestimmen und zwar nicht nur kurzfristig oder auch zufällig (vgl. IDW RS HFA 7.63, IDW-FN 2012, S. 199). Damit hat sie gemäß § 290 Abs. 1 HGB die Möglichkeit beherrschenden Einfluss auf die KG auszuüben und muss als Mutterunternehmen einen Konzernabschluss aufstellen, in den die KG als Tochter einzubeziehen ist (vgl. DRS 19.11–12). Sind hingegen die Beherrschungsmöglichkeiten der Komplementär-GmbH durch gesellschaftsvertragliche Regelungen so beschränkt, dass die GmbH nicht mehr die Finanz- und Geschäftspolitik der KG bestimmt, ist die GmbH nicht Mutterunternehmen nach § 290 Abs. 1 HGB und hat keinen Konzernabschluss unter Einbeziehung der KG aufzustellen (vgl. Marbler/Oser, DStR 2014, S. 2475–2476; DRS 19.13–14).

Konzernrechnungslegungspflicht für die Komplementär-GmbH ist aber auch gegeben, wenn eines der Kriterien von § 290 Abs. 2 HGB erfüllt ist. Stimmrechtsmehrheit (§ 290 Abs. 2 Nr. 1 HGB) oder beherrschender Einfluss durch Beherrschungsvertrag oder Satzungsbestimmung (§ 290 Abs. 2 Nr. 3 HGB) dürften bei der GmbH & Co KG als Grundlagen für beherrschenden Einfluss regelmäßig nicht relevant sein (vgl. Marbler/Oser, DStR 2014, S. 2476). In Frage kommt aber die Rechtsposition nach § 290 Abs. 2 Nr. 2 HGB, wenn davon auszugehen ist, dass die Komplementär-GmbH beherrschenden Einfluss auf die KG hat, weil ihr vergleichbare Rechte wie das zur Besetzung oder Abberufung der Mehrheit der Mitglieder der Gesellschaftsorgane bei gleichzeitiger Gesellschafterstellung zustehen. Bei der GmbH & Co KG ist die Komplementär-GmbH, vertreten durch ihre Geschäftsführer, alleine zur Führung der Geschäfte der KG berechtigt und verpflichtet sind (§ 114 Abs. 1 HGB), während die Kommanditisten von der Führung der Geschäfte der KG ausgeschlossen bleiben (§ 164 HGB). Der GmbH als alleinigem Komplementär ist damit selbst unmittelbar Leitungsorgan der KG. Zwar hat die Komplementär-GmbH rein formal betrachtet damit kein Recht auf Bestellung bzw. Abberufung von Leitungsorgangen, doch die Stellung als unmittelbares Leitungsorgan ist rechtlich gesehen wesentlich stärker. Gleichzeitig hat die Komplementär-GmbH als persönlich haftender Gesellschafter auch ohne Kapitalbeteiligung immer auch Gesellschafterstellung (vgl. DRS 19.31; ADS, 6. Aufl., § 290 Tz. 24). Entsprechend sieht DRS 19.30 für den Fall der GmbH & Co KG ohne gesellschaftsvertragliche Einschränkungen der Komplementärrechte der GmbH eine Mutter-Tochter-Verhältnis als gegeben an (vgl. auch Marbler/Oser, DStR 2014 S. 2476 sowie Schildbach/Koenen, WPg 1991, S. 667), so dass die GmbH dann verpflichtet ist einen Konzernabschluss aufzustellen. Abweichende gesellschaftsvertragliche Regelungen, die die Leitungsbefugnis der Komplementär-GmbH im Innenverhältnis so beschränken, dass sie quasi entmachtet ist, werden in der Literatur unterschiedlich gewertet. Gemäß DRS 19.30 soll in diesem Fall für die KG das Einbeziehungswahlrecht nach § 296 Abs. 1 Nr. 1 HGB

gelten, da eine erhebliche und dauerhafte Einschränkung der Geschäftsführungs-
rechte des Mutterunternehmens, also der GmbH, vorliegt. Das IDW sieht hingegen
bei Entmachtung der Komplementär-GmbH sogar das Mutter-Tochter-Verhältnis zwischen der Komplementär-GmbH und der KG aus § 290 Abs. 2 Nr. 2 HGB insgesamt
nicht als gegeben an (vgl. IDW RS HFA 7.63 f.).

Damit sprechen äußerst gewichtige Argumente für eine Konzernrechnungslegungspflicht der GmbH & Co KG (vgl. dazu ausführlich Marbler/Oser, DStR 2014,
S. 2474 ff.; Schildbach/Koenen, WPg 1991, S. 661 ff.). Dieses Ergebnis erscheint auch
vor dem Hintergrund der Aufgaben der Konzernrechnungslegung berechtigt, denn im
Falle der GmbH & Co KG sind die Einzelabschlüsse von GmbH und KG für Außenstehende weitgehend wertlos. Davon zu unterscheiden ist die Frage, ob bei Gesellschaften mit überschaubarem Gesellschafterkreis Publizitätsvorschriften gerechtfertigt
sind (vgl. Friauf, GmbHRdsch. 1985, S. 245 ff.; Streim/Kugel, BFuP 1985, S. 102 ff.; Feldhoff, Regulierung, 1992). Solche Zweifel betreffen allerdings nicht die GmbH & Co KG
mit großem Gesellschafterkreis („Publikums-GmbH & Co KG").

D.1.2 Aufstellungspflichten nach IFRS

IFRS knüpft die Pflicht zur Aufstellung eines Konzernabschlusses an das Vorliegen
von Beherrschung („control") einer Mutter über eine Tochter.

Gemäß IFRS 10.4 ist ein Unternehmen, auch als Investor bezeichnet, verpflichtet einen Konzernabschluss zu erstellen, wenn es Mutterunternehmen im Sinne von
IFRS 10.A ist. Dies setzt voraus, dass der Investor mindestens ein anderes Unternehmen beherrscht. Beherrschung ist nach IFRS 10.A gegeben, wenn zwei Bedingungen
kumulativ erfüllt sind:
- Der Investor ist entweder aufgrund seines Engagements bei dem Beteiligungsunternehmen **variablen Renditen** ausgesetzt oder hat Anrecht auf diese variablen
  Renditen seines Beteiligungsunternehmens und
- er ist aufgrund seiner **Verfügungs- und damit Entscheidungsmacht** über das
  Beteiligungsunternehmen in der Lage, diese variablen Renditen zu beeinflussen.

IFRS 10.7 erläutert dann anhand von drei Aspekten die Definition von Beherrschung
aus Anhang A von IFRS 10 näher. Danach ist von Beherrschung auszugehen, wenn
der Investor
- Verfügungsgewalt über das Beteiligungsunternehmen hat (IFRS 10.7a),
- Risiko aus oder Anrechte auf variable Renditen aus seinem Engagement bei dem
  Beteiligungsunternehmen hat (IFRS 10.7b) und
- aus seiner Verfügungsmacht heraus die Fähigkeit hat, die Höhe der variablen Renditen des Beteiligungsunternehmens zu beeinflussen (IFRS 10.7c)

Um zu prüfen, ob diese drei Aspekt erfüllt sind, zeigt IFRS 10.B3 insbesondere die Faktoren auf, die zu berücksichtigen sind, um die Frage zu klären, ob der Investor Verfügungsgewalt über das Beteiligungsunternehmen hat. Dazu hat das potentielle Mutterunternehmen folgende Faktoren zu würdigen:

- Zweck und Ausgestaltung des Beteiligungsunternehmens (IFRS 10.B3a),
- welcher Art die maßgeblichen Tätigkeiten sind und wie Entscheidungen über sie getroffen werden (IFRS 10.B3b) und
- ob das potentielle Mutterunternehmen durch seine Rechte gegenwärtig in der Lage ist, die maßgeblichen Tätigkeiten zu lenken (IFRS 10.B3c)

Verfügungsgewalt hat das potentielle Mutterunternehmen nämlich nur dann, wenn es aufgrund bestehender Rechte fähig ist, die für die Rendite maßgeblichen betrieblichen und finanziellen Tätigkeiten gegenwärtig zu lenken (vgl. IFRS 10.B14–15). Was beim einzelnen Beteiligungsunternehmen solche maßgeblichen Tätigkeiten sind, hängt aber immer vom Zweck und der Gestaltung des Beteiligungsunternehmens ab.

Zusätzlich muss das potentielle Mutterunternehmen prüfen, ob es andere Parteien gibt, die aufgrund ihrer Beziehungen zu ihm in seinem Namen als „De-Facto-Agenten" handeln (vgl. IFRS 10.B4, IFRS 10.B73–75).

Gemäß IFRS 10.B35 ist die Stimmrechtsmehrheit ein wichtiger Fall, bei dem Verfügungsmacht über das Beteiligungsunternehmen unterstellt wird, wenn über die Stimmrechtsmehrheit dessen maßgeblichen Tätigkeiten gelenkt werden oder die Mehrheit der Mitglieder des Lenkungsorgans des Beteiligungsunternehmens bestellt werden. Immer dann, wenn der Investor aber nicht in der Lage ist, die für die Beeinflussung der Rendite wesentlichen Tätigkeiten trotz Stimmrechtsmehrheit zu steuern, verfügt er auch bei Stimmrechtsmehrheit nicht über die notwendige Verfügungsgewalt und hat damit auch keine Beherrschung (vgl. IFRS 10.B36 f.). Verfügungsgewalt kann es andererseits aber auch bei Stimmrechtsanteilen von 50 % oder weniger geben (vgl. IFRS 10.B38 ff.). Dies wäre z. B. der Fall, wenn der Investor wegen Streubesitz bei den anderen Anteilen auf eine nachhaltige Präsenzmehrheit in der Hauptversammlung des Beteiligungsunternehmens setzen kann (vgl. IFRS 10.B43).

Zentral am Beherrschungskonzept von IFRS 10 ist, dass die Möglichkeit, die maßgeblichen Tätigkeiten kraft der Verfügungsgewalt über das Beteiligungsunternehmen lenken zu können, ausreicht. Tatsächlich muss die Beherrschung genauso wenig ausgeübt werden, wie nach dem Konzept des beherrschenden Einflusses nach § 290 HGB.

Grundsätzlich werden vom Beherrschungskonzept von IFRS 10 auch sogenannte „Strukturierten Unternehmen" erfasst. Strukturierte Unternehmen sind so konzipiert, dass bei ihnen Stimmrechte und vergleichbare Rechte nicht den dominierenden Faktor für die Beurteilung darstellen, ob sie von anderen Unternehmen beherrscht werden (vgl. IFRS 12.Anhang A; Brune in: Beck IFRS HB, 5. Aufl., § 30 Rn. 41). Vielmehr beziehen sich die Stimmrechte bei strukturierten Unternehmen auf Verwaltungsaufgaben, während die Lenkung der maßgeblichen Tätigkeiten auf Basis einer vertraglichen Vereinbarung erfolgt (vgl. IFRS 12.Anhang A). Für die Frage, ob ein strukturiertes Unternehmen beherrscht wird im Sinne von IFRS 10.7, muss das potentielle Mutterunternehmen prüfen, ob es aus den vertraglichen Vereinbarungen heraus über ausreichende Rechte verfügt, um Verfügungsmacht über das strukturierte Unternehmen zu haben und entsprechend die maßgeblichen Tätigkeiten lenken zu können (vgl. IFRS 10.B17). Häufig haben strukturierte Unternehmen ein eng definiertes Unternehmensziel, das dem potentiellen Mutterunternehmen dient (vgl. Brune in: Beck IFRS HB, 5. Aufl., § 32 Rn. 11). Gleichzeitig ist das potentielle Mutterunternehmen oft Initiator und Gründer des strukturierten Unternehmens. Entsprechend erfasst IFRS 10.B17 Unternehmenskonstruktionen, die den Zweckgesellschaften gemäß § 290 Abs. 2 Nr. 4 HGB ähneln. Beherrscht ein Mutterunternehmen ein strukturiertes Unternehmen im Sinne von IFRS 10.7, muss es ebenfalls einen Konzernabschluss aufstellen.

Ausgenommen von der Pflicht zur Aufstellung eines Konzernabschlusses sind Investmentgesellschaften (vgl. IFRS 10.4B). Deren Tochterunternehmen müssen vielmehr mit dem beizulegenden Zeitwert gemäß IAS 39/IFRS 9 in den Einzelabschluss der Mutter aufgenommen werden. Obwohl auch hier ein Mutter-/Tochterverhältnis besteht, wird kein Konzernabschluss aufgestellt. Hintergrund ist die spezielle Situation von Mutterunternehmen, die Investmentgesellschaften im Sinne von IFRS 10.27 sind: Anders als andere Mutterunternehmen erhalten Investmentgesellschaften Mittel von ihren Investoren um für diese Vermögensverwaltungsdienste zu erbringen. Dabei sind sie gegenüber den Investoren verpflichtet, diese Mittel alleine mit dem Zweck anzulegen, Wertsteigerungen zu erzielen oder Kapitalerträge zu erwirtschaften. Entsprechend wird die Ertragskraft der Investments einer Investmentgesellschaft im Wesentlichen auf Basis des beizulegenden Zeitwertes beurteilt (vgl. IFRS 10.27).

Für Unternehmen, die auf Basis Europäischen Rechts einen Konzernabschluss nach „europäischen IFRS" aufstellen (dazu näher in D.4), sind die obigen Vorschriften zur Aufstellungspflicht allerdings irrelevant. Sie haben sich in Deutschland weiterhin an § 290 HGB bzw. § 11 PublG zu orientieren.

D.2 Teilkonzernabschlüsse (Tannenbaumprinzip) und befreiende Konzernabschlüsse

D.2.1 Regelungen nach HGB und PublG

D.2.1.1 Grundsätzliche Teilkonzernrechnungslegungspflicht

In einem mehrstufigen Konzern stellt sich die Frage, ob die die Konzernrechnungslegungspflicht auslösenden Vorschriften in § 290 HGB auch für Teilkonzernmütter gelten. In diesem Falle wären auf allen Ebenen Teilkonzernabschlüsse aufzustellen. Die Frage ist im Prinzip zu bejahen, wenn jeweils die Voraussetzungen des § 290 HGB erfüllt sind.

Das Konzept des beherrschenden Einflusses verpflichtet grundsätzlich jedes Unternehmen, das eine der dem Konzept zugrunde liegenden Voraussetzungen erfüllt, zur Aufstellung eines Konzernabschlusses und Konzernlageberichtes. Mithin ist in einem mehrstufigen Konzern jede Teilkonzernmutter, die gemäß § 290 Abs. 1 oder 2 HGB eine Beherrschungsmöglichkeit über ihr hierarchisch nachgelagertes Unternehmen hat, für diesen Teil des Gesamtkonzerns grundsätzlich zur Teilkonzernrechnungslegung verpflichtet. Im Ergebnis führt das Konzept des beherrschenden Einflusses in einem mehrstufigen, aus inländischen Kapitalgesellschaften bestehenden Konzern grundsätzlich zu einer Konzernrechnungslegungspflicht auf jeder Ebene des Konzerns. Diese im Schrifttum als „Tannenbaumprinzip" bezeichnete Regelung soll vor allem dem Schutz der Minderheitsgesellschafter, der Gläubiger und sonstiger Interessenten des Teilkonzerns dienen.

Beispiel D.3: Grundsätzliche Teilkonzernrechnungslegungspflicht

Die Tragweite des „Tannenbaumprinzips" lässt sich am Beispiel eines mehrstufigen Konzerns am besten verdeutlichen. Gegeben sei die in der Abbildung von Beispiel D.3 dargestellte inländische Konzernstruktur.

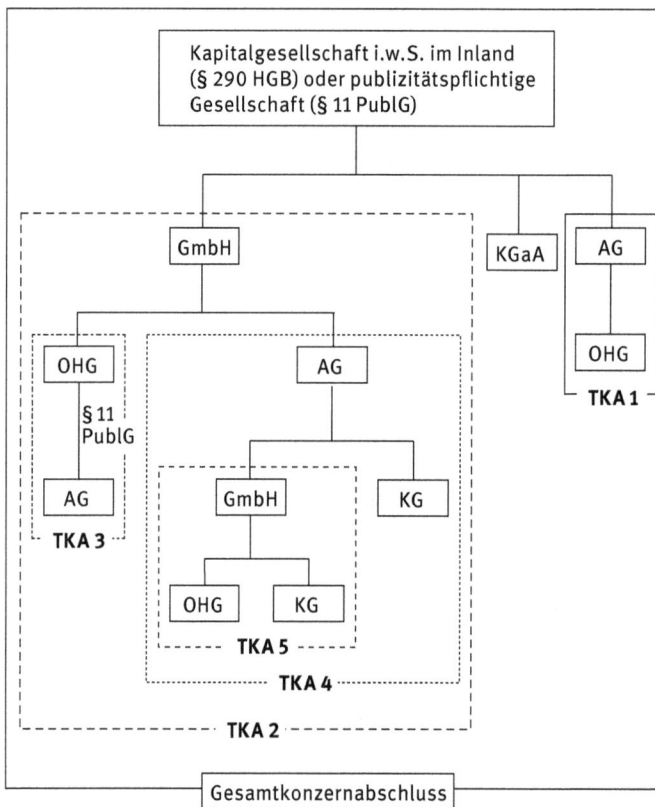

Die Abbildung zeigt durch die unterschiedlichen Umrahmungen, welche der (Teilkonzern-)Mutterunternehmen grundsätzlich zur Aufstellung eines Gesamt- oder Teilkonzernabschlusses (TKA) verpflichtet sind und welche Unternehmen grundsätzlich in die jeweiligen Abschlüsse einzubeziehen sind.

In der Praxis bringt die Teilkonzernrechnungslegung jedoch erhebliche Kosten und Mehrarbeit für die Teilkonzerne mit sich, die nicht nur durch die gesonderten Konsolidierungen auf jeder Stufe, sondern eventuell auch durch jeweils unterschiedliche „konzerneinheitliche" Bewertungen verursacht werden. Zudem vermitteln Teilkonzernabschlüsse selbst für die Minderheitseigner und Gläubiger der jeweiligen Teilkonzernmütter nur in Grenzen zusätzliche Informationen. Zeigt der Teilkonzernabschluss einen Ausschnitt aus einem Vertragskonzern, so ist er wegen des umfassenden Haftungsverbunds ähnlich problematisch wie ein Einzelabschluss im Vertragskonzern. Zeigt er dagegen einen Ausschnitt aus einem faktischen Konzern, so relativiert sich der Vorteil der konsolidierten gegenüber den aus den Einzelabschlüssen zu entnehmenden Zahlen dadurch, dass sie sich auf ein unvollständiges Gebilde beziehen, gegen das sich ganz heterogene Ansprüche richten. Nur wenn der Teilkonzernabschluss einen Vertragskonzern innerhalb eines umfassenderen faktischen Konzerns heraushebt, wird sein Informationswert klar positiv sein (vgl. B.4.1; zur Zweckmäßigkeit der Teilkonzernabschlüsse vgl.: Krag/Müller, BB 1985, S. 307–312; Gross, WPg 1976, S. 214–220; Kirchner, BB 1975, S. 1611–1617; Stobbe, BB 1985, S. 1508–1510).

D.2.1.2 Befreiende Konzernabschlüsse und Konzernlageberichte

Den auf Kosten und Nutzen gegründeten Zweifeln am Sinn der Teilkonzernabschlüsse hat der Gesetzgeber durch explizite Ausnahmeregelungen zum Tannenbaumprinzip Rechnung getragen. Diese Regelungen befreien von der Verpflichtung zur Aufstellung von Teilkonzernabschlüssen unter folgenden Bedingungen (§§ 291 und 292 HGB):

–   Ein übergeordnetes Mutterunternehmen beliebiger Rechtsform und Größe hat einen Konzernabschluss und einen Konzernlagebericht, die vorgegebene Mindestanforderungen erfüllen, aufgestellt,
–   das um Befreiung nachsuchende Unternehmen hat keine Wertpapiere ausgegeben, die am Abschluss-Stichtag in der EU oder einem ihrer Vertragsstaaten zum Handel an einem geregelten Markt zugelassen sind und
–   die Minderheiten verlangen keinen Teilkonzernabschluss.

Mit diesen Regelungen will der Gesetzgeber die Konzerne aus Gründen der Wirtschaftlichkeit und wegen der Bedenken bzgl. des Informationsgehaltes der Teilkonzernabschlüsse und -lageberichte zu einer Gesamtkonzernrechnungslegung veranlassen. Hinsichtlich des Sitzes des so genannten befreienden Mutterunternehmens und der daran anknüpfenden Bedingungen für die befreienden Konzernabschlüsse unterscheidet der Gesetzgeber zwischen einem Sitz innerhalb der EU – einschließlich Deutschland – und einem Sitz außerhalb der EU.

D.2.1.2.1 Übergeordnetes Mutterunternehmen mit Sitz innerhalb der EU

Will ein übergeordnetes Mutterunternehmen mit Sitz innerhalb der EU oder in einem anderen Vertragsstaat des Abkommens über den Europäischen Wirtschaftsraum einen grundsätzlich befreienden Konzernabschluss und Konzernlagebericht erstellen, so müssen zur Erreichung der Befreiung die folgenden, in § 291 HGB genannten Voraussetzungen sämtlich erfüllt werden:

- In den befreienden Konzernabschluss müssen neben der zu befreienden deutschen Teilkonzernmutter grundsätzlich auch deren Tochterunternehmen einbezogen werden, die in den vermiedenen Teilkonzernabschluss einzubeziehen gewesen wären (§ 291 Abs. 2 Nr. 1 HGB).
- Der befreiende Konzernabschluss und der befreiende Konzernlagebericht müssen entweder nach dem Recht des Sitzstaates des übergeordneten Mutterunternehmens aufgestellt worden sein, wobei dieses Recht den Anforderungen der Richtlinie 2013/34/EU entsprechen muss, oder im Einklang mit den in § 315e Abs. 1 HGB (bisher § 315a) benannten internationalen Rechnungslegungsvorschriften aufgestellt worden sein (§ 291 Abs. 2 Nr. 2 und 3 HGB).
- Der befreiende Konzernabschluss und der befreiende Konzernlagebericht müssen nach dem für das übergeordnete Mutterunternehmen anzuwendenden Recht von einem in Übereinstimmung mit der Richtlinie 2006/43/EG zugelassenen Abschlussprüfer geprüft worden sein (§ 291 Abs. 2 Nr. 2 und 3 HGB).
- Der befreiende Konzernabschluss und der befreiende Konzernlagebericht müssen inklusive des Bestätigungsvermerks oder des Vermerks über dessen Versagung nach den Vorschriften, die für den zu befreienden Konzernabschluss gelten, in deutscher Sprache im Bundesanzeiger veröffentlicht werden (§ 291 Abs. 1 S. 1 iVm. § 325 Abs. 3 HGB). Eine Umrechnung in Euro ist nicht erforderlich.
- Im Anhang des Einzelabschlusses der zu befreienden Teilkonzernmutter sind Name und Sitz des Mutterunternehmens, das den befreienden Konzernabschluss und Konzernlagebericht aufstellt, anzugeben; außerdem ist ein Hinweis auf die Befreiung von der Teilkonzernrechnungslegungspflicht und eine Erläuterung der im befreienden Konzernabschluss vom deutschen Recht abweichend angewandten Bilanzierungs-, Bewertungs- und Konsolidierungsmethoden aufzunehmen (§ 291 Abs. 2 Nr. 4 HGB).

Obwohl diese Vorschriften auf den ersten Blick einfach und klar erscheinen, werfen sie bei näherer Betrachtung jedoch einige Probleme auf.

So wurde diskutiert, ob die aus der Sicht der zu befreienden Teilkonzernmutter in den vermiedenen Teilkonzernabschluss einbeziehungspflichtigen Töchter sämtlich in den befreienden Konzernabschluss aufzunehmen sind oder nicht. Inzwischen sieht die Literatur eine befreiende Wirkung des übergeordneten Konzernabschlusses auch dann als gegeben an, wenn er solche Töchter nicht umfasst, die zur Vermittlung eines true and fair view zwar in den Teilkonzernabschluss, nicht aber in den befreienden Konzernabschluss einbezogen werden müssen (vgl. Siebourg in: Küting/Weber, Konzernrechnungslegung, 2. Aufl., § 291 Rn. 19 f.; Grottel/Kreher in: Beck Bil-Komm., 11. Aufl., § 291 Anm. 15 f.; WP-Handbuch, Band I, G Tz. 120 ff.). Die zu befreiende

Teilkonzernmutter aber muss unbedingt einbezogen werden, wenn der übergeordnete Konzernabschluss befreiende Wirkung haben soll (vgl. ADS, 6. Aufl., § 291 Tz. 35).

Auch die zweite oben angeführte Voraussetzung für die befreiende Wirkung eines Konzernabschlusses kann in der Praxis zu Problemen oder erheblicher Mehrarbeit führen, da das Mutterunternehmen nach § 291 Abs. 2 Nr. 2 HGB das an die Richtlinie 2013/34/EU angepasste nationale Konzernrechnungslegungsrecht bzw. die in § 315e Abs. 1 HGB (bisher § 315a) benannten internationalen Rechnungslegungsvorschriften anwenden muss. Diese Regelung bedeutet z. B. für den Konzernabschluss und den Konzernlagebericht einer deutschen Nicht-Kapitalgesellschaft, dass diese nur dann befreiende Wirkung haben, wenn die durch § 13 Abs. 3 S. 1 und 2 PublG im Vergleich zu den Kapitalgesellschaften gewährten Erleichterungen für die Gesamtkonzernrechnungslegung nicht in Anspruch genommen werden (§ 13 Abs. 3 S. 3 PublG). Probleme bezüglich der Auslegung dieser Regelung ergeben sich in Fällen, in denen ein ausländisches Mutterunternehmen mit Sitz in der EU, dessen Konzern aber primär in Deutschland wirtschaftlich aktiv ist, seine Konzernrechnungslegung freiwillig nach dem deutschen HGB erstellt. Folgt man hier dem Wortlaut des Gesetzes, so hätten Konzernabschluss und Konzernlagebericht des ausländischen Mutterunternehmens in diesem Fall keine befreiende Wirkung, da sie nicht dem maßgeblichen, angepassten nationalen Konzernrechnungslegungsrecht dieses Unternehmens entsprechen. Dieses Ergebnis ist aus theoretischer und praktischer Sicht unbefriedigend. Dementsprechend wird u. a. seitens des IDW eine befreiende Wirkung solcher Abschlüsse auch dann angenommen, wenn sie nach deutschem Recht aufgestellt wurden (vgl. WP-Handbuch, Band I, G Tz. 130).

D.2.1.2.2 Übergeordnetes Mutterunternehmen mit Sitz außerhalb der EU

§ 292 HGB enthält die Voraussetzungen für die befreiende Wirkung eines Konzernabschlusses und Konzernlageberichtes eines übergeordneten Mutterunternehmens mit Sitz außerhalb der EU, die denen des § 291 HGB ähneln. Der Konzernabschluss und der Konzernlagebericht einer Mutter mit Sitz außerhalb der EU und auch außerhalb der Vertragsstaaten des Abkommens über den Europäischen Wirtschaftsraum kann deren deutsche Tochter und Teilkonzernmutter nur dann von der Aufstellung eines Teilkonzernabschlusses und Teilkonzernlageberichts befreien, wenn der befreiende Konzernabschluss und Konzernlagebericht in deutscher Sprache offen gelegt wird und wenn die Teilkonzernmutter mit ihren Töchtern in den befreienden Abschluss einbezogen wurde. Dabei ist – wie schon im vorigen Abschnitt erörtert – die Auslegung der Einbeziehungswahlrechte und -verbote aus der Sicht der befreienden Mutter zu respektieren. Der befreiende Konzernabschluss und Konzernlagebericht muss entweder nach dem mit den Anforderungen der Richtlinie 2013/34/EG konformen Recht eines Mitgliedstaats der EU oder nach den in § 315e Abs. 1 HGB (bisher § 315a) genannten internationalen Rechnungslegungsstandards aufgestellt werden oder einem solchen Konzernabschluss und Konzernlagebericht gleichwertig sein. Einen eigenständigen

Maßstab für Gleichwertigkeit definiert § 292 Abs. 1 HGB nicht. Mit Einführung des BilRUG wurde aber über § 292 Abs. 1 Nr. 1d HGB der Kreis des als gleichwertig angesehenen Rechnungslegungsstandards eingegrenzt und im Vergleich zur alten Rechtslage erweitert. Insoweit sind auch Abschlüsse nach IFRS oder US-GAAP sowie solche, die nach den nationalen Rechnungslegungsvorschriften von China, Japan, Kanada und Südkorea aufgestellt sind, als gleichwertig einzustufen (vgl. Grottel/Kreher in: Beck Bil-Komm., 11. Aufl., § 292 Anm. 23).

Um befreiende Wirkung zu entfalten, muss der Konzernabschluss der Mutter mit Sitz außerhalb der EU obendrein von einem Abschlussprüfer geprüft worden sein, der entweder in Übereinstimmung mit der 8. EG-Richtlinie zu diesem Beruf zugelassen wurde oder der eine nach dieser Richtlinie gleichwertige Befähigung nachweisen kann. Schließlich werden im Anhang des Einzelabschlusses der zu befreienden Teilkonzernmutter dreierlei Angaben verlangt, nämlich Name und Sitz des Mutterunternehmens, das den befreienden Konzernabschluss aufstellt, ein Hinweis auf die Befreiung von der Teilkonzernrechnungslegungspflicht sowie eine Erläuterung der im befreienden Konzernabschluss vom deutschen Recht abweichend verwendeten Bilanzierungs-, Bewertungs- und Konsolidierungsmethoden.

D.2.1.2.3 Minderheitenschutz im Teilkonzern

Sind die Voraussetzungen der §§ 291 oder 292 HGB für die befreiende Wirkung des Konzernabschlusses und -lageberichtes eines übergeordneten Mutterunternehmens sämtlich erfüllt, so sind dessen unmittelbare und mittelbare Teilkonzernmütter – soweit sie nicht Wertpapiere ausgegeben haben, die in der EU oder in deren Vertragsstaaten zum Handel an einem geregelten Markt zugelassen sind (§ 291 Abs. 3 Nr. 1 HGB) – grundsätzlich von der Konzernrechnungslegungspflicht befreit.

Diese Befreiung ist aber für einzelne zu befreiende Teilkonzernmütter dann aufgehoben, wenn deren Minderheitsgesellschafter von der Regelung des § 291 Abs. 3 Nr. 2 HGB Gebrauch machen (diese Regelung ist – soweit übertragbar – durch die Verweise in § 292 Abs. 2 S. 2 HGB und § 11 Abs. 6 PublG auch für die unter diese Vorschriften fallenden Unternehmen sinngemäß anzuwenden). Danach kann die befreiende Wirkung eines übergeordneten Konzernabschlusses und Konzernlageberichtes trotz Erfüllung der entsprechenden Voraussetzungen nicht in Anspruch genommen werden, wenn Gesellschafter, denen mindestens 10 % der Anteile an einer zu befreienden AG und KGaA bzw. mindestens 20 % der Anteile an einer zu befreienden GmbH gehören, spätestens sechs Monate vor Ablauf des Konzerngeschäftsjahres die Aufstellung eines Teilkonzernabschlusses und Teilkonzernlageberichtes beantragt haben.

Die Regelungen dienen dem Schutz der Informationsinteressen der Minderheitsgesellschafter der zu befreienden Teilkonzernmutter und schützen ihr Interesse an einem Teilkonzernabschluss.

D.2.2 Teilkonzernabschlüsse nach IFRS

Die Vorschrift, durch die Teilkonzernmütter von der Pflicht zur Aufstellung von Teilkonzernabschlüssen befreit werden und somit das Tannenbaumprinzip durchbrochen wird, findet sich in IFRS 10.4a. Befreit werden danach allerdings nur solche
Teilkonzernmütter,

- die dem Konzern entweder zu 100 % gehören oder bei denen die restlichen Eigner
  von der Befreiung wissen und dem nicht widersprechen,
- von denen keine Eigenkapitalanteile oder Schuldtitel auf einem öffentlichen
  Markt (einschließlich regionaler und over-the-counter Märkte) gehandelt werden,
- deren Jahresabschlüsse weder aktuell noch auf Grund eines eingeleiteten Aner-
  kennungsverfahrens in absehbarer Zeit einer Börsenaufsichtsbehörde oder vergleichbaren Institutionen eingereicht werden müssen und
- bei denen die oberste Mutter oder eine übergeordnete konzernrechnungslegen-
  de Teilkonzernmutter für Zwecke der Information der Öffentlichkeit Konzernabschlüsse nach IFRS vorlegt.

Alle vier Bedingungen müssen kumulativ erfüllt sein, um die Befreiung zu erlangen.
Wie auch die grundsätzlichen Vorschriften von IFRS 10 zur Frage, ob überhaupt ein
Konzernabschluss nach IFRS aufzustellen ist, ist auch die Befreiungsvorschrift von
IFRS 10.4a für Teilkonzernmütter mit Sitz in Deutschland irrelevant, da in diesem Fall
nur die Vorschriften für befreiende Konzernabschlüsse nach §§ 291 und 292 HGB an-
wendbar sind.

D.3 Größenabhängige Befreiungen

D.3.1 Regelungen nach HGB und PublG

D.3.1.1 Grundsatz

Neben den Befreiungen von der Pflicht zur Teilkonzernrechnungslegung durch Aufstellung übergeordneter Konzernabschlüsse und -lageberichte sieht § 293 HGB unter bestimmten Voraussetzungen die generelle Befreiung von der Gesamtkonzernrechnungslegung für Konzerne vor, deren Mutterunternehmen Kapitalgesellschaften
i. w. S. sind. Für die nach § 11 PublG konzernrechnungslegungspflichtigen Unternehmen bleibt es bei den Größenkriterien des § 11 Abs. 1 PublG; weitere Hürden gibt es
nicht.

§ 293 HGB befreit Mutterunternehmen, die zu den Kapitalgesellschaften i. w. S.
zählen, grundsätzlich von der Aufstellung eines Konzernabschlusses und Konzernlageberichtes, wenn sie an zwei aufeinander folgenden Abschlussstichtagen mindestens zwei der drei festgelegten Grenzwerte für die Merkmale Bilanzsumme, Um-

satzerlöse und durchschnittliche Anzahl der beschäftigten Arbeitnehmer nicht überschreiten. Die Höhe der Grenzwerte hängt gemäß § 293 Abs. 1 HGB von der gewählten Methode ab, wobei die Methode jedes Jahr wieder unabhängig ausgewählt werden kann.

Wendet das Mutterunternehmen die sog. „Bruttomethode" (additive Methode) an, die für die Ermittlung der Höhe der obigen Merkmale von einer einfachen Addition der Einzeljahresabschlüsse des Mutterunternehmens und der in den Konzernabschluss einzubeziehenden Tochterunternehmen ausgeht, so dürfen nach § 293 Abs. 1 Nr. 1 HGB folgende Grenzwerte nach der Addition und vor der Berücksichtigung der Konsolidierung (Forderungen, Schulden, Zwischengewinne etc.) nicht überschritten werden:

- Bilanzsumme (ggf. nach Abzug von in den Bilanzen auf der
  Aktivseite ausgewiesenen Fehlbeträgen):   24.000.000 €
- Umsatzerlöse: 48.000.000 €
- durchschnittliche Anzahl der beschäftigten Arbeitnehmer: 250

Die Ermittlung der Arbeitnehmerzahl soll gemäß § 293 Abs. 1 S. 2 HGB nach § 267 Abs. 5 HGB erfolgen. Maßgebender Zeitpunkt zur Berechnung der übrigen Größenmerkmale ist bei dieser Methode der Abschlussstichtag des Mutterunternehmens (§ 293 Abs. 1 Nr. 1 HGB).

Wendet das Mutterunternehmen dagegen die sog. „Nettomethode" (konsolidierte Methode) an, nach der zur Ermittlung der Höhe der obigen Merkmale von einem Konzernabschluss ausgegangen wird, der sich nach Addition der Einzeljahresabschlüsse des Mutterunternehmens und der Tochterunternehmen sowie nach der Durchführung der Konsolidierung ergibt, so sind nach § 293 Abs. 1 Nr. 2 HGB folgende Grenzwerte nicht zu überschreiten:

- Bilanzsumme (ggf. nach Abzug von in den Bilanzen auf der
  Aktivseite ausgewiesenen Fehlbeträgen):   20.000.000 €
- Umsatzerlöse: 40.000.000 €
- durchschnittliche Anzahl der beschäftigten Arbeitnehmer: 250

Auch bei dieser Methode soll die Ermittlung der Arbeitnehmerzahl gemäß § 293 Abs. 1 S. 2 HGB nach § 267 Abs. 5 HGB erfolgen. Für die Berechnung der übrigen Größenmerkmale ist hier dagegen der Konzernabschlussstichtag maßgebend (§ 293 Abs. 1 Nr. 2 HGB), der nach § 299 Abs. 1 HGB aber mit dem Abschluss-Stichtag des Mutterunternehmens übereinstimmt.

Die Grenzwerte für die Bilanzsumme und die Umsatzerlöse liegen bei der Bruttomethode 20 % über denen der Nettomethode, wodurch der Gesetzgeber einen Ausgleich für die unterschiedlichen Bezugsgrundlagen der beiden Methoden geschaffen hat. Durch die Zulassung der Bruttomethode hat er den Mutterunternehmen die Überprüfung der Befreiungsvoraussetzungen in vereinfachter Form, d. h. ohne die Pflicht zur Erstellung eines „Probe-Konzernabschlusses", ermöglicht, was unter Wirtschaftlichkeitsgesichtspunkten aus Sicht der Praxis sehr zu begrüßen ist.

Wie bereits oben erläutert wurde, beginnt die Befreiung von der Konzernrechnungslegung bei zweimaligem, aufeinander folgendem Unterschreiten von zwei der drei oben angeführten Größenmerkmale ab dem zweiten Stichtag. Entsprechendes gilt analog auch für das Ende der Befreiung. Das bedeutet, dass bei zweimaligem, aufeinander folgendem Überschreiten von zwei der drei Größenmerkmale die grundsätzliche Konzernrechnungslegungspflicht ab dem zweiten Stichtag einsetzt (vgl. § 293 Abs. 4 HGB). Dabei ist es völlig unerheblich, welche zwei der drei Größenmerkmale über- oder unterschritten wurden und welche der beiden beschriebenen Methoden angewendet wurde.

D.3.1.2 Problem der Beeinflussungsmöglichkeiten der Größenmerkmale

Die Größenkriterien sind nur auf den ersten Blick eindeutig. Tatsächlich erlauben sie es den Unternehmen, Einfluss auf ihre Einordnung in eine der beiden Größenklassen zu nehmen.

D.3.1.2.1 Bruttomethode

Die Größenmerkmale der Bruttomethode können insbesondere durch die Konsolidierungswahlrechte nach § 296 HGB beeinflusst werden, denn nach § 293 Abs. 1 Nr. 1 HGB sind nur die Merkmale der Unternehmen zu addieren, *„die in den Konzernabschluss einzubeziehen wären"*. Bezieht ein Mutterunternehmen also ein Tochterunternehmen aufgrund eines Konsolidierungswahlrechts nicht ein, so werden dessen Werte bei der Ermittlung der Größenmerkmale des Gesamtkonzerns nicht berücksichtigt. Dadurch ergibt sich ein erheblicher Gestaltungsspielraum für das Mutterunternehmen.

Weitere kleinere Spielräume ergeben sich bei der Bilanzsumme aus den Möglichkeiten zur Absetzung der erhaltenen Anzahlungen auf Bestellungen von den Vorräten (§ 268 Abs. 5 S. 2 HGB).

Weichen Abschluss-Stichtage einzelner Tochterunternehmen vom Abschluss-Stichtag des Mutterunternehmens ab, so müssen die Größenkriterien der Töchter für den Abschluss-Stichtag der Mutter ermittelt werden. Diese Nebenrechnung eröffnet praktisch gewisse Spielräume, die aus der fehlenden Einbindung in ein kontinuierliches Rechnungssystem stammen.

Auch ist es zulässig, die Einzelabschlüsse der Unternehmen freiwillig auf Basis einer konzerneinheitlichen Bewertung aufzustellen, wobei durch die Wahl einer geeigneten, zugleich aber nicht willkürlich erscheinenden Bewertung Einfluss auf die Größenmerkmale genommen werden kann (vgl. Biener/Berneke: Bilanzrichtlinien-Gesetz, 1986, S. 306; ADS, 6. Aufl., § 293 Tz. 8; Grottel/Kreher in: Beck Bil-Komm., 11. Aufl., § 293 Anm. 12).

D.3.1.2.2 Nettomethode

Hinsichtlich der Gestaltungsmöglichkeiten, die sich aus der Festlegung des Konsolidierungskreises ergeben, gilt das bei der Bruttomethode Beschriebene hier analog, da § 292 Abs. 1 Nr. 2 HGB von einem vom Mutterunternehmen aufzustellenden Konzernabschluss ausgeht, für den die Wahlrechte nach § 296 HGB naturgemäß auch anwendbar sind.

Da zur Ermittlung der Größenmerkmale Bilanzsumme und Umsatzerlöse bei der Nettomethode die Aufstellung einer Probe-Konzernbilanz und Probe-Konzern-Gewinn- und Verlustrechnung vorausgesetzt wird, müssen bei dieser Methode grundsätzlich alle Konzernrechnungslegungsvorschriften beachtet werden. Das bedeutet, dass hier z. B. der Ansatz und die Bewertung der Vermögensgegenstände und Schulden konzerneinheitlich zu erfolgen haben, dass die Regelungen zum einheitlichen Abschluss-Stichtag zu beachten sind und dass sämtliche Konsolidierungsmaßnahmen durchzuführen sind. Dies führt zu einer Fülle von Wahlrechten, die das Mutterunternehmen sämtlich in der Weise ausnutzen kann, dass die Größenmerkmale des § 293 Abs. 1 Nr. 2 HGB möglichst unterschritten werden.

D.3.1.3 Ausnahme von der generellen größenabhängigen Befreiung

Die größenabhängige Befreiung von der Konzernrechnungslegungspflicht kann nach § 293 Abs. 5 HGB trotz der Erfüllung der Voraussetzungen von § 293 Abs. 1–4 HGB nicht in Anspruch genommen werden, wenn das Mutterunternehmen oder ein tatsächlich in den Konzernabschluss einbezogenes Tochterunternehmen am Abschlussstichtag als kapitalmarktorientiert im Sinne von § 264d HGB einzustufen ist. Werden also Aktien oder andere Wertpapiere des Mutterunternehmens und seiner in den Konzernabschluss einbezogenen Töchter an einer Börse (organisierter Markt im Sinne des § 2 Abs. 5 des WPHG) in der EU bzw. dem Europäischen Wirtschaftsraum gehandelt oder ist die Zulassung zum Handel an einem organisierten Markt beantragt worden, fällt die Befreiung von der Konzernabschlusspflicht unverzüglich weg.

Die Ausnahmeregelung umfasst nur in den Konzernabschluss einbezogene Unternehmen und Börsen des Europäischen Wirtschaftsraums. Sind also Aktien von einem nicht in den Konzernabschluss einbezogenen Tochterunternehmen an einer Börse des EWR zugelassen oder Aktien von einem konsolidierten Tochterunternehmen an einer Börse außerhalb des EWR zugelassen, so beeinträchtigt das die Befreiung nicht.

Insgesamt gesehen will der Gesetzgeber mit dieser Regelung dem besonderen Informationsbedürfnis der Interessenten an börsengängigen Wertpapieren Rechnung tragen.

Außerdem sieht § 293 Abs. 5 HGB auch dann einen Wegfall der größenabhängigen Befreiung vor, wenn das Mutterunternehmen ein Kreditinstitut oder ein Versicherungsunternehmen ist, das einen Konzernabschluss nach §§ 340i bzw. 341i HGB aufzustellen hat.

D.3.2 Größenabhängige Befreiungen nach IFRS

IFRS 10 kennt keine expliziten Vorschriften zur Befreiung von der Pflicht zur Konzernrechnungslegung für kleine Konzerne. Da in der angelsächsischen Tradition der Konzernabschluss zur Sicherung einer „fair presentation" des Konzerns als unverzichtbar gilt, passen größenabhängige Befreiungen nicht zum übergeordnet Ziel der IFRS. Vor diesem Hintergrund lässt sich auch über den Wesentlichkeitsgrundsatz des Rahmenkonzeptes (CF.QC11) eine Befreiung kleiner Konzerne allein aufgrund ihrer Größe nicht rechtfertigen.

Für Muttergesellschaften mit Sitz in Deutschland gelten jedoch auch dann die Aufstellungs- und Befreiungsvorschriften von §§ 290 bis 293 HGB, wenn sie kapitalmarktorientiert sind und gemäß § 315e Abs. 1 HGB (bisher § 315a) ihren Konzernabschluss nach IFRS aufstellen müssen.

D.4 Der Konzernabschluss nach internationalen Rechnungslegungsstandards gemäß der Verordnung 1606/2002 des Europäischen Parlaments und des Rates vom 19.7.2002 in Deutschland

D.4.1 Die Harmonisierungsstrategie der EU-Kommission als Basis

Die Harmonisierungsbemühungen zunächst der EG und später der EU im Bereich der Rechnungslegungsstandards reichen weit zurück. Die angestrebte Harmonisierung versuchte die EG/EU dabei lange über eine Annäherung der nationalen Rechnungslegungsvorschriften zu erreichen. Dies kam jedoch bis Mitte der 1990-iger Jahre nur schleppend voran, da die zur Harmonisierung erlassenen Europäischen Richtlinien von den Mitgliedsstaaten immer noch in nationales Recht umzusetzen waren und teilweise recht umfangreiche Staatenwahlrechte enthielten. Gleichzeitig drohten sich spätestens seit Mitte der 1990-iger Jahre die US-GAAP als World-Standards allgemein durchzusetzen, da eine Notierung von Unternehmensaktien an der New York Stock Exchange von der SEC lange nur unter der Auflage einer Rechnungslegung nach US-GAAP zugelassen wurde.

Da die EU keine Chancen sah, US-GAAP inhaltlich zu beeinflussen, andererseits aber die weltweite Harmonisierung der Rechnungslegung befürwortete, setzte es auf die in Europa wurzelnden IFRS des IASB (International Accounting Standards Board), die als Wettbewerber zu den US-GAAP seit den 1970-iger Jahren Rechnungslegungsstandards mit dem Anspruch der weltweiten Anwendbarkeit entwickelten. Etwa zeitgleich starten außerdem der amerikanische Standardsetter FASB und das IASB ein Projekt zur gegenseitige Anerkennung ihrer Standards. Damit eröffnete sich die Möglichkeit eine Börsennotiz an der New York Stock Exchange auch bei Anwendung der IFRS in der Rechnungslegung. Nach mehrfacher Vorankündigung wurde die neue Strategie der Harmonisierung der Rechnungslegung in der EU umgesetzt. Sie umfasst folgende zentrale Elemente:

- ein Verfahren zur vereinfachten Übernahme der vom IASB als privatem Gremium geschaffenen IFRS (einschließlich IAS, IFRIC und SIC) in Europäisches Recht durch Entscheidungen der Kommission und eines Regelungsausschusses für Rechnungslegung (als Europäisches Recht sind die von der EU-Kommission übernommenen IFRS unmittelbar in allen Mitgliedstaaten verbindlich),
- eine Verpflichtung der kapitalmarktorientierten Unternehmen in Europa, im Falle einer Konzernrechnungslegungspflicht nach den jeweiligen nationalen Vorschriften die entsprechenden Konzernabschlüsse gemäß den von der EU-Kommission übernommenen IFRS aufzustellen, und
- Wahlrechte für die Mitgliedstaaten, den Kreis der Unternehmen in dem jeweiligen Land, die ihren Konzernabschluss oder ihren Einzelabschluss nach IFRS erstellen, durch verpflichtende Vorgaben oder Unternehmenswahlrechte zu erweitern, nicht jedoch einzuschränken.

Die folgenden Unterabschnitte sind den wichtigen Detailfragen zum Konzernabschluss nach internationalen Rechnungslegungsstandards gemäß der Verordnung (EG) Nr. 1606/2002 (IAS-VO) gewidmet, wie sie in Deutschland umgesetzt wurde. Da die Übernahme der IFRS in Europäisches Recht geschlossen für die gesamte Europäische Union geschieht, wird auf diesem Übernahmeprozess nicht näher eingegangen. Ebenso wenig wird im Folgenden auf den Unterschied zwischen den IFRS als Normen des IASB und als Europäisches Recht eingegangen. Im Mittelpunkt stehen daher folgende Fragen.

- Für welche Unternehmen in Deutschland ist die Konzernrechnungslegung nach internationalen Standards auf Basis der Verordnung (EG) Nr. 1606/2002 und deren Umsetzung in deutsches Recht relevant?
- Inwieweit sind von den deutschen Unternehmen, die ihre Konzernabschlüsse nach internationalen Standards erstellen, in Europäisches Recht umgesetzte IFRS und inwieweit HGB-Vorgaben zu beachten?

Der ersten Frage wird in Abschnitt 4.2, der zweiten in Abschnitt 4.3 nachgegangen.

D.4.2 Zur Relevanz internationaler Standards für Konzernabschlüsse deutscher Mutterunternehmen

In § 315e HGB (bisher § 315a) hat der deutsche Gesetzgeber die in Artikel 5 der Verordnung (EG) Nr. 1606/2002 vorgesehene Möglichkeit, neben Pflichten auch Rechte zur Konzernrechnungslegung nach internationalen Standards einzuräumen, durch ein umfassendes Unternehmenswahlrecht Gebrauch gemacht. Danach dürfen alle Mutterunternehmen unabhängig von ihrer Rechtsform, die nicht zur Konzernrechnungslegung nach IFRS verpflichtet sind, ihren Konzernabschluss freiwillig nach IFRS statt nach GoB und HGB aufstellen. Das leuchtet ein, weil Konzernabschlüsse nur der Information dienen, was auch oberstes Ziel einer Rechnungslegung nach IFRS ist.

Hinsichtlich der Fragen, welche deutschen Mutterunternehmen zur Konzernrechnungslegung nach IFRS nicht nur berechtigt, sondern verpflichtet sind und welche Termine den Beginn dieser Pflicht markieren, bedarf es mehrerer Unterscheidungskriterien. § 315e Abs. 1 HGB (bisher § 315a) knüpft die grundsätzliche Pflicht zur Konzernrechnungslegung nach IFRS an das Kriterium der Kapitalmarktorientierung gemäß Artikel 4 der Verordnung (EG) Nr. 1606/2002. In diesem Sinne kapitalmarktorientiert sind Unternehmen dann, „*wenn am jeweiligen Bilanzstichtag ihre Wertpapiere in einem beliebigen Mitgliedstaat zum Handel in einem geregelten Markt im Sinne des Artikels 1 Absatz 13 der Richtlinie 93/22/EWG des Rates vom 10. Mai 1993 über Wertpapierdienstleistungen zugelassen sind*" (Art. 4 IAS-VO). Entscheidend ist demnach, dass von dem Mutterunternehmen selbst Eigen- oder Fremdkapitaltitel an den entsprechenden Märkten zum Handel zugelassen wurden (allein der Handel von Papieren der Töchter an diesen Märkten verpflichtet die Mutter nicht) und dass die Märkte nähere Anforderungen erfüllen. Sie müssen regelmäßig aktiv sein, vom betreffenden Mitgliedstaat anerkannt sowie hinsichtlich ihrer Konditionen durch ihn geprägt und überwacht sein. Die Mitgliedstaaten melden der EU-Kommission, für welche Märkte das zutrifft, und die Kommission legt diese Meldungen offen. Für Deutschland werden aktuell der regulierte Markt an den Börsen, die Europäische Energiebörse und die Terminbörse Eurex genannt.

Die im soeben beschriebenen Sinne kapitalmarktorientierten Mutterunternehmen sind grundsätzlich ab den am 1.01.2005 oder später beginnenden Geschäftsjahren zur Konzernrechnungslegung nach IFRS verpflichtet. Spätere Anwendungszeitpunkte sah die Verordnung (EG) Nr. 1606/2002 für zwei Ausnahmen vor. Spätestens seit dem 1.01.2009 sind jedoch alle kapitalmarktorientierten Mutterunternehmen zur einer Konzernrechnungslegung nach den von der EU in Europäisches Recht übernommenen IFRS verpflichtet

Für Deutschland spezifisch erweitert § 315e Abs. 2 HGB (bisher § 315a) die Pflicht zur Konzernrechnungslegung auf Mutterunternehmen, deren Wertpapiere noch nicht an den in Artikel 4 der Verordnung (EG) Nr. 1606/2002 genannten Märkten zum Handel zugelassen wurden, die aber bis zum jeweiligen Bilanzstichtag die Zulassung dort beantragt haben.

D.4.3 Geltungsbereiche von HGB und IFRS für die Konzernrechnungslegung nach IFRS in Deutschland

Inwieweit deutsche Mutterunternehmen bei ihrer Konzernrechnungslegung nach IFRS den Vorgaben von IFRS, IAS, IFRIC und SIC und inwieweit für sie weiterhin Vorschriften aus dem HGB gelten, wird in § 315e Abs. 1 HGB (bisher § 315a) geregelt.

Danach bestimmen die Vorschriften des ersten Titels (§§ 290 bis 293 HGB) insbesondere, ob ein Unternehmen „Mutterunternehmen" und in dieser Eigenschaft grundsätzlich konzernrechnungslegungspflichtig ist. Für die Entscheidung, ob eine Pflicht zur Konzernrechnungslegung begründet wurde, bleibt somit weiterhin das deutsche Recht maßgeblich. Größenabhängige Befreiungen kommen wegen § 293 Abs. 5 HGB allerdings nicht in Betracht, denn eine Börsennotierung der Mutter schließt diese aus. Auch die Möglichkeit, gemäß § 291 HGB auf Teilkonzernabschlüsse zu verzichten, besteht für Unternehmen, deren Wertpapiere bereits an einem geregelten Markt gehandelt werden, nicht. § 291 Abs. 3 HGB steht dem klar entgegen.

Die in europäisches Recht umgesetzten internationalen Standards bestimmen die Abgrenzung des Konsolidierungskreises, die Art und Weise der Einbeziehung der Unternehmen in den Konzernabschluss sowie die Regeln, nach denen die dem Konzernabschluss zugrunde liegenden Einzelabschlüsse aufzustellen und anschließend zu konsolidieren sind. Das schließt auch die Regeln zur Währungsumrechnung, zur einheitlichen Bewertung und zur Bildung latenter Steuern einerseits sowie zur Erstellung von Kapitalflussrechnungen, von Eigenkapitalspiegeln und zur Segmentberichterstattung andererseits ein.

Im Anhang zu Konzernabschlüssen nach § 315e HGB (bisher § 315a) sind sowohl sämtliche in den IAS, IFRS, SIC und IFRIC geforderten Angaben als auch die Erläuterungen und Ergänzungen offenzulegen, die in den §§ 313 Abs. 2 bis 4 und 314 Abs. 1 Nr. 4, 6, 8 und 9 HGB angesprochen werden. Da die IFRS keinen Lagebericht kennen, ist der Konzernlagebericht nach § 315 HGB aufzustellen.

Literaturhinweise

Außer der einschlägigen Kommentierung der §§ 290–293 HGB und § 11 PublG können vor allem folgende Quellen herangezogen werden:

Biener, Herbert/Berneke, Wilhelm: Bilanzrichtlinien-Gesetz, Düsseldorf 1986.

DRSC: Deutscher Rechnungslegungsstandard Nr. 19, Pflicht zur Konzernrechnungslegung und Abgrenzung des Konsolidierungskreises, in: Deutsche Rechnungslegungsstandards, Stuttgart 2016

Europäisches Parlament und Rat der Europäischen Union: Verordnung (EG) Nr. 1606/2002 vom 19.7.2002 betreffend die Anwendung internationaler Rechnungslegungsstandards in: Amtsblatt der Europäischen Gemeinschaften Nr. L 243 vom 11.9.2002, S. 1–4.

Friauf, Karl Heinrich: Die Publizitätspflicht für Gesellschaften mit beschränkter Haftung aus verfassungsrechtlicher Sicht, in: GmbHRdsch., 76. Jg., 1985, S. 245–253.

IDW (Hrsg.): Wirtschaftsprüfer-Handbuch 2017, 15. Aufl., Band I, Düsseldorf 2017.

International Accounting Standards Board (IASB): International Financial Reporting Standards 2017, London 2017.

Krag, Joachim/Müller, Herbert: Zur Zweckmäßigkeit von Teilkonzernabschlüssen der 7. EG-Richtlinie für Minderheitsgesellschafter, in: BB, 40. Jg., 1985, S. 307–312.

Marbler, Michael/Oser, Peter: Zur Konzernrechnungslegungspflicht der GmbH & Co. KG, in: DStR, 52. Jg., 2014, S. 2474–2480.

Rühl, Judith/Althoff, Frank: Faktische Beherrschung durch Präsenzmehrheit im Konzernabschluss nach HGB und IFRS, in: KoR, 12. Jg., 2012, S. 553–562.

Schildbach, Thomas/Koenen, Stefan: Die GmbH & Co. KG ist grundsätzlich konzernrechnungslegungspflichtig, in: WPg, 44. Jg., 1991, S. 661–668.

Siebourg, Peter: Pflicht zur Aufstellung des Konzernabschlusses und Abgrenzung des Konsolidierungskreises, in: Konzernrechnungslegung und -prüfung, hrsg. von Jörg Baetge, Düsseldorf 1990, S. 39–61.

Sonderausschuß Bilanzrichtlinien-Gesetz (SABI): Stellungnahme SABI 1/1988: Zur Aufstellungspflicht für einen Konzernabschluss und zur Abgrenzung des Konsolidierungskreises, in: WPg, 41. Jg., 1988, S. 340–343.

Stobbe, Thomas: Zur Umsetzung der Art. 7 und 8 der 7. EG-Richtlinie, Anmerkungen zum Beitrag von Krag/Müller, in: BB, 40. Jg., 1985, S. 1508–1510.

Streim, Hannes/Kugel, Birgit: GmbH & Co KG und Rechnungslegungsreform – Analyse der Zweckmäßigkeit der geplanten Regelungen, in: BFuP, 37. Jg., 1985, S. 102–117.

Tillmann, Bert: Umwandlung auf doppelstöckige GmbH & Co KG – Ein Ausweg aus der Publizitätspflicht der GmbH?, in: DB, 39. Jg., 1986, S. 1319–1323.

Ulmer, Peter: BFuP Meinungsspiegel 2/1985 zum Thema GmbH & Co KG und Rechnungslegungsreform, in: BFuP, 37. Jg., 1985, S. 147.

E Konsolidierungskreis

E.1 Konsolidierungskreis nach HGB und PublG

E.1.1 Grundsatz

Der Gesetzgeber hat den Kreis der in den Konzernabschluss und Konzernlagebericht einzubeziehenden Unternehmen differenziert geregelt. Danach kann man, wie auch Abbildung E.1 zeigt, grundsätzlich zwischen
- der Vollkonsolidierung,
- der Quoten- oder anteilsmäßigen Konsolidierung,
- der Equity-Methode und
- der Bewertung einer Beteiligung nach der Anschaffungskostenmethode unterscheiden.

Dies entspricht der sog. Stufenkonzeption (vgl. Ordelheide, BFuP 1986, S. 298 f.; Busse von Colbe/Chmielewicz, DBW 1986, S. 326 f.).

Wie Abbildung E.1 zeigt, bilden die vollkonsolidierten Unternehmen den Nukleus des Konzerns und damit den Konsolidierungskreis im engeren Sinne (s. Titelüber-

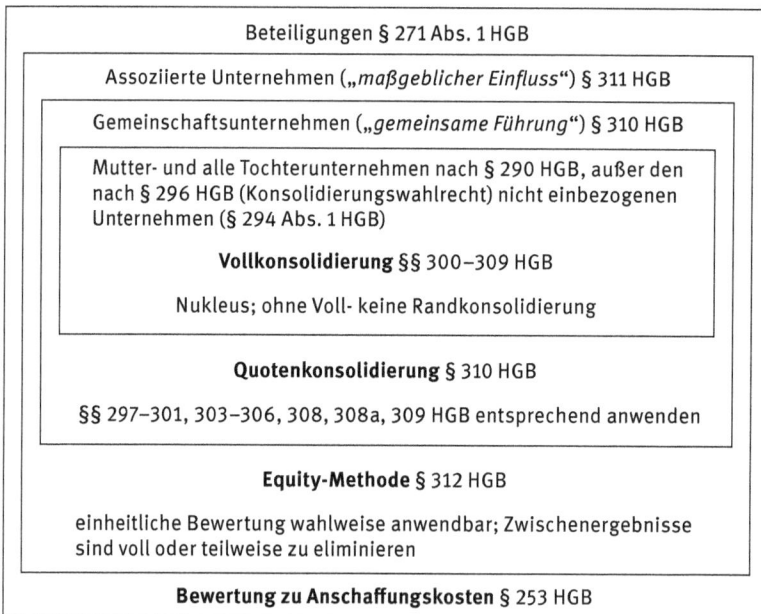

Beteiligungen § 271 Abs. 1 HGB

Assoziierte Unternehmen („*maßgeblicher Einfluss*") § 311 HGB

Gemeinschaftsunternehmen („*gemeinsame Führung*") § 310 HGB

Mutter- und alle Tochterunternehmen nach § 290 HGB, außer den nach § 296 HGB (Konsolidierungswahlrecht) nicht einbezogenen Unternehmen (§ 294 Abs. 1 HGB)

Vollkonsolidierung §§ 300–309 HGB

Nukleus; ohne Voll- keine Randkonsolidierung

Quotenkonsolidierung § 310 HGB

§§ 297–301, 303–306, 308, 308a, 309 HGB entsprechend anwenden

Equity-Methode § 312 HGB

einheitliche Bewertung wahlweise anwendbar; Zwischenergebnisse sind voll oder teilweise zu eliminieren

Bewertung zu Anschaffungskosten § 253 HGB

Abb. E.1: Kreis der in den Konzernabschluss und Konzernlagebericht einzubeziehenden Unternehmen nach HGB.

https://doi.org/10.1515/9783110535723-005

schrift zu den §§ 294–296 HGB). Die allgemeine Voraussetzung für die Einbeziehung eines Unternehmens im Rahmen dieser Konsolidierungsform in den Konzernabschluss und den Konzernlagebericht ist, wie bereits an verschiedenen Stellen anklang, das Bestehen eines Mutter-/Tochter-Verhältnisses nach § 290 HGB. Liegt ein solches Verhältnis vor, so sind neben dem Mutterunternehmen grundsätzlich alle Tochterunternehmen in die Konzernrechnungslegung einzubeziehen (§ 294 Abs. 1 HGB). Ausnahmen können sich nur durch die Inanspruchnahme der Konsolidierungswahlrechte (§ 296 HGB) ergeben.

Die Bedeutung der §§ 294–296 HGB, die gemäß § 13 Abs. 2 PublG auch auf die nach dem PublG aufzustellenden Konzernabschlüsse und Konzernlageberichte analog anzuwenden sind, geht im Konzernrechnungslegungsrecht aber faktisch weit über die Abgrenzung des Konsolidierungskreises im Rahmen der Vollkonsolidierung hinaus. Sie können das Mutterunternehmen nämlich im Extremfall, in dem die Einbeziehung aller Tochterunternehmen aufgrund der Anwendung dieser Vorschriften unterbleibt, sogar ganz von der Aufstellungspflicht eines Konzernabschlusses und Konzernlageberichtes befreien (§ 290 Abs. 5 HGB). Dies führt dazu, dass in diesem Fall auch die Quotenkonsolidierung bzw. die Equity-Methode als Konsolidierungs- oder Bewertungsform für die nicht einbezogenen Tochterunternehmen nicht anwendbar sind, denn sowohl § 310 HGB für die Quotenkonsolidierung als auch § 312 HGB für die Equity-Methode sind nur im Konzernabschluss zulässig (s. die Randkonsolidierungen in Abbildung E.1).

Ist dies nicht der Fall und besteht somit für das Mutterunternehmen die Pflicht zur Aufstellung eines Konzernabschlusses und Konzernlageberichtes, so werden Beteiligungen an anderen Unternehmen, die keine Tochterunternehmen sind oder auf deren Einbeziehung aufgrund des § 296 HGB verzichtet werden soll, nicht notwendigerweise unverändert aus dem Einzelabschluss in den Konzernabschluss übernommen. Vielmehr wird lediglich die Einbeziehung dieser Unternehmen im Rahmen der Vollkonsolidierung ausgeschlossen. Gleichwohl können solche Unternehmen aber unter bestimmten Bedingungen im Wege der Quotenkonsolidierung (§ 310 HGB) oder müssen bei der Erfüllung der Voraussetzungen des § 311 HGB grundsätzlich nach den Vorschriften bezüglich assoziierter Unternehmen im Rahmen der Equity-Methode (§ 312 HGB) in den Konzernabschluss aufgenommen werden. Ist die Einbeziehung in die Konzernrechnungslegung auch nach diesen Regelungen ausgeschlossen, so sind die Anteile an dem Unternehmen als einfache Beteiligung nach der Anschaffungskostenmethode in dem Konzernabschluss zu bilanzieren.

E.1.2 Die grundsätzliche Konsolidierungspflicht

Wie bereits oben aufgezeigt wurde, muss ein Mutterunternehmen grundsätzlich alle Tochterunternehmen in den Konzernabschluss und Konzernlagebericht einbeziehen (§ 294 Abs. 1 HGB). Diese grundsätzliche Einbeziehungspflicht besteht sowohl für unmittelbare als auch für mittelbare Tochterunternehmen (s. § 290 Abs. 3 HGB) und ist unabhängig vom Sitz der Tochterunternehmen. Somit sind im deutschen Konzernrechnungslegungsrecht auch ausländische Tochterunternehmen generell in den Konzernabschluss einzubeziehen, wodurch das sog. „Weltabschlussprinzip" umgesetzt wird. Dies ist aus Sicht der Einheitstheorie sehr zu begrüßen, denn diese Regelung und die Angabepflichten zum Konsolidierungskreis im Anhang (§ 313 Abs. 2 HGB) sind wesentliche Voraussetzungen für einen verbesserten Einblick des Konzernabschlusslesers in die tatsächlichen Verhältnisse der Vermögens-, Finanz- und Ertragslage eines Konzerns.

Da die Vergleichbarkeit mehrerer zeitlich aufeinander folgender Konzernabschlüsse und Konzernlageberichte durch die Veränderung des Konsolidierungskreises ohne zusätzliche Angaben kaum möglich und der Informationsgehalt für den Konzernabschlussleser somit erheblich eingeschränkt wäre, schreibt der Gesetzgeber in § 294 Abs. 2 HGB vor, dass bei „*wesentlichen*" Änderungen des Konsolidierungskreises in einem Geschäftsjahr zusätzliche Angaben im Konzernabschluss gemacht werden müssen. Fraglich ist dabei, wann die Änderung des Konsolidierungskreises „*wesentlich*" ist und wo und wie die zusätzlichen Angaben zu machen sind.

Grundsätzlich ist eine Veränderung des Konsolidierungskreises dann als wesentlich einzustufen, wenn aufgrund dieser Veränderung aufeinander folgende Konzernabschlüsse nicht mehr hinsichtlich der Vermögens-, Finanz- und Ertragslage vergleichbar sind. Konkret gegeben wäre das dann, wenn der Konzernabschlussleser nicht mehr erkennen kann, wie sich die Vermögens-, Finanz- und Ertragslage im Konzern ohne die Änderung des Konsoldierungskreises entwickelt hätte (vgl. IDW RS HFA 44 Tz. 11; Winkeljohann/Deubert in: Beck Bil-Komm., 11. Aufl., § 294 Anm. 11). Es reicht dabei aus, wenn sich die Änderung auf Teilbereiche des Jahresabschlusses auswirkt. Die Frage, ab welcher Größenordnung eine Änderung im Konsolidierungskreis als wesentlich einzustufen ist, kann man dabei nicht allgemein gültig beantworten (vgl. DRS 19.121). Vielmehr muss in jedem Einzelfall anhand der Generalnorm unter Abwägung aller Umstände entschieden werden, ob die Änderung wesentlich ist oder nicht.

Ergibt sich diesbezüglich ein positives Ergebnis, so ist im Konzernanhang zunächst dazustellen, welche Unternehmen nicht mehr bzw. neu in den Konzernabschluss einbezogen werden. Um Vergleichbarkeit herzustellen müssen zudem für die wesentlichen Posten der Konzernbilanz, der Konzern-GuV sowie der Konzernkapitalflussrechung die Auswirkungen der Anpassung quantifiziert werden; nur verbale Ausführungen im Konzernanhang reichen nicht (vgl. DRS 19.122). Dazu können als eine Alternative an den neuen Konsolidierungskreis angepasste Vorjahreszahlen (sog. Pro-Forma-Zahlen vgl. Winkeljohann/Deubert, in Beck Bil-Komm., 11. Aufl., § 294 Anm. 15) in Ergänzung zu den in der Konzernbilanz und -GuV genannten tatsächlichen Vorjahreszahlen angegeben werden. Alternativ können auch im Konzernanhang die Zahlen für das aktuelle Geschäftsjahr angepasst an die Situation vor Änderung des Konsolidierungkreises gezeigt werden und so die Auswirkungen in absoluter bzw. prozentualer Größenordnung verdeutlicht werden (vgl. DRS 19.122).

Damit das Mutterunternehmen insgesamt seiner grundsätzlichen Verpflichtung zur Aufstellung eines Weltabschlusses sach- und zeitgerecht nachkommen kann, haben zumindest deutsche Tochterunternehmen gemäß § 294 Abs. 3 S. 1 HGB dem Mutterunternehmen von sich aus die zentralen Unterlagen vorzulegen (Jahresabschluss etc.). Zudem dürfen Mutterunternehmen gegenüber ihren deutschen Tochterunternehmen nach § 294 Abs. 3 S. 2 HGB alle Aufklärungen und Nachweise verlangen, die für die Aufstellung des Konzernabschlusses und Konzernlageberichtes erforderlich sind.

E.1.3 Konsolidierungswahlrechte (§ 296 HGB)

E.1.3.1 Allgemeines

Die Einbeziehung eines Tochterunternehmens im Rahmen der Vollkonsolidierung in den Konzernabschluss kann aufgrund der Inanspruchnahme eines der Konsolidierungswahlrechte unterbleiben. Gemäß § 296 HGB bestehen Konsolidierungswahlrechte, wenn:

- erhebliche und andauernde Beschränkungen die Ausübung bestimmter Rechte des Mutterunternehmens gegenüber dem Tochterunternehmen nachhaltig beeinträchtigen (§ 296 Abs. 1 Nr. 1 HGB),
- die für die Aufstellung des Konzernabschlusses erforderlichen Angaben des Tochterunternehmens nicht ohne unverhältnismäßig hohe Kosten oder Verzögerungen zu erhalten sind (§ 296 Abs. 1 Nr. 2 HGB),
- die Anteile des Tochterunternehmens nur zum Zwecke der Weiterveräußerung gehalten werden (§ 296 Abs. 1 Nr. 3 HGB) oder
- Tochterunternehmen für die Verpflichtung, ein den tatsächlichen Verhältnissen entsprechendes Bild der Vermögens-, Finanz- und Ertragslage des Konzerns zu vermitteln, von untergeordneter Bedeutung sind (§ 296 Abs. 2 HGB).

Die Konsolidierungswahlrechte des § 296 Abs. 1 Nr. 2 und Abs. 2 HGB sind gesetzliche Anwendungsbeispiele für den Grundsatz der Wirtschaftlichkeit (vgl. BT-Drucksache 10/4268, S. 114; Maas/Schruff, WPg 1986, S. 208). Da diese Regelungen jedoch im Detail schwer interpretierbar und wenig praktikabel sind, bringen sie für die Theorie und Praxis erhebliche Anwendungsschwierigkeiten mit sich.

Die Inanspruchnahme der Konsolidierungswahlrechte ist nach § 296 Abs. 3 HGB im Konzernanhang zu begründen, wobei der alleinige Hinweis auf Abs. 1 oder 2 des § 296 HGB nicht ausreicht. Zudem sind dort die gemäß § 313 Abs. 2 Nr. 1 HGB geforderten Angaben über das nicht vollkonsolidierte Tochterunternehmen zu machen.

Insgesamt gesehen verschaffen die Konsolidierungswahlrechte dem Mutterunternehmen trotz der Angabe- und Begründungspflicht im Konzernanhang vielfältige

Möglichkeiten, den Informationsgehalt des Konzernabschlusses und des Konzernlageberichtes zu beeinflussen. Zudem stehen Einbeziehungswahlrechte in mehr oder weniger großem Gegensatz zum Vollständigkeitsgrundsatz, was aus Sicht der Einheitstheorie allenfalls mit der besseren Erfüllung der Generalnorm oder einer strengen Anwendung des Wirtschaftlichkeitsgrundsatzes gerechtfertigt werden kann. Jedenfalls wären aus Gründen der Rechtssicherheit und im Blick auf die Informationsfunktion der Konzernrechnungslegung Konsolidierungsverbote etwa in den Fällen von § 296 Abs. 1 Nr. 1 und 3 HGB und generelle Angabepflichten zweckmäßiger gewesen (so z. T. auch Sahner/Kammers, DB 1983, S. 2211).

E.1.3.2 Beschränkungen in der Rechtsausübung des Mutterunternehmens

Ein Mutterunternehmen braucht ein Tochterunternehmen nach § 296 Abs. 1 Nr. 1 HGB im Rahmen der Vollkonsolidierung nicht in den Konzernabschluss einbeziehen, wenn *„erhebliche"* und *„andauernde"* Beschränkungen die Ausübung seiner Rechte in Bezug auf das Vermögen oder die Geschäftsführung dieses Tochterunternehmens *„nachhaltig"* beeinträchtigen.

Die im Gesetzestext verwendeten Worte *„nachhaltig"*, *„erhebliche"* und *„andauernde"* machen deutlich, dass die Möglichkeiten der Inanspruchnahme dieses Konsolidierungswahlrechtes sowohl aus zeitlicher Sicht als auch nach inhaltlichen Anforderungen sehr eng auszulegen sind.

Es steht somit außer Zweifel, dass nur vorübergehende Beeinträchtigungen der Rechte, gleich welcher Art, nicht für die Ausübung des Konsolidierungswahlrechtes ausreichen. Die Beeinträchtigungen brauchen sich aber auch nicht über mehrere Jahre zu erstrecken. Vielmehr muss die Beschränkung der Rechte nach hM während des Geschäftsjahres und bis zum Konzernabschlussstichtag bestanden haben und deren Ende nicht absehbar sein (vgl. etwa ADS, 6. Aufl., § 296 Tz. 8; Sahner/Sauermann in: Küting/Weber, Konzernrechnungslegung, 2. Aufl., § 296 Rn. 11; Winkeljohann/Deubert in: Beck Bil-Komm., 11. Aufl., § 296 Anm. 10).

Ob die Beschränkungen *„erheblich"* sind, hängt von der Bedeutung der Beschränkung für die Durchsetzung einer Konzernpolitik, nicht aber von der Art der Beschränkung (z. B. tatsächlich, gesellschaftsrechtlich oder vertraglich) ab. Vermögensbeschränkungen müssen sich demnach auf das ganze Vermögen oder zumindest seine wesentlichen Teile beziehen (DRS 19.83). Beschränkungen der Rechte zur Geschäftsführung müssen die Beherrschungsmöglichkeit durch die Konzernspitze soweit einschränken, dass ihr wesentliche Entscheidungen über die Entwicklung und den Fortbestand des Tochterunternehmens unmöglich sind, wie etwa bei drohenden Enteignungen, bei Eröffnung eines Insolvenzverfahrens über das Vermögen der Tochter, ohne dass die Mutter Aussicht auf Vermögensauskehrungen hätte, oder bei drohender Verstaatlichung oder Zwangsverwaltung ausländischer Töchter (vgl. DRS 19.85; Winkeljohann/Deubert in: Beck Bil-Komm., 11. Aufl., § 296 Anm. 9 u. 11). Beschränkungen des Gewinntransfers oder der Besetzung von Führungspositionen mit Repräsentanten der Mutter können, müssen aber nicht eine ausreichende Grundlage für die Nichteinbeziehung sein, weil trotz der Beschränkungen eine Beherrschung noch möglich sein kann, wie z. B. in den Fällen, in denen der Konzern die Thesaurierung im Ausland wünscht oder er die Tochter auf einem anderen Wege leitet (zur praktischen Anwendung vgl. Heydemann/Koenen, DB 1992, S. 2255). Allerdings setzt § 296 Abs. 1 Nr. 1 HGB eine Beschränkung von Rechten voraus; die fehlende tatsächliche Inanspruchnahme der Rechte alleine reicht nicht (vgl. WP-Handbuch, Band I, G Tz. 200).

Grundsätzlich nicht genutzt werden kann das Einbeziehungswahrrecht nach § 296 Abs. 1 Nr. 1 HGB bei Zweckgesellschaften mit Hinweis auf den „Autopilotmechanismus", da dass Mutterunternehmen diesen bei Gründung der Gesellschaft regelmäßig selbst installiert hat und damit seine Rechte ausgeübt hat (vgl. DRS 19.86).

E.1.3.3 Unverhältnismäßig hohe Kosten und Verzögerungen

Sind die zur Aufstellung eines Konzernabschlusses erforderlichen Angaben eines Tochterunternehmens nicht ohne unverhältnismäßig hohe Kosten oder unangemessene Verzögerungen zu erhalten, so kann die Vollkonsolidierung dieses Unternehmens gemäß § 296 Abs. 1 Nr. 2 HGB unterbleiben.

Die äußerst unklaren Kriterien dieses Einbeziehungswahlrechts werden in der Literatur überwiegend kritisch beurteilt und sollen nach einhelliger Meinung eng ausgelegt werden. Danach muss zwischen den Kosten für die Vollkonsolidierung und der Informationsverbesserung durch die Einbeziehung der Tochter ein krasses Missverhältnis bestehen, wenn eine Nichteinbeziehung auf § 296 Abs. 1 Nr. 2 HGB gestützt werden soll. Alternativ muss es zu unangemessenen zeitlichen Verzögerungen kommen. Dies wird regelmäßig nur dann angenommen, wenn wegen fehlender Unterlagen der Tochter der Konzernabschluss nicht innerhalb der gesetzlichen Frist aufgestellt werden kann (vgl. DRS 19.90). Solche Missverhältnisse bzw. unangemessenen Verzögerungen sind allenfalls vorübergehend, nicht aber dauerhaft vorstellbar. Auch dürfen sie nicht auf Gründen beruhen, die der Konzern zu verantworten hat. Damit bleiben als mögliche Beispiele:

- außergewöhnliche Störungen (Zusammenbruch der Datenverarbeitung bei der Tochter, Streiks, Zerstörung der Daten durch Feuer, Beschränkungen des Datentransfers) und
- zeitliche Engpässe bei der Umstellung des Rechnungswesens neuer Beteiligungsunternehmen auf die Usancen des Konzerns.

(vgl. Sahner/Sauermann in: Küting/Weber, Konzernrechnungslegung, 2. Aufl., § 296 Rn. 12 ff.; WP-Handbuch, Band I, G Tz. 208; Winkeljohann/Deubert in: Beck Bil-Komm., 11. Aufl., § 296 Anm. 15 ff; zur praktischen Anwendung dieses Konsolidierungswahlrechtes vgl. Heydemann/Koenen, DB 1992, S. 2256).

E.1.3.4 Halten von Anteilen nur zum Zwecke der Weiterveräußerung

Hält ein Mutterunternehmen Anteile an einem Tochterunternehmen bereits ab dem Zeitpunkt des Erwerbs ausschließlich zum Zwecke der Weiterveräußerung, so braucht dieses Tochterunternehmen gemäß § 296 Abs. 1 Nr. 3 HGB nicht in den Konzernabschluss einbezogen zu werden.

Auch dieses als Korrektiv zu den formalen Kriterien für beherrschenden Einfluss nach § 290 Abs. 2 Nr. 1–3 HGB dienende Wahlrecht knüpft an ein wenig operationales Kriterium an, der ausschließlichen Weiterveräußerungsabsicht. Neben dem Ausweis der Anteile im Umlaufvermögen muss die Weiterveräußerungsabsicht bereits zum Zeitpunkt des Anteilserwerbs bestehen (vgl. DRS 19.97). Weitere Indizien wie die Einleitung von Verkaufsverhandlungen, die Einschaltung eines Maklers oder der Verzicht auf die wirtschaftliche Integration untermauern grundsätzlich die Absicht der Mutter, die Anteile der Tochtergesellschaft nur zu Weiterveräußerungszwecken zu halten. Gefordert wird jedoch, dass die subjektive Absicht nachvollziehbar, realisierbar und belegbar sein muss (vgl. DRS 19.98).

Das Wahlrecht ist zeitlich nicht befristet, die mehrfache Nutzung aber weckt nach herrschender Meinung Zweifel an der Veräußerungsabsicht (vgl. DRS 19.99), so dass von Jahr zu Jahr strengere Anforderungen an den Nachweis der ausschließlichen Veräußerungsabsicht zu stellen sein dürften.

Veräußerungen an andere Konzernunternehmen oder Veräußerungen nur eines kleinen Teils der Beteiligung, der das Vorliegen des Kriteriums des beherrschenden Einflusses nicht behindert, reichen allerdings für die Nichteinbeziehungsmöglichkeit nicht aus (vgl. DRS 19.96). Auch gilt das Wahlrecht nicht, wenn trotz Veräußerungsabsicht vorübergehend Einfluss auf die Politik der Tochter genommen werden soll (vgl. Winkeljohann/Deubert in: Beck Bil-Komm., 11. Aufl., § 296 Anm. 30).

Das Konsolidierungswahlrecht wird vor allen Dingen für Kreditinstitute, Versicherungsunternehmen, Kapitalanlagegesellschaften und anderen institutionellen Anlegern von Bedeutung sein, die gelegentlich Beteiligungen an Unternehmen ausschließlich zum Zwecke der Weiterveräußerung erwerben. Bei normalen Industrieunternehmen ist das dagegen wohl eher selten der Fall.

E.1.3.5 Tochterunternehmen von untergeordneter Bedeutung

Die Vollkonsolidierung eines Tochterunternehmens kann im Konzernabschluss des Mutterunternehmens nach § 296 Abs. 2 HGB auch unterbleiben, wenn die Tochter zur Vermittlung eines den tatsächlichen Verhältnissen entsprechenden Bildes der Vermögens-, Finanz- und Ertragslage des Konzerns von untergeordneter Bedeutung ist. Diese Regelung ist ein gesetzliches Anwendungsbeispiel des Grundsatzes der Wesentlichkeit und Wirtschaftlichkeit (vgl. BT-Drucksache 10/4268, S. 114; Busse von Colbe/ Chmielewicz, DBW 1986, S. 331).

Wegen der allgemein gehaltenen gesetzlichen Kodifizierung kann jedoch wie bei den anderen Konsolidierungswahlrechten auch hier nicht anhand allgemein gültiger

Regeln oder genau festgelegter Kriterien und deren Größenordnungen bestimmt werden, wann ein Tochterunternehmen zur Erfüllung der Generalnorm für den Konzern von untergeordneter Bedeutung ist (vgl. DRS 19.103). Verhältniszahlen wie z. B. der Umsatz, die Bilanzsumme oder einzelne Posten der Gewinn- und Verlustrechnung des Tochterunternehmens im Verhältnis zum übrigen Konsolidierungskreis können, ebenso wie einzelne Funktionen, die das Tochterunternehmen im Rahmen des Gesamtkonzerns ausübt, allenfalls Anhaltspunkte für eine solche Beurteilung sein. Entscheidend ist letztendlich aber das Gesamtbild, d. h. die gesamte wirtschaftliche Tätigkeit des Tochterunternehmens innerhalb der wirtschaftlichen Einheit des Konzerns (vgl. Winkeljohann/Deubert in: Beck Bil-Komm., 11. Aufl., § 296 Anm. 33 ff.). Da sich dieses Gesamtbild aus vielfältigen Gründen sehr schnell ändern kann, ist die Beurteilung der Bedeutung des Tochterunternehmens für den Konzern von Jahr zu Jahr neu zu prüfen.

Sind mehrere Tochterunternehmen einzeln betrachtet für die Verpflichtung, ein den tatsächlichen Verhältnissen entsprechendes Bild der Vermögens-, Finanz- und Ertragslage des Konzerns zu vermitteln, von untergeordneter Bedeutung, so sind sie gemäß § 296 Abs. 2 S. 2 HGB dennoch in den Konzernabschluss einzubeziehen, wenn sie zusammen nicht von untergeordneter Bedeutung sind. Damit wird verhindert, dass die Aussagefähigkeit des Konzernabschlusses im Sinne der Generalnorm durch eine isolierte Beurteilung der Tochterunternehmen erheblich vermindert wird.

E.1.4 Quotenkonsolidierung

Unternehmen, die keine Tochterunternehmen gemäß § 290 HGB sind und die daher nicht in Form der Vollkonsolidierung in den Konzernabschluss einbezogen werden, können trotzdem anteilig (quotal) konsolidiert werden, wenn sie die in § 310 Abs. 1 HGB genannten Bedingungen erfüllen. Diese als Quotenkonsolidierung bezeichnete anteilsmäßige Konsolidierung begründet also alleine keine Pflicht zur Aufstellung eines Konzernabschlusses und Konzernlageberichtes, sondern ist nur eine besondere Form der Konsolidierung innerhalb der nach § 290 HGB oder § 11 PublG bestehenden Konzernrechnungslegungspflicht eines Mutterunternehmens (vgl. WP-Handbuch, Band I, G Tz. 640).

§ 310 Abs. 1 HGB beschränkt den Kreis der Unternehmen, die im Rahmen der Quotenkonsolidierung in den Konzernabschluss aufgenommen werden können, auf solche, die von einem in einen Konzernabschluss einbezogenen Mutter- oder Tochterunternehmen zusammen mit einem oder mehreren konzernfremden Unternehmen tatsächlich gemeinsam geführt werden. Das sind typischerweise sog. Gemeinschaftsunternehmen (joint ventures). Die Anteile, die die Gesellschaften an dem Gemeinschaftsunternehmen halten, bzw. die konzerntypischen Rechte nach § 290 Abs. 2 Nr. 2 HGB, die ihnen zustehen, sind dabei meist gleich hoch (unterschiedliche Kapitalanteile, wie etwa 30 %, 30 %, 20 % und 20 % sind dann für die gemeinsame Führung nicht schädlich, wenn wesentliche Beschlüsse einstimmig gefasst werden müssen; vgl. Winkeljohann/Lewe in: Beck Bil-Komm., 11. Aufl., § 310 Anm. 25).

Beispiel E.1: Gemeinschaftsunternehmen

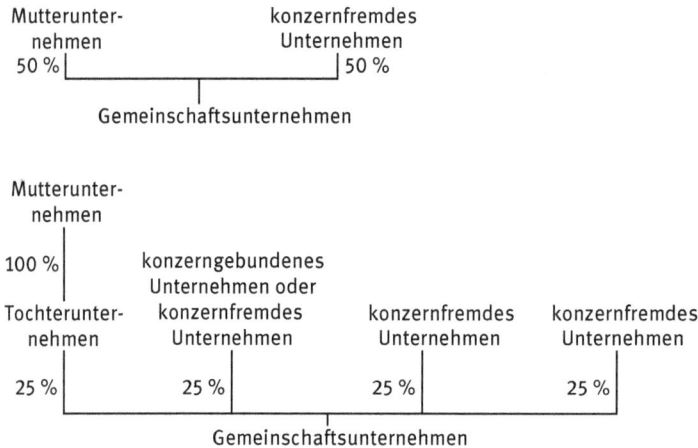

Mutterunter-nehmen		konzernfremdes Unternehmen
50 %		50 %

Gemeinschaftsunternehmen

Mutterunter-nehmen			
100 %	konzerngebundenes Unternehmen oder		
Tochterunter-nehmen	konzernfremdes Unternehmen	konzernfremdes Unternehmen	konzernfremdes Unternehmen
25 %	25 %	25 %	25 %

Gemeinschaftsunternehmen

Gemeinschaftsunternehmen werden im Unterschied zu Tochterunternehmen nach § 290 HGB nicht von einem Unternehmen beherrscht, sondern durch mehrere Unternehmen (sog. Gesellschafterunternehmen) *„gemeinsam geführt"*. Was dabei unter dem Merkmal der *„gemeinsamen Führung"* zu verstehen ist und wie es sich von einer einheitlichen Leitung unterscheidet, lässt der Gesetzgeber offen. Bei gemeinsamer Führung werden dem Gemeinschaftsunternehmen die langfristige Geschäftspolitik, grundsätzliche Fragen der Geschäftsführung und ein finanzieller Rahmen beispielsweise vorgegeben, nur geschieht das nicht durch ein Mutterunternehmen, sondern durch meist einstimmigen Beschluss aller Gesellschafterunternehmen. Die Möglichkeiten zu einer solchen gemeinsamen Führung sind allerdings bei den verschiedenen Rechtsformen des Gemeinschaftsunternehmens unterschiedlich (vgl. hierzu im einzelnen Sigle in: Küting/Weber, Konzernrechnungslegung, 2. Aufl., § 310 Rn. 24–31; Arbeitskreis „Externe Unternehmensrechnung", Aufstellung, 1989, S. 125). Voraussetzung für die Anwendung der Quotenkonsolidierung ist, dass nicht nur die Möglichkeit zur gemeinsamen Führung besteht, sondern dass das Gemeinschaftsunternehmen auch tatsächlich gemeinsam geführt wird (vgl. Winkeljohann/Lewe in: Beck Bil-Komm., 11. Aufl., § 310 Anm. 15).

Obwohl bei Gemeinschaftsunternehmen nach obigen Ausführungen kein Unternehmen alleine beherrschenden Einfluss ausüben kann und die Intensität der Verbindung zwischen den Unternehmen damit vergleichsweise geringer ist, werden sie dem Kreis der zu konsolidierenden Unternehmen zugerechnet. Sie werden dabei nach dem besonderen Verfahren der schon angesprochenen Quotenkonsolidierung einbezogen. Auf die Besonderheiten dieses in der Literatur nicht selten heftig kritisierten Verfahrens wird in den Kapiteln G, H, I und J näher eingegangen.

E.1.5 Equity-Methode

Die Equity-Methode begründet wie die Quotenkonsolidierung keine originäre Pflicht zur Aufstellung eines Konzernabschlusses und Konzernlageberichtes. Sie ist nur eine besondere Form der Beteiligungsbewertung innerhalb des nach § 290 HGB oder § 11 PublG aufzustellenden Konzernabschlusses eines Mutterunternehmens, wobei zur Durchführung der Bewertung jedoch in Nebenrechnungen bestimmte Konsolidierungsmaßnahmen durchzuführen sind (siehe hierzu im einzelnen G, H, I, J, K, N, O).

Die Equity-Methode ist gemäß § 311 HGB vorgeschrieben, wenn

- ein in den Konzernabschluss einbezogenes Unternehmen eine Beteiligung nach § 271 Abs. 1 HGB an einem Unternehmen hält, das nicht zugleich Tochterunternehmen ist oder quotal nach § 310 HGB einbezogen wird,
- das einbezogene Unternehmen tatsächlich einen maßgeblichen Einfluss auf die Geschäfts- und Finanzpolitik des anderen Unternehmens ausübt und
- die Beteiligung zur Erfüllung der Generalnorm nicht von untergeordneter Bedeutung ist (Ausnahmetatbestand).

Sind die ersten beiden Voraussetzungen erfüllt, so wird das Unternehmen, welches die Beteiligung hält, als „beteiligtes Unternehmen" und das andere als „assoziiertes Unternehmen" bezeichnet.

Entscheidend für die Anwendung der Equity-Methode ist folglich die tatsächliche Ausübung eines maßgeblichen Einflusses, wobei der Gesetzgeber den Begriff des maßgeblichen Einflusses nicht definiert. Vieles spricht dafür, dass es inhaltlich um die gleichen Fragen geht wie beim beherrschenden Einfluss – der explizite Hinweis auf *„die Geschäfts- und Finanzpolitik"* in § 311 Abs. 1 HGB bekräftigt das. Nur die Intensität des Einflusses ist geringer als bei Konzernrechnungslegungspflicht nach § 290 HGB, aber größer als bei Wahrnehmung der normalen Anteilsrechte. Indizien für einen maßgeblichen Einfluss sind vor allem die Vertretung in einem Aufsichts- oder Leitungsorgan, Austausch von Führungskräften, finanzielle oder technologische Abhängigkeiten (vgl. DRS 8.3). Widerlegbar vermutet wird ein maßgeblicher Einfluss bei Stimmrechten von mindestens 20 % (§ 311 Abs. 1 S. 2 HGB). Maßgeblicher Einfluss muss auf Dauer (mehrere Jahre) angelegt sein und tatsächlich ausgeübt werden – gelegentliche Einflussnahmen genügen ebenso wenig wie bloße Möglichkeiten zur Einflussnahme. Es genügt jedoch, wenn das beteiligte Unternehmen bei Grundsatzfragen der Geschäfts – und Finanzpolitik des assoziierten Unternehmens mitwirkt (vgl. WP-Handbuch, Band I, G Tz. 656–664; Küting/Köthner/Zündorf in: Küting/Weber, Konzernrechnungslegung, 2. Aufl., § 311 Rn. 15–67; Winkeljohann/Lewe in: Beck Bil-Komm., 11. Aufl., § 311 Anm. 15–18).

Unter die Pflicht zur Bewertung „at equity" fallen aber nicht nur die assoziierten Unternehmen, auf die lediglich ein maßgeblicher Einfluss ausgeübt wird, sondern auch alle Gemeinschaftsunternehmen, für die das Wahlrecht zur Quotenkonsolidierung nicht genutzt wird (vgl. von Wysocki/Wohlgemuth, Konzernrechnungslegung,

1996, S. 162 f.; Busse von Colbe/Chmielewicz, DBW 1986, S. 342; Winkeljohann/Lewe in: Beck Bil-Komm., 11. Aufl., § 310 Anm. 8 und 20).

Für alle aufgrund eines Einbeziehungswahlrechtes nach § 296 HGB nicht vollkonsolidierten Tochterunternehmen ist dagegen zu prüfen, ob eine Beteiligung im obigen Sinne existiert und maßgebliche Einfluss auch tatsächlich ausgeübt wird. Insbesondere bei Tochterunternehmen, die aufgrund hoher Kosten oder unangemessener Verzögerungen bei der Beschaffung der notwendigen Angaben nach § 296 Abs. 1 Nr. 2 HGB nicht einbezogen werden, sind die Bedingungen von § 311 Abs. 1 HGB regelmäßig erfüllt, sobald die bei Tochterunternehmen immer bestehende Möglichkeit zu beherrschendem Einfluss tatsächlich in dem Umfang genutzt wird, dass maßgeblicher Einfluss vorliegt. Speziell bei nicht vollkonsolidierten Tochterunternehmen, die mit dem Mutterunternehmen einen Beherrschungsvertrag abgeschlossen haben und an denen die Mutter eine Beteiligung gemäß § 271 Abs. 1 HGB hält, wird i. d. R. maßgeblicher Einfluss ausgeübt, da das Gesetz hier eine tatsächliche Ausübung der einheitlichen Leitung und damit auch eines maßgeblichen Einflusses unwiderlegbar vermutet (§ 18 Abs. 1 S. 2 AktG).

Sind die obigen Voraussetzungen des § 311 Abs. 1 HGB erfüllt, so kann die Bilanzierung eines assoziierten Unternehmens „at equity" ausnahmsweise dann unterbleiben, wenn die Beteiligung für die Vermittlung eines den tatsächlichen Verhältnissen entsprechenden Bildes der Vermögens-, Finanz- und Ertragslage des Konzerns von untergeordneter Bedeutung ist (Ausnahmetatbestand, § 311 Abs. 2 HGB). Dies wird in der Regel immer dann der Fall sein, wenn das Konzernunternehmen schon bei der diesbezüglichen Beurteilung im Rahmen der Vollkonsolidierung (§ 296 Abs. 2 HGB) als unbedeutend eingestuft wurde. Auch bei Gemeinschaftsunternehmen, für die nicht die Form der Quotenkonsolidierung gewählt wird, kann eine Bilanzierung „at equity" unterbleiben, wenn von untergeordneter Bedeutung ausgegangen werden kann (vgl. Winkeljohann/Lewe in: Beck Bil-Komm., 11. Aufl., § 311 Anm. 7)

Wird auf ein Unternehmen wegen der Inanspruchnahme des beschriebenen Ausnahmetatbestandes (§ 311 Abs. 2 HGB) die Equity-Methode nicht angewendet oder liegt mangels der Erfüllung der Voraussetzungen gar kein assoziiertes Unternehmen vor, so sind die Anteile an dem Unternehmen nach der Anschaffungskostenmethode als einfache Beteiligung zu bilanzieren (siehe auch Abbildung E.1; Busse von Colbe/Chmielewicz, DBW 1986, S. 341 f.; Ordelheide, BFuP 1986, S. 298 f.).

Insgesamt gesehen wird durch die Equity-Methode der in den §§ 294–296 HGB eng definierte Konsolidierungskreis über die schon beschriebene Erweiterung durch die quotenkonsolidierten Unternehmen hinaus nochmals vergrößert. Damit wird nicht nur das Wertkonglomerat innerhalb des Konzernabschlusses weiter erhöht, sondern auch die Anzahl der in die Konzernrechnungslegung einbezogenen Gesellschaftsverbindungen unterschiedlicher Intensitäten nimmt erheblich zu. Dies ist aus theoretischer Sicht umso verwunderlicher, weil die assoziierten Unternehmen und die Gemeinschaftsunternehmen als solche nicht zur wirtschaftlichen Einheit des Konzerns gehören, weshalb die Einbeziehung streng genommen gegen die Regelung des § 297 Abs. 3 S. 1 HGB verstößt.

E.1.6 Zusammenfassender Überblick

Abschließend soll die Abbildung E.2 die Abgrenzungen der Voll- und Quotenkonsolidierung, Equity-Methode und Anschaffungskostenbewertung nochmals zusammenfassend und übersichtlich aufzeigen und die jeweiligen Anwendungsvoraussetzungen verdeutlichen.

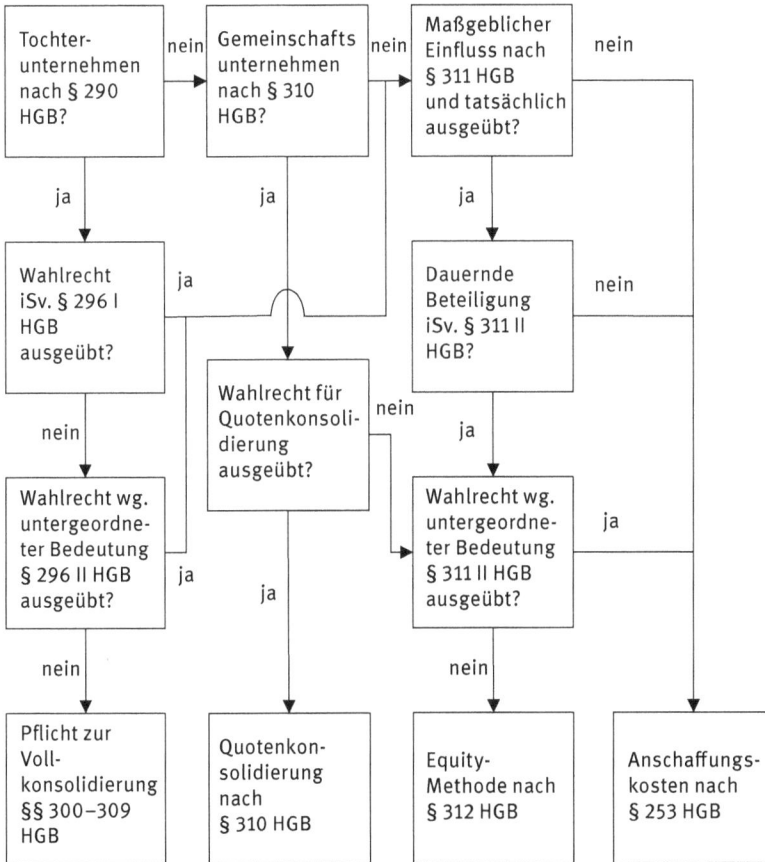

Abb. E.2: Einbeziehungsformen und deren Anwendungsvoraussetzungen.

E.2 Der Konsolidierungskreis nach IFRS

E.2.1 Grundsatz

Der Kreis der in den Konzernabschluss und Konzernlagebericht einzubeziehenden Unternehmen ist auch nach IFRS differenziert geregelt. Danach kann man, wie Abbildung E.3 zeigt, grundsätzlich zwischen

- der Vollkonsolidierung,
- der quotalen Erfassung,
- der Equity-Methode und
- der Bewertung einer Beteiligung nach IAS 39/IFRS 9 unterscheiden.

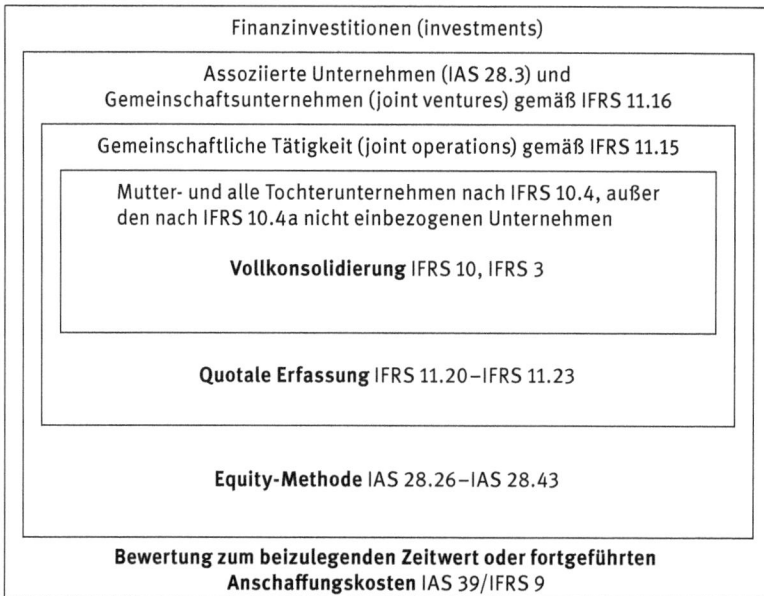

Abb. E.3: Kreis der in den Konzernabschluss und Konzernlagebericht einzubeziehenden Unternehmen nach IFRS.

Unternehmen, die nach § 315e HGB (bisher § 315a HGB) und IAS-VO verpflichtet sind, ihren Konzernabschluss nach IFRS aufzustellen, haben die Abgrenzung des Konsolidierungskreises, anders als die Frage zur Aufstellungspflicht, nach IFRS 10 zu klären und nicht nach nationalen Vorschriften (vgl. Brune in: Beck IFRS HB, 5. Aufl., § 32 Rn. 2).

E.2.2 Vollkonsolidierungskreis

Nach IFRS 10.4 in Zusammenspiel mit der Definition des Konzernabschlusses nach IFRS 10.Anhang A sind, ebenso wie nach HGB, grundsätzlich alle unmittelbaren und mittelbaren Tochterunternehmen unabhängig von ihrem Sitz (Weltabschlussprinzip) durch Vollkonsolidierung in den Konzernabschluss der Mutter einzubeziehen (vgl. Brune in: Beck IFRS HB, 5. Aufl., § 32 Rn. 6).

Abgesehen von zwei Sonderfällen kennen die IFRS keine expliziten Ausnahmen von der Pflicht zur Konsolidierung von Tochterunternehmen. Der erste Sonderfall betrifft die unter D.2.3 erläuterte Situation, dass die Konsolidierung insoweit entfällt, als nach IFRS 10.4a ein Teilkonzernabschluss nicht aufgestellt werden muss, weil der Teilkonzern in den Konzernabschluss des Mutterunternehmens einbezogen wird. Der zweite Sonderfall leitet sich aus dem grundsätzlichen materiality-Prinzip des Rahmenkonzeptes ab (vgl. CF.QC11): Tochterunternehmen sind mangels „materiality" dann nicht in den Konzernabschluss einzubeziehen, wenn sie von untergeordneter Bedeutung für die Darstellung der Vermögens-, Finanz- und Ertragslage des Konzerns sind. Zentral ist aber, dass auf die Konsolidierung nur verzichtet werden darf, wenn alle davon betroffenen Tochterunternehmen nicht nur einzeln, sondern zusammengenommen von untergeordneter Bedeutung aus Konzernsicht sind (vgl. Brune in: Beck IFRS HB, 5. Aufl., § 32 Rn. 9). Beide Sonderfälle haben ihre Entsprechung im HGB, einmal in §§ 291 und 292 HGB sowie in § 296 Abs. 2 HGB.

Anders als § 296 Abs. 1 Nr. 1 HGB sieht IFRS 10 keine explizite Ausnahmeregelung für den Fall der Beschränkung von Rechten des Mutterunternehmens (z. B. durch den Zwang zur Aufnahme eines lokalen Partners) vor, die die Kontrolle über die Tochter in Frage stellen. Es ist zu prüfen, ob die Mutter trotz der Beschränkungen die Beherrschung über die Tochter gemäß IFRS 10.7 besitzt. Gilt das nicht, so liegt keine „subsidiary" vor und die Vollkonsolidierung hat zu unterbleiben. Anteile an solchen Unternehmen sind als Finanzinvestitionen dann gemäß IAS 39 bzw. IFRS 9 zu bilanzieren.

Beteiligungen an Tochterunternehmen, die veräußert werden sollen oder die bereits mit Veräußerungsabsicht erworben wurden, werden nach IFRS 5 nicht von der Vollkonsolidierung ausgenommen. Den Besonderheiten der Veräußerungsabsicht wird vielmehr durch eine spezifische Bewertung, einen gesonderten Bilanzausweis und eine Erfolgstrennung Rechnung getragen. Ein Konsolidierungswahlrecht entsprechend zu § 296 Abs. 1 Nr. 3 HGB existiert nicht.

E.2.3 Sonstige einzubeziehende Unternehmen

Neben den vollkonsolidierten Tochterunternehmen ist in den Konzernabschluss der Mutter auch seine Beteiligung an anderen Unternehmen einzubeziehen, die das Mutterunternehmen nicht alleine oder überhaupt nicht gemäß IFRS 10.7 beherrscht. In Abhängigkeit von der Art der Beteiligung, sei es in Form einer gemeinsamen Vereinbarung (IFRS 11 und IAS 28), eines assoziierten Unternehmens (IAS 28) oder einer Finanzinvestition (IAS 39/IFRS 9) muss das Mutterunternehmen seine Beteiligung entsprechend den dann maßgeblichen IFRS bilanzieren (vgl. IFRS 10.9).

In den Fällen einer Beteiligung an einer gemeinsamen Vereinbarung (joint arrangements) regelt IFRS 11 die Frage, in welcher Form die gemeinsame Vereinbarung in den Konzernabschluss einzubeziehen ist. Gemeinsame Vereinbarungen sind dadurch gekennzeichnet, dass die beteiligten Parteien durch eine vertragliche Vereinbarung gebunden sind und mindestens zwei der beteiligten Parteien auf Basis dieses Vertrages das joint arrangement gemeinschaftlich führen und damit gemeinsam beherrschen (vgl. IFRS 11.5). Gemeinschaftliche Führung (joint control) ist immer dann gegeben, wenn alle oder zumindest eine Gruppe der beteiligten Parteien Beherrschung im Sinne von IFRS 10.7 gemeinsam ausüben kann (IFRS 11.B5). Ob die Gruppe Beherrschung ausüben kann, ist dabei nach IFRS 10 zu klären. Gemeinsam geführt und beherrscht wird ein joint arrangement immer nur dann, wenn die für die Beherrschung zentrale Lenkung der maßgeblichen Tätigkeiten nur mit einstimmige Zustimmung der an der Führung beteiligten Parteien erfolgen kann. Jede an der gemeinschaftlichen Führung beteiligte Partei kann also die anderen beteiligten Parteien an der Führung hindern (vgl. IFRS 11.7–10).

Das an einer gemeinsamen Vereinbarung beteiligte Mutterunternehmen muss dann nach IFRS 11.14 prüfen, um welche Form des joint arrangement es sich handelt. IFRS 11 differenziert zwischen gemeinschaftlicher Tätigkeit (joint operation, IFRS 11.15) und Gemeinschaftsunternehmen (joint venture, IFRS 11.16), die auf unterschiedliche Art und Weise in den Konzernabschluss einzubeziehen sind. Grundlage der Klassifizierung ist die Frage, welche Rechte und Pflichten die Parteien einer gemeinsamen Vereinbarung haben. Sofern die Parteien Rechte und Pflichten direkt gegenüber bestimmten Vermögenswerten und Schulden der gemeinsamen Vereinbarung haben, also wirtschaftlich gesehen als deren Eigentümer bzw. Schuldner anzusehen sind, ist die gemeinsame Vereinbarung als gemeinschaftliche Tätigkeit einzustufen (IFRS 11.15). Davon ist nach IFRS 11.B16 immer dann auszugehen, wenn die gemeinschaftliche Vereinbarung nicht in Form eines sog. eigenständigen Vehikels, also z. B. einer rechtlich selbständigen Einheit, organisiert ist. Kennzeichnend für eigenständige Vehikel ist dabei immer eine von den Partnern unabhängige, eigenständige Finanzstruktur (IFRS 11.A).

Ist die gemeinsame Vereinbarung als separates Vehikel organisiert, hängt die Beurteilung von der Rechtsform des Vehikels, den vertraglichen Vereinbarungen sowie anderen relevanten Tatsachen und Umständen ab (IFRS 11.B15). Bei Gemeinschaftsunternehmen haben die Partner nur Ansprüche am Nettovermögen der gemeinsamen Vereinbarung (IFRS 11.16). Führt also die Analyse von Rechtsform, Vertragsvereinbarungen und sonstigen Tatsachen und Umständen bei einer gemeinsamen Vereinbarung in Form eines eigenständigen Vehikels dazu, dass die Parteien trotzdem direkte Ansprüche oder Verpflichtungen an die Vermögenswerte und Schulden der gemeinsamen Vereinbarung haben, ist von einer gemeinschaftlichen Tätigkeit auszugehen. Ansonsten besteht offensichtlich nur ein Anspruch am Nettovermögen des Vehikels und die gemeinsame Vereinbarung ist als Gemeinschaftsunternehmen einzustufen (vgl. IFRS 11.33).

Bei einer gemeinschaftlichen Tätigkeit hat das beteiligte Mutterunternehmen seinen Anteil an den Vermögenswerten, Schulden, Erlösen und Aufwendungen quotal in seinen Konzernabschluss einzubeziehen (IFRS.11.20). Ein Wahlrecht zur Equity-

Methode gibt es nicht. Gemeinschaftsunternehmen muss die Mutter hingegen zwingend nach der Equity-Methode erfassen (IFRS 11.24 und IAS 28.16).

Assoziierte Unternehmen sind nach IAS 28.3 Unternehmen, bei denen die Eigentümer über maßgeblichen Einfluss (significant influence) verfügen. Dabei stellt maßgeblicher Einfluss die Möglichkeit dar, an den finanz- und geschäftspolitischen Entscheidungen des Beteiligungsunternehmens mitzuwirken, ohne dass der Eigentümer Beherrschung oder gemeinschaftliche Führung ausüben kann. Vergleichbar wie in § 311 Abs. 1 S. 2 HGB wird maßgeblicher Einfluss immer dann vermutet, wenn das beteiligte Unternehmen auf direktem oder indirektem Wege über mindestens 20 % der Stimmrechte verfügt (IAS 28.5). Andernfalls unterstellt IAS 28.5, dass kein maßgeblicher Einfluss vorliegt, es sei denn dafür gebe es eindeutige Nachweise. Zur Widerlegung der Vermutung, es bestehe maßgeblicher Einfluss, bzw. als Nachweis für ihn dienen die Indikatoren von IAS 28.5, die denen in der handelsrechtlichen Literatur bzw. DRS 8.3 sehr stark ähneln. Im Unterschied zu § 311 Abs. 1 HGB muss allerdings nur die Möglichkeit bestehen, maßgeblichen Einfluss auszuüben. Eine tatsächliche Ausübung verlangt IAS 28 nicht. Außerdem wird anders als in § 311 nicht explizit eine Beteiligung im Sinne von § 271 Abs. 1 HGB, also einer dauerhaften Verbindung zum Unternehmen des Anteilseigners, vorausgesetzt. Grundsätzlich ist aber auch nach IAS 28 für ein assoziiertes Unternehmen ein Beteiligungsverhältnis in Form von Anteilsbesitz erforderlich.

Beteiligungen an assoziierten Unternehmen sind wie Anteile an Gemeinschaftsunternehmen im Konzernabschluss nach IFRS grundsätzlich gemäß der Equity-Methode zu erfassen (IAS 28.16). Im Rahmen von IAS 28 müssen allerdings Ausnahmen beachtet werden. Besteht die Absicht zur Veräußerung der Anteile, so darf nicht at equity bewertet werden. Vielmehr müssen die Regelungen von IFRS 5 beachtet werden (IAS 28.15 und 28.20 f). Außerdem können gemäß IAS 28.18 bestimmte Gesellschaften wie z. B. offenen Investment Fonds auch dann, wenn sie maßgeblichem Einfluss auf Beteiligungsunternehmen ausüben, auf die Anwendung der Equity-Methode verzichten und stattdessen die Anteile nach IAS 39/IFRS 9 erfolgswirksam zum beizulegenden Zeitwert bewerten. Obendrein gibt es in Verbindung mit IFRS 10.4a die Möglichkeit, in einem Teilkonzernabschluss einer nicht kapitalmarktorientierten Teilkonzernmutter einvernehmlich auf die Equity-Bewertung von Anteilen an assoziierten Unternehmen zu verzichten (IAS 28.17a–d). Da aber für deutsche Kapitalgesellschaften die Pflicht zur Aufstellung eines Konzernabschlusses nicht nach IFRS 10, sondern nach § 290 HGB geregelt ist, ist das Wahlrecht von IAS 28.17 für deutsche Muttergesellschaften nicht anwendbar (vgl. Hayn in: Beck IFRS HB, 5. Aufl., § 36 Rn. 8). Abschließend kann unter Bezugnahme auf den materiality-Grundsatz des Rahmenkonzeptes (CF.QC11) bei Unwesentlichkeit des assoziierten Unternehmens auf die Anwendung der Equity-Methode verzichtet werden. Analog zur Vollkonsolidierung kann jedoch bei mehreren Beteiligungen nur dann auf den Ansatz at equity verzichtet werden, wenn alle Beteiligungen zusammengenommen unwesentlich sind (vgl. Hayn in: Beck IFRS HB, 5. Aufl., § 36 Rn. 17).

Besteht weder eine gemeinsame Vereinbarung noch die Möglichkeit zur Ausübung maßgeblichen Einflusses sind die Anteile als Finanzinvestitionen gemäß IAS 39/IFRS 9 entweder zum beilegenden Zeitwert oder zu fortgeführten Anschaffungskosten im Konzernabschluss zu bilanzieren (IFRS 10.9)

E.2.4 Zusammenfassender Überblick

In Abbildung E.4 werden die Vorschriften zum Konsolidierungskreis nach IFRS noch einmal zusammengefasst und die jeweiligen Anwendungsvoraussetzungen verdeutlichen.

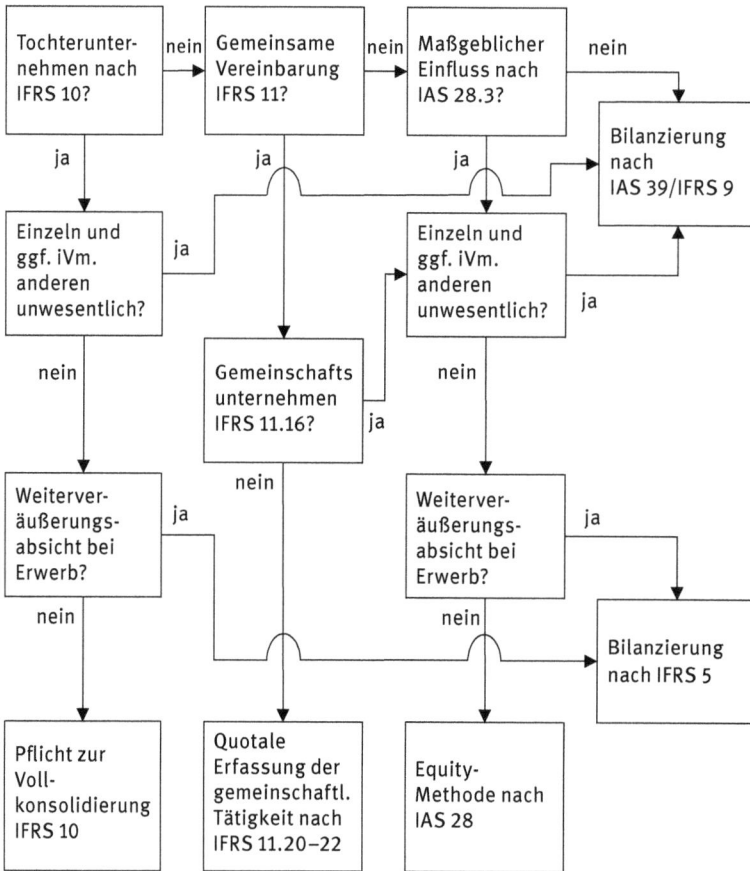

Abb. E.4: Konsolidierungskreis nach IFRS.

Literaturhinweise

Grundsätzlich können neben den einschlägigen Kommentierungen der §§ 294, 296, 310 und 311 HGB folgende Quellen herangezogen werden:

Arbeitskreis „Externe Unternehmensrechnung" der Schmalenbach-Gesellschaft – Deutsche Gesellschaft für Betriebswirtschaft e. V.: Aufstellung von Konzernabschlüssen, hrsg. von Walther Busse von Colbe, Eberhard Müller und Herbert Reinhard, 2. Aufl., Düsseldorf 1989.

Biener, Herbert/Berneke, Wilhelm: Bilanzrichtlinien-Gesetz, Düsseldorf 1986.

Biener, Herbert/Schatzmann, Jürgen: Konzern-Rechnungslegung, Düsseldorf 1983.

Busse von Colbe, Walther/Chmielewicz, Klaus: Das neue Bilanzrichtlinien-Gesetz, in: DBW, 46. Jg., 1986, S. 289–347.

Havermann, Hans: Der Konzernabschluss nach neuem Recht – ein Fortschritt?, in: Bilanz- und Konzernrecht, Festschrift für Reinhard Goerdeler, hrsg. von Hans Havermann, Düsseldorf 1987, S. 173–197.

Hayn, Sven/Graf Waldersee, Georg: IFRS und HGB im Vergleich, 8. Aufl., Stuttgart 2014.

IDW (Hrsg.): Wirtschaftsprüfer-Handbuch 2017, 15. Aufl., Düsseldorf 2017.

International Accounting Standards Board (IASB): International Financial Reporting Standards 2017, London 2017.

Maas, Ulrich/Schruff, Wienand: Der Konzernabschluss nach neuem Recht, in: WPg, 39. Jg., 1986, S. 201–210 und 237–246.

Ordelheide, Dieter: Der Konzern als Gegenstand betriebswirtschaftlicher Forschung, in: BFuP, 38. Jg., 1986, S. 293–312.

Sahner, Friedhelm/Kammers, Heinz: Die Abgrenzung des Konsolidierungskreises nach der 7. EG-Richtlinie im Vergleich zum Aktiengesetz 1965 – ein Fortschritt?, in: DB, 36. Jg., 1983, S. 2149–2153 und 2209–2212.

F Währungsumrechnung

F.1 Grundlagen

HGB und IFRS schreiben gleichermaßen Konzernabschlüsse nach dem Weltabschluss-prinzip vor. Die auf fremde Währungen lautenden Abschlüsse ausländischer Konzerntöchter müssen allerdings in Euro umgerechnet werden, wenn sie in einen Konzernabschluss einer deutschen Mutter einbezogen werden (§ 244 iVm. § 298 Abs. 1 HGB bzw. § 315e Abs. 1 iVm. §§ 244 und 298 Abs. 1 HGB). Zusätzlich müssen bereits bei der Aufstellung der Einzelabschlüsse einbezogener Unternehmen gegebenenfalls Fremdwährungsposten umgerechnet werden (vgl. Grottel/Koeplin in: Beck Bil-Komm., 11. Aufl., § 308a Anm. 1; Driesch/Riese/Schlüter/Senger in: Beck IFRS HB, 5. Aufl., § 33 Rn. 1–2). Diese Umrechnungen würden nur dann keine Probleme verursachen, wenn zwischen den Währungen ein festes Austauschverhältnis bestünde. Im heute typischen Fall schwankender Wechselkurse entstehen Probleme, die auf höchst unterschiedlichen Wegen durch Wahl jeweils spezifischer Umrechnungskurse gelöst werden können. Systematisch lassen sich grundsätzlich drei Konzepte mit mehreren Varianten hinsichtlich der Umrechnung von Jahresabschüssen in fremder Währung, die in einen Konzernabschluss einzubeziehen sind, unterscheiden. HGB und IFRS schreiben inzwischen explizit vor, nach welchem dieser Konzepte Jahresabschlüsse in fremder Währung umzurechnen sind. Dabei unterscheiden sich jedoch beide Rechnungslegungsstandards bezüglich des vorgeschriebenen Umrechnungskonzeptes. Zusätzlich differiert nach HGB und IFRS die Vorgehensweise bei der Umrechnung von Fremdwährungsposten in den Jahresabschüssen einzubeziehender Unternehmen.

Die bei der Aufstellung eines Konzernabschlusses nach HGB bzw. IFRS angewandten Konzepte der Währungsumrechnung unterscheiden sich hinsichtlich:
- der verwendeten Währungskurse,
- der Erfolgswirkungen eventueller Umrechnungsdifferenzen und
- der grundlegenden Perspektive bei der Währungsumrechnung.

Bezüglich der zur Umrechnung verwendeten Währungskurse sind zwei Fragen zu klären:
1. Welche Art von Kurs wird aufgegriffen?
2. Welcher Zeitpunkt oder Zeitraum wird bei der Kursermittlung zugrunde gelegt?

Im Allgemeinen existieren zu einem bestimmten Zeitpunkt folgende Währungskurse nebeneinander: Sortenkurse, Devisenterminkurse und Devisenkassakurse. Letztere finden Anwendung bei der Währungsumrechnung. Auf eine Differenzierung nach Geld- und Briefkursen wird verzichtet und stattdessen der Mittelkurs bei der Umrechnung zugrunde gelegt. Schwierig ist die Wahl des angemessenen Kurses bei Ländern, deren Währung nicht frei konvertierbar ist. Im Falle multipler Wechselkurse oder vom

https://doi.org/10.1515/9783110535723-006

offiziellen Kurs stark abweichender Schwarzmarktkurse wird es vom Einzelfall abhängen, welcher Kurs der für die Umrechnung angemessene ist.

Wichtiger für die Währungsumrechnung ist die Festlegung des Zeitpunkts oder Zeitraums, der für die Ermittlung des Umrechnungskurses zugrunde gelegt wird, mit dem eine bestimmte Position des Jahresabschlusses umgerechnet werden soll. Grundsätzlich kommen folgende Kurse in Frage:

1. Der Stichtagskurs (Kurs am Bilanzstichtag (TK)).
2. Ein historischer Kurs (Kurs an dem Tag, an dem die Transaktion durchgeführt wurde, also z. B. ein Umsatz getätigt, ein Anlagegegenstand erworben oder Kapital eingezahlt wurde bzw. an dem Tag, an dem ein Gegenstand auf seinen aktuellen Zeitwert abgeschrieben wurde (HK)).
3. Ein Durchschnittskurs (ein gewichteter oder ungewichteter Durchschnittskurs über einen bestimmten Zeitraum, z. B. das Geschäftsjahr (DK)).

Die Konzepte unterscheiden sich dadurch, welchen der drei oben angeführten Kurse sie für die Umrechnung welcher Bilanz- und GuV-Positionen jeweils heranziehen. Zukünftige Kurse (z. B. Terminkurse für die Umrechnung von in Zukunft fälligen Verbindlichkeiten), werden hier nicht weiter betrachtet, weil sie für die Währungsumrechnung im Konzern keine Bedeutung besitzen. Werden bei der Umrechnung eines Jahresabschlusses unterschiedliche Umrechnungskurse auf unterschiedliche Bilanz- und GuV-Posten angewandt, verändert sich die Struktur der Bilanz und der GuV, so dass sich Umrechnungsdifferenzen ergeben. Inwieweit solche Differenzen erfolgswirksam oder erfolgsneutral zu behandeln sind, unterscheidet sich zwischen den Methoden bzw. den Varianten der Grundkonzepte.

Zusätzlich ist neben den gegebenenfalls starren Regeln zur Berichts- bzw. Darstellungswährung für den veröffentlichten Konzernabschluss (z. B. im HGB §§ 244, 298 Abs. 1 HGB), bereits bei Aufstellung des Konzernabschlusses sowie u. U. der einbezogenen Einzelabschlüsse zu prüfen, welche Währung für die aufzustellenden Einzel- bzw. Konzernabschlüsse zu verwenden ist, da der jeweilige Standardsetter diese Währung als die informativste für den aufzustellenden Abschluss ansieht. An diesem Punkt ist demnach die grundlegende Perspektive festzulegen, aus der Fragen der Währungsumrechnung zu lösen sind. Ausschlaggebend dafür ist, ob eine gegebenenfalls notwendige Währungsumrechnung nur als Transformationsvorgang oder vielmehr als vollständiger Bewertungsvorgang betrachtet wird.

Bei ausländischen Tochtergesellschaften, die ihre Geschäfte auch als Konzerngesellschaft weitgehend eigenständig und im Wesentlichen fokussiert auf ihren nationalen Markt betreiben, wird die Ertragskraft von Wechselkursänderungen ihrer nationalen Währung zu der der Muttergesellschaft des Konzerns nicht beeinflusst. Im Sinne der lokalen Theorie wären diese Tochtergesellschaften als eigenständige Teileinheiten des Konzerns anzusehen, die letztlich eine Finanzinvestition für den Konzern darstellen. Die Perspektive für die Erfassung von Geschäftsvorfällen müsste dann zunächst die nationale Sicht der Tochtergesellschaft und damit ihrer nationalen Währung sein, in der auch ihre Einzelabschlüsse aufzustellen wäre. Der Wert der Beteiligung an diesen Tochtergesellschaften aus Konzernsicht wird durch die Struktur ihrer Bilanz in ausländischer Währung korrekt dargestellt und auch der Erfolgsanteil des Mutterunternehmens ist unabhängig von unterjährigen Wechselkursschwankungen und spiegelt sich korrekt im Einzelabschluss der Tochter (vgl. Baetge u. a., Konzernbilanzen, 2017, S. 177; Coenenberg, Jahresabschluss, 2016, S. 648–649). Die Währungsumrechnung in die Währung des Mutterunternehmens ist dann nur eine lineare Transformation der Bilanz und GuV der Tochter aus der ausländischen Währung in die des Mutterunternehmens. Umgesetzt wird die Perspektive der lokalen Theorie in der Stichtagskursmethode der Währungsumrechnung.

Als Bewertungsvorgang wird in Teilen der Literatur die Währungsumrechnung hingegen dann gesehen, wenn Tochterunternehmen im Wesentlichen in die Wertschöpfungskette des Gesamtkonzerns integriert sind. Im Sinne der globalen Theorie wären solche Tochtergesellschaften aus Sicht des Konzerns nicht als eigenständige Teileinheiten, sondern eher als integrierte Betriebsstätten zu qualifizieren (vgl. Lachnit/Ammann, Währungsumrechnung, 1998, S. 755 ff.). Entsprechend müssten dann gemäß dem Äquivalenzprinzip für den Konzernabschluss Transaktionen ausländischer, in die Wertschöpfungskette integrierter Tochtergesellschaften behandelt werden, als wären sie direkt in der Währung des Mutterunternehmens abgewickelt worden (vgl. Busse von Colbe u. a., Konzernabschlüsse, 2010, S. 159). Die Währung des Mutterunternehmens wäre dann auch aus einheitstheoretische Sicht des Konzerns die informativste. Gleichzeitig wären aber auch Umrechnungsdifferenzen, die durch die dann gegebenenfalls notwendige Verwendung unterschiedlicher Umrechnungskurse entstehen, Erfolgsbeiträge für den Gesamtkonzern, da Änderungen des Wertes von Vermögensgegenständen und Schulden solcher ausländischen Tochtergesellschaften sich direkt auf die Ertragslage des Konzerns auswirken (vgl. Coenenberg, Jahresabschluss, 2016, S. 648–649). Umgesetzt wird diese Perspektive der Währungsumrechnung in der Zeitbezugsmethode.

Eindeutig die Perspektive des jeweiligen Unternehmens nimmt hingegen die Theorie der funktionalen Währung ein, die versucht den Methodenstreit zwischen Stichtagskursmethode mit Währungsumrechnung rein im Sinne einer Transformation und Zeitbezugsmethode als Umsetzung der Währungsumrechnung im Sinne eines Bewertungsvorganges zu versöhnen. Als zur Rechnungslegung geeignet erscheint diejenige Währung, in der die Unternehmen wirtschaftlich rechnen, weil sie in dieser Währung die meisten ihrer Einnahmen und Ausgaben tätigen oder den Großteil ihres Kapitals zu bedienen haben (so genannte „funktionale Währung"). So ist es vorstellbar, dass die britische Tochter eines deutschen Ölkonzerns ebenso wie die deutsche Mutter nicht ihre heimischen Währungen (Euro, britisches Pfund) und auch nicht die Berichtswährung der Mutter (den Euro) als funktionale Währung besitzen. Funktionale Währung beider kann vielmehr der US-Dollar sein, weil Öl weltweit in US-Dollar fakturiert und gehandelt wird. Im Fall einer weitgehend in die Wertschöpfungskette des Mutterunternehmens und des Konzerns integrierten Tochtergesellschaft wird die

Tochtergesellschaft ihre Transaktionen überwiegend im Wirtschaftsumfeld des Konzerns abwickeln. Ihre funktionale Währung wäre dann die nationale Währung des Landes, in dem die Muttergesellschaft sitzt. Andererseits ist bei selbständigen ausländischen Tochtergesellschaften, die im wesentlichen ihren Zahlungsverkehr in ihrer nationalen, aus Konzernsicht fremden Währung abwickeln, weil dies ihr primäres Wirtschaftsumfeld darstellt, die funktionale Währung die eigene nationale Währung. Die Rechnungslegung in funktionaler Währung reduziert somit Fremdwährungsumrechnungen in den Buchführungen der Einzelunternehmen auf das geringstmögliche Maß. Unterschiedliche funktionale Währungen innerhalb eines Konzerns müssen dann aber durch ein Währungsumrechnungsverfahren zusammengeführt werden, dass die Strukturen der Einzelabschlüsse nicht verzerrt und keine zusätzlichen Umrechnungserfolge erzeugt.

F.2 Die grundlegenden Methoden der Währungsumrechnung

F.2.1 Die Stichtagskursmethode

F.2.1.1 Die erfolgsneutrale Grundkonzeption

Wenn wie in der Grundkonzeption der Stichtagskursmethode alle Positionen des Jahresabschlusses mit dem Wechselkurs am Bilanzstichtag dieses Abschlusses umgerechnet werden, wird der Grundgedanke der Methode besonders deutlich. Der in einer anderen Währung präsentierte Jahresabschluss wird mit allen seinen Zahlen nur proportional „verschoben", so dass alle Relationen zwischen verschiedenen Positionen dieses Jahresabschlusses unverändert erhalten bleiben. Soweit alle Umrechnungen mit demselben Kurs erfolgen, entstehen im Rahmen der Umrechnung selbst auch keine Umrechnungsdifferenzen, so dass es keine Einflüsse auf den Erfolg gibt und sogar Relationen, welche den Erfolg einschließen, durch die Währungsumrechnung nicht verändert werden. Allerdings führt die Umrechnung der Bilanzpositionen einer Tochter mit im Zeitablauf unterschiedlichen Stichtagskursen zu Inkonsistenzen. Der Wert etwa einer dort ausgewiesenen Maschine, die in Fremdwährung von 1100 FWE am 01.01. über Abschreibungen von 100 FWE auf 1000 FWE am 31.12. sinkt, wird von der Stichtagskursmethode bei einer Kursentwicklung 1 FWE = 2 € am 01.01. zu 1 FWE = 1,5 € am 31.12. in 2200 € am 01.01., 150 € Abschreibungen und 1500 € am 31.12. abgebildet, obwohl zu erwarten wäre 2200 − 150 = 2050. Es kommt also zu Wertänderungen, die sich nicht im Erfolg niederschlagen, weil das Verfahren bewusst erfolgsneutral sein soll. Besonders im Blick auf die in Kapitel G. noch näher zu behandelnde, hier zumindest aber in elementarer Form erforderliche Kapitalkonsolidierung stört die Veränderung des Eigenkapitals der Tochter im Zeitablauf. Diese Störung kann auf zwei Wegen behoben werden, die freilich im Ergebnis nicht zu Unterschieden führen.

Die erfolgsneutrale Grundkonzeption mit ihren beiden Lösungswegen lässt sich am besten durch ein Zahlenbeispiel erläutern, das zur besseren Vergleichbarkeit auch zur Verdeutlichung der weiteren Verfahren in diesem Kapitel beibehalten werden soll. Dabei wird von einem Konzern mit einer Tochter im Ausland ausgegangen, die von der Mutter am 01.01.17 gegründet wurde und der Mutter zu 100 % gehört. Das Beispiel F.1 geht von vorgegebenen Bilanzen per 01.01.17 und 31.12.17 sowie von GuV-Rechnungen des Jahres 17 beider Unternehmen aus. Allerdings bedürfen die Zahlen der Tochter in Fremdwährungseinheiten (FWE) der Umrechnung in Euro. Im Beispiel F.1 werden die jeweils verwendeten Kurse und die in Euro umgerechneten Zahlen in den beiden Spalten nach der Spalte für die Zahlen der Tochter in FWE gezeigt. Anschließend werden die Zahlen der Mutter in Euro ergänzt und mit denen der Tochter horizontal addiert. Zum Schluss wird die erforderliche Kapitalkonsolidierung in einfacher Form durchgeführt und das Ergebnis, der Konzernabschluss präsentiert.

Beispiel F.1: Erfolgsneutrale Grundkonzeption der Stichtagskursmethode

Bilanzen per 01.01.17	Tochter in FWE	Kurs	in €	Mutter in €	Summe €	Konsolidierung Soll €	Haben €	Konzern in €
Maschinen	1100	2 €	2200	–	2200			2200
Beteiligung	–			1600	1600		1600	–
Kasse	–			8400	8400			8400
Σ	1100		2200	10000	12200			10600
Grundkapital	800	2 €	1600	4000	5600	1600		4000
Rücklagen	–		–	1000	1000			1000
Fremdkapital	300	2 €	600	5000	5600			5600
Σ	1100		2200	10000	12200	1600	1600	10600
GuV 17								
Umsatz	1200	1,5 €	1800	1500	3300			3300
Abschreibungen	100	1,5 €	150	–	150			150
andere Aufwendungen	900	1,5 €	1350	1000	2350			2350
JÜ	200		300	500	800			800
Bilanzen per 31.12.17								
Maschinen	1000	1,5 €	1500	–	1500			1500
Beteiligung	–		–	1600	1600		1600	–
Vorräte	500	1,5 €	750	–	750			750
Forderungen	500	1,5 €	750	–	750			750
Kasse	–		–	8900	8900			8900
Σ	2000		3000	10500	13500			11900
Grundkapital	800	1,5 €	1200	4000	5200	1200		4000
Differenz	–		–	–	–	400		–400
Rücklagen	–		–	1000	1000			1000
JÜ	200	1,5 €	300	500	800			800
Fremdkapital	1000	1,5 €	1500	5000	6500			6500
Σ	2000		3000	10500	13500	1600	1600	11900

Variante: Umrechnung des Eigenkapitals der Tochter mit historischem Kurs, Bilanzen zum 31.12.17

	Tochter			Mutter	Summe	Konsolidierung		Konzern
	in FWE	Kurs	in €	in €	€	Soll €	Haben €	in €
Beteiligungen				1600	1600		1600	–
Grundkapital	800	2 €	1600	4000	5600	1600		4000
Differenz	–		–400	–	–400			–400
Rücklagen	–		–	1000	1000			1000
JÜ	200	1,5 €	300	500	800			800
Fremdkapital	1000	1,5 €	1500	5000	6500			6500
Σ	2000		3000	10500	13500	1600	1600	11900

Kurs 01.01.17	1 FWE = 2 €
Kurs 31.12.17	1 FWE = 1,5 € (erwarteter dauerhafter Kurs)
Durchschnittskurs im Jahr 17	1 FWE = 1,8 €

Bei der ersten Vorgehensweise wird auch das Eigenkapital der Tochter am Periodenende konsequent zum aktuellen Stichtagskurs umgerechnet. Weil aber im Zuge der Kapitalkonsolidierung der Beteiligungsbuchwert erneut gegen das inzwischen veränderte Eigenkapital der Tochter aufgerechnet werden muss, entsteht eine am 01.01. noch nicht vorhandene Differenz von 1.600 € – 1.200 € = 400 € = 800 FWE · (2 − 1,5). Diese Differenz wird auf einem besonderen Eigenkapitalkonto erfasst, das später in der Bilanz offen von den Rücklagen abgesetzt werden kann. Das Eigenkapital im Konzern wird dann mithilfe einer Vorspalte folgendermaßen präsentiert:

Grundkapital		4.000
Differenz aus der Währungsumrechnung	– 400	
Rücklagen	1.000	600

Bei der zweiten Variante der Grundkonzeption wird das Eigenkapital der Tochter ausnahmsweise auf Basis des historischen Kurses zum Zeitpunkt der Gründung der Tochter oder des Beteiligungserwerbs (hier der Kurs von 1 FWE = 2 € am 01.01.) umgerechnet. Da innerhalb der in Fremdwährung auf Soll- und Habenseite gleich großen Bilanz der Tochter verschiedene Kurse zur Umrechnung genutzt werden, entsteht die oben beschriebene Differenz von 400 Euro schon bei der Umrechnung. Sie wird ebenfalls in der zwischen Grundkapital und Rücklagen vorsorglich geschaffenen Zeile „Differenz" erfasst und später im Konzernabschluss wie bei der ersten Vorgehensweise behandelt. Bei der Kapitalkonsolidierung entstehen dann keine Probleme mehr.

F.2.1.2 Im Blick auf die GuV modifizierte Stichtagskursmethode

Um den Zeitraumbezug der GuV besser abbilden zu können, wird die Grundkonzeption dahingehend modifiziert, dass die Aufwands- und Ertragspositionen in der GuV entweder mit den jeweiligen Kursen an den Transaktionstagen oder – weil dies zu aufwendig wäre und bei kontinuierlicher Kursentwicklung die Aussagekraft kaum verbessert – mit monatlichen oder jährlichen Durchschnittskursen umgerechnet werden. Bezogen auf die Abschreibungen wird als Transaktionstag der Tag oder der Zeitraum des Verzehrs verstanden und nicht derjenige der historischen Anschaffung. Auf Basis der mit den Kursen an den Transaktionstagen oder dem Periodendurchschnittskurs umgerechneten GuV wird der umgerechnete Jahresüberschuss ermittelt, der in die Bilanz übernommen wird. Der Einsatz unterschiedlicher Kurse in Bilanz und GuV führt allerdings zu einer Umrechnungsdifferenz.

Im Rahmen der modifizierten Stichtagskursmethode wird der Erfolg aus der GuV als maßgeblich angesehen. Dementsprechend wird der Erfolg in der Bilanz dem Erfolg in der GuV angeglichen und der Unterschied zusätzlich zu einer eventuell bereits bestehenden Umrechnungsdifferenz ebenfalls erfolgsneutral aufgefangen und offen von den Rücklagen abgesetzt. Die in nachfolgenden Jahren entstehenden Differenzen werden mit den bisherigen zusammengefasst und fortgeschrieben, bis die Beteiligung an der Tochter verkauft wird.

F.2.2 Die Zeitbezugsmethode

F.2.2.1 Die Grundkonzeption

Die Zeitbezugsmethode, die in Deutschland vor allem von Busse von Colbe und Ordelheide vertreten wird, versteht sich als konsequente Anwendung der Einheitstheorie auf die Währungsumrechnung für die Konzernrechnungslegung. Sie fußt auf der Vorstellung, dass die ausländischen Tochtergesellschaften unmittelbar in der Währung der Mutter buchen. Busse von Colbe und Ordelheide (Busse von Colbe u. a., Konzernabschlüsse, 2010, S. 159) beschreiben dies in ihrem „Äquivalenzprinzip": *„Der Grundsatz der Äquivalenz besagt, dass Zweifelsfragen bei der Aufstellung des Konzernabschlusses so gelöst werden sollen, wie sie analog auch in einem Einzelabschluss behandelt würden. ... Für Vermögensgegenstände, die von Konzernunternehmen im Ausland gegen fremde Währung erworben wurden, muss dann gelten, dass deren Ausweis im Konzernabschluss unabhängig davon ist, ob sie in die Bestände des Mutterunternehmens oder eines in- oder ausländischen Tochterunternehmens eingegangen sind."*

Entsprechend müssen nach der Zeitbezugsmethode in der Bilanz alle Aktiva und Passiva jeweils mit dem historischen Wechselkurs umgerechnet werden, der zum Zeitpunkt der Transaktion galt. Auf der Aktivseite bedeutet dies, dass alle Vermögensgegenstände mit dem Wechselkurs zum Zeitpunkt ihrer Anschaffung oder Herstellung umzurechnen sind, Schulden bzw. das Eigenkapital hingegen mit dem historischen Kurs zum Zeitpunkt ihres Entstehens. Eine Ausnahme bilden die liquiden Mittel, da sie auch im Einzelabschluss regelmäßig zum Bilanzstichtagskurs anzusetzen sind. Zusätzlich sind zum Bilanzstichtag auf die umgerechnete Bilanz die für die Mutter geltenden, äquivalenten Bewertungsregeln anzuwenden. Dies bedeutet insbesondere, dass

noch die Auswirkungen des Imparitäts- bzw. Niederstwertprinzip auf die vorläufig umgerechnete Bilanz zu prüfen sind.

Auch in der GuV folgt die Umrechnung von Aufwendungen und Erträgen dem
Prinzip, dass grundsätzlich so umzurechnen ist, als wären die Buchungen von Beginn an in der Währung der Mutter erfolgt. Entsprechend sind in der Reinform Aufwendungen und Erträgen mit dem Wechselkurs am Tag der den jeweiligen Aufwand
oder Ertrag auslösenden Transaktion umzurechnen. Ausgenommen davon sind Aufwendungen oder Erträge, die aus Wertänderungen von bestimmten Vermögenswerten
wie dem abnutzbaren Anlagevermögen resultieren. Ab- und Zuschreibungen solcher
Vermögenswerte werden mit denselben Wechselkursen wie die ihnen zugrunde liegenden Vermögenswerte umgerechnet (vgl. Busse von Colbe u. a., Konzernabschlüsse, 2010, S. 179).

Im Ergebnis führt dies zu einem Verfahren in drei Schritten:
–   Zunächst wird unter Verwendung der jeweils anzuwendenden historischen Wech-
    selkurse der Jahresabschluss in ausländischer Währung in einen vorläufigen Ab-
    schluss in Euro umgerechnet.
–   Im zweiten Schritt wird insbesondere das Imparitätsprinzip auf den vorläufi-
    gen Abschluss angewandt. Dabei sind die umgerechneten (fortgeführten) Euro-
    Anschaffungswerte mit den Euro-Tageswerten, also den Tageswerten in Fremd-
    währung bei Umrechnung mit dem Bilanzstichtagskurs zu vergleichen. Bei Ver-
    mögenswerten wäre auf einen niedrigeren Bilanzstichtagswert abzuwerten, bei
    Schulden auf einen höheren Wert zum Bilanzstichtagskurs aufzuwerten.
–   Zuletzt sind die Umrechnungsdifferenzen i. d. R. erfolgswirksam zu erfassen.

Die Umsetzung der Grundkonzeption der Zeitbezugsmethode wird im Folgenden anhand des schon zur Erklärung der Stichtagskursmethode herangezogenen Beispiels
erläutert. Zunächst wird das Beispiel so um Geschäftsvorfälle ergänzt, dass sich die
Buchungen rekonstruieren lassen, wie sie sich bei direkter Abbildung in der Währung
der Muttergesellschaft (im Beispiel Euro) ergeben hätten. Die Buchungen führen aber
nur in Verbindung mit dem Imparitätsprinzip zu endgültigen Jahresabschlüssen der
Tochter in Euro. Die auf solchen Wegen ableitbaren Jahresabschlüsse der Tochter in
der Muttergesellschaftswährung Euro liefern freilich nur Orientierungspunkte. Für die
Praxis wäre eine zweite vollständige Buchführung in der Währung des Mutterunternehmens viel zu aufwendig. Entsprechend wurden Näherungsverfahren entwickelt,
die vergleichbare Ergebnisse auf einfachere Weise erzeugen. Die Näherungsverfahren
zeichnen sich dadurch aus, dass bei ihnen die Bilanzpositionen mit Hilfe gezielt differenzierter Kurse umgerechnet werden, um weitestgehend die Bilanz am Periodenende zu erzeugen, die sich auch bei Buchhaltung in der Währung der Muttergesellschaft
ergeben hätte. Aus der Bilanz ergibt sich auch der Jahresüberschuss. Die GuV muss
daher an den Jahresüberschuss aus der Bilanz angepasst werden.

Die Zeitbezugsmethode ist derzeit als Umrechnungsmethode für vollständige Jahresabschlüsse für Zwecke der Erstellung eines Konzernabschlusses nur nach IFRS für

den Sonderfall vorgesehen, dass ein einzubeziehendes Unternehmen entgegen der grundlegenden Vermutung von IAS 21.17 seinen Einzelabschluss nicht in seiner funktionalen Währung aufstellt (IAS 21.34). Nach HGB ist die Währungsumrechnung nach der Zeitbezugsmethode für Konsolidierungszwecke nicht zulässig. Die in der Grundkonzeption enthaltenen Prinzipien finden jedoch Anwendung auf die Umrechnung von einzelnen Fremdwährungsposition bei der Erstellung von Einzelabschlüssen nach IFRS. Deshalb wird im Folgenden nur das Grundprinzip der Zeitbezugsmethode in ihrer Reinform aufgezeigt, nicht jedoch die in der Vergangenheit entwickelten Näherungsverfahren für die Umrechnung von Jahresabschlüssen in fremder Währung für Zwecke der Konzernrechnungslegung. Der Sonderfall von IAS 21.34 wird bei den Regelungen zur Währungsumrechnung nach IFRS behandelt.

F.2.2.2 Die unmittelbar auf eine zweite Buchführung gestützte Zeitbezugsmethode

Da die Methode auf einer zweiten Buchführung beruht, müssen die Buchungen nachgeliefert werden, die hinter dem Jahresabschluss der Tochter vom 01.01. und vor allem hinter der Entwicklung vom Abschluss am 01.01. zu dem am 31.12.17 stehen. Sie werden zunächst in der Form von Buchungssätzen in Fremdwährungseinheiten unter zusätzlicher Angabe der Tageskurse an den jeweiligen Transaktionstagen und anschließend in der Form von Buchungssätzen in Euro dargestellt.

Datum	Tageskurs (€/FWE)	Geschäftsvorfälle als Buchungssätze in FWE			
01.01.17	2	Gründung der TU (Eröffnungsbilanzbuchung:)			
		Maschinen	1100	an Gezeichnetes Kapital	800
				an Verbindlichkeiten	300
				(200 fällig am 06.09.17,	
				100 fällig am 05.02.22)	
07.01.17	1,8	Vorräte	1000	an Verbindlichkeiten	1000
				(100 fällig am 06.09.17,	
				900 fällig am 04.03.18)	
04.03.17	1,8	Kasse	700	an Umsatzerlöse	1200
		Forderungen	500		
		(fällig am 04.03.18)			
		Materialeinsatz	500	an Vorräte	500
06.09.17	1,82	Verbindlichkeiten	300	an Kasse	300
02.10.17	1,78	Löhne	400	an Kasse	400
31.12.17	1,5	Abschreibungen	100	an Maschinen	100

Die beschriebenen Buchungen führen zu den Bilanzen und der GuV, die im Beispiel F.1 erste Spalte vorgestellt wurden. Bei der Zeitbezugsmethode durch eine zweite Buchführung werden diese Buchungen selbst in Euro (die Währung der Mutter) umgerechnet.

Datum	Geschäftsvorfälle als Buchungssätze in Euro						
01.01.17	Maschinen	(TK 2)	2200	an Gez. Kapital	(TK 2)	1600
				an Verbindlichk.	(TK 2)	600
07.01.17	Vorräte	(TK 1,8)	1800	an Verbindlichk.	(TK 1,8)	1800
04.03.17	Kasse	(TK 1,8)	1260	an Umsatzerlöse	(TK 1,8)	2160
	Forderungen	(TK 1,8)	900			
	Materialeinsatz	(HK 1,8)	900	an Vorräte	(HK 1,8)	900
06.09.17	Verbindlichkeiten	(HK 2)	400	an Kasse	(HK 1,8)	540
	Verbindlichkeiten	(HK 1,8)	180	an Währungserfolg		40
02.10.17	Löhne	(TK 1,78)	712	an Kasse	(HK 1,8)	720
	Währungserfolg		8			
31.12.17	Abschreibungen	(HK 2)	200	an Maschinen	(HK 2)	200

Bis einschließlich 04.03.17 ergeben sich aus der Umrechnung keine Probleme, weil die Soll- und Habenbeträge aller Transaktionen jeweils mit den gleichen Kursen umgerechnet werden. Das gilt für die Vorratsverbräuche, weil sich der Kurs zwischen dem 07.01. und dem 04.03. nicht verändert hat. Am 06.09.17 werden unter anderem Verbindlichkeiten bezahlt, die mit einem Kurs von 2 Euro umgerechnet wurden. Dafür werden am 04.03.17 zugegangene Kassenbestände verwendet, die mit einem Kurs von 1,8 Euro umgerechnet wurden. Die Kursdifferenz führt dazu, dass ein Währungserfolg durch Kassenhaltung erzielt wurde; es handelt sich hier um einen währungskursbedingten „Schuldnergewinn". Genau der gegenteilige Effekt tritt am 02.10.17 ein. Die Kassenhaltung in Fremdwährung hat infolge der Abwertung zu einem Währungsverlust von 8 Euro geführt. Aus den Salden der Konten lassen sich die vorläufige Bilanz und die vorläufige GuV der Tochter in Euro aufstellen (siehe Beispiel F.2.1).

Beispiel F.2.1. Vorläufiger Jahresabschluss TU aus einer zweiten Buchführung in Euro

Vorläufige TU Bilanz in Euro			
Maschinen	2000	GK	1600
Vorräte	900	JÜ	380
Forderungen	900	FK*	1820
	3800		3800

Vorläufige TU GuV in Euro	
Umsatz	2160
Währungserfolg	+ 32
Abschreibungen	− 200
Materialeinsatz	− 900
Löhne	− 712
JÜ	380

* FK = 1820 = 100 · 2 + 900 · 1,8

Die wenigen Transaktionen im Beispiel verdecken das Problem, dass in der Praxis nicht exakt festgestellt werden kann, welcher Bestand an Vermögen oder Schulden genau durch eine Transaktion bewegt wird und welcher dazugehörige Umrechnungskurs folglich insoweit verwendet werden muss. Genau wie bei der Vorratsbewertung wird das Problem durch Verbrauchsfolgefiktionen, wie Durchschnittsmethode, FIFO oder LIFO gelöst.

Der vorläufige Jahresabschluss trägt dem Imparitäts- bzw. Niederstwertprinzip noch nicht Rechnung.

Bezogen auf das nichtmonetäre Vermögen (im Beispiel Maschinen und Vorräte) wird i. d. R. ein allgemeiner Niederstwerttest verlangt (etwa Busse von Colbe u. a., Konzernabschlüsse, 2010, S. 176 ff.; vgl. Dutzi in: Beck HdR, C 310, Rz 6). Im Beispiel wird vereinfachend davon ausgegangen, dass nur bei den Maschinen eine Wertminderung eingetreten ist. Der Wert der Maschine betrage am Bilanzstichtag 1300 FWE und damit zum relevanten Stichtagskurs 1950 Euro. Bei einem Tageswert der Vorräte von 600 FWE = 900 Euro dagegen entsteht keine Differenz. Entsprechend müssen nur die Maschinen außerplanmäßig um 50 zu Lasten des Jahresüberschusses abgeschrieben werden. Die Buchung außerplanmäßige Abschreibung 50 Euro an Maschine 50 Euro modifiziert folglich in diesem Fall den vorläufigen Abschluss.

Bezogen auf das monetäre Vermögen (im Beispiel Forderungen und Verbindlichkeiten) muss bei strenger Auslegung des Niederstwertprinzips nach deutscher Tradition die Forderungen um $900 - 500 \cdot 1,5 = 150$ Euro erfolgsmindernd abgewertet werden, während die entsprechende erfolgssteigernde Reduktion der Verbindlichkeiten um $1820 - 1000 \cdot 1,5 = 320$ Euro nicht zulässig wäre. Bei strenger Auslegung des Niederstwertprinzips sinkt entsprechend der Erfolg der Tochter und des Konzerns in Euro um 150 bei entsprechender Verminderung der Forderungen in der Bilanz um 150 auf 750 Euro. Vermeiden ließe sich das nur, wenn unterstellt werden kann, dass den Forderungen der Tochter in Fremdwährung Verbindlichkeiten in Fremdwährung mit gleicher Frist gegenüberstehen (hier gegeben), so dass in Höhe von 500 FWE eine geschlossene Position unterstellt werden kann. Nach HGB wäre dann aber zusätzlich erforderlich, dass die geschlossene Position die Bedingungen einer Bewertungseinheit nach § 254 HGB erfüllt und das Wahlrecht zur Bildung einer Bewertungseinheit genutzt wird. Davon sei hier jetzt nicht auszugehen. Entsprechend ergibt sich folgender endgültiger Abschluss (siehe Beispiel F.2.2):

Beispiel F.2.2: Jahres- und Konzernabschluss aus einer zweiten Buchführung in Euro nach Niederstwerttest

TU GuV 17 in Euro		Konzern GuV 17 in Euro	
Umsatz	2160	Umsatz	3660
Währungserfolg[*]	– 118	Währungserfolg	– 118
Abschreibungen	– 250	Abschreibungen	– 250
Materialeinsatz	– 900	Materialeinsatz	– 900
Löhne	– 712	Löhne	– 712
JÜ	180	Sonstiger Aufwand	–1000
		JÜ	680

[*] Währungserfolg endgültig = 32 – 150 = –118

TU Bilanz 31.12.17 in Euro			
Maschinen	1950	GK	1600
Vorräte	900	JÜ	180
Forderungen	750	FK	1820
	3600		3600

Konzernbilanz 31.12.17 in Euro			
Maschinen	1950	GK	4000
Vorräte	900	RL	1000
Forderungen	750	JÜ	680
Kasse	8900	FK	6820
	12500		12500

Es verdient festgehalten zu werden, dass bei dieser Form der Umrechnung im Abschluss nur unmittelbare Währungserfolge, aber keine Umrechnungsdifferenzen auftreten.

F.3 Die Regulierungen zur Währungsumrechnung

F.3.1 Gesetzliche Vorschriften nach HGB

Das deutsche Handelsrecht schreibt den Euro als Währung vor, in der Konzernabschlüsse heimischer Konzerne aufgestellt werden müssen (§§ 244, 298 Abs. 1 HGB). Zudem ist die Währungsumrechnung seit dem BilMoG im HGB explizit geregelt. Dabei klärt § 256a HGB iVm. § 298 Abs. 1 HGB die Währungsumrechnung von Fremdwährungsposten (Vermögensgegenständen und Verbindlichkeiten) im Rahmen der Erstellung der Einzelabschlüsse einzubeziehender Unternehmen (vgl. Grottel/Koeplin in: Beck Bil-Komm., 11. Aufl., § 308a Anm. 2). Danach sind Fremdwährungsposten im Rahmen der Folgebewertung mit dem Devisenkassamittelkurs am Bilanzstichtag umzurechnen. Für die Aufstellung des Konzernabschlusses schreibt § 308a HGB außerdem vor, dass die in einer anderen Währung als Euro aufgestellten Jahresabschlüsse der einzubeziehenden Unternehmen für die Konsolidierung nach dem Konzept der modifizierten Stichtagskursmethode umzurechnen sind.

Nach § 308a S. 1 HGB sind danach Aktiv- und Passivposten des Jahresabschlusses des einzubeziehenden Unternehmens mit den Devisenkassamittelkursen am Bilanzstichtag umzurechnen. Eine Ausnahme davon bilden die Eigenkapitalpositionen, die stattdessen zum historischen Kurs am Tag der Einzahlung bzw. Entstehung umzurechnen sind. Zum Eigenkapital zählen dabei alle Eigenkapitalposten gemäß § 266 Abs. 3 A HGB mit Ausnahme des Jahresüberschusses. Dieser ergibt sich als Saldo der umgerechneten Aufwendungen und Erträge (vgl. Grottel/Koeplin in: Beck Bil-Komm., 11. Aufl., § 308a Anm. 30 und 36; DRS 33.44), für deren Umrechnung Durchschnittskurse heranzuziehen sind (§ 308a S. 2 HGB). Da in der Praxis unterjährig typischerweise Monatsabschlüsse erstellt werden, werden für die Ermittlung der Durchschnittskurse gewichtete Monatsdurchschnittskurse als geeignet angesehen (vgl. WP-Handbuch, Band I, G Tz. 360). Umrechnungsdifferenzen sind entsprechend dem Konzept der Stichtagskursmethode erfolgsneutral direkt im Eigenkapital in einem gesonderten Posten *„Eigenkapitaldifferenzen aus Währungsumrechnung"* zu erfassen, der nach den Rücklagen in der Konzernbilanz auszuweisen ist. Nur wenn das Tochterunternehmen aus dem Konzern ausscheidet, sind die Umrechnungsdifferenzen erfolgswirksam auszubuchen (§ 308a S. 3 und 4 HGB).

Am Ausgangsbeispiel lässt sich die Vorgehensweise von § 308a HGB gut aufzeigen. Geht man davon aus, dass der angegebene Durchschnittskurs von 1 FWE = 1,8 € entsprechend den Anforderungen an die Ermittlung von Durchschnittskursen ermittelt wurde, ergibt sich folgender Konzernabschluss per 31.12.17 (siehe Beispiel F.3):

Beispiel F.3: Modifizierte Stichtagskursmethode nach § 308a HGB

	Tochter			Mutter	Summe	Konsolidierung		Konzern
	in FWE	Kurs	in €	in €	€	Soll €	Haben €	in €
GuV 17								
Umsatz	1200	1,8 €	2160	1500	3660			3660
Abschreibungen	100	1,8 €	180	–	180			180
andere Aufwendungen	900	1,8 €	1620	1000	2620			2620
JÜ	200	1,8 €	360	500	860			860
Bilanzen per 31.12.17								
Maschinen	1000	1,5 €	1500	–	1500			1500
Beteiligung	–	–	–	1600	1600		1600	–
Vorräte	500	1,5 €	750	–	750			750
Forderungen	500	1,5 €	750	–	750			750
Kasse	–	–	–	8900	8900			8900
∑	2000		3000	10500	13500			11900
Grundkapital	800	2 €	1600	4000	5600	1600		4000
Rücklagen	–		–	1000	1000			1000
EK-Differenz aus Währ.UR	–		–460	–	–460			–460
Jahresüberschuss	200	1,8 €	360	500	860			860
Fremdkapital	1000	1,5 €	1500	5000	6500			6500
∑	2000		3000	10500	13500	1600	1600	11900

Die Eigenkapitaldifferenz aus Währungsumrechnung setzt sich dabei aus zwei Bestandteilen zusammen. Zum einen wird in der Bilanz der Tochtergesellschaft von den Bilanzposten nur ihr Grundkapital in Höhe von 800 FWE nicht mit dem Stichtagskurs von 1,5 €/FWE sondern mit dem historischen Kurs von 2 €/FWE umgerechnet ($800 \cdot (1,5 - 2) = -400$). Zusätzlich wird der Jahresüberschuss aus der GuV übernommen, in der alle Aufwendungen und Erträge mit dem Durchschnittskurs von 1,8 €/FWE umgerechnet wurden. Im Vergleich zur bilanziellen Umrechnung mit dem Stichtagskurs von 1,5 €/FWE ergibt sich die anteilige Umrechnungsdifferenz für den Jahresüberschuss deshalb in Höhe von -60 (= $200 \cdot (1,5 - 1,8)$).

F.3.2 Regelungen zur Währungsumrechnung nach IFRS

F.3.2.1 Grundkonzeption

Sind die IFRS anzuwenden, regelt IAS 21 die Währungsumrechnung sowohl für Fremd-währungspositionen im Einzelabschluss der einzubeziehenden Unternehmen als auch für in Fremdwährung aufgestellte Jahresabschlüsse von Konzernunternehmen, um sie in den Konzernabschluss einzubeziehen. IAS 21 basiert auf dem Konzept der funktionalen Währung. Die funktionale Währung ist dabei definiert als *„die Wäh-rung des primären Wirtschaftsumfeldes, in dem das Unternehmen tätig ist"* (IAS 21.8). Sie bezeichnet die Währung, in der ein Unternehmen wirtschaftlich rechnet, weil ein Großteil der Cashflows, der Verkaufspreise und anderer Konditionen auf den Absatzmärkten sowie der Aufwendungen und Ausgaben auf diese Währung lauten (vgl. IAS 21.9). Als weitere Faktoren zur Klärung der funktionalen Währung nennen IAS 21.10 und IAS 21.11 außerdem folgende Aspekte:

– Für eine Währung als funktionale Währung spricht, wenn in ihr die Kapitalien und speziell das Eigenkapital von der Mutter aufgebracht wurden oder wenn in dieser Währung normalerweise die betrieblichen Einnahmen einbehalten werden (vgl. IAS 21.10).

– Konzerninterne Beziehungen sprechen für die Währung der Mutter als funktiona-le Währung, wenn ein intensiver Leistungsaustausch zwischen Mutter und Toch-ter stattfindet oder wenn die Tochter als bloße Zwischenholding die Beteiligun-gen der Mutter in dem Sitzland der Tochter verwaltet. Bei autonomen Töchtern im Ausland dagegen, die nur Namen, Renommee und Wissen der Mutter nutzen, aber wenig Leistungen mit ihr tauschen, wird deren heimische als funktionale Währung vermutet (IAS 21.11).

Liegen mehrere der in IAS 21.9–.11 genannten Faktoren vor, hat zwar die Geschäftslei-tung in eigenem Ermessen die funktionale Währung festzulegen. IAS 21.12 gewichtet aber die primären Faktoren von IAS 21.9 höher als die Indikatoren von IAS 21.10–.11, so dass die Geschäftsleitung vorrangig die Währung als funktionale Währung festzu-legen hat, in der das Unternehmen einen Großteil seiner Zahlungen abwickelt.

Jedes Unternehmen muss bei der Erstellung seines Jahresabschlusses zunächst seine funktionale Währung festlegen. IAS 21 geht entsprechend davon aus, dass alle Unternehmen ihre Einzelabschlüsse auch in ihrer jeweiligen funktionalen Währung aufstellen (IAS 21.17). Folgerichtig sind bei der Aufstellung der Einzelabschlüsse ein-zubeziehender Unternehmen alle Fremdwährungstransaktionen, also Geschäftsvor-fälle in einer anderen Währung als der funktionalen Währung des Unternehmens, in diese umzurechnen. Dies geschieht nach den Regelungen von IAS 21.20–.37, die das Konzept der Zeitbezugsmethode anwenden. Die Auswahl der Währung, in der Einzel- aber auch aufzustellende Konzernabschlüsse veröffentlicht werden, die soge-nannte Darstellungswährung (IAS 21.8), stellt IAS 21 den Unternehmen hingegen frei (IAS 21.19).

Für die Währungsumrechnung von Jahresabschlüssen für die Erstellung des Konzernabschlusses reicht im Idealfall eine Methode aus. Der Idealfall liegt vor, wenn alle Unternehmen im Konzernkreis ihre Bücher jeweils in ihrer funktionalen Währung führen und ihren Jahresabschluss – wie in IAS 21.17 vorgesehen – auch in ihrer funktionalen Währung aufstellen. In diesem Fall kommt es nur zu Umrechnungen aus funktionalen Währungen von Unternehmen in die abweichenden Darstellungswährungen des Konzernabschlusses. Davon sind zunächst die Konzerntöchter betroffen, wenn deren funktionale Währung von der Darstellungswährung der Mutter abweicht. Davon ist aber auch die Mutter betroffen, wenn sie in einer von ihrer funktionalen abweichenden Währung veröffentlichen möchte, etwa weil auf dem für sie bedeutsamsten Kapitalmarkt in dieser Berichtswährung abgerechnet wird. Umrechnungen aus der funktionalen in eine andere Darstellungswährung erfolgen gemäß IAS 21.38–.50 strukturerhaltend und erfolgsneutral nach den Prinzipien der modifizierten Stichtagskursmethode, weil bezogen auf die funktionale Währung als unternehmensspezifische Basis der Betrachtung alle Kursveränderungen aus Ansprüchen oder Verpflichtungen in davon abweichenden Währungen bereits erfasst sind.

IAS 21 sorgt aber auch für den Sonderfall vor, in dem die Bücher nicht in funktionaler Währung geführt werden. Dabei verweist er in IAS 21.34 für die Umrechnung in die funktionale Währung auf das Ziel, die Zahlen zu reproduzieren, die bei Buchführung in funktionaler Währung entstanden wären, und entsprechend auf das Vorgehen bei der Umrechnung von Fremdwährungstransaktionen gemäß IAS 21.20–.37, das die Umrechnung nach der Zeitbezugsmethode vorsieht.

F.3.2.2 Umrechnung von Fremdwährungstransaktionen in die funktionale Währung

Bei der Aufstellung des IFRS-Einzelabschlusses einzubeziehender Unternehmen müssen diese Fremdwährungstransaktionen in der funktionalen Währung erfassen. Dazu müssen solche Geschäftsvorfälle am Tag ihrer Einbuchung mit dem Stichtagskurs an diesem Tag umgerechnet werden (vgl. IAS 21.21). Zulässig ist dabei sowohl die Umrechnung zum Kassakurs als auch vereinfachend die Verwendung von Wochen- oder Monatsdurchschnittskursen, wenn die Wechselkurse nicht stark schwanken. Nach dem Erstansatz ist zu jedem Bilanzstichtag folgendermaßen vorzugehen (vgl. IAS 21.23):

- Monetäre Bilanzposten, also Währungsbestände sowie Vermögenswerte und Verbindlichkeiten, für die das Unternehmen einen festen Betrag in Fremdwährung erhält oder zahlen muss, sind mit dem Kurs am Bilanzstichtag umzurechnen.
- Nichtmonetäre Bilanzposten, die mit historischen Anschaffungs- oder Herstellungskosten in der Fremdwährung bewertet werden, sind mit dem Kurs zum Zeitpunkt der Anschaffung oder der Herstellung umzurechnen. Da bei der Einbuchung bereits zu diesem Kurs in die funktionale Währung umgebucht wurde, heißt das letztlich, dass auch planmäßige Abschreibungsbeträge von abnutz-

baren Vermögenswerten auf Basis der zum historischen Kurs umgerechneten Anschaffung- oder Herstellungskosten zu ermitteln sind.
–   Zuletzt müssen nichtmonetäre Bilanzpositionen, die mit einem Zeitwert in der Fremdwährung bewertet werden, mit dem Kurs zu dem Zeitpunkt, aus dem der Zeitwert stammt, umgerechnet werden.

Umrechnungsdifferenzen, die in der Folgebewertung zum Bilanzstichtag entstehen können, sind ebenfalls differenziert zu erfassen:
–   Wenn sich bei monetäre Bilanzposten der Wechselkurs zwischen Einbuchung und Bilanzstichtag ändert, entsteht eine Umrechnungsdifferenz, die nach IAS 21.28 erfolgswirksam zu erfassen ist.
–   Bei nichtmonetäre Bilanzposten, deren Gewinne und Verlust regelmäßig erfolgswirksam erfasst werden, werden auch die in diesen Gewinnen bzw. Verlusten enthaltenen Umrechnungsdifferenzen erfolgswirksam erfasst (IAS 21.30).
–   Umgekehrt werden die Umrechnungsdifferenzen aus nichtmonetären Bilanzposten, deren Gewinne und Verluste erfolgsneutral als sonstiges Ergebnis erfasst werden, erfolgsneutral gebucht und sind direkt im Eigenkapital zu erfassen (IAS 21.30).

Entsprechend setzen die IFRS-Regelungen zur Umrechnung von Fremdwährungstransaktionen direkt die Grundkonzeption der Zeitbezugsmethode um.

F.3.2.3 Umrechnung von Jahresabschlüssen aus der funktionalen Währung in die Darstellungswährung

Auch für IFRS-Abschlüsse, die deutsche Mutterunternehmen nach § 315e Abs. 1 HGB (bisher § 315a HGB) aufstellen müssen, ist der Euro zwingend die Darstellungswährung (§ 244 iVm. § 298 und § 315e Abs. 1 HGB). Die in anderen funktionalen Währungen als Euro aufgestellten Jahresabschlüsse einzubeziehender Unternehmen müssen deshalb vor der Konsolidierung zum Konzernabschluss in die Darstellungswährung Euro umgerechnet werden. Diese Umrechnung hat gemäß IAS 21.38–.41 nach der modifizierten Stichtagskursmethode erfolgsneutral zu erfolgen

Vergleichbar zu § 308a S. 1 HGB sind demnach monetäre wie nichtmonetäre Aktiv- und Passivposten des Jahresabschlusses des einzubeziehenden Unternehmens mit dem Wechselkurs am Bilanzstichtag umzurechnen (vgl. IAS 21.39a). Auch wenn IAS 21 dazu nichts explizit regelt, ist das Eigenkapital von der Umrechnung zum Bilanzstichtagskurs ausgenommen. Wie nach HGB wird auch nach IAS 21 das Eigenkapital zum historischen Kurs am Tag der Einzahlung bzw. Entstehung umgerechnet (vgl. Driesch/Riese/Schlüter/Senger in: Beck IFRS HB, 5. Aufl., § 33 Rn. 20). Aufwendungen und Erträge sind mit dem Wechselkurs am Tag des Geschäftsvorfalls umzurechnen (IAS 21.39b), wobei die Verwendung von Durchschnittskursen zulässig ist, wenn die Wechselkurse nicht stark schwanken (IAS 21.40). Umrechnungsdifferenzen sind erfolgsneutral über das sonstige Ergebnis direkt im Eigenkapital zu erfassen (IAS 21.39c) und dort in einem separaten Posten auszuweisen (IAS 21.41). Nur wenn das Tochterunternehmen aus dem Konzern ausscheidet, sind die Umrechnungsdifferenzen erfolgswirksam auszubuchen (vgl. IAS 21.48).

Angewandt auf das Ausgangsbeispiel führt die Umrechnung des Jahresabschlusses der Tochtergesellschaft in die Darstellungswährung Euro zu exakt demselben Konzernabschluss wie die Anwendung von § 308a HGB (siehe Beispiel F.3).

F.3.2.4 Ausnahme der erfolgswirksamen Umrechnung konzerninterner monetärer Schuldverhältnisse (IAS 21.45)

Von der grundsätzlich erfolgsneutralen Währungsumrechnung sind nach IAS 21.45 konzerninterne Schuldverhältnisse ausgenommen, bei denen ein Konzernunternehmen gegen ein anderes Konzernunternehmen mit abweichender funktionaler Währung eine monetäre Forderung besitzt. Die auf eine Währung lautende Forderung und die ihr gegenüberstehende Verbindlichkeit lösen bei zumindest einem der beiden Unternehmen eine Wertänderung in der Bilanz aus, wenn sich der Kurs der funktionalen Währung des einen gemessen in der funktionalen Währung des anderen Unternehmens im Zeitablauf verändert. Die bei mindestens einem der beiden Unternehmen (lautet der Kredit auf keine der beiden funktionalen Währungen, gilt das für beide) aus der Bewertung ihrer monetären Position mit einem aktuellen veränderten Kurs resultierende Wertänderung gegenüber dem Beginn des Schuldverhältnisses bzw. gegenüber dem letzten Bilanzstichtag ist erfolgswirksam in die GuV einzubeziehen. Auch von dieser Regel aber gibt es eine Ausnahme. Geht es um eine langfristige Forderung einer Mutter oder einer Tochter gegenüber einer anderen Tochter, wobei eine Tilgung weder geplant noch wahrscheinlich ist, so dass die Forderung einen Teil des „net investment" in die letztere Tochter darstellt (IAS 21.15), werden die Wertdifferenzen nicht im Erfolg, sondern erfolgsneutral im Eigenkapital erfasst (IAS 21.32).

F.3.2.5 Erfolgswirksames Näherungsverfahren der Zeitbezugsmethode nach IAS 21.34

Für die Sonderfälle, in denen die Bücher nicht in funktionaler Währung geführt werden, sieht IAS 21.34 vor, die Zeitbezugsmethode zu verwenden. Dabei werden die für das Verfahren charakteristischen Regeln dafür, welche Jahresabschlussposition mit welchem Kurs umzurechnen ist, in IAS 21.34 iVm. IAS 21.20 ff. entsprechend der Währungsumrechnung von Fremdwährungstransaktionen detailliert vorgegeben. Danach sind umzurechnen

- monetäre Bilanzposten mit dem Kurs am Bilanzstichtag,
- nichtmonetäre Bilanzposten, die mit historischen Anschaffungs- oder Herstellungskosten oder die – wie das Eigenkapital – mit dem historisch eingezahlten

oder bedungenen Betrag bewertet sind, mit dem Kurs zum Zeitpunkt der Anschaffung, der Herstellung oder der Zahlung des Eigenkapitals bzw. seiner Festlegung und
– nichtmonetäre Bilanzpositionen, die mit einem Zeitwert bewertet sind, mit dem Kurs zu dem Zeitpunkt, aus dem der Zeitwert stammt.

Vorräte als nichtmonetäres Vermögen müssten auf Basis obiger Regeln mit den Kursen umgerechnet werden, die zu den Zeitpunkten galten, aus denen ihre Werte in Fremdwährung stammen. Eine solche Bewertung ist äußerst aufwendig. Im Blick auf die Bestände in der Bilanz gewährt IAS 21 gleichwohl keine besondere Erleichterung.

Aufwendungen und Erträge, die zu nichtmonetären Bilanzpositionen gehören, wie insbesondere Abschreibungen oder Materialverbräuche, müssen mit den Kursen umgerechnet werden, die auch zur Umrechnung der zugehörigen Bilanzposition herangezogen werden. Daher werden Abschreibungen grundsätzlich mit dem historischen Kurs zum Zeitpunkt der Beschaffung der Anlage umgerechnet. Auch bei den Materialverbräuchen ist grundsätzlich so vorzugehen, wobei allerdings nach IAS 21.22 vereinfachend Durchschnittskurse erlaubt sind. Die übrigen, zu Zahlungen führenden Aufwendungen und Erträge sind ebenfalls genau genommen mit dem Kurs zum Zeitpunkt der Transaktion umzurechnen. Auch hier erlaubt IAS 21.22 allerdings die Verwendung von Durchschnittskursen, wenn die Wechselkurse nicht stark schwanken. Unter der Annahme, dass bei den Sachanlagen etwa aufgrund der strengen Anforderungen an ein impairment keine Niederstwertabschreibung erforderlich ist, lässt sich anhand des Zahlenbeispiels die erfolgswirksame Zeitbezugsmethode nach internationalem Vorbild leicht verdeutlichen. (In der GuV werden möglichst weitgehend Durchschnittskurse verwendet.)

Da die Positionen in Bilanz und GuV mit heterogenen Kursen in Euro umgerechnet werden, ergeben sich die Jahresüberschüsse in beiden Rechnungen zunächst nur als Salden. Im Rahmen der vereinfachten Zeitbezugsmethode nach IAS 21.34 ist der Jahresüberschuss aus der Bilanz maßgeblich, da entstehende Umrechnungsdifferenzen i. d. R. erfolgswirksam zu erfassen sind (IAS 21.28 und 21.30). Die GuV muss folglich um einen Erfolg aus Währungsumrechnung derart ergänzt werden, dass sie den Jahresüberschuss aus der Bilanz reproduziert. Im Beispiel ist ein Ertrag in Höhe von 550 − 340 = 210 in der GuV zusätzlich anzusetzen. Nach Summenbildung mit der Bilanz der Mutter und nach Konsolidierung ergibt sich erneut der Konzernabschluss (siehe Beispiel F.4).

Wertminderungen lassen sich nahtlos in die Methode integrieren. Beim Vergleich von Buchwerten auf Basis früherer Anschaffungskosten und Zeitwerten sind in vollem Einklang mit den Regeln von IAS 21.23 erstere zu historischen und letztere zu aktuellen Kursen umzurechnen. Abhängig von der genauen Ausprägung des Impairment-Tests ist dann gegebenenfalls ein niedrigerer Wert in funktionaler Währung weitgehend unabhängig davon anzusetzen, ob die Wertentwicklung in Fremdwährung oder die Entwicklung des Umrechnungskurses den niedrigeren Wert bewirkt hat.

Beispiel F.4: Vereinfachte Zeitbezugsmethode nach IAS 21.34

	Tochter			Mutter	Summe	Konsolidierung		Konzern
	in FWE	Kurs	in €	in €	€	Soll €	Haben €	in €
GuV 17								
Umsatz	1200	1,8 €	2160	1500	3660			3660
Abschreibungen	100	2 €	200	–	200			200
andere Aufwendungen	900	1,8 €	1620	1000	2620			2620
Ertrag aus Umrechnung			+210*	–	+210			+210
JÜ	200	Bilanz	550	500	1050			1050
Bilanzen per 31.12.17								
Maschinen	1000	2 €	2000	–	2000			2000
Beteiligung	–		–	1600	1600		1600	–
Vorräte	500	1,8 €	900	–	900			900
Forderungen	500	1,5 €	750	–	750			750
Kasse	–		–	8900	8900			8900
∑	2000		3650	10500	14150			12550
Grundkapital	800	2 €	1600	4000	5600	1600		4000
Rücklagen	–		–	1000	1000			1000
JÜ	200	Saldo	550	500	1050			1050
Fremdkapital	1000	1,5 €	1500	5000	6500			6500
∑	2000		3650	10500	14150	1600	1600	12550

* 2160 – 1620 – 200 = 340; 550 – 340 = 210

F.4 Die Behandlung von Hochinflationsländern

Die Währungsumrechnung von Konzernunternehmen in einem Hochinflationsland stellt einen eigenen Problemkreis dar. Infolge der Hochinflation wird der Außenwert der Fremdwährung ständig sinken. Bilanziert man zu Anschaffungskosten in Fremdwährung und rechnet diese gemäß Stichtagskursmethode mit den gesunkenen Währungskursen um, so wird das Konzernunternehmen im Zeitablauf völlig unterbewertet und verschwindet förmlich aus der Konzernbilanz („Vanishing plants effect").

Grundsätzlich lässt sich das Problem auf verschiedenen Wegen lösen. Die erste Variante basiert auf einer Inflationsbereinigung des Jahresabschlusses in fremder Währung vor seiner Umrechnung mit Hilfe der erfolgsneutralen Stichtagskursmethode (siehe Beispiel F.5). Nach diesem so genannten „restate–translate" Verfahren geht IAS 21.43 iVm. IAS 29 vor. Da laut Gesetzesbegründung zum BilMoG die modifizierte

Stichtagskursmethode bei Tochterunternehmen aus Hochinflationsländern nicht anwendbar ist, ist für den HGB-Konzernabschluss nach herrschender Meinung ähnlich wie nach IAS 29 zunächst eine Inflationsbereinigung vorzunehmen und danach nach der Stichtagskursmethode umzurechnen (vgl. WP-Handbuch, Band I, G Tz. 379–380). Alternativ ist nach HGB auch eine Parallelbuchführung in einer Hartwährung für das Tochterunternehmen möglich (vgl. WP-Handbuch, Band I, G Tz. 381).

Beispiel F.5: Inflation und Stichtagskursmethode

Bilanz TU 1.1.17 in FWE				Bilanz TU 1.1.17 in Euro	
AV	1000	EK	1000		

Kurs: 1 : 1

Bilanz TU 1.1.17 in Euro		
AV	1000	EK	1000

Bilanz TU 31.12.17 in FWE			
AV	1000*	EK	1000

Kurs: 10 : 1

Bilanz TU 31.12.17 in Euro		
AV	100	EK	100

(* Tageswert 10000)

Literaturhinweise

Arbeitskreis „Externe Unternehmensrechnung" der Schmalenbach Gesellschaft – Deutsche Gesellschaft für Betriebswirtschaft e. V.: Aufstellung von Konzernabschlüssen, hrsg. von Walther Busse von Colbe, Eberhard Müller und Herbert Reinhard, 2. Aufl., Düsseldorf 1989.

Bovermann, Brigitte: Die Umrechnung der Jahresabschlüsse ausländischer Tochtergesellschaften für den Weltabschluß in der EG unter dem Aspekt seiner Informationsfunktion, Frankfurt am Main 1988.

Busse von Colbe, Walther: Währungsumrechnung unter dem Einfluß neuer Rechnungslegungsvorschriften, in: Konzernrechnungslegung und -prüfung, hrsg. von Jörg Baetge, Düsseldorf 1990, S. 73–96.

Busse von Colbe, Walther/Ordelheide, Dieter/Gebhardt, Günther/Pellens, Bernhard: Konzernabschlüsse, 9. Aufl., Wiesbaden 2010.

Dutzi, Andreas: Währungsumrechnung im Konzernabschluss, in: Beck'sches Handbuch der Rechnungslegung (Beck HdR), hrsg. von Hans-Joachim Böcking, Edgar Castan, Gerd Heymann, Norbert Pfitzer und Eberhard Scheffler, Teil C 310, München 2017.

Hauptfachausschuß (HFA): Geänderter Entwurf einer Verlautbarung zur Währungsumrechnung im Jahres- und Konzernabschluss, in: WPg, 39. Jg., 1986, S. 664–667.

Langenbucher, Günther: Umrechnung von Fremdwährungsabschlüssen, in: Küting/Weber (Hrsg.), Handbuch der Konzernrechnungslegung, 2. Aufl., Stuttgart 1998, S. 633–673.

Treuarbeit (Hrsg.): Konzernabschlüsse '89, Düsseldorf 1990.

Wysocki, Klaus von: Weltbilanzen als Planungsobjekte und Planungsinstrumente multinationaler Unternehmen, in: ZfbF, 23. Jg., 1971, S. 682–700.

G Kapitalkonsolidierung

G.1 Grundlagen der Kapitalkonsolidierung

G.1.1 Zweck der Kapitalkonsolidierung

Der Konzernabschluss ist kein originäres Rechenwerk, sondern entsteht aus den Einzelabschlüssen in drei Schritten.

Im ersten Schritt werden die Einzelabschlüsse der einzubeziehenden Unternehmen für den Konzernabschluss vorbereitet, indem sie erforderlichenfalls auf eine konzerneinheitliche Bewertung ausgerichtet oder in eine gemeinsame Konzernwährung umgerechnet werden (Erstellung der Handelsbilanz II).

Im zweiten Schritt werden für jede Bilanzposition gesondert die Zahlen aus den Einzelabschlüssen der verschiedenen Konzernunternehmen „horizontal" zu einer Summenbilanz addiert.

Unter Konsolidierung versteht man den dritten Schritt, nämlich die Aufrechnung von Positionen aus den Einzelabschlüssen, die sich nur aus der rechtlichen Zersplitterung der – vom Gesetzgeber fingierten – Einheit Konzern ergeben und die daher im Konzernabschluss keinen Platz haben. Gleichzeitig wird durch die Eliminierung dieser Positionen eine Doppelerfassung ein und desselben Tatbestandes im Konzernabschluss vermieden.

Bei der Grundform der Kapitalkonsolidierung werden der Buchwert der Anteile des Mutterunternehmens am Tochterunternehmen aus dem Einzelabschluss des Mutterunternehmens (im Folgenden als Beteiligungsbuchwert bezeichnet) und das der Beteiligung des Mutterunternehmens entsprechende Eigenkapital des Tochterunternehmens, wie es sich aus dessen Einzelabschluss ergibt (im Folgenden als anteiliges Eigenkapital bezeichnet), gegeneinander aufgerechnet (vgl. § 301 Abs. 1 HGB).

In einem einheitlichen Unternehmen gibt es keine Beteiligungen an Betriebsabteilungen, und diese verfügen auch nicht über ein gesondertes Eigenkapital.

Die Aufrechnung verhindert zugleich Doppelerfassungen. Der Beteiligungsbuchwert steht beim Mutterunternehmen stellvertretend für den Wert des Tochterunternehmens, der im Rahmen einer traditionellen Bilanz durch den Saldo aus Vermögensgegenständen, Schulden und Rechnungsabgrenzungsposten ausgedrückt wird. Da die Vermögensgegenstände und Schulden des Tochterunternehmens im Rahmen der Summenbildung in die Konzernbilanz übernommen werden, muss der Beteiligungsbuchwert aus der Konzernbilanz ausscheiden, um Doppelerfassungen zu vermeiden.

Das Gleiche gilt für das Eigenkapital des Tochterunternehmens. Auch dieses repräsentiert den Wert des Tochterunternehmens – allerdings in dessen Bilanz (vgl. Dreger, Konzernabschluß, 1969, S. 51). Zugleich ist das bilanzielle Eigenkapital des

https://doi.org/10.1515/9783110535723-007

Tochterunternehmens kein zusätzliches Eigenkapital des Konzerns als wirtschaftliche Einheit. Im Zeitpunkt der Einbindung eines Tochterunternehmens in den Konzern wird das Eigenkapital des Konzerns – zumindest bei einer 100 %-Beteiligung – ausschließlich durch das Eigenkapital des Mutterunternehmens gebildet.

Aus beiden Gründen muss folglich auch das Eigenkapital des Tochterunternehmens, soweit es dem Konzern zusteht, aus dem Konzernabschluss entfernt werden.

G.1.2 Überblick über die Methoden der Kapitalkonsolidierung

Die Aufrechnung des Beteiligungsbuchwerts in der Bilanz der Mutter mit dem anteiligen Eigenkapital in der gegebenenfalls aufgrund des Gebots zur konzerneinheitlichen Bewertung modifizierten Bilanz der Tochter kann nach verschiedenen Methoden erfolgen. Hintergrund ist u. a. die Tatsache, dass das Eigenkapital der Tochter als Saldo einer traditionellen Bilanz einen völlig anderen Charakter besitzt als der den Preis und damit tendenziell auch den Wert der Tochter anteilig zum Ausdruck bringende Beteiligungsbuchwert: Bilanzwert und Unternehmenswert stehen sich gegenüber und lassen sich schon aufgrund ihrer fast immer unterschiedlichen Größe nicht einfach und ohne Differenz aufrechnen. In diesem Kapitel sollen zunächst die Kriterien, nach denen sich die einzelnen Methoden unterscheiden lassen, kurz vorgestellt werden.

G.1.2.1 Stichtagskonsolidierung versus Erstkonsolidierung
Dieses Unterscheidungsmerkmal stellt auf den Basiszeitpunkt ab, zu dem der sich aus der Aufrechnung des Beteiligungsbuchwerts und des anteiligen Eigenkapitals ergebende Unterschiedsbetrag ermittelt wird.

Bei der Stichtagskonsolidierung wird der Unterschiedsbetrag aus der Differenz zwischen dem Beteiligungsbuchwert und dem anteiligen Eigenkapital zu jedem Konzernbilanzstichtag auf Basis der auf diesen Stichtag aufgestellten Einzelabschlusswerten neu berechnet. Die bereits mit Umsetzung der 4., 7. und 8. EG-Richtlinie 1985 abgeschaffte sogenannte „deutsche Methode" war der klassische Vertreter für das Prinzip der Stichtagskonsolidierung.

Bei der Erstkonsolidierung wird dagegen grundsätzlich auch in den Folgeperioden der Beteiligungsbuchwert mit dem Eigenkapital im Zeitpunkt der erstmaligen Einbeziehung des Tochterunternehmens in den Konzernabschluss verrechnet. In den folgenden Perioden bleibt der Unterschiedsbetrag aus der erstmaligen Konsolidierung somit grundsätzlich konstant. Er ändert sich lediglich bei Abschreibungen auf den Beteiligungsbuchwert, bei Änderungen des Eigenkapitals des Tochterunternehmen (z. B. durch Kapitalerhöhungen mit Ausnahme der Kapitalerhöhung aus Gesellschaftsmitteln) oder bei Änderungen der Beteiligungsquote. Die derzeit zulässigen Konsolidierungsmethoden beruhen alle auf dem Prinzip der Erstkonsolidierung.

G.1.2.2 Erfolgsneutrale versus erfolgswirksame Kapitalkonsolidierung

Auf Basis der Grundüberlegungen lassen sich die Methoden der Kapitalkonsolidierung außerdem danach unterscheiden, ob sie die Vermögensgegenstände und Schulden – allenfalls modifiziert gemäß konzerneinheitlicher Bewertung – aus dem Abschluss der Tochter übernehmen oder die Gelegenheit zur Annäherung an den Unternehmenswert nutzen. Da bei den ersteren Verfahren das Vermögen nicht anders bewertet und die Aufrechnungsdifferenz mit den Rücklagen verrechnet wird, sind sie erfolgsneutral: Die Kapitalkonsolidierung selbst hat keine Erfolgswirkungen. Als „Interessenzusammenführungsmethode" nach § 302 HGB a. F. war die erfolgsneutrale Kapitalkonsolidierung bis 2009 zulässig. Mit Aufhebung von § 302 HGB im Rahmen des BilMoG ist sie für den Konzernabschluss nach HGB nicht mehr erlaubt. In der Variante der früher zulässigen erfolgsneutrale „pooling of interests method" ist die erfolgsneutrale Kapitalkonsolidierung nach IFRS ebenfalls nicht mehr zulässig.

Bei den anderen Verfahren werden die Werte der Vermögensgegenstände und ggf. auch der Schulden über die konzerneinheitliche Bewertung hinaus dem gezahlten Preis oder dem Wert der Tochter angepasst. Zu diesem Zweck werden zunächst stille Reserven und Lasten aufgelöst, indem bei der Tochter angesetztes Vermögen und Schulden mit dessen Zeitwert angesetzt und nicht angesetztes Vermögen aktiviert wird. Letzteres betrifft vor allem das im Einzelabschluss der Tochtergesellschaften nicht angesetzte originäre immaterielle Anlagevermögen, das im Rahmen des Erwerbs der Beteiligung von der Mutter entgeltlich erworben wurde. Die danach ggf. noch verbleibende Aufrechnungsdifferenz geht soweit aktiv als Goodwill und soweit passiv zumindest vorläufig als Badwill in die Konzernbilanz ein. Da alle diese Modifikationen in der Folgezeit über veränderte Verbräuche, Abschreibungen oder Auflösungen der Posten den Erfolg verändern, sind diese Verfahren der Kapitalkonsolidierung erfolgswirksam.

Die zurzeit national wie international zulässigen Verfahren der Kapitalkonsolidierung zählen zu diesen erfolgswirksamen sogenannten „Erwerbsverfahren".

G.1.2.3 Kapitalkonsolidierung mit oder ohne Beschränkung der Auflösung stiller Reserven auf die im Beteiligungsbuchwert zum Ausdruck kommenden Anschaffungskosten

Der Beteiligungsbuchwert repräsentiert den Wert der Gegenleistungen, die die Mutter erbracht hat, um den Anteil an der Tochter zu erwerben, und damit die Anschaffungskosten dieses Anteils. Das gilt unabhängig davon, ob die Anschaffungskosten in Geld, in Aktien, in anderen Wertpapieren oder in Sachgütern geleistet wurden. Die Anschaffungskosten müssen allerdings nicht unbedingt dem Wert des Anteils an der Tochter entsprechen, etwa wenn die Mutter den Anteil bei günstiger Gelegenheit vorteilhaft erwerben konnte. Dieser Unterschied eröffnet zwei Vorgehensweisen.

Bei einer strikten Anwendung von Anschaffungskosten- und Realisationsprinzip werden stille Reserven höchstens solange aufgelöst, bis der dem Konzern zuzurechnende Teil des Nettovermögens der Tochter im Konzernabschluss dem Buchwert der Beteiligung der Mutter an der Tochter entspricht. Im Kaufpreis nicht vergütete stille Reserven kommen nach dieser Methode nicht zum Ansatz. Klassisches Beispiel für die Berücksichtigung der Anschaffungskostenrestriktion ist die im Rahmen des BilMoG 2009 abgeschaffte Buchwertmethode nach § 301 Abs. 1 Nr. 1 HGB a. F., die bis dahin eine der zulässigen Kapitalkonsolidierungsmethoden nach der Erwerbsmethode im HGB war.

Im Gegensatz dazu geht die ebenfalls zur Erwerbsmethodik zählende Neubewertungsmethode davon aus, dass das Mutterunternehmen nicht die Anteile am Tochterunternehmen sondern vielmehr die Vermögensgegenstände und Schulden der Tochter einzeln erworben hat. Unter dieser Annahme entspricht aber der jeweilige Zeitwert der Vermögensgegenstände und Schulden im Erstkonsolidierungszeitpunkt ihren unterstellten Anschaffungskosten. Konsequenterweise sind dann sämtliche stillen Reserven aufzulösen, auch wenn sie im Kaufpreis für die Anteile im Zweifel nicht vergütet wurden. Werden mehr stille Reserven aufgelöst als in den Anschaffungskosten vergütet, entsteht zum Ausgleich ein Badwill auf der Passivseite. Die aktuell zulässigen Erwerbsverfahren nach HGB und IFRS folgen beide dem Vorgehen der Neubewertungsmethode.

G.1.2.4 Kapitalkonsolidierung ohne oder mit analoger Behandlung der Anteile von Minderheiten

Bei Mutterunternehmen, die weniger als 100 % der Anteile an der Tochter erworben haben, bezieht sich die Kapitalkonsolidierung selbst grundsätzlich erst einmal nur auf die Aufrechnung des Beteiligungsbuchwerts mit dem anteiligen Eigenkapital der Tochter. Der zum Konzernanteil komplementäre Minderheitenanteil am Eigenkapital bleibt bei dieser Kapitalkonsolidierung übrig. Werden nur die auf den Mehrheitsanteil entfallenden stillen Reserven aufgelöst, wird der Minderheitenanteil betraglich unverändert im Vergleich zu ihrem Anteil am Eigenkapital der Tochter als Anteile anderer Gesellschafter gesondertem ausgewiesen. Diesem Vorgehen entsprach die bis zum BilMoG 2009 zulässige Buchwertmethode nach § 301 Abs. 1 Nr. 1 HGB a. F. Alternativ werden nach der Neubewertungsmethode im Rahmen der Erwerbsverfahren sämtliche stillen Reserven und Lasten, also auch die auf die Minderheiten entfallenden, im Rahmen der Kapitalkonsolidierung aufgelöst. Damit erhöht sich der Minderheitenanteil am Eigenkapital um die auf die Minderheit entfallenden anteiligen stillen Reserven und Lasten. Entsprechend erhöht sich auch der gesondert als Anteil anderer Gesellschafter auszuweisende Betrag

Hinsichtlich eines zweiten Aspektes lassen sich die Verfahren bezüglich der Behandlung der Anteile von Minderheiten unterscheiden. Im Rahmen der Kapitalkonsolidierung wird klassischerweise davon ausgegangen, dass ein Goodwill, als dem Betrag, um den der Beteiligungsbuchwert aus der Einzelbilanz der Mutter das anteilige Eigenkapital an der Tochter übersteigt, nur für die herrschende Gesellschaft im Konzernabschluss anzusetzen ist. Die Anteile der Minderheiten werden in diesem Fall nur mit dem Betrag ihres anteiligen Eigenkapitalanteils an dem Tochterunternehmen angesetzt. Entsprechende Verfahren der Kapitalkonsolidierung gehen davon aus, dass nur der durch Erwerb der Anteile an der Tochter vergütete Goodwill in der Konzernbilanz ansetzbar ist. Die Neubewertungsmethode nach § 301 HGB folgt dieser Auffassung. Anders die sogenannten Full-Goodwill-Methoden: Hier werden die Anteile der nicht beherrschenden Anteilseigner nicht mit dem anteiligen Eigenkapital an der Tochter, sondern zum Zeitwert bewertet. Entsprechend wird auch der auf die nicht beherrschenden Anteilseigner entfallende Teil des Goodwills in der Position „Geschäft- und Firmenwert" und in den Anteilen der nicht beherrschenden Gesellschafter ausgewiesen. Begründet wird das u. a. damit, dass auch den Minderheiten zumindest in der Theorie ein Anteil am Gesamt-Goodwill des Tochterunternehmens zusteht (vgl. z. B. Baetge u. a., Konzernbilanzen, 2017, S. 244). Nach HGB ist die Aufdeckung eines Goodwills für die Minderheiten unzulässig, nach IFRS besteht ein Wahlrecht dazu.

G.1.2.5 Unterscheidung nach der Behandlung des Goodwills

Unterschieden werden können die Methoden auch danach, wie ein verbleibenden Goodwill behandelt wird. Zum einen kann die bei der Kapitalkonsolidierung nach Auflösung stiller Reserven verbleibende Aufrechnungsdifferenz auf der Aktivseite, den Goodwill, als abnutzbare Anlage angesehen und planmäßig abgeschrieben werden. Zusätzliche außerplanmäßige Abschreibungen sind erforderlich, wenn der Goodwill dauerhaft im Wert gemindert ist. Dies entspricht der Behandlung nach HGB. Die IFRS sind hingegen zur anderen Variante übergegangen, bei der der Goodwill nicht mehr planmäßig abgeschrieben wird, weil er eine nicht bestimmbare („indefinite") Nutzungsdauer besitze. In der Folgebewertung verändern entsprechend allein außerplanmäßige Abschreibungen den Wert des Goodwill („impairment only approach").

G.1.2.6 Unterscheidung nach dem Umfang des Vermögens der Tochter, das in den Konzernabschluss übernommen wird

Bei der letzten Form der Differenzierung wird noch einmal ein grundlegender Aspekt aufgegriffen, der am Rande Ergebnisse der bisherigen Darstellungen aufgreift, im Kern aber auf den Umfang des Vermögens der Tochter abzielt, das in die Konzernbilanz übernommen wird. Die bisherigen Ausführungen gingen implizit von der Vollkonsolidierung aus, bei der das gesamte Vermögen der Tochter und alle ihre Schulden in die Konzernbilanz eingehen. Der Anteil des Konzerns am Eigenkapital der Tochter wird im Rahmen der Kapitalkonsolidierung gegen den Beteiligungsbuchwert aufgerechnet und der Minderheitenanteil wird gesondert ausgewiesen, wobei verschiedenen der bisher erläuterten Leitbildern gefolgt werden kann.

Wenn der Konzern nur einen Anteil von $x < 1$ am Kapital der Tochter hält, kann alternativ auch nur der Anteil x an den Vermögenswerten und Schulden aus der Bilanz der Tochter in den Konzernabschluss übernommen werden, was zum Ausgleich den

Ausweis von Minderheitsanteilen genau überflüssig macht. Dies entspricht dann der Variante der Quotenkonsolidierung.

Eine von diesen Ansätzen prinzipiell unterschiedliche Lösung wird angestrebt, wenn das Nettovermögen der Tochter überhaupt nicht in den Konzernabschluss übernommen wird, sondern es zunächst beim Ausweis des Beteiligungsbuchwerts bleibt. Dieser Ansatz der Equity-Methode macht anfänglich eine Kapitalkonsolidierung naturgemäß überflüssig. In Nebenrechnungen aber werden die Folgen der Auflösungen stiller Reserven und der Bildung von Goodwills und Badwills auf den Erfolg nach der jeweils bevorzugten Variante über die Zeit konsequent nachgehalten. Diese Erfolgswirkungen werden in den Konzernerfolg und den Beteiligungsbuchwert einbezogen, der damit zentrale Inhalte der Kapitalkonsolidierung darzustellen erlaubt. Genau diese Eigenschaft der Equity-Methode ist gemeint, wenn sie als „one line consolidation" bezeichnet wird.

G.2 Nach deutschem HGB zulässige Methoden der Kapitalkonsolidierung

Nachdem inzwischen kapitalmarktorientierte Unternehmen, deren Wertpapiere zum Handel in einem geregelten Markt der EU zugelassen sind oder die eine solche Zulassung beantragt haben, zur Konzernrechnungslegung nach IFRS verpflichtet sind und andere ein Wahlrecht besitzen, gleiches freiwillig zu tun, beziehen sich die folgenden Ausführungen nur auf den Teil der konzernrechnungslegungspflichtigen Unternehmen in Deutschland, die ihre Konzernabschlüsse nach den Vorschriften des § 294 ff. HGB aufstellen.

Gegenstand der folgenden Ausführungen ist daher zunächst ein Überblick über die von der Kapitalkonsolidierung betroffenen Bilanzpositionen nach HGB. Aufbauend darauf wird die Vollkonsolidierung nach der Erwerbsmethode gemäß § 301 HGB erläutert. Darstellungen der Alternativen zur Vollkonsolidierung in Form der Quotenkonsolidierung nach § 310 HGB und in Form der Equity-Methode nach § 312 HGB schließen diesen Abschnitt ab.

G.2.1 Betroffene Bilanzpositionen nach HGB

Hinter den Begriffen „*Beteiligungsbuchwert*" und „*anteiliges Eigenkapital*" kann sich eine Vielzahl von Bilanzpositionen des Einzelabschlusses verbergen.

Der Beteiligungsbuchwert wird im Regelfall unter der Position „*Anteile an verbundenen Unternehmen*" auszuweisen sein. Daneben kommen aber auch noch folgende Positionen in Betracht (vgl. Dusemond/Weber/Zündorf in: Küting/Weber, Konzernrechnungslegung, 2. Aufl., § 301 Rn. 33):

– Beteiligungen,
– Wertpapiere des Anlagevermögens,
– sonstige Vermögensgegenstände oder
– sonstige Wertpapiere.

Zum anteiligen Eigenkapital des Tochterunternehmens zählen, zumindest nach geltendem Recht, alle Positionen, die im Bilanzgliederungsschema des § 266 Abs. 3 HGB unter „*Eigenkapital*" stehen, also:
– gezeichnetes Kapital,
– Kapital- sowie Gewinnrücklagen,
– Jahreserfolg und Ergebnisvortrag, soweit sie vor der Zugehörigkeit des Tochterunternehmens zum Konzern erwirtschaftet und daher vom Konzern erworben wurden.

Besonderheiten sind zu beachten, wenn beim Tochterunternehmen folgende Sachverhalte relevant sind:
– ausstehende Einlagen,
– eigene Anteile,
– von der Tochter gehaltene Anteile am Mutterunternehmen und ein
– nicht durch Eigenkapital gedeckte Fehlbetrag.

Sofern ausstehende Einlagen eingefordert sind, werden sie bei der Kapitalkonsolidierung nicht berücksichtigt. Wegen ihres Forderungscharakters sind eingeforderte ausstehende Einlagen, die von einbezogenen Unternehmen geschuldet werden, Gegenstand der Schuldenkonsolidierung (vgl. DRS 23.42a). Von nicht einbezogenen Unternehmen bzw. Gesellschaftern geschuldete ausstehende Einlagen sind, wenn sie eingefordert wurden, auch im Konzernabschluss als eingeforderte, aber noch nicht eingezahlte Einlagen auf der Aktivseite unter Forderungen auszuweisen (vgl. DRS 23.42b). Nicht eingeforderten ausstehenden Einlagen beim Tochterunternehmen sind dagegen bereits im Einzelabschluss offen vom gezeichneten Kapital abzusetzen (§ 272 Abs. 1 S. 3 HGB) und damit nicht Teil des konsolidierungspflichtigen anteiligen Eigenkapitals des Tochterunternehmens (vgl. DRS 23.42a und b).

Eigener Anteile von Tochterunternehmen müssen, wenn dies nicht schon im Einzelabschluss erfolgt ist, im Zeitpunkt der Erstkonsolidierung nach § 272 Abs. 1a HGB iVm. § 298 Abs. 1 HGB mit ihrem Nennbetrag offen vom gezeichneten Kapital abgesetzt werden. Übersteigen die Anschaffungskosten der eigenen Anteile den Nennwert, ist der Differenzbetrag mit den Rücklagen zu verrechnen. Dadurch sind auch eigene Anteile des Tochterunternehmens nicht konsolidierungspflichtiges Eigenkapital (vgl. DRS 23.37, DRS 22.29–30).

§ 301 Abs. 4 HGB regelt den Fall, dass das einbezogenen Tochterunternehmen Anteile am Mutterunternehmen hält (Rückbeteiligungen). Im Konzernabschluss sind die Rückbeteiligungen als eigene Anteile zu qualifizieren und deshalb mit dem Nennwert offen vom Posten „Gezeichnetes Kapital" in der Konzernbilanz abzusetzen (vgl. auch DRS 22.47). Die Gleichbehandlung von eigenen Anteilen und Rückbeteiligungen resultiert aus der fingierten wirtschaftlichen Einheit des Konzerns. Aus Sicht des Konzerns als wirtschaftlicher Einheit ist es unerheblich, ob Anteile am Mutterunternehmen von diesem selbst oder von einem Tochterunternehmen gehalten werden: Sie sind in beiden Fällen als Anteile des Konzerns an sich selbst anzusehen. Die im Einzelabschluss der Tochtergesellschaft gebildete „Rücklage für Anteile an einem herrschenden oder mehrheitlich beteiligten Unternehmen" nach § 272 Abs. 4 HGB ist dann aber grundsätzlich Teil des konsolidierungspflichtigen anteiligen Eigenkapitals der Tochter (vgl. DRS 23.41; Winkeljohann/Deubert in: Beck Bil-Komm., 11. Aufl., § 301 Anm. 39 und 172).

Für den Fall eines nicht durch Eigenkapital gedeckten Fehlbetrags gem. § 268 Abs. 3 HGB muss der Beteiligungsbuchwert mit einem negativen Eigenkapitalbetrag konsolidiert werden (zu einer ausführlichen Diskussion der hiermit verbundenen buchungstechnischen Probleme vgl. Küting/Göth, BB 1994, S. 2446 ff.), so dass stets ein aktivischer Unterschiedsbetrag in Höhe der Summe der beiden „aufzurechnenden" Größen entsteht (vgl. Dusemond/Weber/Zündorf in: Küting/Weber, Konzernrechnungslegung, 2. Aufl., § 301 Rn. 57; Winkeljohann/Deubert in: Beck Bil-Komm., 11. Aufl., § 301 Anm. 38).

G.2.2 Die erfolgswirksame Vollkonsolidierung nach der Erwerbsmethode nach § 301 HGB

G.2.2.1 Charakterisierung der Methode

Die nach § 301 HGB allein zulässige Neubewertungsmethode zur Vollkonsolidierung von Tochterunternehmen ist ein erfolgswirksames Erwerbsverfahren nach angelsächsischem Vorbild. Im Erstkonsolidierungszeitpunkt, der nach § 301 Abs. 2 HGB bestimmt wird, werden soweit zulässig

- die in der Bilanz des Tochterunternehmens in den Werten der Vermögensgegenstände und Schulden in Form von Differenzen zwischen Buchwerten und aktuellen Zeitwerten schlummernden stillen Reserven aufgelöst,
- erforderlichenfalls auch stille Lasten als Gegenteil stiller Reserven (überhöhte Buchwerte bei Aktiva und zu geringe Buchwerte bei Passiva) beseitigt, worauf – weil stille Lasten vergleichsweise selten auftreten – im Folgenden nicht näher eingegangen wird (zu Einzelheiten vgl. Dusemond/Weber/Zündorf in: Küting/Weber, Konzernrechnungslegung, 2. Aufl., § 301 Rn. 118–122 und 128–133) und
- bei dem Tochterunternehmen bisher nicht aktivierte, vor allem selbstgeschaffene immaterielle Vermögensgegenstände des Anlagevermögens angesetzt, die mit dem Erwerb der Anteilsmehrheit durch die Mutter implizit von dieser entgeltlich erworben wurden und als solche ansatzpflichtig sind (vgl. DRS 23.51).

Aus den Wertanpassungen und der Aktivierung zusätzlichen Vermögens resultieren in Zukunft veränderte Abschreibungen, Materialaufwendungen oder Erfolge beim Abgang der Gegenstände. Diese Folgen sind gemeint, wenn die Verfahren als erfolgswirksam bezeichnet werden.

Klar geregelt hat der Gesetzgeber, dass im Rahmen der Neubewertung vor der Aufrechnung von Beteiligungsbuchwert und anteiligem Eigenkapital und unabhängig vom Umfang des Anteils der Mutter an dem Tochterunternehmen stille Reserven (und stille Lasten) aufgelöst werden. Eine Beschränkung auf die Anschaffungskosten der Beteiligung besteht nicht. Damit werden alle stillen Reserven vollständig aufgelöst, auch wenn im Kaufpreis der Anteile diese stillen Reserven nur teilweise oder gar nicht vergütet wurden. Zugleich werden hinsichtlich der stillen Reserven Mehrheit und Minderheit gleich behandelt, obwohl nur die Mehrheit im relevanten Zeitraum Anteile erworben haben muss (§ 301 Abs. 1 HGB).

G.2.2.2 Neubewertungsmethode bei 100%igen Beteiligungen

Im Rahmen der Vollkonsolidierung nach der Neubewertungsmethode werden entweder schon im Rahmen der Erstellung der Handelsbilanz II (vgl. Dusemond/Weber/ Zündorf in: Küting/Weber, Konzernrechnungslegung, 2. Aufl., § 301 Rn. 9) oder in unmittelbarem Anschluss daran vor der Summenbildung und vor der Konsolidierung die in der Bilanz des Tochterunternehmens vorhandenen stillen Reserven aufgedeckt (Handelsbilanz III). Dabei werden unabhängig von der Höhe der Anschaffungskosten stets sämtliche vorhandenen stillen Reserven in voller Höhe (einschließlich der hier im Beispiel nicht relevanten, auf Minderheiten entfallenden Beträge) aufgelöst. Die so neubewertete Bilanz des Tochterunternehmens wird in den Beispielen allgemein durch TN gekennzeichnet. Ein nicht durch Auflösung stiller Reserven im Rahmen der Neubewertung aufzufangender aktivischer Unterschiedsbetrag erscheint als Geschäftswert (Goodwill) in der Konzernbilanz. Eine passivische Aufrechnungsdifferenz (Überschuss des anteiligen Eigenkapitals des Tochterunternehmens über den Beteiligungsbuchwert) führt nach § 301 Abs. 3 HGB zu einem Unterschiedsbetrag aus der Kapitalkonsolidierung auf der Passivseite (Badwill).

Die Kapitalkonsolidierung nach der Neubewertungsmethode soll anhand eines einfachen Beispiels verdeutlicht werden. Dieses geht von einem Mutterunternehmen M aus, das von einem Tochterunternehmen T 100 % der Anteile besitzt und dieses am Ende des Jahres 16 erstmals in einen Konzernabschluss einbezieht. Die nachfolgende Übersicht zeigt in komprimierter Form von links nach rechts die Einzelbilanz von M, die Einzelbilanz von T mit Buchwerten mit den stillen Reserven in Klammern, die neubewertete Bilanz von T (TN = HB III der Tochter), die Summenbilanz, die Konsolidierungsbuchungen und die Konzernbilanz.

Im Rahmen der Neubewertung werden die stillen Reserven in den übrigen Aktiva vollständig aufgelöst, wodurch sich das Eigenkapital der Tochter um 100 erhöht. Diese Eigenkapitalerhöhung wird technisch regelmäßig als „Neubewertungsrücklage" erfasst (vgl. DRS 23.34). Der Neubewertung liegt demnach folgender Buchungssatz zugrunde:

Übrige Aktiva	100	an	Neubewertungsrücklage	100

Im Konsolidierungsschritt (1) werden der Beteiligungsbuchwert und das neubewertete Eigenkapital des Tochterunternehmens aufgerechnet. Daraus resultiert ein aktivischer Unterschiedsbetrag in Höhe von (500 – (150 + 180 + 20) =) 150 €, der entsprechend wie folgt zu buchen ist:

Gezeichnetes Kapital	150	an	Beteiligung an T	500	(1)
Übrige Rücklagen	80				
Neubewertungsrücklage	100				
Jahresüberschuss	20				
Unterschiedsbetrag	150				

Beispiel G.1: Erstmalige Konsolidierung nach der Neubewertungsmethode

	M HB II	T HB II	TN HB III	Summenbilanz	Konsolidierung Soll	Konsolidierung Haben	Konzern
Geschäftswert	–	–	–	–	(2) 150		150
Übrige Aktiva	1250	450	550[1]	1800			1800
[stille Reserven]	–	[100]					
Beteiligung an T	500	–	–	500		(1) 500	–
Unterschiedsbetrag	–	–	–	–	(1) 150	(2) 150	–
Summe	1750	450	550	2300			1950
Gezeichnetes Kapital	600	150	150	750	(1) 150		600
Rücklagen	300	80	180[2]	480	(1) 180		300
Jahresüberschuss	100	20	20	120	(1) 20		100
Fremdkapital	750	200	200	950			950
Summe	1750	450	550	2300	650	650	1950

[1] einschließlich stiller Reserven
[2] einschließlich „Neubewertungsrücklage" aus der Aufdeckung stiller Reserven

Der verbleibende aktivische Unterschiedsbetrag wird im zweiten Schritt der Konsolidierung in voller Höhe in den Geschäftswert (Goodwill) überführt:

Geschäftswert	150	an	Unterschiedsbetrag	150	(2)

Die Erfolgswirksamkeit der Kapitalkonsolidierung wird erst bei der Folgekonsolidierung zum 31.12.17 deutlich, weil hier wie in allen folgenden Beispielen angenommen wird, dass der Erstkonsolidierungsstichtag dem Bilanzstichtag des Jahres der erstmaligen Konsolidierung entspricht.

Im Beispiel G.2 für das Folgejahr wird unterstellt, dass der Jahresüberschuss aus dem ersten Jahr von 20 € in voller Höhe in die Rücklagen des Tochterunternehmens eingestellt wurde (bei Ausschüttung an M käme es wirtschaftlich zu einer Rückzahlung auf den Kaufpreis, der sich in einem niedrigeren Beteiligungsbuchwert niederschlagen sollte, vgl. Dusmond/Weber/Zündorf in: Küting/Weber, Konzernrechnungslegung, 2. Aufl., § 301 Rn. 173). Der beim Tochterunternehmen im Folgejahr erwirtschaftete Jahresüberschuss von 140 € sei noch nicht verwendet worden. Das Mutterunternehmen habe hingegen den Jahresüberschuss des ersten Jahres voll ausgeschüttet und im Folgejahr wiederum einen, noch nicht verwendeten, Jahresüberschuss von 100 € erzielt.

Schließlich wird angenommen, dass der Geschäftswert über 5 Jahre linear abgeschrieben wird und dass die stillen Reserven folgende Vermögensgegenstände betreffen:

- 40 € für Grundstücke, die keiner Abschreibung unterliegen und
- 60 € für eine Maschine, die bei einer Restnutzungsdauer von 3 Jahren linear abgeschrieben wird.

Beispiel G.2: Folgekonsolidierung nach der Neubewertungsmethode

	M HB II	T HB II	TN HB III	Summen-bilanz	Konsolidierung Soll	Konsolidierung Haben	Konzern
Geschäftswert	–	–	–	–	(2) 150	(3) 30	120
Übrige Aktiva	1450	590	690[1]	2140		(3) 20	2120
[stille Reserven]	–	[100]					
Beteiligung an T	500	–	–	500		(1) 500	–
Unterschiedsbetrag	–	–	–	–	(1) 150	(2) 150	–
Summe	1950	590	690	2640			2240
Gezeichnetes Kapital	600	150	150	750	(1) 150		600
Rücklagen	300	100	200[2]	500	(1) 200		300
Jahresüberschuss	100	140	140	240	(3) 50		190
Fremdkapital	950	200	200	1150			1150
Summe	1950	590	690	2640	700	700	2240

[1] einschließlich stiller Reserven
[2] einschließlich „Neubewertungsrücklage" aus der Aufdeckung stiller Reserven

Die Schritte (1) und (2) entsprechen dem Grundsatz der Erstkonsolidierung. Danach wird grundsätzlich auch in den Folgeperioden der Beteiligungsbuchwert mit dem Eigenkapital im Zeitpunkt der erstmaligen Einbeziehung des Tochterunternehmens in den Konzernabschluss verrechnet. Weil aber der Jahresüberschuss der Tochter aus dem Vorjahr von 20 € inzwischen in die Rücklagen eingestellt wurde, wird nicht mehr gegen die beiden Einzelbeträge von 180 und 20, sondern gegen die Rücklage von 200 € aufgerechnet.

Für die ersten beiden Schritte der Kapitalkonsolidierung sind die Wertansätze zum Zeitpunkt der erstmaligen Konsolidierung maßgebend. Dementsprechend werden im T-Abschluss die historischen stillen Reserven zu diesem Zeitpunkt gezeigt. Die dabei aufgelösten Beträge werden in den Konsolidierungsbuchungen sichtbar, während in der Zeit der Konzernzugehörigkeit entstandene stille Reserven auch bei erfolgswirksamer Kapitalkonsolidierung unberücksichtigt bleiben.

Im erfolgswirksamen Konsolidierungsschritt (3) werden die Abschreibungen auf die stillen Reserven (1/3 von 60 = 20 €) und auf den Geschäftswert (1/5 von 150 = 30 €) von den entsprechenden Posten der Konzernbilanz abgesetzt. Der Gesamtbetrag der zusätzlichen Abschreibungen von (20 + 30 =) 50 € mindert den im Konzernabschluss ausgewiesenen Jahresüberschuss. Entsprechend ist folgende Buchung durchzuführen:

Jahresüberschuss	50	an	übrige Aktiva	20	(3)
			Geschäftswert	30	

G.2.2.3 Neubewertungsmethode bei Vorhandensein von Minderheiten
G.2.2.3.1 Grundlagen

Bisher wurden die Grundzüge der Methoden der Kapitalkonsolidierung für den Fall einer 100 %-Beteiligung des Mutterunternehmens am Kapital des Tochterunternehmens dargestellt. Häufig tritt jedoch der Fall auf, dass neben dem Mutterunternehmen auch „*andere Gesellschafter*" (so § 307 HGB), in diesem Buch meist als „*Minderheiten*" bezeichnet, am Kapital des Tochterunternehmens beteiligt sind. Hinsichtlich der Übernahme der Vermögensgegenstände und Schulden des Tochterunternehmens in die Konzernbilanz hat das Vorhandensein von Minderheiten bei Vollkonsolidierung keine Konsequenzen: Vermögensgegenstände und Schulden werden entsprechend der Fiktion des Konzerns als wirtschaftliche Einheit voll (und nicht etwa anteilig gemäß dem Kapitalanteil des Mutterunternehmens) übernommen.

Würden Beteiligungsbuchwert und Eigenkapital des Tochterunternehmens wie bei einer 100 %-Beteiligung aufgerechnet, so würden mit der nur anteiligen Beteiligung und dem vollen Eigenkapital zwei nicht vergleichbare Größen gegenübergestellt. Es ist daher nur das anteilige, d. h. dem Beteiligungsprozentsatz des Mutterunternehmens entsprechende Eigenkapital gegen den Beteiligungsbuchwert aufzurechnen (DRS 23.95; Winkeljohann/K. Hoffmann in: Beck Bil-Komm., 11. Aufl., § 307 Anm. 7).

Der auf die Minderheiten entfallende Anteil des Eigenkapitals des Tochterunternehmens, der Minderheitenanteil, wird dagegen nicht aus dem Konzernabschluss eliminiert. Dieser Betrag darf allerdings nicht unverändert in die Konzernbilanz übernommen werden, da für den Posten „*Eigenkapital des Tochterunternehmens*" in einem auf der Fiktion einer wirtschaftlichen Einheit beruhenden Abschluss kein Platz ist. Aus diesem Grund wird das auf die Minderheiten entfallende Eigenkapital des Tochterunternehmens im Konzernabschluss unter dem Posten „*nicht beherrschende Antei-*

le" (§ 307 Abs. 1 HGB) ausgewiesen, obwohl diese Vorgehensweise – wie die Existenz von Minderheiten überhaupt – nicht mit der Einheitstheorie harmoniert.

G.2.2.3.2 Die Neubewertungsmethode bei Vorhandensein von Minderheiten

Die Kapitalkonsolidierung bei Vorhandensein von Minderheiten nach der Neubewertungsmethode soll anhand des durch Modifikation von Beispiel G.1 gewonnenen Beispiels G.3 verdeutlicht werden:

Zunächst wird nun angenommen, dass M zu 80 % an T beteiligt ist. Der Buchwert der Beteiligung an T betrage nun 400 €, wobei die Differenz gegenüber dem obigen Beispiel von 100 € in andere Aktiva investiert wurde, wodurch die übrigen Aktiva von M nun einen Buchwert von 1350 € aufweisen. Auf der Passivseite von M sowie in der T-Bilanz ergeben sich keine Veränderungen zum obigen Beispiel.

Auch bei Existenz von Minderheiten werden im Rahmen der Neubewertungsmethode die stillen Reserven vollständig aufgelöst, also auch die stillen Reserven, die auf die Minderheiten entfallen. Entsprechend werden die bei dem Tochterunternehmen T insgesamt in der Bilanz verborgenen stillen Reserven von 100 € aufgelöst. Dem wird Rechnung getragen, indem in der Summenspalte die Zahlen der Mutter und der Tochtergesellschaft nach umfassender Neubewertung (sowohl die 100 € stille Reserven als auch die auf 180 € gewachsenen Rücklagen erscheinen offen in der Bilanz) zusammengefasst werden.

Beispiel G.3: Erstmalige Konsolidierung nach der Neubewertungsmethode bei Existenz von Minderheiten

	M HB II	T HB II	TN HB III	Summen-bilanz	Konsolidierung Soll	Konsolidierung Haben	Konzern
Goodwill	–	–	–		(2) 120		120
Übrige Aktiva	1350	450	550[1]	1900			1900
[stille Reserven]	–	[100]					
Beteiligung an T	400	–	–	400		(1) 400	–
Unterschiedsbetrag					(1) 120	(2) 120	–
Summe	1750	450	550	2300			2020
Gezeichnetes Kapital	600	150	150	750	(1) 120 (3) 30		600
Rücklagen	300	80	180[2]	480	(1) 144 (3) 36		300
Jahresüberschuss	100	20	20	120	(1) 16 (3) 4		100
nicht beh. Anteile	–	–	–	–		(3) 70	70
Fremdkapital	750	200	200	950			950
Summe	1750	450	550	2300	590	590	2020

[1] einschließlich stiller Reserven
[2] einschließlich „Neubewertungsrücklage" aus der Aufdeckung stiller Reserven

Der Beteiligungsbuchwert wird in Schritt (1) mit dem anteiligen Eigenkapital des Tochterunternehmens aufgerechnet, wobei sich ein aktivischer Unterschiedsbetrag in Höhe von (400 – (120 + 144 + 16) =) 120 € ergibt. Zu buchen ist dann:

Gezeichnetes Kapital	120	an	Beteiligung an T	400	(1)
Rücklagen	144				
Jahresüberschuss	16				
Unterschiedsbetrag	120				

Der vorläufige aktivische Unterschiedsbetrag wird wie im Fall ohne Minderheiten im zweiten Schritt der Konsolidierung in voller Höhe in den Geschäftswert (Goodwill) überführt:

Geschäftswert	120	an	Unterschiedsbetrag	120	(2)

Im Konsolidierungsschritt (3) werden die Anteile der Minderheiten an Kapital, Rücklagen und Jahresüberschuss in die Position „*nicht beherrschende Anteile*" umgegliedert. Da im Rahmen der Neubewertungsmethode auch die auf die Minderheiten entfallenden stillen Reserven von 20 € aufgelöst werden, gehen auch die anteiligen aufgelösten stillen Reserven in den Posten „nicht beherrschend Anteile", obwohl diese stillen Reserven sich nicht im Kaufpreis der Anteile widerspiegeln. Zu buchen ist entsprechend:

Gezeichnetes Kapital	30	an	nicht beherrschende Anteile	70	(3)
Rücklagen	36				
Jahresüberschuss	4				

Für die Folgekonsolidierung zum 31.12.17 werden mit Ausnahme des Beteiligungsquote und des Beteiligungsbuchwertes wieder die Annahmen aus Beispiel G.2 übernommen. Zum Ausgleich für den im Minderheitenbeispiel um 100 € niedrigeren Beteiligungsbuchwert für die Tochter steigen in der Bilanz der Mutter die übrige Aktiva entsprechend. Im Rahmen der dann in Beispiel G.4 dargestellten Folgekonsolidierung nach der Neubewertungsmethode wird in Schritt (1) – wie vom Grundsatz der Erstkonsolidierung vorgegeben – erneut der Beteiligungsbuchwert mit dem anteiligen Eigenkapital zum Zeitpunkt der erstmaligen Konsolidierung aufgerechnet, wobei nur der Thesaurierung des Jahresüberschusses der Tochter aus dem Jahr 16 Rechnung getragen wird.

Gezeichnetes Kapital	120	an	Beteiligung an T	400	(1)
Rücklagen	160				
Unterschiedsbetrag	120				

In Schritt (2) wird – ebenfalls in Wiederholung der Erstkonsolidierung – der aktivische Unterschiedsbetrag umgebucht in den Goodwill.

Geschäftswert	120	an	Unterschiedsbetrag	120	(2)

Schritt (3) dient erneut der Überführung des Anteils der Minderheiten an Kapital, Rücklagen und Jahresüberschuss der Tochtergesellschaft in die Position „nicht beherrschende Anteile". Im Unterschied zur Erstkonsolidierung haben die Minderheiten im Geschäftsjahr 17 aber noch zusätzlich Anspruch auf ihren Anteil am Jahresüberschuss 17 in Höhe von 28 €. Entsprechend ist folgendermaßen zu buchen:

Gezeichnetes Kapital	30	an	Nicht beherrschende Anteile	98	(3)
Rücklagen	40				
Jahresüberschuss	28				

Beispiel G.4: Folgekonsolidierung nach der Neubewertungsmethode bei Existenz von Minderheiten

	M HB II	T HB II	TN HB III	Summen- bilanz	Konsolidierung Soll	Konsolidierung Haben	Konzern
Geschäftswert	–	–	–	–	(2) 120	(4) 24	96
Übrige Aktiva	1550	590	590	2140			2140
[stille Reserven]	–	[100]	100	100		(4) 16	80
						(5) 4	
Beteiligung an T	400	–	–	400		(1) 400	–
Unterschiedsbetrag	–	–	–	–	(1) 120	(2) 120	–
Summe	1950	590	690	2640			2316
Gezeichnetes Kapital	600	150	150	750	(1) 120		
					(3) 30		600
Rücklagen	300	100	200[1]	500	(1) 160		
					(3) 40		300
Jahresüberschuss	100	140	140	240	(4) 40		
					(3) 28		172
nicht beh. Anteile	–	–	–	–	(5) 4	(3) 98	94
Fremdkapital	950	200	200	1150			1150
Summe	1950	590	690	2640	662	662	2316

[1] einschließlich „Neubewertungsrücklage" aus der Aufdeckung stiller Reserven

Erfolgswirksam im Rahmen der Folgekonsolidierung wirkt sich zum einen die planmäßige Abschreibung des Goodwills (1/5 von 120 = 24 €) aus. Zum anderen führen Abschreibungen aus den aufgelösten stillen Reserven zu weiteren Auswirkungen auf den Erfolg. Da alle stillen Reserven in Höhe von 40 bei den Grundstücken sowie 60 bei den Maschinen aufgelöst wurden und die Maschinen noch 3 Jahre nutzbar sein sollen, entstehen zusätzliche Abschreibungen von $60 : 3 = 20$. Die davon auf die Mehrheit entfallenden 80 % (16 €) werden zusammen mit den Abschreibungen auf den Goodwill in Schritt (4) zu Lasten des Jahresüberschusses verbucht. Die auf die Minderheit entfallenden 20 % (4 €) werden in Schritt (5) zu Lasten des Minderheitenanteils verbucht.

Jahresüberschuss	40	an	Übrige Aktiva	16	(4)
			Goodwill	24	
Nicht beh. Anteile	4	an	Übrige Aktiva	4	(5)

Um zu verdeutlichen, welche Restbuchwerte von den aufgedeckten stillen Reserven nach der Folgekonsolidierung existieren, werden in Beispiel G.4 die aufgedeckten stillen Reserven und ihre Entwicklung als gesonderter Posten innerhalb der übrigen Aktiva aufgezeigt.

Die Erfolgswirkungen aus der Auflösung stiller Reserven für die Minderheit – im Beispiel G.4 also die Abschreibung von 4 € – belasten das auf die Minderheit entfallende Ergebnis (vgl. Weber/Zündorf in: Küting/Weber, Konzernrechnungslegung, 2. Aufl., § 307 Rn. 13; Winkeljohann/K. Hoffmann in: Beck Bil-Komm., 11. Aufl., § 307 Anm. 81). Dadurch setzt sich der Anteil der Minderheiten von 94 € aus 70 € Kapitalanteil und $28 - 4 = 24$ € anteiligen Jahresergebnis zusammen. In der Konzernbilanz wird jedoch der Anteil der Minderheiten bestehend aus Kapitalanteil und anteiligem Jahresergebnis zusammen unter dem Posten „nicht beherrschender Anteil" ausgewiesen. Ein gesonderter Ausweis des anteiligen Jahresergebnisses der Minderheit ist nur in der Konzern-GuV, nicht in der Konzernbilanz notwendig (vgl. § 307 Abs. 2 HGB; Winkeljohann/K. Hoffmann in: Beck Bil-Komm., 11. Aufl., § 307 Anm. 76).

G.2.2.4 Die Behandlung des Unterschiedsbetrags

Ein nach der Verrechnung von Beteiligungsbuchwert und anteiligem neubewertetem Eigenkapital verbleibender aktivischer Unterschiedsbetrag gem. § 301 Abs. 3 HGB ist bei der erstmaligen Konsolidierung in der Konzernbilanz als Geschäftswert (Goodwill) auszuweisen.

Der Geschäftswert kann im Einzelnen folgende Sachverhalte wiedergeben (vgl. Wöhe, StuW 1980, S. 99):

- Werte, die weder im Einzelabschluss noch im Konzernabschluss bilanzierungsfähig sind (z. B. Kundenstamm, effiziente Organisation, gutes Management),
- Synergieeffekte aus einer besonders effizienten Kombination von Vermögensgegenständen,
- das Entgelt für den Besitz des erworbenen Unternehmens als solches (etwa dafür, dass dieses nicht mehr als Konkurrent auftritt).

Allerdings besteht auch die Möglichkeit, dass der Geschäftswert eine Überzahlung oder eine Überbewertung der im Tausch erbrachten Gegenleistung ausdrückt.

Bei den Folgekonsolidierungen verweist der Gesetzgeber gem. § 309 Abs. 1 HGB auf die Vorschriften für den Einzelabschluss, die sich auf die Bilanzierung eines Geschäfts- oder Firmenwertes beziehen, mithin also auf § 246 Abs. 1 S. 4 und § 253 Abs. 3 HGB. Danach ist der Geschäfts- und Firmenwert als abnutzbarer Vermögensgegenstand zu betrachten und entsprechend planmäßig und gegebenenfalls auch außerplanmäßig abzuschreiben.

Gemäß § 253 Abs. 3 S. 1 und 2 HGB ist der Geschäftswert im Rahmen der planmäßigen Abschreibung über die voraussichtliche Nutzungsdauer planmäßig zu verteilen. Diese Vorschrift erfordert die Bestimmung der Nutzungsdauer für den Geschäftswert, was sich allerdings in der Praxis als schwierig erweisen kann. Vor Einführung des BilMoG zeigte sich entsprechend eine große Bandbreite der in der Praxis festgelegten Nutzungsdauern. Eine Untersuchung deutscher Konzernabschlüsse für das Geschäftsjahr 1989 zeigte Nutzungsdauern von bis zu 40 Jahren (vgl. Treuarbeit, Konzernabschlüsse, 1990, S. 72 f.). § 314 Abs. 1 Nr. 20 HGB in der Fassung des BilMoG erlaubte deshalb nur in begründeten Ausnahmefällen eine längere Nutzungsdauer als fünf Jahre. Bereits im inzwischen aufgehobenen DRS 4.33, aber auch im derzeit gültigen DRS 23.121 werden zusätzlich Anhaltspunkte konkretisiert, anhand derer die wirtschaftlich angemessene Nutzungsdauer geschätzt werden kann. Außerdem konkretisiert DRS 23.120 den Gesetzestext dahingehend, dass die Nutzungsdauer nach objektiv nachvollziehbaren Kriterien festzulegen ist und bei Schätzunsicherheiten tendenziell eine kürzere Nutzungsdauer zugrunde zu legen ist. Seit Einführung des BilRuG schreibt § 253 Abs. 3 S. 3 und 4 HGB in Abwandlung der Regelungen des BilMoG für die Fälle, für die die voraussichtliche Nutzungsdauer nicht verlässlich geschätzt werden kann, deshalb vor, dass der planmäßigen Abschreibung ein Abschreibungszeitraum von 10 Jahren zugrunde zu legen ist. Die Begrenzung der Nutzungsdauer auf regelmäßig fünf Jahre aus dem BilMoG wurde damit wieder aufgehoben. Die steuerliche Abschreibungsdauer von 15 Jahren (§ 7 Abs. 1 S. 3 EStG) gilt zudem seit der Abschaffung von § 308 Abs. 3 HGB, der die Übernahme von steuerlichen Werten in den Konzernabschluss erlaubte, als willkürlich. Sie darf folglich der Goodwillabschreibung im Konzernabschluss nach HGB nur zugrunde gelegt werden, wenn sie der geschätzten wirklichen Nutzungsdauer entspricht. Zum Ende jeden Geschäftsjahres ist darüber hinaus die verbleibende Restnutzungsdauer zu überprüfen, wenn sich Anhaltspunkte dafür gezeigt haben, dass sich die der ursprünglichen Schätzung zugrundeliegenden Annahmen über die geschäftswertbildenden Faktoren geändert haben (DRS 23.123). Die planmäßige Abschreibung wird regelmäßig nach der linearen Methode durchgeführt, es sei denn der Nutzenverlauf wird durch eine andere Abschreibungsmethode nachweislich besser abgebildet (DRS 23.119). Außerdem muss die planmäßige Abschreibung mit dem Zeitpunkt des Zugangs des Goodwills ansetzen und bei Zugang im Geschäftsjahr anteilig erfolgen (DRS 23.118).

Außerplanmäßige Abschreibungen sind zusätzlich zu den planmäßigen vorzunehmen, wenn eine voraussichtlich dauernde Wertminderung des Geschäfts- und Firmenwertes vorliegt (§ 253 Abs. 3 S. 5 HGB). Anhaltspunkte für eine dauernde Wertminderung beschreibt ergänzend zum Gesetz DRS 23.126. Sollten sich bei Vorliegen solcher Anhaltspunkte diese nicht entkräften lassen, ist auf den niedrigeren beizulegenden Wert abzuschreiben (DRS 23.127). Zur Messung des beizulegenden Wertes wird vom beizulegenden Zeitwert der Beteiligung der Mutter im Bilanzstichtag das anteilige Eigenkapital des Tochterunternehmens zu diesem Zeitpunkt, also das anteilige Nettovermögen der Tochter aus der Übernahme der Vermögensgegenstände, Schulden und Rechnungsabgrenzungsposten in den Konzernabschluss nach § 301 Abs. 1 S. 2 HGB am Bilanzstichtag, abgezogen. Gerade die Zeitbewertung des anteiligen Nettovermögens der Tochter auf den aktuellen Bilanzstichtag kann in der Praxis sehr aufwendig sein. Deshalb darf der implizit ermittelte beizulegende Wert für den Geschäfts- und Firmenwert vereinfacht auch über den Vergleich des beizulegen Zeitwertes der Beteiligung mit der Summe aus dem Konzernbuchwert des anteiligen Reinvermögens der Tochter und dem Restbuchwert des Geschäfts- und Firmenwertes bestimmt werden (DRS 23.128). Auch bei Wegfall der Gründe ist allerdings für die außerplanmäßige Abschreibung der abgeschrieben Wert für den Geschäfts- und Firmenwert beizubehalten (§ 309 Abs. 1 iVm. § 253 Abs. 5 S. 2 HGB). Hintergrund ist, dass der Ansatz eines originären Goodwills untersagt ist und dieser nicht über die „Hintertür" der Zuschreibung eines früheren einmal außerplanmäßig abgeschriebenen, derivativen Goodwills doch aktiviert wird.

Soweit der Beteiligungsbuchwert niedriger als das anteilige Eigenkapital des Tochterunternehmens ist, entsteht ein passivischer Unterschiedsbetrag aus der Kapitalkonsolidierung, der gemäß § 301 Abs. 3 S. 1 HGB in der Konzernbilanz auszuweisen ist.

Ein solcher passivischer Geschäftswert oder Geschäftsminderwert (Badwill) kann entweder auf im bilanziellen Eigenkapital nicht zum Ausdruck kommende negative Ertragserwartungen beim Tochterunternehmen, auf einen besonders niedrigen Kaufpreis der Beteiligung, d. h. einen sogenannten „lucky buy", oder konsolidierungstechnische Gründe zurückzuführen sein (vgl. Sahner, Kapitalkonsolidierung, 1983, S. 44; Niehus, WPg 1984, S. 324).

Da hinter dem Badwill als passivischem Rest der Kapitalkonsolidierung also höchst unterschiedliche Ursachen vermutet werden, löst das konsequenterweise verschiedene Folgebehandlungen aus (§ 309 Abs. 2 HGB). Dazu sind zunächst im Erstkonsolidierungszeitpunkt die Ursachen für die Entstehung eines Badwill zu analysieren und auch zu dokumentieren (vgl. DRS 23.137). Soweit er als Ausdruck künftiger Belastungen angesehen wird und entsprechend Fremdkapitalcharakter aufweist, verbleibt er in der Bilanz bis die erwartete Belastung eingetreten ist. Zu ihrem Ausgleich wird er dann erfolgswirksam aufgelöst (vgl. DRS 23.142–143). Steht als Ursache hinter dem Badwill ein sogenannter „lucky buy", da die Anteile der Tochter zu einem niedrigeren Preis als dem Wert des anteiligen Eigenkapitals erworben wurden, wird dem Badwill grundsätzlich Eigenkapitalcharakter zugesprochen. Entsprechend wird in diesem Fall der Badwill im Zeitablauf erfolgswirksam als Ertrag erfasst (vgl. DRS 23.144–146). Soweit rein konsolidierungstechnische Gründe einen Badwill verursachen wird unter Umständen auch eine erfolgsneutrale Verrechnung zugelassen (vgl. DRS 23.147 ff.).

Verbleiben aus der Konsolidierung mehrerer Tochterunternehmen sowohl aktive wie auch passive Unterschiedsbeträge sind die aktiven Unterschiedsbeträge gesondert von den passiven auszuweisen (§ 301 Abs. 3 S. 1 HGB). Eine Verrechnung darf nicht erfolgen. Ergeben sich jedoch mehrere aktive oder mehrere passive Unterschiedsbeträge, dürfen diese zu einem aktiven bzw. zu einem passiven Unterschiedsbetrag zusammengefasst werden. Im Konzernanhang sind die Unterschiedsbeträge sowie wesentliche Änderungen im Vergleich zu den Vorjahren zu erläutern (vgl. § 301 Abs. 3 S. 2 HGB).

G.2.2.5 Der Basiszeitpunkt der Kapitalkonsolidierung

In den bisherigen Beispielen wurde unterstellt, dass das Mutterunternehmen seine Beteiligung an dem Tochterunternehmen am Stichtag der Aufstellung des Konzernabschlusses erworben hat. Wird die Beteiligung hingegen zu irgendeinem Zeitpunkt während des Geschäftsjahres erworben, so stellt sich die Frage, welcher Zeitpunkt bei der Aufrechnung von Beteiligungsbuchwert und anteiligem Eigenkapital als Basiszeitpunkt zugrunde gelegt werden soll. Nach der Erwerbsfiktion ist dies der Zeitpunkt des Erwerbs der Beteiligung. Der Gesetzgeber hat mit dem BilMoG konsequenterweise in § 301 Abs. 2 S. 1 HGB geregelt, dass die Verrechnung der Anteile an der Tochter mit deren anteiligem Eigenkapital *„auf Grundlage der Wertansätze zu dem Zeitpunkt durchzuführen* [ist], *zu dem das Unternehmen Tochterunternehmen geworden ist"*.

Für den Fall, dass die Beteiligung unterjährig erworben wird, wird damit grundsätzlich die Aufstellung eines Zwischenabschlusses auf den Erwerbszeitpunkt notwendig. Zwar ist dies nach herrschender Meinung nicht zwingend erforderlich, wird aber regelmäßig empfohlen (vgl. DRS 23.11; Winkeljohann/Deubert in: Beck Bil-Komm., 11. Aufl., § 301 Anm. 129). Bei Fehlen eines Zwischenabschlusses auf den Erwerbszeitpunkt ist mindestens ein Inventar aufzustellen, das alle Vermögensgegenstände, Schulden und sonstigen Posten zum Zeitpunkt der ersten Konsolidierung enthält, sowie eine Abgrenzung des vom Tochterunternehmens bis zum Erstkonsolidierungszeitpunkt erwirtschafteten Ergebnisses vorzunehmen. Das so festgestellte Reinvermögen des Tochterunternehmens, bewertet mit den Zeitwerten zum Zeitpunkt, als das Unternehmen Tochterunternehmen wurde, ergibt das neubewertete Eigenkapital, das nach § 301 Abs. 1 S. 2 HGB zugrunde zu legen ist (vgl. DRS 23.13; Winkeljohann/Deubert in: Beck Bil-Komm., 11. Aufl., § 301 Anm. 127 und 130).

Die Beteiligung, die zu einem Mutter-Tochter-Verhältnis führt, wird u. U. nicht durch eine einzige Transaktion, sondern sukzessive erworben. Der Erstkonsolidierungszeitpunkt weicht dann von den Erwerbszeitpunkten der ersten Anteile gegebenenfalls ab, wenn nicht schon mit der ersten Transaktion das Unternehmen zum

Tochterunternehmen wurde. Seit Einführung des BilMoG ist gemäß § 301 Abs. 2 S. 1 HGB aber auch in diesen Fällen der Kapitalkonsolidierung immer der Zeitpunkt zugrunde zu legen *„zu dem das Unternehmen Tochterunternehmen geworden ist".* Entsprechend ergibt sich das anteilige Eigenkapital des Tochterunternehmens aus seinen Vermögensgegenständen und Schulden zum Zeitwert am Erstkonsolidierungsstichtag. Das bis zu diesem Zeitpunkt erwirtschaftete Ergebnis des Tochterunternehmens, auch das, was zwischen zwei Anteilskäufen erzielt wurde, ist insgesamt in die Erstkonsolidierung einzubeziehen.

Insbesondere bei einem sukzessiven Beteiligungserwerb, der sich über einen langen Zeitraum erstreckt, führt deshalb die mit dem BilMoG durchgängig eingeführte Festlegung des Erstkonsolidierungszeitpunktes auf den Zeitpunkt des Entstehens eines Mutter-Tochter-Verhältnisses zu gewissen Inkonsistenzen. Dadurch werden u. U. Größen gegenübergestellt, die nicht miteinander vergleichbar sind: Denn wenn sich das Eigenkapital des Tochterunternehmens seit dem Erwerb der Anteile, etwa durch Gewinnthesaurierungen, geändert hat, werden auch diese Eigenkapitaländerungen in die Konsolidierung einbezogen und gehen im Unterschiedsbetrag unter (vgl. Dreger, Konzernabschluss, 1969, S. 78; Schindler, Kapitalkonsolidierung, 1986, S. 186). Gleichzeitig stellt die einheitlich Festlegung des Erstkonsolidierungszeitpunktes aber eine deutliche Vereinfachung der Kapitalkonsolidierung dar (vgl. Winkeljohann/ Deubert in: Beck Bil-Komm., 11. Aufl., § 301 Anm. 127 und 128).

Sollte es dem Mutterunternehmen nicht möglich sein, die Wertansätze zum Erstkonsolidierungszeitpunkt endgültig zu ermitteln, sind sie innerhalb der folgenden zwölf Monate erfolgsneutral anzupassen (§ 301 Abs. 2 S. 2 HGB). Darüber hinaus gewährt der Gesetzgeber in genau definierten Ausnahmefällen weitere Erleichterungen. Als Zeitpunkt für die Wertansätze der Erstkonsolidierung dient nach § 301 Abs. 2 S. 3 und 4 HGB jeweils der Tag der Einbeziehung der Tochter in den Konzernabschluss, wenn

- das Mutterunternehmen erstmals einen Konzernabschluss aufstellt und das Tochterunternehmen nicht erst im Jahr der erstmaligen Aufstellung des Konzernabschluss Tochterunternehmen wurde oder
- ein bisher auf Basis von § 296 HGB nicht in den Konzernabschluss einbezogenes Unternehmen erstmals einbezogen werden muss.

Fall 1 tritt zum Beispiel ein, wenn das Mutterunternehmen erstmals nicht mehr die größenabhängigen Befreiungsvorschriften nach § 293 HGB erfüllt und deshalb im laufenden Geschäftsjahr erstmals einen Konzernabschluss aufstellen muss. Sind verlässliche Informationen über die vom Zeitpunkt des Entstehens des Mutter-Tochter-Verhältnisses fortgeführten Zeitwerte der Vermögensgegenstände und Schulden des Tochterunternehmens verfügbar, so dürfen diese der erstmaligen Kapitalkonsolidierung zugrunde gelegt werden. (vgl. § 301 Abs. 2 S. 5 HGB; DRS 23.14; Winkeljohann/

Deubert in: Beck Bil-Komm., 11. Aufl., § 301 Anm. 137). Diese sog. Rückausnahme muss jedoch im Konzernanhang angegeben und begründet werden und ist nur einheitlich auf alle Tochterunternehmen anwendbar, für die die notwendigen Informationen vorliegen (DRS 23.15).

G.2.2.6 Die Endkonsolidierung

Die Endkonsolidierung eines einbezogenen Unternehmens ist durchzuführen, wenn es aus dem Konsolidierungskreis ausscheidet (DRS 23.178) oder von einem „härteren" in einen „weicheren" Teil des Konsolidierungskreises wechselt (z. B. beim Übergang von der Vollkonsolidierung zur Equity-Methode). Dieser letztgenannte Fall, die sog. Übergangskonsolidierung, wird nachfolgend allerdings nicht behandelt (vgl. dazu Ordelheide, BB 1986, S. 770–772; Dusemond/Weber/Zündorf in: Küting/Weber, Konzernrechnungslegung, 2. Aufl., § 301 Rn. 386–388; Winkeljohann/Deubert in: Beck Bil-Komm., 11. Aufl., § 301 Anm. 340–355).

Im Einzelabschluss des beteiligten Unternehmens führt der Verkauf der Beteiligung zu einem Erfolg in Höhe der Differenz aus den Veräußerungserlösen und dem Beteiligungsbuchwert als dem Abgangswert im Einzelabschluss. Sofern zwischenzeitlich keine außerplanmäßigen Abschreibungen und Zuschreibungen und auch keine Kapitalerhöhungen oder -herabsetzungen durchgeführt wurden, entspricht der Beteiligungsbuchwert den Anschaffungskosten der Beteiligung, die somit bei Veräußerung zu Aufwendungen werden.

In den Konzernabschluss kann dieser Veräußerungserfolg nicht unverändert übernommen werden, da bei erfolgswirksamer Kapitalkonsolidierung der Konzernabgangswert der Beteiligung in zweifacher Hinsicht zu modifizieren ist.

Zunächst ist zu berücksichtigen, dass im Konzernabschluss ein Teil der Anschaffungskosten der Beteiligung schon während der Zeit der Konzernzugehörigkeit des Tochterunternehmens in die Aufwendungen einbezogen worden sein kann, so dass insoweit der Veräußerungserfolg aus Konzernsicht höher ausfällt (vgl. Ordelheide, BB 1986, S. 767). Hierbei handelt es sich um die Erfolgswirkungen aus der Kapitalkonsolidierung, also den eventuell abgeschriebenen Geschäftswert aus der erstmaligen Konsolidierung und um im Rahmen der erstmaligen Konsolidierung aufgedeckte stille Reserven, die durch Abschreibung, Verbrauch oder Abgang erfolgswirksam aufgelöst wurden.

Zusätzlich wurden Rücklagenänderungen und noch nicht verwendete Ergebnisse des Tochterunternehmens aus der Zeit seiner Konzernzugehörigkeit bereits im Konzernabschluss berücksichtigt, während sie in den Einzelabschluss des Mutterunternehmens nicht eingingen, was z. B. im Fall von Rücklagendotierungen zu einer Minderung des Veräußerungserfolgs aus Konzernsicht führt (vgl. Schindler, Kapitalkonsolidierung, 1986, S. 230).

Die Endkonsolidierung soll nun auf der Grundlage des Beispiels G.4 (siehe Abschnitt G.2.2.3.2) vorgeführt werden. Es wird angenommen, dass M seine Beteiligung (Beteiligungsbuchwert 400 €) an T am 31.12.17 zum Preis von 600 € veräußert. Den daraus resultierenden Einzelabschluss von M zeigt die erste Spalte von links. Den Ausgangspunkt der Endkonsolidierung bildet – neben dem Einzelabschluss von T – der aus Beispiel G.4 entnommene (vorläufige) Konzernabschluss KV zum 31.12.17 unter Einbeziehung von T, von dem aus man durch die Endkonsolidierungsbuchungen zum Konzernabschluss ohne T gelangt (zur Vorgehensweise vgl. Ordelheide, BB 1986, S. 769 f.; Schindler, Kapitalkonsolidierung, 1986, S. 234; Dusemond/Weber/Zündorf in: Küting/Weber, Konzernrechnungslegung, 2. Aufl., § 301 Rn. 369; Winkeljohann/Deubert in: Beck Bil-Komm., 11. Aufl., § 301 Anm. 306 ff.).

Beispiel G.5: Endkonsolidierung nach der Neubewertungsmethode

	M	T	KV	Endkonsolidierung Soll	Haben	Konzern
Geschäftswert	–	–	96		(1) 96	–
Übrige Aktiva	2150	590	2140	(1) 600	(1) 472	2150
					(2) 118	
[stille Reserven]	–	–	80		(1) 64	–
					(2) 16	
Summe	2150	590	2316			2150
Gezeichnetes Kapital	600	150	600			600
Rücklagen	300	100	300			300
Jahresüberschuss	300[1]	140	172		(1) 128	300[2]
Nicht beh. Anteile	–		94	(2) 94		–
Fremdkapital	950	200	1150	(1) 160		950
				(2) 40		
Summe	2150	590	2316	894	894	2150

[1] davon Veräußerungsgewinn im Einzelabschluss von M (600 – 400) = 200
[2] davon Konzernveräußerungsgewinn 128

Im Schritt (1) wird der Veräußerungserfolg aus Konzernsicht durch die Gegenüberstellung von zufließenden Veräußerungserlösen und dem auf den Konzern entfallenden (anteiligen) Abgangswert von T ermittelt. Der anteilige Abgangswert entspricht der Summe der auf den Konzern entfallenden einzelnen Aktiv- und Passivposten von T, wie sie sich aus dem Konzernabschluss ergeben, weil der Endkonsolidierung die Fiktion des Einzelabgangs der Positionen zugrunde liegt (vgl. Ordelheide, BB 1986, S. 766 f.; Winkeljohann/Deubert in: Beck Bil-Komm., 11. Aufl., § 301 Anm. 305 und 307; DRS 23.179).

Im Beispiel setzt sich der Konzernabgangswert aus folgenden Komponenten zusammen:

	anteilige übrige Aktiva (80 % von 590)	472
+	anteilig stille Reserven (80 % von 80)	+ 64
=	anteiliger Buchwert Vermögensgegenstände T (inkl. stille Reserven)	536
+	noch nicht abgeschriebener Goodwill	+ 96
−	anteilige Schulden (80 % von 200)	−160
=	Konzernabgangswert	472

Entsprechend ergibt sich für das Beispiel folgender Konzernveräußerungserfolg

	Veräußerungserlös	600
−	Konzernabgangswert	−472
=	Konzernveräußerungserfolg	128

Der erste Endkonsolidierungsschritt ist demnach wie folgt zu buchen:

Übrige Aktiva (Bank M)	600	an	Übrige Aktiva (Vermög.geg. T)	536	(1)
Fremdkapital	160		Goodwill	96	
			Jahresüberschuss	128	

Schritt (2) zeigt die Endkonsolidierung des Minderheitenanteils, der im Beispiel dem auf die Minderheiten entfallenden Abgangswert von T entspricht. Dieser setzt sich zusammen aus den anteiligen Aktiva inklusive noch nicht aufgelöster stiller Reserven von 134 € (= 20 % von 670) abzüglich des anteiligen Fremdkapitals von 40 (= 20 % von 200). Diesem steht in gleicher Höhe der auszubuchende Minderheitenanteil von 94 € gegenüber.

Nicht beh. Anteile	94	an	Übrige Aktiva	134	(2)
Fremdkapital	40				

Da hier aus Vereinfachungsgründen nur noch M in den Konzernabschluss einbezogen wird, gleicht die Konzernbilanz der Einzelbilanz von M. Ein Unterschied ergibt sich jedoch wegen der abweichenden Veräußerungserfolge zwischen der Konzern-GuV und der Einzel-GuV.

Außerdem kommt es zu hier nicht sichtbaren Unterschieden bei der Erstellung des Anlagengitters (vgl. Dusemond/Weber/ Zündorf in: Küting/Weber, Konzernrechnungslegung, 2. Aufl., § 301 Rn. 373 f.).

G.2.2.7 Sonderfragen der Kapitalkonsolidierung bei Vollkonsolidierung
G.2.2.7.1 Kapitalkonsolidierung im mehrstufigen Konzern

Ein mehrstufiger Konzern liegt dann vor, wenn ein Tochterunternehmen selbst wiederum Mutterunternehmen eines Unternehmens (Enkelunternehmen) ist, wie dies in folgender Beteiligungsstruktur zum Ausdruck kommt (siehe Abbildung G.1):

$$M \xrightarrow{\ 60\,\%\ } T \xrightarrow{\ 80\,\%\ } E$$

Abb. G.1: Beteiligungsstruktur eines mehrstufigen Konzerns.

Das Mutterunternehmen M hält 60 % der Anteile des Tochterunternehmens T und T hält 80 % der Anteile des Enkelunternehmens E.

Selbstverständlich kann auch das Enkelunternehmen seinerseits wieder Mutterunternehmen sein. Aus Gründen der Übersichtlichkeit beschränken sich die nachfolgenden Ausführungen jedoch auf den Fall eines zweistufigen Konzerns.

Für die Konsolidierung mehrstufiger Konzerne stehen grundsätzlich zwei Verfahren zur Verfügung,

– die Kettenkonsolidierung und
– die Simultankonsolidierung.

G.2.2.7.1.1 Die Kettenkonsolidierung

Bei der Kettenkonsolidierung, die DRS 23 empfiehlt (DRS 23.191), wird ausgehend von der am weitesten von der Konzernmutter entfernten Teilkonzernmutter (im Beispiel T) und deren Tochtergesellschaft(en) (im Beispiel E), ein Teilkonzernabschluss der untersten Stufe – ggf. auch mehrere – aufgestellt. Dieser Teilkonzernabschluss wird Stufe für Stufe um die jeweils nächst höhere (Teil-)Konzernmutter erweitert, bis am Ende die Konzernmutter und alle zu konsolidierenden Tochterunternehmen einbezogen sind. Man erhält so für jede Stufe einen Teilkonzernabschluss und im letzten Schritt auf der obersten Stufe den Konzernabschluss.

Anders als im einstufigen erscheint es im mehrstufigen Konzern zunächst unsicher, ob die direkten Beteiligungsquoten der Konzernunternehmen aneinander als Grundlage der Konsolidierung herangezogen werden können: Es fragt sich, ob die indirekten Anteile der Minderheiten zutreffend berücksichtigt werden (im Beispiel die indirekten Anteile der an T beteiligten Minderheiten an E, also 40 % · 80 % = 32 %).

Bei einer eingehenden Analyse stellt sich allerdings heraus, dass die Aufrechnung von Beteiligungsbuchwert und anteiligem Kapital auf Vorstufen auf der jeweils nächsten Stufe nur anteilig berücksichtigt wird, so dass trotz der Beschränkung auf die direkten Anteile die indirekten richtig zum Tragen kommen (vgl. Ewert/Schenk, BB Beilage 14/1993, S. 3 Gleichung (7)). Ansätze – wie etwa die Konsolidierung auf Basis des Bruttokapitals – bei denen indirekte Minderheitenanteile explizit zusätzlich berücksichtigt werden, führen demgegenüber zur verfälschenden Doppelberücksichtigung von indirekten Minderheitenanteilen (vgl. Ewert/Schenk, BB Beilage 14/1993, S. 3 Gleichung (8)). Dieser Einschätzung folgt offensichtlich auch DRS 23, der die Berücksichtigung der direkten Beteiligungsverhältnisse (auch additive Methode) für die Kapitalkonsolidierung beim Teilkonzernerwerb empfiehlt (DRS 23.199), beim Erwerb einer weiteren Tochter durch ein bereits konsolidiertes Tochterunternehmen sogar vorschreibt (DRS 23.194).

Im Rahmen der erfolgswirksamen Konsolidierung nach der additiven Methode droht allerdings ein zweites Problem: Bei Anwendung der Neubewertungsmethode werden auf jeder Teilkonzernstufe nach Aufdeckung der stillen Reserven bei der jeweiligen Tochter (hier E) Beteiligungsbuchwert und anteiliges Kapital gegen einander aufgerechnet und ggf. ein Geschäftswert angesetzt. Sind an der jeweiligen Teilkonzernmutter auch außenstehende Minderheiten beteiligt (im Beispiel halten Minderheiten einen Anteil von 40 % an T), wird auch der anteilig auf die Minderheiten der Teilkonzernmutter entfallende Geschäftswert aktiviert bzw. ein Badwill passiviert. Auf der nächsten Stufe der Kettenkonsolidierung wird der im Konzernabschluss des Teilkonzerns aktivierte Geschäftswert bzw. der passivierte Badwill jedoch in volle Höhe, also unter Einschluss des auf die außenstehenden Minderheitsgesellschafter der Teilkonzernmutter entfallenden Teils, in den übergeordneten Konzernabschluss übernommen.

Es war lange strittig, ob in Höhe des Minderheitenanteils an Teilkonzernmüttern Unterschiedsbeträge in der nächsten Stufe als Geschäftswerte bzw. Badwill angesetzt werden dürfen oder nicht (bejahend z. B. Dusemond/Weber/Zündorf in: Küting/Weber, Konzernrechnungslegung, 2. Aufl., § 301 Rn. 250–252; ablehnend z. B. ADS, 6. Aufl., § 301 Tz. 222 u. 227–231).

Nach dem Grundprinzip der Neubewertungsmethode werden die auf Minderheiten entfallenden Geschäftswerte nicht aufgedeckt. Dieses Prinzip wäre grundsätzlich auch auf die indirekten Anteile an Geschäftswerten, die Minderheitsgesellschaftern von Teilkonzernmüttern zustehen, zu übertragen. Allerdings hat die Teilkonzernmutter, an der Minderheiten beteiligt sind, im Beteiligungskaufpreis den auf der Vorstufe aufgedeckten Geschäftswert effektiv vergütet. Speziell gemäß der viel geachteten Einheitstheorie müssen diese Geschäftswertanteile aktiviert werden. Für beide Standpunkte gibt es also gute Argumente. DRS 23 folgt jedoch klar der additiven Methode und damit hier dem einheitstheoretischen Ansatz. Entsprechend sieht DRS 23.206 den Ansatz von auf unteren Konzernstufen entstandenen Geschäftswerten bzw. passivischen Unterschiedsbeträgen und auch deren Zuordnung auf die jeweilige rechtliche Einheit vor (vgl. auch DRS 23.193, der die Verrechnung von Unterschiedsbeträgen auf untern Konzernstufen untersagt). Gleichzeitig wird aber auch verbindlich geklärt, dass die Anteile nicht beherrschender Gesellschafter am Eigenkapital der Teilkonzernmutter nicht Teil des zu konsolidierenden Eigenkapitals im übergeordneten Konzernabschluss sind.

Den dargelegten Gründen folgend wird die Kettenkonsolidierung im folgenden Beispiel auf Basis der direkten Beteiligungsquoten nach der additiven Methode erläutert. Das gewählte Verfahren der additiven Kapitalkonsolidierung führt dazu, dass auch der auf die an T beteiligte Minderheit von 40 % entfallende Geschäftswert aus der Beteiligung an E angesetzt wird.

Dem Beispiel zur Kettenkonsolidierung liegt ein zweistufiger Konzern mit Beteiligungsverhältnissen wie in Abbildung G.1 zugrunde. Im ersten Schritt werden entsprechend § 301 Abs. 1 HGB die gesamten stillen Reserven bei E von 125 aufgedeckt, so dass die Bilanz EN (HB III) nach vollständiger Neubewertung entsteht.

Die in den Konsolidierungsschritten (1) bis (3) durchgeführte Konsolidierung von T und E entspricht der Vorgehensweise im Beispiel G.3 (siehe Abschnitt G.2.2.3.2). In Schritt 1 wird zunächst die Beteiligung von T an E (250 €) mit dem anteiligen Eigenkapital von T an E (80 % von 300 €) aufgerechnet:

Gezeichnetes Kapital	48	an	Beteiligung an E	250	(1)
Rücklagen	180				
Jahresüberschuss	12				
Unterschiedsbetrag	10				

Der verbleibende aktivische Unterschiedsbetrag ist als Geschäftswert nach § 301 Abs. 3 S. 1 HGB auszuweisen und entsprechend im Konsolidierungsschritt (2) umzubuchen. Dabei enthält der Geschäftswert von 10 € sowohl den auf das Mutterunternehmen von T entfallenden Anteil von 60 % als auch den der nicht beherrschenden Gesellschafter von T (40 %). Einzig für die Minderheiten von E wird auch nach der additiven Methode kein Geschäftswert angesetzt, da ein solcher über den Beteiligungserwerb von T an E nicht vergütet wurde.

Geschäftswert	10	an	Unterschiedsbetrag	10	(2)

Im Konsolidierungsschritt (3) werden die Anteile der Minderheiten an Kapital, Rücklagen und Jahresüberschuss in die Position „*nicht beherrschende Anteile*" umgegliedert. Zu buchen ist entsprechend:

Gezeichnetes Kapital	12	an	nicht beherrschende Anteile	60	(3)
Rücklagen	45				
Jahresüberschuss	3				

Im Ergebnis entsteht der Teilkonzernabschluss T–EN, der auf der nächsten Stufe mit M zum Gesamtkonzernabschluss zusammengefasst wird. Dazu sind zunächst wieder entsprechend der Neubewertungsmethode die stillen Reserven des Tochterunternehmens im Teilkonzernabschluss aufzudecken, so dass die Rücklagen einschließlich der neuen Neubewertungsrücklage in der „HB III" des Teilkonzernabschlusses auf 170 € anwachsen.

Beispiel G.6: Kettenkonsolidierung nach der Neubewertungsmethode

	T HB II	EN HB III	Konsolidierung Soll	Konsolidierung Haben	TKA T-EN	TKA HB III	M HB II	Konsolidierung Soll	Konsolidierung Haben	Konzern
Übrige Aktiva	180	350			530	530	1600			2130
[stille Reserven]	[80]	125			125	205	–			205
					[80]					
Geschäftswert	–	–	(2) 10		10	10	–			10
Beteilig. MT	–	–					110		(1a) 110	–
Beteilig. TE	250	–		(1) 250			–			–
Unterschiedsbetrag	–	–	(1) 10	(2) 10			–			–
Summe	430	475			665	745	1710			2345
Gezeichnetes Kapital	100	60	(1) 48 (3) 12		100	100	600	(1a) 60 (3a) 40		600
Rücklagen	90	225[1]	(1) 180 (3) 45		90	170[1]	350	(1a) 102 (3a) 68		350
Jahresüberschuss	10	15	(1) 12 (3) 3		10	10	50	(1a) 6 (3a) 4		50
Nicht beh. Anteile	–	–		(3) 60	60	60	–			60[2]
									(3a) 112	112[3]
Unterschiedsbetrag	–	–					–		(1a) 58	58
Fremdkapital	230	175			405	405	710			1115
Summe	480	475	320	320	665	745	1710		280	280 2345

[1] einschließlich „Neubewertungsrücklage" aus der Aufdeckung stiller Reserven
[2] Anteil der Minderheiten der Enkelgesellschaft
[3] Anteil der Minderheiten der Tochtergesellschaft

Im ersten Konsolidierungsschritt (1a) wird erneut nach dem Vorbild von Beispiel G.3 und der Konsolidierung von T mit EN auf der Vorstufe der Beteiligungsbuchwert der Anteile von M an T mit dem anteiligen Eigenkapital von T nach Auflösung aller stillen Reserven von T aufgerechnet. Da in den Anschaffungskosten nicht alle stillen Reserven vergütet wurden, verbleibt per Saldo ein passivischer Unterschiedsbetrag von 58 €.

Gezeichnetes Kapital	60	an	Beteiligung an E	110	(1a)
Rücklagen	102		Unterschiedsbetrag	58	
Jahresüberschuss	6				

Mit Hilfe der unter (3a) erfassten Konsolidierungsbuchung werden schließlich die Anteile der Minderheiten an Kapital, Rücklagen und Jahresüberschuss von T in die Position „*nicht beherrschende Gesellschafter*" umgegliedert.

Gezeichnetes Kapital	40	an	nicht beherrschende Anteile	112	(3a)
Rücklagen	68				
Jahresüberschuss	4				

Im Gesamtkonzernabschluss wird sowohl der gesamte Geschäftswert aus der Konsolidierung aus T und E, und damit sowohl der Teil, der auf M als beherrschendem Gesellschafter von T entfällt, als auch derjenige, der auf die Minderheitsgesellschafter von T entfällt, als auch der passivische Unterschiedsbetrag aus der Konsolidierung von M mit dem Teilkonzernabschluss aus T und E ausgewiesen. Dabei sind nach DRS 23.206 der auf der ersten Stufe der Kettenkonsolidierung mit Minderheiten entstandene Geschäftswert zwingend der rechtlichen Einheit T und der auf der zweiten Stufe entstandene passivische Unterschiedsbetrag zwingend der rechtlichen Einheit M zuzuordnen.

G.2.2.7.1.2 Die Simultankonsolidierung

Die Simultankonsolidierung wurde entwickelt, um insbesondere bei vielstufigen Konzernen die Aufstellung von (gesetzlich nicht immer vorgeschriebenen; siehe Kapitel D) Teilkonzernabschlüssen zu vermeiden. Bei diesem Verfahren wird der Konzernabschluss vielmehr in einem Schritt ermittelt.

Für den hier betrachteten Fall einseitiger Beteiligungsverhältnisse wurden bereits für die Kapitalkonsolidierung nach dem AktG 1965 Verfahren entwickelt, bei denen der im Konzernabschluss auszuweisende Gesamtunterschiedsbetrag und der Minderheitenanteil mit Hilfe von Gleichungen ermittelt werden (vgl. Forster/Havermann, WPg 1969, S. 4 f.).

Für die nach geltendem Recht durchzuführende erfolgswirksame Kapitalkonsolidierung muss jedoch geprüft werden, ob derartige Gleichungen anwendbar sind und, wenn ja, unter welchen Bedingungen.

Im Beispiel G.6 betrüge der simultan ermittelte Gesamtunterschiedsbetrag

$$(110 - (60 + 102 + 6)) + (250 - (48 + 180 + 12)) = -48 \,€$$

Im Ergebnis entspräche dies einer Verrechnung des passivischen Unterschiedsbetrags (58 €) mit dem Geschäftswert (10 €).

Ein solcher Ausgleich zwischen den Konzernstufen ist jedoch nicht zulässig (DRS 23.193). Es ist daher fraglich, ob nach den durch das geltende Recht vorgeschriebenen erfolgswirksamen „Erwerbsverfahren" eine simultane Kapitalkonsolidierung überhaupt noch möglich ist (vgl. für den Fall der Saldierung aktivischer und passivischer Unterschiedsbeträge, Dusemond/Weber/Zündorf in: Küting/Weber, Konzernrechnungslegung, 2. Aufl., § 301 Rn. 253–256; sowie allgemein Ewert/Schenk, BB Beilage 14/1993, S. 4).

Eine Erleichterung im Vergleich zur Kettenkonsolidierung ist sie jedenfalls nicht. Denn der über die Simultankonsolidierung ermittelte Gesamtunterschiedsbetrag muss in die Teilunterschiedsbeträge der einzelnen Konzernstufen zerlegt werden, um eine korrekte Zuordnung auf die Geschäftswerte bzw. passivischen Unterschiedsbeträge der einzelnen Konzernstufen zu gewährleisten.

G.2.2.7.2 Kapitalkonsolidierung bei gegenseitigen Beteiligungen

Eine gegenseitige Beteiligung liegt vor, wenn ein in den Konzernabschluss einbezogenes Unternehmen an einem anderen einbezogenen Unternehmen und das letztere wiederum am ersteren beteiligt ist.

Derartige Konstellationen können auf allen Konzernstufen auftreten. Besteht ein gegenseitiges Beteiligungsverhältnis mit der am höchsten stehenden Muttergesellschaft, so handelt es sich um den Sonderfall einer Rückbeteiligung, der konsolidierungstechnisch anders zu behandeln ist als gegenseitige Beteiligungen zwischen den übrigen Konzernunternehmen.

Neben der Frage, ob eine Rückbeteiligung oder eine „sonstige" gegenseitige Beteiligung vorliegt, ist für die Kapitalkonsolidierung bedeutsam, ob (konzernfremde) Minderheiten Anteile an gegenseitig beteiligten Konzernunternehmen besitzen.

G.2.2.7.2.1 Gegenseitige Beteiligungen ohne Minderheitenanteile

Diese Konstellation liegt vor, wenn wie in Abbildung G.2 die Anteile sämtlicher einbezogener Unternehmen, mit Ausnahme der Muttergesellschaft, von einbezogenen Unternehmen gehalten werden.

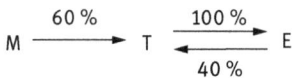

Abb. G.2: Beteiligungsstruktur eines Konzerns mit gegenseitigen Beteiligungen ohne Minderheiten.

Da in dieser Konstellation der Mutter M 60 % und der Enkelgesellschaft E 40 % an T gehören, T wiederum aber 100 % der Anteile an E hält, gehört letztlich die Tochtergesellschaft T zu 100 % der Muttergesellschaft M.

Hinsichtlich der Kapitalkonsolidierung ergibt sich aus dem gegenseitigen Beteiligungsverhältnis keine Besonderheit. Die Buchwerte der gegenseitigen Beteiligungen von T an E und von E an T sowie die Beteiligung von M an T werden jeweils mit dem anteiligen neubewerteten Eigenkapital aufgerechnet. Insgesamt wird also die Summe der Beteiligungsbuchwerte mit dem gesamten neubewerteten konsolidierungspflichtigen Eigenkapital verrechnet (vgl. WP-Handbuch, Band I, G Tz. 486). Ein sich ergebender Unterschiedsbetrag wird als Geschäftswert oder passivischer Unterschiedsbetrag angesetzt. Dabei werden wie immer bei der Neubewertungsmethode zunächst sämtliche stillen Reserven aufgelöst.

Beispiel G.6 wird zum einen dahingehend abgewandelt, dass T nun statt 80 % der Anteile an E über 100 % der Anteile verfügt und dafür einen Gesamterwerbspreis von 312 gezahlt hat. Zum anderen hat E eine 40 % Beteiligung an T, die mit einem Beteiligungsbuchwert von 120 in der Einzelbilanz von E aktiviert ist. Da M jetzt letztlich zu 100 % an T und über T auch an E beteiligt ist, werden beide Gesellschaften nach der Neubewertungsmethode in den Konzernabschluss von M einbezogen. Dazu werden alle Beteiligungsbuchwerte, die von T an E, die von E an T sowie die von M an T mit den entsprechenden anteiligen neubewerteten Eigenkapitalanteilen an T bzw. E aufgerechnet. Bei E als auch T müssen dabei sämtliche stillen Reserven aufgelöst werden. Insgesamt ergibt sich aus der Kapitalkonsolidierung dann ein Badwill von 38.

Beispiel G.7: Kapitalkonsolidierung bei gegenseitigen Beteiligungen ohne Minderheiten

	TN HB III	EN HB III	M HB II	Konsolidierung Soll	Konsolidierung Haben	Konzern
Übrige Aktiva	180	350	1600			2130
[stille Reserven]	80	125	–			205
Beteilig. MT	–	–	110		(1c) 110	–
Beteilig. TE	312	–	–		(1a) 312	–
Beteilig. ET		120			(1b) 120	–
Unterschiedsbetrag	–	–	–	(1a) 12 (1b) 8 (2) 38	(1c) 58	–
Summe	572	595	1710			2335
Gezeichnetes Kapital	100	60	600	(1a) 60 (1b) 40 (1c) 60		600
Rücklagen	170[1]	225[1]	350	(1a) 225 (1b) 68 (1c) 102		350
JahresÜberschuss	10	15	50	(1a) 15 (1b) 4 (1c) 6		50
Unterschiedsbetrag	–	–	–		(2) 38	38
Fremdkapital	292	295	710			1297
Summe	572	595	1710	638	638	2335

[1] einschließlich „Neubewertungsrücklage" aus der Aufdeckung stiller Reserven

Eine eventuelle Rückbeteiligung von T oder E an M wäre hingegen nicht zu konsolidieren, sondern als eigene Anteile zu qualifizieren und deshalb mit dem Nennwert offen vom Posten „Gezeichnetes Kapital" in der Konzernbilanz abzusetzen (vgl. auch DRS 22.47).

G.2.2.7.2.2 Gegenseitige Beteiligungen mit Minderheitenanteilen

Modifiziert man die Abbildung G.2 dahingehend, dass T nur noch zu 80 % an E beteiligt ist, so ergibt sich folgende Beteiligungsstruktur (siehe Abbildung G.3):

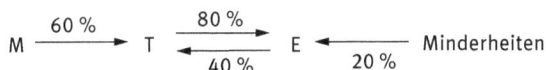

Abb. G.3: Beteiligungsstruktur eines Konzerns mit gegenseitigen Beteiligungen und Minderheiten.

Die als Minderheiten bezeichneten konzernfremden Gesellschafter sind hier mit 20 % direkt an E beteiligt. Daneben sind sie über die Beteiligung von E an T indirekt an T und über die Beteiligung von T an E wiederum indirekt an E beteiligt (und so weiter).

Die effektiven Anteile der Konzernunternehmen und der Minderheiten am Kapital von T und E sind hier nicht mehr unmittelbar ersichtlich. Für die Erstkonsolidierung müssen deshalb die direkten und indirekten Anteile des Konzerns und der außenstehenden Minderheiten ermittelt werden und mithilfe u. a. der Matrizenrechnung die effektiven Beteiligungsverhältnisse bestimmt werden (vgl. WP-Handbuch, Band I, G Tz. 487; für die Verfahren vgl. Busse von Colbe u. a. Konzernabschlüsse, 2010, S. 309–310; Ewert/Schenk, BB Beilage 14/1993, S. 10 f.).

G.2.2.8 Kritik

Die Ausgestaltung der Kapitalkonsolidierung nach § 301 HGB als Erstkonsolidierung ist positiv zu beurteilen. Hinsichtlich der Erfolgswirksamkeit kann ein derart eindeutiges Urteil nicht gefällt werden.

Vor dem Hintergrund der vom Gesetzgeber fingierten wirtschaftlichen Einheit des Konzerns kann die Erwerbsfiktion als konsequent gelten: Das Tochterunternehmen geht eben nicht in Form einer abstrakten Beteiligung, sondern mit seinen einzelnen Vermögensgegenständen und Schulden in den Konzernabschluss ein, und folglich findet aus Konzernsicht auch ein Erwerb dieser einzelnen Positionen statt (vgl. Lutter/ Rimmelspacher, DB 1992, S. 487–490). Dieser grundsätzlich positive Ansatz ist jedoch mit erheblichen Problemen verbunden.

Zunächst lassen sich die den einzelnen Positionen beizulegenden Werte keineswegs eindeutig ermitteln, da verlässliche Markt- oder Börsenpreise nicht immer existieren. Dieses Problem mag zwar durch detaillierte Bewertungsgutachten gemildert werden, eine zweifelsfreie Ermittlung stiller Reserven wird aber kaum möglich sein. Dies gilt in besonderem Maße, wenn Erwerbszeitpunkt und Basiszeitpunkt der Kapitalkonsolidierung auseinanderfallen.

Der grundsätzlich positive Einfluss der Erwerbsmethode auf die Darstellung der Vermögenslage wird somit durch Ungenauigkeiten beeinträchtigt.

Diese Ungenauigkeiten wirken aber nicht nur auf den Vermögensausweis. Über die spätere Abschreibung der stillen Reserven verzerren sie auch den Erfolgsausweis. Insbesondere letzteres kann bewusst als Instrument der Konzernbilanzpolitik eingesetzt werden.

Insgesamt sind die Vorteile der Erwerbsmethode gegenüber der erfolgsunwirksamen Konsolidierung somit zumindest zweifelhaft. Gleichzeitig entsteht ein Mehraufwand durch die Ermittlung und Fortführung der stillen Reserven.

Daneben birgt die Neubewertungsmethode zusätzliche Probleme in sich: Seit den Neuerungen durch das BilMoG werden die – nicht bezahlten – stillen Reserven, die auf die Minderheiten entfallen, mit aufgedeckt. Diese Vorgehensweise bei der Neubewertungsmethode stellt einen Verstoß gegen das Anschaffungswertprinzip dar und passt insoweit nicht zur traditionellen Rechnungslegung. Zudem führt sie bei komplexen Beteiligungsstrukturen zu Sonderproblemen.

Nicht befriedigend lösbare Probleme bereitet auch die Behandlung des Geschäftswerts. Sie zwingen letztlich zur Wahl des kleineren Übels: Die planmäßige Abschreibung eines aktivischen Geschäftswerts muss auf Basis einer praktisch nur unter großen Schwierigkeiten schätzbaren Nutzungsdauer erfolgen. Die Schätzprobleme eröffnen vor allem Spielräume bei der Abschreibung mit – angesichts der häufig großen Geschäftswerte – bedeutenden Auswirkungen auf den Erfolgsausweis. Da Geschäftswerte obendrein vielfach durch laufende Ausgaben für Know-how, Mitarbeiterschulung oder Werbung beispielsweise vor Wertverfall bewahrt werden, diese Ausgaben in den originären Geschäftswert aber nicht aktiviert werden dürfen, führt die Goodwillabschreibung unter den beschriebenen Bedingungen zu einer Doppelbelastung des Konzernerfolgs. Die Überzeichnung der Aufwendungen wird nur insoweit vermieden, als die planmäßigen Abschreibungen dem Wertverfall des Geschäftswerts unter Berücksichtigung der Anstrengungen zu seiner Sicherung entsprechen. Dieser Sonderfall ist höchst unwahrscheinlich.

Um das Problem der Doppelbelastung zu umgehen, liegt es nahe, auf die planmäßige Abschreibung des Geschäftswerts zu verzichten und den Geschäftswert nur dann außerplanmäßig abzuschreiben, wenn sein Wert unter den Buchwert gesunken ist. Auch dieses Vorgehen aber hat gravierende Nachteile. Noch schwieriger als die Schätzung der Nutzungsdauer ist die Bestimmung des genauen Werts des Goodwills am Abschlussstichtag. Der Wertansatz in der Bilanz und vor allem der Abschreibungsaufwand lassen sich auf Basis eines solchen Vorgehens zudem noch stärker beeinflussen, zumal fehlende Planmäßigkeit die Verfälschung nicht einebnet und für den Zeitvergleich neutralisiert. Zusätzlich wird eine Möglichkeit zur Aktivierung des originären Goodwill geschaffen, der den erworbenen Goodwill sukzessive verdrängen wird und im Rahmen des Niederstwerttests nicht vom derivativen Geschäftswert getrennt werden kann.

Im Vergleich scheint die planmäßige Abschreibung auf Basis normierter oder zumindest eingegrenzter Nutzungsdauerschätzungen mit Offenlegung von Nutzungsdauer und Abschreibungsbetrag, wie sie zumindest in Grenzen mit dem BilRuG eingeführt wurden, das kleinere Übel zu sein.

G.2.3 Quotenkonsolidierung

Seit der Einführung eines differenzierenden Konsolidierungskreises enthält § 310 Abs. 1 HGB für Gemeinschaftsunternehmen, die von mehreren unabhängigen Unternehmen gemeinsam geführt werden, die Möglichkeit zur anteilmäßigen Konsolidierung, im folgenden als Quotenkonsolidierung bezeichnet.

Bei dieser Form der Konsolidierung werden im ersten Schritt die Vermögensgegenstände und Schulden des Gemeinschaftsunternehmens nur quotal in die Summenbilanz übernommen, und zwar in Höhe der Quote, mit der Konzernunternehmen an ihm beteiligt sind. Im zweiten Schritt können dann Beteiligungsbuchwerte und Eigenkapital aufgerechnet werden, ohne dass ein Ausgleichsposten für Minderheitenanteile entsteht.

G.2.3.1 Die Quotenkonsolidierung nach geltendem Recht

Gem. § 310 Abs. 2 HGB ist die Quotenkonsolidierung auf der Grundlage der erfolgswirksamen Erwerbsmethode gemäß der Neubewertungsmethode durchzuführen. Die Ausführungen zu diesem Verfahren in G.2.1 gelten somit entsprechend.

Die Technik der Quotenkonsolidierung soll anhand des folgenden Beispiels verdeutlicht werden, das auf Beispiel G.1 zur Vollkonsolidierung aufbaut:

Die M-AG bezieht das Gemeinschaftsunternehmen G, an dem sie zu 50 % beteiligt ist, erstmals in den Konzernabschluss zum 31.12.16 ein.

Die Quotenkonsolidierung wird hier so durchgeführt, dass in den Summenabschluss die Positionen aus dem neubewerteten G-Abschluss nur anteilig eingehen. Die stillen Reserven werden in Höhe der Beteiligungsquote aufgelöst. Daher erscheint in der dritten Spalte, rechts neben dem „kompletten" G-Abschluss (HB II) deren quotaler Abschluss GQ, (HB III quotal).

Im Konsolidierungsschritt (1) wird der Beteiligungsbuchwert gegen das anteilige Eigenkapital aufgerechnet, so dass ein Unterschiedsbetrag in Höhe von (250 − (75 + 90 + 10) =) 75 € entsteht.

Der Unterschiedsbetrag wird im Konsolidierungsschritt (2) als Geschäftswert ausgewiesen.

Beispiel G.8: Quotale erstmalige Konsolidierung

	M	G	GQ	Summe	Konsolidierung Soll	Konsolidierung Haben	Konzern
Übrige Aktiva	1500	450	225	1725			1725
[stille Reserven]	–	[100]	50	50			50
Geschäftswert	–	–	–	–	(2) 75		75
Beteiligung an G	250	–	–	250		(1) 250	–
Unterschiedsbetrag	–	–	–	–	(1) 75	(2) 75	–
Summe	1750	450	275	2025			1850
Gezeichnetes Kapital	600	150	75	675	(1) 75		600
Rücklagen	300	80	90[1]	390	(1) 90		300
Jahresüberschuss	100	20	10	110	(1) 10		100
Fremdkapital	750	200	100	850			850
Summe	1750	450	275	2025	325	325	1850

[1] einschließlich „Neubewertungsrücklage" aus der Aufdeckung stiller Reserven

---

Für die Folgekonsolidierung zum 31.12.17 gelten die gleichen Annahmen hinsichtlich der Verwendung der Jahresüberschüsse aus 16 und der im Jahr 17 erwirtschafteten Jahresüberschüsse wie im Beispiel G.2 zur Vollkonsolidierung.

Beispiel G.9: Quotale Folgekonsolidierung

	M	G	GQ	Summe	Konsolidierung Soll	Konsolidierung Haben	Konzern
Übrige Aktiva	1700	590	295	1995			1995
[stille Reserven]	–	[100]	50	50		(3) 10	40
Geschäftswert	–	–	–	–	(2) 75	(3) 15	60
Beteiligung an G	250	–	–	250		(1) 250	–
Unterschiedsbetrag	–	–	–	–	(1) 75	(2) 75	–
Summe	1950	590	345	2295			2095
Gezeichnetes Kapital	600	150	75	675	(1) 75		600
Rücklagen	300	100	100[1]	400	(1) 100		300
Jahresüberschuss	100	140	70	170	(3) 25		145
Fremdkapital	950	200	100	1050			1050
Summe	1950	590	345	2295	350	350	2095

[1] einschließlich „Neubewertungsrücklage" aus der Aufdeckung stiller Reserven

Da auch die Quotenkonsolidierung als Erstkonsolidierung durchzuführen ist, entsprechen die beiden ersten Schritte mit Ausnahme der Zusammenfassung von Rücklagen und Jahresüberschuss zu einem Betrag (80 + 20 = 100 €) denen zum 31.12.16.

Konsolidierungsschritt (3) zeigt die Abschreibung auf den Geschäftswert und auf die aufgedeckten stillen Reserven, wobei bezüglich der stillen Reserven die gleichen Annahmen wie in Beispiel G.2 getroffen werden, d. h. die anteiligen stillen Reserven betreffen in Höhe von 20 € ein Grundstück und in Höhe von 30 € eine Maschine, die bei einer Restnutzungsdauer von 3 Jahren linear abgeschrieben wird.

G.2.3.2 Kritik

In der Literatur wird die Quotenkonsolidierung aus verschiedenen Gründen kritisiert: Zunächst wird ihr vorgeworfen, sie verstoße gegen den ehernen Grundsatz der Darstellung des Konzerns als wirtschaftliche Einheit (vgl. Küting, BB 1983, S. 813, m. w. N.; später relativierend von Wysocki/Wohlgemuth, Konzernrechnungslegung, 1996, S. 146). Dies ist zwar richtig, zugleich aber unpassend. Auf die für die Quotenkonsolidierung gem. § 310 Abs. 1 HGB einzig in Frage kommenden Gemeinschaftsunternehmen ist die Einheitstheorie nämlich nicht anwendbar, da diese von mehreren unabhängigen Gesellschafterunternehmen geführt werden. Berechtigt kann somit allenfalls die Kritik daran sein, dass Gemeinschaftsunternehmen überhaupt einbezogen werden, nicht jedoch die Kritik an ihrer quotalen Konsolidierung, denn die der

Einheitstheorie entsprechende Vollkonsolidierung von Gemeinschaftsunternehmen würde erst recht ein unzutreffendes Bild vermitteln.

Weiter wird kritisiert, dass die Quotenkonsolidierung durch die gleichzeitige Anwendung der Vollkonsolidierung zu einem undurchschaubaren Konglomerat voll und anteilig einbezogener Positionen führt (vgl. Küting, DB 1980, S. 10). Dieser Mangel könnte jedoch durch einen gesonderten Ausweis der quotal erfassten Positionen behoben werden, was freilich gesetzlich nicht vorgeschrieben ist.

Der wichtigste Einwand gegen die Quotenkonsolidierung besteht darin, dass sie zum Ausweis von Vermögensgegenständen und Schulden führt, über die der Konzern nicht frei verfügen kann (vgl. Küting, DB 1980, S. 10). Auch dieser Einwand könnte zwar durch einen gesonderten Ausweis entschärft werden, die Tatsache, dass dem Konzern nicht allein verfügbare Werte ausgewiesen werden, bliebe aber bestehen.

Diesem Standpunkt steht eine andere Sichtweise entgegen (vgl. Harms/Knischewski, DB 1985, S. 1355 f.; Schindler, Kapitalkonsolidierung, 1986, S. 288 f., m. w. N.; Sigle, ZfB-Ergänzungsheft 1/1987, S. 324):

Viele Konzerne gehen dazu über, aus Kapazitäts- oder Risikogründen bestimmte Aktivitäten rechtlich auszugliedern und in Form von Gemeinschaftsunternehmen mit anderen Unternehmen zusammen durchzuführen. Geht man davon aus, dass der Konzernabschluss auch ein zutreffendes Bild von der wirtschaftlichen Tätigkeit des Konzerns liefern soll, dann ist der Ausweis einer abstrakten Beteiligung, sei es zu Anschaffungskosten oder nach der Equity-Methode (vgl. G.2.4), sicher unbefriedigend, da die einzelnen Vermögens- und Erfolgskomponenten im Beteiligungsbuchwert untergehen.

Der Sinn der Quotenkonsolidierung von Gemeinschaftsunternehmen hängt davon ab, welche Ziele mit der Aufstellung von Konzernabschlüssen verfolgt werden: Sollen z. B. Vermögenspositionen oder Haftungspotentiale aufgezeigt werden, ist sie abzulehnen. Soll dagegen die wirtschaftliche Tätigkeit des Konzerns abgebildet werden, ist sie zu befürworten. Ein Kompromiss könnte der oben erwähnte gesonderte Ausweis der quotal erfassten Bestandteile sein, wobei der Kreis der so einzubeziehenden Unternehmen eng zu definieren wäre.

Im Vergleich zum traditionellen Beteiligungsausweis zu Anschaffungskosten ist die Quotenkonsolidierung – egal nach welcher Methode – in jedem Fall aufwendiger. Hierbei ist jedoch zu beachten, dass im Regelfall die Nichtanwendung der Quotenkonsolidierung zum Beteiligungsausweis nach der Equity-Methode führt. Da diese, wie im folgenden Kapitel gezeigt werden wird, der Quotenkonsolidierung hinsichtlich des Aufwands nicht nachsteht, ist die Kritik an der Quotenkonsolidierung insofern zu relativieren.

G.2.4 Die Equity-Methode

G.2.4.1 Konzeption der Equity-Methode
Die Equity-Methode stellt im Rahmen der Konsolidierungsmethoden eine Besonderheit dar: Bei ihr werden nämlich nicht die Vermögensgegenstände und Schulden des einzubeziehenden Unternehmens (hier als assoziiertes Unternehmen bezeichnet, vgl. E.1.5) anstelle des Beteiligungsbuchwerts in den Konzernabschluss übernommen. Vielmehr bleibt es auch im Konzernabschluss beim Ausweis der Beteiligung.

Der Unterschied zum Ausweis im Einzelabschluss liegt darin, dass bei dieser Methode die Beteiligung statt zu Anschaffungskosten *„at equity"*, d. h. zum anteiligen Eigenkapital bewertet werden soll. Dahinter steht der Gedanke, dass die Bewertung einer Beteiligung zu Anschaffungskosten ein unvollkommenes Bild vermitteln kann (vgl. Havermann, WPg 1975, S. 233).

Einerseits wirken sich Gewinnthesaurierungen beim assoziierten Unternehmen nicht auf den Buchwert beim beteiligten Unternehmen aus, so dass stille Reserven entstehen, andererseits werden Gewinnausschüttungen und Verluste des assoziierten Unternehmens i. d. R. nicht zeitkongruent, sondern zeitlich verschoben im Abschluss des beteiligten Unternehmens ausgewiesen.

Diese Nachteile sollen dadurch vermieden werden, dass außer den Anschaffungskosten und den bei der Anschaffungswertmethode zulässigen Modifikationen auch die nach dem Beteiligungserwerb erwirtschafteten Erfolge anteilig im Beteiligungsbuchwert berücksichtigt werden (vgl. Havermann, WPg 1975, S. 234).

Der Beteiligungsbuchwert bei Anwendung der Equity-Methode im Einzelabschluss ließe sich, wenn die Equity-Methode nach HGB zulässig wäre, demnach gemäß folgendem, in Abbildung G.4 dargestellten Schema, ermitteln (vgl. Schindler, Kapitalkonsolidierung, 1986, S. 161):

	Anschaffungskosten
+/−	anteiliger Jahresüberschuss/-fehlbetrag
−	vereinnahmte Ausschüttungen
−	außerplanmäßige Abschreibungen
+	Zuschreibungen
+	Kapitaleinzahlungen
−	Kapitalrückzahlungen
=	Beteiligungsbuchwert nach der Equity-Methode

Abb. G.4: Beteiligungsbuchwert nach der Equity-Methode ohne Konsolidierungsmaßnahmen.

Die Equity-Methode in dieser Form, in der sie übrigens auch im Konzernabschluss anwendbar wäre, ist somit eher eine Bewertungsmethode als eine Konsolidierungsmethode.

Da jedoch im Konzernabschluss nach geltendem Recht die Wertermittlung im Rahmen der Equity-Methode auf einer – in einer Nebenrechnung durchzuführenden – Kapitalaufrechnung basiert und diese Methode zudem unter bestimmten Bedingungen (vgl. E.1.5) als Alternative zu anderen Konsolidierungsmethoden vorgesehen ist, liegt es nahe, diese „*Ersatzkonsolidierung*" (Havermann, WPg 1975, S. 237) unter die Methoden der Kapitalkonsolidierung einzuordnen.

G.2.4.2 Die Equity-Methode nach der Buchwertmethode gemäß § 312 HGB

Bei der Equity-Methode in Form der Buchwertmethode wird die Beteiligung gem. § 312 Abs. 1 S. 1 HGB mit ihrem Buchwert aus dem Einzelabschluss des beteiligten Unternehmens in einem gesonderten Posten (vgl. § 311 Abs. 1 S. 1 HGB) angesetzt.

Die Besonderheit gegenüber dem Ausweis im Einzelabschluss besteht darin, dass wie bei der Vollkonsolidierung ein Unterschiedsbetrag zwischen dem Beteiligungsbuchwert und dem anteiligen bilanziellen Eigenkapital ermittelt wird. Der Unterschiedsbetrag kann, da keine tatsächliche Eliminierung von Beteiligungsbuchwert und anteiligem Eigenkapital erfolgt, nur in einer Nebenrechnung ermittelt werden. Der – im Beteiligungsbuchwert enthaltene – aktivische oder passivische Unterschiedsbetrag ist dann nach § 312 Abs. 1 S. 2 HGB im Konzernanhang anzugeben.

Bei der Ermittlung des Unterschiedsbetrags wird anders als bei der Vollkonsolidierung auf Basis der Neubewertungsmethode das anteilige Eigenkapital auf der Basis von Buchwerten, also vor der Aufdeckung stiller Reserven (aber gegebenenfalls nach konzerneinheitlicher Bewertung), zugrunde gelegt. Der Unterschiedsbetrag enthält somit neben einem eventuellen Geschäftswert auch einzelnen Vermögensgegenständen und Schulden zuordnungsfähige Beträge an stillen Reserven oder Lasten. Erst nach seiner Ermittlung wird der Unterschiedsbetrag durch Aufdeckung stiller Reserven einzelnen Positionen zugeordnet und als verbleibender Betrag der Geschäftswert bestimmt (vgl. § 312 Abs. 2 S. 1 HGB).

Die Aufrechnung von Beteiligungsbuchwert mit dem anteiligen Eigenkapital erfolgt dabei grundsätzlich zu dem Zeitpunkt, zu dem das Beteiligungsunternehmen zum assoziierten Unternehmen geworden ist. Sollten die endgültigen Werte zu diesem Zeitpunkt noch nicht bestimmt werden können, so müssen sie in den folgenden 12 Monaten angepasst werden (vgl. § 312 Abs. 3 HGB).

Folgendes Beispiel soll die erstmalige Anwendung nach der Buchwertmethode verdeutlichen: Die M-AG hält eine 40%-Beteiligung an der A-AG, auf die sie einen maßgeblichen Einfluss i. S. v. § 311 Abs. 1 HGB ausübt. Die Equity-Methode wird erstmals im Konzernabschluss der M-AG zum 31.12.16 angewendet. Die nachfolgende Übersicht zeigt die relevanten Daten und Buchungen, wobei Nebenrechnungen in eckige Klammern gesetzt wurden.

Beispiel G.10: Erstmalige Anwendung der Equity-Methode

| | M | A | Konsolidierung | | Konzern | Neben- |
			Soll	Haben		rechnung
[Geschäftswert][1]	–	–	(2) [60]		–	[60]
Übrige Aktiva	1550	450			1550	
[Stille Reserven]	–	[100]	(2) [40]			[40]
Beteiligung an A	200	–		200	–	
Beteiligung an assoz. Unt.	–	–	200	(1) [200]	200	
[Unterschiedsbetrag][1]			(1) [100]	(2) [100]		
Summe	1750	450			1750	
Gezeichnetes Kapital	600	150	(1) [60]		600	
Rücklagen	400	50	(1) [20]		400	
Jahresüberschuss	–	50	(1) [20]		–	
Fremdkapital	750	200			750	
Summe	1750	450	500[2]	500[2]	1750	

[1] Angabe im Anhang
[2] einschließlich der Beträge aus Nebenrechnungen

Zunächst wird die Beteiligung umgebucht in den gesonderten Posten „*Beteiligungen an assoziierten Unternehmen*". Im ersten Konsolidierungsschritt werden der Beteiligungsbuchwert und das anteilige bilanzielle Eigenkapital gegeneinander aufgerechnet:

	Beteiligungsbuchwert	200 €
–	Anteiliges bilanzielles Eigenkapital (40 % · (150 + 50 + 50))	– 100 €
=	Unterschiedsbetrag	100 €

Der resultierende Unterschiedsbetrag in Höhe von 100 € ist im Konzernanhang auszuweisen.

Im Konsolidierungsschritt (2) wird – ebenfalls nur in einer Nebenrechnung – der Unterschiedsbetrag auf die aufdeckungsfähigen stillen Reserven verteilt.

	Unterschiedsbetrag	100 €
–	Aufdeckungsfähige stille Reserven (40 % · 100 €)	– 40 €
=	Geschäftswert	60 €

Der Geschäftswert in Höhe von 60 € ist ebenfalls im Konzernanhang auszuweisen. Die in der Nebenrechnung aufgedeckten stillen Reserven sind in den Folgejahren entsprechend der Behandlung der zugehörigen Vermögensgegenstände, Schulden oder Rechnungsabgrenzungsposten fortzuführen.

G.2.4.3 Anwendung der Equity-Methode im Folgejahr

In den Folgeperioden ist der Beteiligungsbuchwert im Konzernabschluss fortzuschreiben, wobei sich die Modifikationen nach ihren Ursachen in drei Gruppen unterteilen lassen.

Erstens findet eine Modifikation des Beteiligungsbuchwerts durch die Zurechnung oder den Abzug des anteiligen Jahreserfolgs, gegebenenfalls korrigiert um vereinnahmte Gewinnausschüttungen, statt. Diese Modifikationen resultieren aus der allgemeinen Konzeption der Equity-Methode, sind aber für den Konzernabschluss in § 312 Abs. 4 S. 1 HGB auch explizit kodifiziert.

Zweitens sind die Mehraufwendungen, die aus der Auflösung bzw. Abschreibung stiller Reserven und aus Abschreibungen auf den Geschäftswert resultieren, vom Beteiligungsbuchwert abzuziehen. Mehraufwendungen entstehen, da nach § 312 Abs. 2 S. 2 HGB die aufgedeckten stillen Reserven entsprechend den zugeordneten Vermögensgegenständen und Schulden fortzuführen sind. Außerdem ist der verbleibende Geschäftswert in Anwendung von § 309 HGB abzuschreiben (vgl. § 312 Abs. 2 S. 3 HGB). Diese Modifikationen sind typisch für die Equity-Methode im Konzernabschluss. Da im Konzernabschluss weder die einzelnen Vermögensgegenstände und Schulden des Beteiligungsunternehmens noch der Geschäftswert ausgewiesen werden, können diese Abschreibungen nur vom Beteiligungsbuchwert abgesetzt werden.

Drittens kann es zu Wertänderungen kommen, die auch bei der Bewertung zu Anschaffungskosten auftreten, wie außerplanmäßige Abschreibungen, Zuschreibungen, Kapitalein- und -rückzahlungen.

Der Beteiligungsbuchwert in der Konzernbilanz ergibt sich in den Folgejahren deshalb wie folgt:

	Beteiligungsbuchwert at equity Ende GJ$_t$
+/−	anteiliger Jahresüberschuss/-fehlbetrag
−	vereinnahmte Ausschüttungen
−	Auflösung/Abschreibung aufgedeckter stiller Reserven
+	Auflösung/Verminderung aufgedeckter stiller Lasten
−/+	Abschreibung Geschäftswert/Auflösung passivischer Unterschiedsbetrag
−	außerplanmäßige Abschreibungen
+	Zuschreibungen
+	Kapitaleinzahlungen
−	Kapitalrückzahlungen
=	Beteiligungsbuchwert at equity Ende GJ$_{t+1}$

Zusätzlich schreibt § 312 Abs. 4 S. 2 HGB vor, dass das auf das assoziierte Unternehmen entfallende Ergebnis in einem gesonderten Posten als *„Ergebnis aus assoziierten Unternehmen"* ausgewiesen werden muss.

Das Beispiel G.10 lässt sich für das Geschäftsjahr 17 wie folgt fortführen: Es wird ergänzend angenommen, dass A den im Vorjahr vor Erwerb der Beteiligung erwirtschafteten, von M erworbenen und daher auch anteilig in die Kapitalkonsolidierung einbezogenen Jahresüberschuss in voller Höhe ausgeschüttet hat. Hiervon entfallen 40 % von 50 €, also 20 € auf M. Da die M-AG den Jahresüberschuss insoweit im Preis vergütet hatte, bekommt sie praktisch einen Teil des Kaufpreises zurück. Dies führt in der Einzelbilanz von M dazu, dass der Beteiligungsbuchwert wegen nachträglicher Anschaffungskostenminderungen auf 180 € vermindert wird (vgl. Weber, Beteiligungen, 1980, S. 176; Dusemond/Weber/Zündorf in: Küting/Weber, Konzernrechnungslegung, 2. Aufl., § 301 Rn. 173). Selbst habe M im Jahr 17 keinen Jahresüberschuss erwirtschaftet. Bei A dagegen schlage sich der Jahresüberschuss von 200 € in einer Erhöhung der übrigen Aktiva nieder, so dass sich unter Berücksichtigung der Ausschüttungen des Vorjahresgewinns die übrigen Aktiva bei A um (200 − 50 =) 150 € erhöht haben. Hinsichtlich der stillen Reserven gelten die Annahmen des Beispiels G.2, d. h. die anteiligen aufgedeckten stillen Reserven betreffen eine über drei Jahre linear abzuschreibende Maschine (24 €) und ein Grundstück (16 €).

Zunächst wird die Beteiligung wieder in den gesonderten Posten „*Beteiligungen an assoziierten Unternehmen*" umgebucht. Die beiden ersten Konsolidierungsschritte zeigen die Kapitalaufrechnung und die anschließende Verteilung des Unterschiedsbetrags. Sie unterscheiden sich von der Konsolidierung im ersten Jahr dadurch, dass wegen der Ausschüttung eines erworbenen Jahresüberschusses und der daraus folgenden Anschaffungskostenminderung beim Beteiligungsbuchwert und beim Jahresüberschuss jeweils 20 € weniger eliminiert werden müssen.

Im Schritt (3) wird der Beteiligungsbuchwert um den anteiligen Jahresüberschuss von (40 % von 200 =) 80 € erhöht. Die Gegenbuchung erfolgt beim Jahresüberschuss denn genau in diesem Umfang ist der Jahresüberschuss von A dem beteiligten Unternehmen M zuzurechnen.

Anteile an assoz. Unt.	80	an	Jahresüberschuss	80	(3)

In den Schritten (4) und (5) werden die Abschreibungen auf die anteilig aufgedeckten stillen Reserven ($1/3 \cdot 24 = 8$ €) und auf den Geschäftswert ($1/5 \cdot 60 = 12$ €), insgesamt also 20 €, erfolgswirksam vom Beteiligungsbuchwert abgesetzt.

Jahresüberschuss	20	an	Anteile an assoz. Unt.	20	(4)+(5)

Beispiel G.11: Anwendung der Equity-Methode im Folgejahr

	M	A	Konsolidierung Soll		Konsolidierung Haben		Konzern	Neben- rechnung
[Geschäftswert]¹	–	–	(2)	[60]	(5a)	[12]	–	[48]
Übrige Aktiva	1770	600					1770	
[Stille Reserven]	–	[100]	(2)	[40]	(4a)	[8]		[32]
Beteiligung an A	180					180	–	
Beteiligung an assoz. Unt.		–		180	(1)	[180]	240	
			(3)	80	(4)	8		
			(4a)	[8]	(5)	12		
			(5a)	[12]				
[Unterschiedsbetrag]¹	–	–	(1)	[100]	(2)	[100]	–	
Summe	1950	600					2010	
Gezeichnetes Kapital	600	150	(1)	[60]			600	
Rücklagen	400	50	(1)	[20]			400	
Jahresüberschuss	–	200	(4)	8	(3)	80	60	
			(5)	12				
Fremdkapital	950	200					950	
Summe	1950	600	580²		580²		2010	

¹ Angabe im Anhang
² einschließlich der Beträge aus Nebenrechnungen

Während diese Buchungen also Eingang in den Konzernabschluss finden, erfolgt die in den Schritten (4a) und (5a) durchgeführte Fortschreibung der – im Konzernabschluss nicht ausgewiesenen – stillen Reserven und des Geschäftswerts in Form einer Nebenrechnung. Weitere Erfolgswirkungen können sich aus der konzerneinheitlichen Bewertung ergeben, die allerdings im Rahmen der Equity-Methode nicht vorgeschrieben ist (vgl. § 312 Abs. 5 S. 1 HGB) und im Beispiel auch nicht vorgenommen wurde.

Die Ermittlung des Beteiligungsbuchwerts nach der Equity-Methode lässt sich auch durch folgendes Schema darstellen:

	Buchwert in der Vorperiode	200
–	Anschaffungskostenminderung durch Ausschüttung	20
=	Einzelabschlusswert am 31.12.17	180
+	anteiliger Jahresüberschuss	80
–	Geschäftswertabschreibung	8
–	Abschreibung stiller Reserven	12
=	Buchwert am 31.12.17	240

Da die Beteiligung im Einzelabschluss nicht nach der Equity-Methode bewertet werden darf, gibt es ab dem Jahr der zweiten Folgekonsolidierung ein zusätzliches Problem. Die Buchwerte aus der Vorperiode laut Konzernabschluss und laut Einzelabschluss unterscheiden sich in Höhe der im Vorjahr oder in den Vorjahren vorgenommenen erfolgswirksamen Modifikationen. Um vom Einzelabschlusswert zum

Konzernabschlusswert zu gelangen, ist daher bei späteren Folgekonsolidierungen zunächst eine „*Angleichungsbuchung*" (Küting/Zündorf, BB Beilage 7/1986, S. 9) vom Einzelabschlusswert zum Equity-Wert der Vorperiode durchzuführen. Diese Buchung umfasst die kumulierten erfolgswirksamen Modifikationen nach dem Stand am Ende des Vorjahres. Da der laufende Konzernerfolg nur durch die Modifikationen des betreffenden Jahres beeinflusst werden soll, ist die Gegenbuchung erfolgsunwirksam – hier bei den Konzernrücklagen – vorzunehmen (vgl. Coenenberg, Jahresabschluss, 2016, S. 726).

G.2.4.4 Einzelfragen der Equity-Methode nach geltendem Recht
G.2.4.4.1 Konzerneinheitliche Bewertung

Bei assoziierten Unternehmen besteht nach § 312 Abs. 5 S. 1 HGB keine Pflicht, sondern nur ein Wahlrecht zu konzerneinheitlicher Bewertung. Allerdings ist ein Verzicht auf die Anpassung im Anhang anzugeben (§ 312 Abs. 5 S. 2 HGB). Unklar bleibt aus dem Gesetzestext, wie weit für den Fall einer Anpassung der Umfang der Einheitlichkeit geht, da der Gesetzgeber eine sehr enge Formulierung gewählt hat:

- Es wird nur von einheitlicher Bewertung und nicht von einheitlicher Bilanzierung gesprochen und
- es ist nur die Rede von einer Anpassung an die im Konzernabschluss „*angewandten*" Bewertungsmethoden und nicht, wie in § 308 Abs. 1 HGB, von einer Anpassung an die „*anwendbaren*" Bewertungsmethoden.

Ob es sich bei dem zuletzt genannten Punkt um eine bewusste Verschärfung des Einheitlichkeitsgrundsatzes handelt, muss bezweifelt werden (vgl. Küting/Zündorf, BB Beilage 7/1986, S. 14 f.). Einerseits sind keine Gründe hierfür ersichtlich, andererseits wäre es paradox, zunächst strengere Vorschriften für assoziierte Unternehmen als für Tochterunternehmen zu erlassen und dann bei ihrer Anwendung ein Wahlrecht einzuräumen.

Auch die anscheinende Beschränkung des Einheitlichkeitsgrundsatzes auf die Bewertung (der Höhe nach) erscheint nicht sinnvoll: Wenn man schon der Konsolidierung einheitlich erstellte Abschlüsse zugrunde legen will, dann sollte die Einheitlichkeit alle Bereiche der Bilanzierung, also auch die der Bewertung vorgelagerte Frage des Ansatzes umfassen. Entsprechend wird in der Literatur überwiegend auch ein Wahlrecht zum konzerneinheitlichen Ansatz befürwortet (vgl. u. a. Küting/Zündorf in: Küting/Weber, Konzernrechnungslegung, 2. Aufl., § 312 Rn. 206 f.).

Wird im Rahmen der Equity-Methode konzerneinheitlich bewertet, so dass eine von der ursprünglichen Handelsbilanz abweichende Handelsbilanz II entsteht, müssen im Rahmen der Folgekonsolidierungen natürlich auch die aus der Umbewertung resultierenden Folgen beachtet werden.

G.2.4.4.2 Behandlung des Geschäftswerts

Hinsichtlich der Behandlung des Geschäftswerts verweist § 312 Abs. 2 S. 3 HGB auf die entsprechenden Vorschriften für die Vollkonsolidierung in § 309 HGB.

Der aktivische Geschäftswert beeinflusst somit – auch wenn er nicht als eigenständiger Posten erscheint – den Konzernabschluss über den Konzernerfolg. Entsprechendes gilt für die Erfolgswirkungen eines passivischen Geschäftswerts bei Eintritt der Bedingungen gem. § 309 Abs. 2 HGB.

G.2.4.4.3 Stichtag der Aufstellung und Basiszeitpunkt der Konsolidierung

Gemäß § 312 Abs. 6 S. 1 HGB wird für den Jahresabschluss assoziierter Unternehmen kein konzerneinheitlicher Stichtag verlangt. Es ist vielmehr der jeweils letzte Abschluss heranzuziehen.

Diese im Hinblick auf die Zielsetzung der Equity-Methode, nämlich eine möglichst aktuelle Bewertung der Beteiligung zu erreichen, sehr problematische Regelung (vgl. Maas/Schruff, WPg 1985, S. 6) muss vor dem Hintergrund der Praktikabilität der Equity-Methode gesehen werden: Häufig wird der Einfluss des beteiligten Unternehmens auf das assoziierte Unternehmen nicht ausreichen, die Aufstellung eines Zwischenabschlusses durchzusetzen (vgl. Harms/Küting, BB 1985, S. 442).

Als Basiszeitpunkte für die Aufrechnung von Beteiligungsbuchwert und anteiligem Eigenkapital gibt der Gesetzgeber gem. § 312 Abs. 3 HGB den Zeitpunkt vor, in dem das Beteiligungsunternehmen assoziiertes Unternehmen geworden ist. Sollten die endgültigen Werte zu diesem Zeitpunkt noch nicht bestimmt werden können, so müssen sie in den folgenden 12 Monaten angepasst werden (vgl. § 312 Abs. 3 S. 2 HGB). Diese entspricht den Vorschriften bei Vollkonsolidierung. Auch für weitere Erleichterungen hinsichtlich des Basiszeitpunktes verweist § 312 Abs. 3 HGB auf die Vorschriften zur Vollkonsolidierung in § 301 Abs. 2 HGB.

G.2.4.4.4 Das Entstehen eines negativen Beteiligungsbuchwerts

Die Berücksichtigung des anteiligen Jahresüberschusses/-fehlbetrags des assoziierten Unternehmens bei der Fortschreibung des Beteiligungsbuchwerts kann bei hohen Verlusten dazu führen, dass ein negativer Wert entsteht. Der Gesetzgeber hat offen gelassen, wie in einem solchen Fall zu verfahren ist.

Grundsätzlich wird in der Literatur für diesen Fall in Übereinstimmung mit DRS 8.27 empfohlen, die Equity-Methode auszusetzen und in der Konzernbilanz den Beteiligungsbuchwert mit Null oder höchstens mit einem Erinnerungswert von 1 € auszuweisen (vgl. Küting/Zündorf in: Küting/Weber, Konzernrechnungslegung, 2. Aufl., § 312 Rn. 130; Winkeljohann/Lewe in: Beck Bil-Komm., 11. Aufl., § 312 Anm. 38). Gleichzeitig ist der negative Equity-Wert in der Nebenrechnung fortzuschreiben. Eine Zuschreibung ist dann erst wieder möglich, wenn die anteiligen Jahresüberschüsse späterer Perioden die zwischenzeitlich nicht berücksichtigten anteiligen Jahresfehlbeträge übersteigen.

Für den Sonderfall, dass eine rechtliche Verpflichtung des beteiligten Unternehmens besteht, anteilige Verluste des assoziierten Unternehmens auszugleichen, ist der negative Betrag als Verbindlichkeit oder Rückstellung zu passivieren (vgl. Pellens/ Fülbier in: MünchKomm HGB, 3. Aufl., § 312 Anm. 64).

G.2.4.4.5 Ausweis im Anlagengitter

Die Änderungen des Wertansatzes der Beteiligung nach der Equity-Methode sind im Anlagengitter zu erfassen (vgl. Winkeljohann/Lewe in: Beck Bil-Komm., 11. Aufl., § 312 Anm. 53).

Die Zuordnung der Änderungen zu den Positionen des Anlagengitters wirft zum Teil keine Probleme auf. Abschreibungen und Zuschreibungen des Beteiligungsbuchwerts sind ebenso in den Spalten „Abschreibungen" bzw. „Zuschreibungen" zu erfassen wie Abschreibungen auf den Geschäftswert und Abschreibungen auf die aufgedeckten stillen Reserven. Käufe und Verkäufe von Anteilen dagegen sind eindeutig der Zugangs- bzw. Abgangsspalte zuzuordnen. Problematisch ist allerdings die Zuordnung der Wertfortschreibungen um anteilige Jahreserfolge, um vereinnahmte Gewinnausschüttungen und um konsolidierte Zwischenerfolge (vgl. Kapitel I).

Für diese problematischen Sachverhalte werden drei Ausweisalternativen im Anlagengitter vorgeschlagen (vgl. Küting/Zündorf, BB Beilage 7/1986, S. 12; Zündorf, Anlagenspiegel, 1990, S. 58–66):

Nach der ersten Alternative werden die obigen Vorgänge in der Abschreibungs- bzw. Zuschreibungsspalte erfasst (vgl. Winkeljohann/Lewe in: Beck Bil-Komm., 11. Aufl., § 312 Anm. 54). Bei dieser Vorgehensweise wird dem Umstand Rechnung getragen, dass anteilige Jahreserfolge und Zwischenerfolge keine mengenmäßigen Veränderungen des Anlagevermögens repräsentieren. Sie werden vielmehr zusammen mit den anderen wertmäßigen Änderungen unter den Abschreibungen bzw. Zuschreibungen ausgewiesen, während Abgänge und Zugänge nur mengenmäßige Änderungen beinhalten. Der Nachteil dieser Vorgehensweise ist, dass die in den Vorperioden vorgenommenen Zuschreibungen die kumulierten Abschreibungen übersteigen können, so dass – wegen der Saldierung beider Größen – negative kumulierte Abschreibungen auszuweisen wären. Hiermit einhergehende Interpretationsschwierigkeiten könnten jedoch durch zusätzliche Erläuterungen im Anhang verringert werden.

Die zweite Alternative besteht in der Verbuchung unter Zugängen und Abgängen. Dies hat jedoch den Nachteil, dass dann die Zugänge und Abgänge neben mengenmäßigen Änderungen, für die sie eigentlich vorgesehen sind, auch wertmäßige Änderungen enthalten (vgl. Winkeljohann/Lewe in: Beck Bil-Komm., 11. Aufl., § 312 Anm. 54).

Schließlich besteht noch die Möglichkeit, anteilige Jahresergebnisse, vereinnahmte Gewinnausschüttungen und Zwischenerfolgseliminierungen in gesonderten Spalten zu erfassen. Dieser korrekten Methode steht allerdings ein erheblicher Buchungsaufwand gegenüber: Wegen einer Position (Beteiligungen an assoziierten Unternehmen) wären im gesamten Anlagengitter eine oder (beim Bruttoausweis) zwei zusätzliche Spalten einzuführen (vgl. Winkeljohann/Lewe in: Beck Bil-Komm., 11. Aufl., § 312 Anm. 54).

G.2.4.4.6 Der Konzernabschluss als Grundlage

Grundsätzlich ist bei der Kapitalaufrechnung das anteilige Eigenkapital aus dem Einzelabschluss des assoziierten Unternehmens zugrunde zu legen. Stellt das assoziierte Unternehmen jedoch einen Konzernabschluss auf, so ist gem. § 312 Abs. 6 S. 2 HGB dieser zugrunde zu legen.

Wichtig ist, dass diese Vorschrift keine Aufstellungspflicht für das assoziierte Unternehmen begründet. Hat es also von einem Wahlrecht zur Nichtaufstellung gem. §§ 291–293 HGB Gebrauch gemacht, so muss es keinen Konzernabschluss speziell für Zwecke der Equity-Methode aufstellen.

G.2.4.5 Kritik

Durch die anteilige Zurechnung der Jahreserfolge zum Beteiligungsbuchwert soll die Equity-Methode zu einer von stillen Reserven freien und damit gegenüber der Anschaffungskostenmethode aussagefähigeren Bewertung führen.

Auch wenn die Equity-Methode in dieser Hinsicht Vorteile gegenüber der Anschaffungskostenmethode bringen kann, ist doch zweifelhaft, ob das anteilige bilanzielle Eigenkapital einziger Maßstab für den Wert einer Beteiligung ist (vgl. Schäfer, Equity-Methode, 1982, S. 29). Auch die Equity-Methode führt nur zu einem objektivierten Wertansatz der Beteiligung. Die Bildung stiller Reserven wird durch sie nicht ausgeschlossen (vgl. Havermann, WPg 1975, S. 241 f.).

Problematischer ist jedoch, dass durch die Zurechnung thesaurierter Gewinne Beträge ausgewiesen werden, auf die das beteiligte Unternehmen keinen Zugriff hat. Der maßgebliche Einfluss auf das assoziierte Unternehmen reicht nämlich i. d. R. nicht aus, um eine Ausschüttung von Gewinnen veranlassen zu können. Somit werden Werte ausgewiesen, auf die der Konzern nicht zurückgreifen kann.

Dieser bereits im Rahmen der Quotenkonsolidierung diskutierte Nachteil ließe sich zwar durch einen gesonderten Ausweis zugerechneter thesaurierter Gewinne mildern. Zu fragen wäre dann aber, warum das Privileg der Durchbrechung des Anschaffungswertprinzips nur für Beteiligungen an assoziierten Unternehmen gelten soll, wohingegen etwa „normale" Beteiligungen oder Grundstücke zu ihren Anschaffungskosten bilanziert werden, obwohl auch diese erhebliche stille Reserven beinhalten können.

Eine zusätzliche Verzerrung des Wertansatzes der Beteiligung folgt aus den konsolidierungsähnlichen Fortschreibungen:

Die Abschreibungen stiller Reserven und des Geschäftswerts resultieren aus der Erwerbsfiktion. Diese Fiktion ist, abgesehen von den mit ihr einhergehenden Problemen, nicht sinnvoll auf assoziierte Unternehmen übertragbar. Hier liegt primär ein Beteiligungserwerb und nicht ein Erwerb einzelner Vermögensgegenstände und Schulden vor, was auch dadurch zum Ausdruck kommt, dass in den Konzernabschluss nur der Beteiligungsbuchwert eingeht.

Freilich ist aus diesem Grund der Schaden, den die Equity-Methode für die Darstellung der Vermögenslage anrichtet, nur begrenzt: Es sind nur die Positionen *„Beteiligungen an assoziierten Unternehmen"* und, über die Erfolgswirkungen, das Eigenkapital betroffen. Diese scheinbare Harmlosigkeit darf jedoch nicht darüber hinwegtäuschen, dass die Equity-Methode Erfolgswirkungen hat, die mit denen einer „richtigen" Konsolidierung vergleichbar sind.

Hinsichtlich des bei einer Gesamtbetrachtung ebenfalls zu berücksichtigenden Einflusses der Zwischenergebniseliminierung wird auf Kapitel I verwiesen.

Gemessen an ihren Erfolgswirkungen hat die Equity-Methode, so wie sie in das deutsche Konzernbilanzrecht umgesetzt wurde, entsprechend alles andere als den Charakter einer *„kleinen Konsolidierung"* (Havermann, WPg 1975, S. 237), so dass sie unabhängig von der obigen Kritik auch nicht in die Konzeption des Gesetzgebers passt, die darin besteht, die Konzernunternehmen mit abnehmendem Einfluss des Mutterunternehmens in immer geringerem Ausmaß einzubeziehen.

Durch die Verpflichtung, die aus der Anwendung der Equity-Methode resultierenden Erfolgswirkungen in der Konzern-Gewinn- und Verlustrechnung gesondert auszuweisen, werden die Mängel zwar vermindert, aber keineswegs völlig ausgeräumt, zumal die einzelnen Komponenten nicht offen gelegt werden müssen.

Die Equity-Methode stellt im Hinblick auf das Ziel, *„ein den tatsächlichen Verhältnissen entsprechendes Bild (…) zu vermitteln"* (§ 297 Abs. 2 S. 2 HGB), keinen wirklichen Fortschritt, sondern eher einen Störfaktor dar. Soweit die Möglichkeit zur Nichtanwendung der Equity-Methode gem. § 311 Abs. 2 HGB genutzt werden kann, können die negativen Auswirkungen der Equity-Methode vermieden werden.

G.3 Kapitalkonsolidierung nach IFRS

Kapitalmarktorientierte Mutterunternehmen, deren Wertpapiere zum Handel in einem geregelten Markt der EU zugelassen sind oder die eine solche Zulassung beantragt haben, sind nach § 315e Abs. 1 und 2 HGB (bisher § 315a HGB) zur Konzernrechnungslegung nach IFRS verpflichtet. Andere Mutterunternehmen besitzen nach § 315e Abs. 3 HGB (bisher § 315a HGB) ein Wahlrecht, ihren Konzernabschluss freiwillig nach IFRS statt nach HGB aufzustellen. Die für diese Unternehmen relevanten Verfahren der Kapitalkonsolidierung werden in den folgenden Ausführungen dargestellt.

Zunächst wird die Vollkonsolidierung nach der Erwerbsmethode („acquisition method") gemäß IFRS 3 erläutert. Darstellungen der Alternativen zur Vollkonsolidierung in Form der quotalen Konsolidierung nach IFRS 11 und in Form der Equity-Methode nach IAS 28 schließen diesen Abschnitt ab.

G.3.1 Kapitalkonsolidierung bei Vollkonsolidierung nach IFRS 3

G.3.1.1 Grundlagen der Erwerbsmethode nach IFRS 3

Nach IFRS 3.2 fallen alle Unternehmenszusammenschlüsse in den Anwendungsbereich von IFRS 3 und sind nach der Erwerbsmethode („acquisition method") abzubilden (IFRS 3.4). Von einem Unternehmenszusammenschluss ist immer dann auszugehen, wenn sich zuvor selbständiger Unternehmen oder Geschäftsbetriebe in jeweils ein Bericht erstattendes Unternehmen zusammenschließen, wobei das erwerbende Unternehmen Beherrschung („control") über das andere Unternehmen erlangt (IFRS 3.A). Nicht anwendbar ist der IFRS 3 hingegen auf die Schaffung gemeinsamer Vereinbarungen, also Gemeinschaftsunternehmen und gemeinschaftlicher Tätigkeiten, den Erwerb von Vermögenswerten, sofern sie keinen Geschäftsbetrieb bilden, und Unternehmenszusammenschlüsse unter Beteiligung gemeinschaftlich beherrschter Unternehmen (vgl. IFRS 3.2 (a)–(c)).

Gemäß IFRS 3.5 erfolgt die Erfassung von Unternehmenszusammenschlüssen nach der Erwerbsmethode in 4 Schritten: Identifizierung des Erwerbers, Bestimmung des Erwerbszeitpunktes, Ansatz und Bewertung der erworbenen identifizierbaren Vermögenswerte und übernommenen Schulden zum Zeitwert sowie die Bilanzierung und Bestimmung eines Goodwill. Anzusetzen sind dabei grundsätzlich alle i. R. d. Erwerbs erworbenen identifizierbaren Vermögenswerte und übernommenen Schulden, die die Bedingungen des Rahmenkonzeptes erfüllen (IFRS 3.11). Damit sind u. U. immaterieller Vermögensgegenstände, die bei der Tochter zuvor nicht aktiviert waren, da sie als selbstgeschaffen galten und nach IAS 38.57 oder 38.63 nicht aktivierungsfähig waren, nach IFRS 3.13 nun anzusetzen, da sie jetzt als erworben gelten. Wie nach HGB werden auch nach IFRS alle stillen Reserven unabhängig von den Anschaffungskosten vollständig aufgelöst (IFRS 3.18). Ein sich ergebender Goodwill wird nicht planmäßig, sondern nur bei eingetretener Wertminderung außerplanmäßig abgeschrieben. Die Prüfung auf Wertminderung erfolgt mindestens jährlich (IAS 36.10 und 36.90). Vorläufige Badwills sind nach erneuter Prüfung der Bilanzansätze und Werte sofort erfolgserhöhend aufzulösen (IFRS 3.34 und 3.36).

Hinsichtlich des Ausweises von Beteiligungen an Tochterunternehmen im Einzelabschluss der Mutter, die im Rahmen der Kapitalkonsolidierung gegen die entsprechenden anteiligen Eigenkapitalien der Töchter aufgerechnet werden, stehen nach IAS 27.10 die Bewertung zu Anschaffungskosten, nach IRFS 9 oder nach der Equity-Methode nach IAS 28 zur Wahl, wobei alle Kategorien von Anteilen nach der gleichen Rechnungslegungsmethode zu bewerten sind. Um zusätzliche Komplikationen der Kapitalkonsolidierung aufgrund einer Bewertung der Beteiligungen zum Zeitwert oder „at equity" zu vermeiden, werden dementsprechend alle Kapitalkonsolidierungen nach IFRS 3 auf Basis der Anschaffungskostenbewertung von Beteiligungen in der Bilanz der Mutter erläutert.

G.3.1.2 Kapitalkonsolidierung nach der Erwerbsmethode nach IFRS 3
G.3.1.2.1 Identifizierung des Erwerbers

Grundsätzlich muss zu Beginn der Kapitalkonsolidierung immer zunächst aus dem Kreis der am Unternehmenszusammenschluss beteiligten Unternehmen heraus der Erwerber bestimmt werden (IFRS 3.6). Maßgebend dafür ist, welches Unternehmen die Beherrschung über das oder die anderen Unternehmen des Unternehmenszusammenschlusses erlangt. Dabei ist für die Frage, wer die Beherrschung ausübt, IFRS 10 anzuwenden (IFRS 3.7). Letztlich ist damit dasjenige Unternehmen als Erwerber zu identifizieren, das gemäß IFRS 10.A Mutterunternehmen ist und deshalb nach 10.4 auch einen Konzernabschluss aufstellen muss.

Ist nach den Vorschriften von IFRS 10 nicht zweifelsfrei zu klären, welches Unternehmen Erwerber und damit Mutterunternehmen ist, sind weitere Kriterien aus Anhang B von IFRS 3 heranzuziehen. Danach wäre u. a. das Unternehmen Erwerber, das den für den Zusammenschluss zu zahlenden Transaktionspreis durch Übertragung von Zahlungsmitteln und sonstigen Vermögenswerten bzw. Eingehen von Schulden begleicht (IFRS 3.B14). Im Falle eines Unternehmenszusammenschlusses, der durch Anteilstausch zustande kommt, regelt IFRS 3.B15, dass das Unternehmen Erwerber ist, das eigene Anteile ("Eigenkapitaltitel") ausgibt. Dabei stellt IFRS 3.B15 aber auch klar, dass im Fall des Anteilstausches weitere Kriterien, wie relative Stimmrechtsmehrheit oder dominierenden Einfluss auf die Zusammensetzung der Geschäftsleitungsorgane wesentlich darüber entscheiden, welches Unternehmen der Erwerber ist. Kann weder über IFRS 3.B14 noch IFRS 3.B15 der Erwerber identifiziert werden, sieht IFRS 3.B16 und B17 vor, dass Erwerber das Unternehmen ist, das relativ, gemessen am Wert seiner Vermögenswerte, seiner Erlöse oder Gewinne, wesentlich größer ist als die anderen Unternehmen des Zusammenschlusses. Positiv ist auch hervorzuheben, dass IFRS 3 in Anhang B19 auf spezifische Detailprobleme bei der Durchführung von Konsolidierungen im Sonderfall eines umgekehrten Unternehmenserwerbs ("reverse acquisition") eingeht.

Der identifizierte Erwerber ist dann das Mutterunternehmen des Konzerns, das im Konzernabschluss seine Beteiligung an den Töchtern gegen das anteilige Eigenkapital des Tochterunternehmens, das sich aus dem Saldo der erworbenen identifizierbaren Vermögenswerte und Schulden des Tochterunternehmens ergibt, ausrechnen muss.

G.3.1.2.2 Bestimmung des Erwerbszeitpunktes

Im zweiten Schritt ist der Erwerbszeitpunkt festzulegen. Nach IFRS 3.8 entspricht der Erwerbszeitpunkt dem Zeitpunkt, in dem der Erwerber, also das Mutterunternehmen, die Beherrschung ("control") über das erworbene Unternehmen erlangt. Dies ist regelmäßig dann der Fall, wenn der Erwerber die vereinbarte Gegenleistung rechtsverbindlich übereignet und damit auch die Vermögenswerte und Schulden des nunmehr beherrschten Unternehmens im Sinne von IFRS 3 erwirbt bzw. übernimmt

(IFRS 3.9). Damit ist grundsätzlich das sogenannte Closing Date der Transaktion als Erwerbszeitpunkt anzunehmen. Relevant ist jedoch immer, ab wann der Erwerber die Beherrschungsmöglichkeit über das erworbene Unternehmen erlangt. Entsprechend können Vereinbarungen, die im Rahmen der Transaktion geschlossen werden und die dem Erwerber bereits vor oder auch erst nach dem Closing Date tatsächlich die Beherrschungsmöglichkeit einräumen, zu einem vor oder nach dem Closing Date liegenden Erwerbszeitpunkt führen. Das Mutterunternehmen ist deshalb verpflichtet alle beherrschungsrelevanten Tatsachen bei der Ermittlung des Erwerbszeitpunktes zu berücksichtigen (IFRS 3.9).

Bedeutung hat der Erwerbszeitpunkt in mehrerer Hinsicht: Zum einen sind im Rahmen der Kapitalkonsolidierung die erworbenen identifizierbaren Vermögenswerte und Schulden mit dem beizulegenden Zeitwert im Erwerbszeitpunkt anzusetzen (IFRS 3.10). Zudem ist der Unterschiedsbetrag aus der Kapitalkonsolidierung zum Erwerbszeitpunkt zu bestimmen (IFRS 3.32). Gleichzeitig grenzt der Erwerbszeitpunkt aber auch ab, welche Aufwendungen und Erträge des Tochterunternehmens in die Konzern-GuV eingehen und welche noch im Rahmen der Kapitalkonsolidierung zu berücksichtigen sind. Dabei gilt, dass alle Aufwendungen und Erträge, die das Tochterunternehmen bis zum Erwerbsstichtag erwirtschaftet, Teil des erworbenen anteiligen Eigenkapitals des Tochterunternehmens sind (vgl. Senger/Brune in: Beck IFRS HB, 5. Aufl., § 34 Rn. 60).

G.3.1.2.3 Ansatz und Bewertung der erworbenen identifizierbaren Vermögenswerte und übernommenen Schulden

Um die Aufrechnung des anteiligen Eigenkapitals des Tochterunternehmens mit dem Beteiligungswert, der sich aus den Anschaffungskosten der Beteiligung und damit aus dem für den Erwerb des beherrschten Unternehmens übertragenen Gegenleistung ergibt, zu ermöglichen, ist zunächst das anteilige Eigenkapital am Tochterunternehmen zu ermitteln. Dazu sind nach IFRS 3.5 im dritten Schritt die im Rahmen des Unternehmenszusammenschlusses erworbenen identifizierbaren Vermögenswerte und übernommenen Schulden des Tochterunternehmen über die neubewertete Bilanz der Tochter (HB III) im Konzernabschluss anzusetzen und zu bewerten, um aus deren Saldo das im Rahmen der Kapitalkonsolidierung aufzurechnende Eigenkapital zu bestimmen.

Gemäß IFRS 3.10 sind dazu alle identifizierbaren erworbenen Vermögenswerte und übernommenen Schulden und auch alle nicht beherrschenden Anteile an dem Tochterunternehmen getrennt von einem etwaig anzusetzenden Geschäfts- oder Firmenwert im Konzernabschluss anzusetzen. Grundvoraussetzung für den Ansatz erworbener Vermögenswerte ist, dass sie identifizierbar sind: Davon ist auszugehen, wenn sie entweder separierbar, also vom Unternehmen getrennt und z. B. verkauft werden können, oder aus einem vertraglichen oder gesetzlichen Recht entstehen, unabhängig davon, ob sie übertragbar oder separierbar sind (IFRS 3.A). Ansetzbar sind zusätzlich nur Vermögenswerte und Schulden, die den Definitionen des Rahmenkonzeptes entsprechen (IFRS 3.11). Strenge Grenzen gelten in diesem Zusammenhang für den Ansatz von Rückstellungen. So dürfen im Zuge einer Unternehmenszusammenschlusses Rückstellungen zur Restrukturierung des erworbenen Unternehmens nur so weit in den Konzernabschluss übernommen werden, wie das Mutterunternehmen zwingend Kosten auf sich nehmen muss, um entsprechend einem bestehenden Plan Tätigkeiten des erworbene Unternehmens aufzugeben oder Mitarbeiter zu entlassen (IFRS 3.11). Abweichend von den allgemeinen Ansatzvorschriften von IFRS 3.10 ff. werden jedoch u. a. Eventualverbindlichkeiten bei einem Unternehmenszusammenschluss entgegen den Regelungen von IAS 37 angesetzt, soweit eine verlässliche Bestimmung des Zeitwertes möglich ist (IFRS 3.22–.23).

Zudem müssen die identifizierbaren erworbenen Vermögenswerte und übernommenen Schulden Teil der Transaktion sein, die zum Unternehmenszusammenschluss führt, also nicht im Rahmen einer anderen Transaktion erworben werden (IFRS 3.12). Alle anzusetzenden Vermögenswerte und Schulden sind im Erwerbszeitpunkt zu klassifizieren, so dass in der Folgebilanzierung die jeweils relevanten IAS-/IFRS-Standards angewendet werden können (IFRS 3.15). Von der Klassifizierung ausgenommen sind nur bestimmte Vermögenswerte und Schulden im Zusammenhang mit Leasing- oder Versicherungsverträgen (IFRS 3.17).

Durch die von IFRS 3 unterstellte Erwerbsfiktion von identifizierbaren Vermögenswerten durch den Unternehmenszusammenschluss kann es dazu kommen, dass bisher im Einzelabschluss der Tochtergesellschaft nicht angesetzte Vermögenswerte im Konzernabschluss ansatzpflichtig werden. Dies betrifft speziell immaterielle Vermögenswerte, die bisher, da sie selbsterstellt waren, nicht die besonderen Ansatzkriterien von IAS 38 für selbsterstellte immaterielle Vermögenswerte erfüllten oder wegen der internen Erstellung sogar mit einem Ansatzverbot belegt waren, wie z. B. eine selbst erstellte Marke (vgl. IFRS 3.13, IAS 38.57 und IAS 38.63). IFRS 3.B31 fordert im Einklang mit IAS 38.34, dass solche, nunmehr erworbenen immateriellen Vermögenswerte anzusetzen sind, wenn sie identifizierbar sind. Die Hürde der Identifizierbarkeit speziell durch Abgrenzbarkeit insbesondere vom Goodwill wird hier leichter überwindbar gemacht, indem z. B. eine Separierbarkeit zusammen mit einem anderen Vermögenswert zur Erfüllung genügt (siehe auch IAS 38.36). Vertragliche oder gesetzliche Absicherung als Grundlage für die Identifizierbarkeit wird ebenfalls großzügig ausgelegt (Beispiele, wann davon auszugehen ist, finden sich in IFRS 3.B32–B34). Um eine Vermischung des immer bedeutender werdenden immateriellen Vermögens mit dem vagen Goodwill zu verhindern (IAS 38 BC 7), sieht IAS 38 zudem großzügige Ansatzvermutungen bei immateriellen Vermögenswerten vor, die im Rahmen einer „business combination" erworben wurden. Die weiteren Ansatzkriterien nach IAS 38.21 müssen deshalb für erworbene identifizierbare immaterielle

Vermögenswerte bei einem Unternehmenszusammenschluss nicht geprüft werden, da sie als erfüllt unterstellt werden (vgl. IAS 38.33).

Die Bewertung der anzusetzenden erworbenen Vermögenswerte und übernommenen Schulden muss in Höhe des beizulegenden Zeitwertes am Erwerbsstichtag erfolgen (IFRS 3.18). Dabei ist der beizulegende Zeitwert im Einklang mit IFRS 13 als Verkaufspreis, der zwischen Marktteilnehmern im Rahmen eines geordneten Geschäftsvorfalls erzielt würde, zu bestimmen (IFRS 3.A). Entsprechend sind im Rahmen der Erwerbsmethode nach IFRS 3 sämtliche stillen Reserven und Lasten aufzudecken. Wie im Rahmen der Neubewertungsmethode nach HGB sind auch nach IFRS 3 stille Reserven deshalb unabhängig von der Höhe des Kaufpreises aufzulösen.

In den Folgeperioden sind die im Rahmen der Erstkonsolidierung anzusetzenden erworbenen identifizierbaren Vermögenswerte und übernommenen Schulden in der Folgebewertung im Einklang mit den auf sie anwendbaren IFRS fortzuführen (IFRS 3.54). Sondervorschriften für die Folgebewertung sieht IFRS 3 nur in Ausnahmefällen vor (vgl. die in IFRS 3.54(a)–(d) genannten Vermögenswerte, Schulden und Eigenkapitalinstrumente).

G.3.1.2.4 Bestimmung und Bilanzierung des Goodwills bzw. Badwills
G.3.1.2.4.1 Grundlegende Vorgehensweise zur Bestimmung des Unterschiedsbetrages

Im vierten Schritt ist der verbleibende Unterschiedsbetrag (Goodwill oder Badwill) aus der Aufrechnung von anteiligem Eigenkapital und Beteiligungsbuchwert, also der übertragenen Gegenleistung, zu bestimmen. IFRS 3 definiert den Geschäfts- oder Firmenwert als den Betrag, um den die Anschaffungskosten der Beteiligung zuzüglich des Betrages der nicht beherrschenden Anteile das neubewertete Eigenkapital des Tochterunternehmens im Erwerbszeitpunkt übersteigt (IFRS 3.32). Die Anschaffungskosten der Beteiligung entsprechen dabei der vom Mutterunternehmen im Erwerbszeitpunkt geleisteten Gegenleistung für die Erlangung der Beherrschung (IFRS 3.37). Das neubewertet Eigenkapital der Tochtergesellschaft ergibt sich aus dem Saldo aus erworbenen identifizierbaren Vermögenswerten und übernommen Schulden (IFRS 3.32). Zur Ermittlung des Unterschiedsbetrages sind dabei zwei Varianten nach IFRS 3.19 zulässig, die Neubewertungsmethode sowie die Full-Goodwill-Methode, die sich aber nur dann hinsichtlich der Behandlung der Anteile der nicht-kontrollierenden Anteilseigner und des Goodwills unterscheiden, wenn Minderheiten Anteile am Tochterunternehmen halten. Weiterhin wird der Goodwill in der Folgebilanzierung nicht mehr planmäßig abgeschrieben (IFRS 3.B63(a)). Vielmehr ist er nach den Vorgaben des IAS 36 grundsätzlich immer einmal pro Jahr auf eine mögliche Wertminderung zu prüfen und erforderlichenfalls außerplanmäßig abzuschreiben.

G.3.1.2.4.2 Anschaffungskosten für die Beteiligung

Die Anschaffungskosten der Beteiligung des Erwerbes eines Unternehmenszusammenschlusses am beherrschten Unternehmen entsprechen nach IFRS 3.37 dem, was der Erwerber als Gegenleistung für die Beherrschungsmöglichkeit leistet. Dazu zählen die gewährten Gegenleistungen (geleistete Zahlungen, übertragene Vermögenswerte, emittierte Eigenkapitaltitel und/oder eingegangene oder übernommene Schulden) mit ihrem Zeitwert zum Zeitpunkt des Erwerbs (Zeitpunkt, zu dem die Herrschaft effektiv übergeht).

Wenn Vermögenswerte oder Schulden Teil der Gegenleistung sind, die mit Buchwerten beim Erwerber angesetzt waren, die vom beizulegenden Zeitwert im Erwerbszeitpunkt abweichen, müssen diese im Übertragungszeitpunkt mit ihren Zeitwerten neu bewertet werden. Gewinne oder Verluste aus dieser Neubewertung sind beim Erwerber erfolgswirksam über die GuV zu erfassen, es sei denn der Erwerber behält auch nach der Übertragung dieser Vermögenswerte und Schulden die Beherrschung über sie (IFRS 3.38).

Die mit dem Unternehmenszusammenschluss verbundenen (Anschaffungsneben-)Kosten müssen, soweit sie der Erwerber für die Durchführung des Unternehmenserwerbs eingeht, ergebniswirksam in die Erfolgsrechnung einbezogen werden und als Aufwand in den Perioden gebucht werden, in denen sie anfallen (IFRS 3.53). Dazu zählen sowohl direkt zurechenbaren Kosten des Erwerbs wie z. B. für Berater und Gutachter wie auch Gemeinkosten des Erwerbs etwa für eine Akquisitionsabteilung. Kosten der Kapitalaufnahme aus der Emission von Schuldtiteln oder Aktienpapieren sind hingegen nach IAS 32 bzw. IFRS 9 zu behandeln. Die mit der Kapitalaufnahme verbundenen Kosten verringern den aus der Emission zufließenden Betrag. Beim Eigenkapital geht das zu Lasten der Kapitalrücklage (IAS 32.37) und beim Fremdkapital zu Lasten des zufließenden Betrags, wodurch der als beizulegender Zeitwert anzusetzende Transaktionspreis sinkt (IFRS 9.5.1.1 und 9.5.1.1A) mit der Folge höherer Zinsaufwendungen in den Folgejahren.

Bedingte Gegenleistungen, bei denen die Vertragsparteien des Unternehmenszusammenschlusses Teile der Kaufpreiszahlung vom Eintritt zukünftiger Bedingungen abhängig machen, sind grundsätzlich unabhängig von ihrer Eintrittswahrscheinlichkeit mit ihrem beizulegenden Zeitwert zum Erwerbszeitpunkt in die Anschaffungskosten des Unternehmenszusammenschlusses einzubeziehen. Damit sind sie als Teil der für die Beherrschungsmöglichkeit übertragenen Gegenleistung zu behandeln (IFRS 3.39).

G.3.1.2.4.3 Ansatz und Bewertung eines Goodwill

Der sich aus der Gegenüberstellung von neubewertetem Eigenkapital und Gegenleistung sowie Minderheitsanteilen ergebende verbleibende Unterschiedsbetrag ist bilanziell nach IFRS 3.32–.40 zu erfassen. Für jeden Unternehmenszusammenschluss stehen dem Erwerber dann zwei Bilanzierungsalternativen zur Wahl, wobei es nur bei Beteiligungsquoten von unter 100 % zu Unterschieden kommt:

– Nach der **Neubewertungsmethode** werden wie nach der Neubewertungsmethode im HGB die Anteile der nicht-kontrollierenden Anteilseigner nur mit ihrem Anteil am neubewerteten Eigenkapital angesetzt (IFRS 3.19(b)). Damit wird als Geschäfts- und Firmenwert im Konzernabschluss nur der erworbene Goodwill der Mehrheit angesetzt, nicht jedoch ein auf die Minderheit entfallender (IFRS 3.32).

– Die **Full-Goodwill-Methode** verlangt hingegen, dass die nicht beherrschenden Anteile zu ihrem beizulegenden Zeitwert angesetzt werden. Dadurch ergibt sich als anzusetzender Geschäfts- und Firmenwert nach IFRS 3.32 iVm. 3.19(a) ein Betrag, der sowohl den erworbenen Goodwill des beherrschenden Erwerbers als auch den auf die nicht beherrschenden Anteilseigner entfallenden Goodwillanteil umfasst.

Für den Fall eines positiven Unterschiedsbetrages hat der Erwerber in der Konzernbilanz einen Geschäfts- und Firmenwert als Vermögenswert anzusetzen (IFRS 3.32).

Der Geschäfts- oder Firmenwert unterliegt nach IFRS 3.54 iVm. IFRS 3.B63 keiner planmäßigen Abschreibungen, sondern ist nur auf Wertminderungen nach IAS 36 zu prüfen. Die Werthaltigkeitsprüfung hat nach IAS 36.80 auf Basis einer Verteilung des Goodwill auf zahlungsmittelgenerierende Einheiten oder auf Gruppen solcher zahlungsmittelgenerierender Einheiten zu erfolgen. Unter einer zahlungsmittelgenerierende Einheit ist dabei nach IAS 36.6 die kleinste abgrenzbare Einheit an Vermögenswerten zur verstehen, die weitgehend unabhängig Zahlungsmittelzuflüsse generiert. Verteilt wird der Geschäft- oder Firmenwert auf die Einheiten, die vom Mehrwert der Kombination profitieren, und das können Teile des erworbenen Unternehmens, des übrigen Konzerns oder überlappende Einheiten sein (IAS 36.81). Zugerechnet werden soll der Goodwill nach IAS 36.80 auf die niedrigste Ebene, auf der er noch „für interne Managementzwecke überwacht wird", die aber nicht größer sein darf als die Segmente der Segmentberichterstattung nach IFRS 8. Die Prüfung auf Werthaltigkeit hat nach IAS 36.10 regelmäßig jedes Jahr immer wieder zu dem gleichen Zeitpunkt zu erfolgen, kann aber auch früher erforderlich sein, wenn gemäß IAS 36.12 ff. konkrete Anhaltspunkte eine Wertminderung andeuten oder in engen Grenzen um ein Jahr verschoben werden (IAS 36.90, .96 und .99).

Der Wertminderungstest selbst erfolgt bei IFRS in einer Stufe und muss für jede zahlungsmittelgenerierende Einheit gesondert erfolgen (IAS 36.88). Auch müssen zunächst die einzelnen Vermögenswerte einer zahlungsgenerierenden Einheit auf Wertminderung geprüft werden, sofern auch sie einer solchen Prüfung zu unterziehen sind (IAS 36.97). Vergleichsgröße zum Buchwert der zahlungsmittelgenerierenden Einheit ist der erzielbare Betrag (IAS 36.104), der seinerseits das Maximum aus dem Zeitwert abzüglich Veräußerungskosten und dem Nutzungswert darstellt (IAS 36.74). Bezogen auf zahlungsgenerierende Einheiten, die als solche und nicht als Summe ihrer Elemente zu bewerten sind, sind beide Vergleichswerte Gesamtwerte, die sich nur in der Perspektive unterscheiden. Der Zeitwert abzüglich Veräußerungskosten markiert den meist mangels eines aktiven Markts nur auf Basis von Bewertungsverfahren geschätzten Wert der zahlungsmittelgenerierenden Einheit in der Einschätzung des Marktes (vgl. IFRS 13). Hingegen ergibt sich der Nutzungswert als der Wert der zahlungsmittelgenerierenden Einheit aus der Perspektive des Unternehmens bei Fortführung der bisherigen Politik und in der gegenwärtigen Verwendung, wobei IAS 36.33 ff. bei seiner Bestimmung enge Restriktionen vorschreibt. Letztlich geschieht der Vergleich auf Basis eines aufwendigen Maßgrößenduos, bei dessen Bestimmung auch die umfassenden Regelungen von IFRS 13 und IAS 36 die Ermessensfreiräume nur in Grenzen einschränken können.

Zur außerplanmäßigen Abschreibung kommt es, wenn der erzielbare Betrag der zahlungsgenerierenden Einheit kleiner ist als der Buchwert der zu dieser Einheit gehörenden Vermögenswerte einschließlich des Goodwillanteils (IAS 36.104). Umgesetzt wird die Wertminderung, indem zunächst der zugeordnete Geschäfts- und Firmenwert abgeschrieben wird. Reicht das nicht aus, um den Buchwert der Einheit auf den erzielbaren Betrag zu senken, müssen die anderen Vermögenswerte proportional in ihren Buchwerten gemindert werden, bis nacheinander deren individuell erzielbaren Beträge erreicht werden. Sofern danach noch ein Wertminderungsaufwand verbleibt, ist er anteilig den anderen Vermögenswerten der zahlungsmittelgenerierenden Einheit zuzuordnen (IAS 36.104 und 36.105). Wertminderungen auf den Geschäfts- oder Firmenwert dürfen bei späterem Wegfall der Gründe nicht zurückgenommen werden (IAS 36.124); bei den übrigen Vermögenswerten aber müssen – ggf. wiederum proportional zu deren Buchwerten – Zuschreibungen bei Wegfall der Gründe erfolgen (IAS 36.122).

G.3.1.2.4.4 Behandlung des Badwill

Übersteigt das anteilige Eigenkapital die Gegenleistung für den Erwerb der Beherrschungsmacht, entsteht eine Differenz, die als negativer Goodwill oder Badwill zu deuten ist. IFRS 3.34 ff. schreibt in diesem Fall ein zweistufiges Vorgehen vor. Auf der ersten Stufe sind Ansatz und Bewertung der im Zuge des Unternehmenserwerbs in den Konzernabschluss eingebrachten Vermögenswerte und Schulden, der nicht beherrschenden Anteile sowie der übertragenen Gegenleistung für die Erlangung der Beherrschung noch einmal daraufhin zu überprüfen, ob bei den Bewertungen alle zum Erwerbszeitpunkt verfügbaren Informationen angemessen berücksichtigt wurden (IFRS 3.36). Erforderlichenfalls sind Ansatz und/oder Bewertung zu korrigieren. Der nach dieser Prüfung verbleibende negative Unterschiedsbetrag ist als Gewinn dem Erwerber zuzurechnen und sofort erfolgserhöhend zu erfassen (IFRS 3.34).

G.3.1.2.5 Nachträgliche Informationen über die Verhältnisse zum Erwerbszeitpunkt

Zu dem Zeitpunkt, zu dem ein Unternehmenszusammenschluss erstmals in einem Konzernabschluss abzubilden ist, können die Informationen über die Anschaffungskosten der Beteiligung, über die erworbenen identifizierbaren Vermögenswerte und Schulden sowie über deren Zeitwerte im Erwerbszeitpunkt noch sehr unvollkommen sein. In diesem Fall ist es nach IFRS 3.45 geboten, den Abschluss auf Basis der bis dahin vorliegenden Informationen provisorisch aufzustellen.

Mit dem Erwerb beginnt zugleich eine Frist von 12 Monaten, in denen die Bilanzansätze von Vermögenswerten und Schulden sowie die Werte der für den Unternehmenszusammenschluss erbrachten Gegenleistungen den verbesserten Informationen über die Verhältnisse am Erwerbstag angepasst werden dürfen und sollen. Dabei sind die verbesserten neuen Ansätze und Werte so zu behandeln, als wären sie bereits ab dem Erwerbszeitpunkt in dieser Weise berücksichtigt worden (IFRS 3.49). Dementsprechend werden die durch die verbesserte Information angepassten Anschaffungskosten, Ansätze von erworbenen identifizierbaren Vermögenswerten und Schulden oder Wertansätze solcher Vermögenswerte und Schulden in einer veränderten Höhe des Goodwill oder des Erfolgs aus vorteilhaftem Erwerb aufgefangen (IFRS 3.48). Auch die für spätere Konzernabschlüsse erforderlichen Vergleichszahlen des Zeitpunkts der Erstkonsolidierung sind in der verbesserten Version anzugeben.

Wenn nach Ablauf der Frist von 12 Monaten weitere Informationen die Verhältnisse zum Zeitpunkt des Erwerbs in neuem Licht erscheinen lassen, sind Korrekturen nur noch nach Maßgabe der Vorschriften des IAS 8 zur Berücksichtigung von Fehlern („errors") zu berücksichtigen (IFRS 3.50). Danach müssen die Konzernabschlüsse rückwirkend in der Periode korrigiert werden, in der der jeweilige Fehler auftrat, und diese Korrekturen sind über die Zeit bis zur aktuellen Periode und deren Vergleichszeiträume hinein fortzuschreiben (IAS 8.42).

Ausnahmen von dieser Pflicht gibt es nur, wenn sich die periodenspezifischen oder kumulierten Effekte des Fehlers nicht ermitteln lassen (IAS 8.43). Der Fehler ist dann so früh wie möglich und notfalls ab der Berichtsperiode zu korrigieren (IAS 8.44).

G.3.1.2.6 Minderheitenanteile im Konzernabschluss

Für Minderheitenanteile besteht nach IFRS 3.19 im Konzernabschluss bei der Bewertung ein Wahlrecht: Sie können zum einen mit ihrem Anteil am Nettozeitwert des Tochterunternehmens nach Ansatz aller identifizierbaren Vermögenswerte und Schulden sowie nach Auflösung sämtlicher stiller Reserven, aber ohne den auf die Minderheiten entfallenden Goodwill (Neubewertungsmethode) angesetzt werden. Alternativ eröffnet IFRS 3.19 zusätzlich die Möglichkeit die Minderheitenanteile zum beizulegenden Zeitwert zu bewerten, was den Goodwill aus dem Unternehmenszusammenschluss um den Anteil anwachsen lässt, der auf die Minderheiten entfällt (Full-Goodwill-Methode). Zur Bestimmung des beizulegenden Zeitwertes für die nicht beherrschenden Anteile ist auf Marktpreise zurückzugreifen, soweit die nicht vom Mutterunternehmen gehaltenen Anteile auf einem aktiven Markt gehandelt werden. Da das eher in seltenen Fällen möglich ist, sieht IFRS 3.B44 andernfalls vor, dass der beizulegende Zeitwert der Minderheitsanteile dann über Bewertungsverfahren zu ermitteln ist. Insgesamt ist zu berücksichtigen, dass der beizulegende Zeitwert der herrschende Anteile des Erwerbers und der Minderheitsanteile je Aktie durchaus Wertunterschiede aufweisen können, da z. B. beim Mehrheitserwerb von Seiten der Erwerbers u. U. eine sog. „control premium" gezahlt wird, um die Beherrschung zu erlangen (IFRS 3.B45).

Die auf Minderheiten entfallenden Anteile am Eigenkapital sind in der Bilanz und die Anteile am Erfolg des Unternehmens sind in der GuV jeweils gesondert auszuweisen (IAS 1.54 (q) und 1.81B (a)). Obwohl die IFRS verbindliche Gliederungsschemata für Bilanz und GuV nicht kennen, legen die Vorgaben des IAS 1 doch nahe, dass Mehrheits- und Minderheitenanteile am Kapital bzw. am Erfolg jeweils in unmittelbarer Reihenfolge ausgewiesen werden, was beim Erfolg freilich die Ermittlung eines Erfolgs für alle mit anschließender Aufteilung auf Mehrheit und Minderheit nicht ausschließt. Mangels expliziter Vorschriften kann auf Basis allgemeiner Grundsätze nur vermutet werden, dass die Erfolgswirkungen der Auflösung stiller Reserven für die Minderheiten in Form höherer Bestandsminderungen und Abschreibungen die Anteile der Minderheiten am Ergebnis belasten.

G.3.1.3 Beispiel zur Kapitalkonsolidierung nach IFRS

Um die Kapitalkonsolidierung nach der Full-Goodwill-Methode nach IFRS 3 und insbesondere die Unterschiede zur Kapitalkonsolidierung nach HGB zu erläutern, werden die Daten des Beispiels zur Kapitalkonsolidierung mit Minderheiten nach HGB (Beispiel G.3) verwendet.

Nach IFRS 3.19 wird bei der Full-Goodwill-Methode der nicht beherrschende Anteil mit seinem beizulegenden Zeitwert bewertet. Im Beispiel wird angenommen, dass im Zeitpunkt der Erstkonsolidierung der beizulegende Zeitwert für den Minderheitenanteil von 20 % auf 80 € beläuft. Im Vergleich mit dem Beteiligungswert von 400 € für den 80 % Mehrheitsanteil der Mutter wird deutlich, dass die Muttergesellschaft im Beispiel offensichtlich eine „control premium" gezahlt hat, um die Beherrschungsmöglichkeit zu erlangen.

Beispiel G.12: Erstmalige Konsolidierung nach der Full-Goodwill-Methode nach IFRS3 bei Existenz von Minderheiten

	M HB II	T HB II	TN HB III	Summen- bilanz	Konsolidierung Soll	Konsolidierung Haben	Konzern
Goodwill	–	–	–		(2) 120 (4) 10		130[3]
Übrige Aktiva	1350	450	550[1]	1900			1900
[stille Reserven]	–	[100]					
Beteiligung an T	400	–	–	400		(1) 400	–
Unterschiedsbetrag					(1) 120	(2)120	–
Summe	1750	450	550	2300			2030
Gezeichnetes Kapital	600	150	150	750	(1) 120 (3) 30		600
Rücklagen	300	80	180[2]	480	(1) 144 (3) 36		300
Jahresüberschuss	100	20	20	120	(1) 16 (3) 4		100
nicht beh. Anteile	–	–	–	–		(3) 70 (4) 10	80
Fremdkapital	750	200	200	950			950
Summe	1750	450	550	2300	600	600	2030

[1] einschließlich stiller Reserven
[2] einschließlich „Neubewertungsrücklage" aus der Aufdeckung stiller Reserven
[3] Geschäftswert einschließlich des auf die nicht beherrschenden Anteile entfallenden Goodwill

---

Auch im Rahmen der Full-Goodwill-Methode werden zunächst die stillen Reserven in den erworbenen identifizierbaren Vermögenswerte und übernommenen Schulden vollständig aufgelöst (IFRS 3.18). Entsprechend werden die bei dem Tochterunternehmen T insgesamt in der Bilanz verborgenen stillen Reserven von im Beispiel 100 € aufgelöst, so dass sich als neubewertetes Eigenkapital der Tochter insgesamt ein Betrag von 350 € ergibt

	Vermögenswerte T (Buchwerte HB II)	450
–	Schulden T (Buchwerte HB II)	–200
=	Bilanzielles Eigenkapital T in HB II	250
+	stille Reserve unbebautes Grundstück	+ 40
+	stille Reserve Maschine	+ 60
=	neubewertetes Eigenkapital T in HB III	350

Dem wird Rechnung getragen, indem in der Summenspalte die Zahlen der Mutter und der Tochtergesellschaft nach umfassender Neubewertung zusammengefasst werden (IFRS 10.B86).

Das anteilige neubewertete Eigenkapital, das der Erwerber, also die Muttergesellschaft, an der Tochtergesellschaft hält, ergibt sich im Beispiel aus der Beteiligungsquote des Erwerbers an der Tochter (80 %) und dem neubewerteten Eigenkapital der Tochter laut HB III:

$$80\,\% \text{ von } 350\,€ = 280\,€$$

Offensichtlich hat der Erwerber, der für seinen Anteil von 80 % einen Preis von 400 € gezahlt hat, also deutlich mehr als den Marktpreis für das neubewertete Eigenkapital unter Einschluss der erworbenen identifizierbaren Vermögenswerte und übernommenen Schulden bezahlt, so dass ein Goodwill (Geschäftswert) in der Konzernbilanz anzusetzen ist. Gemäß IFRS 3.32 und IFRS 3.19 hat der Erwerber in der Konzernbilanz für den Geschäftswert im Rahmen der Full-Goodwill-Methode im Beispiel folgenden Betrag anzusetzen:

	Übertragene Gegenleistung (= Beteiligungsbuchwert)	400
+	beizulegender Zeitwert der nicht beherrschenden Anteile	+ 80
−	Saldo der neubewerteten erworbenen Vermögenswerte	
	und Schulden (= neubewertetes EK von T)	− 350
=	Geschäfts- oder Firmenwert IFRS 3.32	130

Zunächst wird nach der Neubewertung im ersten Konsolidierungsschritt der Beteiligungsbuchwert mit dem anteiligen neubewerteten Eigenkapital des Tochterunternehmens aufgerechnet, wobei sich ein aktivischer Unterschiedsbetrag in Höhe von $(400 - (120 + 144 + 16) =)\ 120\,€$ ergibt:

Gezeichnetes Kapital	120	an	Beteiligung an T	400	(1)
Rücklagen	144				
Jahresüberschuss	16				
Unterschiedsbetrag	120				

Der vorläufige aktivische Unterschiedsbetrag ist als der Teil des Geschäfts- oder Firmenwertes, der auf den Erwerber entfällt, gemäß IFRS 3.32 in den Geschäftswert (Goodwill) umzubuchen:

Geschäftswert	120	an	Unterschiedsbetrag	120	(2)

Im Konsolidierungsschritt (3) werden die Anteile der Minderheiten an Kapital, Rücklagen und Jahresüberschuss in die Position *„nicht beherrschende Anteile"* umgegliedert. Das anteilige neubewertete Eigenkapital von 70 €, das den Minderheiten zuzurechnen ist, ergibt sich analog zum Anteil des Erwerbers aus der Beteiligungsquote der nicht kontrollierenden Gesellschafter an der Tochter (20 %) und dem neubewerteten Eigenkapital der Tochter laut HB III (350 €). Zu buchen ist entsprechend:

Gezeichnetes Kapital	30	an	nicht beherrschende Anteile	70	(3)
Rücklagen	36				
Jahresüberschuss	4				

Im letzten Schritt ist im Fall der Full-Goodwill-Methode der auf die nicht beherrschenden Anteile entfallende Goodwill sowohl zum Geschäftswert als auch zur der Position „nicht beherrschende Anteile" hinzu zu buchen. Damit wird gleichzeitig erreicht, dass der Minderheitenanteil gemäß IFRS 3.10 und 3.19 in Höhe des beizulegenden Zeitwertes von 80 € in der Konzernbilanz angesetzt wird:

| Geschäftswert | 10 | an | nicht beherrschende Anteile | 10 | (4) |

Für die Folgekonsolidierung zum 31.12.17 werden wieder die Annahmen aus Beispiel G.4 übernommen. Im Rahmen der Folgekonsolidierung nach der Full-Goodwill-Methode wird in Schritt (1) – wie vom Grundsatz der Erstkonsolidierung vorgegeben – erneut der Beteiligungsbuchwert mit dem anteiligen Eigenkapital zum Zeitpunkt der erstmaligen Konsolidierung aufgerechnet, wobei nur der Thesaurierung des Jahresüberschusses der Tochter aus dem Jahr 16 Rechnung getragen wird.

Gezeichnetes Kapital	120	an	Beteiligung an T	400	(1)
Rücklagen	160				
Unterschiedsbetrag	120				

In Schritt (2) wird – ebenfalls in Wiederholung der Erstkonsolidierung – der aktivische Unterschiedsbetrag, der dem Anteil des Erwerbers am gesamten Geschäfts- oder Firmenwert entspricht, umgebucht in den Goodwill.

| Geschäftswert | 120 | an | Unterschiedsbetrag | 120 | (2) |

Schritt (3) dient der Überführung des Anteils der Minderheiten am neubewerteten Eigenkapital der Tochtergesellschaft zuzüglich des Anteils am Jahresüberschuss 17 von T in die Position „*nicht beherrschende Anteile*". Gleichzeitig muss in Schritt (4), wie auch im Rahmen der Erstkonsolidierung, dem Minderheitenanteil noch der Anteil der Minderheiten am Geschäfts- oder Firmenwert zugeschlagen werden.

Gezeichnetes Kapital	30	an	Nicht beherrschende Anteile	98	(3)
Rücklagen	40				
Jahresüberschuss	28				
Geschäftswert	10	an	Nicht beherrschende Anteile	10	(4)

Beispiel G.13: Folgekonsolidierung nach der Full-Goodwill-Methode nach IFRS 3 bei Existenz von Minderheiten

	M HB II	T HB II	TN HB III	Summen-bilanz	Konsolidierung Soll	Konsolidierung Haben	Konzern
Geschäftswert	–	–	–	–	(2) 120 (4) 10		130
Übrige Aktiva	1550	590	590	2140			2140
[stille Reserven]	–	[100]	100	100		(5) 16 (6) 4	80
Beteiligung an T	400	–	–	400		(1) 400	–
Unterschiedsbetrag	–	–	–	–	(1) 120	(2) 120	–
Summe	1950	590	690	2640			2350
Gezeichnetes Kapital	600	150	150	750	(1) 120 (3) 30		600
Rücklagen	300	100	200[1]	500	(1) 160 (3) 40		300
Jahresüberschuss	100	140	140	240	(3) 28 (5) 16		196
nicht beh. Anteile	–	–	–	–	(6) 4	(3) 98 (4) 10	104
Fremdkapital	950	200	200	1150			1150
Summe	1950	590	690	2640	648	648	2350

[1] einschließlich „Neubewertungsrücklage" aus der Aufdeckung stiller Reserven

Erfolgswirksam im Rahmen der Folgekonsolidierung wirken sich eventuelle Wertminderungen des Goodwills sowie Abschreibungen und unter Umständen Wertminderungen auf die aufgelösten stillen Reserven aus. Im Beispiel sei davon auszugehen, dass sich im Rahmen der jährlichen Wertminderungsprüfung nach IAS 36.10b für den Goodwill kein Wertminderungsbedarf ergeben hat, so dass sich insofern keine Erfolgsauswirkungen auf den Konzernjahresüberschuss ergeben. Die planmäßigen Abschreibungen aus den aufgelösten stillen Reserven wirken sich hingegen auf den Erfolg aus. Da alle stillen Reserven in Höhe von 40 bei den Grundstücken sowie 60 bei den Maschinen aufgelöst wurden und die Maschinen noch 3 Jahre nutzbar sein sollen, entstehen zusätzliche Abschreibungen von $60 : 3 = 20$ (IAS 16.50ff, 16.60ff). Wertminderungen gemäß IAS 36.8 und 36.9 wären annahmegemäß weder bei den Grundstücken noch bei den Maschinen feststellbar. Die von den Abschreibungen auf die Mehrheit entfallenden 80 % (16 €) werden in Schritt (5) zu Lasten des Jahresüberschusses verbucht, die auf die Minderheit entfallenden 20 % (4 €) in Schritt (6) zu Lasten des Minderheitenanteils.

Jahresüberschuss	16	an	Übrige Aktiva	16	(5)
Nicht beherr. Anteile	4	an	Übrige Aktiva	4	(6)

Um zu verdeutlichen, welche Restbuchwerte von den aufgedeckten stillen Reserven nach der Folgekonsolidierung existieren, werden in Beispiel G.13 die aufgedeckten stillen Reserven und ihre Entwicklung als gesonderter Posten innerhalb der übrigen Aktiva aufgezeigt.

Im Vergleich zum Beispiel G.3/G.4 nach HGB wird deutlich, dass zum einen nach IFRS 3 iVm. IAS 36 der resultierende Geschäftswert nicht mehr planmäßig abgeschrieben wird. Zum anderen entsteht bei der Full-Goodwill-Methode nach IFRS 3.19 im Konzernabschluss nach IFRS ein höherer Goodwill, da auch der Anteil der Minderheiten am Goodwill zu bilanzieren ist.

G.3.2 Quotale Konsolidierung nach IFRS 11

Ist ein Mutterunternehmen an einer gemeinsamen Vereinbarung in der Form einer gemeinschaftlichen Tätigkeit (IFRS 11.15) beteiligt, so hat das an der gemeinschaftlichen Führung beteiligte Unternehmen die gemeinsame Tätigkeit quotal im Konzernabschluss aber auch schon im Einzelabschluss zu erfassen (IFRS 11.20 und 11.26). Als Partei der gemeinschaftlichen Tätigkeit hat es dabei seinen Anteil an den Vermögenswerten und Schulden der gemeinschaftlichen Tätigkeit ebenso zu erfassen wie die anteiligen Erlöse und Aufwendungen aus der gemeinschaftlichen Tätigkeit. Nach IFRS 11.21 sind die anteilig zu erfassenden Vermögenswerte, Schulden, Erlöse und Aufwendungen grundsätzlich entsprechend den für sie maßgeblichen IFRS-Standards zu bilanzieren.

Wenn die gemeinschaftliche Tätigkeit über eine rechtlich selbständige Einheit ausgeübt wird, muss für den Konzernabschluss geklärt werden, wie die quotale Erfassung nach IFRS 11.20 umzusetzen ist. Dazu muss zunächst die Quote bestimmt werden, zu der Vermögenswerte und Schulden wie Erlöse und Aufwendungen im Konzernabschluss anteilig zu berücksichtigen sind. Grundsätzlich ist für die Quote auch bei einer gemeinschaftlichen Tätigkeit in Form einer rechtlich selbständigen Einheit der vertragliche Anteil an der gemeinschaftlichen Vereinbarung relevant (vgl. Brune in: Beck IFRS HB, 5. Aufl., § 29 Rn. 39). Die gesellschaftsrechtliche Beteiligungsquote an der rechtlichen Einheit wird als Maßstab dafür herangezogen werden, sofern nicht vertraglich abweichende Regelungen bestehen. Dies wäre beispielsweise bei von der Beteiligungsquote abweichenden Gewinnverwendungsregelungen der Fall. Auch bei vertraglichen Vereinbarungen, die die Anteile der Partner am Output der gemeinschaftlichen Tätigkeit als maßgebend für die Ansprüche und Verpflichtungen der Partner festlegen, wird die jeweilige Output-Quote konzeptionell als maßgeblich für die quotale Erfassung angesehen (vgl. IFRS 11.BC38; Küting/Seel, KoR 2011, S. 349; Brune in: Beck IFRS HB, 5. Aufl., § 29 Rn. 39).

Bildet die rechtliche Einheit, in der die gemeinschaftliche Tätigkeit organisiert ist, einen Geschäftsbetrieb im Sinne von IFRS 3, so erfolgt die quotale Erfassung konzeptionell wie die Vollkonsolidierung nach IFRS 3 (IFRS 11.21A). Wie bei der Vollkonsolidierung sind dann auch bei der quotalen Erfassung die identifizierbaren Vermögenswerte und Schulden der gemeinschaftlichen Tätigkeit zum beizulegenden Zeitwert zu bewerten (IFRS 11.B33A(a)). In den Konzernabschluss sind sie wie bei der Quotenkonsolidierung aber nur quotal entsprechend dem Anteil des Unternehmens an den Vermögenswerten und Schulden der gemeinschaftlichen Tätigkeit einzubeziehen. Dadurch werden sämtliche stillen Reserven quotal entsprechend dem einbezogenen Anteil der identifizierbaren Vermögenswerte und Schulden aufgedeckt. In der Summenbilanz werden damit sowohl die anteiligen identifizierbaren Vermögenswerte und Schulden sowie das anteilige neubewertete Eigenkapital an der gemeinschaftlichen Tätigkeit erfasst. Ergibt sich aus der Konsolidierung von anteiligem neubewertetem Eigenkapital mit dem Beteiligungsbuchwert der Beteiligung der Mutter an der rechtlichen Einheit ein Goodwill, ist dieser ebenfalls entsprechend den Vorgaben von IFRS 3 zu bilanzieren (IFRS 11.B33A(d)). Im Unterschied zur Vollkonsolidierung sind jedoch keine Minderheitenanteile auszuweisen.

Die Unterschiede zur Quotenkonsolidierung nach HGB liegen zum einen darin, dass nach § 310 Abs. 1 HGB das gemeinschaftlich geführte Unternehmen immer entsprechen den Anteilen am Kapital in den Konzernabschluss einzubeziehen ist, während nach IFRS 11.20 die zu berücksichtigen Anteile auch von der gesellschaftsrechtlichen Beteiligungsquote abweichen können. Zum anderen sind gemeinschaftliche Tätigkeiten regelmäßig auch bereits im Einzelabschluss eines gemeinschaftlich führenden Unternehmens quotal gemäß IFRS 11.20–.22 zu erfassen.

G.3.3 Equity-Methode nach IAS 28

Im Rahmen der IFRS sind Equity-Methode und Kapitalkonsolidierung ebenfalls eng verbunden. Die Equity-Methode dient in Konzernabschlüssen als spezifische Form der „Konsolidierung" von Anteilen an assoziierten Unternehmen und an Gemeinschaftsunternehmen (IAS 28.16, IFRS 11.24). Seit der Reform von IAS 27 im Jahr 2014 ist die Equity-Methode zudem zusätzlich wahlweise auch im Einzelabschluss für die Bilanzierung von Tochterunternehmen, Gemeinschaftsunternehmen und assoziierten Unternehmen zulässig (vgl. IAS 27.10, IAS 28.44, IFRS 11.26; von Oertzen in: Beck IFRS HB, 5. Aufl., § 7 Rn. 52).

Im Konzernabschluss verbindet die Equity-Methode nach IFRS die Charakteristika der Erwerbsmethode nach IFRS 3 mit der typischen zeitsynchronen Berücksichtigung der Ergebnisse des assoziierten Unternehmens bzw. des Gemeinschaftsunternehmens (IAS 28.10). Dazu werden zunächst die Anteile am assoziierten Unternehmen bzw. am Gemeinschaftsunternehmen zwar zu Anschaffungskosten angesetzt. In der Folge erhöhen bzw. vermindern aber die Anteile am Gewinn oder Verluste des assoziierten Unternehmens oder Gemeinschaftsunternehmens den Beteiligungsbuchwert im Konzernabschluss des nach der Equity-Methode bewertenden Anteilseigners.

Im Gegenzug werden vereinnahmte Gewinnausschüttungen wieder vom Beteiligungsbuchwert gekürzt

Auch bei Anwendung der Equity-Methode ist zunächst der Abschluss des Beteiligungsunternehmens umzustellen auf die Rechnungsvorschriften des Konzerns
(IAS 28.35). Wie bei der Vollkonsolidierung müssen mit Entstehen eines maßgeblichen Einflusses bzw. bei Erfüllung der Kriterien für ein Gemeinschaftsunternehmen
(IAS 28.32) die auf den Anteil des Konzerns entfallenden stillen Reserven vollständig
aufgedeckt werden: In einer Nebenrechnung werden dazu die identifizierbaren Vermögenswerte und Schulden bestimmt und mit ihrem beizulegenden Zeitwert bewertet
(IAS 28.26). Der Saldo der dergestalt neubewerteten Vermögenswerte und Schulden
ergibt den Nettozeitwert der identifizierbaren Vermögenswerte und Schulden des
Beteiligungsunternehmens (IAS 28.32). Resultiert aus dem Vergleich zwischen den
Anschaffungskosten des Anteils und dem anteiligen Nettozeitwert der identifizierbaren Vermögenswerte und Schulden des Beteiligungsunternehmens eine positive
Differenz, besteht offensichtlich ein Goodwill, andernfalls ein Badwill.

Angewendet auf Beispiel G.10 (Equity-Methode nach HGB) wäre zunächst in der
Nebenrechnung im Vermögen des assoziierten Unternehmens das übrige Aktivvermö-
gen mit dem beizulegenden Zeitwert von 550 € zu bewerten. Dadurch steigen für die
Nebenrechnung die Rücklagen des assoziierten Unternehmens auf 150 € (50 € bilanzielle Rücklagen + 100 € Neubewertungsrücklage). Zusammen mit den Werten für das
gezeichnete Kapital (150 €) sowie dem Jahresüberschuss 16 (50 €) ergibt sich ein Nettozeitwert der identifizierbaren Vermögenswerte und Schulden des assoziierten Unternehmens von 350 €. Aus dem Vergleich mit den Anschaffungskosten des Anteils an
dem assoziierten Unternehmen resultiert ein Goodwill von 60 €.

Nebenrechnung:

	Anschaffungskosten des Anteils	200 €
−	Anteiliges neubewertetes Eigenkapital (40 % · (150 + 150 + 50))	− 140 €
=	Goodwill	60 €

Ein verbleibender Goodwill wird nicht getrennt in der Konzernbilanz ausgewiesen, sondern ist im Konzernabschluss weiterhin im Buchwert der Anteile enthalten.
Vergleichbar wie bei der Vollkonsolidierung ist auch bei der Equity-Methode eine
planmäßige Abschreibung des Goodwills untersagt (IAS 28.32(a)). Vielmehr wird die
Beteiligung insgesamt auf Wertminderungen geprüft: Sofern Anzeichen für eine Wert-
minderung vorliegen (IAS 28.41A–41C), wird für den Anteil insgesamt der erzielbare
Betrag ermittelt. Liegt dieser unter dem derzeitigen Buchwert nach der Equity-Metho-
de, ist der Anteilswert insgesamt, ohne Aufteilung in anteilige Vermögenswerte und
Goodwill außerplanmäßig abzuschreiben (vgl. IAS 28.42). Fallen die Gründe für die
Wertminderung in späteren Perioden weg, ist die Beteiligung maximal bis auf den
Wert zu erhöhen, der sich ohne Berücksichtigung der Wertminderung ergeben hätte

(IAS 28.42). Ein vorläufiger Badwill führt nach erneuter Prüfung seiner Grundlagen sofort zu einem Gewinn und erhöht den Equity-Wert des Anteils (IAS 28.32(b)).

In der Folgebewertung nach der Equity-Methode müssen die anteiligen Eigenkapitaländerungen des assoziierten Unternehmens bzw. des Gemeinschaftsunternehmens im Beteiligungsbuchwert des Anteils zum Teil erfolgswirksam, zum Teil aber auch erfolgsneutral berücksichtigt werden: Der auf den Anteil des Konzerns entfallende Gewinn des assoziierten Unternehmens bzw. des Gemeinschaftsunternehmens des laufenden Geschäftsjahres erhöht den Equity-Wert der Beteiligung erfolgswirksam, entsprechende Verluste senken ihn (IAS 28.10). Die Fortschreibung der in der Nebenrechnung aufgelösten stillen Reserven erzeugen in den Folgejahren höhere Aufwendungen aus Bestandsänderungen und Abschreibungen, die sich im Erfolg des Konzerns aus der Beteiligung an dem assoziierten Unternehmen anteilig niederschlagen und den nach der Equity-Methode bewerteten Anteil mindern. Zusätzlich kürzen Wertminderungen des Anteils an dem assoziieren Unternehmen bzw. Gemeinschaftsunternehmen ebenfalls erfolgswirksam den Buchwert des Anteils (vgl. IAS.32).

Erfolgsneutral gegen das sonstige Gesamtergebnis ist der Anteil am assoziierten Unternehmen bzw. dem Gemeinschaftsunternehmen anzupassen, wenn beim Beteiligungsunternehmen erfolgsneutrale Eigenkapitalveränderungen z. B. aus der Neubewertung von Sachanlagevermögen eingetreten sind (vgl. IAS 38.10). Außerdem kürzen Gewinnausschüttungen des assoziierten Unternehmens oder Gemeinschaftsunternehmen an den Anteilseigner erfolgsneutral den Wert des nach der Equity-Methode bewerteten Anteils.

Insgesamt wirkt sich die Anwendung der Equity-Methode nach dem erstmaligen Ansatz folgendermaßen auf den Beteiligungsbuchwert aus:

	Beteiligungsbuchwert at equity Ende GJ$_t$
+/−	anteiliger Jahresüberschuss/-fehlbetrag
−	vereinnahmte Ausschüttungen
+/−	Anteilige erfolgsneutrale Eigenkapitalveränderungen (sonstiges Gesamtergebnis)
−/+	Abschreibungen/Zuschreibungen aus der Auflösung stiller Reserven/Lasten
−	Wertminderungsaufwand
+	Kapitaleinzahlungen
−	Kapitalrückzahlungen
=	Beteiligungsbuchwert at equity Ende GJ$_{t+1}$

Wird der Wert der Beteiligung gemäß Equity-Methode durch die dem Konzern zuzurechnenden Verluste des assoziierten Unternehmens oder des Gemeinschaftsunternehmens aufgezehrt, so sind weitere Verluste nur abzusetzen, wenn neben dem Buchwert des Anteils weitere langfristige Investments des Konzerns in dieses assoziierte Unternehmen (Vorzugsaktien oder langfristige Darlehen, bei denen ein Rückzug weder wahrscheinlich noch geplant ist) vorliegen (IAS 28.38). Sind neben dem Buchwert des Anteils auch diese langfristigen Investments durch Verluste aufgezehrt, ist die Equity-Bewertung auszusetzen. Darüber hinausgehende Verluste sind nur zu passivieren, soweit der Konzern zu Leistungen verpflichtet ist. Ansonsten werden sie in Nebenbüchern erfasst und müssen bei nachfolgenden Gewinnen des Beteiligungsunternehmens abgetragen sein, bevor die Beteiligung am oder das übrige langfristige Investment des Konzerns in das assoziierte Unternehmen bzw. Gemeinschaftsunternehmen wieder mit einem positiven Wert im Konzernabschluss erscheinen (IAS 28.39).

Die Unterschiede zur Equity-Methode nach HGB werden an mehreren Stellen deutlich: Zum einen schreibt IAS 28 auch für die Equity-Methode die Anwendung der Neubewertungsmethode vor, so dass stille Reserven und Lasten immer vollständig aufzudecken sind, auch dann, wenn sich durch die Auflösung ein negativer Unterschiedsbetrag zwischen den Anschaffungskosten des Anteils und dem verrechneten anteiligen Eigenkapital ergibt. Zum anderen wird in IAS 28 für den Geschäfts- und Firmenwert das Prinzip weiterverfolgt, den in der Nebenrechnung ermittelten Goodwill nicht planmäßig abzuschreiben (IAS 28.32(a)). Den Unterschied zum HGB verschärfend kommt dann noch hinzu, dass der Geschäfts- und Firmenwert auch nicht einem separaten Impairmenttest unterzogen werden kann, da er nicht separat ausgewiesen wird und somit implizit Bestandteil des gesamten, nach der Equity-Methode bewerteten Beteiligungsbuchwertes ist (IAS 28.42).

Literaturhinweise

Außer der einschlägigen Kommentierung zu den §§ 301, 302, 307, 309, 310 und 312 HGB sei verwiesen auf:

Baetge, Jörg/Kirsch, Hans-Jürgen/Thiele, Stefan: Konzernbilanzen, 11. Aufl., Düsseldorf 2015.

Busse von Colbe, Walther/Ordelheide, Dieter/Gebhardt, Günther/Pellens, Bernhard: Konzernabschlüsse, 10. Aufl., Wiesbaden 2010.

Dreger, Karl-Martin: Der Konzernabschluss, Wiesbaden 1969, S. 51–135.

Ewert, Ralf/Schenk, Gerald: Offene Probleme bei der Kapitalkonsolidierung im mehrstufigen Konzern, in: BB, 48. Jg., Beilage 14 zu Heft 20, 1993.

Havermann, Hans: Zur Bilanzierung von Beteiligungen an Kapitalgesellschaften in Einzel- und Konzernabschlüssen. Einige Anmerkungen zum Equity-Accounting, in: WPg, 28. Jg., 1975, S. 233–242.

International Accounting Standards Board: International Financial Reporting Standards 2017, London 2017.

IDW (Hrsg.): Wirtschaftsprüfer-Handbuch 2017, 15. Aufl., Bd. I, Düsseldorf 2017.

Küting, Karlheinz/Zündorf, Horst: Zurechnungsmodalitäten stiller Reserven im Rahmen der Kapitalkonsolidierung nach künftigem Konzernbilanzrecht, in: BB, 40. Jg., 1985, S. 1302–1311.

Küting, Karlheinz/Zündorf, Horst: Die Equity-Methode im deutschen Bilanzrecht, in: BB, 41. Jg., Beilage 7 zu Heft 21, 1986.

Lutter, Bernd/Rimmelspacher, Dirk: Einheitstheorie und Kapitalkonsolidierung – mehr Konflikt als Konsens?, in: DB, 45. Jg., 1992, S. 485–491.

Pellens, Bernhard/Fülbier, Rolf Uwe/Gassen, Joachim/Sellhorn, Thorsten: Internationale Rechnungslegung, 10. Aufl., Stuttgart 2017.

Schindler, Joachim: Der Ausgleichsposten für die Anteile anderer Gesellschafter nach § 307 HGB, in: WPg, 39. Jg., 1986, S. 588–596.

Schindler, Joachim: Kapitalkonsolidierung nach dem Bilanzrichtliniengesetz, Frankfurt a. M./Bern/New York 1986.

Sigle, Hermann: Betriebswirtschaftliche Aspekte der Quotenkonsolidierung, in: Bilanzrichtlinien-Gesetz, ZfB-Ergänzungsheft 1/1987, S. 321–337.

Sonderausschuß Bilanzrichtlinien-Gesetz (SABI): Stellungnahme SABI 2/1988: Behandlung des Unterschiedsbetrags aus der Kapitalkonsolidierung, in: WPg, 41. Jg., 1988, S. 622–625.

Wysocki, Klaus von/ Wohlgemuth, Michael/Brösel, Gerrit: Konzernrechnungslegung, 5. Aufl., Konstanz und München 2014.

Zündorf, Horst: Quotenkonsolidierung versus Equity-Methode, Stuttgart 1987.

H Schuldenkonsolidierung

H.1 Einführung

Die Einheitstheorie geht von der wirtschaftlichen Unselbständigkeit der in den Konzern einbezogenen Unternehmen aus. Wenn die Konzernunternehmen dementsprechend nur als Teilbetriebe der wirtschaftlichen Einheit Konzern anzusehen sind, kann es zwischen ihnen keine bilanzierungsfähigen Schuldverhältnisse geben. Aus der Summenbilanz müssen daher Forderungen und Verbindlichkeiten, die zwischen einbezogenen Unternehmen bestehen, eliminiert werden. Mit dieser Eliminierung erzielt die Schuldenkonsolidierung den gleichen Effekt wie die Kapitalkonsolidierung, die Vermeidung von Doppelzählungen: Denn eine Bilanzierung der Forderung des Gläubigerunternehmens in der Konzernbilanz liefe auf eine zweite Erfassung des Vermögens des Schuldnerunternehmens hinaus. Ebenso würde das Kapital als Kapital des Gläubigerunternehmens und als Verbindlichkeit des Schuldnerunternehmens doppelt gezählt.

Wer angesichts dieser Parallelität befürchtet, das mühevolle Durchdringen der vielfältigen Regelungen zur Kapitalkonsolidierung könnte hier eine Fortsetzung oder gar Steigerung erfahren, wird freilich zunächst durch den Wortlaut des § 303 HGB beruhigt, dessen erster Absatz schlicht besagt: *„Ausleihungen und andere Forderungen, Rückstellungen und Verbindlichkeiten zwischen den in den Konzernabschluss einbezogenen Unternehmen sowie entsprechende Rechnungsabgrenzungsposten sind wegzulassen."*

Beruhigend ist dabei in der Tat, dass es bei der Schuldenkonsolidierung keine Vielzahl verschiedener Verfahren zu unterscheiden gibt. Allerdings gestaltet sich die Schuldenkonsolidierung nicht derart unproblematisch, wie dies der Gesetzestext vielleicht vermuten lässt. Vielmehr verbleiben vor allem noch zwei Fragen, die in den beiden folgenden Abschnitten geklärt werden sollen:

Zunächst ist in Abschnitt H.2. der Gegenstand der Schuldenkonsolidierung abzugrenzen, also in erster Linie zu bestimmen, wie die Aufzählung der wegzulassenden Positionen in § 303 Abs. 1 HGB zu interpretieren ist.

Das zweite Problem wird im Gesetzestext überhaupt nicht angesprochen. Einfaches Weglassen der konzerninternen Forderungen und Verbindlichkeiten ist nur dann zulässig und möglich, wenn sie sich in genau gleicher Höhe gegenüberstehen. Häufig ist dies nicht der Fall; es entstehen sog. Aufrechnungsdifferenzen. Diese Differenzen sind Gegenstand des dritten Abschnitts dieses Kapitels.

Verbleibende Einzelfragen zur Schuldenkonsolidierung werden schließlich im Abschnitt H.4., die Schuldenkonsolidierung nach IFRS im Abschnitt H.5. behandelt.

https://doi.org/10.1515/9783110535723-008

H.2 Zum Gegenstand der Schuldenkonsolidierung

§ 303 Abs. 1 HGB nennt zusätzlich zu „*Forderungen*" und „*Verbindlichkeiten*" auch ausdrücklich „*Ausleihungen*", „*Rückstellungen*" und „*Rechnungsabgrenzungsposten*" als Gegenstand der Schuldenkonsolidierung. Diese Formulierung bringt den Willen des Gesetzgebers zum Ausdruck, die Konsolidierung nicht nur auf Forderungen und Verbindlichkeiten im engeren Sinne zu beschränken (vgl. Biener/Berneke, Bilanzrichtlinien-Gesetz, 1986, S. 340); aber auch der Katalog von § 303 Abs. 1 HGB darf nicht eng als vollständige Aufzählung der betroffenen Bilanzpositionen ausgelegt werden. Vielmehr sind bei der Schuldenkonsolidierung alle Posten zu berücksichtigen, durch die Schuldverhältnisse zwischen in die Konsolidierung einbezogenen Unternehmen abgebildet werden.

Abbildung H.1 zeigt als Ausschnitt einer Bilanz eines einbezogenen Unternehmens diejenigen Positionen, die bei der Eliminierung von Schuldverhältnissen zwischen voll konsolidierten Unternehmen betroffen sein können (zu den übrigen Unternehmen des Konsolidierungskreises siehe Abschnitt H.4.3). Diese Posten, deren

Aktivseite			
A.	I.	4.	geleistete Anzahlungen [auf immaterielles Anlagevermögen]
	II.	4.	geleistete Anzahlungen (…) [auf Sachanlagen]
	III.	2.	Ausleihungen an verbundene Unternehmen
		5.	Wertpapiere des Anlagevermögens
B.	I.	4.	geleistete Anzahlungen [auf Vorräte]
	II.	1.	Forderungen aus Lieferungen und Leistungen
	II.	2.	Forderungen gegen verbundene Unternehmen
	II.	*	eingeforderte Einlagen auf das gezeichnete Kapital
	II.	4.	sonstige Vermögensgegenstände
	III.	2.	sonstige Wertpapiere
	IV.		Guthaben bei Kreditinstituten und Schecks (…)
C.			Rechnungsabgrenzungsposten
	*		Disagio
	*		andere Rechnungsabgrenzungsposten
Passivseite			
B.	3.		sonstige Rückstellungen
C.	1.		Anleihen
	2.		Verbindlichkeiten gegenüber Kreditinstituten
	3.		erhaltene Anzahlungen auf Bestellungen
	4.		Verbindlichkeiten aus Lieferungen und Leistungen
	5.		Verbindlichkeiten aus der Annahme gezogener Wechsel und der Ausstellung eigener Wechsel
	6.		Verbindlichkeiten gegenüber verbundenen Unternehmen
D.			Rechnungsabgrenzungsposten

Abb. H.1: Bilanzpositionen, die Schuldverhältnisse zwischen voll konsolidierten Unternehmen zum Inhalt haben können.

Bezeichnung aus der Bilanzgliederung des § 266 Abs. 2 und 3 HGB stammt, werden zunächst zu erläutern sein.

Aber nicht nur Bilanzpositionen, sondern auch die Eventualverbindlichkeiten und Haftungsverhältnisse unter der Bilanz (§ 251 HGB) sowie die Angaben sonstiger finanzieller Verpflichtungen im Anhang (§ 285 Nr. 3a HGB) müssen daraufhin geprüft werden, ob sie nach § 298 Abs. 1 HGB in Verbindung mit § 251 HGB bzw. § 314 Abs. 1 Nr. 2 HGB in den Konzernabschluss übernommen werden können.

H.2.1 Erläuterung der zu eliminierenden Bilanzpositionen

H.2.1.1 Forderungen gegen verbundene Unternehmen und Verbindlichkeiten gegenüber verbundenen Unternehmen

Bei diesen Bilanzpositionen ist zu beachten, dass als „*verbundene Unternehmen*" nach § 271 Abs. 2 HGB nicht nur Unternehmen gelten, die in einen Konzernabschluss tatsächlich einbezogen werden, sondern alle, die nach § 290 HGB grundsätzlich einzubeziehen wären (oder nach §§ 291, 292 HGB einbezogen werden könnten). Im Rahmen der Schuldenkonsolidierung sind allerdings Forderungen und Verbindlichkeiten gegenüber verbundenen Unternehmen nur insoweit zu eliminieren, als sie einbezogene verbundene Unternehmen betreffen.

H.2.1.2 Eingeforderte Einlagen auf das gezeichnete Kapital

Die ausstehenden Einlagen auf das gezeichnete Kapital besitzen einen Doppelcharakter – als Forderung aus rechtlicher Sicht und als aktivische Korrekturgröße zum Eigenkapital aus wirtschaftlicher Sicht.

Der Charakter einer Forderung der Gesellschaft gegenüber den Anteilseignern kommt wirtschaftlich gesehen erst in dem Zeitpunkt und nur insoweit zum Tragen, als die ausstehenden Einlagen oder Teile davon eingefordert werden.

Daher sind Gegenstand der Schuldenkonsolidierung auch nur die eingeforderten Einlagen, soweit sich die Forderung gegen andere einbezogene Unternehmen richtet. Solche eingeforderten Einlagen, die eine gesonderte Forderungsposition im Umlaufvermögen bilden (§ 272 Abs. 1 S. 3 HGB), werden gegen die entsprechenden Verbindlichkeiten aus Kapitaleinzahlungsverpflichtungen aufgerechnet, die beim verpflichteten Konzernunternehmen als „*davon*"-Bestandteil etwa der „*Verbindlichkeiten gegenüber verbundenen Unternehmen*" ausgewiesen werden sollten (vgl. Winkeljohann/Deubert in: Beck Bil-Komm., 11. Aufl., § 303 Anm. 10). Von Dritten eingeforderte Einlagen hingegen sind in die Konzernbilanz zu übernehmen.

Nicht eingeforderten ausstehenden Einlagen eines Tochterunternehmens unterliegen hingegen im Konzernabschluss nicht der Schuldenkonsolidierung, da sie nach § 272 Abs. 1 S. 2 HGB beim einbezogenen Unternehmen vom gezeichneten Kapital offen abzusetzen sind.

H.2.1.3 Geleistete und erhaltene Anzahlungen

Anzahlungen erscheinen in Bilanzen, wenn bei einem Kaufgeschäft der Kaufpreis zumindest teilweise schon entrichtet wurde, bevor der Verkäufer seine Leistung erbracht hat. Die aktivierten geleisteten Anzahlungen bringen demnach den Anspruch auf Leistung und die passivierten erhaltenen Anzahlungen die Verpflichtung zur Leistung zum Ausdruck. Handelt es sich bei den Vertragspartnern um einbezogene Unternehmen, müssen geleistete und erhaltene Anzahlungen grundsätzlich im Rahmen der Schuldenkonsolidierung aus der Summenbilanz eliminiert werden.

Lediglich bei den geleisteten Anzahlungen auf Sachanlagen wird in der Literatur teilweise ein Verzicht auf die Berücksichtigung bei der Schuldenkonsolidierung für zulässig erachtet (vgl. Harms in: Küting/Weber, Konzernrechnungslegung, 2. Aufl., § 303 HGB Rn.19), weil die Grenzziehung zwischen den Anzahlungen auf Sachanlagen und den Anlagen im Bau, die gemeinsam unter einer Bilanzposition ausgewiesen werden, nicht immer möglich sei. Dem ist allerdings entgegen zu halten, dass der Betrag der Anzahlung aus der Bilanz des Empfängers der Zahlung eindeutig ermittelt werden kann.

H.2.1.4 Aktive und passive Rechnungsabgrenzungsposten

Aktive und passive Rechnungsabgrenzungsposten sind in die Schuldenkonsolidierung mit einzubeziehen, soweit das zugrunde liegende Schuldverhältnis (z. B. Darlehen, Miete, Pacht) gegenüber einem anderen einbezogenen Unternehmen besteht. Daran ändert auch die Tatsache nichts, *„daß der Ausgleich von Anspruch und Verpflichtung nicht in Geld, sondern durch eine andere Leistung erfolgt"* (NA 2/1967, WPg 1967, S. 489).

H.2.1.5 Rückstellungen

§ 303 Abs. 1 HGB bezeichnet ausdrücklich auch Rückstellungen als Gegenstand der Schuldenkonsolidierung. Das heißt aber nicht, dass sämtliche Rückstellungen aus den Einzelbilanzen der einbezogenen Unternehmen in der Konzernbilanz weggelassen werden müssten. Vielmehr ist eine neue Beurteilung der jeweiligen Sachverhalte aus der Sicht des fingierten einheitlichen Unternehmens erforderlich. Dabei kann es zu drei verschiedenen Ergebnissen kommen, und zwar:
- Übernahme der Rückstellung in die Konzernbilanz,
- Eliminierung oder
- Umgliederung.

Die Behandlung der verschiedenen Rückstellungsarten aus den Einzelbilanzen wird anhand der Abbildung H.2 erläutert:

Die Rückstellungen aus den Einzelbilanzen sind dabei zunächst zu trennen in Rückstellungen für Verpflichtungen gegenüber sich selbst (Rückstellungen für unterlassene Instandhaltung) und solche gegenüber Dritten (Rückstellungen für ungewisse

Einzelbilanzen der einbezo-genen Unternehmen		Konzernbilanz

Ausweis von Rückstellungen für Verpflichtungen

Ausweis von Rückstellungen für Verpflichtungen

a) gegenüber sich selbst (RSt für unterlassene Instandhaltung)	→ (1) → (2)	a) gegenüber sich selbst (RSt für unterlassene Instandhaltung)
b) gegenüber anderen einbe-zogenen Unternehmen	→ (3)	ELIMINIERUNG
c) gegenüber nicht einbe-zogenen Dritten	→ (4) → (5)	c) gegenüber nicht einbezogenen Dritten

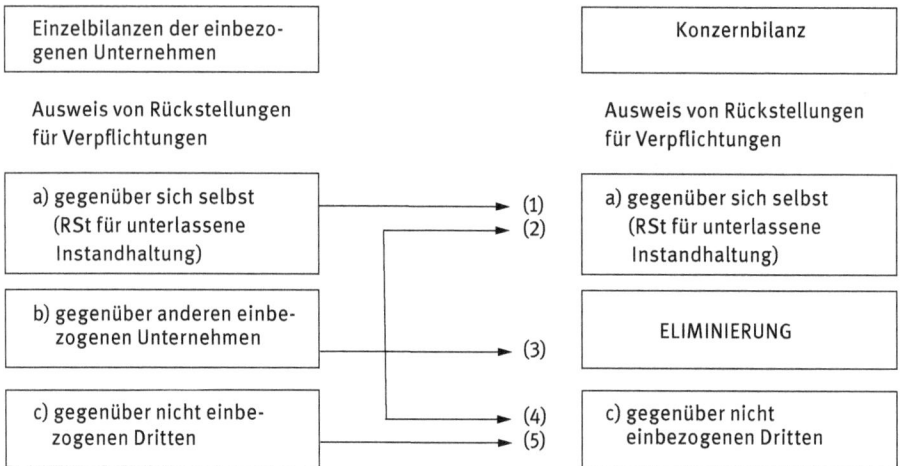

Abb. H.2: Konsolidierung der Rückstellungen.

Verbindlichkeiten, für drohende Verluste aus schwebenden Geschäften sowie für Gewährleistungen ohne rechtliche Verpflichtung). Ferner ist danach zu differenzieren, ob es sich bei den Dritten um einbezogene Unternehmen handelt oder nicht.

In die Konzernbilanz zu übernehmen sind alle Rückstellungen für unterlassene Instandhaltung (1) sowie sämtliche Rückstellungen, die für Verpflichtungen gegenüber nicht einbezogenen Unternehmen gebildet worden sind (5).

In die Konzernbilanz zu übernehmen ist auch eine Rückstellung, wenn die Verpflichtung nur vordergründig gegenüber einem anderen einbezogenen Unternehmen, tatsächlich aber gegenüber einem Außenstehenden besteht. Droht beispielsweise dem einbezogenen Unternehmen A aus einem schwebenden Geschäft mit B, der Einkaufsgesellschaft des Konzerns, ein Verlust, und B derselbe Verlust aus dem entsprechenden Geschäft gegenüber einem Externen, so darf, da B in seiner Einzelbilanz keine Rückstellung bildet (durchlaufender Posten), die Rückstellung von A aus der Summenbilanz nicht eliminiert werden ((4), vgl. Heine, WPg 1967, S. 116 f.; Winkeljohann/Deubert in: Beck Bil-Komm., 11. Aufl., § 303 Anm. 28).

In der Regel aber dürfen Rückstellungen für (ungewisse) Verbindlichkeiten gegenüber einem anderen einbezogenen Unternehmen oder drohende Verluste aus schwebenden Geschäften mit einem solchen nicht in die Konzernbilanz eingehen (3).

Zu einer Umgliederung solcher Rückstellungen kann es ausnahmsweise kommen, wenn für den gesamten Konzern die Bildung einer Rückstellung aus anderem Grund erforderlich oder möglich ist. So kann etwa bei einer Rückstellung für Gewährleistungen aus Konzernsicht eine Passivierung als Rückstellung für unterlassene Instandhaltungsaufwendungen geboten oder zulässig sein ((2), Aufwandsrückstellung des Konzerns).

H.2.1.6 Anleihen
Erwirbt ein Unternehmen Anleihen, die es selbst am Kapitalmarkt begeben hat, so muss es diese in der Regel aktiv ausweisen und darf sie nur dann von der Anleiheschuld abziehen, wenn die Wiederveräußerung unmöglich oder endgültig nicht mehr vorgesehen ist (vgl. Dusemond/Heusinger-Lange/Knop in: Küting/Pfitzer/Weber, Rechnungslegung, 5. Aufl., § 266 Rn. 149). Dementsprechend ist ein Schuldverhältnis zwischen zwei einbezogenen Unternehmen, das darin begründet ist, dass eines der Unternehmen Obligationen des anderen besitzt, nur ausnahmsweise dann zu konsolidieren, wenn keinerlei Absicht mehr besteht, die Anleihe an Externe weiterzugeben.

H.2.1.7 Sonstige
Es können noch weitere Bilanzpositionen von der Schuldenkonsolidierung betroffen sein, soweit jeweils Schuldverhältnisse mit einbezogenen Unternehmen zugrunde liegen:
- Ausleihungen (langfristige Finanzforderungen)
- Wertpapiere des Anlagevermögens (z. B. Obligationen unter den bei den Anleihen angesprochenen Voraussetzungen)
- Forderungen und Verbindlichkeiten aus Lieferungen und Leistungen
- sonstige Vermögensgegenstände (z. B. kurzfristige Darlehen)
- sonstige Wertpapiere (z. B. reine Finanzwechsel)
- Schecks
- Guthaben bei und Verbindlichkeiten gegenüber (einbezogenen) Kreditinstituten
- Wechselverbindlichkeiten

Einige dieser Positionen können allerdings nur dann konsolidierungspflichtige Schuldverhältnisse beinhalten, wenn der herrschenden Meinung in der Kommentierungen nicht gefolgt wird, die den Ausweis unter den Posten *„Forderungen gegen verbundene Unternehmen"* und *„Verbindlichkeiten gegenüber verbundenen Unternehmen"* für vorrangig erachten (vgl. für Verbindlichkeiten Schubert in: Beck Bil-Komm., 11. Aufl., § 266 Anm. 244; bei Forderungen vgl. Dusemond/Heusinger-Lange/Knop in: Küting/Pfitzer/Weber, Rechnungslegung, 5. Aufl., § 266 Rn. 85; Schubert/Waubke in: Beck Bil-Komm., 11. Aufl., § 266 Anm. 119).

H.2.2 Konsolidierung von Eventualverbindlichkeiten und Haftungsverhältnissen

Neben den sicheren Verbindlichkeiten und den Rückstellungen gibt es eine dritte Art von Verbindlichkeiten, die sich dadurch auszeichnen, dass der Bilanzierende mit einer Inanspruchnahme nicht rechnet. Die Vermerkpflicht für diese Eventualverbindlichkeiten und Haftungsverhältnisse (vgl. § 251 HGB, für Kapitalgesellschaften zusätzlich § 268 Abs. 7 HGB) gilt nach § 298 Abs. 1 HGB grundsätzlich auch für den Konzernabschluss.

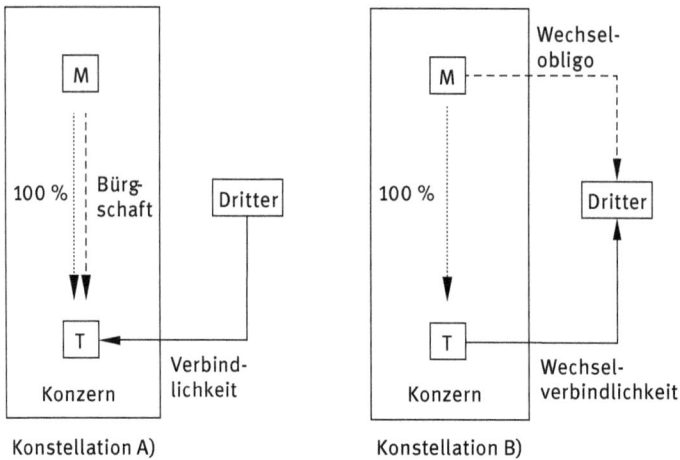

Abb. H.3: Konsolidierung von Eventualverbindlichkeiten.

Aber die Übernahme solcher Angaben aus den Einzelabschlüssen in den Konzernabschluss hat ebenfalls nach einheitstheoretischen Grundsätzen zu erfolgen. Dies kann sich bei den folgenden beiden Konstellationen auswirken (siehe Abbildung H.3):

A) Die nach § 251 HGB vermerkte Verpflichtung besteht gegenüber einem anderen einbezogenen Unternehmen. Beispiel: Mutterunternehmen M leistet gegenüber ihrer 100 %-igen Tochter T eine Bürgschaft für die Verbindlichkeit, die ein konzernexterner Dritter gegenüber T hat.

B) Die Eventualverpflichtung besteht gegenüber einem Außenstehenden für die Verbindlichkeit eines anderen einbezogenen Unternehmens. Beispiel: Mutterunternehmen M stellt einen Wechsel aus, den ihre Tochter T akzeptiert, und gibt ihn an einen konzernfremden Dritten weiter.

Wie die Betrachtung der Sachverhalte aus der Sicht der wirtschaftlichen Einheit Konzern ergibt, sind in beiden Fällen die Angaben aus dem Einzelabschluss der Mutter im Konzernabschluss nicht zu machen:

Das fingierte einheitliche Unternehmen kann zum einen nicht eine Verpflichtung gegenüber sich selbst vermerken. Die Verbindlichkeit aus der Bürgschaft (Beispiel zu A) ist also im Konzernabschluss nicht anzugeben.

Zum anderen kann nicht zusätzlich eine Eventualverbindlichkeit angegeben werden, wenn bereits die Grundverpflichtung als Verbindlichkeit passiviert ist (vgl. Winkeljohann/Deubert in: Beck Bil-Komm., 11. Aufl., § 303 Anm. 39). Da die Wechselverbindlichkeit aus der Einzelbilanz von T in den Konzernabschluss eingeht, ist die lediglich akzessorische Verpflichtung von M (Wechselobligo, Beispiel zu B) nicht zu vermerken.

Diese Ausführungen lassen sich auch auf Mehrfachsicherungen übertragen. In Konstellation A erscheint keine Angabe im Konzernabschluss, auch wenn mehrere Unternehmen des Konsolidierungskreises bürgen, in Konstellation B ist auch dann kein Wechselobligo zu vermerken, wenn in der Indossantenkette mehrere einbezogene Unternehmen sind. Schließlich darf, wenn verschiedene einbezogene Unternehmen für einen Außenstehenden gegenüber einem weiteren Außenstehenden bürgen, diese Bürgschaft im Konzernabschluss nur einmal angegeben werden.

H.2.3 Konsolidierung der sonstigen finanziellen Verpflichtungen

Auch bei der Angabe der sonstigen finanziellen Verpflichtungen im Konzernanhang (§ 314 Abs. 1 Nr. 2 HGB) ist zu beachten, dass solche Verpflichtungen aus den Einzelabschlüssen der einbezogenen Unternehmen nur anzugeben sind, wenn und soweit sie gegenüber Außenstehenden bestehen. Verpflichtungen gegenüber anderen einbezogenen Unternehmen sind aus dem Summenabschluss zu eliminieren.

H.3 Zum Problem der Aufrechnungsdifferenzen

Nachdem der Gegenstand der Schuldenkonsolidierung abgegrenzt ist, stellt sich als nächstes die Frage, wie diese Konsolidierung zu erfolgen hat. Der Gesetzgeber beschränkt sich hierbei auf den Hinweis, die betroffenen Bilanzpositionen seien *„wegzulassen"*. Dies gilt unabhängig von der Beteiligungshöhe, so dass auch bei Existenz von Minderheiten innerkonzernliche Schuldverhältnisse zu 100 % zu eliminieren sind. *„Weglassen"* wird freilich problematisch, wenn Forderungen und Verbindlichkeiten in unterschiedlichem Umfang zu eliminieren sind, d. h. bei der Aufrechnung Differenzen auftreten.

Im Folgenden wird möglichen Entstehungsgründen dieser Unterschiedsbeträge nachgegangen und danach jeweils aufgezeigt, wie sie zu behandeln sind.

H.3.1 Ein Konsolidierungsbeispiel ohne Aufrechnungsdifferenzen

Das nachfolgende Beispiel H.1 veranschaulicht zunächst die Vorgehensweise, wenn sich Forderung und Verbindlichkeit in gleicher Höhe gegenüberstehen:

Die Muttergesellschaft M gewährt ihrer 100 %-igen Tochter T am 31.12.16 durch Bargeldübergabe einen Kredit über 605 € für zwei Jahre (bare Rückzahlung 605 € am 31.12.18). Der vereinbarte Zins von 10 % sei marktüblich.

Wie bei der Kapitalkonsolidierung werden in den Spalten von links nach rechts die Bilanzen von M und T am 31.12.16, die Konsolidierungsbuchungen und die Konzernbilanz gezeigt.

Beispiel H.1: Schuldenkonsolidierung ohne Aufrechnungsdifferenzen

Bilanz zum 31.12.16

	M	T	Konsolidierung		Konzern
			Soll	Haben	
Beteiligung	2000			(1) 2000	
Ausleihung	605			(2) 605	
Kasse	395	2605			3000
Summe	3000	2605			3000
Eigenkapital	3000	2000	(1) 2000		3000
Verbindlichkeiten		605	(2) 605		
Summe	3000	2605	2605	2605	3000

Mit Buchung (1) wird die Kapitalkonsolidierung durchgeführt, Buchung (2) stellt die Schuldenkonso-lidierung dar.

H.3.2 „Unechte" Aufrechnungsdifferenzen

Als „unecht" werden Aufrechnungsdifferenzen bezeichnet, die „*buchungstechnisch bedingt*" (ADS, 6. Aufl., § 303 Tz. 33) sind. Hierunter können zum einen falsche oder fehlende Buchungen bei einem beteiligten Konzernunternehmen fallen. Zum anderen werden darunter Erfassungsprobleme verstanden, die auf zeitlich unterschiedlicher Verarbeitung eines Vorgangs um den Bilanzstichtag herum beruhen.

Solche unechten Aufrechnungsdifferenzen bilden mehr ein Problem mangelnder gegenseitiger Abstimmung der Einzelbilanzen als ein Konsolidierungsproblem. Sie sind daher „*durch eine fiktive Buchung im Rahmen der Konsolidierung*" zu beseitigen (Arbeitskreis „Externe Unternehmensrechnung", Aufstellung, 1989, S. 87).

Übergibt beispielsweise das Mutterunternehmen am 30.12.16 einem Spediteur Handelswaren, die dieser erst am 03.01. des Folgejahres beim Tochterunternehmen abliefert, so folgt aus dem Realisationsprinzip, dass M am 31.12.16 die Forderung gegenüber T bereits ausweist. Bei T hingegen schlägt sich der Vorgang noch nicht in der Bilanz nieder.

In diesem Beispiel kann die Differenz zum einen beseitigt werden, indem bei der Konsolidierung die Buchung des Warenverkaufs bei M storniert wird. Ob diese Korrekturbuchung erfolgswirksam ist, ob also durch sie der Konzernjahreserfolg gegenüber der Summe der Einzeljahreserfolge verändert wird, hängt davon ab, ob M durch den Verkauf einen Erfolg erzielt hatte. Ist dies der Fall, weil M zu einem Preis über oder unter den eigenen Anschaffungskosten verkauft hatte, ist die Buchung erfolgswirksam (der Erfolg von M wird für den Konzernabschluss neutralisiert); entspricht hingegen der vereinbarte Kaufpreis den Anschaffungskosten von M, hat die Korrektur keine Erfolgswirkung.

Die Aufrechnungsdifferenz kann aber auch dadurch beseitigt werden, dass für den Konzernabschluss der Warenkauf bei T bereits zum 31.12.16 gebucht wird; diese Korrekturbuchung ist erfolgsunwirksam. Es ist freilich zu beachten, dass ein von M bei der Transaktion eventuell erzielter Erfolg in der Regel zu eliminieren ist (siehe Kapitel I.).

H.3.3 Stichtagsbedingte Aufrechnungsdifferenzen

Eine zweite Art von Aufrechnungsdifferenzen kann sich aus der Regelung des § 299 Abs. 2 S. 2 HGB ergeben. Durch diese Vorschrift wurde der Grundsatz, dass die Jahresabschlüsse aller einbezogenen Unternehmen auf einen einheitlichen Stichtag aufzustellen sind, aufgehoben (siehe Abschnitt C.3.5). Entsteht (oder erlischt) zwischen den Stichtagen zweier einbezogener Unternehmen ein Schuldverhältnis zwischen den beiden Unternehmen, so kommt es zu Aufrechnungsdifferenzen.

Bezüglich der Behandlung solcher Aufrechnungsdifferenzen besteht keine Einigkeit. Einerseits wird die Parallelität zu den unechten Aufrechnungsdifferenzen betont und dementsprechend eine Gleichbehandlung (Ausgleich durch eine Nachbuchung) gefordert (vgl. ADS, 6. Aufl., § 299 Tz. 88–91). Von anderer Seite wird dies hingegen nicht für notwendig gehalten und der offene Ausweis solcher Differenzen als *„Ausgleichsposten"* für zulässig erachtet (vgl. Harms in: Küting/Weber, Konzernrechnungslegung, 2. Aufl., § 303 Rn. 38).

H.3.4 „Echte" Aufrechnungsdifferenzen

H.3.4.1 Ursachen echter Aufrechnungsdifferenzen

Wenn eine Forderung in der Einzelbilanz des Gläubigers nicht in derselben Höhe ausgewiesen wird wie die entsprechende Verbindlichkeit in der Bilanz des Schuldners, so ist dies häufig auf zwingend anzuwendende oder zulässigerweise angewandte gesetzliche Vorschriften zurückzuführen. Als Beispiele für diese als „echt" bezeichneten Aufrechnungsdifferenzen können genannt werden:

- Abschreibungen zweifelhafter Forderungen:
  Wird die Erfüllung einer Forderung unsicher, so ist die Forderung auf den niedrigeren beizulegenden Wert außerplanmäßig abzuschreiben (§ 253 Abs. 4 HGB). Die dieser zweifelhaften Forderung gegenüberstehende Verbindlichkeit ist hingegen in voller Höhe anzusetzen.
- Abzinsung un- oder minderverzinslicher Forderungen:
  Un- oder minderverzinsliche Forderungen sind bei einer Restlaufzeit von drei Monaten und mehr mit ihrem Barwert, die entsprechende Verbindlichkeit mit dem Rückzahlungsbetrag zu bewerten (vgl. Schubert/Berberich in: Beck Bil-Komm. 11. Aufl., § 253 Anm. 592).

- Darlehen mit Disagio, sofern dieses nicht zeitanteilig abgeschrieben wird:
  Ist bei einem Darlehen der Rückzahlungsbetrag größer als der Auszahlungsbetrag, so muss der Gläubiger die Forderung zum Auszahlungsbetrag aktivieren und über die Laufzeit anteilig bis zum Rückzahlungsbetrag zuschreiben, der Schuldner hingegen muss die Verbindlichkeit sofort in Höhe des Erfüllungsbetrages passivieren. Bezüglich des Disagios besteht lediglich ein Aktivierungswahlrecht (mit gegebenenfalls planmäßiger Abschreibung über die Laufzeit, § 250 Abs. 3 HGB). Verzichtet der Schuldner auf diese Aktivierung oder schreibt er nach Aktivierung das Disagio anders als zeitanteilig ab, entstehen Aufrechnungsdifferenzen.
- Rückstellungen für ungewisse Verbindlichkeiten und Gewährleistungen:
  Sind Verpflichtungen eines einbezogenen Unternehmens (A) gegenüber einem anderen einbezogenen Unternehmen (B) bezüglich Eintritt und/oder Höhe ungewiss, so sind in der Regel keine mit den Verpflichtungen korrespondierenden Ansprüche (von B) bilanzierbar. In der Summenbilanz stehen daher den Rückstellungen (von A) keine Forderungen gegenüber.

All diese Vorschriften bringen den Grundsatz der Vorsicht zum Ausdruck. Aufgrund der vorsichtigen Bewertung gilt hier bei Ungleichheit der wegzulassenden Positionen stets „Forderungen < Verbindlichkeiten", d. h. es entstehen passive Aufrechnungsdifferenzen.

Sowohl aktive als auch passive Aufrechnungsdifferenzen können auftreten, wenn Schuldverschreibungen eines einbezogenen Unternehmens von einem anderen einbezogenen Unternehmen zu einem Überpari- bzw. Unterparikurs erworben wurden, soweit ein solches Schuldverhältnis überhaupt zu konsolidieren ist (vgl. Gross/Schruff/v. Wysocki, Konzernabschluss, 1987, S. 161).

Aktive oder passive Restbeträge können ferner auch resultieren, wenn aus den Einzelbilanzen ausländischer Konzernunternehmen zu unterschiedlichen Wechselkursen umgerechnete Forderungen und/oder Verbindlichkeiten eliminiert werden (bezüglich dieser Differenzen vgl. Wohlgemuth in: HdJ, 2017, Abt. V/4, Rn. 104; Winkeljohann/Deubert in: Beck Bil-Komm., 11. Aufl., § 303 Anm. 18–22).

Die folgenden Ausführungen beziehen sich ausschließlich auf passive Aufrechnungsdifferenzen, lassen sich aber analog auf aktive Aufrechnungsdifferenzen übertragen.

H.3.4.2 Behandlung echter Aufrechnungsdifferenzen
Die Behandlung der echten Aufrechnungsdifferenzen ist gesetzlich nicht geregelt und in der Literatur in einem wesentlichen Punkt umstritten.

Einigkeit besteht darüber, dass die Verrechnung im Konzern-Eigenkapital stets in voller Höhe bei der Mehrheit und damit im Jahresergebnis zu erfolgen hat, eventuelle Minderheitenanteile also nicht tangiert werden (vgl. Winkeljohann/Deubert in: Beck Bil-Komm., 11. Aufl., § 303 Anm. 67).

Leitlinie bei der Behandlung echter Aufrechnungsdifferenzen ist die Fiktion der wirtschaftlichen Einheit des Konzerns. Danach dürfen interne Ansprüche und Verpflichtungen keinen Einfluss auf Konzernbilanz und -GuV ausüben, insbesondere auch nicht den Konzernjahreserfolg beeinflussen. Unumstritten ist daher auch der Grundsatz der periodenanteiligen Verrechnung.

Passive Aufrechnungsdifferenzen entstehen durch einseitige Aufwandsbuchungen eines einbezogenen Unternehmens, die aus Sicht der Einheit Konzern unbegründet sind und im Rahmen der GuV-Konsolidierung eliminiert werden müssen. Diese Aussage gilt genauso für die Ertragsbuchungen, die die Verminderung oder Beseitigung der Aufrechnungsdifferenzen bewirken. Insgesamt gilt also, dass sämtliche Veränderungen des Differenzbetrages erfolgswirksam zu behandeln sind: Eine Erhöhung der gesamten Aufrechnungsdifferenz erfordert die Rücknahme der aus einheitstheoretischer Sicht unbegründeten Belastungen der Einzelerfolge, so dass der Konzernjahreserfolg höher als die Summe der Einzeljahreserfolge ausfällt. Eine Verminderung der Aufrechnungsdifferenz lässt dementsprechend den Konzernjahreserfolg unter die Summe der Einzeljahreserfolge absinken.

Der Bestand vorjähriger Aufrechnungsdifferenzen hingegen wurde in den Jahren seiner Entstehung (erstmaliges Auftreten und Veränderungen) bereits erfolgswirksam verrechnet und darf daher den Konzernjahreserfolg nicht noch einmal beeinträchtigen. Die Aufrechnungsdifferenzen nach dem Stand am Ende des Vorjahres sind daher in der Bilanz erfolgsunwirksam zu verrechnen (vgl. Wohlgemuth in: HdJ, 2017, Abt. V/4, Rn. 31; Winkeljohann/Deubert in: Beck Bil-Komm., 11. Aufl., § 303 Anm. 68).

Uneinigkeit besteht allerdings darüber, unter welcher Position (Ergebnisvortrag, Rücklagen oder eigener Bilanzposten; vgl. zur Diskussion WP-Handbuch, Band I, G Tz. 276–277 und Tz. 522; Winkeljohann/Deubert in: Beck Bil-Komm., 11. Aufl., § 303 Anm. 68; Baetge u. a., Konzernbilanzen, 2017, S. 260 ff.) diese erfolgsunwirksame Verrechnung erfolgen soll. Da diese Frage bei verschiedenen Konsolidierungsvorgängen, etwa auch bei der Zwischenergebniseliminierung, auftreten kann und dabei der Gewinnverwendungsteil der GuV die zentrale Rolle spielt, werden dieser Problemkreis und die verschiedenen Lösungsvorschläge dazu in Kapitel L. zusammenhängend dargestellt.

Der Grundsatz der periodenanteiligen Verrechnung soll anhand des gegenüber Beispiel H.1 nur leicht modifizierten Beispiels H.2 veranschaulicht werden:

Es sei angenommen, dass M ihrer Tochter den Kredit über 605 € unverzinslich zur Verfügung stellt, obwohl der marktübliche Zins weiterhin bei 10 % liegt, und dass M außer den Einflüssen aus dem Kreditgeschäft keine Erfolge erzielt und ihre Ergebnisse gegebenenfalls vorträgt. T erziele keinerlei Erfolge.

Die Einzelabschlüsse von M und T an den Abschlussstichtagen der Jahre 16, 17 und 18 sind jeweils aus den ersten beiden Spalten ersichtlich. M muss das Darlehen bei Ausgabe (31.12.16) auf den Barwert abschreiben; es entsteht ein Jahresfehlbetrag in Höhe von 105 €, der auf das Jahr 17 vorgetragen wird. In den Jahren 17 und 18 erzielt M Zinserträge aus der allmählichen Zuschreibung auf den Rückzahlungsbetrag. Die resultierenden Jahresüberschüsse werden jeweils mit dem Verlustvortrag verrechnet und die verbleibende Differenz (im Jahr 17) auf neue Rechnung vorgetragen. Die Bilanzen werden vor Gewinnverwendung aufgestellt, um die differenzierte Behandlung der Aufrechnungsdifferenzen aufzeigen zu können. Verlustvorträge und Jahresfehlbeträge, die in einer Vorspalte offen vom Eigenkapital abzusetzen sind, sind hier in Klammern ausgewiesen.

Die erfolgsunwirksame Verrechnung der Aufrechnungsdifferenzen aus Vorjahren erfolgt mit dem Ergebnisvortrag. Auf diese Weise wird der aus Konzernsicht „falsche" Ausweis von Verlustvorträgen bei M gerade ausgeglichen. Die erfolgsneutrale Konsolidierung über die Ergebnisvorträge wird in der Literatur teilweise kritisch gesehen. Alternativ wird vorgeschlagen, erfolgsneutral entweder mit den Gewinnrücklagen oder einem eigenständigen Korrekturposten im Eigenkapital zu verrechnen (vgl. u. a. Baetge u. a., Konzernbilanzen, 2017, S. 261 f.).

Der Konzernabschluss zum 31.12.16 ergibt sich im Beispiel H.2.1 durch folgende Buchungen. Mit Buchung (1) wird die Kapitalkonsolidierung durchgeführt. Buchung (2) zeigt die Schuldenkonsolidierung: Forderung und Verbindlichkeit werden eliminiert (2a), die Aufrechnungsdifferenz, die in diesem Jahr in voller Höhe neu entstanden ist, dem Konzernjahreserfolg zugerechnet (2b). In der GuV schließlich wird der auf dem internen Schuldverhältnis beruhende Aufwand eliminiert (3):

Verbindlichkeiten	605	an	Ausleihung	500	(2a)
			Jahresüberschuss	105	(2b)
Jahresüberschuss	105	an	sonst. betriebl. Aufw.	105	(3)

Beispiel H.2.1: Schuldenkonsolidierung mit Aufrechnungsdifferenz (Jahr 16)

Bilanz zum 31.12.16

	M	T	Konsolidierung Soll	Konsolidierung Haben	Konzern
Beteiligung	2000			(1) 2000	
Ausleihung	500			(2a) 500	
Kasse	395	2605			3000
Summe	2895	2605			3000
[gezeichnetes Kapital]	[3000]				[3000]
[Gewinn(+)-/Verlust(–)vortrag]					[0]
[Jahresüberschuss(+)/ -fehlbetrag(–)]	[–105]			(2b) 105	[0]
Eigenkapital	2895	2000	(1) 2000		3000
Verbindlichkeiten		605	(2a) 605		
Summe	2895	2605	2605	2605	3000

GuV 16

	M	T	Konsolidierung		Konzern
sonstige betriebliche Aufwendungen	105			(3) 105	0
Jahresüberschuss(+)/Jahresfehlbetrag(–)	–105		(3) 105		0

Zum 31.12.17 (siehe Beispiel H.2.2) verbleibt nach Kapitalkonsolidierung (1) und Eliminierung von Forderung und Verbindlichkeit (2a) eine passive Aufrechnungsdifferenz in Höhe von 55. Diese setzt sich aus zwei Teilen zusammen: Die Verminderung der Differenz um 50 senkt den Konzernjahreserfolg. Die Differenz nach Vorjahresstand in Höhe von 105 ist als Gewinnvortrag des Konzerns aus dem Vorjahr zu berücksichtigen (2b). Zusammen gleichen sie den Verlustvortrag und Jahresüberschuss aus dem Einzelabschluss der Mutter aus. In der Konzern-GuV darf der aus Konzernsicht nicht realisierte Zinsertrag der Mutter nicht erscheinen (3):

Verbindlichkeiten	605	an	Ausleihung	550	(2a)
Jahresüberschuss	50		Gewinn-/Verlustvortrag	105	(2b)
Sonstige Zinsen	50	an	Jahresüberschuss	50	(3)

Beispiel H.2.2: Schuldenkonsolidierung mit Aufrechnungsdifferenz (Jahr 17)

Bilanz zum 31.12.17

	M	T	Konsolidierung		Konzern
			Soll	Haben	
Beteiligung	2000			(1) 2000	
Ausleihung	550			(2a) 550	
Kasse	395	2605			3000
Summe	2945	2605			3000
[gezeichnetes Kapital]	[3000]				[3000]
[Gewinn(+)-/Verlust(−)-vortrag]	[−105]			(2b) 105	[0]
[Jahresüberschuss(+)/-fehlbetrag(−)]	[+50]		(2b) 50		[0]
Eigenkapital	2945	2000	(1) 2000		3000
Verbindlichkeiten		605	(2a) 605		
Summe	2945	2605	2655	2655	3000

GuV 17

	M	T	Konsolidierung		Konzern
sonst. Zinsen und ähnliche Erträge	50		(3) 50		0
Jahresüberschuss(+)/Jahresfehlbetrag(−)	50			(3) 50	0

Am 31.12.18 (nach Rückzahlung des Kredits; siehe Beispiel H.2.3) beschränkt sich die Schuldenkonsolidierung in der Bilanz auf die Verrechnung der Verminderung der Aufrechnungsdifferenz mit dem Bestand dieser Differenz am Ende des Vorjahres (2). Im Rahmen der GuV ist wie im Vorjahr der Zinsertrag der Mutter zu eliminieren (3):

Jahresüberschuss	55	an	Gewinn-/Verlustvortrag	55	(2)
Sonstige Zinsen	55	an	Jahresüberschuss	55	(3)

Beispiel H.2.3: Schuldenkonsolidierung mit Aufrechnungsdifferenz (Jahr 18)

Bilanz zum 31.12.18

	M	T	Konsolidierung Soll	Konsolidierung Haben	Konzern
Beteiligung	2000			(1) 2000	
Ausleihung					
Kasse	1000	2000			3000
Summe	3000	2000			3000
[gezeichnetes Kapital]	[3000]				[3000]
[Gewinn(+)-/Verlust(–)vortrag]	[–55]			(2) 55	[0]
[Jahresüberschuss(+)/-fehlbetrag(–)]	[+55]		(2) 55		[0]
Eigenkapital	3000	2000	(1) 2000		3000
Verbindlichkeiten					
Summe	3000	2000	2055	2055	3000

GuV 18

	M	T	Konsolidierung	Konsolidierung	Konzern
sonst. Zinsen und ähnliche Erträge	55		(3) 55		0
Jahresüberschuss(+)/ Jahresfehlbetrag(–)	55			(3) 55	0

Betrachtet man in allen Perioden jeweils nur die Konzernspalte, so sieht man, dass sich das Darlehen von M an T zu keinem Zeitpunkt im Konzernabschluss auswirkt, der Konzernabschluss also völlig dem eines einheitlichen Unternehmens entspricht.

H.4 Einzelfragen zur Schuldenkonsolidierung

Die Darstellung war bisher beschränkt auf den § 303 Abs. 1 HGB, der die Pflicht zur Konsolidierung von Schuldverhältnissen zwischen voll konsolidierten Konzernunternehmen regelt. Im folgenden Abschnitt soll zunächst auf die Möglichkeit eines Verzichts auf die Schuldenkonsolidierung eingegangen werden. Anschließend werden noch einige weitergehende Punkte betrachtet, und zwar die Behandlung von Drittschuldverhältnissen, die Schuldenkonsolidierung bei Unternehmen, die nicht voll konsolidiert werden, sowie die Auswirkungen von Veränderungen des Konsolidierungskreises.

H.4.1 Befreiung von der Pflicht zur Schuldenkonsolidierung

Als einer der Grundsätze der Konsolidierung wurde die Forderung nach einem angemessenen Kosten-Nutzen-Verhältnis vorgestellt. Dieser Gedanke ist auch in § 303 Abs. 2 HGB niedergeschrieben, der einen Verzicht auf die Schuldenkonsolidierung für zulässig erklärt, wenn dadurch die Generalklausel des *„true and fair view"* nicht verletzt wird. Davon kann nur ausgegangen werden, wenn alle auf Basis von § 303 Abs. 2 HGB nicht eliminierten Schuldverhältnisse insgesamt nicht wesentlich und deshalb von untergeordneter Bedeutung sind (vgl. Harms in: Küting/Weber, Konzern-rechnungslegung, 2. Aufl., § 303 Rn. 57; Winkeljohann/Deubert in: Beck Bil-Komm., 11. Aufl., § 303 Anm. 71).

H.4.2 Zur Frage der Konsolidierung von Drittschuldverhältnissen

§ 303 Abs. 1 HGB fordert nur eine Konsolidierung der Ansprüche und Verpflichtungen *„zwischen den in den Konzernabschluss einbezogenen Unternehmen"*. Keine Eliminie-rungspflicht besteht danach für sog. Drittschuldverhältnisse, in denen ein Außen-stehender gegenüber einem einbezogenen Unternehmen eine Verbindlichkeit und gegenüber einem anderen einbezogenen Unternehmen eine Forderung hat (siehe Abbildung H.4). Aus der Einheitstheorie ergibt sich jedoch ein Konsolidierungswahl-recht. Denn ein einzelnes Unternehmen, mit dem der Konzern fiktiv gleichzusetzen ist, darf Ansprüche und Verpflichtungen saldieren, wenn eine Identität von Schuldner und Gläubiger und die Voraussetzungen des § 387 BGB für eine Aufrechnung gegeben sind.

Freilich werden die praktischen Probleme bei der Feststellung solcher Dritt-schuldverhältnisse in der Regel einer Konsolidierung entgegenstehen.

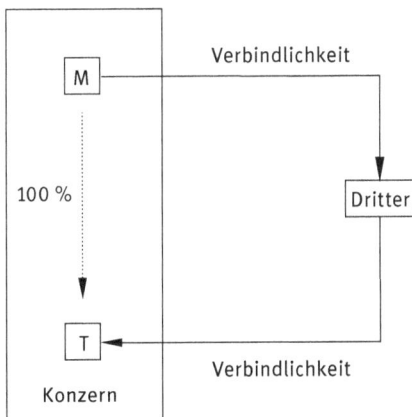

Abb. H.4: Drittschuldverhältnis.

H.4.3 Zur Schuldenkonsolidierung bei Gemeinschaftsunternehmen und bei assoziierten Unternehmen

Eine Pflicht zur Schuldenkonsolidierung besteht nicht nur im Rahmen der Vollkon-solidierung. Vielmehr ist nach § 310 Abs. 2 HGB eine Schuldenkonsolidierung auch durchzuführen, wenn Gemeinschaftsunternehmen anteilsmäßig in den Konzernab-schluss einbezogen werden. Gegenüber den obigen Ausführungen ergeben sich hier zwei Besonderheiten:

Zum einen können bei der Schuldenkonsolidierung noch andere Bilanzpositionen betroffen sein: Denn Gesellschafter- und Gemeinschaftsunternehmen sind zueinander keine verbundenen Unternehmen, sondern *„Unternehmen, mit denen ein Beteiligungsverhältnis besteht“*, Gemeinschaftsunternehmen untereinander sind weder verbunden noch stehen sie in einem Beteiligungsverhältnis. Bei Berücksichtigung von Gemeinschaftsunternehmen sind somit im Ergebnis alle Forderungs- und Verbindlichkeitspositionen daraufhin zu prüfen, ob und inwieweit die Ansprüche bzw. Verpflichtungen gegenüber einbezogenen Unternehmen bestehen.

Zum anderen sind Forderungen bzw. Verbindlichkeiten gegenüber Gemeinschaftsunternehmen nur quotal (entsprechend dem Kapitalanteil des Gesellschafterunternehmens am Gemeinschaftsunternehmen) zu eliminieren. Dies veranschaulicht das folgende Beispiel H.5, für das wieder die Daten des Beispiels H.1 (normalverzinsliches Darlehen über 605 €; siehe Abschnitt H.3.1) gelten. Nur gewährt M den Kredit jetzt dem Gemeinschaftsunternehmen G, an dem M zu 50 % beteiligt ist (Beteiligungsbuchwert daher 1000 statt 2000, dafür betrage der Kassenbestand bei M jetzt 1395 € statt 395 €).

Beispiel H.5: Schuldenkonsolidierung bei Gemeinschaftsunternehmen

Bilanz zum 31.12.16

	M	GQ	Konsolidierung		Konzern
			Soll	Haben	
Beteiligung	1000			(1) 1000	
Ausleihung	605			(2) 302,5	302,5
Kasse	1395	1302,5			2697,5
Summe	3000	1302,5			3000
Eigenkapital	3000	1000	(1) 1000		3000
Verbindlichkeiten		302,5	(2) 302,5		
Summe	3000	1302,5	1302,5	1302,5	3000

Die ersten beiden Spalten zeigen die Bilanz von M und den quotalen Abschluss von G (GQ). Neben der Kapitalkonsolidierung (1) wird nun nur die Hälfte der Forderung von M eliminiert (2), der andere Teil wird in die Konzernbilanz übernommen.

Im Rahmen der Equity-Methode findet keine Schuldenkonsolidierung statt (vgl. Winkeljohann/Deubert in: Beck Bil-Komm., 11. Aufl., § 303 Anm. 2).

H.4.4 Auswirkungen von Veränderungen des Konsolidierungskreises

Zuletzt sind noch die Folgen von Ein- oder Austritten in den bzw. aus dem Konsolidierungskreis zu betrachten. Insbesondere ist hier der Frage nachzugehen, wie in diesen Fällen eventuelle Aufrechnungsdifferenzen zu behandeln sind.

Stand ein Unternehmen (A), das erstmals in den Konzernabschluss einbezogen wird, bereits zuvor in einer Schuldbeziehung zu einem einbezogenen Unternehmen (B), so sind zwei Fälle zu unterscheiden (vgl. ADS, 6. Aufl., § 303 Tz. 45 f.):

War das Konzernergebnis durch das Schuldverhältnis vor Einbeziehung unbeeinflusst (z. B. Abzinsung einer Forderung von A), so darf das Schuldverhältnis sich auch weiterhin nicht auf das Konzernergebnis auswirken. Soweit Erfolgswirkungen aus dem Schuldverhältnis über die Erfolge der Einzelabschlüsse in den Konzernabschluss einzugehen drohen, müssen sie also eliminiert werden. Hat hingegen das Schuldverhältnis das Konzernergebnis bereits vor Einbeziehung beeinflusst (z. B. Abzinsung einer Forderung von B), so muss auch der gegenläufige Einfluss (allmähliche Aufwertung) im Konzernabschluss erfolgswirksam bleiben.

Die Aufrechnungsdifferenz ist in beiden Fällen in das Konzern-Eigenkapital (Ergebnisvortrag oder Rücklagen) einzustellen, in den Folgejahren aber unterschiedlich zu behandeln. Während im ersten Fall die Differenz erfolgswirksam, d. h. durch Verrechnung mit den späteren Erträgen, aufzulösen ist, darf im zweiten Fall eine solche Verrechnung nicht erfolgen, die Auflösung beeinflusst hier den Erfolg nicht.

Diese Ausführungen gelten nicht für die Behandlung von Aufrechnungsdifferenzen, die sich bei erstmaliger Anwendung von § 303 HGB ergeben haben. Diese Differenzen dürfen nach der Übergangsvorschrift des Art. 27 Abs. 4 EGHGB in die Gewinnrücklagen eingestellt oder offen mit diesen verrechnet werden; sie beeinträchtigen somit das Konzernergebnis nicht.

Die Fälle schließlich, in denen ein Unternehmen aus dem Konsolidierungskreis ausscheidet, das mit einem anderen einbezogenen Unternehmen in einem Schuldverhältnis steht, sind unkompliziert.

Scheidet das Gläubigerunternehmen aus dem Konsolidierungskreis aus, so geht fortan nur noch die Verbindlichkeit – unverändert in Höhe des Rückzahlungsbetrages – in die Konzernbilanz ein. Scheidet hingegen das Schuldnerunternehmen aus, so wird in diesem Zeitpunkt erstmals die Abzinsung der Forderung im Einzelabschluss des Gläubigerunternehmens auch im Konzernabschluss wirksam (vgl. Winkeljohann/Deubert in: Beck Bil-Komm., 11. Aufl., § 303 Anm. 81).

H.5 Schuldenkonsolidierung nach IFRS

Die sehr knappen Regelungen zur Schuldenkonsolidierung in den IFRS stimmen inhaltlich weitgehend mit den Vorgehensweisen nach HGB überein.

Nach IFRS müssen sämtliche innerbetrieblichen Bestände und Transaktionen, also auch alle Forderungen und Verbindlichkeiten zwischen einbezogenen Unternehmen, eliminiert werden (IFRS 10.B86(c)). Dies gilt im Rahmen der Vollkonsolidierung, wie nach deutschem Recht, unabhängig von der Beteiligungshöhe, d. h. auch bei Existenz von Minderheiten sind die betroffenen Posten in voller Höhe herauszurechnen (vgl. Senger/Diersch in: Beck IFRS HB, 5. Aufl., § 35 Rn. 77). Eventualforderungen sind nach IFRS, anders als nach HGB, in den notes anzugeben (IAS 37.34 iVm. 37.89) und müssen deshalb ebenfalls im Rahmen der Schuldenkonsolidierung berücksichtigt werden.

Eine Regelung zur Schuldenkonsolidierung im Rahmen der quotalen Konsolidierung von gemeinschaftlichen Tätigkeiten findet sich nicht. Es kann aber davon ausgegangen werden, dass eine quotale Schuldenkonsolidierung vorzunehmen ist. Insbesondere bei gemeinschaftlichen Tätigkeiten, die einen Geschäftsbetrieb nach IFRS 3 darstellen, sind nach IFRS 11.21A grundsätzlich auch bei der quotalen Konsolidierung die Grundsätze der Konsolidierung nach IFRS 3 anzuwenden (vgl. auch Pellens/Fülbier/Gassen/Sellhorn, Internationale Rechnungslegung, 2017, S. 931).

Nicht eindeutig geklärt ist die Frage nach der Notwendigkeit einer Schuldenkonsolidierung bei Anwendung der Equity-Methode. In den IFRS findet sich keine spezielle Regelung. Lediglich aus dem generellen Verweis darauf, dass analog zur Vollkonsolidierung vorzugehen sei (IAS 28.26), kann auf eine Pflicht zur quotalen Eliminierung geschlossen werden (vgl. Hayn in: Beck IFRS HB, 5. Aufl., § 36 Rn. 65).

Nach einhelliger Meinung wird nach IFRS der Verzicht auf die Schuldenkonsolidierung für zulässig gehalten, wenn die betroffenen Positionen nur von untergeordneter Bedeutung sind (vgl. Senger/Diersch in: Beck IFRS HB, 5. Aufl., § 35 Rn. 78).

Ebenfalls wie nach deutschem Recht erfolgt die Behandlung von erstmals auftretenden Aufrechnungsdifferenzen und deren Änderungen erfolgswirksam, während unverändert bestehende Aufrechnungsdifferenzen aus früheren Perioden erfolgsneutral verrechnet werden (vgl. Senger/Diersch in: Beck IFRS HB, 5. Aufl., § 35 Rn. 91–97). Unterschiede ergeben sich bei der konkreten Durchführung allerdings insoweit, als die unterschiedlichen Vorschriften für die Einzelabschlüsse bewirken können, dass Aufrechnungsdifferenzen in anderen Fällen auftreten (oder gerade nicht auftreten) als nach deutschem Recht.

Literaturhinweise

Außer den Kommentierungen des § 303 HGB sei verwiesen auf:

Arbeitskreis „Externe Unternehmensrechnung" der Schmalenbach-Gesellschaft – Deutsche Gesellschaft für Betriebswirtschaft e. V.: Aufstellung von Konzernabschlüssen, hrsg. von Walther Busse von Colbe, Eberhard Müller und Herbert Reinhard, 2. Aufl., Düsseldorf 1989, S. 85–91.

Gross, Gerhard/Schruff, Lothar/Wysocki, Klaus von: Der Konzernabschluß nach neuem Recht, Aufstellung-Prüfung-Offenlegung, 2., überarbeitete Aufl., Düsseldorf 1987, S. 164–176.

Haegert, Lutz: Die Konsolidierung der Haftungsverhältnisse in der Konzernbilanz nach neuem Aktienrecht, in: WPg, 18. Jg., 1965, S. 501–504.

IDW (Hrsg.): Wirtschaftsprüfer-Handbuch 2017, 15. Aufl., Band I, Düsseldorf 2017.

Maas, Rudolf: Schuldenkonsolidierung, in: Beck'sches Handbuch der Rechnungslegung (Beck HdR), hrsg. von Hans-Joachim Böcking, Edgar Castan, Gerd Heymann, Norber Pfitzer und Eberhard Scheffler, Teil C 420, München 2017.

Wohlgemuth, Michael: Die Schuldenkonsolidierung, in: Handbuch des Jahresabschlusses (HdJ), hrsg. von Joachim Schulze-Osterloh, Joachim Hennrichs und Jens Wüstemann, Abt. V/4, Köln 2017.

Wysocki, Klaus von/Kohlmann, Ulrike: Konzernrechnungslegung III: Schuldenkonsolidierung (I,II), in: WISU, 9. Jg., 1980, S. 538–542 und 592–594.

I Zwischenergebniseliminierung

I.1 Einführung

Aus Vorsichts- und Gläubigerschutzgründen gelten nach handelsrechtlichen GoB Gewinne erst dann als entstanden, wenn die eigene Leistung in Erfüllung eines wirksamen Verpflichtungsgeschäftes an einen Dritten erbracht ist und dadurch der Gewinn als realisiert gilt (§ 252 Abs. 1 Nr. 4 HGB). Das Realisationsprinzip bedeutet für die Bewertung von Vermögensgegenständen, dass die (gegebenenfalls um planmäßige Abschreibungen fortgeschriebenen) Anschaffungs- bzw. Herstellungskosten die Wertobergrenze bilden. Erwartete künftige Gewinne hingegen sind keine zulässigen Bestandteile von Bilanzwerten.

Künftig drohende Verluste müssen nach Vorsichts- und Niederstwertprinzip zwar insoweit vorweggenommen werden, als sie sich konkret abzeichnen (§§ 249 Abs. 1 S. 1, 253 Abs. 3 und 4 HGB). Diese Pflicht beinhaltet aber kein Recht, drohende Verluste unbegrenzt zu antizipieren. Dementsprechend dürfen Unternehmen von den Anschaffungs- bzw. Herstellungskosten aber auch nicht beliebig nach unten abweichen. Durch dieses Verbot der Bildung stiller Reserven wird der Gefahr einer Verschleierung von Ertragsschwächen durch Auflösung der Reserven in späteren Perioden entgegengewirkt.

Bringt man diese beiden Grundsätze, die auch beim Konzernabschluss gemäß § 298 Abs. 1 HGB zu beachten sind, mit der Einheitstheorie in Verbindung, nach der die einbezogenen Unternehmen nur Teile einer wirtschaftlichen Einheit, nicht aber unabhängige Vertragspartner darstellen, so ergibt sich daraus bei konzerninternen Transaktionen die Notwendigkeit zu einer Korrektur der Summenbilanz. Über die Einzelabschlüsse gehen in diesem Fall in die Summenbilanz auch Gewinne bzw. Verluste ein, die auf Geschäften zwischen einbezogenen Unternehmen beruhen. Aus Sicht der Gesamtheit Konzern haben diese konzerninternen Transaktionen aber noch nicht zu einer Gewinnrealisation mit einem außenstehenden Dritten geführt. In Höhe der noch unrealisierten Zwischenerfolge aus solchen konzerninternen Geschäften müssen entsprechend die Wertansätze der betroffenen Vermögensgegenstände aus der Summenbilanz im Rahmen der Konsolidierung korrigiert werden.

§ 304 Abs. 1 HGB, der die Behandlung von Zwischenergebnissen im deutschen Handelsrecht regelt, knüpft nicht unmittelbar an die Gewinne bzw. Verluste aus konzerninternen Geschäften an, sondern ist als Bewertungsvorschrift gefasst. Die Eliminierung von Zwischenergebnissen wird dabei mittelbar dadurch erreicht, dass die Werte innerkonzernlich transferierter Gegenstände in der Konzernbilanz nur zu einem Wert angesetzt werden dürfen, *„der angesetzt werden könnte, wenn die in den Konzernabschluss einbezogenen Unternehmen auch rechtlich ein einziges Unternehmen bilden würden"*. Damit wird klargestellt, dass für innerhalb des Konzerns transferierte

https://doi.org/10.1515/9783110535723-009

Vermögensgegenstände nur die aus Konzerngesamtsicht zulässigen Werte nach § 298 Abs. 1 iVm. § 253 und § 255 HGB angesetzt werden dürfen, wobei die im Rahmen der Richtlinien zu konzerneinheitlichen Bewertung festgelegten Bewertungsmethoden einzuhalten sind (§ 308 Abs. 1 HGB). Im Konzernabschluss ist entsprechend nur ein Ansatz dieser Vermögensgegenstände zu Konzernanschaffungs- bzw. Konzernherstellungskosten, eventuell fortgeführt um planmäßige oder außerplanmäßige Abschreibungen zulässig. Dadurch wird sichergestellt, dass die Werte konzernintern gelieferter Vermögensgegenstände keine Gewinnanteile beinhalten, andererseits aber auch bestimmte Teile der getätigten Ausgaben in diese Werte eingehen müssen und somit nicht als Aufwand behandelt werden dürfen. Die zu eliminierenden Zwischenerfolge ergeben sich deshalb aus der Differenz aus

– dem Wert des aus einer konzerninternen Transaktion stammenden Vermögensgegenstandes nach konzerneinheitlicher Bewertung (HB II), wie er in der Summenbilanz enthalten ist, und
– den Konzernanschaffungs- bzw. Konzernherstellungskosten dieses Vermögensgegenstandes eventuell fortgeführt um notwendige Abschreibungen.

Aus dieser gesetzlichen Ausgestaltung folgt die weitere Vorgehensweise: Nach einer Darstellung der allgemeinen Voraussetzungen einer Zwischenergebniseliminierung werden im dritten Abschnitt dieses Kapitels die zu eliminierenden Zwischenergebnisse aus einem Vergleich der in der Summenbilanz angesetzten Werte mit den nach § 304 Abs. 1 HGB zulässigen Werten abgeleitet.

Bezogen auf die drei Schritte der Konzernrechnungslegung (Erstellung der Handelsbilanz II, Summenbildung und Konsolidierung) ist die Zwischenergebniseliminierung der Konsolidierung zuzuordnen. Es geht also nur um die Eliminierung von Ergebnissen aus der Summenbilanz, die sich auf die gegebenenfalls konzerneinheitlich umbewerteten und in Euro umgerechneten Einzelbilanzen der einbezogenen Konzernunternehmen (HB II) stützt. Korrekturen im Rahmen der konzerneinheitlichen Bewertung für die HB II oder im Rahmen der Währungsumrechnung schlagen sich im Summenabschluss eventuell in verglichen mit den Handelsbilanzen I veränderten Jahreserfolgen nieder. Diese Änderungen des Jahreserfolges sind aber kein Bestandteil der Zwischenergebniseliminierung.

Werden die Buchwerte von Vermögensgegenständen in der Summenbilanz um Zwischenergebnisse geändert (um darin enthaltene Zwischengewinne verringert oder um Zwischenverluste erhöht), so treten eben diese Zwischenergebnisse als Bewertungsdifferenzen auf. Die Behandlung dieser Differenzbeträge ist Gegenstand des vierten Teils dieses Kapitels.

Erst in Teil I.5. geht die Darstellung über die in § 304 Abs. 1 HGB geregelte Pflicht zur Eliminierung von Zwischenergebnissen bei Vollkonsolidierung hinaus. Dabei werden die Befreiungstatbestände von Absatz 2 des § 304 HGB, Fragen bezüglich einer Zwischenergebniseliminierung im Rahmen von Quotenkonsolidierung und Equity-

Methode sowie die Auswirkungen von Veränderungen des Kreises einbezogener Unternehmen erläutert. Abschnitt I.6. behandelt abschließend die Zwischenergebniseliminierung nach IFRS.

I.2 Voraussetzungen einer Zwischenergebniseliminierung nach HGB

Eine Pflicht zur Zwischenergebniseliminierung besteht nur, wenn vier Voraussetzungen, die sich aus § 304 Abs. 1 HGB ergeben, erfüllt sind und keine Möglichkeit nach § 304 Abs. 2 HGB besteht, auf eine Eliminierung zu verzichten. Die Voraussetzungen des § 304 Abs. 1 HGB sind hier zunächst zu erläutern (zu dem Befreiungstatbestand siehe Abschnitt I.5.1).

I.2.1 Lieferungen oder Leistungen anderer einbezogener Unternehmen

Ergebnisse sind nur zu eliminieren, soweit sie bei *„Lieferungen oder Leistungen zwischen in den Konzernabschluss einbezogenen Unternehmen"* (§ 304 Abs. 1 HGB) entstanden sind. Lieferungen und Leistungen nicht einbezogener Unternehmen (also solcher Unternehmen, die nach § 296 HGB nicht einbezogen werden) können somit nicht von einer Zwischenergebniseliminierung betroffen sein.

Problematisch ist der Fall, bei dem eine Lieferung zwar von einem außenstehenden Dritten bezogen wurde, dieser Dritte die Lieferung aber seinerseits von einem anderen einbezogenen Unternehmen empfangen hat (sog. Dreiecksgeschäft; siehe das Problem des Drittschuldverhältnisses bei der Schuldenkonsolidierung, Abschnitt H.4.2). Eine Eliminierung von Zwischenergebnissen wird in diesem Fall grundsätzlich für nicht notwendig erachtet, weil die Ergebnisse durch den Außenumsatz mit dem Dritten bereits einmal bestätigt worden sind. Dies soll jedoch dann nicht gelten, wenn die Lieferung über einen Dritten offensichtlich nur zu dem Zweck erfolgt ist, die Pflicht zur Zwischenergebniseliminierung zu umgehen (vgl. Weber in: Küting/Weber, Konzernrechnungslegung, 2. Aufl., § 304 Rn. 14; Winkeljohann/Schellhorn in: Beck Bil-Komm., 11. Aufl., § 304 Anm. 10). Die Schwierigkeit dürfte dabei vor allem darin bestehen, im Einzelfall zu erkennen, ob der Dritte gezielt zur Umgehung der Eliminierungspflicht eingeschaltet wurde.

I.2.2 Vermögensgegenstände

Außerdem müssen die Lieferungen oder Leistungen Vermögensgegenstände betreffen. Zur Zwischenergebniseliminierung kann es demnach nur kommen, wenn die Vermögensgegenstände, Teile oder sonstige Leistungen, die von einem anderen einbezogenen Unternehmen bezogen wurden, in den Wert eines Vermögensgegenstandes eingingen. Dabei muss aus Sicht des Konzerns iSv. § 300 Abs. 2 HGB ein Vermögenswert vorliegen. Hingegen sind Leistungen einbezogener Unternehmen, die zu keiner Aktivierung beim Empfänger der Leistung führen, nur bei der GuV-Konsolidierung (durch Aufrechnung von Aufwendungen und Erträgen; siehe Kapitel J.), nicht aber im Rahmen der Zwischenergebniseliminierung zu berücksichtigen.

I.2.3 Bilanzierung des Vermögensgegenstandes im Konzernabschluss

Weitere Voraussetzung des § 304 HGB ist es, dass die betreffenden Vermögensgegenstände in den Konzernabschluss zu übernehmen sind: D. h. sie werden am Stichtag bei einem einbezogenen Unternehmen gemäß § 246 Abs. 1 iVm. § 298 Abs. 1 HGB bilanziert und es besteht nach dem im Konzernabschluss angewandten Recht der Mutter kein Bilanzierungsverbot (§ 300 Abs. 2 HGB). Diese Voraussetzung ergibt sich unmittelbar aus dem Sinn der Zwischenergebniseliminierung: Befinden sich die Vermögensgegenstände am Stichtag bereits bei einem Außenstehenden, so besteht kein Grund mehr für eine Zwischenergebniseliminierung, da eine Realisation der Ergebnisse durch einen Außenumsatz eingetreten ist.

Zu Problemen führt allerdings die Nutzung des Wahlrechtes nach § 299 Abs. 2 S. 2 HGB, wonach der Abschluss-Stichtag eines Tochterunternehmens T um maximal 3 Monate vor dem des Mutterunternehmens M liegen darf, ohne dass für die Konzernrechnungslegung ein Zwischenabschluss aufzustellen ist (siehe Kapitel C). Aufgrund dieser Vorschrift kann es im Konzernabschluss sowohl zu einer Nicht-Eliminierung entstandener Zwischenerfolge als auch zu einer Eliminierung bereits durch Außenumsatz realisierter Zwischenerfolge kommen (vgl. Weber in: Küting/Weber, Konzernrechnungslegung, 2. Aufl., § 304 Rn. 10):

Der zuerst beschriebene Fall ergibt sich, wenn M zwischen den Bilanzstichtagen einen Vermögensgegenstand mit Gewinn oder Verlust an T verkauft. Der Vermögensgegenstand, der bei M nicht mehr und bei T noch nicht im Einzelabschluss bilanziert wird, erscheint nicht im Konzernabschluss und kann daher auch nicht Gegenstand einer Zwischenergebniseliminierung sein.

Der genau entgegen gesetzte Fall tritt ein, wenn T zwischen den Abschluss-Stichtagen einen Vermögensgegenstand an einen Dritten veräußert, den T zu einem früheren Zeitpunkt von M erworben hatte, wobei von M ein Erfolg erzielt worden war. Der Wert dieses Vermögensgegenstandes, der aufgrund des abweichenden Stichtages über den Einzelabschluss von T noch in den Konzernabschluss eingeht, ist aus Konzernsicht unzulässig. Daher ist der Zwischengewinn bzw. -verlust zu eliminieren, obwohl er durch einen Außenumsatz bereits realisiert wurde.

Freilich müssen diese Aussagen insofern relativiert werden, als § 299 Abs. 3 HGB vorschreibt, dass besonders bedeutsame Vorgänge zwischen den Stichtagen in Konzernbilanz und -GuV zu berücksichtigen oder zumindest im Konzernanhang anzugeben sind.

Ein Sonderproblem entsteht bei einer konzerninternen Veräußerung von Beteiligungen an einbezogenen Unternehmen. Obwohl solche Beteiligungen aufgrund der Kapitalkonsolidierung nicht in die Konzernbilanz eingehen, erscheint bei solchen Transaktionen eine Eliminierung von Zwischenergebnissen zweckmäßig, weil ansonsten bei der Kapitalkonsolidierung stille Reserven aufgedeckt werden könnten, die nicht von Dritten entgeltlich erworben wurden (vgl. ADS, 6. Aufl., § 304 Tz. 113–115).

I.2.4 Unzulässigkeit des Wertes in der Einzelbilanz aus Konzernsicht

Schließlich ist noch Voraussetzung, dass der Buchwert des Vermögensgegenstandes, wie er über den Summenabschluss in die Konzernbilanz eingehen würde, aus Konzernsicht unzulässig ist:

Ist der Einzelbilanzwert aus Konzernsicht zu hoch, so beruht dies in der Regel auf unrealisierten Gewinnen, die eliminiert werden müssen.

Ein aus Konzernsicht zu niedriger Wert andererseits ist meist Anzeichen dafür, dass an sich aktivierungspflichtige Teile unzulässigerweise zu Verlusten wurden, die damit ebenfalls zu eliminieren sind.

I.3 Ermittlung der Zwischenergebnisse

Der Umfang der zu eliminierenden Zwischenergebnisse lässt sich nur indirekt aus einem Vergleich zweier Werte ableiten: dem Wert, mit dem der Vermögensgegenstand über die Summenbilanz in den Konzernabschluss eingehen würde, und dem aus Konzernsicht zulässigen Wert, also den Konzernanschaffungs- oder Konzernherstellungskosten fortgeführt eventuell um Abschreibungen. Aus den Differenzen dieser Werte ergeben sich dann die Zwischenergebnisse.

I.3.1 Der Einzelbilanzwert

Der Wert des Vermögensgegenstandes in der Summenbilanz ist gleich dem Wert in der Einzelbilanz des einbezogenen Unternehmens nach konzerneinheitlicher Bewertung (HB II). Er lässt sich in zwei Stufen herleiten:

Im Einzelabschluss sind Vermögensgegenstände nach § 253 Abs. 1 HGB mit den Anschaffungs- bzw. Herstellungskosten (§ 255 HGB) vermindert um Abschreibungen gemäß § 253 Abs. 3 oder 4 HGB zu bewerten. Bei Vermögensgegenständen, die dem Finanzanlagevermögen zuzurechnen sind, besteht darüber hinaus das Wahlrecht außerplanmäßig abzuschreiben, auch wenn die Wertminderung nicht dauernd ist.

Hat das einbezogene Unternehmen die Vermögensgegenstände von einem anderen einbezogenen Unternehmen erworben und nicht weiterbearbeitet, hat es diese in seinem Einzelabschluss mit Anschaffungskosten zu bewerten. Diese umfassen den Anschaffungspreis sowie als Einzelkosten unmittelbar zurechenbare Anschaffungsnebenkosten und nachträgliche Anschaffungskosten. Anschaffungspreisminderungen sind abzusetzen (§ 255 Abs. 1 HGB).

Werden die innerhalb des Konzernkreises bezogenen Vermögensgegenstände beim erwerbenden Unternehmen im Geschäftsjahr noch weiterbearbeitet, muss das einbezogene Unternehmen sie im Einzelabschluss mit Herstellungskosten ansetzen (§ 255 Abs. 2, 2a und 3 HGB). Bei der Bestimmung der Herstellungskosten besteht für den Bilanzierenden ein Spielraum: Die Untergrenze bilden nach § 255 Abs. 2 S. 2 HGB die unmittelbar zurechenbaren Einzelkosten für Material und Fertigung sowie aktivierungspflichtigen Teile der Gemeinkosten. Dazu zählen die Material- und Fertigungsgemeinkosten sowie der Wertverzehr des Anlagevermögens, soweit diese angemessen sind und durch die Fertigung veranlasst sind. Zusätzlich können allgemeine Verwaltungsgemeinkosten sowie Kosten für freiwillige soziale Leistungen und soziale Einrichtungen des Betriebs sowie Altersvorsorgekosten aktiviert werden, soweit sie auf den Zeitraum der Herstellung entfallen (§ 255 Abs. 2 S. 3 HGB). Fremdkapitalzinsen dürfen ebenfalls einbezogen werden, wenn sie auf den Herstellungszeitraum anfallen und das Fremdkapital der Finanzierung der Herstellung des Vermögensgegenstandes dient (§ 255 Abs. 3 HGB). Jenseits dieser Obergrenze anfallende allgemeine Forschungs- sowie Vertriebskosten, kalkulatorische Kosten und Leerkosten (Kosten offenbarer Unterbeschäftigung) müssen unberücksichtigt bleiben (§ 255 Abs. 2 S. 4 HGB).

Für den Konzernabschluss sind allerdings nicht die Werte aus dem Einzelabschluss (HB I) maßgeblich, sondern die Werte nach Berücksichtigung des Grundsatzes konzerneinheitlicher Bewertung (§ 308 HGB, HB II). Bis in den Einzelabschluss (HB I) sind die in den Konzernabschluss einbezogenen Unternehmen frei hinsichtlich der Ausübung der Wahlrechte von § 253 Abs. 3 S. 6 sowie § 255 Abs. 2 und 3 HGB. Im Rahmen der Aufstellung der HB II muss nach § 308 HGB konzerneinheitlich bewertet werden. Entsprechend sind die Herstellungskosten den konzerneinheitlichen Richtlinien anzupassen. Außerdem wäre das Abschreibungswahlrecht von § 253 Abs. 3 S. 6 HGB im Sinne der Konzernrichtlinie auszuüben.

Die Zwischenergebniseliminierung selbst erfolgt weder in der Einzelbilanz noch in der HB II, so dass ohne weitere Konsolidierungsmaßnahmen die aus diesen Schritten hervorgehenden Werte der HB II über die Summenbilanz in den Konzernabschluss eingehen würden. Diese Werte sind also auf ihre Zulässigkeit aus Konzernsicht zu prüfen.

I.3.2 Der konzernspezifische Korrekturwert

Bei der Bestimmung der konzernspezifischen Korrekturwerte nach § 304 Abs. 1 HGB wird ebenfalls schrittweise vorgegangen. Zunächst werden in Abhängigkeit von der vorliegenden Situation die Konzernanschaffungskosten bzw. die Konzernherstellungskosten bestimmt. Danach ist zu prüfen, welche Festlegung die Konzernherstellungskosten durch die konzerneinheitliche Bewertung erfahren. Abschließend müssen die Abschreibungsregelungen in § 253 Abs. 3 und 4 HGB berücksichtigt werden.

I.3.2.1 Konzernanschaffungskosten

Anzusetzen ist ein Vermögensgegenstand aus Konzernsicht mit den Konzernanschaffungskosten, wenn der Gegenstand zunächst von außen bezogen wurde, konzernintern weiterveräußert wurde und von keinem einbezogenen Unternehmen be- oder verarbeitet worden ist. Für die Ermittlung der Konzernanschaffungskosten ist nach § 298 Abs. 1 HGB auch § 255 Abs. 1 HGB anzuwenden. Daher gilt (siehe Abbildung I.1):

	Anschaffungspreis
+	Anschaffungsnebenkosten
+	nachträgliche Anschaffungskosten
./.	Anschaffungspreisminderungen
=	Konzernanschaffungskosten

Abb. I.1: Konzernanschaffungskosten.

Die einzelnen Teilbeträge sind dabei jeweils aus dem Blickwinkel der Gesamtheit Konzern zu bestimmen. Der Anschaffungspreis darf demnach nur die Zahlungen an Außenstehende umfassen. Eventuelle Anschaffungsnebenkosten des Konzernempfängers (z. B. für Montage) dürfen keine Gewinne des Konzernlieferanten enthalten (vgl. Winkeljohann/Schellhorn in: Beck Bil-Komm., 11. Aufl., § 304 Anm. 12).

Aber auch Nebenkosten der innerkonzernlichen Transaktion, die aufgrund der rechtlichen Selbständigkeit der Konzernunternehmen gerade erst entstehen (z. B. Grunderwerbsteuer), sollen nach herrschender Meinung aus Konzernsicht betrachtet werden. Entsprechend müssen u. U. auch Zahlungen an Dritte, wie die gezahlte Grunderwerbsteuer, aus Konzernsicht von der Aktivierung ausgeschlossen werden, da dann nur die Anschaffungsnebenkosten aktiviert werden dürfen, die beim erstmaligen Zugang des Vermögensgegenstandes zu einem der in den Konzernabschluss einbezogenen Unternehmen angefallen sind (vgl. Baetge u.a., Konzernbilanzen, 2017, S. 289).

I.3.2.2 Konzernherstellungskosten

Für die Konzernherstellungskosten, zu denen aus Konzernsicht zu bewerten ist, wenn der Gegenstand von mindestens einem konsolidierten Unternehmen hergestellt oder weiterverarbeitet worden ist, gelten grundsätzlich wegen § 298 Abs. 1 HGB gleichfalls die Wahlrechte von § 255 Abs. 2 und 3 HGB. Ob zur Konzernherstellungskostenober- oder -untergrenze oder einem Zwischenwert im Konzernabschluss zu bewerten ist, hängt dann von den im Rahmen der einheitlichen Bewertung nach § 308 HGB festgelegten Bewertungsmethoden ab.

Ein Fall kann allerdings bereits vorab behandelt werden. Veräußert der Konzernlieferant einen selbst geschaffenen immateriellen Vermögensgegenstand, bei dem es sich um eine selbst geschaffene Marke, Drucktitel, Verlagsrecht, Kundenliste oder ähnliches handelt, die zum Verbleib beim Empfänger bestimmt ist, so handelt es sich aus Konzernsicht um einen originär erworbenen Gegenstand des immateriellen Anlagevermögens, der nach § 248 Abs. 2 S. 2 HGB nicht aktiviert werden darf, dessen Konzernherstellungskosten also gleich Null zu setzen sind. Der Buchwert solcher selbst geschaffenen immateriellen Anlagegegenstands beim Konzernempfänger ist damit in vollem Umfang zu hoch und als Zwischengewinn zu eliminieren (vgl. Winkeljohann/Schellhorn in: Beck Bil-Komm., 11. Aufl., § 304 Anm. 30). Anders ist der Fall freilich zu beurteilen, wenn der Vermögensgegenstand von einem Tochterunternehmen bereits vor dem Erwerb dieses Unternehmens geschaffen wurde. In diesem Fall wird er vom Konzern entgeltlich erworben und ist gegebenenfalls bei der Auflösung stiller Reserven im Rahmen der Erstkonsolidierung zu berücksichtigen (siehe Kapitel G).

I.3.2.2.1 Untergrenze der Konzernherstellungskosten

Die Untergrenze der Konzernherstellungskosten liegt bei den von der Gesamtheit Konzern geleisteten Einzelkosten zuzüglich der aktivierungspflichtigen Gemeinkosten nach § 255 Abs. 2 S. 2 HGB. Ausgangsbasis für deren Ermittlung ist bei der indirekten Methode die Herstellungskostenuntergrenze des Konzernlieferanten als unabhängigem Unternehmen. Aus der speziellen Sichtweise des Konzerns als einer wirtschaftlichen Einheit muss dieser Wert dann allerdings gegebenenfalls korrigiert werden. Dabei kann es sowohl zu konzernspezifischen Herstellungskostenminderungen als auch zu konzernspezifischen Herstellungskostenmehrungen kommen. Alternativ lässt sich die Konzernherstellungskostenuntergrenze direkt als Summe der aus Konzernsicht angefallenen Einzelkosten sowie aktivierungspflichtigen Gemeinkosten ermitteln.

Die Herstellungskostenminderungen betreffen all die Kosten, die zwar aktivierungspflichtige Kosten des Konzernlieferanten darstellen, aus Konzernsicht aber nicht aktivierungsfähig sind. Beispielhaft können hier mengenabhängige Lizenzgebühren genannt werden, die vom Konzernlieferanten an andere einbezogene Unternehmen fließen.

Herstellungskostenmehrungen sind Ausgaben des Konzernlieferanten, die dieser nicht in die Herstellungskosten einbezieht, die aus Konzernsicht aber aktivierungspflichtig sind, zum Beispiel Kosten einer speziellen Verpackung des Gegenstands für den Transport zum Konzernempfänger. Es handelt sich hierbei aus Sicht des Lieferanten um nicht aktivierbare Sondereinzelkosten des Vertriebs, aus Konzernsicht jedoch um Einzelkosten des innerbetrieblichen Transports, die als Fertigungseinzelkosten aktivierungspflichtig sind (zumindest, soweit sie nicht auch aus Konzernsicht Vertriebskosten darstellen, wenn etwa der Konzernempfänger eine reine Vertriebsgesellschaft des Konzerns ist; vgl. Weber in: Küting/Weber, Konzernrechnungslegung, 2. Aufl., § 304 Rn. 41).

Zusätzlich müssen alle aktivierungspflichtigen Einzel- und Gemeinkosten des Konzernempfängers erfasst werden, wenn dieser die konzernintern gelieferten Vermögensgegenstände weiterverarbeitet hat. Hinzuzurechnen sind schließlich auch gegebenenfalls entstandene Anschaffungsnebenkosten des Konzernempfängers, sodass die Untergrenze der Konzernherstellungskosten folgendermaßen zusammengefasst werden kann (siehe Abbildung I.2):

	Untergrenze der Herstellungskosten des Konzernlieferanten
./.	aus Konzernsicht nicht aktivierbare Einzel- bzw. Gemeinkosten die beim Konzernlieferant angefallen sind.
+	aus Konzernsicht aktivierungspflichtige Einzel- bzw. Gemeinkosten die beim Konzernlieferant angefallen sind.
+	aktivierungspflichtige Herstellungskosten des Konzernempfängers aufgrund von Weiterverarbeitung
+	Anschaffungsnebenkosten des Konzernempfängers
=	Untergrenze der Konzernherstellungskosten

Abb. I.2: Untergrenze der Konzernherstellungskosten.

I.3.2.2.2 Obergrenze der Konzernherstellungskosten

Die Obergrenze der Konzernherstellungskosten umfasst alle aus der Sicht des Konzerns aktivierbaren Herstellungsausgaben. Das sind zusätzlich zu den aktivierungspflichtigen Einzel- und Gemeinkosten noch die Gemeinkosten gemäß § 255 Abs. 2 S. 3 und Abs. 3 HGB, soweit sie auf den Zeitraum der Herstellung entfallen, sowie u. U. Entwicklungskosten gemäß § 255 Abs. 2a HGB. Nicht aktivierbar sind allerdings die Kosten für allgemeine Forschung, des Vertriebs, kalkulatorische Kosten sowie Leerkosten.

Ausgangsbasis für die indirekte Ermittlung der Obergrenze der Konzernherstellungskosten ist die Obergrenze der Herstellungskosten beim Konzernlieferanten, wenn er als unabhängiges Unternehmen betrachtet würde. Diese Basis muss anschließend wieder gegebenenfalls durch Mehrungen und Minderungen modifiziert werden.

Zu mindern ist der Wert um alle Kosten, die der Lieferant aktivieren musste oder in zulässiger Wahlrechtsausübung aktiviert hat, die aus Konzernsicht aber nicht aktivierungsfähig sind. Neben den bereits oben angeführten Lizenzgebühren können hier auch an ein anderes einbezogenes Unternehmen gezahlte Zinsen genannt werden, wenn der Empfänger dieser Zinsen seinerseits keinen Kredit aufgenommen hat, um das Kapital zur Verfügung zu stellen (damit sind die gezahlten Zinsen aus Konzernsicht kalkulatorische Eigenkapitalzinsen).

Zu mehren ist der Wert um Ausgaben, die der Lieferant nicht aktivieren durfte, die aus Konzernsicht aber aktivierungspflichtig oder auch -fähig sind. Hier lassen sich all die Vertriebskosten des Lieferanten anführen, die aus Konzernsicht Kosten des innerbetrieblichen Transports darstellen, also nicht nur Einzelkosten (z. B. spezielle Verpackung), sondern auch Gemeinkosten wie Abschreibungen auf Transportanlagen.

Zusätzlich müssen wieder alle aktivierungspflichtigen und – fähigen Herstellungskosten des Konzernempfängers erfasst werden, wenn dieser die konzernintern gelieferten Vermögensgegenstände weiterverarbeitet hat. Schließlich sind die eventuell beim Konzernempfänger angefallenen Anschaffungsnebenkosten hinzuzurechnen (siehe Abbildung I.3):

	Obergrenze der Herstellungskosten des Konzernlieferanten
./.	aus Konzernsicht nicht aktivierbare Einzel- und Gemeinkosten, die beim Konzernlieferant angefallen sind.
+	aus Konzernsicht aktivierungspflichtige und -fähige Einzel- und Gemeinkosten, die beim Konzernlieferant angefallen sind.
+	aktivierungspflichtige und -fähige Herstellungskosten des Konzernempfängers aufgrund von Weiterverarbeitung
+	Anschaffungsnebenkosten des Konzernempfängers
=	Obergrenze der Konzernherstellungskosten

Abb. I.3: Obergrenze der Konzernherstellungskosten.

I.3.2.2.3 Beispiel zur Ermittlung der Konzernherstellungskosten

Das folgende Beispiel I.1 soll die Ausführungen zu den Konzernherstellungskosten verdeutlichen: Konzernlieferant L liefert an Konzernempfänger E ein unfertiges Erzeugnis, das bei E am Bilanzstichtag unbearbeitet lagert. In der folgenden Tabelle sind in der ersten Spalte die in diesem Fall nur bei L angefallenen Kosten verzeichnet. In der zweiten Spalte werden die Unter- und Obergrenze der Herstellungskosten des Konzernlieferanten L bestimmt, wenn L ein unabhängiges Unternehmen wäre. Durch konzernspezifische Korrekturen gelangt man (dritte Spalte) zur Unter- und Obergrenze der Konzernherstellungskosten (KHK), die alternativ auch unmittelbar ermittelt werden (letzte Spalte).

Beispiel I.1: Ermittlung der Konzernherstellungskosten

	Kosten	HKL	KHK indirekt	KHK direkt
Materialeinzelkosten	240	240		240
Fertigungseinzelkosten	150	150		150
Sondereinzelkosten der Fertigung[1]	20	20		
Sondereinzelkosten des Vertriebs[2]	10			10
Materialgemeinkosten	40	40		40
Fertigungsgemeinkosten	70	70		70
Untergrenze HK_L		520	520	
konzernspezifische HK- Minderungen der HK-UG			−20	
konzernspezifische HK- Mehrungen der HK-UG			+10	
Untergrenze der KHK			510	510
Untergrenze HK_L		520		
FK-Zinsen[3]	15	15		0
Verwaltungsgemeinkosten	60	60		60
Vertriebsgemeinkosten[4]	30			30
Obergrenze der HK_L		595	595	
konzernspezifische HK- Minderungen (−20 − 15) (Einzel- u. Gemeinkosten)			−35	
konzernspezifische HK- Mehrungen (+10 + 30) (Einzel- u. Gemeinkosten)			+40	
Obergrenze der KHK			600	600

[1] Lizenzgebühr an das ebenfalls einbezogene Unternehmen C
[2] spezielle Verpackung für Transport zum Konzernempfänger E
[3] anteilige Zinszahlung an C (aus Konzernsicht Eigenkapitalkosten)
[4] anteilige Abschreibungen auf Transportanlagen (aus Konzernsicht Fertigungsgemeinkosten)

I.3.2.3 Konzerneinheitliche Bewertung und sekundäre Werte

Auch der konzernspezifische Korrekturwert ergibt sich erst nach Berücksichtigung zweier weiterer Punkte aus dem primären Wert:

So ist zunächst auch hier der Grundsatz der konzerneinheitlichen Bewertung zu beachten, dem nicht nur die Werte in der Handelsbilanz II, sondern auch diejenigen im Konzernabschluss zu genügen haben (§ 308 Abs. 1 HGB). Entsprechend sind im Konzern hergestellte oder verarbeitete Vermögensgegenstände mit den in der internen Konzernrichtlinien zur einheitliche Bewertung festgelegten Konzernherstellungskosten (Herstellungskostenunter-, obergrenze oder Zwischenwert) anzusetzen. Vermögensgegenstände, die konzernintern in das Anlagevermögen geliefert werden, sind darüber hinaus entsprechend den Vorschriften von § 253 Abs. 3 S. 1–3 HGB um die planmäßigen Abschreibungen fortzuführen.

Weiterhin müssen außerplanmäßige Abschreibungen nach § 253 Abs. 3 S. 5 und § 253 Abs. 6 HGB und das eventuell konzerneinheitlich wahrzunehmende Abschreibungswahlrecht nach § 253 Abs. 3 S. 6 HGB berücksichtigt werden. Sollten die Gründe für eine außerplanmäßige Abschreibung entfallen sein, so ist nach § 253 Abs. 5 HGB wieder zuzuschreiben.

I.3.3 Die Zwischenergebnisse

Sind der in die Summenbilanz eingehende Wert aus der Handelsbilanz II des einbezogenen Unternehmens einerseits und der aus Konzernsicht zulässige Wert bzw. Wertebereich andererseits bekannt, so können daraus die eliminierungspflichtigen bzw. zusätzlich die in Abhängigkeit von der Ausübung der Wahlrechte bei den Herstellungskosten eliminierungsfähigen Zwischenergebnisse abgeleitet werden. Dabei werden in der allgemeinen Herleitung die Auswirkungen des Niederstwertprinzips zunächst ausgeklammert und anschließend isoliert betrachtet.

I.3.3.1 Allgemeine Herleitung eliminierungspflichtiger und -fähiger Ergebnisse

Die allgemeine Herleitung eliminierungspflichtiger bzw. -fähiger Ergebnisse soll durch eine Fortführung des obigen Beispiels I.1 veranschaulicht werden. Während der konzernspezifische Korrekturwert vor Berücksichtigung der konzerneinheitlichen Bewertung nur als Wertebereich zwischen der Untergrenze der Konzernherstellungskosten (Konzernmindestwert: 510 €) und der Obergrenze der Konzernherstellungskosten (Konzernhöchstwert: 600 €) festlegt, ist der Bilanzwert in der Summenbilanz durch die Anschaffungskosten von Konzernempfänger E eindeutig gegeben. Diese Anschaffungskosten sollen sich in drei verschiedenen Fällen auf 900 € (A), 550 € (B) und 300 € (C) belaufen, so dass die drei denkbaren Konstellationen gegeben sind:
A) Der Einzelbilanzwert ist höher als der Konzernhöchstwert.
B) Der Einzelbilanzwert liegt zwischen Konzernmindestwert und Konzernhöchstwert.
C) Der Einzelbilanzwert ist niedriger als der Konzernmindestwert.

Aus der Forderung, den Vermögensgegenstand in der Konzernbilanz mit einem konzernspezifisch zulässigen Wert anzusetzen, folgen in den Fällen A und C unabhängig von der konzerneinheitlichen Bewertung Pflichten zur Eliminierung von Zwischenergebnissen:
Im Fall A darf im Konzernabschluss höchstens der Wert 600 angesetzt werden, d. h. es ist eine Zwischengewinneliminierung in Höhe von (Summenbilanzwert ./. Konzernhöchstwert = 900 – 600 =) 300 erforderlich (siehe Abbildung I.4).

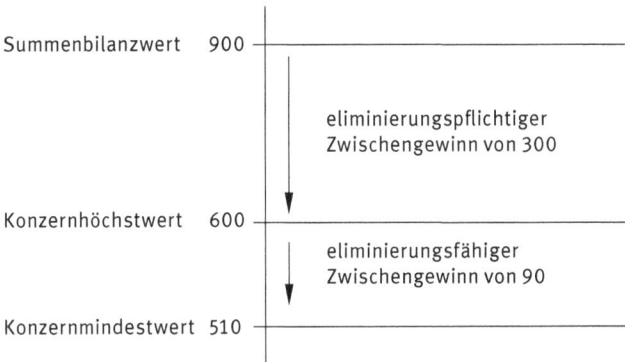

Abb. I.4: Eliminierungspflicht und -wahlrecht (Fall A).

Im entgegen gesetzten Fall C muss im Konzernabschluss der Vermögensgegenstand mindestens mit einem Wert von 510 bilanziert werden, so dass ein Zwischenverlust von 210 (Konzernmindestwert ./. Summenbilanzwert = 510 – 300) zu eliminieren ist (siehe Abbildung I.5).

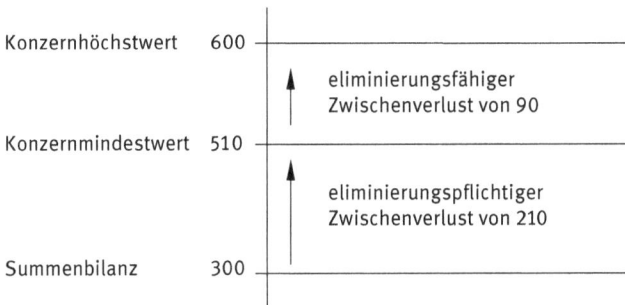

Abb. I.5: Eliminierungspflicht und -wahlrecht (Fall C).

Zusätzlich zu den genannten Pflichten bestehen aber vor Berücksichtigung der konzerneinheitlichen Bewertung auch Eliminierungswahlrechte:

Im Fall A (siehe Abbildung I.4) kann der Vermögensgegenstand auch mit einem niedrigeren als dem Konzernhöchstwert, mindestens allerdings mit dem Konzernmindestwert bewertet werden. Es besteht also grundsätzlich ein Bewertungsspielraum im Umfang von 90 € (= Konzernhöchstwert ./. Konzernmindestwert = 600 – 510) („Wahlrecht zur Zwischengewinneliminierung").

Analog kann in Konstellation C (siehe Abbildung I.5) der Vermögensgegenstand auch höher, maximal mit dem Konzernhöchstwert angesetzt werden; der Spielraum zwischen Konzernhöchstwert und -mindestwert (= 90, wie oben) bildet hier den Wahlrechtsbereich der Zwischenverlusteliminierung.

Und auch in Fall B (siehe Abbildung I.6) schließlich, bei dem der Einzelbilanzwert aus Konzernsicht zulässig ist, steht der ganze Bereich zwischen Konzernmindest- und -höchstwert offen, so dass prinzipiell ein Wahlrecht zur Eliminierung sowohl eines

Zwischenverlusts im Umfang von 50 € (= Konzernhöchstwert ./. Summenbilanzwert = 600 – 550) als auch eines Zwischengewinns in Höhe von 40 € (= Einzelbilanzwert ./. Konzernmindestwert = 550 – 510) gegeben ist.

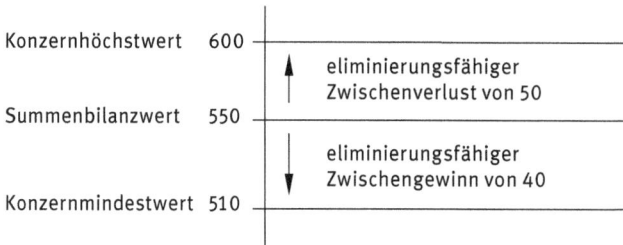

Konzernhöchstwert	600	
		eliminierungsfähiger Zwischenverlust von 50
Summenbilanzwert	550	
		eliminierungsfähiger Zwischengewinn von 40
Konzernmindestwert	510	

Abb. I.6: Eliminierungswahlrechte (Fall B).

Mit Festlegung der konzerneinheitlichen Bewertungsmethoden im Rahmen der verpflichtenden konzerneinheitlichen Bewertung sind gleichartige Vermögensgegenstände, die konzernintern hergestellt bzw. bearbeitet wurden, einheitlich mit den Konzernherstellungskosten zu bewerten, die sich entsprechend der Wahlrechtsausübung der Konzernbewertungsrichtlinie für diese Vermögensgegenstände ergeben (vgl. Winkeljohann/Schellhorn in: Beck Bil-Komm., 11. Aufl., § 304 Anm. 13). Damit wird der Umfang der eliminierungsfähigen Ergebnisse auf null reduziert. Wird in den behandelten Fällen der konzernspezifische Korrekturwert beispielsweise durch die konzerninternen Bewertungsrichtlinien eindeutig auf 530 festgelegt, so sind in den Fällen A und B Zwischengewinne von 370 (= 900 – 530) bzw. 20 (= 550 – 530) sowie im Fall C ein Zwischenverlust von 230 (= 300 – 530) zu eliminieren.

I.3.3.2 Zum Einfluss niedrigerer Werte nach § 253 Abs. 3 und 4 HGB

Auch zur Darstellung des Einflusses des Niederstwertprinzips wird das Beispiel I.1 fortgeführt. Vereinfachend wird allerdings angenommen, die Konzernherstellungskosten (KHK) seien auf einen Punkt festgelegt und zwar alternativ in Höhe des Konzernmindestwertes (Fälle A bis C) bzw. in Höhe des Konzernhöchstwertes (Fälle D bis F). Bezüglich der Anschaffungskosten von E (AK_E) werden sechs Einzelfälle unterschieden, in denen es dann jeweils zu folgenden Zwischenergebnissen (ZE; positive Werte sind Zwischengewinne, negative Werte sind Zwischenverluste) kommt:

Fall	A	B	C	D	E	F
AK_E	540	490	630	460	620	560
KHK	510	510	510	600	600	600
ZE	+ 30	– 20	+120	–140	+ 20	– 40

Nun sei zusätzlich angenommen, der Stichtagswert des Vermögensgegenstandes betrage 550 € und für den Vermögensgegenstand gelte das strenge Niederstwertprinzip (Umlaufvermögen). Der Summenbilanzwert (SBW) sowie der Konzernbilanzwert (KW) bestimmen sich dann jeweils als Minimum aus Stichtagswert einerseits und Anschaffungskosten von E bzw. Konzernherstellungskosten andererseits. Daraus resultiert auch eine veränderte Höhe des Zwischenergebnisses:

Fall	A	B	C	D	E	F
SBW	540	490	550	460	550	550
KW	510	510	510	550	550	550
ZE	+ 30	− 20	+ 40	− 90	0	0

Die Berücksichtigung von § 253 Abs. 4 HGB (bzw. § 253 Abs. 3 S. 5 HGB bei Anlagevermögen) bringt also verständlicherweise keine Veränderungen, falls weder Einzelbilanz des Bilanzierenden noch Konzernbilanz betroffen sind (Fälle A und B), vermindert andererseits den Umfang der Eliminierungspflicht, soweit nur in einem Abschluss eine Anpassung erfolgen muss (Fälle C und D), und kann schließlich sogar zu einem Wegfall jeglicher Zwischenergebniseliminierung führen, wenn in beiden Bilanzen der niedrigere Stichtagswert angesetzt werden muss (Fälle E und F).

I.3.4 Besonderheiten bei Vorräten

Besonderheiten ergeben sich bei der Eliminierung von Zwischenergebnissen, die durch einen Transfer von Vorratsgütern notwendig wird.

Aufgrund der Tatsache, dass es bei wenig hochwertigen Vorräten unwirtschaftlich wäre, einzelne Lieferungen getrennt zu lagern, ist am Abschlussstichtag nicht nachvollziehbar, welche Stoffe verbraucht sind bzw. aus welchen Lieferungen der Endbestand an Vorräten stammt. Ein erstes Problem erwächst daraus bereits im Einzelabschluss: Wurden bestimmte Werkstoffe, unfertige Erzeugnisse oder Waren zu unterschiedlichen Preisen gekauft, so muss bestimmt werden, zu welchen Preisen die vorhandenen Vorräte erworben wurden. Beim Konzernabschluss tritt ein weiteres Problem hinzu: Für die Zwischenergebniseliminierung muss zusätzlich bekannt sein, welche Bestände aus konzerninternen Lieferungen stammen und welche von Außenstehenden bezogen wurden.

Für die Lösung des ersten Problems wurden im Einzelabschluss verschiedene Verfahren entwickelt: das Durchschnitts- und die Verbrauchsfolgeverfahren LIFO und FIFO (§ 256 HGB). Durch sie wird bestimmt, welche Stoffe jeweils als verbraucht gelten. Damit ist auch die Zusammensetzung des Endbestands eindeutig festgelegt. Wird beispielsweise unterstellt, die zuerst erworbenen Vorräte würden auch zuerst wieder verbraucht (FIFO), so stammt der Endbestand per Fiktion aus den zeitlich letzten Lieferungen. Zur Klärung der zweiten Frage muss dann noch ermittelt werden, inwieweit diese letzten Lieferungen aus externen oder konzerninternen Quellen stammen. Aufgrund dieses zusätzlichen Ermittlungsaufwands sind diese Verfahren allerdings vergleichsweise aufwendig. Speziell für den Konzern entwickelte, besondere Verbrauchsfolgeverfahren sind seit Einführung des BilMoG allerdings nicht mehr zulässig (vgl. Winkeljohann/Deubert in: Beck Bil-Komm., 11. Aufl., § 298 Anm. 46).

Gerade bei den Vorräten erscheint aber die individuelle Ermittlung von Zwischenergebnissen durch Vergleiche von Einzelbilanz- und konzernspezifischen Korrekturwerten insgesamt unangemessen. Deshalb wird es für zulässig gehalten, das Verfahren zu vereinfachen, indem für einzelne Produkte, Produktgruppen, einzelne Lieferanten oder Lieferantengruppen Durchschnittssätze der Zwischenergebnisse ermittelt werden, die sich als Verhältnis von Zwischenergebnissen zu Umsätzen bei dem oder den konzerninternen Lieferanten berechnen. Durch Abschlag dieser pauschal ermittelten Zwischenergebnisse können dann aus den Einzelbilanzwerten die aus Konzernsicht zulässigen Werte abgeleitet werden (vgl. u. a. Winkeljohann/Schellhorn in: Beck Bil-Komm., 11. Aufl., § 304 Anm. 37 und 39; Busse von Colbe u. a., Konzernabschlüsse, 2010, S. 392).

I.4 Verrechnung der Zwischenergebnisse

I.4.1 Grundsätzliche Vorgehensweise

Werden die Werte von Vermögensgegenständen in der Konzernbilanz gegenüber denen in der Summenbilanz verändert, so ist zum Ausgleich der Konzernbilanz eine weitere, gegenläufige Korrektur erforderlich. Da es sich bei den Wertveränderungen um die zu eliminierenden Zwischenergebnisse handelt, hat eine vollständige Eliminierung des Zwischenergebnisses zu erfolgen. Eine Verrechnung von Zwischenergebnissen anteilig mit dem Konzerneigenkapital sowie mit dem Minderheitenanteil ist aus der Einheitstheorie konsequent. Die nach herrschender Meinung lange als Vereinfachung empfohlene volle Verrechnung mit dem Konzerneigenkapital wird seit der Bekanntgabe von DRS 23 nicht mehr als zulässig angesehen (vgl. DRS 23.153; WP-Handbuch, Band I, G Tz. 532).

Die Eliminierung der Zwischenergebnisse erfolgt in der Regel nur vorübergehend, und zwar bis zu dem Zeitpunkt, in dem das Ergebnis auch aus Konzernsicht als realisiert betrachtet werden darf. Dabei ist nach der Art des jeweiligen Vermögensgegenstandes zu unterscheiden.

Bei Gegenständen des nicht abnutzbaren Anlagevermögens bleiben die Zwischenergebnisse während des gewöhnlichen Geschäftsverlaufs erhalten. Zu einer Realisation kommt es erst bei einer späteren Veräußerung. In den Werten von Gegenständen des abnutzbaren Anlagevermögens enthaltene Zwischengewinne (bzw. nicht enthaltene Zwischenverluste) werden im Zeitablauf dadurch abgebaut, dass im Einzelabschluss von der um diesen Zwischengewinn höheren (bzw. um den Zwischenverlust niedrigeren) Abschreibungsbasis abgeschrieben wird (siehe Abschnitt I.4.3). Beim Umlaufvermögen schließlich kommt es zu einer Auflösung der Zwischenergebnisse bei ihrer Realisierung durch einen Außenumsatz (siehe Abschnitt I.4.2).

Bei der Behandlung der Zwischenergebnisse ist nun zu unterscheiden zwischen den Zeitpunkten der Entstehung bzw. Auflösung von Zwischenergebnissen und den dazwischenliegenden Perioden.

I.4.2 Der Grundsatz der periodenanteiligen Verrechnung

Die Verrechnung der Zwischenergebnisse erfolgt unter der Zielsetzung, den einzelnen Perioden die Erfolge nach den üblichen Grundsätzen und unter Beachtung der Einheitstheorie zuzuordnen. Daraus ergibt sich für die Zwischenergebniseliminierung das Gebot, neu entstandene Zwischenergebnisse sowie realisierte, vormals eliminierte Zwischenergebnisse erfolgswirksam zu verrechnen, d. h. im Konzernjahreserfolg zu berücksichtigen (vgl. WP-Handbuch, Band I, G Tz. 548). Der Begriff der „erfolgswirksamen" Behandlung mag dabei vor allem im Jahr der Entstehung eines Zwischenergebnisses irreführend sein, weil die erfolgswirksame Behandlung bewirkt, dass auf Ebene des Konzerns insgesamt gerade kein Ergebnis aus der Transaktion ausgewiesen wird: Erfolgswirksame Verrechnung heißt beispielsweise im Falle eines neu entstandenen Zwischengewinnes, dass der Erfolg, der aus der Einzelbilanz des Konzernlieferanten in die Konzernbilanz einzugehen droht, durch die Konsolidierung neutralisiert wird.

Zu einer erfolgswirksamen Verrechnung kann es in vier Fällen kommen:
- Erstmalige Eliminierung eines Zwischengewinns
- Realisierung eines eliminierten Zwischengewinns
- Erstmalige Eliminierung eines Zwischenverlusts
- Realisierung eines eliminierten Zwischenverlusts

Werden neu entstandene Zwischengewinne eliminiert (also Vermögensgegenstände in der Konzernbilanz erstmals niedriger bewertet als in der Einzelbilanz), so ist durch die erfolgswirksame Verrechnung der Konzernjahreserfolg gegenüber der Summe der Einzelerfolge zu vermindern, im Jahr der späteren Realisierung des Zwischengewinns hingegen zu erhöhen. Denn der Erfolg aus der Veräußerung des Gegenstands an einen Dritten umfasst aus Konzernsicht neben dem Erfolg des veräußernden Konzernempfängers auch den zuvor eliminierten Erfolg des Konzernlieferanten. Für die Zwischenverluste gilt das Gesagte jeweils mit umgekehrten Vorzeichen.

So ergibt sich der Konzernjahreserfolg insgesamt (unter Vernachlässigung aller Konsolidierungsmaßnahmen außer der Zwischenergebniseliminierung) wie folgt:

Konzernjahreserfolg =
      Summe der Einzeljahreserfolge der einbezogenen Unternehmen (HB II)
./.   neu entstandene Zwischengewinne
+   realisierte Zwischengewinne
+   neu entstandene Zwischenverluste
./.   realisierte Zwischenverluste

bzw.

Konzernjahreserfolg =
      Summe der Einzeljahreserfolge der einbezogenen Unternehmen (HB II)
./.   Zunahme (bzw. + Abnahme) der Zwischengewinne
+   Zunahme (bzw. ./. Abnahme) der Zwischenverluste

In Jahren des unveränderten Fortbestehens von Zwischenergebnissen darf der Konzernerfolg dann allerdings nicht neuerlich belastet werden. Zwischenergebnisse sind in solchen Perioden daher erfolgsneutral zu behandeln (vgl. WP-Handbuch, Band I, G Tz. 548). Wie bereits bei der Erläuterung der Schuldenkonsolidierung dargestellt wurde, ist dabei umstritten, wie diese erfolgsneutrale Verrechnung erfolgen soll: Eine individuelle Korrektur („Rückbuchung") der im Einzelabschluss vorgenommenen Ergebnisverwendung bereitet große Schwierigkeiten, weil i. d. R. nicht nachvollziehbar ist, wie die Zwischenergebnisse in den Einzelabschlüssen verwendet wurden (bei Zwischenverlusten müsste sogar bekannt sein, wie um die Zwischenverluste höhere Ergebnisse verwendet worden wären). Es wird deshalb regelmäßig global entweder gegen den Ergebnisvortrag oder gegen die Gewinnrücklagen oder einen gesonderten Korrekturposten zum Eigenkapital verrechnet (siehe die Diskussion in Kapitel H.3.4.2 sowie Kapitel L).

I.4.3 Technik der Verrechnung von Zwischenergebnissen

I.4.3.1 Ein Beispiel zur periodenanteiligen Verrechnung von Zwischenergebnissen im Vorratsvermögen

Die Ausführungen zur periodenanteiligen Verrechnung sollen nun anhand des folgenden Beispiels I.2 veranschaulicht werden:

Konzernmutter M kauft im Jahr 15 und 16 jeweils 300 Stück Waren von konzernfremden Herstellern und verkauft sie jeweils sofort nach Anlieferung an ihre 100 %-ige Vertriebstochtergesellschaft T zum konstanten Verrechnungspreis von 1000 € je Stück. Sowohl M wie auch T zahlen direkt nach Lieferung. Im Jahr 17 handelt M mit diesem Typ Waren nicht mehr. T wiederum verkauft die Waren jeweils im Folgejahr zum Preis von 1500 € je Stück an konzernexterne Dritte gegen Bankzahlung. An den Bilanzstichtagen 31.12.15 und 31.12.16 sind damit jeweils also 300 Stück Waren bei T auf Lager.

Die bei M anfallenden Anschaffungskosten (= Konzernanschaffungskosten) schwanken im Zeitablauf und betragen:

im Jahr 15   970 €
im Jahr 16   1015 €

Der Bestand an Zwischenergebnissen ergibt sich danach an den Bilanzstichtagen in folgender Höhe (siehe Beispiel I.2.1):

Beispiel I.2.1 Bestand Zwischenergebnissen

	31.12.15	31.12.16	31.12.17
Wert der Waren in der Summenbilanz	300000	300000	0
./. Konzernanschaffungskosten	291000	304500	0
Bestand Zwischenergebnis am Bilanzstichtag	+9000	−4500	0

Die Veränderungen der Konzernjahreserfolge gegenüber den Summen der Jahreserfolge aus den Einzelabschlüssen (zerlegt in die oben bestimmten Komponenten) lassen sich im Beispiel I.2.2 ablesen:

Beispiel I.2.2 Erfolgswirksame Behandlung von Zwischenergebnissen

Jahr	15	16	17
./. entstandene ZG	−9000		
+ realisierte ZG		+9000	
+ entstandene ZV		+4500	
./. realisierte ZV			−4500
(./. Zu- bzw. + Abnahme der ZG	−9000	+9000	)
(+ Zu- bzw. ./. Abnahme der ZV		+4500	−4500)
gesamte Veränderung des Konzernerfolges	−9000	+13500	−4500

Über die Jahre gleichen sich die Veränderungen des Konzernerfolgs wieder aus, d. h. der Gesamterfolg des Konzerns in den Jahren 15 bis 17 entspricht der Summe der Gesamterfolge der einzelnen einbezogenen Unternehmen.

Zusammen mit der erfolgsunwirksamen Behandlung des jeweiligen Vorjahresbestands kommt es so in jedem Jahr zur Verrechnung aller Zwischenergebnisse, die in den Werten der Bestände an den Stichtagen verborgen sind (siehe Beispiel I.2.3).

Beispiel I.2.3 Erfolgswirksame und -neutrale Behandlung von Zwischenergebnissen

Jahr	15	16	17
erfolgswirksam verrechnete ZE	−9000	+13500	−4500
erfolgsunwirksam verrechnete ZE (= Bestand ZE Vorjahr)	0	−9000	+4500
insgesamt verrechnete Zwischenergebnisse	−9000	+4500	0

Die notwendigen Konsolidierungsbuchungen und die sich daraus ergebenden Konzernbilanzen zum 31.12.15, 31.12.16 und 31.12.17 werden im Folgenden erläutert. Dabei wird davon ausgegangen, dass M wie T die Jahresergebnisse immer ins Folgejahr vortragen. Für das Geschäftsjahr 15 sind die anfallenden Zwischenergebnisse rein erfolgswirksam zu eliminieren. Wie in Beispiel I.2.4 dargestellt, ergibt sich die Konzernbilanz zum 31.12.15 über folgende Buchungen. Mit Buchung (1) wird die Kapitalkonsolidierung durchgeführt. Buchung (2) zeigt die Zwischenergebniseliminierung für die Konzernbilanz: Der Zwischengewinn ist in diesem Jahr in voller Höhe neu entstanden und muss deshalb voll aus dem Konzernjahreserfolg eliminiert werden (2). Die Buchungen in der GuV gehören nicht zur Zwischenergebniseliminierung, sondern sind Teil der in Kapital J erläuterten GuV-Konsolidierung.

Jahresüberschuss	9000	an	Vorräte	9000	(2)

Beispiel I.2.4 Erfolgswirksame Zwischeneliminierung

Bilanz zum 31.12.15

	M	T	SB	Konsolidierung		Konzern
				Soll	Haben	
Übrige Aktiva	291000		291000			291000
Beteiligung	2000		2000		(1) 2000	0
Vorräte		300000	300000		(2) 9000	291000
Bank	9000	0	9000			9000
Summe	302000	300000	602000			591000
gezeichnetes Kapital	30000	2000	32000	(1) 2000		30000
Gewinn(+)-/ Verlust(−)vortrag						
Jahresüberschuss(+)/ -fehlbetrag(−)	9000		9000	(2) 9000		0
Andere Passiva	263000	298000	561000			561000
Summe	302000	300000	602000	11000	11000	591000

Nach der Zwischenergebniseliminierung sind die Vorräte mit den Konzernanschaffungskosten bewertet. Ein Gewinn aus Konzernsicht ist nicht entstanden, da die Waren sich noch bei einem einbezogenen Unternehmen auf Lager befinden.

Zum 31.12.16 (siehe Beispiel I.2.5) muss neben der Kapitalkonsolidierung (1) zum einen der neu entstandene Zwischenverlust aus dem verlustträchtigen Geschäft zwischen M und T erfolgswirksam eliminiert werden, um in der Konzernbilanz das Vorratsvermögen korrekterweise zu Konzernanschaffungskosten von 304500 € ausweisen zu können (2a). Zum zweiten hat sich aus Konzernsicht jetzt der Zwischengewinn aus dem Vorjahr durch einen Außenumsatz realisiert, so dass der Konzernerfolg um 9000 € über den Erfolg des Summenabschlusses erhöht werden muss. Denn aus Konzernsicht war der Verkauf der ersten Warencharge um 9000 € gewinnträchtiger als aus einzelbilanzieller Sicht von T. Dies ist erfolgsneutral im Konzerneigenkapital gegen zu buchen, da in der Summenbilanz im Konzerneigenkapital noch der Ergebnisvortrag von M in Höhe von 9000 € aus Jahr 15 enthalten ist, der aus Konzernsicht noch nicht existiert (2b). Insgesamt wird damit die gesamte Veränderung des Zwischenergebnisses von 13500 € erfolgswirksam und der Bestand an Zwischenergebnis aus dem Vorjahr von 9000 €, der im Ergebnisvortrag der Summenbilanz enthalten ist, erfolgsneutral gebucht.

Vorräte	4500	an	Jahresüberschuss	13500	(2a)
Gewinn-/Verlustvortrag	9000				(2b)

Beispiel I.2.5 Erfolgswirksame und erfolgsneutrale Zwischeneliminierung (Jahr 16)

Bilanz zum 31.12.16

	M	T	SB	Konsolidierung Soll	Konsolidierung Haben	Konzern
Übrige Aktiva	291000		291000			291000
Beteiligung	2000		2000		(1) 2000	0
Vorräte		300000	300000	(2a) 4500		304500
Bank	4500	150000	154500			154500
Summe	297500	450000	747500			750000
gezeichnetes Kapital	30000	2000	32000	(1) 2000		30000
Gewinn(+)-/ Verlust(−)vortrag	9000		9000	(2b) 9000		0
Jahresüberschuss(+)/ -fehlbetrag(−)	−4500	150000	145500		(2a) 4500 (2b) 9000	159000
Andere Passiva	263000	298000	561000			561000
Summe	297500	450000	747500	15500	15500	750000

Im Geschäftsjahr 17 (siehe Beispiel I.2.6) wird dann auch die zweite und letzte Charge der konzernintern gelieferten Waren über einen Außenumsatz realisiert, so dass am 31.12.17 kein Zwischenergebnis mehr verbleibt. Da aus Konzernsicht der Verkauf der zweiten Charge Vorräte aber um 4500 € weniger profitabel war als es der Einzelabschluss von T zeigt, muss der Konzernerfolg um 4500 € gemindert werden (2). Die Gegenbuchung erfolgt wieder erfolgsneutral über den Ergebnisvortrag, da dort in der Summenbilanz aus Konzernsicht ein zu niedriger Gewinnvortrag ausgewiesen wird.

Jahresüberschuss	4500	an	Gewinn-/Verlustvortrag	4500	(2)

Beispiel I.2.6 Erfolgswirksame und erfolgsneutrale Zwischeneliminierung (Jahr 17)

Bilanz zum 31.12.17

	M	T	SB	Konsolidierung Soll	Konsolidierung Haben	Konzern
Übrige Aktiva	291000		291000			291000
Beteiligung	2000		2000		(1) 2000	0
Vorräte		0	0			0
Bank	4500	600000	604500			604500
Summe	297500	600000	897500			895500
gezeichnetes Kapital	30000	2000	32000	(1) 2000		30000
Gewinn(+)-/ Verlust(−)vortrag	4500	150000	154500		(2) 4500	159000
Jahresüberschuss(+)/ -fehlbetrag(−)	0	150000	150000	(2) 4500		145500
Andere Passiva	263000	298000	561000			561000
Summe	297500	600000	897500	6500	6500	895500

I.4.4 Zur Realisierung von Zwischenergebnissen durch planmäßige Abschreibungen im abnutzbaren Anlagevermögen

Zwischenergebnisse werden nicht nur durch Außenumsatz realisiert. Beim abnutzbaren Anlagevermögen lösen sie sich vielmehr regelmäßig durch die planmäßigen Abschreibungen auf. Wurden innerhalb eines Konzerns Zwischenergebnisse aus dem Verkauf abnutzbarer Anlagen erzielt, so weichen die Werte dieser Anlagen in Einzel- und Konzernabschluss voneinander ab. Die daraus zugleich resultierenden Abschreibungsunterschiede tragen diese Wertdifferenz aber sukzessive wieder ab. Dies soll sowohl für einen Zwischengewinn als auch für einen Zwischenverlust durch die Beispiele I.3.1 und I.3.2 gezeigt werden.

Es sei angenommen, dass das einbezogene Unternehmen L dem ebenfalls einbezogenen Unternehmen E am 01.01. des Jahres 01 eine Maschine zum Preis von 28000 € (= Anschaffungskosten bei E) geliefert hat. Diese Maschine sei von L zu Herstellungskosten von 24500 (I.3.1) bzw. 30800 (I.3.2) erstellt worden und habe eine Nutzungsdauer von sieben Jahren. Im Einzelabschluss von E und im Konzernabschluss werden jeweils die gleiche Abschreibungsmethode gewählt, und zwar in Beispiel I.3.1 die lineare Abschreibung und in Beispiel I.3.2 die digitale Abschreibung (zu den Fällen abweichender Abschreibungsverfahren und/oder Nutzungsdauern vgl. Klein in: Beck HdR, C 430, Rz 104–106).

Die Buchwerte des Vermögensgegenstandes in Einzel- und Konzernbilanz sowie das daraus ableitbare Zwischenergebnis entwickeln sich somit wie folgt:

Beispiel I.3.1: Auflösung eines Zwischengewinns durch Abschreibungen

	Buchwert in Einzelbilanz von E	Buchwert in Konzernbilanz	Bestand an Zwischengewinn	realisierter Gewinn Periode	gesamt
01.01.01	28000	24500	3500		
31.12.01	24000	21000	3000	500	500
31.12.02	20000	17500	2500	500	1000
31.12.03	16000	14000	2000	500	1500
31.12.04	12000	10500	1500	500	2000
31.12.05	8000	7000	1000	500	2500
31.12.06	4000	3500	500	500	3000
31.12.07	0	0	0	500	3500

Beispiel I.3.2: Auflösung eines Zwischenverlusts durch Abschreibungen

01.01.01	28000	30800	2800		
31.12.01	21000	23100	2100	700	700
31.12.02	15000	16500	1500	600	1300
31.12.03	10000	11000	1000	500	1800
31.12.04	6000	6600	600	400	2200
31.12.05	3000	3300	300	300	2500
31.12.06	1000	1100	100	200	2700
31.12.07	0	0	0	100	2800

I.5 Einzelfragen zur Zwischenergebniseliminierung nach HGB

Im Folgenden werden noch einige Punkte behandelt, die über den ersten Absatz des § 304 HGB hinausgehen, und zwar der Befreiungstatbestand des Absatzes 2, die Eliminierung von Zwischenergebnissen aus Transaktionen mit Gemeinschafts- und assoziierten Unternehmen sowie Auswirkungen von Veränderungen des Kreises einbezogener Unternehmen.

I.5.1 Befreiung von der Pflicht zur Zwischenergebniseliminierung

Aus Kosten-Nutzen-Gesichtspunkten sieht § 304 Abs. 2 HGB unter gewissen Voraussetzungen eine Befreiung von der Pflicht zur Zwischenergebniseliminierung vor.

Auf die Zwischenergebniseliminierung kann verzichtet werden, wenn sie für den „true and fair view" von untergeordneter Bedeutung ist. Die Festschreibung des Wesentlichkeitsgrundsatzes in § 304 Abs. 2 HGB erfolgt dabei grundsätzlich analog zu den Regelungen zur Schuldenkonsolidierung (und auch der GuV-Konsolidierung).

Um einschätzen zu können, ob auf die Zwischenergebniseliminierung verzichtet werden kann, müssen aber zum einen die Umstände bei allen einbezogenen Unternehmen und auch die Zusammenhänge mit den in § 303 Abs. 2 und § 305 Abs. 2 HGB formulierten Wesentlichkeitsgrundsätzen für die Schulden- und die GuV-Konsolidierung beachtet werden (vgl. Winkeljohann/Schellhorn in: Beck Bil-Komm., 11. Aufl., § 304 Anm. 61). Die Zwischenergebniseliminierung kann entsprechend dann unterlassen werden, wenn sich die Zwischenergebnisse einer Gesamtheit von Vermögensgegenständen einer Bilanzposition sowohl auf die Höhe dieser Bilanzposition als auch auf die Höhe des Jahresergebnisses nur unwesentlich auswirken (vgl. Winkeljohann/Schellhorn in: Beck Bil-Komm., 11. Aufl., § 304 Anm. 62).

I.5.2 Zwischenergebniseliminierung bei Quotenkonsolidierung

Werden gemeinschaftlich geführte Unternehmen durch Ausübung des Wahlrechts in § 310 Abs. 1 HGB in den Konzernabschluss quotal einbezogen, so ist dabei nach § 310 Abs. 2 HGB eine Zwischenergebniseliminierung entsprechend § 304 HGB durchzuführen. Davon sind nicht nur Lieferungen und Leistungen zwischen Gemeinschafts- und Gesellschafterunternehmen betroffen, sondern der gesamte Leistungsverkehr zwischen dem Gemeinschaftsunternehmen und allen anderen einbezogenen Unternehmen.

Zwei Fälle sind dabei grundlegend zu unterscheiden, und zwar Lieferungen von Gemeinschaftsunternehmen an den Konzern (Upstream-Lieferungen) sowie Lieferungen vom Konzern an das Gemeinschaftsunternehmen (Downstream-Lieferungen).

Bei der Downstream-Lieferung geht der Vermögensgegenstand nur anteilig (entsprechend der Beteiligungshöhe des Gesellschafterunternehmens am Gemeinschaftsunternehmen) in die Konzernbilanz ein. Für diesen Fall ist daher auch unumstritten, dass nur eine quotale Eliminierung eventueller Zwischenergebnisse zweckmäßig ist. Der Vermögensgegenstand wird demzufolge nach der Eliminierung mit dem (anteiligen) konzernspezifischen Korrekturwert in der Konzernbilanz angesetzt. Das Konzernergebnis wird um das anteilige Zwischenergebnis korrigiert, während das übrige Ergebnis als (durch Außenumsatz gegenüber Dritten, den außenstehenden übrigen Gesellschaftern des Gemeinschaftsunternehmens) realisiert betrachtet wird (vgl. DRS 9.11; Winkeljohann/Lewe in: Beck Bil-Komm., 11. Aufl., § 310 Anm. 65).

Liefert beispielsweise das Gesellschafterunternehmen einen Vermögensgegenstand, den es selbst zum Preis von 800 € (= Konzernanschaffungskosten) erworben hat, zum Preis von 1000 € an das Gemeinschaftsunternehmen, an dem es zu 50 % beteiligt ist, so würde ohne Zwischenergebniseliminierung der Vermögensgegenstand mit einem Wert von $0,5 \cdot 1000 = 500$ in die Konzernbilanz eingehen. Außerdem würde der im Einzelabschluss des Gesellschafterunternehmens angefallene Gewinn von 200 € auch voll in der Konzernbilanz ausgewiesen. Nach quotaler (50 %-iger) Eliminierung des Zwischenergebnisses $(1000 - 800 = 200)$, wird der Vermögensgegenstand mit einem Wert von $500 - 0,5 \cdot 200 = 400$, also den anteiligen Konzernanschaffungskosten, in der Konzernbilanz angesetzt. Das nicht eliminierte, in die Konzernbilanz eingehende Ergebnis in Höhe von 100 € ist als realisiert anzusehen.

Im Fall einer Upstream-Lieferung hingegen geht der gelieferte Vermögensgegenstand in voller Höhe in die Summenbilanz ein. Deshalb wird hier in der Literatur zum Teil auch eine vollständige Zwischenergebniseliminierung für zulässig gehalten (vgl. Sigle in: Küting/Weber, Konzernrechnungslegung, 2. Aufl., § 310, Rn. 100). Die nach herrschender Meinung bevorzugte quotale Eliminierung entspricht jedoch dem Hauptzweck der Zwischenergebniseliminierung, ein durch die Konzernbeziehungen unbeeinträchtigtes Konzernergebnis zu ermitteln, eher: Der nach anteiliger Konsolidierung verbleibende Zwischenerfolg entspricht dem Erfolg, der auf die anderen außenstehenden Gesellschafter des Gemeinschaftsunternehmens entfällt, und ist deshalb aus Konzernsicht realisiert (vgl. WP-Handbuch, Band I, G Tz. 646; ADS, 6. Aufl., § 310 Tz. 41; DRS 9.11; Winkeljohann/Lewe in: Beck Bil-Komm., 11. Aufl., § 310 Anm. 65).

Liefert in Umkehrung des obigen Falls das Gemeinschaftsunternehmen den zum Preis von 800 € erworbenen Vermögensgegenstand zum Preis von 1000 € an das Gesellschafterunternehmen, so würde der Vermögensgegenstand ohne Zwischenergebniseliminierung mit einem Wert von 1000 in der Konzernbilanz eingehen. Der bei der Transaktion erzielte Erfolg des Gemeinschaftsunternehmens (in Höhe von 200 €) würde quotal, also in Höhe von $0,5 \cdot 200 = 100$ in das Konzernergebnis einfließen.

Bei vollständiger Eliminierung wird zwar der Vermögensgegenstand mit den Anschaffungskosten des Gemeinschaftsunternehmens (800 €) angesetzt, diese können aber nicht mit den Konzernanschaffungskosten gleichgesetzt werden, da das Gemeinschaftsunternehmen dem Konzern nur anteilig zugerechnet wird. Vor allem aber wird bei einer solchen Vorgehensweise ein Ergebnis (200 €) eliminiert, das zum Teil ohnehin nicht in den Konzernabschluss eingeht (nämlich das Ergebnis der übrigen Gesellschafter in Höhe von 100 €).

Bei quotaler (50 %-iger) Eliminierung des Zwischenerfolges (1000 – 800 = 200) wird hingegen das Konzernergebnis gegenüber dem Summenergebnis zutreffend um 100 € verringert; der Vermögensgegenstand wird mit einem Wert von 900 € ausgewiesen.

Abschließend ist noch zu bemerken, dass auch bei der Zwischenergebniseliminierung bei Quotenkonsolidierung der Befreiungstatbestand des § 304 Abs. 2 HGB greifen kann.

I.5.3 Zwischenergebniseliminierung bei Anwendung der Equity-Methode

Im Rahmen der Equity-Methode schließlich ist nach § 312 Abs. 5 S. 3 iVm. § 304 HGB ebenfalls eine Eliminierung von Zwischenergebnissen (hier als Verbunderergebnisse bezeichnet) durchzuführen, wenn die zusätzliche Voraussetzung erfüllt ist, dass *„die für die Beurteilung maßgeblichen Sachverhalte bekannt oder zugänglich sind"*.

Viele Detailfragen bezüglich dieser Eliminierungspflicht sind jedoch weiterhin in der Literatur umstritten. Sie können hier nur knapp behandelt werden:

Diskutiert wird zunächst, ob eine Eliminierung aller Lieferungen zwischen assoziierten Unternehmen und den übrigen Unternehmen des Konsolidierungskreises erforderlich ist. Vielfach wird eine Eliminierung nur bei Upstream-Lieferungen für notwendig erachtet (vgl. z. B. WP-Handbuch, Band I, G Tz. 687; ADS, 6. Aufl., § 312 Tz. 156 f.; aA DRS 8.30–31; Winkeljohann/Lewe in: Beck Bil-Komm., 11. Aufl., § 312 Anm. 78 und 80). Dies wird insbesondere formal damit begründet, dass nur in diesem Fall der transferierte Vermögensgegenstand in der Konzernbilanz bilanziert wird. Sieht man die Equity-Methode nicht als verkürzte Konsolidierung, sondern als spezielle Beteiligungsbewertung an, so wäre nur darauf zu achten, dass in den Beteiligungswert keine Zwischenergebnisse aus Lieferungen aus dem Konzernkreis einfließen (vgl. Klein in: Beck HdR, C 430, Rz 33). Werden Zwischenerfolge aus Downstream-Lieferungen allerdings bei der Equity-Bilanzierung nicht eliminiert, enthält der Konzernerfolg einen unrealisierten Zwischenerfolg.

Weiterhin wurde lange Zeit in der Regel nur die quotale Eliminierung für sachgerecht gehalten. Seit der Einführung des BilRuG enthält § 312 Abs. 5 HGB jedoch kein Wahlrecht zur anteiligen Zwischenergebniseliminierung mehr.

Einig ist sich die Literatur inzwischen bezüglich der Technik einer solchen Eliminierung. Eliminierte Zwischenergebnisse sollen danach mit dem Beteiligungsbuchwert des assoziierten Unternehmens zu verrechnen sein (DRS 8.32; Winkeljohann/Lewe in: Beck Bil-Komm., 11. Aufl., § 312 Anm. 78 und 81).

Grundsätzlich bleibt jedoch weiterhin die Frage zu stellen, ob eine Eliminierung von Zwischenergebnissen bei assoziierten Unternehmen überhaupt sinnvoll ist.

I.5.4 Auswirkungen von Veränderungen des Konsolidierungskreises

Zuletzt soll noch der Frage nachgegangen werden, ob und wie sich Veränderungen des Konsolidierungskreises im Rahmen der Zwischenergebniseliminierung auswirken.

Hierbei ist zunächst auf Art. 27 Abs. 4 EGHGB zu verweisen, nach dem bei erstmaliger Zwischenergebniseliminierung nach § 304 HGB auftretende Ergebnisveränderungen *„in die Gewinnrücklagen eingestellt oder mit diesen offen verrechnet werden"* können. Dieser Vorschrift kommt bei der Zwischenergebniseliminierung besondere Bedeutung zu, weil der Umfang der Eliminierungspflicht groß ist.

Zur Behandlung von Ein- oder Austritten von Unternehmen werden vier Varianten des einen Grundfalls betrachtet, in dem L an E zum Preis von 120 € einen Vermögensgegenstand veräußert, den L selbst zum Preis von 100 € erworben hatte.

Erfolgte diese Transaktion vor Einbeziehung von L (erste Variante), so ist das Konzernergebnis vom Erfolg bei L nicht beeinflusst. Gehörte E beim Kauf des Gegenstands nicht zum Konsolidierungskreis (zweite Variante), so wurde der Erfolg aus Konzernsicht gegenüber einem außenstehenden Dritten erzielt. Eine Ergebniseliminierung ergibt daher auch nach Eintritt von L bzw. E keinen Sinn (vgl. ADS, 6. Aufl., § 304 Tz. 123).

Nun sei alternativ angenommen, dass L und E beim Transfer des Vermögensgegenstandes einbezogene Unternehmen waren und deshalb der Erfolg von L als Zwischenerfolg eliminiert worden war. Diese Eliminierung darf auch dann nicht rückgängig gemacht werden, wenn L später aus dem Konzern ausscheidet (dritte Variante), weil der Erfolg aus Konzernsicht weiterhin nicht realisiert ist (vgl. ADS, 6. Aufl., § 304 Tz. 128). Verlässt schließlich E den Konsolidierungskreis (vierte Variante), so wird der eliminierte Zwischenerfolg von L dadurch realisiert, dass beim Verkauf von E aus Konzernsicht (unter der Fiktion des Einzelabgangs; siehe Kapitel G) ein höherer Erfolg erzielt wird als aus Sicht des (oder der) an E beteiligten einbezogenen Unternehmen.

I.6 Zwischenergebniseliminierung nach IFRS

Anders als im HGB ist die Zwischenergebniseliminierung nach IFRS nicht in Form einer Bewertungsregel für konzernintern gelieferte Vermögensgegenstände ausgestaltet. Trotz dieses konzeptionellen Unterschieds stimmen die Vorgehensweisen jedoch in weiten Teilen überein.

IFRS 10.B86 regelt lediglich, dass bei der Vollkonsolidierung konzerninterne Transaktionen und unrealisierte Erfolge, die sich im Wertansatz von Umlauf- oder Anlagevermögen niederschlagen, im Grundsatz voll zu eliminieren sind.

Im Rahmen der quotalen Konsolidierung von gemeinschaftlichen Tätigkeiten nach IFRS 11.20 ff. ergibt sich vergleichbar zu § 310 Abs. 2 HGB sowohl für Downstream-Lieferungen (IFRS 11.B34) als auch für Upstream-Lieferungen (IFRS 11.B36) die Pflicht zur anteiligen Zwischenergebniseliminerung. Es gilt dabei aber die Einschränkung, dass Zwischenverluste dann sofort als realisiert zu betrachten und daher nicht zu eliminieren sind, wenn sie die Notwendigkeit einer außerplanmäßigen Abschreibung aufgrund einer Minderung des Nettoveräußerungswertes oder eines Impairments widerspiegeln (IFRS 11.B35 und 11.B37).

Schließlich gilt bei der Equity-Methode eine Pflicht zur anteiligen Eliminierung der unrealisierten Erfolge bei Lieferung sowohl von assoziierten an Konzernunternehmen (Upstream-Lieferung) als auch von einbezogenen Unternehmen an assoziierte (Downstream-Lieferung) (IAS 28.28). Auch in diesem Fall hat die Eliminierung eines Zwischenverlusts vollständig bei Downstream-Geschäften bzw. anteilig bei Upstream-Geschäften insoweit zu unterbleiben, als der Verlust entweder auf einen gesunken Nettoveräußerungswert bzw. auf einen Wertminderungen zurückzuführen ist, da eine Abwertung beim betreffenden Vermögensgegenstand ohnehin erforderlich ist (IAS 28.29).

Nach IFRS kann außerdem wie nach § 304 Abs. 2 HGB allein in Fällen von insgesamt untergeordneter Bedeutung aufgrund des allgemeinen Wesentlichkeitsgrundsatzes eine Zwischenergebniseliminierung unterbleiben (CF.OB2 iVm. CF.QC4 und .QC11).

Literaturhinweise

Kommentierungen des § 304 HGB, sowie:

Arbeitskreis „Externe Unternehmensrechnung" der Schmalenbach-Gesellschaft – Deutsche Gesellschaft für Betriebswirtschaft e. V.: Aufstellung von Konzernabschlüssen, hrsg. von Walther Busse von Colbe, Eberhard Müller und Herbert Reinhard, 2. Aufl., Düsseldorf 1989, S. 92–103.
Coenenberg, Adolf G., unter Mitarbeit von Maria Assel, Daniel Blab, Christoph Durchschein, Julian Faiß, Tobias Groß, Wolfgang Herb, Cristina Landis, Michael Link, Christina Manthei-Geh, Tobias Oswald und Bettina Schabert: Jahresabschluss und Jahresabschlussanalyse, Betriebswirtschaftliche, handelsrechtliche, steuerrechtliche und internationale Grundlagen – HGB, IAS/IFRS, US-GAAP, DRS, 24. Aufl., Stuttgart 2016, S. 736–758.
Gross, Gerhard/Schruff, Lothar/Wysocki, Klaus von: Der Konzernabschluß nach neuem Recht, Aufstellung-Prüfung-Offenlegung, 2., überarbeitete Auflage, Düsseldorf 1987, S. 177–188.
Haase, Klaus-Dittmar: Zur Zwischenerfolgseliminierung bei Equity-Bilanzierung, in: BB, 40. Jg., 1985, S. 1702–1707.
Harms, Jens E./Küting, Karlheinz: Die Eliminierung von Zwischenverlusten nach der 7. EG-Richtlinie, in: BB, 38. Jg., 1983, S. 1891–1901.
IDW (Hrsg.): Wirtschaftsprüfer-Handbuch 2017, 15. Aufl., Düsseldorf 2017.
Klein, Klaus-Günter: Zwischenergebniseliminierung, in: Beck'sches Handbuch der Rechnungslegung (Beck HdR), hrsg. von Hans-Joachim Böcking, Edgar Castan, Gerd Heymann, Norbert Pfitzer und Eberhard Scheffler, Teil C 430, München 2017.
Küting, Karlheinz/Weber, Claus-Peter: Einzelfragen der Eliminierung von Zwischenergebnissen nach neuem Bilanzrecht – unter besonderer Berücksichtigung konzernbilanzpolitischer Aspekte, in: Bilanzrichtlinien-Gesetz, ZfB-Ergänzungsheft 1/1987, S. 299–319.
Wysocki, Klaus von/Kohlmann, Ulrike: Konzernrechnungslegung IV: Zwischenerfolgseliminierung (I,II), in: WISU, 10. Jg., 1981, S. 533–542 und 589–592.

J GuV-Konsolidierung

J.1 Grundüberlegungen

Die Gewinn- und Verlustrechnung des Konzerns ist aus den Gewinn- und Verlustrechnungen der in den Konzernabschluss einbezogenen Unternehmen herzuleiten. Wie bei der Bilanz geschieht dies in den folgenden drei Schritten:

1. Zunächst werden – soweit erforderlich – die Gewinn- und Verlustrechnungen der in den Konzernabschluss einbezogenen Unternehmen in Konzernwährung umgerechnet und/oder so modifiziert, dass sie analog zur Handelsbilanz II den Auswirkungen einer einheitlichen Bewertung auf den Erfolg Rechnung tragen (siehe Kapitel C).

2. Im Anschluss daran werden alle Aufwendungen und Erträge jeweils positionsweise über sämtliche einbezogenen Unternehmen aufaddiert (Summenbildung zur Summen-GuV).

3. Hieran schließt sich im dritten und letzten Schritt die eigentliche Konsolidierung an, durch die aus Konzernsicht nicht vorhandene Aufwendungen und Erträge einschließlich innerkonzernlicher Erfolge eliminiert sowie aus Konzernsicht anders einzuordnende Aufwendungen und Erträge umgegliedert werden sollen. Buchhalterisch schlagen sich Konsolidierungen in Konsolidierungsbuchungen nieder (Horizontalmethode, vgl. Bores, Erfolgsbilanzen, 1935, S. 184 ff.).

Gemäß § 298 Abs. 1 HGB, der auf § 275 HGB verweist, ist die GuV des Konzerns analog zu der des Einzelabschlusses zu erstellen. Demzufolge kann die Konzernleitung sich für das Gesamtkostenverfahren oder das Umsatzkostenverfahren entscheiden (zu Grundlagen und Wirkungsweise der beiden Verfahren vgl. Schildbach, Jahresabschluss, 2013, S. 417–449; Coenenberg, Jahresabschluss, 2016, S. 531 und S. 539–561).

Als Leitlinie für die Konzern-GuV orientiert sich das HGB an der Einheitstheorie, wonach die Konzern-GuV der GuV eines fiktiv wirtschaftlich einheitlichen Unternehmens entsprechen soll (§ 297 Abs. 3 S. 1 HGB).

Als Geschäftsvorfälle sind demzufolge in der voll konsolidierten GuV nur diejenigen auszuweisen, die in einem wirtschaftlich einheitlichen Unternehmen ebenfalls abgebildet werden. Dies bedeutet, dass Umsätze zwischen rechtlich selbständigen Konzernunternehmen (so genannte Innenumsätze) so behandelt werden wie bloße Transaktionen zwischen wirtschaftlich unselbständigen Betriebsstätten in einem Einheitsunternehmen. Solche Umsätze sind noch nicht am Markt realisiert und müssen durch Konsolidierungsbuchungen eliminiert werden (vgl. § 305 Abs. 1 Nr. 1 HGB).

Wenn das Konzernunternehmen L an das Konzernunternehmen E Waren für 100 € liefert, dann muss in der Konsolidierungsspalte der Umsatz von L in voller Höhe entfernt werden, da ein fiktives Einheitsunternehmen den innerbetrieblichen Gütertransfer nicht als Umsatz ausweisen dürfte.

https://doi.org/10.1515/9783110535723-010

Wie aus dem Kapitel I. über die Zwischenergebniseliminierung bereits bekannt ist, müssen Zwischenergebnisse aus konzerninternen Lieferungen in der Konsolidierungsspalte aus der Summen-Bilanz entfernt werden. Diese Notwendigkeit der Zwischenergebniseliminierung gilt für die GuV-Konsolidierung ebenso. Das im Geschäftsjahr entstandene Zwischenergebnis ist entsprechend dem Prinzip der doppelten Buchführung zunächst auch im Erfolg der Summen-GuV enthalten. Es muss hier ebenfalls innerhalb der Konsolidierungsspalte eliminiert werden – diesmal erfolgswirksam aus dem Jahreserfolg der GuV.

Sofern bei L für die an E veräußerten Waren nur Materialaufwendungen von 80 € entstanden sind, muss innerhalb der Konsolidierungsspalte ein Zwischengewinn von 20 € herausgerechnet und damit vom Summen-Jahreserfolg abgezogen werden.

Allerdings ergibt sich die Notwendigkeit einer GuV-Konsolidierung unabhängig davon, ob konzerninterne Geschäftsvorfälle zu Zwischenergebnissen führten oder erfolgsneutral, d. h. ohne Veränderung des Summen-Jahresüberschusses, vorgenommen wurden.

Auch wenn in Abänderung des Beispiels ein Materialaufwand von 100 € entstanden wäre, müsste der Umsatzerlös in Höhe von 100 € in der Konsolidierungsspalte vollständig, allerdings erfolgsneutral, entfernt werden.

In der Konsolidierungsspalte kann schließlich eine Umgliederung notwendig werden, wenn Geschäftsvorfällen aus Konzernsicht ein anderer Charakter als aus einzelbetrieblicher Sicht zukommt. Ein konzerninterner Umsatzvorgang muss dann u. U. als Erstellung eines innerbetrieblichen Gutes interpretiert und somit beispielsweise im Gesamtkostenverfahren in eine Bestandserhöhung oder eine andere aktivierte Eigenleistung umgegliedert werden.

Für die Behandlung der Innenumsätze ist eine umfangreiche Differenzierung notwendig, wenn man die diversen Konsolidierungsmöglichkeiten systematisch erfassen will. An dieser Stelle sei bereits unterschieden zwischen Innenumsätzen, die aus der Lieferung von Gegenständen resultieren, und der entgeltlichen Erbringung von Leistungen sonstiger Art wie Beratungsleistungen etc.

Bisher wurde in allen Beispielen davon ausgegangen, dass durch Geschäfte zwischen den Konzernunternehmen Umsätze entstehen. Umsätze resultieren nach der mit dem BilRuG erweiterten Definition, wenn Erlöse aus dem Verkauf, der Vermietung oder Verpachtung von Produkten bzw. aus der Erbringung von Dienstleistungen erzielt werden (§ 277 Abs. 1 HGB). Auch eine Lieferung bzw. ein Leistungsaustausch, die nicht zu Umsatzerlösen, sondern zu anderen betrieblichen Erträgen bei einzelnen Konzernunternehmens führen, müssen gemäß der Einheitstheorie behandelt werden, so dass auch andere betriebliche Erträge aus Transaktionen mit Konzernunternehmen zu konsolidieren sind (vgl. § 305 Abs. 1 Nr. 2 HGB).

Die Unterscheidung zwischen Umsätzen und anderen Erträgen kann Umgliederungen im Rahmen der Konsolidierung auch dann erforderlich machen, wenn Konzernunternehmen an Unternehmen außerhalb des Konsolidierungskreises liefern oder leisten (Außengeschäfte). So können u. U. aus Sicht eines Konzernunternehmens

Konsolidierungsvorgänge in der vollkonsolidierten GuV nach § 305 HGB

- Konsolidierung der Außenumsätze
- Konsolidierung der Innenumsätze
  - aus Lieferungen
    - ins Umlaufvermögen (Fälle 1 bis 8)
    - ins Anlagevermögen (Fälle 9 bis 10)
  - aus Leistungen
  - Sonderfälle
- Konsolidierung konzerninterner anderer Erträge und Aufwendungen
  - Erträge aus Leistungen
    - verzehrt
    - aktiviert
      - direkt
      - indirekt
  - Erträge aus Lieferungen
  - Verluste aus Lieferungen
- Konsolidierung von Ergebnisübernahmen im Konsolidierungskreis
  - zeitkongruent
    - mit Ergebnisübernahmevertrag
    - ohne Ergebnisübernahmevertrag
  - zeitverschoben
- Konsolidierung im Rahmen der Quotenkonsolidierung
- Konsolidierung im Rahmen der Equity-Methode
- Konsolidierung im Rahmen der Kapitalkonsolidierung
- Konsolidierung im Bereich der Schuldenkonsolidierung

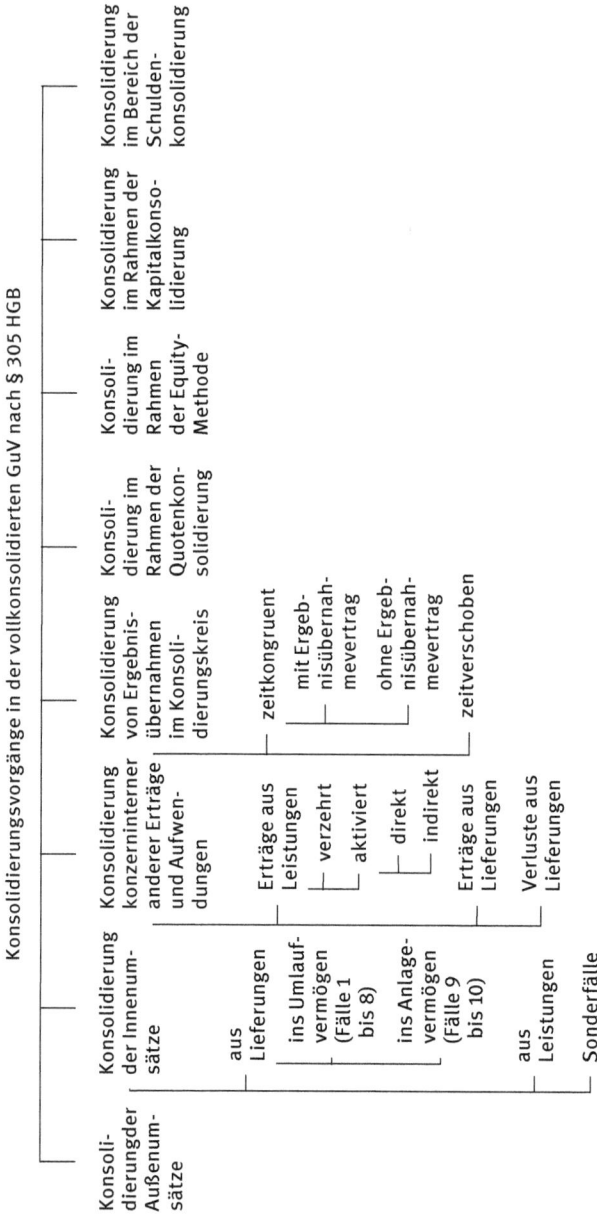

Abb. J.1: Konsolidierungsvorgänge in der GuV.

Außenumsatzerlöse aus Konzernsicht in die sonstigen betrieblichen Erträge umzugliedern sein oder umgekehrt die in einer Einzel-GuV ausgewiesenen und am Markt erzielten sonstigen betrieblichen Erträge aus Konzernsicht Umsatzerlöse darstellen, die in die Außenumsatzerlöse umgegliedert werden müssen.

Weitere Konsolidierungsaufgaben stellen sich im Bereich der einem Einheitsunternehmen unbekannten Ergebnisübernahmen sowie bei der Anwendung der Quotenkonsolidierung, der Equity-Methode, der Kapitalkonsolidierung und der Schuldenkonsolidierung.

In Abbildung J.1 werden die verschiedenen Konsolidierungsvorgänge in einer voll konsolidierten Gewinn- und Verlustrechnung zusammengestellt, die in späteren Teilen dieses Kapitels erläutert werden.

Die GuV-Konsolidierung findet ihren ausdrücklichen Niederschlag in § 305 HGB, in dem einige Grundregeln angesprochen werden.

J.2 Abgrenzung der zu konsolidierenden Konzerngesellschaften

Die GuV-Konsolidierung erstreckt sich in erster Linie auf die in den Konzernabschluss nach § 294 HGB einbezogenen Unternehmen, d. h. die Mutter und diejenigen Töchter, deren Einbeziehung in den Abschluss nicht nach § 296 HGB unterblieben ist.

Neben den in vollem Umfang einbezogenen Unternehmen unterliegen quotenkonsolidierte Unternehmen ebenfalls der GuV-Konsolidierung; § 310 Abs. 2 HGB verweist auf § 305 HGB, so dass die entsprechenden Geschäftsvorfälle zwischen Gemeinschaftsunternehmen und Konzerngesellschaften anteilig zu konsolidieren sind.

Auch assoziierte Unternehmen sind von der Konsolidierung betroffen (vgl. § 312 Abs. 4 S. 2 HGB), obwohl ihre einzelnen Aufwands- und Ertragspositionen, anders als bei den eben genannten Unternehmensgruppen, nicht in die Summen-GuV eingehen. Die im Rahmen der Equity-Methode ausgelösten Veränderungen des Beteiligungsbuchwertes des beteiligten Unternehmens am assoziierten Unternehmen sind nämlich erst in der Konsolidierungsphase zu erfassen, da die Equity-Methode dem Einzelabschluss und somit der Summen-Bilanz ebenso wie der Summen-GuV unbekannt ist.

J.3 Konsolidierungsvorgänge

J.3.1 Konsolidierung der Innenumsatzerlöse

J.3.1.1 Konsolidierung der Innenumsatzerlöse aus Lieferungen
Lieferungen können in das Umlauf- oder Anlagevermögen eines Konzernunternehmens erfolgen (siehe auch Abbildung J.1).

J.3.1.1.1 Lieferungen in das Umlaufvermögen
Die Fülle der möglichen Fälle soll dadurch bewältigt werden, dass diese Fälle systematisch gegliedert werden (siehe Abbildung J.2). Für die meisten dieser Fälle wird dann jeweils ein Beispiel gebildet, anhand dessen die jeweils erforderlichen Konsolidierungsbuchungen erläutert werden.

HERKUNFT		gelieferte Güter sind	
SCHICKSAL		Erzeugnisse der liefernden Konzerngesellschaft	Güter, die von der liefernden Gesellschaft gekauft wurden (Handelsware)
Die gelieferten	nicht bearbeitet, liegen auf Lager	1v	5v
Güter wurden von dem	bearbeitet, liegen auf Lager	2v 2t	6v
empfangen-den	im Folgejahr verkauft	3.1v 3.2v, 3.2t	7.6v
Konzern-unternehmen	(un)bearbeitet im gleichen Jahr verkauft	4v	8v

Abb. J.2: Fälle konzerninterner Lieferungen in das Umlaufvermögen.

Im Umlaufvermögen ist zunächst nach der Herkunft der gelieferten Güter der Konzern-transaktionen zu fragen: Entweder sind die Objekte der konzerninternen Transaktion in der liefernden Konzerngesellschaft erstellt worden oder sie sind von dieser nur als Handelsware bezogen und unverarbeitet weiterveräußert worden.

Als zweites Differenzierungsmerkmal auf der Ebene des Umlaufvermögens wird das Schicksal der Lieferung im belieferten Konzernunternehmen herangezogen: Die gelieferten Güter können im Jahr der Lieferung betrachtet werden, wo sie unbearbeitet oder bearbeitet auf Lager des belieferten Konzernunternehmens liegen oder konzern-extern veräußert wurden, oder sie können in einem Folgejahr betrachtet werden, in dem sie durch Lieferung nach außen den Konzern verlassen.

Die Nummern in den Feldern der Matrix geben die jeweiligen Nummern der aus-gewählten Fälle an. Eine Doppelnummer, etwa 3.1, signalisiert, dass sich der Fall 3 als Fortsetzung des Falles 1 ergibt. Die mit v bzw. t indizierten und als handelsrechtliche Ober- bzw. Untergrenze konstruierten Fälle zeigen an, dass die internen Konzernricht-linien für die Bilanzen der HB II sowie für die Konzernbilanz eine Bewertung zu Voll- bzw. Teilkosten vorsehen. Durch die internen Konzernrichtlinien sei es möglich, die (Konzern-)Herstellungskosten auf genau einen Punkt festzulegen, so dass stets ein-deutige eliminierungspflichtige Zwischenergebnisse entstehen (siehe Kapitel I).

Den Fällen 1–4 liegen folgende Ausgangsdaten zugrunde:

Das Konzernunternehmen L liefert an Konzernunternehmen E Vorprodukte zu 170 €. Folgende Aufwendungen entstehen bei L:

Im Fertigungsbereich:

Materialaufwendungen:	30
Löhne:	30
Allgemeine Verwaltungskosten:	15

Im Vertriebsbereich fallen an:

Material (Verpackung für Transport zu E):	11
Allgemeine Verwaltungskosten:	5

Die Vertriebskosten sind im Rahmen des Transportes zum Konzernunternehmen E angefallen.

Anders dargestellt ergibt sich folgende Übersicht der bei L angefallenen Aufwendungen:

L	Fertigung	Vertrieb	$\sum$
Material	30	11	41
Löhne	30		30
Allgemeine Verwaltungskosten	15	5	20
	75	16	91

Wenn der Konzern sich für die Aufstellung einer Konzern-GuV nach dem Gesamtkostenverfahren entschieden hat, ist bei der Konsolidierung des Falles 1v (siehe Beispiel J.1) zu beachten, dass aus Sicht eines fiktiven Einheitsunternehmens kein Umsatz getätigt wurde, sondern unfertige Erzeugnisse produziert und auf Lager genommen wurden, die dementsprechend in eine Bestandserhöhung umzugliedern sind.

Beispiel J.1: Konsolidierungsschema des Falles 1v:

Eigenerzeugnis des Lieferanten beim Empfänger unbearbeitet auf Lager	GuV Lieferant		GuV Empfänger		Umbuchungen		GuV Konzern	
	Aufw.	Ertr.	Aufw.	Ertr.	Soll	Haben	Aufw.	Ertr.
Gesamtkostenverfahren								
1. Umsatzerlöse		170			170			
2. Erhöhung oder Verminderung des Bestands an fertigen oder unfertigen Erzeugnissen						91		91
3. andere aktivierte Eigenleistungen								
5a. Aufwendungen für Roh-, Hilfs- und Betriebsstoffe und für bezogene Waren (Materialaufwand)	41						41	
6a. Löhne und Gehälter	30						30	
8. Sonstige betrieblichen Aufwendungen	20						20	
20. Jahresüberschuss/ -fehlbetrag	79					79		0
Umsatzkostenverfahren								
1. Umsatzerlöse		170			2) 170			
2. Herstellungskosten der zur Erzielung der Umsatzerlöse erbrachten Leistungen	75				1) 16	2) 91		
4. Vertriebskosten	16					1) 16		
6. Sonstige betriebliche Erträge								
7. Sonstige betriebliche Aufwendungen								
8. Erträge aus Beteiligungen, davon aus verbundenen Unternehmen								
19. Jahresüberschuss	79					2) 79		0

Eine Aktivierung kann in Höhe von 91 € (= 41 Material + 30 Löhne + 20 allgemeine Verwaltungskosten) vorgenommen werden, da die Vertriebskosten des Konzernunternehmens L aus Sicht des Konzerns als Herstellungskosten (spezielle Verpackung für innerbetrieblichen Transport) zu interpretieren sind (siehe Kapitel I).

Eine Aufstellung der Konzern-GuV nach dem Umsatzkostenverfahren führt im Beispielfall 1v dazu, dass zunächst die Vertriebskosten von L in die Position 2 umzugliedern sind, da sie aus Konzernsicht den Charakter von Herstellungskosten besitzen. Im Umsatzkostenverfahren werden die Herstellungskosten nicht abgesetzter Produkte nicht ausgewiesen, sondern direkt in die Bilanz eingestellt. Da aus Sicht eines fiktiven Einheitsunternehmens keine Produkte abgesetzt wurden, müssen folglich die eben genannten Herstellungskosten sowie der Innenumsatz in der Konsolidierungsspalte entfernt werden. Der Jahresüberschuss in der Konzern-GuV beträgt bei Verwendung beider Verfahren 0 €, da beide den Zwischengewinn der Lieferung von 79 € in der Konsolidierungsspalte erfolgswirksam eliminieren.

Beispiel J.2: Konsolidierungsschema des Falles 3.1v:

Eigenerzeugnis des Lieferanten, Handelsware von E, im Folgejahr weiterveräußert	GuV Lieferant		GuV Empfänger		Umbuchungen		GuV Konzern	
	Aufw.	Ertr.	Aufw.	Ertr.	Soll	Haben	Aufw.	Ertr.
Gesamtkostenverfahren								
1. Umsatzerlöse				250				250
2. Erhöhung oder Verminderung des Bestands an fertigen oder unfertigen Erzeugnissen					1) 170	2) 79	91	
3. andere aktivierte Eigenleistungen								
5a. Aufwendungen für Roh-, Hilfs- und Betriebsstoffe und für bezogene Waren (Materialaufwand)			170			1) 170		
6a. Löhne und Gehälter								
8. Sonstige betrieblichen Aufwendungen								
20. Jahresüberschuss/ -fehlbetrag			80		2) 79		159	
Umsatzkostenverfahren								
1. Umsatzerlöse				250				250
2. Herstellungskosten der zur Erzielung der Umsatzerlöse erbrachten Leistungen			170			79	91	
4. Vertriebskosten								
6. Sonstige betriebliche Erträge								
7. Sonstige betriebliche Aufwendungen								
8. Erträge aus Beteiligungen, davon aus verbundenen Unternehmen								
19. Jahresüberschuss			80		79		159	

Werden die Produkte durch das Konzernunternehmen E unbearbeitet im Folgejahr zu 250 € weiterverkauft (Fall 3.1v, Fortsetzung des Falles 1v im Folgejahr), so werden die im Beispiel J.2 gezeigten Konsolidierungen erforderlich.

Der Materialaufwand des Konzernunternehmens E im Gesamtkostenverfahren muss umgegliedert werden in eine Bestandsminderung (1), weil aus Konzernsicht keine Handelsware, sondern eigene Erzeugnisse veräußert wurden. Zudem fällt die Bestandsminderung um den Zwischengewinn zu hoch aus, was erfolgserhöhend zu korrigieren ist (2).

Im Umsatzkostenverfahren sind die aus Konzernsicht zu hoch ausgewiesenen Herstellungskosten ebenfalls erfolgswirksam um den Zwischengewinn zu mindern.

Nunmehr soll der Empfänger die bezogenen Produkte weiterverarbeitet und auf Lager genommen haben (Fallgruppe 2).

Beim Empfänger seien im Fertigungsbereich folgende Löhne und allgemeine Verwaltungskosten angefallen:

E	Fertigung	
Material	170	
Löhne	25	} 33
Allgemeine Verwaltungskosten	8	
	203	

Wenn die selbst erstellten Produkte im Konzern zu Vollkosten bewertet werden (Fall 2v), zeigt Beispiel J.3 die erforderlichen Konsolidierungsbuchungen.

Beispiel J.3: Konsolidierungsschema des Falles 2v:

Eigenerzeugnis des Lieferanten beim Empfänger bearbeitet auf Lager	GuV Lieferant		GuV Empfänger		Umbuchungen		GuV Konzern	
	Aufw.	Ertr.	Aufw.	Ertr.	Soll	Haben	Aufw.	Ertr.
Gesamtkostenverfahren								
1. Umsatzerlöse		170			1) 170			
2. Erhöhung oder Verminderung des Bestands an fertigen oder unfertigen Erzeugnissen				203	2) 79			124
3. andere aktivierte Eigenleistungen								
5a. Aufwendungen für Roh-, Hilfs- und Betriebsstoffe und für bezogene Waren (Materialaufwand)	41		170			1) 170	41	
6a. Löhne und Gehälter	30		25				55	
8. Sonstige betrieblichen Aufwendungen	20		8				28	
20. Jahresüberschuss/ -fehlbetrag	79					2) 79		0

	GuV Lieferant		GuV Empfänger		Umbuchungen		GuV Konzern	
	Aufw.	Ertr.	Aufw.	Ertr.	Soll	Haben	Aufw.	Ertr.
Umsatzkostenverfahren								
1. Umsatzerlöse		170			2) 170			
2. Herstellungskosten der zur Erzielung der Umsatzlöse erbrachten Leistungen	75				1) 16	2) 91		
4. Vertriebskosten	16					1) 16		
6. Sonstige betriebliche Erträge								
7. Sonstige betriebliche Aufwendungen								
8. Erträge aus Beteiligungen, davon aus verbundenen Unternehmen								
19. Jahresüberschuss	79					2) 79		0

Im Rahmen des Gesamtkostenverfahrens sind zunächst die Umsatzerlöse des Lieferanten mit dem Materialaufwand des Empfängers zu verrechnen; letzterer muss in der Konsolidierungsspalte entfernt werden, um eine Doppelzählung der originären Aufwendungen von L einerseits und der Materialaufwendungen von E andererseits zu verhindern. Weiter ist zu berücksichtigen, dass die Bestandserhöhung des Empfängers aus Sicht eines fiktiven Einheitsunternehmens um den Zwischengewinn in Höhe von 79 € zu hoch ausfällt; dieser ist unter Kürzung des Jahresüberschusses, d. h. erfolgswirksam, zu eliminieren. Somit erscheinen in der Konzern-GuV einheitstheoretisch korrekt die originären Aufwendungen des Konzerns sowie die Bestandsänderung.

Bei Wahl des Umsatzkostenverfahrens ergibt sich, dass in der Konsolidierungsspalte zuerst die Vertriebskosten des Lieferanten in Herstellungskosten umgegliedert werden. Da die Herstellungskosten der aus Konzernsicht noch nicht abgesetzten Produkte und die Innenumsatzerlöse aus der GuV zu eliminieren sind, werden diese gegeneinander aufgerechnet – die Differenz, der Zwischengewinn, kürzt erneut den Jahresüberschuss.

Werden die Erzeugnisse im Konzern nur zu Teilkosten bewertet (Fall 2t), so stellt Beispiel J.4 die Konsolidierungsbuchungen dar.

Bei einer Bewertung zu Teilkosten (Material und Fertigungslöhne einschließlich des Verpackungsmaterials für den innerbetrieblichen Transport) ist beim Gesamtkostenverfahren die Bestandsänderung im Konzern letztlich in Höhe von 96 € auszuweisen (= 41 Material + 30 Löhne L + 25 Löhne E). Zu konsolidieren sind folglich die Innenumsätze des Lieferanten mit dem Materialaufwand des Empfängers sowie der Zwischengewinn von 99 € (195 −96 bzw. 170 −(41 + 30)) in den Bestandsveränderungen einerseits und im Jahresüberschuss andererseits. Der verbleibende Jahresfehlbetrag von 28 € resultiert dann aus den nicht aktivierten allgemeinen Verwaltungskosten.

Beispiel J.4: Konsolidierungsschema des Falles 2t:

Eigenerzeugnis des Lieferanten beim Empfänger bearbeitet auf Lager	GuV Lieferant		GuV Empfänger		Umbuchungen		GuV Konzern	
	Aufw.	Ertr.	Aufw.	Ertr.	Soll	Haben	Aufw.	Ertr.
Gesamtkostenverfahren								
1. Umsatzerlöse		170			1) 170			
2. Erhöhung oder Verminderung des Bestands an fertigen oder unfertigen Erzeugnissen				195	2) 99			96
3. andere aktivierte Eigenleistungen								
5a. Aufwendungen für Roh-, Hilfs- und Betriebsstoffe und für bezogene Waren (Materialaufwand)	41		170			1) 170	41	
6a. Löhne und Gehälter	30		25				55	
8. Sonstige betrieblichen Aufwendungen	20		8				28	
20. Jahresüberschuss/ -fehlbetrag	79			8		2) 99		28
Umsatzkostenverfahren								
1. Umsatzerlöse		170			2) 170			
2. Herstellungskosten der zur Erzielung der Umsatzerlöse erbrachten Leistungen	60				1) 11	2) 71		
4. Vertriebskosten	16					1) 16		
5. Allgemeine Verwaltungskosten	15		8		1) 5		28	
6. Sonstige betriebliche Erträge								
7. Sonstige betriebliche Aufwendungen								
8. Erträge aus Beteiligungen, davon aus verbundenen Unternehmen								
19. Jahresüberschuss	79			8		2) 99		28

Die Herstellungskosten in Position 2 des Umsatzkostenverfahrens nach § 275 Abs. 3 HGB können unterschiedlich abgegrenzt werden (vgl. hierzu Schildbach, Jahresabschluss, 2013, S. 438–443; Schmidt/Peun in: Beck Bil-Komm., 11. Aufl., § 275 Anm. 268–271). Hier wird fortan stets davon ausgegangen, dass sich die Herstellungskosten in Bilanz und GuV gleichen.

Demzufolge müssen die nicht zu aktivierenden Aufwendungen des Herstellungsbereiches schon in den Gewinn- und Verlustrechnungen der Einzelunternehmen nicht mehr in der Position 2, sondern in der Position 5 (allgemeine Verwaltungskosten) erscheinen.

In der Einzel-GuV von L zeigen sich somit im Fall 2t unter Position Nr. 2 die Einzelkosten in Höhe von 60 € (= 30 Material + 30 Lohn), unter Position Nr. 5 die allgemeinen Verwaltungskosten des Fertigungsbereiches von 15 € sowie in Position Nr. 4 die 16 € Vertriebskosten.

Nach Umgliederung der Vertriebskosten in die Herstellungskosten – soweit es um Verpackungsmaterial für den innerbetrieblichen Transport geht – bzw. in die allgemeinen Verwaltungskosten – soweit es sich um nicht zu aktivierende allgemeine Verwaltungskosten handelt – wird die Summen-GuV um die 170 € Umsatzerlöse und die bei L angefallenen Herstellungskosten in Höhe von 71 € (= 41 Material + 30 Löhne) sowie um den Zwischengewinn von 99 € erfolgswirksam bereinigt.

Werden die Produkte durch das Konzernunternehmen E dann im Folgejahr zu 250 € an Konzernexterne veräußert (Fall 3.2, Fortsetzung des Falles 2 im Folgejahr), so muss danach unterschieden werden, ob in der Bilanz zu Vollkosten oder zu Teilkosten bewertet wird.

Bei Vollkostenbewertung (Fall 3.2v; siehe Beispiel J.5) wurden die Erzeugnisse im Vorjahr bei E zu 203 € und in der Konzernbilanz zu 124 € bewertet. Im Rahmen des Gesamtkostenverfahrens muss die Bestandsänderung erfolgssteigernd auf die vollen Konzernherstellungskosten von 124 € gesenkt werden, so dass der im Vorjahr eliminierte Zwischengewinn von 79 € jetzt realisiert wird.

Beispiel J.5: Konsolidierungsschema des Falles 3.2v:

Eigenerzeugnis des Lieferanten beim Empfänger weiterbearbeitet, im Folgejahr weiterveräußert	GuV Lieferant		GuV Empfänger		Umbuchungen		GuV Konzern	
	Aufw.	Ertr.	Aufw.	Ertr.	Soll	Haben	Aufw.	Ertr.
Gesamtkostenverfahren								
1. Umsatzerlöse				250				250
2. Erhöhung oder Verminderung des Bestands an fertigen oder unfertigen Erzeugnissen			203			79	124	
3. andere aktivierte Eigenleistungen								
5a. Aufwendungen für Roh-, Hilfs- und Betriebsstoffe und für bezogene Waren (Materialaufwand)								
6a. Löhne und Gehälter								
8. Sonstige betrieblichen Aufwendungen								
20. Jahresüberschuss/ -fehlbetrag			47		79		126	
Umsatzkostenverfahren								
1. Umsatzerlöse				250				250
2. Herstellungskosten der zur Erzielung der Umsatzerlöse erbrachten Leistungen			203			79	124	
4. Vertriebskosten								
6. Sonstige betriebliche Erträge								
7. Sonstige betriebliche Aufwendungen								
8. Erträge aus Beteiligungen, davon aus verbundenen Unternehmen								
19. Jahresüberschuss			47		79		126	

Gleiches geschieht im Umsatzkostenverfahren durch eine Senkung der Herstellungskosten auf 124 €.

Bei Teilkostenbewertung (Fall 3.2t, Bewertung der Erzeugnisse im Vorjahr bei E zu 195 € und im Konzern zu 96 €) stimmen die Konsolidierungen im Prinzip mit denjenigen bei Vollkostenbewertung überein, nur sind die Bestandsminderungen bzw. die Herstellungskosten auf die niedrigeren Teilkosten von 96 € zu reduzieren, so dass der jetzt realisierte Zwischengewinn mit 99 € entsprechend höher ausfällt.

Nunmehr soll der Fall 4v (siehe Beispiel J.6) betrachtet werden, bei dem die Produkte bei E ceteris paribus weiterverarbeitet und in demselben Jahr veräußert werden. Dass mit Vollkosten bewertet wird, ist in diesem Fall für die Ableitung der Gewinn- und Verlustrechnungen von L und von E nach dem Umsatzkostenverfahren von Bedeutung; die allgemeinen Verwaltungskosten des Fertigungsbereiches erscheinen somit unter der Position Herstellungskosten.

Beispiel J.6: Konsolidierungsschema des Falles 4v:

Eigenerzeugnis des Lieferanten beim Empfänger bearbeitet und im selben Jahr verkauft	GuV Lieferant		GuV Empfänger		Umbuchungen		GuV Konzern	
	Aufw.	Ertr.	Aufw.	Ertr.	Soll	Haben	Aufw.	Ertr.
Gesamtkostenverfahren								
1. Umsatzerlöse		170		250	170			250
2. Erhöhung oder Verminderung des Bestands an fertigen oder unfertigen Erzeugnissen								
3. andere aktivierte Eigenleistungen								
5a. Aufwendungen für Roh-, Hilfs- und Betriebsstoffe und für bezogene Waren (Materialaufwand)	41		170			170	41	
6a. Löhne und Gehälter	30		25				55	
8. Sonstige betrieblichen Aufwendungen	20		8				28	
20. Jahresüberschuss/ -fehlbetrag	79		47				126	
Umsatzkostenverfahren								
1. Umsatzerlöse		170		250	2) 170			250
2. Herstellungskosten der zur Erzielung der Umsatzerlöse erbrachten Leistungen	75		203		1) 16	2) 170	124	
4. Vertriebskosten	16					1) 16		
6. Sonstige betriebliche Erträge								
7. Sonstige betriebliche Aufwendungen								
8. Erträge aus Beteiligungen, davon aus verbundenen Unternehmen								
19. Jahresüberschuss	79		47				126	

Erfolgswirkungen dürfen von der Konsolidierung in diesem Fall nicht ausgehen, weil am Periodenende keine Produkte aus dem Konzernkreis mit „zwischenergebnisträchtigen" Werten bei Konzernunternehmen lagern. Zwischenergebnisse können somit im Erfolg weder der Summen-Bilanz noch der Summen-GuV enthalten sein.

Durch die Konsolidierung muss aber eine Doppelzählung bei Umsätzen und Aufwendungen verhindert werden – beim Gesamtkostenverfahren durch Aufrechnung von Umsatzerlösen mit Materialaufwendungen und beim Umsatzkostenverfahren durch Aufrechnung der Umsatzerlöse mit den Herstellungskosten in Höhe der Innenumsatzerlöse in Höhe von 170 €. Beim Umsatzkostenverfahren müssen außerdem die „innerbetrieblichen" Transportkosten von Vertriebskosten in Herstellungskosten umgegliedert werden.

Nunmehr sollen Handelswaren des Konzernunternehmens L an Konzernunternehmen E veräußert und fallweise weiterverarbeitet werden (Fälle 5–8). Dabei wird von folgenden Daten ausgegangen:

Anschaffungskosten der Handelswaren für L: 80 €.
Weitere Aufwendungen sollen bei L nicht anfallen.

Umsatzerlöse für L: 70 €
Umsatzerlöse für E: 250 €

Sofern E die bezogenen Produkte weiterverarbeitet, kommt es dort zu der bis auf den Materialaufwand bereits bekannten Aufwandsstruktur:

E	Fertigung
Materialaufwand	70
Löhne	25
Allgemeine Verwaltungskosten	8
	103

L erwirtschaftet somit im Unterschied zu den Fällen 1–4 einen Zwischenverlust.

Für den Fall 5v (L veräußert Handelsware an E, die dort unverarbeitet gelagert wird) ergibt sich folgendes:

In der nach dem Gesamtkostenverfahren aufgestellten GuV von L stehen 70 € Umsatzerlöse und 10 € Jahresfehlbetrag 80 € Materialaufwand gegenüber. Die GuV von E weist keine Zahlen auf. Die Konzern-GuV darf ebenso keine Beträge aufweisen, weil aus Konzernsicht bloß vom Konzern gekaufte Waren ohne Berührung der GuV aktiviert werden.

In der Konsolidierungsspalte werden folglich die Umsatzerlöse des Lieferanten erfolgswirksam mit dem Materialaufwand des Lieferanten aufgerechnet: per Umsatzerlöse 70 und per Jahresüberschuss 10 an Materialaufwand 80.

Beim Umsatzkostenverfahren weist die L-GuV 70 € Umsatzerlöse, 80 € Herstellungskosten in Position Nr. 2 und 10 € Jahresfehlbetrag aus. Die GuV von E enthält keine Beträge, was auch für die Konzern-GuV gelten muss. Durch die Konsolidierungsbuchung „per Umsatzerlöse 70 und per Jahresüberschuss 10 an Herstellungskosten 80" wird das erreicht.

Die Konsolidierungsbuchungen für den zu 2v analogen Fall 6v (E bezieht Handelsware von L, verarbeitet diese weiter und nimmt sie auf Lager) zeigt Beispiel J.7.

Beispiel J.7: Konsolidierungsschema des Falles 6v:

Handelsware des Lieferanten beim Empfänger bearbeitet und auf Lager genommen	GuV Lieferant		GuV Empfänger		Umbuchungen		GuV Konzern	
	Aufw.	Ertr.	Aufw.	Ertr.	Soll	Haben	Aufw.	Ertr.
Gesamtkostenverfahren								
1. Umsatzerlöse		70			1) 70			
2. Erhöhung oder Verminderung des Bestands an fertigen oder unfertigen Erzeugnissen				103		2) 10		113
3. andere aktivierte Eigenleistungen								
5a. Aufwendungen für Roh-, Hilfs- und Betriebsstoffe und für bezogene Waren (Materialaufwand)	80		70			1) 70	80	
6a. Löhne und Gehälter			25				25	
8. Sonstige betrieblichen Aufwendungen			8				8	
20. Jahresüberschuss/ -fehlbetrag		10			2) 10			
Umsatzkostenverfahren								
1. Umsatzerlöse		70			70			
2. Herstellungskosten der zur Erzielung der Umsatzerlöse erbrachten Leistungen	80					80		
4. Vertriebskosten								
6. Sonstige betriebliche Erträge								
7. Sonstige betriebliche Aufwendungen								
8. Erträge aus Beteiligungen, davon aus verbundenen Unternehmen								
19. Jahresüberschuss		10			10			

Beim Gesamtkostenverfahren wird die Bestandserhöhung in der Konzern-GuV relativ zur Summen-GuV um den Zwischenverlust erhöht. Die Bestandserhöhung in Höhe von 113 € in der Konzern-GuV setzt sich aus 80 € Materialaufwendungen (bei L), 25 € Löhnen und 8 € allgemeine Verwaltungskosten (bei E) zusammen. Zudem wird die Doppelzählung von Umsatz und Materialaufwand in Höhe von 70 € beseitigt. Das Umsatzkostenverfahren führt wie im Fall 2v zu einer „leeren" Konzern-GuV, da keine Umsätze mit Externen erzielt wurden.

Für den Fall 7.6v (im Folgejahr verkauft E Eigenerzeugnisse des Vorjahres) gleicht die Struktur der GuV von Konzernunternehmen E in beiden Verfahren der des Falles 3.2v (siehe Beispiel J.5).

Im Gesamtkostenverfahren ist in der Konsolidierungsspalte die Bestandsminderung um den Zwischenverlust in Höhe von 10 € erfolgsmindernd zu erhöhen (per Bestandsminderung an Jahresüberschuss 10).

Im Umsatzkostenverfahren sind in der Konsolidierungsspalte die Herstellungskosten um 10 € erfolgsmindernd zu erhöhen (per Herstellungskosten an Jahresüberschuss 10).

Im Fall 8v (Handelsware von L wird bei E weiterverarbeitet und in demselben Jahr veräußert) sieht die Konsolidierungsspalte des Gesamtkostenverfahrens strukturell so wie im Fall 4v aus (siehe Beispiel J.6): Die größengleichen Umsatzerlöse des Lieferanten werden gegen den Materialaufwand des Empfängers erfolgsneutral aufgerechnet; ein Zwischenergebnis kann wegen des Außenumsatzes nicht mehr vorliegen. In der Konzern-GuV erscheinen:

Umsatzerlöse:	250
Material:	./. 80
Löhne:	./. 25
Sonstige betriebliche Aufwendungen:	./. 8
Jahresüberschuss:	137

Im Umsatzkostenverfahren werden wie im Fall 4v die Umsatzerlöse mit den Herstellungskosten in Höhe der Innenumsatzerlöse aufgerechnet: per Umsatzerlöse an Herstellungskosten 70 €. Die Konzern-GuV ergibt sich mit:

Umsatzerlöse:	250
Herstellungskosten:	./. 113
Jahresüberschuss:	137

J.3.1.1.2 Lieferungen in das Anlagevermögen

Für konzerninterne Lieferungen in das Anlagevermögen des Konzerns sind zwei Fälle voneinander zu unterscheiden:

- konzernintern erstelltes Anlagevermögen wird innerhalb des Konzerns weiterverkauft (Produktion und Verkauf, Fall 9),
- konzernextern erstelltes Anlagevermögen wird innerhalb des Konzerns weiterverkauft (Handel, Fall 10).

Im Fall 9v ist das gelieferte Anlagegut Eigenprodukt des liefernden Konzernunternehmens.

Die Aufwandsstruktur sei dieselbe wie in den Fällen 1–4, also:

L	Fertigung	Vertrieb	$\sum$
Material	30	11	41
Löhne	30	–	30
Allgemeine Verwaltungskosten	15	5	20
	75	16	91

Der konzerninterne Umsatz beläuft sich auf 170 €.

Wird der Anlagegegenstand bei E im Vertrieb eingesetzt, mit vollen Herstellungskosten bewertet und über 10 Jahre linear abgeschrieben, so sind die in Beispiel J.8 dargestellten Konsolidierungsbuchungen erforderlich.

Im Gesamtkostenverfahren stellt sich die Transaktion aus Konzernsicht als selbst erstellte Eigenleistung mit Konzernherstellungskosten in Höhe von 91 € dar, die folglich unter Eliminierung der Innenumsatzerlöse von 170 € und des Zwischengewinnes von 79 € als andere aktivierte Eigenleistung auszuweisen ist (1). Außerdem muss in der Konzern-GuV die Abschreibung auf Basis der Konzernherstellungskosten berechnet werden, was in der Konsolidierungsspalte zu einer Minderung der Abschreibungen führt (2).

Die in der GuV von L nach dem Umsatzkostenverfahren ausgewiesenen 16 € Vertriebskosten stellen wiederum „innerbetriebliche" Transportkosten dar, die aus Konzernsicht in die Herstellungskosten der selbst erstellten Anlagen einbezogen werden können und dann nicht erfolgswirksam werden. Da sich aktivierte Eigenleistungen in einer GuV nach dem Umsatzkostenverfahren nicht niederschlagen und im Beispiel alle entstandenen Kosten als Herstellungskosten aktiviert werden können, sind im Rahmen der Konsolidierung die Innenumsatzerlöse von 170 € gegen die Aufwendungen (75 + 16) und gegen den Zwischengewinn von 79 € aufzurechnen. Zusätzlich müssen die Abschreibungen auf die Eigenleistung von ursprünglich 17 € auf 10 % ihres Wertes aus Konzernsicht – also auf 9,1 € – reduziert werden. Die Konzern-GuV weist dann als einzige Position die auf Basis der Konzernherstellungskosten berechneten Abschreibungen des im Vertrieb eingesetzten Anlagegegenstandes unter Nr. 4 aus.

Auch in den Folgejahren 02–10 sind die Abschreibungen um die anteiligen Zwischengewinne in Höhe von 7,9 € in der Konsolidierungsspalte erfolgserhöhend zu korrigieren, im Gesamtkostenverfahren wird wieder Pos. 7a, im Umsatzkostenverfahren Pos. 4 angesprochen.

Schwieriger zu lösen wäre der Fall, wenn der Anlagegegenstand bei E im Fertigungsbereich eingesetzt würde und die Abschreibungen von E als Herstellungskostenbestandteil (un)fertiger Erzeugnisse aktiviert worden wären.

Im Gesamtkostenverfahren müssten dann nämlich zusätzlich zu (2) die Bestandserhöhungen um die aktivierten überhöhten Abschreibungen in Höhe von 7,9 € erfolgswirksam gemindert werden. Der Zwischengewinn wird in der Konzern-GuV erst bei Verkauf der (un)fertigen Erzeugnisse an Dritte realisiert.

Im Umsatzkostenverfahren würden die Abschreibungen im Jahr der Aktivierung der (un)fertigen Erzeugnisse gar nicht ausgewiesen, so dass keine zu Konsolidierungsbuchung (3) analoge Buchung notwendig würde. Allerdings würden in dem Jahr, in dem die unter Einsatz der Eigenleistung erstellten Erzeugnisse nach außen veräußert werden, die Herstellungskosten von E aus Konzernsicht um die Abschreibungen überhöht sein, was dann zu eliminieren ist.

Beispiel J.8: Konsolidierungsschema des Falles 9v:

Eigenerzeugnis des Lieferanten beim Empfänger im Anlagevermögen, AfA 10 %	GuV Lieferant		GuV Empfänger		Umbuchungen		GuV Konzern	
	Aufw.	Ertr.	Aufw.	Ertr.	Soll	Haben	Aufw.	Ertr.
Gesamtkostenverfahren								
1. Umsatzerlöse		170			1) 170			
2. Erhöhung oder Verminderung des Bestands an fertigen oder unfertigen Erzeugnissen								
3. andere aktivierte Eigenleistungen						1) 91		91
5a. Aufwendungen für Roh-, Hilfs- und Betriebsstoffe und für bezogene Waren (Materialaufwand)	41						41	
6a. Löhne und Gehälter	30						30	
7a. Abschreibungen auf Sachanlagen				17		2) 7,9	9,1	
8. Sonstige betrieblichen Aufwendungen	20						20	
20. Jahresüberschuss/ -fehlbetrag	79			17	2) 7,9	1) 79		9,1
Umsatzkostenverfahren								
1. Umsatzerlöse		170			2) 170			
2. Herstellungskosten der zur Erzielung der Umsatzerlöse erbrachten Leistungen	75				1) 16	2) 91		
4. Vertriebskosten	16			17		1) 16 3) 7,9	9,1	
6. Sonstige betriebliche Erträge								
7. Sonstige betriebliche Aufwendungen								
8. Erträge aus Beteiligungen, davon aus verbundenen Unternehmen								
19. Jahresüberschuss	79			17	3) 7,9	2) 79		9,1

Abschließend sei der Fall 10 angesprochen, in dem Konzernunternehmen L den Anlagegegenstand nur als Handelsware an E zur Nutzung im Vertriebsbereich von E weiterreicht. Aus Konzernsicht berühren diese Handelsgeschäfte die GuV nicht, so dass sie einschließlich des Zwischenergebnisses eliminiert werden müssen. Außerdem werden die Abschreibungen der Anlage erneut zu hoch ausgewiesen, so dass insoweit die Konsolidierungsbuchungen (2) im Gesamtkostenverfahren bzw. (3) im Umsatzkostenverfahren aus dem Beispiel 9v analog vorzunehmen sind.

J.3.1.2 **Konsolidierung der Innenumsatzerlöse aus Leistungen**

Die Konsolidierung von Erträgen aus Leistungen wie z. B. Pacht-, Miet- und Lizenzerträgen gestaltet sich im Gesamtkostenverfahren dann besonders einfach, wenn den Umsätzen der leistenden Seite gleich große Aufwendungen etwa unter Position 5b oder 8 des Gesamtkostenverfahrens auf der Empfängerseite gegenüberstehen, die weder aus Konzernsicht noch aus Sicht des Empfängerunternehmens aktivierungsfähig sind. In diesem Fall werden die Umsatzerlöse des Leistenden mit den entsprechenden Aufwendungen des Empfängers erfolgsneutral aufgerechnet. Die eventuellen Aufwendungen des Leistenden aus seiner Einzel-GuV müssen gegebenenfalls für die Konzern-GuV umgegliedert werden (Beispiel: Die Aufwendungen für Farben, Lacke etc. einer Konzerngesellschaft, die im Konzern die Aufgabe einer konzerninternen Malerwerkstatt übernimmt, müssen aus der Position Nr. 5a in die Position Nr. 8 umgegliedert werden, da die Position Materialaufwand nach der hier vertretenen Meinung nur die Aufwendungen aus dem Einsatz von Roh-, Hilfs-, und Betriebsstoffen in der Produktion erfasst).

Im Umsatzkostenverfahren sind eventuell Herstellungskosten des Leistenden aus Position 2 in sonstige betriebliche Aufwendungen umzuordnen (dies gilt z. B. im Falle der genannten Aufwendungen der Malerwerkstatt). Ferner müssen Innenumsätze des Leistenden mit den Aufwendungen des Empfängers erfolgsneutral, also ohne dass das Ergebnis der Summen-GuV in der Konsolidierungsspalte verändert wird, aufgerechnet werden.

Sind die Leistungen auf der Empfängerseite im Gesamtkostenverfahren ohne Berührung der GuV direkt (als Anschaffungsnebenkosten, z. B. im Falle einer Installation oder eines konzerninternen Transportes eines Anlagegegenstandes) oder über den Umweg der GuV indirekt aktiviert worden (z. B. andere aktivierte Eigenleistung), dann ergibt sich folgendes:

Im direkten Fall sind die Umsatzerlöse in Höhe der Konzernherstellungskosten in die Position Nr. 3 (Konzern-Anlagevermögen) oder 2 (Konzern-Umlaufvermögen) des Gesamtkostenverfahrens umzugliedern und in Höhe der Zwischenergebnisse erfolgswirksam zu konsolidieren.

Im indirekten Fall müssen zunächst die Umsatzerlöse des Lieferanten mit den Aufwendungen des Empfängers verrechnet werden. Zudem sind Zwischenergebnisse aus den Bestandserhöhungen bzw. aktivierten Eigenleistungen erfolgswirksam zu entfernen.

Für das Umsatzkostenverfahren erübrigt sich im Jahr der Leistung eine Unterscheidung zwischen direkter und indirekter Aktivierung beim Empfänger, weil die Aktivierung der Leistung stets ohne Berührung der GuV des Empfängers erfolgt. Die Innenumsatzerlöse des Leistenden sind mit den zugehörigen Herstellungskosten des Leistenden aus Position 2 der GuV – im Falle eines Zwischengewinnes zusätzlich unter Berührung des Jahresüberschusses – aufzurechnen.

J.3.1.3 Sonderfälle

Bisher wurde die Konzern-GuV getreu der Einheitstheorie abgeleitet. Das Gesetz lässt aber Ausnahmen von dieser Vorgehensweise zu, die im folgenden näher betrachtet werden.

In § 304 Abs. 2 HGB wird das Wahlrecht eröffnet, auf die Zwischenergebniseliminierung zu verzichten, wenn die Zwischenergebniseliminierung *„für die Vermittlung eines den tatsächlichen Verhältnissen entsprechenden Bildes der Vermögens-, Finanz- und Ertragslage des Konzerns nur von untergeordneter Bedeutung ist."*

Für die GuV-Konsolidierung gilt in diesem Fall, dass der Jahresüberschuss der Summen-GuV nicht um den Zwischengewinn gekürzt bzw. um den Zwischenverlust erhöht werden muss. Dennoch sind natürlich weiterhin Innenumsatzerlöse etwa in Bestandsänderungen umzugliedern oder mit Materialaufwendungen aufzurechnen, allerdings in erfolgsneutraler Weise, also ohne Berührung des Jahresüberschusses. Auf die Konsolidierung der Innenumsatzerlöse kann nur verzichtet werden, wenn § 305 Abs. 2 HGB greift.

Von § 304 Abs. 2 HGB streng zu trennen ist nämlich § 305 Abs. 2 HGB, der es erlaubt, auf die Konsolidierung von Aufwendungen und Erträgen einschließlich der Innenumsätze zu verzichten, wenn die wegzulassenden Beträge von nur untergeordneter Bedeutung für den „true and fair view" sind. Bei einer Beurteilung der Bedeutung ist nicht auf jede einzelne konsolidierungspflichtige Maßnahme, sondern auf die Gesamtheit der hier relevanten wegzulassenden Aufwendungen und Erträge abzustellen (vgl. ADS, 6. Aufl., § 305 Tz. 100; Winkeljohann/Schellhorn in: Beck Bil-Komm., 11. Aufl., § 305 Anm. 51).

Bei Erfüllung des Tatbestandes des § 305 Abs. 2 HGB würde die Summen-GuV bezüglich der unbedeutenden Aufwendungen und Erträge unmodifiziert in die Konzern-GuV eingehen. Dennoch müssten entsprechend § 304 Abs. 1 HGB Zwischenerfolge aus der Konzern-Bilanz und der Konzern-GuV verbannt, d. h. erfolgswirksam eliminiert werden, sofern nicht auch insoweit die Ausnahmeregelung des § 304 Abs. 2 HGB anwendbar ist.

Nur wenn also der Tatbestand des § 304 Abs. 2 HGB und der des § 305 Abs. 2 HGB erfüllt ist, brauchen sowohl Zwischenergebnisse nicht eliminiert als auch Innenumsätze nicht konsolidiert werden.

Die ähnliche Formulierung der §§ 304 Abs. 2 und 305 Abs. 2 HGB legt allerdings die Vermutung nahe, dass die jeweiligen Tatbestände in beiden Fällen meist entweder gleichzeitig erfüllt oder gleichzeitig nicht erfüllt sind. Zwingend freilich besteht dieser Gleichlauf nicht.

Im Folgenden wird ein einfacher Fall betrachtet, bei dem zwar der Tatbestand des § 304 Abs. 2 HGB (der Zwischenerfolg von 1 € ist nahe daran, als Cent-Betrag nicht mehr erfasst zu werden), nicht aber der des § 305 Abs. 2 HGB (der Summen-GuV-Umsatz ist um 900 € zu hoch) erfüllt ist. Daher kann auf die Zwischenerfolgseliminierung verzichtet werden. Die Innenumsatzkonsolidierung hingegen hat zu erfolgen.

Beispiel J.9: Konsolidierungsschema des Falles 2 SF G:

Eigenerzeugnis des Lieferanten beim Empfänger unbearbeitet auf Lager, Lieferung in das Anlagevermögen (Gewinn)	GuV Lieferant		GuV Empfänger		Umbuchungen		GuV Konzern	
	Aufw.	Ertr.	Aufw.	Ertr.	Soll	Haben	Aufw.	Ertr.
Gesamtkostenverfahren								
1. Umsatzerlöse		900		870	900			870
2. Erhöhung oder Verminderung des Bestands an fertigen oder unfertigen Erzeugnissen								
3. andere aktivierte Eigenleistungen						900		900
5a. Aufwendungen für Roh-, Hilfs- und Betriebsstoffe und für bezogene Waren (Materialaufwand)	400		80				480	
6a. Löhne und Gehälter	299		60				359	
7a. Abschreibungen auf Sachanlagen	200		90				290	
20. Jahresüberschuss/ -fehlbetrag	1		640				641	
Umsatzkostenverfahren								
1. Umsatzerlöse		900		870	900			870
2. Herstellungskosten der zur Erzielung der Umsatzerlöse erbrachten Leistungen	899		140			900	139	
4. Vertriebskosten			90				90	
6. Sonstige betriebliche Erträge								
7. Sonstige betriebliche Aufwendungen								
8. Erträge aus Beteiligungen, davon aus verbundenen Unternehmen								
19. Jahresüberschuss	1		640				641	

Im Beispiel J.9 hat der Lieferant Materialien von 400 €, Löhne von 299 € und Abschreibungen von 200 € im Herstellungsbereich eingesetzt, um eine Maschine zu erzeugen, die für 900 € an den konzerninternen Empfänger geliefert und dort im Absatzbereich eingesetzt wird. Der Empfänger hat auf Basis von Materialien von 80 € und Löhnen von 60 € im Herstellungsbereich sowie Abschreibungen von 90 € im Absatzbereich ein Produkt erzeugt, das für 870 € an konzernfremde Dritte veräußert wurde. Weil der Tatbestand des § 305 Abs. 2 HGB nicht erfüllt ist, müssen die Innenumsätze von 900 € eliminiert werden – im Gesamtkostenverfahren voll zu Lasten der anderen aktivierten Eigenleistungen und im Umsatzkostenverfahren voll zu Lasten der Umsatzkosten. Der unwesentliche Gewinn von 1 € allerdings wird, weil die Ausnahme des § 304 Abs. 2 HGB in Anspruch genommen werden darf, nicht konsolidiert. Beim Gesamtkostenverfahren wird das erreicht, indem die aktivierten Eigenleistungen von 900 € über die Herstellungskosten von 899 € hinaus auch den Gewinn von 1 € beinhalten. Im Umsatzkostenverfahren werden mit 900 € mehr Umsatzkosten eliminiert, als beim Lieferanten entstanden sind – nämlich nur 899 €.

J.3.2 Konsolidierung anderer Erträge und Aufwendungen nach § 305 Abs. 1 Nr. 2 HGB

In Ergänzung zu den von § 305 Abs. 1 Nr. 1 HGB erfassten Umsatzerlösen sieht § 305 Abs. 1 Nr. 2 HGB ausdrücklich nur die Konsolidierung anderer Erträge aus Lieferungen und Leistungen vor. Dennoch ergibt sich aus der Einheitstheorie zwingend die Pflicht auch zur Konsolidierung von verlustbringenden konzerninternen Geschäften (anderen Aufwendungen), die sich nicht in den Umsatzerlösen niederschlagen. § 305 HGB hat insofern nicht abschließenden Charakter (vgl. ADS, 6. Aufl., § 305 Tz. 57).

Andere Erträge in der Einzel-GuV unterscheiden sich von Umsatzerlösen darin, dass die Erlöse weder aus dem Verkauf, der Vermietung oder Verpachtung von Produkten, also Erzeugnissen oder Waren, die das Unternehmen in seinem Absatzprogramm führt, noch aus Dienstleitungen, denen ein Leistungsaustausch zugrunde liegt, resultieren (vgl. Schmidt/Peun in: Beck Bil-Komm., 11. Aufl., § 275 Anm. 48–52 und 54–55). Konkret geht es dabei für den Bereich der Lieferungen um Veräußerungen von gebrauchten Anlagen oder von Wertpapieren, bei denen innerhalb des Konzerns Gewinne (sonstige betriebliche Erträge beim Lieferer) oder Verluste (sonstige betriebliche Aufwendungen beim Lieferer) entstehen. Diese Zwischenergebnisse sind aus Konzernsicht grundsätzlich zu eliminieren, was durch Buchungen „per sonstige betriebliche Erträge an Jahresüberschuss" bzw. „per Jahresfehlbetrag an sonstige betriebliche Aufwendungen" in beiden Formen der GuV leicht erreichbar ist.

Ferner sind betriebliche Aufwendungen und Erträge aus innerkonzernlichen Leistungen wie z. B. der Verrechnung von Konzernumlagen ohne Gegenleistung, Miet- und Pachterträgen sowie Patent- und Lizenzerträgen zu eliminieren, die nicht bereits als Innenumsatzerlöse nach § 305 Abs. 1 Nr. 1 HGB bei der Konsolidierung erfasst wurden. Die Konsolidierung ist in diesen Fällen durch Aufrechnung der Zinserträge und -aufwendungen (Pos. 11 und 13 des Gesamtkosten- bzw. Pos. 10 und 12 des Umsatzkostenverfahrens) oder der sonstigen betrieblichen Erträge und Aufwendungen, in denen sich Miete, Pacht, Patent- und Lizenzzahlungen niederschlagen, leicht zu erreichen.

Analoge Probleme zu denen aus J.3.1.2 ergeben sich, wenn andere Leistungen beim Empfänger direkt oder indirekt aktiviert wurden.

J.3.3 Gewinntransfer im Konsolidierungskreis

Gewinntransfers innerhalb des Konzerns und die daraus folgenden Konsolidierungsvorgänge werden der Übersichtlichkeit halber in einem gesonderten Abschnitt behandelt, obwohl sie streng genommen unter die Konsolidierung anderer Erträge und Aufwendungen zu subsumieren sind. Eine Unterscheidung zwischen dem Gesamt- und dem Umsatzkostenverfahren erübrigt sich allerdings in diesem Zusammenhang, da das Finanzergebnis in beiden Verfahren identisch, wenn auch unter verschiedenen Positionsnummern, abgebildet wird.

Insbesondere die Übernahme von Beteiligungserträgen aus der Summen-GuV in die Konzern-GuV würde regelmäßig dazu führen, dass erwirtschaftete Teilergebnisse in dem Konzernergebnis doppelt erfasst werden, wie das folgende Beispiel verdeutlicht. Eine 100 %-ige Tochter-Kapitalgesellschaft habe einen Jahresüberschuss erwirtschaftet und schütte diesen in voller Höhe an die Mutter aus. In diesem Fall besteht die Gefahr, dass der Erfolg der Tochter in der Summen-GuV doppelt erfasst wird, nämlich über das Ergebnis der Tochter und über das durch Beteiligungserträge ausgeweitete Ergebnis der Mutter. Solchen Doppelzählungen muss durch geeignete Konsolidierungen entgegengewirkt werden. Ob es allerdings zu Doppelzählungen kommt, wann das geschieht und wie dem abgeholfen werden kann, hängt von der Art des Gewinntransfers ab. Auch ist gegebenenfalls auf Auswirkungen bei der Existenz von Minderheiten einzugehen.

J.3.3.1 Zeitkongruente Gewinnvereinnahmung

In diesem Fall wird der Gewinntransfer bereits in dem Jahr im Abschluss der Mutter ausgewiesen, in dem der Jahresüberschuss bei der Tochter erwirtschaftet wurde. Es sind wiederum zwei Fälle zu unterscheiden:
– zeitkongruente Gewinnvereinnahmung mit Gewinnabführungsvertrag und
– zeitkongruente Gewinnvereinnahmung ohne Gewinnabführungsvertrag.

J.3.3.1.1 Zeitkongruente Gewinnvereinnahmung mit Gewinnabführungsvertrag

Die Erträge aus Gewinnabführungsverträgen sind erfolgsneutral mit den Aufwendungen aus der Abführung von Gewinnen aufzurechnen, so dass in der Konzern-GuV ausschließlich die originären Aufwendungen (hier für Material von 90 €) und Erträge (hier Umsätze von 170 €) ausgewiesen werden (siehe Beispiel J.10).

Beispiel J.10: Gewinnabführungsvertrag ohne Minderheiten

Gewinnabführungsvertrag ohne Minderheiten	GuV Tochter		GuV Mutter		Umbuchungen		GuV Konzern	
	Aufw.	Ertr.	Aufw.	Ertr.	Soll	Haben	Aufw.	Ertr.
Gesamtkostenverfahren								
1. Umsatzerlöse		170						170
5a. Aufwendungen für Roh-, Hilfs- und Betriebsstoffe und für bezogene Waren (Materialaufwand)	90						90	
• Abgeführte Gewinne	80					80		
• Erträge aus Gewinnabführungsverträgen (§277 Abs.3 S.2 HGB)				80	80			
20. Jahresüberschuss	0		80				80	

Analog wären die Positionen für übernommene und abgeführte Verluste erfolgsneutral aufzurechnen.

Bei der Existenz von Minderheiten tritt eine weitere Schwierigkeit auf, wenn diese eine Ausgleichszahlung erhalten, die von der Mutter oder der Tochter zu leisten ist.

In unserem Beispiel J.11 sei die Tochter zur Abführung einer Garantiedividende an die außenstehenden Aktionäre in Höhe von 20 € verpflichtet.

Nachdem die Positionen „Abgeführte Gewinne" und „Erträge aus Gewinnabführungsverträgen" erfolgsneutral aufgerechnet wurden, muss der Konzernjahresüberschuss um die abgeführte Garantiedividende erhöht werden, weil die „außen stehenden Aktionäre" aus einheitstheoretischer Sicht gleichberechtigte Konzernaktionäre sind.

Beispiel J.11: Gewinnabführungsvertrag mit Minderheiten

Gewinnabführungsvertrag mit Minderheiten	GuV Tochter		GuV Mutter		Umbuchungen		GuV Konzern	
	Aufw.	Ertr.	Aufw.	Ertr.	Soll	Haben	Aufw.	Ertr.
Gesamtkostenverfahren								
1. Umsatzerlöse		170						170
5a. Aufwendungen für Roh-, Hilfs- und Betriebsstoffe und für bezogene Waren (Materialaufwand)	90						90	
• Abgeführte Garantiedividende	20					2) 20		
• Abgeführte Gewinne	60					1) 60		
• Erträge aus Gewinnabführungsverträgen (§277 Abs.3 S.2 HGB)				60	1) 60			
20. Jahresüberschuss	0		60		2) 20		80	

J.3.3.1.2 Zeitkongruente Gewinnvereinnahmung ohne Gewinnabführungsvertrag

Zu einer zeitkongruenten Vereinnahmung ohne Gewinnabführungsvertrag kommt es bei der Vereinnahmung von Beteiligungserträgen in folgenden Fällen:

– Personengesellschaften

– Auch bei Mehrheitsbeteiligungen an Kapitalgesellschaften kann oder muss u. U. die zeitkongruente Gewinnvereinnahmung eingesetzt werden, wenn der Vorstand der Tochter einen entsprechenden Gewinnverwendungsvorschlag unterbreitet hat und wenn der Jahresabschluss der Tochter vor Abschluss der Prüfung bei der Mutter festgestellt wird. Die Verwaltung der Mutter hat dann nämlich alle Möglichkeiten, aufgrund der Vertretung der Mehrheit der Stimmrechte die befürwortete Gewinnverwendung bei der Tochter durchzusetzen (vgl. ADS, 6. Aufl., § 275 Tz. 152, 153, § 305 Tz. 71; Schmidt/Peun in: Beck Bil-Komm., 11. Aufl., § 275 Anm. 177 iVm. Schubert/Waubke in: Beck Bil-Komm., 11. Aufl., § 266 Anm. 120).

In beiden Fällen sind die Beteiligungserträge bei der Mutter in der Konsolidierungs-spalte erfolgsmindernd zu eliminieren (per Beteiligungserträge an Jahresüberschuss), weil der Erfolg der Tochter ansonsten im Konzernerfolg doppelt gezählt würde.

J.3.3.2 Zeitverschobene Gewinnvereinnahmung

Bei zeitverschobener Gewinnvereinnahmung wird der Beteiligungsertrag bei der Mut-ter erst dann ausgewiesen, wenn er im Jahr nach der Erwirtschaftung durch die Toch-ter oder – bei vorübergehender Thesaurierung durch die Tochter – noch später von der Tochter an die Mutter ausgeschüttet wird.

Die Konzern-GuV darf nur die in der Abrechnungsperiode im Konzern erwirtschaf-teten Überschüsse erfassen – diese allerdings vollständig. Ausschüttungen von Über-schüssen früherer Perioden dürfen nicht einbezogen werden. Folglich sind die Beteili-gungserträge in dem Jahr der Vereinnahmung – bzw. im mehrstufigen Konzern in den Jahren der Gewinnvereinnahmung – erfolgsmindernd zu eliminieren.

Im Jahr 01 gehen die Aufwands- und Ertragspositionen der Tochter unmodifiziert in die Konzern-GuV ein (siehe Beispiel J.12).

Beispiel J.12: Zeitverschobene Gewinnvereinnahmung, Jahr 01

Gewinnentstehung bei der Tochter im Jahr 01	GuV Lieferant		GuV Empfänger		Umbuchungen		GuV Konzern	
	Aufw.	Ertr.	Aufw.	Ertr.	Soll	Haben	Aufw.	Ertr.
Gesamtkostenverfahren								
1. Umsatzerlöse		1200						1200
5a. Aufwendungen für Roh-, Hilfs- und Betriebsstoffe und für bezogene Waren (Materialaufwand)	200						200	
20. Jahresüberschuss	1000						1000	

Im Jahr 02 (siehe Beispiel J.13) müssen zur Vermeidung der Doppelerfassung die Er-träge aus Beteiligungen vom Vorjahr bei der Mutter eliminiert und dementsprechend auch deren Jahresüberschuss gekürzt werden.

Beispiel J.13: Zeitverschobene Gewinnvereinnahmung, Jahr 02

Gewinnabführung an Mutter, Jahr 02	GuV Tochter		GuV Mutter		Umbuchungen		GuV Konzern	
	Aufw.	Ertr.	Aufw.	Ertr.	Soll	Haben	Aufw.	Ertr.
9. Erträge aus Beteiligungen				1.000	1.000			
20. Jahresüberschuss/-fehlbetrag			1.000			1.000		

J.3.4 GuV-Konsolidierung bei der Quotenkonsolidierung

Auch im Rahmen der Quotenkonsolidierung von gemeinsam geführten Unternehmen sind Aufwendungen und Erträge aus Geschäften des Gemeinschaftsunternehmens mit dem Konzernmutterunternehmen oder dessen Tochterunternehmen anteilig gegeneinander zu verrechnen, da § 310 Abs. 2 HGB ausdrücklich auf § 305 HGB verweist. Zu eliminieren sind dabei Innenumsatzerlöse und andere Erträge und Aufwendungen in Höhe der Beteiligungsquote des in den Konzernabschluss einbezogenen Gesellschafterunternehmens am Gemeinschaftsunternehmen. Die auf die anderen Gesellschafter des Gemeinschaftsunternehmens anteilig entfallenden Umsatzerlöse bzw. anderen Erträge und Aufwendungen sind mit Dritten außerhalb des Konzerns erzielt. Diese sind demnach realisiert und nicht zu eliminieren. Vielmehr müssen sie in der Konzern-GuV als Teil des Konzernjahresergebnisses ausgewiesen werden (vgl. Sigle in: Küting/Weber, Konzernrechnungslegung, 2. Aufl., § 310 Rn. 105).

Anders zu behandeln sind nur Beteiligungserträge, die das Gemeinschaftsunternehmen an sein in den Konzernabschluss einbezogenes Gesellschafterunternehmen ausschüttet. Diese Beteiligungserträge stehen dem Konzern in voller Höhe zu, da sie gemessen an der Beteiligungsquote dem Konzernanteil am ausgeschütteten Gewinn des Gemeinschaftsunternehmens entsprechen. Gleichzeitig würde aber bei fehlender Konsolidierung mit der Erfassung der Beteiligungserträge der Konzernanteil am Erfolg des Gemeinschaftsunternehmens ein zweites Mal erfasst, da der Gewinn des Gemeinschaftsunternehmens bereits im Geschäftsjahr seiner Erwirtschaftung anteilig in Höhe der Beteiligungsquote in der Konzern-GuV erfasst wurde. Aus Sicht des Konzerns stellen die Beteiligungserträge deshalb nichts anderes als eine Thesaurierung dar. Die Beteiligungserträge müssen deshalb eliminiert werden und gegen die Konzernrücklagen verrechnet werden (vgl. Eisele/Rentschler, BFuP 1989, S. 315).

J.3.5 GuV-Konsolidierung bei der Equity-Methode

Gemäß § 312 Abs. 4 S. 2 HGB ist das auf assoziierte Beteiligungen entfallende Ergebnis unter einem gesonderten Posten in der Konzern-GuV auszuweisen (vgl. Küting/Zündorf in: Küting/Weber, Konzernrechnungslegung, 2. Aufl., § 312 Rn. 114).

In dieses Ergebnis können eingehen (siehe Kapitel G.):
– der anteilig bei dem assoziierten Unternehmen erwirtschaftete Jahreserfolg, und zwar unabhängig von der Ausschüttungspolitik (spätere Ausschüttungen vom assoziierten Unternehmen an ein Konzernunternehmen dürfen den Konzernerfolg somit nicht ein zweites Mal erhöhen),
– die Abschreibungen auf die im Rahmen der Anwendung der Buchwertmethode aufgedeckten stillen Reserven,
– Abschreibungen auf den Geschäftswert und

– bei entsprechender Verrechnungstechnik gegebenenfalls eliminierte Zwischenergebnisse (siehe Kapitel I.; zur Verrechnungstechnik vgl. Küting/Zündorf in:
   Küting/ Weber, Konzernrechnungslegung, 2. Aufl., § 312 Rn. 218–225; zum Umfang eliminierungspflichtiger bzw. -fähiger Geschäfte vgl. ebenda, Rn. 213–217).

Folgendes Beispiel J.14 soll betrachtet werden:

Das assoziierte Unternehmen erzielt im betrachteten Jahr einen anteiligen Fehlbetrag von 95 €. In demselben Jahr fließen dem beteiligten Unternehmen Dividenden-
erträge von 28 € aus dem im Vorjahr beim assoziierten Unternehmen erzielten Bilanzgewinn zu.

Die Erfolgswirkungen aus der in einer Nebenrechnung durchgeführten Kapitalaufrechnung betragen:

– Abschreibung auf die aufgedeckten stillen Reserven: 5 €
– Geschäftswertabschreibung: 8 €.

Beispiel J.14: Equity-Methode

Equity-Bewertung	GuV Konzernunt.		Umbuchungen		GuV Konzern	
	Aufw.	Ertr.	Soll	Haben	Aufw.	Ertr.
Gesamtkostenverfahren						
9. Erträge aus Beteiligungen		28	28			
• Ergebnis aus assoziierten Unternehmen			108		108	
20. Jahresüberschuss/-fehlbetrag	28			136		108

Die Erträge aus Beteiligungen in Höhe von 28 € müssen erfolgsmindernd eliminiert
werden, weil diese Beteiligungserträge im Vorjahr bereits unter der Position „Ergebnis
aus assoziierten Unternehmen" erfolgserhöhend erfasst wurden. Die Dividende fließt
daher erfolgsneutral zu.

Das Ergebnis aus dem assoziierten Unternehmen im laufenden Jahr ergibt sich
aus dem Jahresfehlbetrag von 95 €, den Abschreibungen auf die aufgedeckten stillen
Reserven (5 €) und der Geschäftswertabschreibung (8 €).

J.3.6 GuV-Konsolidierung als Ausfluss der Kapitalkonsolidierung

Die Kapitalkonsolidierung wirkt sich auf die GuV-Konsolidierung aus, wenn bei der
Aufrechnung des Beteiligungsbuchwertes aus der Bilanz der Mutter mit dem anteiligen Eigenkapital der Tochter im Rahmen der Erstkonsolidierung

– stille Reserven aufgedeckt wurden und/oder
– ein derivativer Geschäftswert aktiviert wurde.

In den Folgejahren sind diese aufgedeckten stillen Reserven nämlich im Konzernabschluss gegebenenfalls – z. B. durch Abschreibungen – aufzulösen; diese Mehraufwendungen erscheinen allerdings nur in der Konzern-GuV, nicht aber in der GuV der Tochter.

Ebenso ist die Abschreibung auf den Geschäftswert in der Konzern-GuV erfolgsmindernd zu berücksichtigen.

Das Beispiel J.15 soll diese Aussagen verdeutlichen. Es wird unterstellt, dass im Rahmen der erstmaligen Kapitalkonsolidierung stille Reserven aufgedeckt wurden.

Aufgegliedert nach den Bereichen, in denen stille Reserven aufgedeckt wurden, ergaben sich im Geschäftsjahr folgende Mehraufwendungen:

abnutzbares Anlagevermögen	10 €
nicht abnutzbares Anlagevermögen	0 €
Materialbestand	13 €
Geschäftswert	20 €

Beispiel J.15: Kapitalkonsolidierung und GuV

Folgen der Kapitalkonsolidierung, Tochter T realisiert externe Umsatzerlöse	GuV Mutter		GuV Tochter		Umbuchungen		GuV Konzern	
	Aufw.	Ertr.	Aufw.	Ertr.	Soll	Haben	Aufw.	Ertr.
Gesamtkostenverfahren								
1. Umsatzerlöse				170				170
2. Erhöhung oder Verminderung des Bestands an fertigen oder unfertigen Erzeugnissen								
3. andere aktivierte Eigenleistungen								
5a. Aufwendungen für Roh-, Hilfs- und Betriebsstoffe und für bezogene Waren (Materialaufwand)			50		13		63	
6a. Löhne und Gehälter			25				25	
7a. Abschr. auf imm. Vermögen, Sachanlagen			12		30		42	
20. Jahresüberschuss/ -fehlbetrag			83			43	40	

Für das Umsatzkostenverfahren ist zu untersuchen, welchen funktionalen Bereichen die Auflösung der stillen Reserven zuzuordnen ist und ob gegebenenfalls eine Aktivierung derselben vorgenommen wurde (siehe Abschnitt J.3.1.1.2).

J.3.7 Auswirkungen der Schuldenkonsolidierung auf die GuV-Konsolidierung

Die GuV-Konsolidierung als Ausfluss der Schuldenkonsolidierung ist ein Spezialfall der Konsolidierung anderer Erträge und Aufwendungen (siehe Abschnitt J.3.2).

Sie kann
- erfolgsneutral erfolgen, wenn (Zins-)Aufwendungen des Schuldners mit größengleichen (Zins-)Erträgen des Gläubigers aufgerechnet werden, oder
- bei nicht gleichgroßen Positionen erfolgswirksam ablaufen, wenn etwa die Aufwendungen des Schuldners größer als die Erträge des Gläubigers sind.

Im Beispiel J.16 für eine erfolgswirksame Konsolidierung wird das deutlich. G gewährt S ein konzerninternes Darlehen zum 1.1. Jahr 01, Auszahlung 97 %, Nominalwert 10000 €, Zins 5 % = 500 €, Laufzeit 5 Jahre. S schreibt das Disagio in Höhe von 300 € sofort ab, G aktiviert dies periodenanteilig mit 60 €. Die Konsolidierungsspalte macht sämtliche Geschäftsvorfälle rückgängig.

Beispiel J.16: Schuldenkonsolidierung und GuV

Schuldenkonsolidierung	GuV G		GuV S		Umbuchungen		GuV Konzern	
	Aufw.	Ertr.	Aufw.	Ertr.	Soll	Haben	Aufw.	Ertr.
Gesamtkostenverfahren (Umsatzkostenverfahren)								
11. (10.) Zinsen und ähnliche Erträge		60 500			560			
13. (12.) Zinsen und ähnliche Aufwendungen			800			800		
20. Jahresüberschuss/ -fehlbetrag	560			800	240			

J.4 GuV-Konsolidierung nach IFRS

In den IFRS finden sich neben IFRS 10.B86, der die Eliminierung aller konzerninternen Erträge und Aufwendungen sowie konzerninternen Gewinntransfers verlangt, keine weiteren Regelungen zur Durchführung der GuV-Konsolidierung. Die Vorgehensweise entspricht dabei im Wesentlichen der nach HGB.

Im Rahmen der quotalen Konsolidierung von gemeinschaftlichen Tätigkeiten nach IFRS 11.20 ff. finden sich zwar keine expliziten Regelungen zur GuV-Konsolidierung. Die für Downstream- wie Upstream-Lieferungen notwendige Zwischenergebniseliminierung nach IFRS 11.B34 bzw. IFRS 11.B36 führt jedoch implizit zu einer verpflichtenden Aufwands- und Ertragskonsolidierung auch bei der quotalen Konsolidierung von gemeinschaftlichen Tätigkeiten. Zusätzlich spricht insbesondere bei gemeinschaftlichen Tätigkeiten, die einen Geschäftsbetrieb nach IFRS 3 darstellen, auch die Regelung von IFRS 11.21A, dass grundsätzlich auch bei der quotalen Konsolidierung die Grundsätze der Konsolidierung nach IFRS 3 anzuwenden sind, für eine verpflichtende quotale GuV-Konsolidierung (vgl. auch Pellens/Fülbier/Gassen/Sellhorn, Internationale Rechnungslegung, 2017, S. 931).

Ebenfalls keine explizite Regelung zur Frage der GuV-Konsolidierung findet sich in IAS 28 für die Equity-Methode. Bei der Equity-Methode für assoziierte und Gemeinschaftsunternehmen werden Aufwendungen und Erträge des assoziierten bzw. Gemeinschaftsunternehmens nicht in die Summen-GuV übernommen. Entsprechend scheidet grundsätzlich eine erfolgsneutrale Aufwands- und Ertragskonsolidierung insofern aus (vgl. Hayn in: Beck IFRS HB, 5. Aufl., § 36 Rn. 66). Enthalten ist in der Summen-GuV aber im Fall einer Gewinnausschüttung des assoziierten Unternehmens bzw. Gemeinschaftsunternehmens an den Konzern ein Beteiligungsertrag. Gleichzeitig ist in der Konzern-GuV der Gewinn- bzw. Verlustanteil von nach der Equity-Methode bilanzierten assoziierten Unternehmen bzw. Gemeinschaftsunternehmen in einem gesonderten Posten anzugeben (IAS 1.82(c)). In diesem sind neben dem anteiligen, beim assoziierten Unternehmen bzw. Gemeinschaftsunternehmen erzielten Jahresergebnis auch die erfolgswirksamen Adjustierungen des Equity-Wertes u. a. aus Abschreibungen auf die aufgedeckten stillen Reserven enthalten. Entsprechend müssen im Rahmen der Konsolidierungsbuchungen bezüglich der Konzern-GuV, wie nach HGB auch, die Beteiligungserträge aus Ausschüttungen erfolgswirksam eliminiert werden und die erfolgswirksamen Adjustierungen des Beteiligungsbuchwertes gegen den Jahreserfolg in den Posten *„Gewinn/Verlust aus nach der Equity-Methode bewerteten Beteiligungen"* gebucht werden.

Nach IFRS kann außerdem wie nach § 305 Abs. 2 HGB allein in Fällen von insgesamt untergeordneter Bedeutung aufgrund des allgemeinen Wesentlichkeitsgrundsatzes eine GuV-Konsolidierung unterbleiben (CF.OB2 iVm. CF.QC4 und .QC11).

Literaturhinweise

Über die üblichen Kommentierungen hinaus:

Coenenberg, Adolf G., unter Mitarbeit von Maria Assel, Daniel Blab, Christoph Durchschein, Julian Faiß, Tobias Groß, Wolfgang Herb, Cristina Landis, Michael Link, Christina Manthei-Geh, Tobias Oswald und Bettina Schabert: Jahresabschluss und Jahresabschlussanalyse, Betriebswirtschaftliche, handelsrechtliche, steuerrechtliche und internationale Grundlagen – HGB, IAS/IFRS, US-GAAP, DRS, 24. Aufl., Stuttgart 2016, S. 758–769.
Schildbach, Thomas: Der handelsrechtliche Jahresabschluss, 10. Aufl., Herne/Berlin 2013.
Sonderausschuß Bilanzrichtlinien-Gesetz: Stellungnahme 1/1987: Probleme des Umsatzkostenverfahrens, in: WPg, 40. Jg., 1987, S. 141–143.
Wysocki, Klaus von: Die Konsolidierung der Innenumsatzerlöse nach § 305 Abs. 1 Nr. 1 HGB, in: Bilanz- und Konzernrecht, Festschrift für Reinhard Goerdeler, hrsg. von Hans Havermann, Düsseldorf 1987, S. 723–749.

K Latente Steuern im Konzernabschluss

K.1 Grundlagen

K.1.1 Überblick

Im Konzernabschluss tritt das schon im Einzelabschluss wichtige Problem der latenten Steuern in veränderter, konzernspezifischer Form ebenfalls auf.

Beim unabhängigen wie beim konzerngebundenen Unternehmen bemessen sich die Ertragsteuern nach dem jeweiligen Steuerbilanzergebnis. Das für die Höhe der Steuerlast verantwortliche Steuerbilanzergebnis weicht allerdings in der Regel von dem handelsrechtlichen bzw. dem nach IFRS ermittelten Ergebnis ab, wie es sich im Einzel- oder im Konzernabschluss findet. Entsprechend bestehen bei Bilanzansätzen, Werten sowie Ergebnissen Unterschiede zwischen steuerlichen und „handelsrechtlichen" Bilanzen. Da die in den „handelsrechtlichen" Jahres- und Konzernabschlüssen ausgewiesenen Aufwendungen für Steuern vom Einkommen und vom Ertrag zunächst genau die getreu den steuerlichen Vorschriften aus der Steuerbilanz abgeleiteten Steuerlasten widerspiegeln, kommt es zu Problemen: die steuerbilanzbasierte Steuerlast passt nicht unbedingt zu den ansonsten in dem „handelsrechtlichen" Rechenwerk (Einzel- oder Konzernbilanz) ausgewiesenen Zahlen – dem Erfolg bzw. den Vermögens- und Schuldpositionen. Die fehlende Entsprechung verzerrt die Darstellung der Vermögens- und Ertragslage. Daher muss ihr sowohl nach HGB als auch nach IFRS mittels ergänzender Mehr- oder Minderbelastungen – sogenannter latenter Steuern – im Einzel- und im Konzernabschluss entgegengewirkt werden (zum Grundgedanken der so genannten Interperiod Tax Allocation vgl. Coenenberg/Blaum/Burkhardt in: Baetge/Wollmert/Kirsch/Oser/Bischof, Rechnungslegung nach IFRS, IAS 12, Rn. 1; Hille, Latente Steuern, 1982, S. 16–33). Nach einer einführenden Erläuterung des dem HGB wie den IFRS zugrunde liegenden Abgrenzungskonzeptes latenter Steuern (Temporary-Konzeptes) werden zunächst in Abschnitt K.2 die latenten Steuern im Konzernabschluss nach HGB dargestellt. Dem gegenüber gestellt werden die Regelungen nach IFRS in Kapitel K.3.

K.1.2 Abgrenzung latenter Steuern nach dem Temporary-Konzept

Das Temporary-Konzept, dem die Vorschriften von §§ 274, 306 HGB und IAS 12 folgen, wird als bilanzorientiert bezeichnet. Der Ansatz latenter Steuern setzt Abweichungen zwischen dem HGB- bzw. IFRS-Buchwert und dem steuerlichen Wertansatz voraus, hängt aber nicht davon ab, ob derartige Differenzen erfolgswirksam oder erfolgsneutral entstanden sind. Dementsprechend müssen u. U. latente Steuern auch dann gebildet werden, wenn im Zeitpunkt der Entstehung von Bilanzierungs- und Bewertungs-

https://doi.org/10.1515/9783110535723-011

unterschieden der Jahresüberschuss/-fehlbetrag nach HGB bzw. IFRS mit dem Steuerbilanzergebnis übereinstimmt.

Zum Ansatz latenter Steuern nach dem Temporary-Konzept kommt es allerdings nur dann, wenn aus den Bilanzierungs- und Bewertungsunterschieden zwischen Handels- bzw. IFRS-Bilanz und Steuerbilanz in Zukunft steuerliche Mehr- oder Minderbelastungen zu erwarten sind. So wird der bei der Auflösung der temporären Differenzen entstehende Ertragsteueraufwand besser an den Jahresüberschuss nach HGB bzw. IFRS angepasst. Gleichzeitig würden die Kapitalgeber in der Periode, in der die temporäre Differenz entstanden ist, ohne latente Steuern nicht über alle zu erwartenden und hinreichend wahrscheinlichen zukünftigen Steuerminderungen oder -belastungen informiert; der bilanzielle Ausweis von Vermögen („assets") und Schulden („liabilities") wäre in dieser Periode unzutreffend.

Passive temporäre Differenzen („zu versteuernde temporäre Differenzen") liegen demnach vor, wenn

– Vermögensgegenstände in der Handelsbilanz bzw. IFRS-Bilanz höher bewertet sind als in der Steuerbilanz oder in der Handelsbilanz bzw. IFRS-Bilanz, nicht aber in der Steuerbilanz angesetzt sind oder
– Verbindlichkeiten in der Handelsbilanz bzw. IFRS-Bilanz niedriger bewertet sind als in der Steuerbilanz oder in der Steuerbilanz, nicht aber in der Handelsbilanz bzw. IFRS-Bilanz angesetzt sind

und beim Ausgleich der Unterschiede ein steuerliches Mehrergebnis entstehen wird, das zu einer höheren Steuerbelastung führen wird (§ 274 Abs. 1 S. 1 und § 306 S. 1 HGB; IAS 12.5 und .15). In diesem Fall sind passive latente Steuern zu bilden.

Aktive temporäre Differenzen („abzugsfähige temporäre Differenzen"), für die aktive latente Steuern gebildet werden, liegen vor, wenn

– Vermögensgegenstände in der Handelsbilanz bzw. IFRS-Bilanz niedriger bewertet sind als in der Steuerbilanz oder in der Steuerbilanz, nicht aber in der Handelsbilanz bzw. IFRS-Bilanz angesetzt sind oder
– Verbindlichkeiten in der Handelsbilanz bzw. IFRS-Bilanz höher bewertet sind als in der Steuerbilanz oder in der Handelsbilanz bzw. IFRS-Bilanz, nicht aber in der Steuerbilanz angesetzt sind

und beim Ausgleich der Unterschiede ein steuerliches Minderergebnis entstehen wird, das wahrscheinlich zu einer Steuerrückerstattung oder -ersparnis führen wird (§ 274 Abs. 1 S. 2 und § 306 S. 1 HGB; IAS 12.24). Voraussetzung für die Bildung aktiver latenter Steuern ist jedoch ausdrücklich, dass zukünftig wahrscheinlich steuerpflichtige Gewinne zu erwarten sind, so dass die aktiven latenten Steuern bei ihrer Auflösung auch steuerlich wirksam genutzt werden können (DRS 18.17; IAS 12.27). Nur dann sind aus den aktiven temporären Differenzen auch in Zukunft wahrscheinlich Steuerersparnisse zu erwarten. Wann wahrscheinlich zukünftige steuerliche Gewinne vorliegen, wird in DRS 18.17 für die HGB-Bilanzierung und in IAS 12.27–.29 für die IFRS-Bilanzierung klargestellt.

Das Temporary-Konzept erfasst somit alle Differenzen, die sich in Zukunft wieder auflösen, also auch solche Differenzen, die sich erst bei einer Disposition des Unternehmens, also z. B. dem Verkauf eines Vermögenswertes, wieder auflösen. Grundlage ist, dass es nach dem Temporary-Konzept nur relevant ist, dass sich die Bilanzierungs- und Bewertungsunterschiede steuerwirksam auflösen. Der Zeitpunkt der Auflösung ist nach dem Temporary-Konzept hingegen irrelevant. Permanente Differenzen, also Bewertungsdifferenzen zwischen Handels- und Steuerbilanz, die sich nicht steuerwirksam umkehren, führen hingegen auch nach dem Temporary-Konzept nicht zu latenten Steuern. Beispiel für einen solchen Fall wären z. B. Rückstellungen für steuerlich nicht abzugsfähige Betriebsausgaben (vgl. WP-Handbuch, Band I, F Tz. 688).

K.2 Latente Steuern im Konzernabschluss nach HGB

K.2.1 Mögliche Ursachen latenter Steuern im Konzernabschluss nach HGB

Latente Steuern im Konzernabschluss nach HGB können auf drei Ebenen entstehen:
- Latente Steuern aus dem Einzelabschluss nach HGB (HB I)
- Latente Steuern aus der Erstellung der HB II
- Latente Steuern aus den Konsolidierungsmaßnahmen

Für den Einzelabschluss regelt § 274 HGB die Frage der Bilanzierung von latenten Steuern. Danach führen temporäre Differenzen zwischen dem Wertansatz von Vermögensgegenständen, Schulden oder Rechnungsabgrenzungsposten in der Handelsbilanz und demjenigen in der Steuerbilanz grundsätzlich zu latenten Steuern, wenn der Abbau der temporären Differenzen in der Zukunft zu Steuerbe- oder -entlastungen führt (sog. inside basis differences I; vgl. WP-Handbuch, Band I, G Tz. 615 sowie Baetge u. a., Konzernbilanzen, 2017, S. 462 f.). Zu beachten ist, dass § 274 Abs. 1 S. 2 HGB für eine insgesamt sich ergebende aktive latente Steuer ein Ansatzwahlrecht einräumt. Hingegen muss eine sich im Saldo insgesamt ergebende passive latente Steuer immer passiviert werden (§ 274 Abs. 1 S. 1 HGB). Im Einzelabschluss angesetzte latente Steuern gehen über die HB I in die Summenbilanz und damit letztlich in den Konzernabschluss ein. Ursachen für mögliche latente Steuern im Einzelabschluss und deren bilanzielle Behandlung werden hier aber nicht weiter behandelt (vgl. dazu z. B. Coenenberg, Jahresabschluss, 2016, S. 497 ff.).

Im Konzernabschluss kommen weitere Ursachen für latente Steuern hinzu. Dabei sind für den Ansatz latenter Steuern im Konzernabschluss zwei Bereiche wesentlich. Zunächst können sich die Differenzen zwischen den Wertansätzen in der Handelsbilanz und denen in der Steuerbilanz durch Maßnahmen zur Aufbereitung der Einzelabschlüsse der Konzernunternehmen zur sogenannten HB II (konzerneinheitliche Bilanzierung und Bewertung in der Handelsbilanz II) verändern, da die Wertansätze in der Steuerbilanz durch diese Maßnahmen unverändert bleiben (sog. inside basis differences II; vgl. Baetge u. a., Konzernbilanzen, 2017, S. 463). Ergibt sich daraus die Notwendigkeit zum Ansatz latenter Steuern, sind diese im Rahmen der HB II zu berücksichtigen. Latente Steuern sind dann auf Basis der gleichen Überlegungen zu bilden wie die latenten Steuern im Einzelabschluss. Allerdings sind sie nur noch zum Ausgleich temporärer Differenzen zwischen den Handelsbilanzen I und II bzw. zwischen der Einzelbilanz vor und nach Währungsumrechnung erforderlich, denn temporäre Differenzen zwischen Steuerbilanz und Handelsbilanz I wurde bereits durch latente Steuern im Einzelabschluss entsprechend § 274 HGB Rechnung getragen, auf dem die zusätzliche Bereinigung aufbaut. Auf dieser Ebene liegen auch temporäre Differenzen, die aus der Währungsumrechnung entstehen. Inwieweit solche temporären Differenzen zu latenten Steuern führen, ist in der Literatur allerdings strittig.

Darüber hinaus entstehen durch die Konsolidierungsmaßnahmen gegebenenfalls weitere Differenzen zwischen den Wertansätzen der Summenbilanz, die sich als Summe der Handelsbilanzen II aller einbezogenen Unternehmen ergibt, und den Wertansätzen in der Konzernbilanz (ebenfalls sog. inside basis differences II; vgl. Baetge u. a., Konzernbilanzen, 2017, S. 463). Dabei entstehenden temporären Differenzen ist Rechnung zu tragen, indem der Grundgedanke der latenten Steuern gemäß der Einheitstheorie auf die wirtschaftliche Einheit des Konzerns übertragen wird. Erneut sind nur zusätzliche temporäre Differenzen zu berücksichtigen, die bisher weder in der Handelsbilanz I noch in der Handelsbilanz II oder der Bilanz nach Währungsumrechnung berücksichtigt wurden (siehe Abbildung K.1).

Im Gegensatz zu den inside basis differences, die sich steuerlich auf der Ebene des jeweiligen einbezogenen Unternehmens auswirken, betreffen outside basis differences als letzte mögliche Ursache von latenten Steuern die Ebene der rechtlichen Muttergesellschaft bzw. zukünftige steuerliche Konsequenzen auf Ebene der Anteilseigner. Outside basis differences entstehen, wenn es temporäre Differenzen zwischen dem handelsrechtlichen Wertansatz des im Konzernabschluss angesetzten Nettovermögen eines einbezogenen Unternehmens und dem steuerlichen Beteiligungsbuchwert für diese einbezogenen Unternehmen in der Steuerbilanz des Mutterunternehmens gibt (vgl. WP-Handbuch, Band I, G Tz. 616).

K.2.2 Ansatz latenter Steuern im Konzernabschluss nach HGB

K.2.2.1 Latente Steuern aufgrund von Maßnahmen zur Konzerneinheitlichen Bilanzierung und Bewertung sowie zur Währungsumrechnung

Im Rahmen der Erstellung des Konzernabschlusses ist zunächst auf eine konzerneinheitliche Bilanzierung und Bewertung gemäß §§ 300 Abs. 2 und 308 HGB umzustellen. Gemäß § 298 Abs. 1 findet § 274 HGB Anwendung im Konzernabschluss. Weichen die Wertansätze von Vermögensgegenständen, Schulden und Rechnungsabgrenzungen in der Handelsbilanz II des einbezogenen Unternehmens von denen in seiner Steuerbilanz ab, muss die Bildung latenter Steuern nach den Vorschriften von § 274 HGB

Mögliche Ursachen latenter Steuern im Konzernabschluss nach HGB

Ebene	auf Einzelebene				auf Konzernebene			
	Steuerbilanz	HB I Einheitl. Bilanz./Bewert. HB II (1.) (2.)	Währungsumrechnung (3.)	Kapitalkonsolidierung (4.)	Zwischenergebniseliminierung (5.)	Schuldenkonsolidierung (6.)	Quotenkonsolidierung (7.)	Equity-Methode (8.)
Rechts-grund-lage		§ 274 / § 298 Abs. 1 iVm. § 274	Analog § 306 S. 4	§ 306	§ 306	§ 306	§ 310 II iVm. § 306	nicht geregelt; analog § 306
weitere Tatbe-stands-merk-male		– temporäre Differenz zw. StB und HB II – Auflösung ist steuerwirksam	– Temporäre Differenz zw. Summenbilanz und Konzernbilanz ausgelöst durch Konsolidierungsmaßnahmen – Auflösung ist steuerwirksam					
Rechtsfolge bei Vorliegen einer temporären Differenz	in HB I: Aktivierungswahlrecht; Passivierungspflicht	in HB II: Aktivierungspflicht oder -wahlrecht (str.), Passivierungspflicht	für 4.–7.: Aktivierungs- und Passivierungspflicht					für 8.: Wahlrecht analog § 306

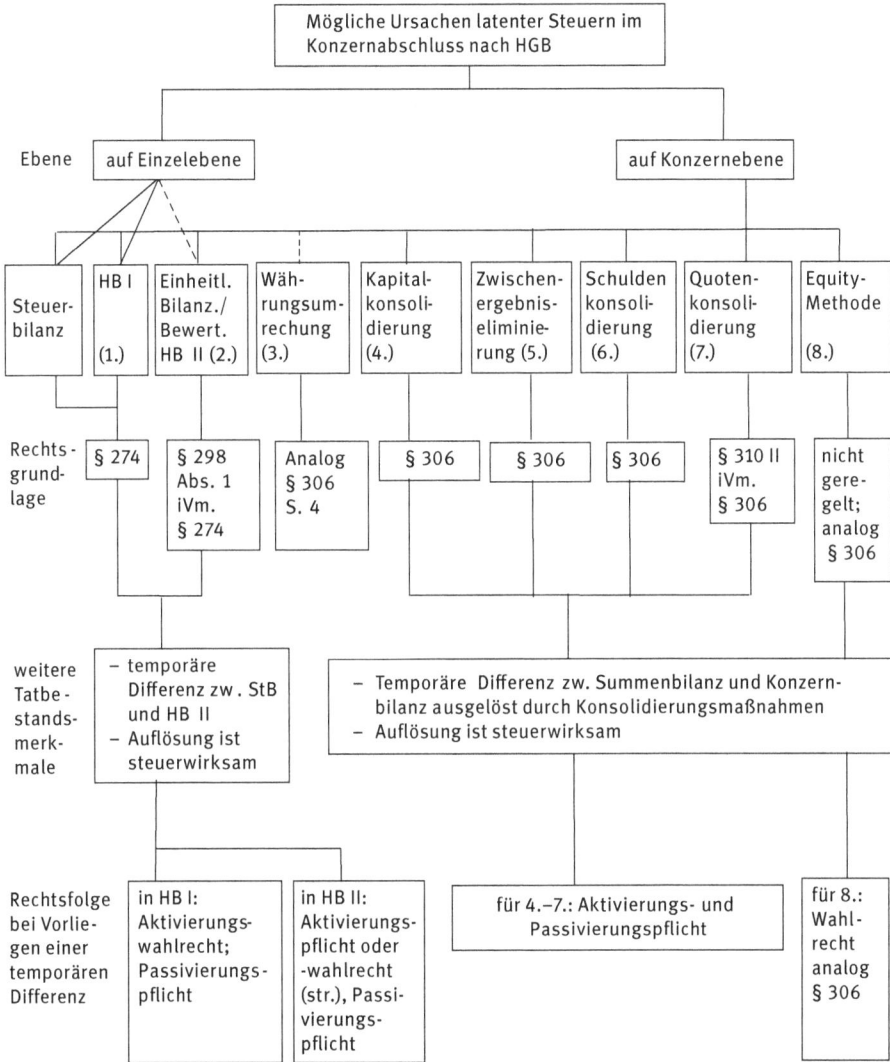

Abb. K.1: Überblick über die möglichen Ursachen latenter Steuern im Konzernabschluss nach HGB.

geprüft werden (vgl. Grottel/Larenz in Beck Bil-Komm., 11. Aufl., § 306 Anm. 7). Latente Steuern sind in diesem Fall auf Basis der gleichen Überlegungen zu bilden wie im Einzelabschluss. Allerdings sind sie nur noch zum Ausgleich temporärer Differenzen zwischen den handelsrechtlichen Ergebnissen in den Handelsbilanzen I und II erforderlich, denn temporären Differenzen zwischen Steuerbilanz und Handelsbilanz I wurde bereits durch latente Steuern im Einzelabschluss entsprechend § 274 HGB Rechnung getragen, auf dem die zusätzliche Bereinigung aufbaut.

Gesetzsystematisch ist jedoch die Rechtsgrundlage nicht ganz eindeutig für latente Steuern aufgrund temporärer Differenzen zwischen Handelsbilanz I und II. Über § 298 Abs. 1 HGB wird grundsätzlich § 274 HGB für den Konzernabschluss für anwendbar erklärt. Gleichzeitig regelt § 306 HGB die Bilanzierung sog. „sekundärer" latenter Steuern für Konsolidierungsmaßnahmen, *„die nach den Vorschriften dieses Titels durchgeführt worden sind"*. Der entsprechende Titel des Gesetzes umfasst mit den §§ 300–307 HGB nicht die konzerneinheitliche Bewertung (§ 308 HGB), sehr wohl aber die konzerneinheitliche Bilanzierung nach § 300 Abs. 2 HGB. Die Literatur sieht aber eine Einbeziehung der Maßnahmen der konzerneinheitlichen Bilanzierung in die Ermittlung der sekundären latenten Steuern nach § 306 HGB als nicht sachgerecht an, da latente Steuern aus der konzerneinheitliche Bewertung, die erst auf die Maßnahmen zur konzerneinheitlichen Bilanzierung folgt, eindeutig nur nach § 274 iVm. § 298 Abs. 1 HGB erfasst werden können (vgl. u. a. Grottel/Larenz in Beck Bil-Komm., 11. Aufl., § 306 Anm. 7). Die Frage hat materielle Bedeutung, weil nur nach § 274 HGB für aktive latente Steuern ein Ansatzwahlrecht besteht. § 306 HGB dagegen verpflichtet zum Ansatz passiver und aktiver latenter Steuern. Die Literatur empfiehlt deshalb im Sinne eines besseren Informationsgehaltes des Konzernabschlusses, werthaltige aktive latente Steuern in den Handelsbilanzen I und II immer anzusetzen (vgl. Grottel/Larenz in Beck Bil-Komm., 11. Aufl., § 306 Anm. 8).

Für die Erstellung einer Summen-GuV als Ausgangspunkt für die Ableitung einer Konzern-GuV ist im Fall des internationalen Konzerns häufig eine Währungsumrechnung erforderlich. Diese ist systematisch den Maßnahmen zur Vereinheitlichung des Einzelabschlusses des einzubeziehenden Unternehmens zur Erstellung der HB II zuzuordnen, da die Währungsumrechnung in § 308a HGB geregelt ist. Entsprechend sind auf temporäre Differenzen, die aus der Währungsumrechnung entstehen, grundsätzlich nach § 298 Abs. 1 iVm. § 274 HGB und nicht nach § 306 HGB latente Steuern zu bilden. Aus der Währungsumrechnung entstehende temporäre Differenzen sind aber outside basis differences, da es sich um temporäre Differenzen zwischen den Wertansätzen im Konzernabschluss und denen in der Steuerbilanz der Anteilseigner handelt (vgl. Grottel/Koeplin in Beck Bil-Komm., 11. Aufl., § 308a Anm. 102). Latente Steuern auf outside basis differences schließt § 306 S. 4 HGB explizit aus, § 274 HGB äußert sich nicht explizit. In der Literatur ist der Ansatz latenter Steuern deshalb umstritten, die herrschende Meinung geht aber davon aus, dass latente Steuern auf temporäre Differenzen aus der Währungsumrechnung analog zu § 306 S. 4 HGB nicht angesetzt werden dürfen (vgl. DRS 18.30; WP-Handbuch, Band I, G Tz. 376 m. w. N.; aA Baetge u. a., Konzernbilanzen, 2017, S. 465).

K.2.2.2 Latente Steuern aus Konsolidierungsmaßnahmen und der Anwendung der Equity-Methode

K.2.2.2.1 Latente Steuern aus der Kapitalkonsolidierung

Im Jahr der Erstkonsolidierung wird der Beteiligungsbuchwert der Mutter mit dem anteiligen neubewerteten Eigenkapital der Tochter aufgerechnet, wobei im Rahmen der Neubewertung zunächst alle stillen Reserven und Lasten erfolgsneutral aufzulösen sind. Durch die Auflösung stiller Reserven und Lasten erhöhen sich die temporären Differenzen zwischen den handelsrechtlichen und den steuerlichen Wertansätzen über das bereits in der Summenbilanz erfasste Maß hinaus. Die aufgelösten stillen Reserven und Lasten teilen das Schicksal der jeweiligen Konzernbilanzpositionen, so dass die aufgedeckte stille Reserven insbesondere des abnutzbaren Anlage- oder Umlaufvermögens in den Folgeperioden sich allmählich wieder auflösen. § 306 S. 1 HGB verlangt entsprechend, dass die sich aus der Auflösung der temporären Differenzen ergebenden Steuerbe- wie -entlastungen als latente Steuern zu erfassen sind. Ebenso wie die aufgelösten stillen Reserven und Lasten werden auch die dadurch ausgelösten latenten Steuern erfolgsneutral über die Neubewertungsrücklage erfasst (vgl. Grottel/ Larenz in Beck Bil-Komm., 11. Aufl., § 306 Anm. 11).

Übersteigt der Beteiligungsbuchwert das anteilige neubewertete Eigenkapital, wird der übersteigende Betrag als Geschäftswert ausgewiesen (§ 301 Abs. 3 HGB) und in den Folgejahren dann planmäßig und gegebenenfalls außerplanmäßig abgeschrieben (§ 309 Abs. 1 HGB). Ein negativer Unterschiedsbetrag ist auf der Passivseite unter einem eigenen Posten anzusetzen (§ 301 Abs. 3 HGB). Für temporäre Differenzen auf diese Unterschiedsbeträge dürfen aber nach § 306 S. 3 HGB keine latenten Steuern angesetzt werden (vgl. Grottel/Larenz in Beck Bil-Komm., 11. Aufl., § 306 Anm. 12). Ebenfalls vom Ansatz latenter Steuern ausgeschlossen sind outside basis differences, also von temporären Differenzen zwischen dem im Konzernabschluss angesetzten Nettovermögen des Tochterunternehmens und dem Wertansatz des Beteiligungsbuchwertes in der Steuerbilanz des Mutterunternehmens (§ 306 S. 4 HGB).

Bei der Quotenkonsolidierung ergibt sich bezüglich der Steuerabgrenzungsproblematik ein ähnliches Bild wie bei der Vollkonsolidierung, weil auch § 310 Abs. 1 HGB die Anwendung von § 306 HGB vorschreibt. Da stille Reserven und Lasten nur anteilig entsprechend der quotalen Beteiligung aufgedeckt werden, sind auch die latenten Steuern auf die daraus entstehenden temporären Differenzen nur anteilig zu erfassen.

Beispiel K.1 verdeutlicht anhand des grundlegenden Beispiels zur Kapitalkonsolidierung nach der Neubewertungsmethode (Beispiel G.1 in Kapitel G.2.2.2), in welchem Umfang latente Steuern aufgrund der Kapitalkonsolidierungsmaßnahmen bei Vollkonsolidierung zu bilden sind.

Das Mutterunternehmen M soll in diesem Beispiel zum Ende des Jahres 16 100 % der Anteile eines neuen Tochterunternehmen T für einen Kaufpreis von 500 erworben haben. Entsprechend wird die Mutter T am Ende des Jahres 16 erstmals in einen Konzernabschluss einbeziehen. In den Aktiva von T sind annahmegemäß 100 stille Reserven enthalten, die bei der Neubewertung im Rahmen der Kapitalkonsolidierung nach § 301 Abs. 1 HGB vollständig aufzulösen sind. In der Steuerbilanz von T bleiben die Buchwerte der Aktiva hingegen unverändert bei 450. Der relevante Ertragssteuersatz von T liegt bei 30 %. Die Aufdeckung der stillen Reserven führt entsprechend zu temporären Differenzen, da die aufgelösten stillen Reserven in den Folgejahren entweder durch höhere handelsrechtliche Abschreibungen bei abnutzbaren Vermögensgegenständen bzw. bei Abgang durch den handelsrechtlich dann höheren auszubuchenden Restbuchwert wieder ausgebucht werden, so dass spätestens mit dem Abgang der Vermögensgegenstände keine Differenz zur Steuerbilanz mehr besteht. Die Auflösung der temporären Differenzen aus den aufgelösten stillen Reserven wirkt sich steuerbelastend aus, so dass nach § 306 S. 1HGB passive latente Steuern in Höhe von 30 (= 100·30 %) im Rahmen der Neubewertung des anteiligen Eigenkapitals von T zu bilden sind. Entsprechend sinkt die zu bildende Neubewertungsrücklage von 100 ohne Berücksichtigung latenter Steuern auf 70, da das anteilige Eigenkapital durch die Neubewertung nur um den Saldo aus aufgelösten stillen Reserven von 100 und den dadurch ausgelösten passiven latenten Steuern von 30 steigt.

Beispiel K.1: Latente Steuern aus der erstmalige Konsolidierung nach der Neubewertungsmethode

	M HB II	T HB II	TN HB III	Summen-bilanz	Konsolidierung Soll	Konsolidierung Haben	Konzern
Geschäftswert	–	–	–	–	(2) 180		180
Übrige Aktiva	1250	450	550[1]	1800			1800
[stille Reserven]	–	[100]					
Beteiligung an T	500	–	–	500		(1) 500	–
Unterschiedsbetrag	–	–	–	–	(1) 180	(2) 180	–
Summe	1750	450	550	2300			1980
Gezeichnetes Kapital	600	150	150	750	(1) 150		600
Rücklagen	300	80	150[2]	450	(1) 150		300
Jahresüberschuss	100	20	20	120	(1) 20		100
Fremdkapital	750	200	200	950			950
Pass. lat. Steuern	–	–	30	30			30
Summe	1750	450	550	2300	680	680	1980

[1] einschließlich stiller Reserven
[2] einschließlich „Neubewertungsrücklage" aus der Aufdeckung stiller Reserven nach latenten Steuern (150 = 80 + (100 – 30))

Im Rahmen der Kapitalkonsolidierung ist im Erstkonsolidierungszeitpunkt der Beteiligungsbuchwert von 500 gegen das anteilige neubewertete Eigenkapital von T in Höhe von 320 (gezeichnetes Kapital 150, Rücklagen 150, Jahresüberschuss T 20) zu verrechnen, so dass ein Geschäfts- und Firmenwert von 180 anzusetzen ist. Im Vergleich zur Kapitalkonsolidierung ohne latente Steuern steigt der Geschäfts- und Firmenwert um 30 – dies entspricht genau den anzusetzenden passiven latenten Steuern von 30 aufgrund der Auflösung der stillen Reserven von 100.

Bei der Folgekonsolidierung zum 31.12.17 ist zu berücksichtigen, dass der Geschäftswert gemäß § 309 Abs. 1 iVm. § 253 Abs. 3 HGB sowie die im abnutzbaren Anlagevermögen aufgelösten stillen Reserven nach § 253 Abs. 3 iVm. § 298 Abs. 1 HGB planmäßig abzuschreiben sind. Im Beispiel K.2 wird analog zum grundlegenden Beispiel zur Folgekonsolidierung (Beispiel G.2 in Kapitel G.2.2.2) angenommen, dass die Tochter den Gewinn der Jahres 16 vollständig thesauriert, der Geschäftswert über 5 Jahre abgeschrieben wird und die stillen Reserven folgende Vermögensgegenstände betreffen:

- 40 € für Grundstücke, die keiner Abschreibung unterliegen und
- 60 € für eine Maschine, die bei einer Restnutzungsdauer von 3 Jahren linear abgeschrieben wird.

Beispiel K.2: Latente Steuern aus der Folgekonsolidierung nach der Neubewertungsmethode

	M HB II	T HB II	TN HB III	Summen- bilanz	Konsolidierung Soll	Konsolidierung Haben	Konzern
Geschäftswert	–	–	–	–	(2) 180	(3) 36	144
Übrige Aktiva	1450	590	690[1]	2140		(3) 20	2120
[stille Reserven]	–	[100]					
Beteiligung an T	500	–	–	500		(1) 500	–
Unterschiedsbetrag	–	–	–	–	(1) 180	(2) 180	–
Summe	1950	590	690	2640			2264
Gezeichnetes Kapital	600	150	150	750	(1) 150		600
Rücklagen	300	100	170[2]	470	(1) 170		300
Jahresüberschuss	100	140	140	240	(3) 56	(4) 6	190
Fremdkapital	950	200	200	1150			1150
Pass. lat. Steuern	–	–	30	30	(4) 6		24
Summe	1950	590	690	2640	742	742	2264

[1] einschließlich stiller Reserven
[2] einschließlich „Neubewertungsrücklage" aus der Aufdeckung stiller Reserven nach latenten Steuern und dem thesaurierten Gewinn aus dem Jahr 16 (170 = 80 + 20 + (100 – 30))

Zunächst wird die Erstkonsolidierung wiederholt, so dass wie in Beispiel K.1 passive latente Steuern von 30 auf die Auflösung der stillen Reserven im Rahmen der Neubewertung zu bilden sind. In der Folgebilanzierung sind dann sowohl der Geschäftswert (um 36) als auch die aufgelösten stillen Reserven (um 20) planmäßig abzuschreiben. Gleichzeitig mindert die planmäßige Abschreibung der stillen Reserven die temporäre Differenz zwischen dem Wertansatz des abnutzbaren Anlagevermögens in der Konzernbilanz und der Steuerbilanz. Entsprechend müssen passive latente Steuern von 6 (= 20 · 30 %) erfolgswirksam aufgelöst werden.

Am Beispiel K.2 lassen sich auch gut die outside basis differences aufzeigen, für die ein Ansatz latenter Steuern nach § 306 S. 4 HGB verboten sind. Das Nettovermögen der Tochter in der Konzernbilanz zum 31.12.17 ergibt sich aus der Summe der Wertansätze ihrer neubewerteten Aktiva und des auf die Tochter entfallenden Geschäftswertes abzüglich des Wertes des Fremdkapitals der Tochter sowie der auf sie entfallenden passiven latenten Steuern.

	Vermögenswerte T (Buchwerte KB: 690 – 20)	670 €
+	Auf T entfallender Geschäftswert (Buchwert KB: 180 – 36)	+144 €
–	Schulden T (Buchwerte KB)	–200 €
–	passive latente Steuern aus der Erst- und	
	Folgekonsolidierung T (Buchwert KB: 30 – 6)	– 24 €
=	neubewertetes Eigenkapital T in HB III	590 €

Insgesamt beläuft sich das im Konzernabschluss angesetzte Nettovermögen der Tochter demnach auf einen Wert von 590. Aus dem Vergleich des im Konzernabschluss angesetzten Nettovermögens des Tochterunternehmens mit dem Beteiligungsbuchwert in der Steuerbilanz der Mutter, der sich im Vergleich zum Anschaffungspreis am 31.12.16 nicht verändert hat, ergibt sich die outside basis difference in Höhe von –90 € (= 500 – 590). Dass das im Konzernabschluss angesetzte Nettovermögen der Tochter den steuerbilanziellen Beteiligungsbuchwert um 90 € übersteigt, liegt daran, dass der Gewinn der Tochtergesellschaft nach Konsolidierung aus dem Geschäftsjahr 17 von 90 € (= 140 – 56 + 6) im Konzernabschluss als anteiliges Eigenkapital des Tochterunternehmens bereits Teil ihres dort angesetzten Nettovermögens ist, nicht jedoch Teil ihres Beteiligungsbuchwert in der Steuerbilanz.

K.2.2.2.2 Latente Steuern aus der Zwischenergebniseliminierung

Temporäre Differenzen zwischen der Konzernbilanz und den in der Summenbilanz addierten Handelsbilanzen II der einbezogenen Unternehmen gemäß § 306 HGB können aus konzerninternen Lieferungen resultieren. Bei Lieferungen zu einem Preis, der oberhalb bzw. unterhalb der Konzernanschaffungs- bzw. -herstellungskosten liegt, sind nach § 304 HGB Zwischengewinne bzw. Zwischenverluste zu eliminieren, mit der Folge, dass im Konzernabschluss die konzernintern gelieferten Vermögensgegenstände mit Konzernanschaffungs- bzw. Herstellungskosten anzusetzen sind, die von den in der Summenbilanz für diese Vermögensgegenstände ausgewiesenen Anschaffung- bzw. Herstellungskosten abweichen (siehe Kapitel I.). Bei der Eliminierung von Zwischengewinnen liegen demnach die Konzernanschaffungs- bzw. -herstellungskosten unter den angesetzten Anschaffungs- oder Herstellungskosten in der Summenbilanz, bei eliminierten Zwischenverlusten ist es umgekehrt. Diese Differenz kehrt sich um, wenn

a) mit Zwischenergebnissen behaftete Vermögensgegenstände durch Verkauf an Dritte oder spätestens bei Liquidation den Konzern verlassen oder wenn

b) planmäßige Abschreibungen auf die mit Zwischenergebnis gelieferten Wirtschaftsgüter vorgenommen werden und dadurch die Differenz im Wertansatz der Vermögensgegenstände zwischen Konzernbilanz und Summenbilanz reduziert wird.

Eliminierungspflichte Zwischengewinne und -verluste im Anlage- und Umlaufvermögen führen also zu temporären Differenzen, die sich steuerwirksam in den Folgejahren umkehren. Deshalb sind im Entstehungsjahr nach § 306 HGB aktive latente Steuern auf die temporäre Differenz aus eliminierten Zwischengewinnen und passive latente Steuern auf die temporäre Differenz aus eliminierten Zwischenverlusten zu bilden (vgl. WP-Handbuch, Band I, G Tz. 607 f.).

Im Rahmen der Quotenkonsolidierung werden latente Steuern auf temporäre Differenzen aus dem nur quotal eliminierten Zwischenergebnis berechnet (§§ 306, 310 Abs. 2 HGB), da nur in dieser Höhe die Wertansätze im Konzernabschluss von denen der Summenbilanz aus voll konsolidierten und quotal konsolidierten Jahresabschlüssen abweichen.

K.2.2.2.3 Latente Steuern aus der Schuldenkonsolidierung

Die aus konzerninternen Geschäften resultierenden Forderungen, Rückstellungen und Verbindlichkeiten, die in die Summenbilanz eingehen, müssen im Rahmen der Schuldenkonsolidierung nach § 303 Abs. 1 HGB eliminiert werden. Stehen sich dabei die Forderung des einen Konzernunternehmen und die korrespondierende Verbindlichkeit der anderen Konzernunternehmen in gleicher Höhe gegenüber, führt dies nicht zu latenten Steuern nach § 306 HGB; denn durch die Eliminierung entstehen temporäre Differenzen zwischen den Forderungsbeständen in Konzernabschluss und Summenbilanz sowie gegenläufige zwischen den Verbindlichkeiten in Konzern- und Summenbilanz in betraglich identischer Höhe, die sich in der Summe damit genau ausgleichen. Für latente Steuern gibt es dann keinen Anknüpfungspunkt.

Anders ist die Lage zu beurteilen, wenn sich in einer Periode im Rahmen der Schuldenkonsolidierung zu eliminierende Forderungen, Rückstellungen und Verbindlichkeiten in ungleicher Höhe gegenüberstehen. Derartige zu eliminierende Konsolidierungsdifferenzen im Rahmen der Schuldenkonsolidierung gründen sich auf verschiedene Ursachen (siehe Kapitel H.). Regelmäßig führen diese dazu, dass absehbar ist, wie und wann sich die aufgetretenen Differenzen im Zeitablauf mit Auswirkung auf die Ertragssteuerbelastung wieder aufheben. Damit kommt es also zu temporären Differenzen, denen regelmäßig durch passive latente Steuern Rechnung zu tragen ist. Typische Fälle, in denen Konsolidierungsdifferenzen im Rahmen der Schuldenkonsolidierung auftreten, sind Situationen, wenn

– betraglich ungleiche, konzerninterne Forderungen und Verbindlichkeiten (z. B. bei Abschreibungen auf die Forderungen bei Bonitätsrisiken),
– konzerninterne Rückstellungen, beispielsweise Garantierückstellungen für eine konzerninterne Lieferung, oder
– konzerninterne Kredite, die mit einem Disagio gewährt wurden, eliminiert werden (vgl. Grottel/Larenz in Beck Bil-Komm., 11. Aufl., § 306 Anm. 20).

Die auf Basis der Vollkonsolidierung abgeleiteten Aussagen gelten analog auch für die Quotenkonsolidierung (§§ 310 Abs. 2, 306 HGB), allerdings nur in Höhe des Anteils der jeweiligen „Konzernmutter" an dem Gemeinschaftsunternehmen.

K.2.2.2.4 Latente Steuern aus der Anwendung der Equity-Methode

Die Equity-Methode zur Wertbestimmung von Beteiligungen an assoziierten Unternehmen nach § 311 HGB im Rahmen der Konsolidierung ist in § 312 HGB geregelt. Weder § 311 noch § 312 HGB sind somit innerhalb des 4. Titels geregelt ist, auf den § 306 HGB direkt Bezug nimmt. Trotzdem wird die Bildung latenter Steuern auf temporäre Differenzen, die aus der Anwendung der Equity-Methode resultieren, in der Literatur bereits seit langem als zulässig gesehen (vgl. Grottel/Larenz in Beck Bil-Komm., 11. Aufl., § 306 Anm. 13). Seit dem BilMoG regelt § 312 Abs. 5 HGB explizit, dass § 306 HGB auch im Rahmen der Equity-Methode anzuwenden ist. DRS 18.27 bestätigt dementsprechend, dass auf temporäre Differenzen aus der Equity-Bewertung latente Steuern anzusetzen sind.

Bei Anwendung der Equity-Methode gehen die Aufwands- und Ertragspositionen des assoziierten Unternehmens ebenso wenig in die Summen-GuV ein wie die Vermögensgegenstände und Schulden in die Summen-Bilanz. Vielmehr wird die Beteiligung an einem assoziierten Unternehmen im Zeitpunkt ihrer erstmaligen Einbeziehung im Konzernabschluss zunächst mit ihrem Buchwert in der Konzernbilanz angesetzt. Nur in einer Nebenrechnung wird der Unterschiedsbetrag zwischen dem Beteiligungsbuchwert und dem anteiligen Eigenkapital am assoziierten Unternehmen ermittelt und der nach Auflösung stiller Reserven und Lasten vom Unterschiedsbetrag verbleibende Geschäftswert ermittelt. Erst in den Folgejahren wirkt sich die Equity-Methode auf den Beteiligungswert in der Konzernbilanz aus, wenn dann zum einen die anteiligen Gewinne gekürzt um Dividendenausschüttungen dem Beteiligungswert zugeschlagen werden und zum anderen Abschreibungen auf die in der Nebenrechnung aufgelösten stillen Reserven sowie auf den in der Nebenrechnung ermittelten Geschäftswert den Equity-Wert mindern.

Für die Frage, inwieweit latente Steuern aus der Equity-Methode im Konzernabschluss zu bilanzieren sind, muss unterschieden werden nach inside basis und outside basis differences. Da weder Vermögensgegenstände noch Schulden oder Rechnungsabgrenzungsposten des assoziierten Unternehmens in die Summenbilanz übernommen werden, können in der Konzernbilanz keine latenten Steuern auf inside basis differences I, die aus temporären Differenzen zwischen der Handelsbilanz und der Steuerbilanz des assoziierten Unternehmens ergeben, angesetzt sein. Gleichzeitig sind bei der Equity-Methode auch keine latente Steuern aus inside basis differences II, die sich u. a. aus der konzerneinheitlichen Bilanzierung und Bewertung aber insbesondere auch aus der Aufdeckung und späteren Fortführung stiller Reserven bei Anwendung der Equity-Methode ergeben können, direkt in der Konzernbilanz zu bilanzieren. Vielmehr sind latente Steuern aus inside basis differences II in der außerbilanziellen Nebenrechnung zu erfassen und fließen damit ein in die Ermittlung des Equity-Wertes (vgl. WP-Handbuch, Band I, G Tz. 612). Zu beachten ist, dass keine latenten Steuern auf den Geschäftswert gebildet werden dürfen (vgl. § 312 Abs. 5 S. 3 iVm. § 306 S. 3 HGB; WP-Handbuch, Band I, G Tz. 611).

Zuletzt werden bei Anwendung der Equity-Methode regelmäßig auch outside basis differences auftreten, da in vielen Fällen der für die Beteiligung am assoziierten Unternehmen in der Konzernbilanz anzusetzende Equity-Wert vom Beteiligungsbuchwert in der Steuerbilanz des beteiligten Unternehmens abweichen wird. § 306 S. 4 iVm. § 312 Abs. 5 S. 3 HGB verbietet jedoch in diesem Fall den Ansatz latenter Steuern in der Konzernbilanz (vgl. auch DRS 18.28 und 18.29).

Insgesamt führt die Anwendung der Equity-Methode deshalb nicht zur Bildung latenter Steuern in der Konzernbilanz. Der Equity-Wert wird jedoch über die i. d. R. notwendige Berücksichtigung von latenten Steuern aus inside basis differences II in der Nebenrechnung durchaus von latenten Steuern beeinflusst.

K.2.3 Bewertung der latenten Steuern im Konzernabschluss nach HGB

K.2.3.1 Wahl des Steuersatzes
K.2.3.1.1 Wahl des Steuersatzes nach der Liability Methode

Bisher wurde in den Überlegungen zur Bilanzierung latenter Steuern vereinfachend von einem festen periodenkonstanten Steuersatz ausgegangen. Tatsächlich aber können sich die Steuersätze etwa als Folge einer Progression oder einer Steuerreform im Zeitablauf ändern. Wenn es zu solchen Änderungen kommt, stellt sich die Frage, welcher Steuersatz für die Bewertung latenter Steuern im Konzernabschluss zu verwenden ist.

§ 306 S. 5 HGB verweist zur Beantwortung dieser Frage auf § 274 Abs. 2 HGB. Dort schreibt der Gesetzgeber die Liability-Methode zur Ermittlung des relevanten Steuersatzes vor. Die Liability-Methode ist entsprechend dem §§ 274 und 306 zugrunde liegenden Temporary Konzept bilanzorientiert und deutet latente Steuerpositionen als Forderungen und Verbindlichkeiten (vgl. Hille, Latente Steuern, 1982, S. 165 f.). Sie antizipiert Steuersatzänderungen, um die latenten Steuerpositionen in der Entstehungsperiode der zeitlich genau absehbaren Differenz mit zukünftigen Steuersätzen der Umkehrperiode auszuweisen. Entsprechend sind latente Steuern mit dem zukünftig gültigen Steuersatz zu bewerten, der in der Periode der Auflösung der ihnen zugrunde liegenden temporären Differenz gilt (vgl. § 274 Abs. 2 S. 1 HGB; DRS 18.41).

Bei der Prognose der künftigen Steuersätze ergeben sich aber unausweichliche Probleme. Um den Ansatz latenter Steuern nicht durch eine Vielfalt unterschiedlicher Steuersatzprognosen und Revisionen dieser Prognosen zum Spielball des Ermessens verkommen zu lassen, soll laut der Gesetzesbegründung zum BilMoG in Fällen, in denen ein künftiger Steuersatz nicht hinreichend zuverlässig prognostiziert werden kann, der Prognose pragmatischerweise der aktuelle Steuersatz zugrunde liegen (vgl. BT-Drucksache 16/10067, S. 68). Von diesem Grundsatz darf nur abgewichen werden, wenn die Änderung durch die maßgeblichen gesetzlichen Körperschaften (in Deutschland Bundestag und Bundesrat) bis zum Bilanzstichtag verabschiedet wurde (DRS 18.46 und 18.48).

Zusätzlich ist zu berücksichtigen, dass latente Steuern nicht abgezinst werden dürfen (§ 274 Abs. 2 S. 1 HGB).

K.2.3.1.2 Gesellschaftsbezogene Steuersatzwahl

Berücksichtigt man in einem nächsten Schritt, dass für den Konzern nicht ein einheitliches Steuerrecht gilt, sondern dass die einzelnen Gesellschaften einem nach Rechtsformen oder nach Sitzländern differenzierten Steuerrecht unterliegen, stellt sich die Frage nach dem „richtigen" Steuersatz.

Theoretisch befriedigt nur eine Lösung, die an effektiven Steuerzahlungen orientiert ist, was letztlich eine Bewertung mit den unternehmensindividuellen Steuersätzen der einbezogenen Unternehmen erforderlich macht (vgl. auch BT-Drucksache 16/10067, S. 83; DRS 18.41).

Für die latenten Steuern auf Einzelebene kommt somit der jeweils geltende Steuersatz der entsprechenden Konzerngesellschaft in Frage. Die temporären Differenzen auf Konzernebene müssten auf die Konzerngesellschaften aufgeteilt werden, in denen sie bei Auflösung der temporären Differenzen steuerwirksam werden (zu Problemen bei der Bestimmung des „richtigen" Steuersatzes vgl. Hintze, DB 1990, S. 849).

Allerdings ergeben sich Einwendungen praktischer Natur, da die Verteilung der temporären Differenzen der Konzernebene auf die Einzelgesellschaften eine kostspielige Einzeldifferenzenbetrachtung erzwingt. Grundsätzlich sieht der Gesetzgeber diese Einzeldifferenzbetrachtung aber als notwendig für die Vermittlung eines den tatsächlichen Verhältnissen entsprechenden Bildes der Vermögens-, Finanz- und Ertragslage an (vgl. BT-Drucksache 16/10067, S. 83). Ausnahmsweise kann aus Verhältnismäßigkeits- und Wesentlichkeitsgründen bei latenten Steuern der Konzernebene jedoch auf einen konzerneinheitlichen Durchschnittssteuersatz zurückgegriffen werden (vgl. WP-Handbuch, Band I, G Tz. 626; DRS 18.42). Kann von der Erleichterung eines konzerneinheitlichen Durchschnittssteuersatzes nicht Gebrauch gemacht werden, sind sowohl latente Steuern, die aus der Aufstellung der Handelsbilanz II, als auch solche, die aus der Kapital- oder Schuldenkonsolidierung entstehen, mit dem Steuersatz des konsolidierten Tochterunternehmens zu ermitteln (vgl. WP-Handbuch, Band I, G Tz. 627). Bei der Zwischenergebniseliminierung wegen konzerninterner Lieferungen oder Leistungen sieht DRS 18.45 explizit vor, dass für die Ermittlung der latenten Steuern der Steuersatz des die Lieferung oder Leistung empfangenden Konzernunternehmens heranzuziehen ist.

Allerdings ist es auch dann, wenn die Verwendung eines konzerneinheitlichen Durchschnittssteuersatzes auf Konzernebene zulässig ist, durchaus sinnvoll, für latente Steuern auf Einzel- und Konzernebene jeweils den Steuersatz des betroffenen einbezogenen Konzernunternehmens zu verwenden. Latente Steuern im Konzernabschluss resultieren aus temporären Differenzen zwischen den Wertansätzen von Vermögensgegenständen, Schulden und Rechnungsabgrenzungsposten in der Konzernbilanz und ihren Wertansätzen in den Steuerbilanzen der einbezogenen Unternehmen. Durch die Aufteilung dieser Gesamtdifferenz in „künstliche" Teildifferenzen, besteht bei unterschiedlichen Steuersätzen die Gefahr, dass latente Steuern im Konzernabschluss abgebildet werden, obwohl gar keine temporäre Differenz zwischen den Wertansätzen der Konzernbilanz und denen in den Steuerbilanzen der einbezogenen Unternehmen besteht.

K.2.3.2 Latente Steuern in Verlustsituationen

Besondere Aspekte bei der Bilanzierung latenter Steuern ergeben sich in Verlustsituationen einzelner Konzerngesellschaften sowie des Konzerns insgesamt.

Zum einen ist zu beachten, dass steuerliche Verlustvorträge in zukünftigen Jahren zu einer Steuerminderung führen, soweit in der Zukunft steuerliche Gewinne erwirtschaftet werden. Bereits vor Einführung des BilMoG wurde diskutiert, ob im allein der Informationsfunktion dienenden Konzernabschluss die aus den Verlustvorträgen erwarteten, zukünftigen Steuerersparnisse bereits im Jahr des steuerlichen Verlustes als Teil der aktiven latenten Steuern aktivierbar wären (vgl. zu diesem Problemkreis Feldhoff/Langermeier, DStR 1991, S. 195–197). Seit der Einführung des BilMoG sind wegen § 274 Abs. 1 S. 4 HGB steuerliche Verlustvorträge bei der Ermittlung aktiver latenter Steuern zu berücksichtigen, soweit sich der daraus resultierende Steuervorteil in den nächsten fünf Jahren wahrscheinlich durch Verlustverrechnung realisieren lässt (vgl. DRS 18.18 ff.; Grottel/Larenz in Beck Bil-Komm., 11. Aufl., § 306 Anm. 35).

Außerdem ist in Verlustsituationen zu prüfen, ob und wann im Falle einer bereits in der Einzelbilanz ausgewiesenen aktiven bzw. passiven latenten Steuer mit einer zukünftigen Steuerbe- oder -entlastung nicht mehr zu rechnen ist, so dass die Bilanzposition für aufgelaufene latente Steuern aufzulösen ist (vgl. § 274 Abs. 2 S. 2 HGB; vgl. Grottel/Larenz in Beck Bil-Komm., 11. Aufl., § 274 Anm. 66).   .

K.2.4 Der Ausweis latenter Steuern im Konzernabschluss

In der Konzernbilanz sind latente Steuern zu bilanzieren und auszuweisen, soweit sie nach § 274 HGB und § 306 HGB zu bilden sind. Dabei sieht § 306 S. 6 HGB vor, dass die latenten Steuern aus den Konsolidierungsmaßnahmen mit denen, die aus den Einzelabschlüssen der einbezogenen Unternehmen stammen, zusammengefasst werden können.

§ 306 S. 1 HGB sieht grundsätzlich einen saldierten Ausweis latenter Steuern vor. Eine sich insgesamt aus den Differenzen zwischen den Wertansätzen in der Konzernbilanz und den Steuerbilanzen der einbezogenen Unternehmen ergebende zukünftige Steuerbelastung, also ein Überhang passiver latenter Steuern, ist dann als Passivposten „Passive latente Steuern" auszuweisen, eine insgesamt sich ergebende zukünftige Steuerentlastung als „Aktive latente Steuern" auf der Aktivseite der Konzernbilanz. § 306 S. 2 HGB räumt aber auch die Möglichkeit ein, die insgesamt sich ergebenden aktiven sowie passiven latenten Steuern unsaldiert in der Konzernbilanz auszuweisen. Die zahlreichen Kompensierungen zwischen latenten Steuern auf Einzel- und Konzernebene sprechen aber für eine Saldierung.

Der Ausweis der latenten Steuern in der GuV erfolgt gemäß § 274 Abs. 2 S. 3 iVm. § 306 S. 5 HGB gesondert unter der Position „Steuern vom Einkommen und Ertrag" im GuV-Gliederungsschema.

Im Anhang sind die im Konzernabschluss ausgewiesenen latenten Steuern außerdem nach § 314 Abs. 1 Nr. 21 HGB zu erläutern. Anzugeben ist danach, auf Basis welcher Differenzen oder Verlustvorträge und unter Hinzuziehung welches Steuersatzes die latenten Steuern gebildet wurden. Zusätzlich müssen für den Fall, dass in der Konzernbilanz passive latente Steuern bilanziert werden, sowohl der Stand der passiven latenten Steuern am Geschäftsjahresende sowie die Änderungen der latenten Steuern im abgelaufenen Geschäftsjahr angegeben werden.

K.3 Latente Steuern im Konzernabschluss nach IFRS

K.3.1 Mögliche Ursachen latenter Steuern nach IFRS

Für die Bildung latenter Steuern im Konzernabschluss nach IFRS sind drei Bereiche zu unterscheiden. Zunächst ist bei den Konzernunternehmen ein Einzelabschluss nach IFRS aufzustellen. Für temporäre Differenzen, die sich zwischen der IFRS Bilanz und der Steuerbilanz ergeben, sind latente Steuern nach den Vorschriften von IAS 12 zu bilden.

Die Bildung latenter Steuern nach IAS 12 ist außerdem bei allen Maßnahmen zur konzerneinheitlichen Bilanzierung und Bewertung sowie zur Währungsumrechnung zu prüfen. Ergibt sich aus diesen Maßnahmen die Notwendigkeit, neue latente Steuern zu bilden, sind sie im Rahmen der IFRS Bilanz II einzustellen.

Als Drittes können sich aus den Konsolidierungsmaßnahmen und der Durchführung der Equity-Methode zukünftige Steuerwirkungen ergeben, die durch latente Steuern gemäß IAS 12 zu berücksichtigen sind. Deren Bildung erfolgt dann direkt im Konzernabschluss (siehe Abbildung K.2).

K.3.2 Ansatz der latenten Steuern nach IFRS

K.3.2.1 Latente Steuern aufgrund von Maßnahmen zur konzerneinheitlichen Bilanzierung und Bewertung sowie zur Währungsumrechnung

Konzerneinheitliche Bilanzierung und Bewertung ist nach IFRS 10.19 iVm. IFRS 10.B87 vorgeschrieben. Die durchgeführten Bilanzierungs- und Bewertungsanpassungen führen grundsätzlich zu temporären Differenzen, da sich regelmäßig die Wertansätze in der Steuerbilanz nicht verändern und sich die Differenzen spätestens mit der

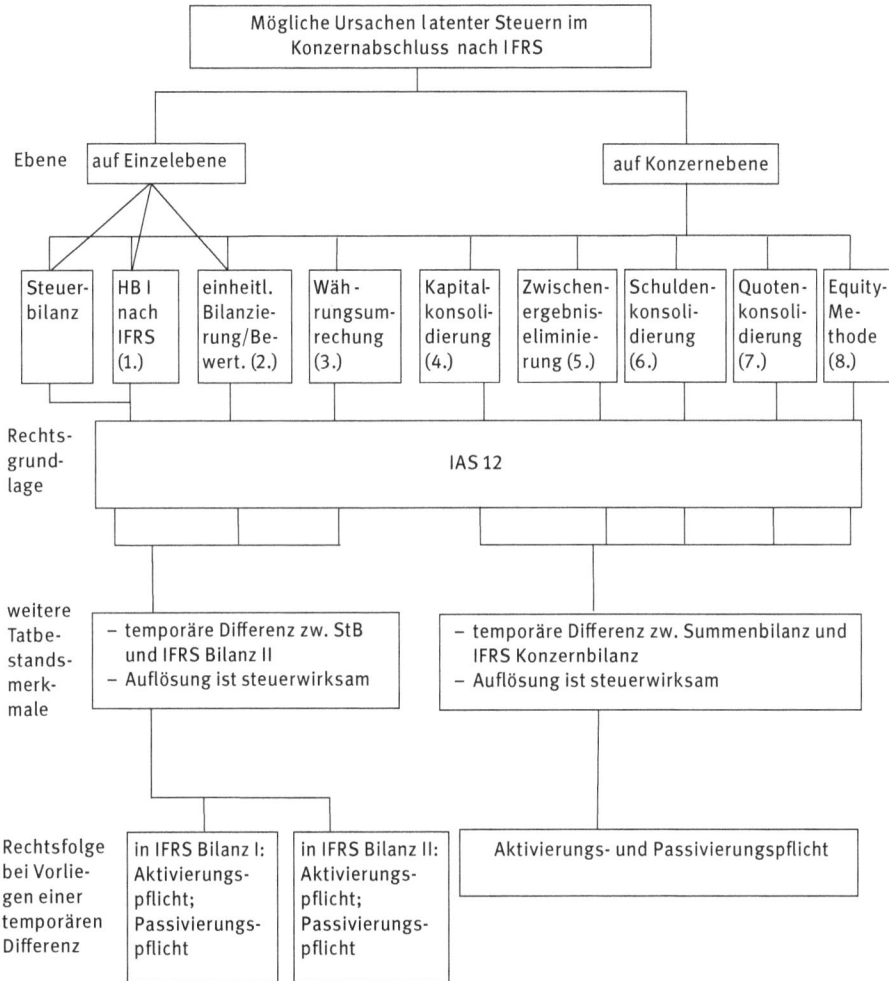

Abb. K.2: Überblick über die möglichen Ursachen latenter Steuern im Konzernabschluss nach IFRS.

Ausbuchung der an die konzerneinheitlichen Bilanzierungs- und Bewertungsmethoden angepassten Vermögenswerte oder Schulden steuerwirksam auflösen. Wenn z. B. bei einigen Konzernunternehmen von FIFO auf die Bewertung mit gewogenen Durchschnittswerten umgestellt wird, um eine einheitliche Bewertung im Konzern sicherzustellen, müssen entsprechend den allgemeinen Regeln von IAS 12 latente Steuern gebildet werden, es sei denn, das abweichende Verfahren führe zufällig in der Bilanz zu den gleichen Werten wie das alte Verfahren.

Auch die Währungsumrechnung kann zu temporären Differenzen führen, wenn sich durch die Umrechnung Wertänderungen von Vermögensgegenständen oder Schulden ergeben, die als Umrechnungsdifferenzen erfolgswirksam gegen das Ergebnis bzw. erfolgsneutral im Eigenkapital gebucht werden. Nach IFRS sind grundsätzlich auf alle temporären Differenzen aus der Währungsumrechnung latente Steuern nach den Grundsätzen von IAS 12 zu bilden, wobei für temporäre Differenzen aus der Währungsumrechnung zusätzlich die Regelungen von IAS 12.38 bis 12.45 zu beachten sind, da es sich um outside basis differences handelt. Anders als nach HGB besteht nach IAS 12 jedoch kein grundsätzliches Ansatzverbot für latente Steuern aus outside basis differences. Vielmehr hängt der Ansatz von den weiteren Bedingungen nach IAS 12 38 ff. ab: Danach besteht bei outside basis differences z. B. aufgrund von Umrechnungsdifferenzen aus der Währungsumrechnung für passive latente Steuern nur dann ein Ansatzverbot, solange die Mutter die Umkehr der temporären Differenz steuern kann und außerdem mit der Umkehr nicht in absehbarer Zeit zu rechnen ist (vgl. IAS 12.39; Zeyer, IRZ 2011, S. 480). Aktive latente Steuern dürfen hingegen bei outside basis differences aus der Währungsumrechnung nur angesetzt werden, wenn wahrscheinlich ausreichend zu versteuerndes Ergebnis im Zeitpunkt der Umkehr vorliegt und die Umkehr der Differenz in absehbarer Zeit wahrscheinlich eintritt (vgl. IAS 12.44; Zeyer, IRZ 2011, S. 480).

K.3.2.2 Latente Steuern aus Konsolidierungsmaßnahmen und der Anwendung der Equity-Methode

K.3.2.2.1 Latente Steuern aus der Kapitalkonsolidierung

Im Rahmen von IFRS werden bei der Erstkonsolidierung nach der Erwerbsmethode zunächst sämtliche stillen Reserven und Lasten aufgelöst. Übersteigt der Beteiligungswert das anteilige Nettovermögen, bewertet zum Zeitwert, also unter Auflösung aller stiller Reserven oder Lasten (IFRS 3.18), ist der übersteigende Betrag als Geschäftswert auszuweisen (IFRS 3.32).

Zur Beurteilung der Frage, ob aus der Kapitalkonsolidierung nach der Erwerbsmethode temporäre Differenzen resultieren, ist zunächst zu klären, mit welchen Werten in der Steuerbilanz die nun zu Zeitwerten bewerteten Vermögensgegenstände bzw. Schulden und der Goodwill zu vergleichen sind. Nach IAS 12.11 werden die steuerlichen Werte der einzelnen aufgewerteten Vermögensgegenstände und Schulden aus der Steuerbilanz des Tochterunternehmens herangezogen (vgl. Coenenberg/ Blaum/Burkhardt in: Baetge/Wollmert/Kirsch/Oser/Bischof, Rechnungslegung nach IFRS, IAS 12 Tz. 54).

Werden in der Steuerbilanz die Buchwerte der Vermögensgegenstände und Schulden beibehalten, ergeben sich bei der Erstkonsolidierung temporäre Differenzen aus der Höherbewertung der Vermögensgegenstände oder Schulden im Vergleich zu den Buchwerten in der Steuerbilanz: Die stillen Reserven (Lasten) in den Vermögensgegenständen und Schulden lösen sich beim Umlaufvermögen durch Verbräuche, beim abnutzbaren Anlagevermögen durch Abschreibungen, beim nicht abnutzbaren Anlagevermögen durch Anlagenabgänge und bei den Schulden durch Eintritt der Vermögensbelastung erfolgswirksam in der Konzernbilanz auf und führen somit zu zukünftigen Steuermehr- oder -minderbelastungen. Damit liegen temporäre Differenzen vor, für die passive latente Steuern im Fall der Aufdeckung stiller Reserven und aktive latente Steuern bei Aufdeckung stiller Lasten zu bilden sind (IAS 12.19). Die passiven latenten Steuern, die bei der regelmäßig vorzunehmenden Höherbewertung von Vermögensgegenständen anfallen, erhöhen allerdings den Goodwill über den Wert hinaus, der sich ohne latente Steuern ergäbe, wie das Beispiel K.3 verdeutlicht.

Beispiel K.3: Goodwill und latente Steuern

Anschaffungspreis der Beteiligung (100 %):	100
Buchwert des Eigenkapitals:	50
stille Reserven bei Vermögensgegenständen:	20
Steuersatz:	40 %

Goodwillberechnung ohne latente Steuern			Goodwillberechnung mit latenten Steuern			
Beteiligung		100	Beteiligung			100
– Eigenkapital			– Eigenkapital			
nominal	50		nominal		50	
stille Reserve	20	70	stille Reserve	20		
			– latente Steuern	–8	12	62
Goodwill		30	Goodwill			38

Außerdem ergibt sich eine temporäre Differenz aus der Einstellung eines Goodwills in die Konzernbilanz, wenn für steuerliche Zwecke kein Goodwill entsteht oder ein vorhandener Goodwill steuerlich nicht abgeschrieben werden darf: In der Steuerbilanz der Tochtergesellschaft ist in beiden Fällen dem Goodwill ein Steuerwert von 0 beizulegen, während er in der Konzernbilanz mit dem Betrag auszuweisen ist, um den der Beteiligungswert das anteilige Eigenkapital zuzüglich der aufgedeckten stillen Reserven nach latenten Steuern übersteigt. Da der Goodwill in der Konzernbilanz gegebenenfalls außerplanmäßig abzuschreiben ist, ansonsten aber den Erfolg bei Ausscheiden der Tochter mindert, entsteht grundsätzlich eine temporäre Differenz. Dieser darf jedoch nicht durch eine latente Steuer Rechnung getragen werden (IAS12.15a, 12.18c, 12.21), da ansonsten die Residualgröße Goodwill durch die latente Steuer aufgebläht wird (Coenenberg/Blaum/Burkhardt in: Baetge/Wollmert/Kirsch/Oser/Bischof, Rechnungslegung nach IFRS, IAS 12 Tz. 65).

Sofern die temporäre Differenz nicht aus dem erstmaligen Ansatz eines Goodwill entsteht, sondern aus der nach dem Erwerbszeitpunkt folgenden unterschiedlichen Behandlung des Goodwill in Konzernbilanz und Steuerbilanz, können auch nach IFRS latente Steuern anzusetzen sein: Dieser Fall tritt ein, wenn der Goodwill auch steuerlich anzusetzen ist, aber die i. d. R. planmäßigen steuerlichen Abschreibungen in den Jahren nach dem Erwerbszeitpunkt zu anderen Buchwerten führen als das Impairment-Verfahren in der Konzernbilanz (IAS 12.21B).

Für einen negativen Goodwill dürfte zwar grundsätzlich eine latente Steuer gebildet werden, da ein passivischer Unterschiedsbetrag jedoch sofort erfolgswirksam
verrechnet wird (vgl. IFRS 3.34), besteht keine temporäre Differenz, so dass keine latenten Steuern zu bilden sind.

Aus den Differenzen zwischen den Werten im Konzernabschluss nach Auflösung
stiller Reserven anlässlich der Erstkonsolidierung einerseits und den nicht oder zumindest weniger stark angepassten Buchwerten in der Steuerbilanz andererseits
entstehen temporäre Differenzen (inside basis differences II), für die nach IAS 12.15
iVm. 12.18c und 12.19 i.d.R passive latente Steuern zu bilden sind (u.U. ergeben
sich auch aktive latente Steuern IAS 12.24 iVm. 12.26c) Die temporären Differenzen
lösen sich im Laufe der Zeit mit dem Verbrauch der übernommenen Vorräte, den Abschreibungen der Anlagen bzw. dem Ausscheiden von Vermögen und Schulden aus
dem Unternehmenserwerb steuerwirksam auf. Wird für die Kapitalkonsolidierung
die Neubewertungsmethode nach IFRS 3.32 iVm. 3.19b angewandt, ergeben sich aus
Erstkonsolidierung latente Steuern vergleichbar zu § 306 HGB, wie sie in Beispiel K.1
für eine 100 %-ige Beteiligung an einer Tochtergesellschaft aufgezeigt wurden. In der
Folgekonsolidierung nach der Neubewertungsmethode ist jedoch im Unterschied zur
Neubewertungsmethode nach HGB zu beachten, dass der im Rahmen der Erstkonsolidierung bilanzierte Geschäftswert nicht planmäßig abgeschrieben wird, sondern
nur einem Impairment Test unterliegt. Wird für das Beispiel aus K.1 unterstellt, dass
keine Wertminderung des Geschäftswertes aufgrund des Impairment Tests notwendig
ist, ergibt sich unter Vernachlässigung eventueller latenter Steuern aus outside basis
differences wegen zeitverschobenen konzerninternem Gewinntransfer (siehe dazu
Kapitel K.3.2.2.5) folgende Konzernbilanz zum 31.12.17 (siehe Beispiel K.4):

Beispiel K.4: Folgekonsolidierung nach der Neubewertungsmethode

| | M | T | TN | Summen- | Konsolidierung | | Konzern |
	HB II	HB II	HB III	bilanz	Soll	Haben	
Geschäftswert	–	–	–	–	(2) 180		180
Übrige Aktiva	1450	590	690[1]	2140		(3) 20	2120
[stille Reserven]	–	[100]					
Beteiligung an T	500	–	–	500		(1) 500	–
Unterschiedsbetrag	–	–	–	–	(1) 180	(2) 180	–
Summe	1950	590	690	2640			2300
Gezeichnetes Kapital	600	150	150	750	(1) 150		600
Rücklagen	300	100	170[2]	470	(1) 170		300
Jahresüberschuss	100	140	140	240	(3) 20	6	226
Fremdkapital	950	200	200	1150			1150
Pass. lat. Steuern	–	–	30	30	6		24
Summe	1950	590	690	2640	706	706	2300

[1] einschließlich stiller Reserven
[2] einschließlich „Neubewertungsrücklage" aus der Aufdeckung stiller Reserven nach latenten
Steuern und dem thesaurierten Gewinn aus dem Jahr 16 (170 = 80 + 20 + (100 − 30))

K.3.2.2.2 Aufwertung latenter Steuern im Zuge einer Unternehmensverbindung

Bei einer Unternehmensakquisition ist unter anderem zu prüfen, ob bisher nicht gebildete aktive latente Steuern aufgrund des Anteilserwerbs nachträglich zu bilden sind. Dies kann in zwei Fällen notwendig sein: Wenn eine beim übernehmenden Unternehmen (Mutter) bisher nicht voll nutzbare zukünftige Steuerentlastung durch die erwarteten Gewinne des erworbenen Unternehmens nutzbar wird, sind ab dem Akquisitionsdatum die Voraussetzungen für die Bildung einer aktiven latenten Steuer grundsätzlich erfüllt. Nach IAS 12.67 setzt das übernehmende Unternehmen die aktive latente Steuer in dem voraussichtlich gesicherten Umfang an. Bei der Ermittlung des Goodwills aus dem Unternehmenszusammenschluss wird die aktivierte latente Steuer jedoch nicht berücksichtigt.

Wird hingegen die Realisierung einer bisher beim erworbenen Unternehmen (Tochter) nicht gebildeten aktiven latenten Steuer durch die Ergebniserwartungen des Unternehmensverbundes „probable", so sind nach IAS 12.68 die aktiven latenten Steuern erfolgswirksam nachzuaktivieren. Entsprechend muss im selben Zeitpunkt der Bruttobuchwert des Goodwills erfolgswirksam gemindert werden (IFRS 3.25 und IAS 12.68).

K.3.2.2.3 Latente Steuern aus der Zwischenergebniseliminierung

Bei der Zwischenergebniseliminierung entstehen regelmäßig temporäre Differenzen: Von wenigen Ausnahmefällen abgesehen (siehe dazu Kapitel I.) sind nach IFRS bei konzerninternen Lieferungen zu Preisen, die ober- oder unterhalb der Konzernherstellungs- oder -anschaffungskosten liegen, noch nicht realisierte Zwischengewinne bzw. -verluste erfolgswirksam im Konzernabschluss zu eliminieren. Entsprechend sind bei Zwischengewinnen die gelieferten Vermögensgegenstände in der Konzernbilanz niedriger als im Einzelabschluss anzusetzen, bei Zwischenverlusten höher. Bei Vermögensgegenständen des Umlaufvermögens und des abnutzbaren Anlagevermögens führt die Zwischenergebniseliminierung dazu, dass bei Verkauf an Unternehmensfremde bzw. planmäßiger Abnutzung das Konzernergebnis zukünftig das Ergebnis der Einzel- wie Steuerbilanz übersteigt (Zwischengewinn) bzw. unterschreitet (Zwischenverlust) und die Auflösung der temporären Differenz steuerwirksam wird. Das nicht abnutzbare Anlagevermögen löst beim noch nicht absehbaren Abgang aus dem Betriebsvermögen dieselben Effekte hinsichtlich des Erfolgs aus. Durch die Zwischenergebniseliminierung entstehen somit temporäre Differenzen. Diesen ist nach IFRS 10.B86(c) iVm. IAS 12.24 und IAS 12.15 durch Bildung aktiver latenter Steuern (Eliminierung von Zwischengewinnen) bzw. passiver latenter Steuern (Eliminierung von Zwischenverlusten) Rechnung zu tragen.

K.3.2.2.4 Latente Steuern aus der Schuldenkonsolidierung

Im Rahmen der Schuldenkonsolidierung sind nach IFRS 10.B86(c) alle Forderungen und Verbindlichkeiten zwischen den Konzernunternehmen voll zu eliminieren. Soweit sich die Forderungen des Gläubigerkonzernunternehmens und die entsprechenden Verbindlichkeiten des Schuldnerkonzernunternehmens betraglich entsprechen, resultieren aus der Eliminierung weder im Zeitpunkt der Konsolidierung noch später Erfolgswirkungen. Es entstehen somit keine temporären Differenzen und folgerichtig auch keine latenten Steuern.

Temporäre Differenzen entstehen dagegen, wenn bei der Schuldenkonsolidierung
- betraglich ungleiche, konzerninterne Forderungen und Verbindlichkeiten eliminiert werden (z. B. bei Abschreibungen auf die Forderungen bei Bonitätsrisiken),
- konzerninterne Rückstellungen, beispielsweise Garantierückstellungen für eine konzerninterne Lieferung, eliminiert werden oder
- konzerninterne Kredite in Fremdwährung mit unterschiedlichen Kursen umgerechnet werden.

In diesen Fällen kommt es zu einer Eliminierung, die zu temporären Differenzen führt und zukünftig in der Regel Steuermehrbelastungen erwarten lässt, denen nach IAS 12 durch passive latente Steuern Rechnung zu tragen ist (vgl. Baetge/Hayn/Ströher, in: Baetge/ Wollmert/Kirsch/Oser/Bischof, Rechnungslegung nach IFRS, IFRS 10 Tz. 308 f.).

K.3.2.2.5 Latente Steuern aus dem konzerninternen Gewinntransfer

Konzerninterne Gewinnausschüttungen, die zeitverschoben vorgenommen werden, führen schon im Zeitpunkt der Gewinnentstehung bei der Tochterunternehmung zu temporären Differenzen: Der zu fortgeführten Anschaffungskosten bilanzierte Buchwert der Beteiligung in der Steuerbilanz liegt dann i. d. R. im Zeitpunkt der Gewinnentstehung bei der Tochter unter dem Wert der Beteiligung im Konzernabschluss, da im Konzernabschluss der Wert der Beteiligung dem Saldo der in die Konzernbilanz übernommenen Vermögenswerte und Schulden der Tochter entspricht (outside basis difference). Diese temporären Differenzen führen allerdings nur dann zu latenten Steuern, wenn aus dem zeitverschobenen konzerninternen Gewinntransfer zukünftige Steuerbelastungen zu erwarten sind (vgl. Schulz-Danso in: Beck IFRS HB, 5. Aufl., § 25 Rn. 138). Wenn es sich bei dem Tochterunternehmen ebenfalls um eine Kapitalgesellschaft handelt, kann die Muttergesellschaft nach § 8b Abs. 1 KStG Gewinnausschüttungen wie auch Veräußerungsgewinne grundsätzlich steuerfrei vereinnahmen. Diese Steuerfreistellung schränkt § 8b Abs. 5 KStG jedoch über den Pauschalzuschlag wieder ein: Danach sind 5 % der Beteiligungserträge sowie der Veräußerungsgewinne nicht abzugsfähige Betriebsausgaben. Dadurch sind letztlich nur 95 % der Gewinnausschüttung der Tochtergesellschaft an die Mutter sowie 95 % der bei einer Veräußerung der Beteiligung erzielen Veräußerungsgewinn steuerfrei. Entsprechend müssen grundsätzlich 5 % der aus dem zeitverschobenen konzerninternen Gewinntransfer entstandenen outside basis differences bei der Ermittlung der latenten Steuern berücksichtigt werden (vgl. IAS 12.38; Schulz-Danso in: Beck IFRS HB,

5. Aufl., § 25 Rn. 139 und 143). Gemäß IAS 12.39 iVm. 12.38 dürfen auf eine sich daraus ergebende zu versteuernde Differenz jedoch solange keine passiven latenten Steuern gebildet werden, wie die Mutter die Umkehrung der temporären Differenz, also die Ausschüttung, steuern kann und die Gewinnausschüttung durch die Tochter wahrscheinlich nicht in absehbarer Zeit beabsichtigt ist (vgl. Schulz-Danso in: Beck IFRS HB, 5. Aufl., § 25 Rn. 133–134). Eine abzugsfähige temporäre Differenz wäre hingegen nach IAS 12.44 iVm. 12.38 als aktive latente Steuer anzusetzen, wenn sich die outside basis difference in absehbarer Zeit auflöst und in den Auslösungsperioden wahrscheinlich ausreichendes zu versteuerndes Einkommen zur Verfügung steht, gegen das die temporäre Differenz dann verrechnet werden kann (vgl. Schulz-Danso in: Beck IFRS HB, 5. Aufl., § 25 Rn. 135).

Anhand von Beispiel K.4 lassen sich gut die entsprechenden outside basis differences aus zeitverschobenen konzerninternen Gewinntransfers aufzeigen. Das Nettovermögen der Tochter in der Konzernbilanz zum 31.12.17 ergibt sich aus der Summe der Wertansätze ihrer neubewerteten Aktiva und des auf die Tochter entfallenden Geschäftswertes abzüglich des Wertes des Fremdkapitals der Tochter sowie der auf sie entfallenden passiven latenten Steuern.

	Vermögenswerte T (Buchwerte KB: 690 – 20)	670 €
+	Auf T entfallender Geschäftswert (Buchwert KB: 180)	+180 €
–	Schulden T (Buchwerte KB)	−200 €
–	passive latente Steuern aus der Erst- und	
	Folgekonsolidierung T (Buchwert KB: 30 – 6)	− 24 €
=	neubewertetes Eigenkapital T in HB III	626 €

Insgesamt beläuft sich das im Konzernabschluss angesetzte Nettovermögen der Tochter demnach auf einen Wert von 626 €. Aus dem Vergleich des im Konzernabschluss angesetzten Nettovermögens des Tochterunternehmens mit dem Beteiligungsbuchwert in der Steuerbilanz der Mutter, der sich im Vergleich zum Anschaffungspreis am 31.12.16 nicht verändert hat, ergibt sich die outside basis difference in Höhe von −126 € (= 500 − 626). Die Muttergesellschaft wird bei einer Beteiligungsquote von 100 % die Ausschüttung der Tochter steuern können (vgl. Schulz-Danso in: Beck IFRS HB, 5. Aufl., § 25 Rn. 133). Geht man aber davon aus, dass die Ausschüttung in absehbarer Zeit erfolgen soll, ist eine passive latente Steuer zu bilden. Als zu versteuernde Differenz sind von der outside basis difference 5 % nach § 8b Abs. 5 KStG bei der Ermittlung der passiven latenten Steuern zu berücksichtigen. Beim in Beispiel K.4 unterstellten Ertragsteuersatz von 30 % führen die outside basis differences zu 1,89 € (= 5 % · 126 · 30 %) zusätzlichen passiven latenten Steuern im Konzernabschluss.

K.3.2.2.6 Latente Steuern aus der Anwendung der Equity-Methode

Latente Steuern sind im Rahmen der Equity-Methode auf Basis von IAS 28.26 und IAS 12 grundsätzlich zu berücksichtigen. Bei Anwendung der Equity-Methode für assoziierte und Gemeinschaftsunternehmen wird die Beteiligung in der Konzernbilanz mit dem Wert „at equity" angesetzt, der sich an der Entwicklung des anteiligen Eigenkapitals orientiert (vgl. IAS 28.10 iVm. IAS 28.16 und IFRS 11.26). Wie bei der Equity-Methode nach HGB setzt das beteiligte Unternehmen in seiner Konzernbilanz demnach nicht die Vermögenswerte und Schulden des assoziierten bzw. Gemeinschaftsunternehmens an. Deshalb ist vergleichbar zu HGB auch bei der Equity-Methode nach IAS 28 sorgfältig zwischen inside und ouside basis differences zu unterscheiden.

Inside basis differences I aus möglicherweise unterschiedlichen Wertansätzen in der IFRS Einzelbilanz und in der Steuerbilanz führen zu latenten Steuern in der IFRS Einzelbilanz des assoziierten oder Gemeinschaftsunternehmens. Da bei der Equity-Methode keine Vermögenswerte und Schulden des assoziierten Unternehmens oder Gemeinschaftsunternehmens in die Konzernbilanz übernommen werden, sind bei der Equity-Methode keine latenten Steuern aus inside basis differences I im Konzernabschluss anzusetzen.

In Form von inside basis differences II entstehen temporäre Differenzen in der außerbilanziellen Nebenrechnung insbesondere als Folge der Auflösung stiller Reserven bei der Ermittlung des Geschäftswertes, aber auch u. U. aus der Zwischenergebniseliminierung oder der Schuldenkonsolidierung. Dadurch können in der Nebenrechnung Wertansätze von Vermögenswerten und Schulden abweichen von denen in der Steuerbilanz des assoziierten Unternehmens. Der spätere Abbau der aufgelösten Reserven durch Abschreibung oder Ausscheiden des höher bewerteten oder zusätzlichen Vermögens führt zu einer steuerwirksamen Auflösung. Für entsprechende temporäre Differenzen sind in der außerbilanziellen Nebenrechnung latente Steuern zu berücksichtigen, nicht jedoch auf den Goodwill. Insgesamt beeinflussen latente Steuern auf inside basis differences II so allerdings nur den Equity-Wert an Abschlussstichtagen nach dem Beteiligungserwerb. Zum Ansatz von latenten Steuern in der Konzernbilanz kommt es nicht.

Dagegen können temporäre Differenzen in Form von outside basis differences zwischen dem Wert der Beteiligung im Konzernabschluss „at equity" einerseits und dem Wert der Beteiligung in der Steuerbilanz des beteiligten Unternehmens andererseits auch bei der Equity-Methode zu latenten Steuern in der Konzernbilanz führen. Auf diese temporären Differenzen sind nach deutschem Steuerrecht gemäß § 8b Abs. 5 KStG erneut nur für die zu versteuernden 5 % latente Steuern zu bilden, wenn nicht nach IAS 12.39 ein Ansatz passivier latenter Steuern untersagt ist. Von einem Ansatzverbot ist bei assoziierten Unternehmen aber in der Regel nicht auszugehen, da IAS 12.42 konstatiert, dass der Investor an einem assoziierten Unternehmen regelmäßig nicht die Ausschüttungspolitik und damit die Auflösung der temporären Differenz steuern kann. Bei Gemeinschaftsunternehmen wird dagegen i. d. R. davon ausgegangen, dass die gemeinschaftlich führenden Unternehmen die Möglichkeit haben, die Auflösung der temporären Differenz zu steuern. Sollte dann wahrscheinlich sein, dass auf absehbare Zeit nicht ausgeschüttet wird, wäre bei einer Beteiligung an einem Gemein-

schaftsunternehmen keine passive latente Steuer auf outside basis differences anzusetzen (IAS 12.43). Sollte es zu einer abzugsfähigen temporären Differenz bei den outside basis differences kommen, darf nur eine aktive latente Steuer gebildet werden,
wenn sich die temporäre Differenz absehbar auflöst und dann wahrscheinlich ausreichende zu versteuernde Gewinne zur Verfügung stehen (IAS 12.44).

K.3.2.2.7 Latente Steuern aus Verlustvorträgen

Verlustvorträge können, soweit in Zukunft steuerliche Gewinne erwirtschaftet werden, mit diesen verrechnet werden. Aus den sich daraus ergebenden zukünftigen
Steuerminderungen resultiert ein zukünftiger ökonomischer Vorteil, der realisierbar
wird, weil in der vorangegangenen Periode ein Verlust entstanden ist. Der erwartete wirtschaftliche Nutzen stellt nach IFRS einen Vermögenswert dar, der in der
Bilanz auszuweisen ist. Nach IAS 12.34 sind deshalb für Verlustvorträge zwingend
aktive latente Steuern anzusetzen (vgl. Coenenberg/Blaum/Burkhardt in: Baetge/
Wollmert/Kirsch/Oser/Bischof, Rechnungslegung nach IFRS, IAS 12 Tz. 85–87). Von
diesem Prinzip muss nur abgewichen werden, wenn für die Zukunft nicht mit genügend großer Wahrscheinlichkeit von steuerlichen Gewinnen ausgegangen werden kann, mit denen die Verlustvorträge verrechnet werden können (IAS 12.35 iVm.
12.27–12.30).

K.3.2.3 Bewertung der latenten Steuern nach IFRS
K.3.2.3.1 Wahl des Steuersatzes und Berechnung

Für die Wahl des Steuersatzes kommt nach IFRS nur die bilanzorientierte Liability-
Methode in Frage, da latente Steuern nach dem Temporary-Konzept dann zu bilden
sind, wenn sie Vermögens- oder Schuldcharakter haben. Entsprechend ist als Steuersatz derjenige zu wählen, der für den Zeitpunkt der Auflösung der temporären Differenzen erwartet wird. Um unkontrollierbare Einflüsse aus möglichen Schätzungen
der künftigen Steuersätze auszuschalten, ist allerdings auf das gültige oder bereits be-
schlossene Steuerrecht zurückzugreifen (IAS 12.47–12.48). Bei Änderungen der Steuersätze wegen eines geänderten Steuerrechts sind die latenten Steuerpositionen entsprechend anzupassen (IAS 12.56) Hängt der Steuersatz von der Höhe des Einkommens ab, ist ein durchschnittlicher Steuersatz anzuwenden (IAS 12.49).

Maßgebend für die Bestimmung des Steuersatzes ist grundsätzlich, bei welcher Konzerngesellschaft die Differenz angefallen ist. Der für diese Konzerngesellschaft lokal gültige Steuersatz ist anzuwenden (vgl. IAS 12.11; Coenenberg/Blaum/
Burkhardt in: Baetge/Wollmert/Kirsch/Oser/Bischof, Rechnungslegung nach IFRS,
IAS 12 Tz. 101). Eine Ausnahme bildet die Zwischenergebniseliminierung: Im Rahmen
der nach IFRS offenen Frage findet sich in der Literatur, vergleichbar zu DRS 18.45,
die Empfehlung, den Steuersatz des Empfängers im Konzernkreis heranzuziehen
(vgl. Coenenberg u. a., Jahresabschluss, 2016, S. 782).

Die Werte der latenten Steuerpositionen sind gesondert für die aktiven und passiven temporären Differenzen zu ermitteln. Getrennt nach den anzuwendenden Steuersätzen werden jeweils Summen von aktiven und von passiven temporären Differenzen ermittelt. Die aktiven wie die passiven latenten Steuern ergeben sich dann aus der Multiplikation der einzelnen Summen an aktiven bzw. passiven temporären Differenzen mit den zugehörigen Steuersätzen. Für die aktiven latenten Steuern ist zusätzlich zu prüfen, ob eine Wertminderung vorzunehmen ist, weil nicht mit genügend großer Wahrscheinlichkeit zukünftig steuerliche Gewinne zur Verrechnung der temporären Differenzen erwartet werden (IAS 12.56). Eine Abzinsung der latenten Steuern ist wie nach HGB auch nach den IFRS untersagt (IAS 12.53).

K.3.2.3.2 Erfolgswirksame oder erfolgsneutrale Erfassung latenter Steuern

Nach IFRS werden latente Steuern grundsätzlich erfolgswirksam erfasst (IAS 12.58), wenn nicht eine Ausnahme greift. Dabei wird danach unterschieden, ob die Transaktionen oder Ereignisse, aus denen latente Steuern resultieren, erfolgswirksam oder erfolgsneutral erfasst werden (IAS 12.57):

- Alle latenten Steuern aus erfolgswirksam erfassten Transaktionen, sind erfolgswirksam zu erfassen (IAS 12.58). Nachfolgende Korrekturen der latenten Steuerpositionen z. B. aufgrund von Steuersatzänderungen sind dann ebenfalls erfolgswirksam vorzunehmen (IAS 12.60)
- Die Ausnahmefälle, in denen latente Steuern aus erfolgsneutralen Transaktionen oder Ereignissen entstehen, sind zum einen die in IAS 12.62 beispielhaft genannten Fälle (12.58(a)), aber insbesondere auch alle latente Steuern, die aus Unternehmenszusammenschlüssen herrühren (IAS 12.58(b)). In beiden Fällen sind die latenten Steuern bei ihrer Bildung außerhalb der GuV erfolgsneutral entweder im sonstigen Ergebnis oder direkt im Eigenkapital zu erfassen (IAS 12.61A).

K.3.2.4 Ausweis latenter Steuern nach IFRS

Grundsätzlich sind latente Steuern nach IAS 1.54 von anderen Vermögenswerten und Schulden getrennt auszuweisen und auch von aktuellen Steuerforderungen und -schulden zu trennen. Eine Saldierung ist in engen Grenzen möglich. IAS 12.71 und .74 erlaubt die Saldierung nur unter sehr strengen Auflagen, insbesondere müssen aktive und passive latente Steuern gegenüber derselben Steuerbehörde vorliegen. Sind die Kriterien von IAS 12.74 erfüllt, muss eine Saldierung vorgenommen werden.

Im Konzernanhang sind nach IAS 12.79 alle wesentlichen Bestandteile des Steueraufwandes sowie des Steuerertrags anzugeben, wobei umfangreiche Angaben nach IAS 12.80 zu machen sind. Zusätzlich verlangen IAS 12.81–12.82A weitere Erläuterungen zu den latenten Steuern.

Literaturhinweise

In Ergänzung zu den Standard-Kommentaren:

Briese, Jens: Latente Steuern im Konzernabschluss, in: Beck'sches Handbuch der Rechnungslegung (Beck HdR), hrsg. von Hans-Joachim Böcking, Edgar Castan, Gerd Heymann, Norbert Pfitzer, und Eberhard Scheffler, Teil C 440, München 2017.

Coenenberg, Adolf G./Hille, Klaus: Latente Steuern in Einzel- und Konzernabschluß, in: DBW, 39. Jg., 1979, S. 601–621.

Coenenberg, Adolf G./Hille, Klaus: Latente Steuern nach der neu gefassten Richtlinie IAS 12, DB 1997, S. 537–544.

Coenenberg, Adolf/Blaum, Ulf/Burkhardt, Henriette: IAS 12 Ertragsteuern (Income Taxes), in: Rechnungslegung nach IFRS, Kommentar auf der Grundlage des deutschen Bilanzrechts, hrsg. von Jörg Baetge/Peter Wollmert/Hans-Jürgen Kirsch/Peter Oser/Stefan Bischof, Stuttgart ab 2003

Feldhoff, Michael/Langermeier, Claudia: Zur Aktivierbarkeit des Steuereffekts aus Verlustvortrag nach § 10 d EStG, in: DStR, 29. Jg., 1991, S. 195–197.

Hille, Klaus: Latente Steuern im Einzel- und Konzernabschluß, Frankfurt/Bern 1982.

Hintze, Stefan: Zur Bilanzierung latenter Steuern im Konzernabschluß, in: DB, 43. Jg., 1990, S. 845–850.

Karrenbrock, Holger: Latente Steuern im Einzelabschluss, in: (HdJ), hrsg. von Joachim Schulze-Osterloh, Joachim Hennrich und Jens Wüstemann, Abt. I/15, Köln 2017.

Zeyer, Fedor: Besondere Problembereiche bei outside basis differences nach IFRS, in: IRZ, 6. Jg., 2011, S. 479–484.

L Die Darstellung der Ergebnisverwendung im Konzernabschluss

L.1 Problemstellung

Die bislang beschriebenen Maßnahmen der Konzernrechnungslegung dienten den Aufgaben,

- die im Konzernabschluss zusammenzufassenden Einzelabschlüsse erforderlichenfalls in eine Währung umzurechnen und/oder auf eine einheitliche Bewertung auszurichten und
- Vermögen, Eigenkapital und Schulden sowie Aufwendungen, Erträge und Jahresergebnis (Jahresüberschuss bzw. Jahresfehlbetrag) von Doppelerfassungen zu befreien und so auszuweisen, wie es der Fiktion wirtschaftlicher Einheit entspricht.

Offen blieb dagegen bisher die Darstellung des Bilanzergebnisses (Bilanzgewinn bzw. Bilanzverlust) sowie der ganze Bereich der Ergebnisverwendung mit

- der Verwendung des Jahresüberschusses,
- der Berücksichtigung eventueller Ergebnisvorträge aus dem Vorjahr,
- der Auflösung von Rücklagen und
- der Verwendung des Bilanzgewinns.

Die Darstellung des Bilanzergebnisses und der Ergebnisverwendung ist im Konzernabschluss eng verbunden mit der Behandlung und Darstellung der Entwicklung der Differenzen aus den erfolgswirksamen Konsolidierungsmaßnahmen im Zeitablauf. Verdeutlicht sei dies am Beispiel von Zwischengewinnen. Sie müssen entsprechend ihrem jeweiligen Stand am Bilanzstichtag aus den Werten der Bestände in der Bilanz eliminiert werden. Das darf allerdings regelmäßig nicht in voller Höhe erfolgswirksam geschehen. Das Jahresergebnis ist nur in Höhe der Differenz zwischen den Beständen an Zwischengewinnen zu Beginn und am Ende der Periode zu korrigieren. War beispielsweise der in den Werten der Vermögensgegenstände des Konzerns verborgene Bestand an Zwischengewinnen am Jahresanfang 50 und am Jahresende 80, dann sind aus dem Jahresergebnis der Summenbilanz 30 erfolgswirksam zu eliminieren, um das Konzern-Jahresergebnis zu erhalten. Der Bestand am Jahresanfang von 50 muss zwar zusätzlich aus den Werten der entsprechenden Bestände am Jahresende herausgerechnet werden, dies darf aber das Jahresergebnis nicht tangieren.

Während für die in den früheren Kapiteln behandelten Maßnahmen der Konzernrechnungslegung aufgrund der gesetzlichen Vorschriften und der anerkannten Einheitstheorie – bei allen Divergenzen und Spielräumen im Detail – bezüglich der Grundlinien der Vorgehensweise ein hohes Maß an Übereinstimmung herrscht, ge-

https://doi.org/10.1515/9783110535723-012

hen die Meinungen darüber, wie die Ergebnisverwendung und die Entwicklung erfolgswirksamer Konsolidierungsdifferenzen im Konzernabschluss dargestellt werden sollten, in der Literatur auseinander. Diese Meinungsvielfalt in grundlegenden Fragen verwundert nicht, denn auf dem in diesem Kapitel zu behandelnden Gebiet kann weder auf klare Rechtsgrundlagen noch auf die Einheitstheorie als Leitlinie zurückgegriffen werden.

Die Einheitstheorie versagt aus mehreren Gründen:

Anders als der Einzelabschluss erfüllt der Konzernabschluss keine Ausschüttungsbemessungsfunktion. An den im Konzernabschluss ausgewiesenen Konzern-Jahresüberschuss knüpfen ebenso wenig gesetzlich abgesicherte Verwendungskompetenzen an wie an eventuell ausgewiesene Gewinnrücklagen oder an einen Konzern-Bilanzgewinn. Grundlagen der Ausschüttungsbemessung bleiben auch im Konzern die Einzelabschlüsse der einbezogenen Unternehmen.

Wer über welche Kompetenzen in Bezug auf die Verwendung von Jahresergebnissen und in Bezug auf die Auflösung nicht zweckgebundener Gewinnrücklagen verfügt, lässt sich im Konzern nicht einfach beantworten. Zunächst muss eine gesetzlich unmittelbar geregelte von einer Ebene indirekter Einflussmöglichkeiten getrennt werden, die sich aus den mehr oder weniger großen Kompetenzen zur einheitlichen Leitung im Konzern und aus eventuellen Organverflechtungen ergibt. Außerdem hängen die Kompetenzen zur Ergebnisverwendung entscheidend davon ab, um welche Art der Konzernbindung es sich handelt. Im Vertragskonzern mit Ergebnisabführungsvertrag konzentrieren sich die Kompetenzen bei den Organen der Obergesellschaft, und der Jahresabschluss dieser Obergesellschaft ist – abgesehen von Ausgleichsansprüchen – alleiniger Anknüpfungspunkt für Ausschüttungsansprüche von Eignern. Im faktischen Konzern dagegen verteilen sich die Kompetenzen auf die Organe der einzelnen Konzerngesellschaften. Die Grenzen dieser Kompetenzen werden dann durch die jeweiligen Einzelabschlüsse gezogen.

Ein Konzern, der beide Arten der Konzernbindung vermischt, kombiniert auch in spezifischer Weise die verschiedenen Formen der Kompetenzverteilung, so dass im Ergebnis ein differenziertes Netz von Einflussmöglichkeiten und Gewinnverteilungsrechten besteht, das allerdings auf gesetzlicher Basis in keinem Fall an Größen aus dem Konzernabschluss anknüpft.

Aus der für die Konzernrechnungslegung misslichen Lage, sich mit der Ergebnisverwendung einem Problem stellen zu müssen, das im Konzern weit differenzierter als im Einzelunternehmen geregelt ist und wo demzufolge die Einheitstheorie endgültig an ihre Grenzen stößt, wurden verschiedene Auswege gesucht. Die in der einschlägigen deutschen Literatur am meisten diskutierten Wege werden im Folgenden nach einer Untersuchung der Rechtsgrundlagen genauer dargestellt und analysiert.

L.2 Vorschriften zur Darstellung der Ergebnisverwendung im Konzernabschluss

Hinsichtlich der Darstellung der Ergebnisverwendung im Konzernabschluss sind zwei Ebenen zu unterscheiden.

Die erste betrifft die konzernspezifische Aufteilung des Jahresergebnisses auf Mehrheit und Minderheit, wenn dem Konzern nicht bei allen Tochterunternehmen 100 % der Anteile zustehen. Diese erste Ebene ist in § 307 Abs. 2 HGB explizit geregelt: *„In der Konzern-Gewinn- und Verlustrechnung ist der im Jahresergebnis enthaltene, anderen Gesellschaften zustehende Gewinn und der auf sie entfallende Verlust nach dem Posten „Jahresüberschuss/Jahresfehlbetrag" unter entsprechender Bezeichnung gesondert auszuweisen."* Was allerdings als anderen Gesellschaftern zustehender Gewinn bzw. auf sie entfallender Verlust im Sinne dieser Vorschrift anzusehen ist, wird in der Kommentierung unterschiedlich beurteilt. Basierend auf der einheitstheoretischen Sicht wird davon ausgegangen, dass es sich um den der Beteiligungsquote der Minderheiten entsprechenden Anteil an dem über die Handelsbilanz II des jeweiligen Tochterunternehmens in das Konzernergebnis eingeflossenen Erfolg handelt, der gemäß den differenzierten Zurechnungen von Erfolgswirkungen auf Mehrheit und Minderheit (siehe Abschnitte H.3.4.2 und I.4.1) nur durch die Kapitalkonsolidierung und die Zwischenergebniseliminierung zusätzlich bereinigt sein kann (vgl. Weber/Zündorf in: Küting/Weber, Konzernrechnungslegung, 2. Aufl., § 307 Rn. 13; Winkeljohann/K. Hoffmann in: Beck Bil-Komm., 11. Aufl., § 307 Anm. 81; im Fall ohne Gewinnabführungsvertrag auch ADS, 6. Aufl., § 307 Tz. 71 f.; zur neuen Behandlung der Anteile von Minderheiten bei der Zwischenergebniseliminierung DRS 23.153 und WP-Handbuch, Band I, G Tz. 532). Auf Basis des 2016 veröffentlichten DRS 23 geht das WP-Handbuch dementsprechend aktuell davon aus, dass der Ergebnisanteil der Minderheiten letztlich basierend auf der HB III einschließlich der auf die Tochter entfallenden Konsolidierungseffekte zu ermitteln ist (vgl. WP-Handbuch, Band I, G Tz. 460 iVm. Tz. 532; DRS 23.153). Nach anderer Literaturmeinung hingegen werden unter dem Anteil anderer Gesellschafter am Gewinn oder Verlust nach § 307 Abs. 2 HGB nur die Beträge verstanden, auf die die Minderheiten entsprechend der Handelsbilanz I des jeweiligen Tochterunternehmens (vgl. Busse von Colbe u. a., Konzernabschlüsse, 2010, S. 482) Anspruch haben. Diese Interpretation gewichtet demnach für diesen Aspekt die rechtliche Betrachtungsweise höher als die einheitstheoretische Sicht.

Gemessen an der Aufgabe des Konzernabschlusses, den Interessenten Informationen über die von ihnen zu erwartende Zielerreichung zu liefern, wäre die zuletzt genannte Lösung vorzuziehen, weil sie Rückschlüsse auf die Verteilung des Erfolgs auf die verschiedenen Eignergruppen im Konzern zulässt, die neben der Höhe des Erfolgs für die Zielerreichung aller Eigner im Konzern wichtig ist. Sie kollidiert jedoch mit der grundsätzlich einheitstheoretisch ausgerichteten Konzernabschlussregulierung.

Die zweite Ebene betrifft die Darstellung der Verwendung von Jahresergebnis und Bilanzergebnis für Zwecke der Ausschüttung, der Rücklagendotierung oder des Vortrags auf neue Rechnung.

Die gemäß § 298 Abs. 1 HGB auf den Konzernabschluss analog anzuwendenden Vorschriften über den Einzelabschluss im HGB räumen hinsichtlich der Ergebnisdarstellung explizit ein Wahlrecht ein. Die Bilanz darf vor jeglicher, nach teilweiser oder nach vollständiger Verwendung des Jahresergebnisses aufgestellt werden (§ 268 Abs. 1 HGB). In den Gliederungsschemata des Handelsrechts kommt dieses Wahlrecht voll zum Ausdruck, denn sowohl in der Bilanz (§ 266 Abs. 3 HGB) als auch in der GuV (§ 275 Abs. 2 und 3 HGB) wird nur der gesonderte Ausweis des Jahresüberschusses/Jahresfehlbetrags vorgesehen; besondere Positionen zur Darstellung der Ergebnisverwendung werden nicht aufgeführt. Damit gibt es keine allgemeine Pflicht zur Darstellung der Ergebnisverwendung.

Durch die rechtsformspezifischen Vorschriften wird dieses Urteil letztlich nicht verändert. Aktiengesellschaften sind zunächst gemäß § 158 Abs. 1 AktG verpflichtet, in ihren Einzelabschlüssen die Gewinn- und Verlustrechnung nach dem Jahresüberschuss/Jahresfehlbetrag um genau bezeichnete Positionen der Ergebnisverwendung zu ergänzen, wobei die Darstellung der Ergebnisverwendung alternativ im Anhang zugelassen wird. Diese Verpflichtung zur Darstellung der Ergebnisverwendung fällt auch als rechtsformspezifische Vorschrift im Prinzip unter die Übertragungsregelung des § 298 Abs. 1 HGB. Letztlich war nach bisheriger überwiegender Literaturmeinung die Verpflichtung zur Darstellung der Ergebnisverwendung wegen des speziellen Vorbehalts in § 298 Abs. 1 HGB nicht aus dem Einzel- in den Konzernabschluss übertragbar. Einzelvorschriften sind auf den Konzernabschluss nur zu übertragen, soweit die Eigenart des Konzernabschlusses keine Abweichungen bedingt. Die besondere Eigenart des Konzernabschlusses, keine Ausschüttungsbemessungsfunktion zu besitzen, wodurch jede Darstellung der Verwendung eines von der Summe der Einzel-Jahresergebnisse der Konzernunternehmen abweichenden Konzern-Jahresergebnisses fiktiv sein muss, bedingte nach bisheriger Literaturmeinung eine Abweichung (vgl. u. a. WP-Handbuch 2012, Band I, M Tz. 616; Baetge u. a., Konzernbilanzen, 2017, S 563). Im Gegensatz dazu wird regelmäßig in der Literatur darauf hingewiesen, dass eine Ergebnisverwendungsrechnung grundsätzlich auch im Konzernabschluss notwendig sei, um die Entwicklung des Eigenkapitals im Konzernabschluss nachvollziehbarer zu gestalten und so letztlich den Zwecken der Konzernabschlusserstellung von Rechenschaftslegung und Kapitalerhaltung zu dienen (vgl. z. B. Baetge u. a., Konzernbilanzen, 2017, S 563; W. Gelhausen/H.F. Gelhausen, FS Forster 1992, S. 220). Der 2016 veröffentlichte DRS 22 „Konzerneigenkapital" bezieht nun explizit auch für die Konzernrechnungslegung das Wahlrecht nach § 268 Abs. 1 HGB, die Bilanz unter Berücksichtigung einer teilweisen oder vollständigen Gewinnverwendung aufzustellen, unter Bezugnahme auf § 298 Abs. 1 HGB ein (DRS 22.16). Gleichzeitig empfiehlt DRS 22.20

die Aufstellung einer Konzernergebnisverwendungsrechnung, worauf nun auch das aktuelle WP-Handbuch verweist (WP-Handbuch, Band I, G Tz. 333).

Wird dieser Empfehlung von DRS 22.20 gefolgt, dann wäre eine konkrete Konzernergebnisverwendungsrechnung für eine Muttergesellschaft in der Rechtsform einer Kapital- und insbesondere einer Aktiengesellschaft zu gestalten in Übertragung der Regelungen von § 158 Abs. 1 AktG. Sie könnte sich nach § 158 Abs. 1 S. 2 AktG iVm. § 298 Abs. 1 HGB entweder an die Konzern-GuV anschließen oder alternativ im Konzernanhang ausgewiesen werden und sollte unter Berücksichtigung von § 307 Abs. 2 folgende Positionen umfassen (siehe Abbildung L.1).

	Konzernjahresergebnis inkl. Ergebnisanteile anderer Gesellschafter
–	Auf andere Gesellschafter entfallender Gewinn
+	Auf andere Gesellschafter entfallender Verlust
+	Gewinnvortrag
–	Verlustvortrag
+	Entnahmen aus den Kapitalrücklagen
+	Entnahmen aus den Gewinnrücklagen
–	Einstellungen in die Gewinnrücklagen
=	Konzernbilanzgewinn/-verlust

Abb. L.1: Aufbau einer Konzernergebnisverwendungsrechnung unter Berücksichtigung von § 307 Abs. 2 HGB (vgl. Baetge u. a., Konzernbilanzen, 2017, S. 564).

Da der Konzernabschluss keine Ausschüttungsbemessungsfunktion hat, kann die Konzernergebnisverwendungsrechnung nicht auf der Basis von originären Konzernentscheidungen zur Ergebnisverwendung hergeleitet werden. Vielmehr muss sie aus den Ergebnisverwendungen der einbezogenen Unternehmen abgeleitet werden. Da aus den Konsolidierungsmaßnahmen erfolgswirksame aber auch erfolgsneutral zu verrechnende Konsolidierungsbuchungen resultieren und zusätzlich u. U. zeitverschobene konzerninterne Ausschüttungen vorliegen, führt aber eine unangepasste Übernahme der Rücklagenveränderungen und Ergebnisvorträge aus den Ergebnisverwendungsrechnungen der Einzelabschlüsse zu einem Konzernbilanzgewinn, der nicht mit der Summe der Bilanzgewinne der konsolidierten Unternehmen übereinstimmt. Die alternativen Vorschläge, wie zum einen die notwendigen Konsolidierungsmaßnahmen im Rahmen der Ergebnisverwendungsrechnungen zu erfassen sind und unter welchen Annahmen die Gewinnverwendung aus Konzernsicht dargestellt werden soll, werden im Folgenden aufbauend auf Beispiel I.2.4 und I.2.5 aus der Zwischenergebniseliminierung erläutert.

L.3 Darstellung der Ergebnisverwendung unter Verwendung des globalen Verrechnungsansatzes für den Bestand an Aufrechnungsdifferenzen am Ende der Vorperiode

L.3.1 Darstellung der Ergebnisverwendung unter Ausweis des Bestandes an Aufrechnungsdifferenzen am Ende der Vorperiode in der Position Gewinnvortrag/Verlustvortrag aus dem Vorjahr

Bei dieser Variante ist die Konzern-GuV nicht nur um eine Ergebnisverwendung einschließlich der Berücksichtigung des Gewinnvortrags aus der Vorperiode und des Ausweises eines Konzern-Bilanzgewinns bzw. Konzern-Bilanzverlusts zu erweitern, diese Ergebnisverwendung dient zugleich der Berücksichtigung der erfolgswirksamen Konsolidierungsdifferenzen im Zeitablauf. Der kumulierte Bestand an Korrekturen bis zum Ende des Jahres, der die am Jahresende in den Bilanzbeständen aus den verschiedensten Ursachen verborgenen Zwischenergebnisse, die Aufrechnungsdifferenzen aus der Schuldenkonsolidierung und die aufgelaufenen erfolgswirksamen Wirkungen der Kapitalkonsolidierung umfasst, wird im Konzern-Bilanzergebnis aufgefangen. Wird das Konzern-Bilanzergebnis insoweit auf neue Rechnung vorgetragen, so geht dieser Bestand als Bestand zu Beginn des nachfolgenden Jahres über den Gewinnvortrag/Verlustvortrag aus dem Vorjahr in den Konzernabschluss des folgenden Jahres ein. Wenn nun die Veränderung dieses Bestandes erfolgswirksam in den einzelnen GuV-Positionen berücksichtigt wird, wie das die Einheitstheorie erfordert, so wirken sich diese Veränderungen in zutreffender Weise auf das Konzern-Jahresergebnis aus, und zugleich wird durch die Verbindung von Jahresergebnis und Gewinnvortrag der Bilanzgewinn in der gewünschten Weise fortgeschrieben. Das Verfahren fußt grundsätzlich auf dem Vorschlag des Sonderausschusses Neues Aktienrecht zur Konzernrechnungslegung nach altem Aktienrecht (vgl. NA 2/67 und NA 3/68; W. Gelhausen/H.F. Gelhausen, F.S. Forster 1992, S. 230) und erfasst die im Rahmen der Schulden- und Zwischenergebniseliminierung notwendige erfolgsneutrale Verrechnung des Bestandes an Aufrechnungsdifferenzen sowie die kumulierten erfolgswirksamen Effekte der Kapitalkonsolidierung in Form der globale Verrechnung mit dem Ergebnisvortrag.

Gestützt auf die Beispiele I.2.4 und I.2.5 aus der Zwischenergebniseliminierung soll anhand der Beispiel L.1.1 und L.1.2, die auch zur Klarstellung der übrigen Verfahren verwendet werden, das Vorgehen erläutert werden. Für die Ergebnisverwendung der Muttergesellschaft im Einzelabschluss wird zunächst unterstellt, dass die Muttergesellschaft den Bilanzgewinn des Jahres 15 vollumfänglich als Gewinnvortrag auf das Jahr 16 vorträgt. Die Konzernjahresabschlüsse werden dann jeweils nach teilweiser Ergebnisverwendung aufgestellt gemäß § 268 Abs. 1 iVm. § 298 Abs. 1 HGB.

Für das Ende des Jahres 15 ergibt sich nach Berücksichtigung der verschiedenen Konsolidierungsschritte aus den gegebenen Einzelbilanzen, Einzel-GuVs und -Ergebnisverwendungsrechnungen von Mutter und Tochter der als Beispiel L.1.1 ausgewie-

Beispiel L.1.1: Konzernabschluss mit Ergebnisverwendungsrechnung basierend auf der Verrechnung mit dem Ergebnisvortrag (Geschäftsjahr 15)

Konzernabschluss zum 31.12.15

Bilanz 31.12.15	M in T€		T in T€		SB in T€		Konsolid. S	H	Konzern in T€	
Übrige Aktiva	291				291				291	
Beteiligung	2				2			2	0	
Vorräte			300		300			(2) 9	291	
Bank	9		0		9				9	
gezeichnetes Kapital		30		2		32	2			30
Bilanzgewinn		(1) 9				9	(2) 9			0
Andere Passiva		263		298		561				561
Summe	302	302	300	300	602	602	11	11	591	591

GuV GJ 15	M in T€		T in T€		SB in T€		Konsolid. S	H	Konzern in T€	
Umsatzerlöse		300				300	(3) 300			0
Aufw. für bezogene Ware	291				291			(3) 291	0	
JÜ/JF	9				9			(3) 9	0	
Summe	300	300			300	300	300	300	0	0

Ergebnisverwendung GJ 15	M in T€		T in T€		SB in T€		Konsolid. S	H	Konzern in T€	
JÜ/JF		9				9	(4) 9			0
Ergebnisvortrag										
Einstell. RL										
Bilanzgewinn	(1) 9				9			(4) 9	0	
Summe	9	9			9	9	9	9	0	0

sene Konzernabschluss. Für den Gesamtkonzern wird wegen der voll erfolgswirksamen Eliminierung des Zwischengewinns in Höhe von 9 T€ (Buchung (2) und (3) in GJ 15) weder ein Jahresüberschuss noch ein Bilanzgewinn ausgewiesen. Der Bilanzgewinn im Einzelabschluss der Mutter, der zu 100 % aus dem im Konzern eliminierungspflichtigen Zwischengewinn besteht, wird vollumfänglich in das Geschäftsjahr 16 vorgetragen.

Die für das Verfahren charakteristischen konzernspezifischen Gewinn- oder Verlustvorträge heben sich im Rahmen der Folgekonsolidierung wieder auf, wenn es wie im Beispiel innerhalb des Konzerns keine zeitverschobenen Gewinnvereinnahmungen gibt und wenn die in den Beständen am Jahresende verborgenen Zwischenergebnisse im Rahmen der Verwendung der Bilanzgewinne bei den Einzelgesellschaften auf das nächste Jahr übertragen werden. Ist also wie im Beispiel der Zwischengewinn der Mutter von 9 T€ aus Geschäftsjahr 15 in der Gewinnverwendungsrechnung ihres Einzelabschlusses auf das Jahr 16 vorgetragen worden, dann ist dieser Gewinnvortrag im Jahre 16 in der Einzel-Ergebnisverwendungsrechnung der Mutter auf der Habenseite ausgewiesen worden und überführt den Jahresfehlbetrag (GJ 16) von M in Höhe von 4,5 T€ in einen Bilanzgewinn von 4,5 T€ (Buchung (1) im GJ 16). Die Konsolidierungsbuchung in der GuV (Buchung (3) im GJ 16) eliminiert sowohl die Innenumsätze von 300 T€ als auch den überhöhten Aufwand für Waren von 313,5 T€ (= 304,5 bei M aus Innenumsatz und 9 realisierter Zwischengewinn) und führt per Saldo zur erfolgswirksamen Erhöhung des Jahresüberschusses um 13,5 T€ (= +9 (real. ZG) + 4,5 (neuer ZV)). Mit der Konsolidierungsbuchung (Buchung (2) im GJ 16) zur Zwischengewinneliminierung in der Bilanz gleicht der in der Summenbilanz im Bilanzgewinn enthalten Gewinnvortrag aus dem Einzelabschluss von M genau den im GJ 16 realisierten Zwischengewinn von 9 T€ aus.

Die Ableitung des Konzernabschlusses mit Ergebnisverwendungsrechnung für das Jahr 16 aus den Einzelabschlüssen zeigt Beispiel L.1.2.

Beispiel L.1.2: Konzernabschluss mit Ergebnisverwendungsrechnung basierend auf der Verrechnung mit dem Ergebnisvortrag (Geschäftsjahr 16)

Konzernabschluss zum 31.12.16

Bilanz 31.12.16	M in T€		T in T€		SB in T€		Konsolid. S	H	Konzern in T€	
Übrige Aktiva	291,0				291,0				291,0	
Beteiligung	2,0				2,0			2,0	0	
Vorräte			300		300,0		(2) 4,5		304,5	
Bank	4,5		150		154,5				154,5	
gezeichnetes Kapital		30,0		2		32,0	2,0			30
Bil.gewinn		(1) 4,5		150		154,5	(2) 9,0	(2) 13,5		159
Andere Passiva		263,0		298		561,0				561
Summe	297,5	297,5	450	450	747,5	747,5	15,5	15,5	750	750

GuV GJ 16	M in T€		T in T€		SB in T€		Konsolid. S	H	Konzern in T€	
Umsatzerlöse		300,0		450		750,0	(3) 300,0			450
Aufw. für bezog. Ware	304,5		300		604,5			(3) 313,5	291	
JÜ/JF		4,5	150		145,5		(3) 13,5		159	
Summe	304,5	304,5	450	450	750,0	750,0	313,5	313,5	450	450

Ergeb.verw. GJ 16	M in T€		T in T€		SB in T€		Konsolid. S	H	Konzern in T€	
JÜ/JF	4,5			150		145,5		(4) 13,5		159,0
Gew.vortr.		9,0				9,0	(4) 9,0			0
Einstell. RL										
Bil.gew.	(1) 4,5		150		154,5		(4) 4,5		159,0	
Summe	9,0	9,0	150	150	154,5	154,5	13,5	13,5	159,0	159,0

Gewinnverwendungspolitik dürfte allerdings unter anderen Zielen als dem der Heilung von Schwächen eines Rechnungslegungsverfahrens stehen, zumal es außerdem nicht leicht sein wird, die Umfänge der erforderlichen Gewinn- oder Verlustvorträge für die verschiedenen Konzernunternehmen zu ermitteln. Ferner dürfen die gegebenenfalls erforderlichen Verlustvorträge bei Vorliegen von Bilanzgewinnen nicht gebildet werden. Im Regelfall, in dem es zu zeitverschobenen Gewinnvereinnahmungen kommt oder wo eine andere Gewinnverwendungspolitik betrieben wird, führt damit das Verfahren zu verzerrten Ergebnisvorträgen aus dem Vorjahr und zu verzerrten Bilanzgewinnen. Der Bilanzgewinn im Konzern ist in diesem Fall um die Gewinnvereinnahmungen aus Vorjahren sowie um die in den Beständen am Jahresende verborgenen Zwischenergebnisse bzw. Aufrechnungsdifferenzen aus der Schuldenkonsolidierung und die aufgelaufenen Erfolgswirkungen aus der Kapitalkonsolidierung insoweit verfälscht, wie letzteren nicht durch Ergebnisvorträge in den Einzelabschlüssen der Konzernunternehmen Rechnung getragen wurde. Bis auf die Gewinnvereinnahmungen gilt mit zeitlicher Verzögerung Gleiches für die Gewinn- oder Verlustvorträge aus dem Vorjahr.

L.3.2 Darstellung der Ergebnisverwendung unter Verwendung eines Konsolidierungs-Ausgleichspostens für den Bestand an Aufrechnungsdifferenzen am Ende der Vorperiode

Will man grundsätzlich im Verfahren der Globalen Verrechnung bleiben, bieten sich als Positionen zu Verrechnung alternativ die Gewinnrücklagen oder ein spezieller Ausgleichsposten als Korrekturposten zum gesamten Eigenkapital an. Die Verrechnung mit den Gewinnrücklagen ist letztlich keine Alternative zur Verrechnung mit dem Ergebnisvortrag, da auch in dieser Variante ein Abweichen der Gewinnverwendungspolitik im Einzelabschluss von der global unterstellten Einstellung der Aufrechnungsdifferenzen in die Gewinnrücklagen zu vergleichbaren Verzerrungen führt. Konsequent den Konsolidierungscharakter der Aufrechnungsdifferenzen als konzernspezifische Korrekturposten zum Eigenkapital kann nur die Variante über einen speziellen Ausgleichsposten darstellen (vgl. Coenenberg, Jahresabschluss, 2016, S. 747 f., Baetge u. a., Konzernbilanzen, 2017 S. 262). In Verbindung mit einer Konzernergebnisverwendungsrechnung führt aber auch diese Variante zu schwer interpretierbaren Konzernbilanzgewinnen, wie Beispiel L.1.3 aufzeigt.

Unterstellt wird dieses Mal, dass die Muttergesellschaft ihren Bilanzgewinn aus Geschäftsjahr 15 an ihre Anteilseigner ausgeschüttet hat. Unter dieser Prämisse ändert sich die Konsolidierung für Geschäftsjahr 15 nicht. Der Konzernabschluss für Geschäftsjahr 16 ergibt sich wie der auf der folgenden Seite dargestellt.

Durch die Eliminierung des Zwischenverlustes aus Geschäftsjahr 16 von 4,5 T€ und die vollständige Realisation des im Vorjahr eliminierten Zwischengewinns in Höhe von 9 T€ resultiert ein Konzernbilanzgewinn von 159 T€ bei gleichzeitig bestehendem aktivischem Konsolidierungs-Ausgleichsposten zum Eigenkapital von 9 T€. Diese Darstellung im Konzernabschluss verdeutlicht, dass der Gesamtgewinn von 159 T€ aus der Veräußerung der Waren an einen Konzernfremden aus Konzernsicht erst im Jahr 16 zur Verwendung, also z. B. zur Ausschüttung, zur Verfügung steht. Gleichzeitig ist aber durch die aus Konzernsicht verfrühte Ausschüttung eines Teiles dieses Bilanzgewinns das Eigenkapital schon um die Ausschüttung von 9 T€ gemindert. Dies zeigt der aktivische Konsolidierungs-Ausgleichsposten.

Beispiel L.1.3: Konzernabschluss mit Ergebnisverwendungsrechnung unter Verwendung eines sonstigen Ausgleichsposten zur globalen Verrechnung (Geschäftsjahr 16)

Konzernabschluss zum 31.12.16

Bilanz 31.12.16	M in T€		T in T€		SB in T€		Konsolid. S	Konsolid. H	Konzern in T€	
Übrige Aktiva	291,0				291,0				291	
Beteiligung	2,0				2,0			2,0	0	
Vorräte			300		300,0		(2) 4,5		304,5	
Bank	0		150		150,0				150,0	
gezeichnetes Kapital		30,0		2		32,0	2,0			30
Konsol.-Ausgleichsposten							(2) 9,0		9,0	
Bil.gewinn		(1) – 4,5		150		145,5		(2) 13,5		159
Andere Passiva		267,5		298		565,5				565,5
Summe	293,0	293,0	450	450	743,0	743,0	15,5	15,5	754,5	754,5

GuV GJ 16	M in T€		T in T€		SB in T€		Konsolid. S	Konsolid. H	Konzern in T€	
Umsatzerlöse		300,0		450		750,0	(3) 300,0			450
Aufw. für bezog. Ware	304,5		300		604,5			(3) 313,5	291	
JÜ/JF		4,5	150		145,5		(3) 13,5		159	
Summe	304,5	304,5	450	450	750,0	750,0	313,5	313,5	450	450

Ergeb.verw. GJ 16	M in T€		T in T€		SB in T€		Konsolid. S	Konsolid. H	Konzern in T€	
JÜ/JF	4,5			150		145,5		(4) 13,5		159,0
Einstell. RL.										0
Bil.gew.		(1) 4,5	150		145,5		(4) 13,5		159,0	
Summe	4,5	4,5	150	150	145,5	145,5	13,5	13,5	159,0	159,0

Auf Konzernebene wird so ein Bilanzgewinn gezeigt, der zwar aus einheitstheoretischer Sicht ausschüttungsfähig wäre, aber tatsächlich nicht für die aktuelle Periode an die herrschenden Gesellschafter ausgeschüttet werden kann. Dies wird in der Literatur, aber gerade auch in der Praxis als wenig aussagefähig für die Abschlussadressaten empfunden (vgl. Baetge u. a., Konzernbilanzen, 2017, S. 565; Coenenberg, Jahresabschluss, 2016, S. 751).

L.4 Darstellung einer Ergebnisverwendung, die den Konzern-Bilanzgewinn dem Bilanzgewinn der Konzernmutter angleicht

Bei dem zweiten, in der Praxis häufig verwandten Verfahren wird davon ausgegangen, dass der Konzernabschluss allenfalls über den von der Konzernobergesellschaft ausschüttbaren Bilanzgewinn informieren kann, da es eine konzernübergreifende Ausschüttungsgrundlage nicht gibt (vgl. Busse von Colbe, WPg 1978, S. 657 f.; Harms/Küting, DB 1979, S. 2333 ff.; Coenenberg, Jahresabschluss, 2016, S. 751). Diesem Ziel entsprechend werden in der Konzernbilanz über den Konsolidierungs-Ausgleichsposten zum einen die in den Beständen am Jahresende verborgenen Zwischenergebnisse und Aufrechnungsdifferenzen aus der Schuldenkonsolidierung erfasst. Zum anderen werden in den Konsolidierungs-Ausgleichsposten aber auch die im Geschäftsjahr angefallenen Erfolgswirkungen aus der Konsolidierung und die im jeweiligen Jahr erwirtschafteten, aber erst in einem späteren Jahr der Obergesellschaft zufließenden Bilanzgewinne der Töchter aufgenommen. Dieser Posten wird durch eine Zuführung der in dem betreffenden Jahr eingetretenen Veränderungen bei den angesprochenen Sachverhalten gespeist, die als Teil der Jahresüberschussverwendung im Rahmen der Konsolidierungsbuchungen fingiert wird.

Zur Verdeutlichung des Verfahrens wird es ebenfalls auf unseren Beispielsfall angewendet, wobei sich die auf den nächsten Seiten abgeleiteten Konzernabschlüsse für die Geschäftsjahre 15 und 16 (Beispiele L.2.1 und L.2.2) ergeben. Es liegt wieder die Annahme zugrunde, dass M ihren Bilanzgewinn 15 im Geschäftsjahr 16 voll an ihre Gesellschafter ausschüttet. Im Jahr 15 sind dem Ausgleichsposten 9 T€ zugeführt worden, was zugleich dem Bestand am 31.12.15 entspricht, weil in 15 der Posten erstmals gespeist wurde: Die Tochter hat im Geschäftsjahr 15 keinen Bilanzgewinn erzielt, so dass im Jahr 15 nur die erfolgswirksam eliminierten Zwischengewinne von 9 T€ im Ausgleichsposten zu erfassen sind.

Im Geschäftsjahr 16 wird zunächst das gesamte zu verrechnende Zwischenergebnis in Höhe von +4,5 T€ bei der Konsolidierung der Summenbilanz gegen den Konsolidierungs-Ausgleichsposten verrechnet (Buchung (2) im GJ 16). Dieses setzt sich zusammen aus dem in 16 erfolgswirksam verrechneten Zwischenergebnis von 13,5 T€ (eliminierter Zwischenverlust von 4,5 und realisierter Zwischengewinn von 9) abzüglich dem erfolgsunwirksam verrechneten Zwischenergebnisbestand vom Ende

Geschäftsjahr 15 in Höhe von 9 T€. Gleichzeitig wird der Bilanzgewinn der Tochter von 150 T€ in der Bilanz in den Konsolidierungs-Ausgleichsposten umgebucht (Buchung (5) im GJ 16). In der Konzern-Ergebnisverwendungsrechnung ist dann zum einen der Jahresüberschuss gegen den Posten „Einstellungen in/Entnahmen aus Konsolidierungs-Ausgleichsposten" um die erfolgswirksame Zwischenergebniskonsolidierung von 13,5 T€ zu erhöhen (Buchung (4) im GJ 16). Zum anderen muss hier der Summen-Bilanzgewinn gegen den Posten „Einstellungen in/Entnahmen aus Konsolidierungs-Ausgleichsposten" um den Bilanzgewinn von T gekürzt werden (Buchung (4) im GJ 16).

Beispiel L.2.1: Konzernabschluss mit Ergebnisverwendungsrechnung, die den Konzern-Bilanzgewinn dem Bilanzgewinn der Mutter angleicht (Geschäftsjahr 15)

Konzernabschluss zum 31.12.15

Bilanz 31.12.15	M in T€		T in T€		SB in T€		Konsolid. S	H	Konzern in T€	
Übrige Aktiva	291				291				291	
Beteiligung	2				2			(2) 2	0	
Vorräte			300		300			(2) 9	291	
Bank	9		0		9				9	
gezeichnetes Kapital		30		2		32	2			30
Konsol.-Ausgleichsposten							(2) 9		9	
Bilanzgewinn		(1) 9				9				9
Andere Passiva		263		298		561				561
Summe	302	302	300	300	602	602	11	11	600	600

GuV GJ 15	M in T€		T in T€		SB in T€		Konsolid. S	H	Konzern in T€	
Umsatzerlöse		300				300	(3) 300			0
Aufw. für bezogene Ware	291				291			(3) 291	0	
JÜ/JF	9				9			(3) 9	0	
Summe	300	300			300	300	300	300	0	0

Ergebnisverwendung GJ 15	M in T€		T in T€		SB in T€		Konsolid. S	H	Konzern in T€	
JÜ/JF		9				9	(4) 9			0
Ergebnisvortrag										
Einstell. RL										
Einst. in/Entn. aus Kons.-APO								(4) 9		9
Bilanzgewinn	(1) 9				9				9	
Summe	9	9			9	9	9	9	9	9

Beispiel L.2.2: Konzernabschluss mit Ergebnisverwendungsrechnung, die den Konzern-Bilanzgewinn dem Bilanzgewinn der Mutter angleicht (Geschäftsjahr 16)

Konzernabschluss zum 31.12.16

Bilanz 31.12.16	M in T€		T in T€		SB in T€		Konsolid. S	H	Konzern in T€	
Übrige Aktiva	291,0				291,0				291	
Beteiligung	2,0				2,0			2,0	0	
Vorräte			300		300,0		(2) 4,5		304,5	
Bank	0		150		150,0				150,0	
gezeichnetes Kapital		30,0		2		32,0	2,0			30
Konsol.-Ausgleichsposten								(2) 4,5 (5) 150,0		154,5
Bil.gewinn		(1) – 4,5		150		145,5	(5) 150,0			–4,5
Andere Passiva		267,5		298		565,5				565,5
Summe	293,0	293,0	450	450	743,0	743,0	156,5	156,5	745,5	745,5

GuV GJ 16	M in T€		T in T€		SB in T€		Konsolid. S	H	Konzern in T€	
Umsatzerlöse		300,0		450		750,0	(3) 300,0			450
Aufw. für bezog. Ware	304,5		300		604,5			(3) 313,5	291	
JÜ/JF		4,5	150			145,5	(3) 13,5		159	
Summe	304,5	304,5	450	450	750,0	750,0	313,5	313,5	450	450

Ergeb.verw. GJ 16	M in T€		T in T€		SB in T€		Konsolid. S	H	Konzern in T€	
JÜ/JF	4,5			150		145,5		(4) 13,5		159,0
Einstell. RL.										0
Einst. in/Entn. aus Kons.-APO							(4) 13,5 (6) 150,0	163,5		
Bil.gew.		(1) 4,5	150		145,5			(5) 150,0		4,5
Summe	4,5	4,5	150	150	154,5	10,0	163,5	163,5	163,5	163,5

Die Ausrichtung der Ergebnisverwendungsrechnung im Konzernabschluss auf die Schaffung einer Übereinstimmung zwischen dem Konzernbilanzgewinn und dem Bilanzgewinn der Konzernobergesellschaft ist aus verschiedenen Gründen problematisch und wird in der Literatur vielfach abgelehnt (vgl. z. B. Coenenberg, Jahresabschluss, 2016, S. 753). Zunächst widerspricht diese Vorgehensweise der Funktion des Konzernabschlusses diametral, denn obwohl es Aufgabe des Konzernabschlusses sein soll, zusätzliche Informationen über die Einzelabschlüsse hinaus zu liefern, wird das Verfahren genau so gewählt, dass die Angaben des Einzelabschlusses über das Bilanzergebnis lediglich reproduziert werden. Darüber hinaus ist das Verfahren geeignet, bei den Aktionären der Obergesellschaft falsche Vorstellungen zu wecken. Der Bilanzgewinn einer Kapitalgesellschaft ist das Resultat einer bestimmten Politik der Jahresüberschussverwendung und eventuell der Rücklagenauflösung vor dem Hintergrund eines vorgegebenen Jahresüberschusses dieser Gesellschaft. Wenn die Gesellschaft eine Konzernobergesellschaft ist, können Aspekte der Konzernbindung bei dieser Politik eine Rolle spielen, müssen es aber nicht. Wird der durch Gewinnverwendungspolitik erzeugte Bilanzgewinn allerdings durch den Konzernabschluss genau bestätigt, kann der Eindruck entstehen, als komme ihm ein besonderes Maß an Objektivität und Richtigkeit zu, so dass Zweifel an der Zweckmäßigkeit der Gewinnverwendungspolitik vielleicht unberechtigterweise zurückgestellt werden. Obendrein wird die Vermutung genährt, dass im Bilanzgewinn der Mutter Konzernbelangen bereits Rechnung getragen sei, was aber nicht zutreffen muss. Der Gewinn der Mutter kann – wie in unserem Beispiel im Jahr 15 – in voller Höhe Zwischengewinn sein und trotzdem vom Konzernabschluss als Konzern-Bilanzgewinn bestätigt werden. Zusätzlich komplex wird die Interpretation, wenn nicht 100 % der Anteile der einbezogenen Töchter der Muttergesellschaft gehören. Ein Konzern-Bilanzgewinn in Höhe des Bilanzgewinns der Mutter täuscht dann vor, dass nur dieser Betrag den Konzern in Form von Ausschüttungen an die Gesellschafter verlassen kann. Gleichzeitig haben aber auch die Minderheitsgesellschafter Anspruch auf die auf sie entfallenden Jahresergebnisse der Tochtergesellschaften. Diese können je nach Entscheidung über die Gewinnverwendung bei den Tochtergesellschaften ebenfalls als Ausschüttungen den Konzern verlassen (vgl. auch Baetge u. a., Konzernbilanzen, 2017, S. 566).

L.5 Verzicht auf die Ergebnisverwendung

Aus der Schwierigkeit, Konzernabschlüsse und Ergebnisverwendungen im Konzern sinnvoll miteinander zu verbinden, wird ein radikaler Ausweg als zulässig angesehen (vgl. Küting/Weber, Konzernabschluss, 2012, S. 628 f.): Der Konzernabschluss wird ohne Ergebnisverwendung aufgestellt. Diesem Ausweg stehen – wie die Analyse in Teil 2 dieses Kapitels gezeigt hat – gesetzliche Vorschriften nicht entgegen, wenn auch inzwischen die Empfehlung von DRS 22.20. Die Verbindung zwischen der Darstellung des Ergebnisses und der Entwicklung erfolgswirksamer Konsolidierungsdifferenzen im Konzernabschluss macht es allerdings unmöglich, einen Konzernabschluss allein auf der Basis der in früheren Kapiteln entwickelten Regeln einfach so aufzustellen, dass Konzernbilanz und Konzern-GuV mit dem Jahresüberschuss enden.

Vielmehr müssen die bis zum Beginn der Betrachtungsperiode aufgelaufenen Erfolgswirkungen aus der Kapitalkonsolidierung, die in den Beständen am Jahresanfang verborgenen Zwischenergebnisse und Aufrechnungsdifferenzen aus der Schuldenkonsolidierung sowie die in Vorperioden bereits im Konzern-Jahresüberschuss erfassten Erfolge von Töchtern, die der Mutter aber noch nicht zugeflossen sind, in einer Bilanzposition im Eigenkapital – hier als „besondere Gewinnrücklage" bezeichnet – erfasst und ausgewiesen werden, um einen geschlossenen Konzernabschluss erhalten zu können. Da die Entwicklung dieser Position im Rahmen des Verfahrens verständlicherweise nicht erklärt werden, denn gespeist und aufgelöst werden müsste sie über die nicht dargestellte Ergebnisverwendung, werden nach diesem Verfahren im Eigenkapital die Posten „Gewinnrücklagen", „Ergebnisvortrag" und „Jahresergebnis" mit der „besonderen Eigenkapitalrücklage" zusammengefasst und unter der Bezeichnung „Erwirtschaftetes Kapital" ausgewiesen. Eine Zusammenfassung dieser Eigenkapitalpositionen und damit ein Abweichen vom Gliederungsschema für große Kapitalgesellschaften lässt sich im Konzernabschluss rechtfertigen: § 298 Abs. 1 HGB verlangt nur dann ausdrücklich die Anwendung der Vorschriften für große Kapitalgesellschaften, „soweit der Konzernabschluss keine Abweichung bedingt". Die Verrechnung der erfolgswirksamen Konsolidierungsdifferenzen mit bestimmten Unterpositionen ist weiterhin stark umstritten. Somit bleibt die Wahl der Variante und damit die Zuordnung zu einzelnen Eigenkapitalposten letztlich dem Ermessen der Abschlussersteller überlassen und „führt zu mehr oder minder willkürlichen Ergebnissen" (Küting/Weber, Konzernabschluss, 2012, S. 626). Ein Abweichen vom Gliederungsschema wird demnach durch die Besonderheiten des Konzernabschlusses bedingt und wird als zulässig angesehen (vgl. Küting/Weber, Konzernabschluss, 2012, S. 626; Busse von Colbe u. a., Konzernabschlüsse, 2010, S. 446 f.).

Die Vorgehensweise orientiert sich an der Konsolidierungspraxis nach IFRS, bei der alle Konsolidierungsmaßnahmen gegen den Posten „retained earnings" gebucht werden. Da gemäß IAS 1.79(b) jedwede Rücklage („reserve within equity") entweder in der Bilanz, in der Eigenkapitalveränderungsrechnung oder im Anhang nach Art und Zweck erläutert werden muss, ist es übertragen auf die HGB Konzernbilanz zumindest denkbar, die Erläuterung über Zuführungen und Entnahmen aus der besonderen Gewinnrücklage durch Untergliederung der Gesamtposition „Erwirtschaftetes Kapital" zu leisten.

Für den Beispielsfall ergeben sich bei Vollausschüttung des Bilanzgewinns für das Geschäftsjahr 15 im Einzelabschluss der Mutter bei diesem Verfahren die in den Beispielen L.3.1 und L.3.2 aufgezeigten Konzernabschlüsse für das Geschäftsjahr 15 und 16.

Beispiel L.3.1: Konzernabschluss bei Verzicht auf eine Ergebnisverwendungsrechnung (Geschäftsjahr 15)

Konzernabschluss zum 31.12.15

Bilanz 31.12.15	M		T		SB		Konsolid.		Konzern	
	in T€		in T€		in T€		S	H	in T€	
Übrige Aktiva	291				291				291	
Beteiligung	2				2			2	0	
Vorräte			300		300			(2) 9	291	
Bank	9		0		9				9	
Eingezahltes Kapital		30		2		32	2			30
[Besondere Gewinn-RL]										[0]
[JÜ/JF]				[9]		[9]	(2) 9			[0]
Erwirtschaftetes Kapital				9		9				0
Andere Passiva		263		298		561				561
Summe	302	302	300	300	602	602	11	11	582	582

GuV GJ 15	M		T		SB		Konsolid.		Konzern	
	in T€		in T€		in T€		S	H	in T€	
Umsatzerlöse		300				300	(3) 300			0
Aufw. für bezogene Ware	291				291			(3) 291	0	
JÜ/JF	9				9			(3) 9	0	
Summe	300	300			300	300	300	300	0	0

Beispiel L.3.2: Konzernabschluss bei Verzicht auf eine Ergebnisverwendungsrechnung (Geschäftsjahr 16)

Konzernabschluss zum 31.12.16

Bilanz 31.12.16	M		T		SB		Konsolid.		Konzern	
	in T€		in T€		in T€		S	H	in T€	
Übrige Aktiva	291,0				291,0				291	
Beteiligung	2,0				2,0			2,0	0	
Vorräte			300		300,0		(2) 4,5		304,5	
Bank	0		150		150,0				150,0	
Eingezahltes Kapital		30,0		2		32,0	2,0			30,0
[Besondere Gewinn-RL]							(2) 9,0			[9,0]
[JÜ/JF]		[-4,5]		[150]				(2) 13,5		[159,0]
Erwirtschaftetes Kapital		-4,5		150		145,5				150,0
Andere Passiva		267,5		298		565,5				565,5
Summe	293,0	293,0	450	450	743,0	743,0	15,5	15,5	745,5	745,5

GuV GJ 16	M in T€		T in T€		SB in T€		Konsolid. S	H	Konzern in T€	
Umsatzerlöse		300,0		450		750,0	(3) 300,0			450
Aufw. für bezog. Ware	304,5		300		604,5			(3) 313,5	291	
JÜ/JF		4,5	150		145,5		(3) 13,5		159	
Summe	304,5	304,5	450	450	750,0	750,0	313,5	313,5	450	450

Der Vergleich insbesondere des Konzernabschlusses für das Geschäftsjahr 16 nach dem Verfahren bei Verzicht auf eine Ergebnisverwendungsrechnung mit dem Konzernabschluss, der sich beim gleichen Grundfall nach dem Verfahren mit Verrechnung der Bestände an Aufrechnungsdifferenzen über einen Konsolidierungs-Ausgleichsposten (Beispiel L.1.3 in Kapitel L.3.2) zeigt, dass beiden letztlich dieselbe Idee zugrunde liegt. Auch in Beispiel L.1.3 wird der Bestand an Aufrechnungsdifferenzen in einem besonderen Auffang- und Korrekturposten verrechnet. Im Unterschied zum Verfahren ohne Ergebnisverwendungsrechnung wird der Konsolidierungs-Ausgleichsposten jedoch offen in der Bilanz als Eigenkapital-Korrekturposten gezeigt und geht nicht in einem zusammengefassten Posten unter.

Angesichts des unklaren Verhältnisses zwischen dem Konzernabschluss und der Ergebnisverwendung im Konzern erscheint die Zurückhaltung gegenüber einer Darstellung der Ergebnisverwendung im Konzernabschluss gerechtfertigt. Zumindest sollten Ergebnisverwendungsrechnungen nicht allen Konzernen unabhängig von ihrer rechtlichen Struktur gesetzlich vorgegeben werden. Allerdings wird durch die radikale Umgehung des Problems auch kein Beitrag zu seiner Lösung geleistet.

Literaturhinweise

Harms, Jens E./Küting, Karlheinz: Zur Weiterentwicklung des Erfolgs- und Ergebnisausweises im Konzernabschluß, in: BB, 38. Jg., 1983, S. 344–355.

Harms, Jens E./Küting, Karlheinz/Weber, Claus-Peter: Ergebnisdarstellung im Konzern, in: Küting/Weber (Hrsg.), Handbuch der Konzernrechnungslegung 2. Aufl., Stuttgart 1998, S. 751–764.

IDW (Hrsg.): Wirtschaftsprüfer-Handbuch 2017, 15. Aufl., Düsseldorf 2017.

Küting, Karlheinz/Weber, Claus-Peter: Der Konzernabschluss – Praxis der Konzernrechnungslegung nach HGB und IFRS, 13. Aufl., Stuttgart 2012.

M Konzernanhang, Segmentberichterstattung, Kapitalflussrechnung, Eigenkapitalspiegel und Lagebericht

M.1 Bestandteile des Konzernabschlusses und Ergänzungen

Nach § 297 Abs. 1 S. 1 HGB besteht der Konzernabschluss nicht nur aus der Konzernbilanz sowie der Konzern-Gewinn- und Verlustrechnung. Vielmehr gehören auch der Konzernanhang, die Kapitalflussrechnung und der Eigenkapitalspiegel zu den Pflichtbestandteilen des Konzernabschlusses nach HGB. Die Segmentberichterstattung dagegen bildet einen freiwilligen Teil des Konzernabschlusses nach HGB (§ 297 Abs. 1 S. 2 HGB). Der Konzernlagebericht endlich ist zwar von allen nach §§ 290 ff. HGB konzernrechnungslegungspflichtigen Muttergesellschaften zu erstellen (§ 290 Abs. 1 S. 1 HGB; § 13 Abs. 2 Satz 3 PublG), aber anders als die zuvor genannten Rechnungen kein Bestandteil des Konzernabschlusses (siehe Tabelle M.1).

Tab. M.1: Bestandteile des Konzernabschlusses und Ergänzung nach HGB.

Vorgabe des § 297 I HGB	Teil des Konzernabschlusses	Ergänzung
Aufstellungspflicht	Konzernbilanz	Konzernlagebericht
	Konzern-Gewinn- und Verlustrechnung	
	Konzernanhang	
	Kapitalflussrechnung	
	Eigenkapitalspiegel	
Aufstellungswahlrecht	Segmentberichterstattung	

Noch reichhaltiger ist das Spektrum von Jahresabschlussbestandteilen und Ergänzungen im Rahmen der IFRS. Neben der Verpflichtung zur Aufstellung einer Konzernbilanz muss nach IAS 1.10 auch eine Gesamtergebnisrechnung bestehend aus einer Gewinn- und Verlustrechnung und einer Darstellung des sonstigen Ergebnisses, eine Eigenkapitalveränderungsrechnung, eine Kapitalflussrechnung sowie ein ausführlicher Anhang für den Konzern erstellt werden. Zusätzlich ist eine Segmentberichterstattung nach IFRS 8 notwendig. Ein Gegenstück zum Lagebericht nach HGB gibt es im Rahmen der IFRS (§ 315e Abs. 1 HGB macht das deutlich) im engeren Sinne nicht (siehe Tabelle M.2).

    Angesichts der Vielfalt der zusätzlichen Berichte und Rechnungen, deren Aufbau und Inhalt häufig zudem zunächst für Einzelunternehmen erläutert werden müsste, bevor die für das vorliegende Buch relevanten Besonderheiten im Konzern behandelt werden können, beschränken sich die folgenden Ausführungen auf einen Überblick über die Vorschriften nach HGB und IFRS.

https://doi.org/10.1515/9783110535723-013

Tab. M.2: Bestandteile von Financial Statements nach IFRS neben Bilanz und Gesamtergebnisrechnung.

IFRS
Anhang
– umfangreiche Pflichten in den verschiedenen IAS, IFRS, SIC und IFRIC, für Unternehmenszusammenschlüsse insbesondere zusätzlich aus IFRS 3.59, 3.61, IAS 36.134–.137, 36.126(a), IFRS 12   – IAS 1.112–.114 gibt Grobgliederung vor   – nach IAS 1.10 Teil des „complete set of financial statements"
besondere Teile der Anhangs
– **Angaben zu Anteilen an anderen Unternehmen (IFRS 12)**   Pflicht für alle Unternehmen, die Anteile an Tochterunternehmen, gemeinsamen Vereinbarungen, assoziierten Unternehmen oder nicht konsolidierten strukturierten Unternehmen halten (IFRS 12.5)   – **Angaben über Beziehungen zu nahe stehenden Unternehmen und Personen (IAS 24)**   Pflicht für alle Unternehmen (IAS 24.3)   – **Ergebnis je Aktie (IAS 33)**   Pflicht für kapitalmarktorientierte Unternehmen, deren Aktien an einer öffentlichen Börse notiert werden oder die die Zulassung von Aktien zum öffentlichen Handel beantragt haben (IAS 33.2)   – **Segmentberichterstattung (IFRS 8)**   Pflicht für kapitalmarktorientierte Unternehmen (IFRS 8.2)
Kapitalflussrechnung   Pflicht für alle (IAS 7.1)
Eigenkapitalveränderungsrechnung   – in Form einer Darstellung aller Eigenkapitalveränderungen   – Pflicht für alle (IAS 1.106)

M.2 Der Konzernanhang

M.2.1 Spezifische Ansatzpunkte, Beispiele und Grenzen der ergänzenden Information des Konzernanhangs

Auch wenn Konzernbilanz und Konzern-Gewinn- und Verlustrechnung bereits ausschließlich der Information dienen, bedürfen sie doch des Anhangs, um ihre Funktion zu erfüllen „ein den tatsächlichen Verhältnissen entsprechendes Bild der Vermögens-, Finanz- und Ertragslage des Konzerns zu vermitteln". Der Anhang unterstützt die Kernrechenwerke Bilanz und GuV bei ihrer Informationsvermittlung auf verschiedenen Wegen (Russ, Der Anhang als dritter Teil des Jahresabschlusses, 1986, S. 19 ff.).

Primär im Blick auf Zahlungsbemessung (Begrenzung der Ausschüttungen an die Eigner, Steuerbemessung) und Gläubigerschutz konzipiert, werden GoB und HGB von den Postulaten der Nachprüfbarkeit und Vorsicht geprägt, die übrigens – das lehren die Erfahrungen mit der Internationalen Rechnungslegung – im Regelfall auch den Informationsgehalt der Rechenwerke positiv beeinflussen. In Sonderfällen freilich ist das Bild, das die Rechenwerke auf Basis solcher Regeln vermitteln, sehr speziell und bedarf der ergänzenden *Korrektur*. Diese Korrekturfunktion übernimmt nach § 297 Abs. 2 Satz 3 HGB der Anhang. Nach IAS 1.19 ist in sehr engen Grenzen in Ausnahmefällen bereits der Konzernabschluss entgegen gültigen Standard für einzelne Sachverhalte nach subjektiv für informativer gehaltenen Regeln zu erstellen, die dann zusammen mit den Regeln, von denen abgewichen wurde, und den Auswirkungen auf den Abschluss offen gelegt werden müssen (IAS 1.20). Dies entlebt aber auch den Anhang nach IFRS nicht einer gewissen Korrekturfunktion. Korrigierend greift der Anhang auch ein, wenn bei Abweichungen zwischen den Bilanzstichtagen der Konzernunternehmen der Konzernabschluss ohne Zwischenabschluss bei der Tochter aufgestellt wird und im Zeitraum zwischen den Abschlussstichtagen von Mutter und Tochter bedeutsame Vorgänge zu verzeichnen waren, die sich im Konzernabschluss selbst allenfalls unvollkommen niederschlagen (§ 299 Abs. 3 HGB).

Da die Vorgaben aus den GoB, den Grundsätzen ordnungsmäßiger Konsolidierung und dem HGB Wahlrechte und Spielräume beinhalten, bedürfen die Rechenwerke der *Erläuterung*. Die Nutzer benötigen Angaben über die dem Konzernabschluss zugrunde liegenden Bilanzierungs- und Bewertungsmethoden (§ 313 Abs. 1 Nr. 1 und 2 HGB) oder in welchem Umfang von Wahlrechten Gebrauch gemacht wird (etwa § 296 Abs. 3 HGB). In den Ausnahmefällen, in denen vom Grundsatz der Stetigkeit abweichend gegenüber dem Vorjahr veränderte Ansatz-, Bewertungs- und Konsolidierungsmethoden eingesetzt wurden, müssen diese Abweichungen angegeben, durch Darstellung der Bedingungen, die den Wechsel ausnahmsweise zulässig machen, begründet und in ihren Auswirkungen auf die Vermögens-, Finanz- und Ertragslage für den Nutzer transparent gemacht werden (§ 297 Abs. 3 Sätze 4 und 5 HGB).

Als *Ergänzung* zu den Rechenwerken wirkt der Anhang, wenn er für die Nutzer vermutlich interessante Informationen bereitstellt, die nach ihrem Charakter aber in den Rechenwerken Bilanz und GuV keinen Platz finden können und sich daher nur in anderer Form übermitteln lassen. In diesem Sinne ergänzt der Anhang Konzernbilanz und Konzern-GuV, wenn in ihm Namen, Sitze und vom Konzern gehaltene Kapitalanteile der in den Abschluss einbezogenen und nicht einbezogenen Konzernunternehmen, der assoziierten und der quotenkonsolidierten Unternehmen sowie derjenigen Unternehmen angegeben werden, an den der Konzern mindestens 20 % bzw. mehr als 5 % der Anteile besitzt, sofern es große Kapitalgesellschaften sind (§ 313 Abs. 2 Nr. 1–5 HGB). Daneben werden die durchschnittliche Zahl der Arbeitnehmer, die Erklärungen der Konzernunternehmen zur Einhaltung des Corporate Governance Kodex und detaillierte Aufgliederungen der Bezüge der Mitglieder des Geschäftsführungsorgans, des Aufsichtsrats und eines Beirats einerseits sowie des Abschlussprüfers bei kapitalmarktorientierten Mutterunternehmen andererseits im Anhang ergänzend offen gelegt (§ 314 Abs. 1 Nr. 4, 6, 8 und 9 HGB).

Der Anhang gewährt Konzernbilanz und Konzern-GuV schließlich *Entlastung*, wenn er es übernimmt, die Einzelpositionen auszuweisen, die aus Gründen der Klarheit in Konzernbilanz oder Konzern-GuV zusammengefasst wurden (§ 298 Abs. 1 iVm., § 265 Abs. 7 Nr. 2 HGB) oder wenn in ihm außerplanmäßige Abschreibungen angegeben werden (§ 298 Abs. 1 iVm. § 277 Abs. 3 HGB). Entlastet werden die Rechenwerke auch durch das Anlagengitter nach § 314 Abs. 4 iVm. § 284 Abs. 3 HGB und durch den Verbindlichkeitenspiegel nach § 314 Abs. 1 Nr. 1 HGB, in dem die Verbindlichkeiten mit Restlaufzeiten von mehr als fünf Jahren – häufig ergänzt um die mit Restlaufzeiten bis zu einem Jahr – sowie die durch einbezogene Konzernunternehmen gesicherten Verbindlichkeiten unter Angabe von Art und Form der Sicherheiten ausgewiesen werden.

Mehrere Faktoren setzen der zusätzlichen Information durch den Anhang allerdings Grenzen. So bleibt beispielsweise der Katalog der zum Konzernabschluss zu liefernden Anhangangaben überraschend an verschiedenen Punkten hinter demjenigen eines Anhangs zum Einzelabschluss von großen, von mittelgroßen und in einem Fall sogar kleinen Kapitalgesellschaften zurück. Da § 298 Abs. 1 HGB nicht Bezug auf die §§ 284 und 285 HGB nimmt, müssen im Anhang zum Konzernabschluss die Verbindlichkeiten mit Restlaufzeiten von mehr als fünf Jahren nur insgesamt, nicht aber, wie in § 285 Satz 1 Nr. 2 HGB für Einzelabschlüsse großer Kapitalgesellschaften gefordert, aufgegliedert auf die einzelnen Bilanzpositionen angegeben werden. Nicht übernommen wurden auch die Pflichten, Unterschiedsbeträge zur Bewertung mit aktuellen Zeitwerten anzugeben, wenn Vorräte mit Hilfe von Durchschnitts- oder Verbrauchsfolgeverfahren bewertet wurden (§ 284 Abs. 2 Nr. 3 HGB) oder bei Anwendung des Umsatzkostenverfahrens in der GuV den Materialaufwand sowie den Personalaufwand anzugeben und entsprechend der Gliederung des Gesamtkostenverfahrens aufzugliedern (§ 285 Satz 1 Nr. 8a und 8b HGB).

Hinsichtlich der Zahl der anzugebenden und zu erläuternden Sachverhalte bleibt der Anhang nach deutschem Recht noch hinter dem zurück, was nach den IFRS gefordert wird. Mehr Angaben bedeuten allerdings nicht unbedingt mehr Information, zumal wenn die Auswertung der Angaben Zeit beansprucht und Fachkenntnisse voraussetzt. Offensichtlich haben die Anhänge nach GoB und HGB in Deutschland bereits im Vergleich zu ihrem Informationsgehalt für private Anleger Volumina erreicht, die ihre Auswertung unattraktiv erscheinen lässt. Nach einer Befragung privater und institutioneller Anleger rangiert der Anhang bei den Anlegern einer großen deutschen AG mit nur 12 % der Befragten, die ihn „sehr intensiv" oder „intensiv" nutzen, auf dem letzten Platz aller Bestandteile des Geschäftsberichts (Ernst/Gassen/ Pellens, Verhalten und Präferenzen deutscher Aktionäre, 2005, S. 22). Auch wenn institutionelle Anleger – insbesondere solche aus angelsächsischen Ländern – den Anhang stärker nutzen (ebenda, S. 35), steht er nicht im Zentrum des Interesses. Die Aufgabe, Stakeholder mit Hilfe des Anhangs zu informieren, bedarf also einer geeigneten Definition und Auswahl von berichtspflichtigen Sachverhalten, schon damit die wichtigen Details nicht in der Flut unwichtiger Routineangaben untergehen.

Gerade dieser Gefahr beugen weder HGB noch IFRS durch klare Gliederungsvorgaben für den Anhang vor. Bei einer klaren Gliederung, wie sie beispielsweise die SEC ihren Informationspflichten jeweils zugrunde legt, sind die gelieferten Informationen leichter und gezielter zu erfassen, über die Unternehmen zu vergleichen und zu verarbeiten. Der folgenden Übersicht über die im Anhang zu einem Konzernabschluss nach HGB offen zu legenden Einzelangaben liegt eine mögliche Gliederung zugrunde. Auch wenn andere Gliederungen denkbar sind und verwendet werden, dürfte deutlich werden, wie insbesondere eine von allen Konzernen in gleicher Weise befolgte Gliederung die Übersichtlichkeit der Einzelangaben und ihre Wiederauffindbarkeit fördert.

M.2.2 Übersicht über die Berichtspflichten im Anhang nach HGB

In Tabelle M.3 wird kurz der Sachverhalt skizziert, über den zu berichten ist, und die Gesetzesnorm genannt, die die Berichtspflicht kodifiziert. Die Paragrafenangaben in der zweiten Spalte beziehen sich dabei immer auf das HGB, sofern nicht ein anderes Gesetz ausdrücklich angegeben ist. Römische Zahlen geben den betreffenden Absatz des zitierten Paragraphen an. In der letzten Spalte finden sich Hinweise, die auf Besonderheiten bei der jeweiligen Berichtspflicht aufmerksam machen. Dabei bedeutet:
1: Die Angabe kann alternativ in Bilanz oder GuV oder u. U. im Lagebericht erfolgen.
2: Die Angabe kann unterlassen werden bei untergeordneter Bedeutung für die Vermögens-, Finanz- und Ertragslage.
3: Die Angabe kann gem. § 313 Abs. 3 HGB unterlassen werden, falls einem der in § 313 Abs. 2 HGB aufgeführten Unternehmen erhebliche Nachteile entstehen können. Die Anwendung dieser Vorschrift ist im Anhang anzugeben. Die entsprechende Vorschrift findet sich für die Aufgliederung der Umsatzerlöse in § 314 Abs. 2 HGB.
4: Die unter 4 beschriebene Ausnahmeregelung kann von Mutterunternehmen, die selbst oder durch eine ihrer Töchter den Kapitalmarkt in Anspruch nehmen, nicht genutzt werden (§ 313 Abs. 3 S. 3 HGB).

Tab. M.3: Überblick über die Angabevorschriften zum Konzernanhang.

Sachverhalt	Rechtsnorm	Hinweis
1. Generalnorm: Es sind im Anhang zusätzliche Angaben zu machen, falls ansonsten der Konzernabschluss kein den tatsächlichen Verhältnissen entsprechendes Bild gem. § 297 II HGB bietet.	§ 297 II S. 3	

Tab. M.3: (Fortsetzung)

Sachverhalt	Rechtsnorm	Hinweis
2. **Konsolidierungskreis**		
– Name und Sitz des Unternehmens		
– Anteil am Kapital, der dem MU und einbezogenen TU gehört oder für deren Rechnung gehalten wird		
2.1 sind anzugeben bei allen in den Konzernabschluss einbezogenen Unternehmen. Zusätzlich ist gegebenenfalls der Sachverhalt anzugeben, der zur Einbeziehung verpflichtet, sofern diese nicht aufgrund einer der Kapitalbeteiligung entsprechenden Stimmrechtsmehrheit erfolgt,	§ 313 II Nr. 1	3,4
2.2 sind anzugeben bei assoziierten Unternehmen,	§ 313 II Nr. 2	3,4
2.3 sind anzugeben bei quotenkonsolidierten Unternehmen und zusätzlich der Tatbestand, der die Anwendung der Quotenkonsolidierung erlaubt,	§ 313 II Nr. 3	3,4
2.4 sind anzugeben bei Unternehmen, die gem. § 296 HGB oder gem. § 311 II HGB nicht einbezogen wurden. Zusätzlich ist zu begründen, warum die Unternehmen nicht einbezogen wurden,	§ 313 II Nr. 1 § 313 II Nr. 2 S. 2 § 296 III	3,4 3,4
2.5 sind anzugeben bei Unternehmen, an denen das MU oder ein TU mindestens 20 % des Kapitals hält und die nicht unter die Bestimmungen des § 313 II Nr. 1–3 fallen. Zusätzlich ist die Höhe des Eigenkapitals und das Ergebnis des letzten Geschäftsjahres anzugeben, falls das Unternehmen offenlegungspflichtig ist.	§ 313 II Nr. 4	2,3
2.6 Beteiligungen über 5 % an großen Kapitalgesellschaften, die von börsennotierten MU, TU oder Dritten für deren Rechnung gehalten werden, sind anzugeben.	§ 313 II Nr. 5	2,3
2.7 Werden Angaben gem. § 313 II HGB nicht gemacht, weil erhebliche Nachteile für das MU, das TU oder andere in § 313 II HGB genannte Unternehmen erwartet werden, ist dies im Anhang anzugeben.	§ 313 III S. 2	
2.8 Hat sich der Konsolidierungskreis im Geschäftsjahr wesentlich geändert, müssen Angaben gemacht werden, die einen Vergleich erlauben.	§ 294 II	
2.9 Die Befreiung eines TU von der Erstellung eines Teilkonzernabschlusses ist im Anhang des MU anzugeben.	§ 264 III Nr. 4	
2.10 Die Befreiung eines TU, als Personenhandelsgesellschaft i. e. S. einen Einzelabschluss nach den Vorschriften der §§ 264–335c HGB zu erstellen, ist im Anhang des MU anzugeben.	§ 264b Nr. 3	

Tab. M.3: (Fortsetzung)

Sachverhalt	Rechtsnorm	Hinweis
3. Konsolidierungsmethoden		
3.1 Wenn bei erstmaliger Aufstellung eines Konzernabschlusses durch das Mutterunternehmen oder bei erstmaliger Einbeziehung einer Tochter T, auf deren Einbeziehung bisher nach § 296 verzichtet wurde, ausnahmsweise als Zeitpunkt für die Ermittlung der Wertansätze der Zeitpunkt, an dem T Tochterunternehmen wurde, herangezogen wird, ist das anzugeben.	§ 301 II S. 5	
3.2 Ein sich ergebender Goodwill oder Badwill und dessen wesentliche Veränderungen sind zu erläutern.	§ 301 III S. 2	
3.3 Bei der Equity-Methode ist	§ 312 I S. 2	
– bei erstmaliger Anwendung der Unterschiedsbetrag zwischen Beteiligungsbuchwert und dem anteiligen Eigenkapital am assoziierten Unternehmen sowie ein darin enthaltener Geschäftswert oder passivischer Unterschiedsbetrag anzugeben,		
– anzugeben, dass als Zeitpunkt, der den Wertansätzen zugrunde liegt, ausnahmsweise der Zeitpunkt nach § 301 II S. 5 zugrunde gelegt wurde,	§ 312 III S. 3	
– anzugeben, wenn das assoziierte Unternehmen die konzerneinheitliche Bewertung nicht anwendet.	§ 312 V S. 2	
3.4 Abweichungen von den auf den vorhergehenden Abschluss angewandten Konsolidierungsmethoden sind anzugeben und zu begründen. Der Einfluss auf Vermögens-, Finanz- und Ertragslage des Konzerns ist anzugeben.	§ 297 III S. 4 und 5	
3.5 Weicht der Abschlussstichtag des Konzerns von demjenigen eines einbezogenen Unternehmens ab und wird kein Zwischenabschluss aufgestellt, so sind im Zwischenzeitraum erfolgte bedeutsame Vorgänge anzugeben.	§ 299 III	2
3.6 Bei quotenkonsolidierten Unternehmen sind die Angaben 3.1, 3.2, 3.4 und 3.5 sowie die Angaben 1., 4.4, 4.6 und 6.6 ebenfalls zu machen.	§ 310 II	
4. Bilanzansatz und Bewertung		
4.1 Die auf die Posten der Konzernbilanz und GuV angewandten Bilanzierungs- und Bewertungsmethoden sind anzugeben.	§ 313 I Nr. 1	
4.2 Abweichungen von den Bilanzierungs- und Bewertungsmethoden sind anzugeben und zu begründen. Ihr Einfluss auf die Vermögens-, Finanz-, und Ertragslage ist darzustellen.	§ 313 I Nr. 2	
4.3 Abweichungen der konzerneinheitlichen Bewertung von den auf den Abschluss des MU angewandten Bewertungsmethoden sind anzugeben und zu begründen.	§ 308 I S. 3	
4.4 Wurde in Ausnahmefällen keine einheitliche Bewertung vorgenommen, ist dies anzugeben und zu begründen.	§ 308 II S. 4	
4.5 Auf die Übernahme von Wertansätzen, die auf Vorschriften für Kreditinstitute oder Versicherungen beruhen, ist hinzuweisen.	§ 308 II S. 2	

Tab. M.3: (Fortsetzung)

Sachverhalt	Rechtsnorm	Hinweis
4.6 Bei Finanzinstrumenten, die zu Finanzanlagen gehören und deren Buchwert über deren Zeitwert liegt sind anzugeben – Buchwert und Zeitwert für die einzelnen Vermögensgegenstände oder geeignete Gruppierungen, – die Gründe für das Unterlassen der Abschreibung und – die Anhaltspunkte für die Annahme einer nicht dauernden Wertminderung.	§ 314 I Nr. 10	
5. Gliederung		
5.1 Abweichungen bei der Gliederung gegenüber dem Vorjahr sind anzugeben und zu begründen.	§ 298 I iVm. § 265 I S. 2	
5.2 Sind die angegebenen Zahlen mit denen des Vorjahres nicht zu vergleichen, oder wurden die Vorjahreszahlen entsprechend angepasst, so ist dies anzugeben und zu erläutern.	§ 298 I iVm. § 265 II	
5.3 Fällt ein Vermögensgegenstand oder eine Schuld unter mehrere Posten, so ist die Mitzugehörigkeit zu anderen Posten anzugeben, falls für Klarheit erforderlich.	§ 298 I iVm. § 265 III	1
5.4 Bei erstmaliger Erstellung des Anlagegitters ist anzugeben, falls die Anschaffungswerte vereinfachend als Buchwerte des Vorjahres angenommen werden.	Art. 24 III S. 3 EGHGB	
5.5 Ist eine Ergänzung der Gliederung notwendig geworden, weil das Unternehmen in verschiedenen Geschäftszweigen tätig ist, für die unterschiedliche Gliederungsvorschriften bestehen, so ist dies im Anhang anzugeben und zu begründen.	§ 298 I iVm. § 265 IV	
5.6 Die aus Gründen der Klarheit zusammengefassten Positionen der Bilanz und der GuV müssen gesondert ausgewiesen werden.	§ 298 I iVm. § 265 VII Nr.2	
6. Angaben zu einzelnen Positionen der Konzernbilanz		
6.1 Ein aktiviertes Disagio ist anzugeben.	§ 298 I iVm. § 268 VI	1
6.2 Bei Aufstellung des Abschlusses nach teilweiser Gewinnverwendung ist ein vorhandener Ergebnisvortrag anzugeben.	§ 298 I iVm. § 268 I S. 3	1
6.3 Größere Beträge in der Position „Sonstige Vermögensgegenstände", die erst nach dem Geschäftsjahr rechtlich entstehen, sind zu erläutern (Antizipative RAP).	§ 298 I iVm. § 268 IV S. 2	
6.4 Größere Beträge unter dem Posten „Verbindlichkeiten", die erst nach dem Geschäftsjahr rechtlich entstehen, sind zu erläutern (Antizipative RAP).	§ 298 I iVm. § 268 V S. 3	
6.5 Der Zeitraum, über den der entgeltlich erworbene Geschäftswert abgeschrieben wird, ist zu erläutern.	§ 314 I Nr. 20	
6.6 Bei den latenten Steuern ist anzugeben, – auf welchen Differenzen oder steuerlichen Verlustvorträgen sie beruhen und mit welchen Steuersätzen die Bewertung erfolgt ist, – die latenten Steuersalden am Ende des Geschäftsjahrs und die im Laufe des Geschäftsjahrs erfolgten Änderungen dieser Salden.	§ 314 I Nr. 21. § 314 I Nr. 22	

Tab. M.3: (Fortsetzung)

Sachverhalt	Rechtsnorm	Hinweis
6.7 Der Fehlbetrag bei den Rückstellungen für laufende Pensionen, Anwartschaften auf Pensionen und ähnliche Verpflichtungen ist anzugeben.	Art. 28 II EGHGB	
6.8 Für in der Konzernbilanz ausgewiesene Rückstellungen für Pensionen und ähnliche Verpflichtungen sind das angewandte versicherungsmathematische Bewertungsverfahren sowie grundlegende Annahmen der Berechnung anzugeben.	§ 314 I Nr. 16	
6.9 Für den Fall der Verrechnung von in der Konzernbilanz ausgewiesenen Vermögensgegenständen und Schulden nach § 246 II S. 2 sind anzugeben – die Anschaffungskosten und der beizulegende Zeitwert der verrechneten Vermögensgegenstände, – der Erfüllungsbetrag der verrechneten Schulden und – die verrechneten Aufwendungen und Erträge.	§ 314 I Nr. 17	
6.10 Im Anhang sind die Gesamtbeträge der Verbindlichkeiten anzugeben – die eine Restlaufzeit von mehr als fünf Jahren haben sowie – die, die von einbezogenen Konzernunternehmen durch Pfandrechte oder ähnliche Rechte gesichert wurden (mit Art und Form der Sicherheiten).	§ 314 Abs. 1 Nr. 1	
6.11 Für jede Kategorie nicht zum beizulegenden Zeitwert bilanzierter derivativer Finanzinstrumente sind anzugeben – deren Art und Umfang, – deren beizulegender Zeitwert, soweit er verlässlich ermittelbar ist, – die diesem Zeitwert zugrunde liegende Bewertungsmethode, – ein ggf. vorhandener Buchwert und – der Bilanzposten, in welchem der Buchwert erfasst ist, – die Gründe, warum der beizulegende Zeitwert nicht bestimmt werden kann.	§ 314 Abs. 1 Nr. 11	
6.12 Für die zum beizulegenden Zeitwert bewerteten Finanzinstrumente sind anzugeben – die grundlegenden Annahmen, die der Bestimmung des Zeitwertes zugrunde gelegt wurden, – Umfang und Art jeglicher Kategorie derivativer Finanzinstrumente einschließlich wesentlicher Bedingungen, die Höhe, Zeitpunkt und Sicherheit künftiger Zahlungsströme beeinflussen können.	§ 314 Abs. 1 Nr. 12	

Tab. M.3: (Fortsetzung)

Sachverhalt	Rechtsnorm	Hinweis
6.13 Bei der Bildung von Bewertungseinheiten (§ 254) ist anzugeben, – welche Bewertungseinheiten gebildet wurden, – welche Risiken (Höhe) gesichert wurden, – welcher Effektivität erreicht wird, – welche Methode der Effektivitätsmessung angewandt wird, – eine Erläuterung der mit hoher Wahrscheinlichkeit erwarteten Transaktionen, die in Bewertungseinheiten einbezogen wurden.	§ 314 I Nr. 15	Alternativ im Konzernlagebericht
7. Angaben zu einzelnen Positionen der GuV		
7.1 Angabe der außerplanmäßigen Abschreibungen gem. § 253 III S. 5 und 6.	§ 298 I iVm. § 277 III S. 1	1
7.2 Die Umsatzerlöse sind nach Tätigkeitsbereichen sowie nach geographisch abgegrenzten Märkten aufzugliedern, sofern sich die Aktivitäten in den verschiedenen Bereichen und Märkten erheblich voneinander unterscheiden (entfällt bei Segmentberichterstattung).	§ 314 I Nr. 3 § 314 II	
7.3 Der Gesamtbetrag der Forschungs- und Entwicklungskosten aller einbezogenen Konzernunternehmen sowie der davon auf selbstgeschaffene immaterielle Vermögensgegenstände des Anlagevermögens entfallende Betrag (aktivierte Entwicklungskosten) sind anzugeben.	§ 314 I Nr. 14	
7.4 Betrag und Art einzelner Erträge und Aufwendungen von außergewöhnlicher Größenordnung oder Bedeutung sind anzugeben.	§ 314 I Nr. 23	2
7.5 Erträge und Aufwendungen, die einem anderen Konzerngeschäftsjahr zuzurechnen sind, sind hinsichtlich ihres Betrage und ihrer Art zu erläutern.	§ 314 I Nr. 24	2
8. Sonstige Sachverhalte		
8.1 Die durchschnittliche Zahl der Arbeitnehmer der einbezogenen Unternehmen, getrennt nach Gruppen und der Personalaufwand, aufgespalten in Löhne/Gehälter, Kosten der sozialen Sicherheit und der Altersversorgung, sind anzugeben. Die Anzahl der Arbeitnehmer bei den quotenkonsolidierten Unternehmen ist gesondert anzugeben.	§ 314 I Nr. 4	1
8.2 Bei nicht im Konzernabschluss erscheinenden Geschäften von Mutter- und einbezogenen Tochterunternehmen sind Art, Zweck, Risiken, Vorteile und finanzielle Auswirkungen anzugeben.	§ 314 I Nr. 2	2

Tab. M.3: (Fortsetzung)

Sachverhalt	Rechtsnorm	Hinweis
8.3 Der Gesamtbetrag der sonstigen finanziellen Verpflichtungen, die nicht in Konzernbilanz enthalten sind und nicht nach § 298 I iVm. 268 VII oder § 314 I Nr. 2 bereits im Anhang angegeben sind, ist anzugeben. Davon sind der Betrag der Altersversorgungsverpflichtungen und der sonstigen finanziellen Verpflichtungen, die gegenüber nicht einbezogenen Tochterunternehmen oder assoziierten Unternehmen bestehen, gesondert anzugeben.	§ 314 I Nr. 2a	2
8.4 Die Haftungsverhältnisse sind in die Teilbeträge gem. § 251 HGB unter Angabe der gewährten Pfandrechte und sonstigen Sicherheiten aufzugliedern.	§ 298 I iVm. § 268 VII	Alternativ unter der Bilanz
8.5 Für die nach § 268 VII im Konzernanhang ausgewiesenen Verbindlichkeiten und Haftungsverhältnisse sind die Gründe der Einschätzung des Risikos der Inanspruchnahme anzugeben.	§ 314 I Nr. 19	
8.6 Der Bestand an Anteilen am MU, die das MU, das TU oder ein anderer für Rechnung eines einbezogenen Unternehmens erworben oder als Pfand genommen hat, sind mit Zahl, Nenn- oder rechnerischem Wert und Anteil am Kapital anzugeben.	§ 314 I Nr. 7	
8.7 Der Bestand an Aktien jeder Gattung der während des Geschäftsjahrs im Rahmen des genehmigten Kapitals gezeichneten Aktien des MU, sind mit Zahl, Nenn- oder rechnerischem Wert und Anteil am Kapital anzugeben.	§ 314 I Nr. 7a	
8.8 Der Bestand an Genussscheinen, Wandelschuldverschreibungen, Optionsscheinen, Optionen oder vergleichbaren Wertpapieren oder Rechten, aus denen das MU verpflichtet ist, ist mit Zahl und verbrieften Rechten anzugeben.	§ 314 I Nr. 7b	
8.9 Bezogen auf das Mutterunternehmen jeweils gesondert für die Mitglieder – des Geschäftsführungsorgans, – eines Aufsichtsrats, – eines Beirats oder einer ähnlichen Einrichtung sind anzugeben die – für die Wahrnehmung ihrer Aufgaben im MU und in den TU gewährten Gesamtbezüge und weiteren Bezüge, – für die Wahrnehmung ihrer Aufgaben im MU und in den TU gewährten Gesamtbezüge der früheren Mitglieder der Organe des MU und ihrer Hinterbliebenen sowie die Beträge der für sie gebildeten und nicht gebildeten Pensionsrückstellungen, – von MU und den TU gewährten Vorschüsse und Kredite sowie die zu ihren Gunsten eingegangenen Haftungsverhältnisse.	§ 314 I Nr. 6	
8.10 Für jedes einbezogene börsennotierte Konzernunternehmen ist die Erklärung zur Einhaltung des Corporate Governance Kodex nach § 161 AktG anzugeben.	§ 314 I Nr. 8	

Tab. M.3: (Fortsetzung)

Sachverhalt	Rechtsnorm	Hinweis
8.11 Das für den Abschlussprüfer des Konzernabschlusses im Geschäftsjahr als Aufwand erfasste Honorar ist anzugeben, aufgeteilt auf – die Abschlussprüfung, – sonstige Bestätigungsleistungen, – Steuerberatungsleistungen sowie – sonstige Leistungen.	§ 314 I Nr. 9	
8.12 Zu den nicht zu marktüblichen Bedingungen zustande gekommenen Geschäfte von in den Konzernabschluss einbezogenen Unternehmen mit nahe stehenden Unternehmen und Personen, soweit diese Geschäfte nicht bei der Konsolidierung weggelassen wurden, sind anzugeben – Art der Beziehung, – Wert der Geschäfte, – weitere Angaben, die für Beurteilung der Finanzlage notwendig sind. Angaben zu diesen Geschäften können zusammengefasst werden, wenn die getrennte Angabe für die Beurteilung der Finanzlage des Konzerns nicht notwendig ist.	§ 314 I Nr. 13	
8.13 Ein Konzern, der über Anteile an Sondervermögen, Anlagenaktien in Investmentaktiengesellschaften mit veränderlichem Kapital oder über vergleichbares EU- oder sonstiges ausländisches Investmentvermögen von mehr als 10 % verfügt, muss detaillierte Angaben machen – zur Differenz zum Buchwert, – zu den im GJ ausgeschütteten Gewinnen, – zu Beschränkungen der täglichen Rückgabemöglichkeiten, – zu den Gründen dafür, dass eine Abschreibung nach § 253 III S. 6 unterblieben ist, sowie zu den Anhaltspunkten, dass die Wertminderung nicht dauerhaft ist.	§ 314 I Nr. 18	
8.14 Vorgänge von besonderer Bedeutung, die nach dem Schluss des Konzerngeschäftsjahres eingetreten und weder in der Konzern-GuV noch in der Konzernbilanz berücksichtigt sind, sind mit der Art der einzelnen Vorgänge und ihren finanziellen Auswirkungen anzugeben.	§ 314 I Nr. 25	
8.15 Der Vorschlag für die Verwendung des Ergebnisses des MU oder der Beschluss über die Verwendung des Ergebnisses des MU ist anzugeben.	§ 314 I Nr. 26	

Neben den gesetzlich geregelten Angabepflichten finden sich in einer Reihe von DRS, so unter anderem in DRS 3 (Segmentberichterstattung), DRS 8 (assoziierte Unternehmen), DRS 18 (Latente Steuern), DRS 21 (Kapitalflussrechnung) oder DRS 22 (Konzerneigenkapital), weitere Angabepflichten, die für den Konzernabschluss zu beachten sind (vgl. u. a. Baetge u. a., Konzernbilanzen, 2017, S. 520–522).

M.2.3 Konzernanhang nach IFRS

M.2.3.1 Überblick zu Inhalt und Gliederung des Konzernanhangs

Der Anhang zum Konzernabschluss nach IFRS erfasst vergleichbar zum HGB zum einen Angaben zu den Bilanzierungs- und Bewertungsmethoden und zum anderen sonstige Erläuterungen (IAS 1.10). Dazu muss zunächst zu den Grundlagen der Aufstellung des Konzernabschlusses und zu den angewandten Rechnungslegungsmethoden berichtet werden (IAS 1.112(a), IAS 1.117). Weiterhin sind alle erforderlichen Informationen anzugeben, die nicht in anderen Konzernabschlussbestandteilen ausgewiesen sind (IAS 1.112(b)) sowie weitere bisher nicht berichtete Informationen, die aber für das Verständnis anderer Konzernabschlussbestandteile relevant sind (IAS 1.112(c)).

Der Konzernanhang ist dazu systematisch zu gliedern und alle Posten von Konzernbilanz und Konzerngesamtergebnisrechnung müssen über Querverweise mit den jeweiligen Anhangangaben verbunden sein (IAS 1.113). Als Gliederungssystematik schlägt IAS 1.114 unverbindlich folgendes vor:
- Anhangangaben zu Tätigkeitsbereichen, die nach Einschätzung des Unternehmens von besonderer Relevanz für das Verständnis der Vermögens-, Finanz- und Ertragslage sind, sollen hervorgehoben werden, indem Informationen zu diesen Tätigkeiten zusammengefasst werden.
- Informationen zu ähnlich bewerteten Vermögenswerten (z. B. solche zu mit dem beizulegenden Zeitwert bewerteten Vermögenswerten) sollen ebenfalls zusammengefasst werden, um das Verständnis zu erleichtern.
- Die in IAS 1.114(c) aufgelisteten Anhangangaben zu einzelnen Posten der Konzernbilanz, der Konzern-GuV und zum sonstigen Ergebnis des Konzerns sollen in der Reihenfolge im Konzernanhang berichtet werden, in der die jeweiligen Posten auch in Bilanz, Gesamtergebnisrechnung ausgewiesen werden.

Vergleichbar wie im Anhang zum Einzelabschluss nach IFRS müssen auch im Konzernanhang die in IFRS 7 geforderten Angaben zu Finanzinstrumenten berichtet werden und ein Segmentbericht nach IFRS 8 enthalten sein. Desgleichen hat auch der Konzernanhang nach IAS 1.137 und 1.138 bestimmte Angaben zum rechnungslegenden Unternehmen zu machen, die sich nicht an anderer Stelle im Abschluss finden. Dazu zählen
- der Gesamtbetrag der zur Ausschüttung vorgesehenen Dividende und Vorzugsdividende sowie der Betrag je Aktie,
- Sitz, Rechtsform und Geschäftstätigkeit des Unternehmens,
- Name des direkten und des obersten Mutterunternehmens,
- bei nur für beschränkter Lebensdauer des Unternehmens Angaben zur Länge der Lebensdauer.

Konzernspezifisch sind zusätzlich zu den in den folgenden Kapiteln erläuterten Angaben zu Anteilen an anderen Unternehmen, zu den Beziehungen zu nahestehenden Unternehmen und Personen sowie zum Ergebnis je Aktie, Angaben nach IFRS 3 und nach IAS 36 in den Anhang aufzunehmen. So sind nach IFRS 3.59 f. iVm. IFRS 3.B64–.B66 zu den Unternehmenszusammenschlüssen, die im aktuellen Geschäftsjahr bzw. direkt nach dessen Ende aber noch vor Genehmigung zur Veröffentlichung des Abschlusses stattgefunden haben, umfangreiche Angaben im Konzernanhang zu machen. Dazu zählen u. a. neben Informationen zu Name, Beschreibung des erworbenen Unternehmens und Erwerbszeitpunkt, Angaben zum erworbenen stimmberechtigten Eigenkapitalanteil, Gründe des Unternehmenszusammenschlusses und Erläuterungen zum Erwerb der Beherrschung, zum Zeitwert der Gegenleistung sowie des erworbenen Nettovermögens, zur Gesamtsumme des steuerlich abzugsfähigen Goodwills sowie zu einem eventuell entstandenen Badwill oder auch zu den Minderheitenanteilen. Zusätzlich sieht IFRS 3.61 iVm. 3.B67 vor, dass der Erwerber, also das Mutterunternehmen, im Konzernanhang die Abschlussadressaten mit Angaben in die Lage versetzt, die finanziellen Auswirkungen von im Geschäftsjahr vorgenommenen Berichtigungen in Bezug auf Unternehmenszusammenschlüsse zu beurteilen. Dazu muss das Mutterunternehmen z. B. die Überleitung des Buchwertes des Geschäfts- und Firmenwertes vom Beginn zum Ende des Geschäftsjahres nach den Vorgaben von IFRS 3.B67 darstellen.

IAS 36.134–.137 fordert außerdem, dass im Konzernanhang für zahlungsmittelgenerierende Einheiten, denen ein Geschäftswert zugeordnet ist, umfangreiche Angaben zu den Annahmen der angewandten Impairment-Tests zu machen sind. Zusätzlich muss nach IAS 36.126(a) über die im abgelaufenen Geschäftsjahr erfassten Wertminderungen des Geschäftswertes unter Angabe des Postens der Gesamtergebnisrechnung, in dem sich die Verluste niedergeschlagen haben, berichtet werden.

Insgesamt sind die Angabepflichten im Konzernanhang nach IFRS noch deutlich umfangreicher und detaillierter als nach HGB. Dies wirft die Frage auf, ob es für die Abschlussadressaten nicht zu einer Überfrachtung mit Informationen kommt. Das IASB hat auf die Diskussion reagiert und im Rahmen der „Disclosure Initiative" ein Diskussionspapier zu „Principles of Disclosure" veröffentlicht (vgl. IASB, DP/2017/1), das die Entscheidungsnützlichkeit von Anhangangaben verbessern soll. Das Projekt läuft aber bereits seit 2012 und befindet sich immer noch in einer relativen frühen Phase.

M.2.3.2 Angaben zu Anteilen an anderen Unternehmen

Mit der Neueinführung von IFRS 10 und IFRS 11 sowie der Neufassung von IAS 28 wurde IFRS 12 als eigenständiger Standard eingeführt, der die Vorschriften zu den Angaben im Konzernanhang für diese Standards zusammenfasst. Angaben nach IFRS 12 müssen im Konzernabschluss von Unternehmen gemacht werden, wenn sie Anteile an Tochterunternehmen, gemeinsamen Vereinbarungen, assoziierten Unternehmen oder nicht konsolidierten strukturierten Unternehmen halten (IFRS 12.5). In Teilen anzuwenden ist IFRS 12 aber in bestimmten Fällen auch in einem Einzelabschluss nach IAS 27 (IFRS 12.6).

Die Angaben nach IFRS 12 sollen dazu dienen, dass die Abschlussadressaten sowohl die Risiken und Wesensart der gehaltenen Anteilen an anderen Unternehmen als auch deren Auswirkungen auf den Cashflow sowie die Vermögens-, Finanz- und Ertragslage des berichtenden Unternehmens bewerten können (IFRS 12.1). IFRS 12 sieht deshalb vor, dass im Konzernanhang zu zwei Bereichen Angaben veröffentlicht werden müssen.

Zum einen hat das berichtende Unternehmen Angaben über die maßgebliche Ermessensausübung und die Annahmen, mit denen es die gehaltenen Anteile bei Einbeziehung in den Konsolidierungskreis klassifiziert hat, offen zu legen (IFRS 12.2(a)). Dazu müssen insbesondere Informationen zur Verfügung gestellt werden, anhand welcher Kriterien festgestellt wurde, dass ein anderes Unternehmen nach IFRS 10 beherrscht wird oder dass das berichtende Unternehmen an der gemeinschaftlichen Führung einer gemeinsamen Vereinbarung beteiligt ist (IFRS 12.7 ff.).

Zum anderen müssen, differenziert nach der Art der Anteile, umfangreiche Angaben zu den Anteilen gemacht werden (IFRS 12.2(b)). Bei Anteilen an Tochtergesellschaften sind insbesondere folgende Angaben zu machen (IFRS 12.10–.19):
- Zusammensetzung der Unternehmensgruppe,
- abweichender Abschlussstichtag des Tochterunternehmens,
- detaillierter Überblick über den Anteil, den die nicht beherrschenden Anteile an der Tätigkeit und den Cashflows der Unternehmensgruppe haben,
- Art und Umfang bestehender Beschränkungen, die die Mutter oder ihre Tochterunternehmen behindern, Finanzmittel oder andere Vermögenswerte innerhalb der Unternehmensgruppe zu transferieren,
- Aufstellung der Folgen für das Eigenkapital der Eigentümer des Mutterunternehmens aus einer Veränderung des Eigentumsanteils der Mutter an der Tochter,
- die Erfolgswirkungen einer Endkonsolidierung.

Bezüglich der Anteile an gemeinsamen Vereinbarungen und assoziierten Unternehmen sind Angaben zu Art, Umfang und finanziellen Auswirkungen der Anteile sowie der Art der Risiken, die mit diesen Anteilen einhergehen, gemacht werden (IFRS 12.20–.23). Ergänzend sind vergleichbare Angaben auch zu den nicht konsolidierten strukturierten Unternehmen offen zu legen (IFRS 12.24–.31).

M.2.3.3 Angaben zu Beziehungen zu nahestehenden Unternehmen und Personen

Konzernabschlüsse sind ebenso wie andere, sie ergänzende Rechenwerke nur aussagefähig, wenn die in ihnen nicht konsolidierten Geschäfte mit unabhängigen, dem Konzern entgegengerichtete Interessen verfolgenden Dritten geschlossen wurden. Nur so ergibt sich das gewünschte Bild über die Leistungsfähigkeit des Konzerns am Markt. Nicht alle von Konsolidierung ausgesparten Transaktionen mit Dritten betreffen aber unabhängige Parteien. Soweit Abhängigkeiten nicht bereits durch Konsolidierungen Rechnung getragen wurde, erfolgt die Korrektur der problembehafteten Zahlen durch eine gesonderte Berichterstattung im Anhang über die Beziehungen zu nahestehenden Unternehmen und Personen (Related Party Disclosures). IAS 24.3 schreiben dies für Einzel- und Konzernabschlüsse verpflichtend vor. Für das HGB sind mit BilMoG ähnliche Anhangangaben in § 314 Abs. 1 Nr. 13 HGB eingeführt worden. Die folgenden Ausführungen umreißen kurz die Pflichten nach IFRS.

Als „related parties" gelten neben den per Stimmrechtsmehrheit, Teilhabe an gemeinsamer Führung oder maßgeblichem Einfluss dem Konzern nahestehenden Unternehmen und den von einem Management des Konzerns geführten Sondervermögen zum Wohle der Arbeitnehmer (Pensionsfonds etwa) auch bestimmte Personen, nämlich Eigner, die auf Basis ihrer Stimmrechte maßgeblichen Einfluss besitzen, Mitglieder des oberen Managements und die nahen Verwandten beider Gruppen (Ehepartner, Kinder und andere abhängige Personen) (vgl. IAS 24.9). Auch die von nahestehenden Personen beeinflussten Unternehmen zählen dazu. Ausdrückliche Ausnahmen macht IAS 24.11 bei einer bloßen Personalunion im Management zweier Unternehmen, bei Unternehmen, die nur durch ein Gemeinschaftsunternehmen verbunden sind, bei der Bank, die lediglich Kredit gewährte, bei Gewerkschaften, öffentlichen Versorgungsunternehmen oder Verwaltungsbehörden und bei wichtigen Geschäftspartnern (Kunden oder Lieferanten etwa).

Grundsätzlich sind Beziehungen zwischen einem Mutterunternehmen und einem Tochterunternehmen immer anzugeben, auch wenn im Geschäftsjahr keine Geschäftsvorfälle zwischen ihnen stattgefunden haben (IAS 24.13). Soweit die mit nahestehenden Unternehmen getätigten Transaktionen sowie die Ansprüche und Verpflichtungen im Rahmen des Konzernabschlusses konsolidiert wurden, reicht die Angabe der Form der Verbindungen mit diesem Unternehmen aus (IAS 24.4 und 24.13–.14; vgl. auch Lüdenbach/Hoffmann/Freiberg, Haufe IFRS-Kommentar 14. Aufl., § 30 Rz. 2). Über nahestehende Personen und die mit ihnen getätigten Transaktionen ist allerdings zu berichten, wenn es solche Transaktionen gab (IAS 24.18). Als typische Beispiele nennt IAS 24.21 Käufe und Verkäufe von Produkten, Immobilien oder anderen Gütern, Bereitstellung oder Inanspruchnahme von Dienstleistungen oder von Nutzungspotentialen durch Miete bzw. Leasing sowie Gewährung von Krediten, Bürgschaften oder anderen Garantien, ergänzt um Leistungen im Bereich Forschung und Entwicklung oder Lizenzen. Um die Auswirkungen der Transaktionen auf den Abschluss abschätzbar zu machen, sind die Arten der Transaktionen, ihre Werte sowie die aus ihnen verbliebenen Forderungen oder Verbindlichkeiten mit deren Konditionen, eventuellen Sicherheiten, den Abschreibungen auf derartige Forderungen, den Aufwendungen aus Forderungsverzicht sowie den Rückstellungen für zweifelhafte Forderungen aus den Salden darzustellen (IAS 24.18). Die Bezüge der Mitglieder des oberen Managements müssen nach IAS 24.17 und 24.17A ähnlich den Vorgaben in § 314 Abs. 1 Nr. 6 HGB aufgegliedert angegeben werden in laufende, in für den Ruhestand vorsorgende sowie in andere langfristige, im Fall des Ausscheidens zu leistende und in aktienbasierte Vergütungen. Die Angaben werden nur für Gruppen jeweils gleichartiger nahestehender Unternehmen oder Personen gefordert und nicht für einzelne Unternehmen oder Personen (IAS 24.19).

M.2.3.4 Ergebnis je Aktie

Als „Ergebnis je Aktie" werden Kennzahlen bezeichnet, bei denen Erfolge – häufig nach Bereinigung – oder Erfolgskomponenten auf die durchschnittliche Zahl der in der betrachteten Periode ausgegebenen Stammaktien vor und nach Modifikation um Verwässerungseffekte bezogen werden. IAS 33.2 verlangt die Offenlegung dieser Kennzahlen von Unternehmen und Konzernmüttern, deren Stammaktien oder potentielle Stammaktien auf einem organisierten Markt gehandelt werden oder die einen solchen Handel beantragt haben.

Im Konzernabschluss muss sowohl das unverwässerte (Basic Earnings per Share) als auch das verwässerte Ergebnis je Aktie (Diluted Earning per Share) angegeben werden (IAS 33.9 und 33.30). Für beide Kennzahlen ist zu klären, welcher Gewinn bzw. Verlust im Zähler und welche Aktienzahl im Nenner zur Berechnung heranzuziehen ist.

In der unverwässerten Form der Basic Earnings per Share müssen zur Lösung beider Probleme folgende Aspekte berücksichtigt werden. Da im Konzern der Erfolg je Stammaktie der Muttergesellschaft gesucht ist, muss das Konzern-Jahresergebnis um Bestandteile korrigiert werden, die nicht auf die Stammaktien entfallen. Dazu zählen zunächst die Gewinn- bzw. Verlustanteile der Minderheitsgesellschafter. Außerdem muss das Konzern-Jahresergebnis zusätzlich um die für das betroffene Jahr erklärten Dividendenansprüche bei nicht kumulierenden Vorzugsaktien der Mutter und um die für das betroffene Jahr erworbenen, aber nicht unbedingt erklärten Dividendenansprüche bei kumulierenden Vorzugsaktien der Mutter gekürzt werden, da diese Ansprüche aus der Sicht der Stammaktionäre Fremdkapitalzinsen ähneln und nicht auf sie entfallen (IAS 33.12). Sofern zudem die Zahl der Stammaktien der Muttergesellschaft im Laufe des betrachteten Geschäftsjahrs durch Emissionen, Rückkauf oder Herabsetzung Änderungen erfuhr, ist die gewichtete durchschnittliche Zahl zumindest näherungsweise tagesgenau zu bestimmen (IAS 33.20). Im Fall von Kapitalerhöhungen aus Gesellschaftsmitteln, von Aktien-Splits oder deren Gegenteil ist die Zahl der Aktien und deren Veränderungen vom Beginn der Abrechnungsperiode an auf Basis der Aktien nach den in der Periode erfolgten Operationen zu bestimmen (IAS 33.26). Als unverwässertes Ergebnis je Aktie ist dann der gesamte und der betriebliche Erfolg des Konzerns nach Bereinigung und bezogen auf die durchschnittliche Zahl der Stammaktien auszuweisen (IAS 33.10).

Bei den Diluted Earnings per Share wird zusätzlich berücksichtigt, wie sich vertraglich zugesicherte künftige Aktien, sogenannte potenzielle Stammaktien (IAS 33.5), der Konzernmutter und die dadurch mögliche Verwässerung des Erfolgs ihrer Stammaktien, auswirken (IAS 33.32). Bei der Ermittlung des verwässerten Ergebnisses pro Aktie wird dabei der ungünstigste Fall unterstellt, also das Ergebnis je Aktie unter der Annahme bestimmt, dass die Rechte auf Stammaktien bereits am Periodenbeginn vollständig ausgeübt worden wären (vgl. IAS 33.36; Pellens/Fülbier/Gassen/Sellhorn, Internationale Rechnungslegung, 2017, S. 1006). Als mögliche Quellen einer Verwässerung des Erfolgs kommen Rechte zur Wandlung von Anleihen oder Vorzugsaktien in Stammaktien der Mutter, Optionen auf Stammaktien der Mutter sowie Aktien, die bei Erfüllung von Bedingungen ausgegeben werden, in Betracht (IAS 33.7). Bei Wandlungsrechten werden die Folgen einer Wandlung berechnet. Der Erfolg steigt, weil weniger Zinsen auf Anleihen oder Dividenden auf wandelbare Vorzugsaktien gezahlt werden. Er sinkt aber auch als Folge der mit der Wandlung für den Konzern verbundenen Aufwendung oder möglicher erfolgsabhängiger Ansprüche etwa von Managern (IAS 33.33–33.35). Zugleich steigt die Zahl der Stammaktien durch die Wandlung (IAS 33.36–33.40). Vergleiche der Erfolge je Aktie mit und ohne Wandlung zeigen dann, ob der Erfolg verwässert würde. In die diluted earnings per share sind die Wandlungen einzubeziehen, die zusammen die größte Verwässerung herbeiführen (IAS 33.41–33.44).

Optionen auf Aktien werden nur ausgeübt, wenn der dabei für den Erwerb zu zahlende Preis unterhalb des Börsenkurses der Aktie liegt. Nur in diesem Fall verwässern sie auch den Erfolg je Aktie. Um den Erfolg nach Verwässerung zu erhalten, wird aus dem Erlös als Folge der Ausübung der Optionen (Zahl der eingeräumten Optionen mal Ausübungskurs) und dem Börsenkurs der Aktie die Zahl der zum Börsenkurs rückerwerbbaren Aktien bestimmt. Die bei den oben beschriebenen Kursverhältnissen positive Differenz zwischen ausgegebenen und zurück erworbenen Aktien bezeichnet die fiktiv zusätzlich verwässernd zu berücksichtigenden Aktien aus Optionen (IAS 33.45 ff.).

Anzugeben sind das unverwässerte sowie das verwässerte Ergebnis je Aktie für jedes Geschäftsjahr, in dem eine Gesamtergebnisrechnung vorgelegt wird (IAS 33.67). Zu beachten ist außerdem, dass für jede Stammaktiengattung mit unterschiedlichem Anrecht auf Teilnahme am Gewinn oder Verlust das unverwässerte und verwässerte Ergebnis je Aktie zu berichten ist. Stellt ein Unternehmen die Ergebnisbestandteile der Gesamtergebnisrechnung in der Form dar, dass es eine gesonderte Gewinn- und Verlustrechnung erstellt (IAS 1.10A), so muss es das unverwässerte und verwässerte Ergebnis je Aktie in der gesonderten Konzern-GuV und nicht im Anhang ausweisen (IAS 33.4A und 33.67A). In Konzernanhang sind außerdem immer weitere Angaben zur Ermittlung der Ergebnisse je Aktie zu machen (IAS 33.70–33.73A).

Vergleichbare Angaben zu Kennzahlen, die das Ergebnis je Aktie widerspiegeln, fordert das HGB nicht. Sofern aber nach § 315e Abs. 1 HGB (bisher § 315a HGB) der Konzernabschluss nach den IFRS aufzustellen ist, muss der IFRS-Konzernabschluss auch Angaben zum Ergebnis je Aktie gemäß IAS 33 enthalten.

M.3 Die Segmentberichterstattung

In großen Unternehmen und Konzernen, bei denen der Jahresabschluss wirtschaftliche Aktivitäten mit verschiedenen Produkten und Dienstleistungen auf Basis teilweise heterogener Technologien in häufig unterschiedlichen Branchen, Regionen und Absatzmärkten für verschiedene Kundengruppen sowie auf Basis unterschiedlicher Vertriebswege vermischt, verlieren die Zahlen an Aussagekraft. Durch Aggregation verschwinden interessante Einzelentwicklungen in undurchsichtigen Saldogrößen. Die Segmentberichterstattung dient der gesetzlichen Aufspaltung der ansonsten zusammengefassten Zahlen auf Geschäftsfelder oder Segmente.

M.3.1 Segmentbericht nach HGB

Ein Segmentbericht muss nach HGB weder für den Einzel- noch für den Konzernabschluss verpflichtend erstellt werden. § 297 Abs. 1 S.2 HGB erlaubt jedoch, dass der Konzernabschluss um einen Segmentbericht ergänzt wird, dessen Inhalt aber nicht gesetzlich geregelt ist. Vielmehr hat der deutsche Gesetzgeber erneut die Regulierung dem DRSC überlassen, das in DRS 3 Grundsätze der Segmentberichterstattung veröffentlich hat.

Zur Segmentberichterstattung sind zunächst operative Segmente zu identifizieren, die zwei Eigenschaften verbinden müssen. Sie müssen Geschäftsaktivitäten entfalten, die Umsatzerlöse oder andere Erträge auslösen. Außerdem müssen sie regelmäßig von der Unternehmens- bzw. Konzernleitung auf ihre Performance im Blick auf die Ressourcenallokation beurteilt werden (DRS 3.8). Segmente können dabei produktionsorientierte oder geographisch verwandte Aktivitäten zusammenfassen (DRS 3.10). Im ersten Fall gleichen sich in einem Segment die Produkte und Dienstleistungen, die Prozesse zu ihrer Produktion bzw. Erbringung, die Kundengruppen, die Methoden des Vertriebs oder der Bereitstellung und – bei Kreditinstituten oder Versicherungen etwa – auch die geschäftszweigbedingten Besonderheiten. Beim geographischen Segment gleichen sich die wirtschaftlichen und politischen Rahmenbedingungen, die Außenhandels- und Devisenbestimmungen sowie das Währungsrisiko bei gleichzeitiger Nähe der Beziehungen zwischen Tätigkeiten in unterschiedlichen geographischen Regionen, räumlicher Nähe der Tätigkeiten und ähnlichen spezifischen Risiken von Tätigkeiten in einem bestimmten Gebiet (DRS 3.8). Die Art und Weise der Segmentierung richtet sich in erster Linie nach der Aufteilung, die die Unternehmens- oder Konzernleitung ihrer Überwachung und Ressourcenallokation zugrunde legt („Management Approach", DRS 3.9). Bei mehreren internen Segmentierungen allerdings ist der Segmentberichterstattung diejenige zugrunde zu legen, die der Risiko- und Chancenstruktur am besten entspricht. Auch dürfen operative Segmente mit homogenen Risiken und Chancen zusammengefasst werden, wenn dies der Klarheit und Übersichtlichkeit dient (DRS 3.9, .11 und .13).

Zusammenfassungen dieser Art erlangen große Bedeutung, weil aus operativen Segmenten immer dann „anzugebende" Segmente werden, wenn bestimmte Größenkriterien erreicht werden. Die Segmente, über die in der Segmentberichterstattung gesondert berichtet wird („anzugebende Segmente"), erfüllen grundsätzlich eines der drei folgenden Kriterien (DRS 3.15):
–   sie erreichen Umsatzerlöse mit Externen oder mit anderen Segmenten von mindestens 10 % aller externen oder mit anderen Segmenten getätigten Umsatzerlöse,

– sie weisen ein Ergebnis auf, dessen absolute Höhe mindestens 10 % des Maximums der beiden absoluten Summen aus allen positiven bzw. allen negativen Ergebnissen operativer Segmente erreicht, oder
– sie verfügen über ein Vermögen, das mindestens 10 % des gesamten Vermögens aller operativen Segmente entspricht.

Mithilfe der Segmente, über die Detailinformationen geliefert werden, müssen zugleich aber mindestens 75 % der konsolidierten Umsatzerlöse mit Externen abgedeckt werden (DRS 3.12). Sollte dies nicht erreicht werden, müssen weitere operative Segmente als anzugebende Segmente bestimmt werden. Solange Klarheit und Übersichtlichkeit nicht leiden, dürfen allerdings auch Segmente, die keines der Kriterien erfüllen, als anzugebend erklärt werden (DRS 3.16). Die verbleibenden operativen Segmente, die die Größenkriterien von DRS 3.15 nicht erfüllen, werden in einer Art „Sammelsegment" zusammengefasst (vgl. Coenenberg, Jahresabschluss, 2016, S. 909).

Die Segmentberichterstattung hat auf Basis der dem Abschluss zugrunde liegenden Regeln externer Rechnungslegung zu erfolgen. Dies steht eigentlich im Widerspruch zum „Management Approach", der für die Abgrenzung der Segmente verwandt wird und bei durchgängiger Anwendung eine Berichterstattung auf Basis der unternehmensinternen Zahlen verlangen würde.

Dabei sind für jedes anzugebende Segment und auch für die zusammengefassten restlichen Segmente jeweils gesondert anzugeben (DRS 3.31)
1. die Umsatzerlöse getrennt nach solchen mit Dritten und solchen mit anderen Segmenten,
2. das Segmentergebnis und gesondert die darin enthaltenen (das enthaltene)
    – Abschreibungen,
    – anderen nicht zahlungswirksamen Posten,
    – Ergebnis aus Beteiligungen an assoziierten Unternehmen,
    – Erträge aus sonstigen Beteiligungen,
    – zusätzlich Zinsertrag und -aufwand (DRS 3.32)
    – zusätzlich Ertragsteuern, wenn das Periodenergebnis als Segmentergebnis ausgewiesen wird (DRS 3.33),
3. die Vermögen einschließlich der Beteiligungen,
4. die Investitionen in das langfristige Vermögen und
5. die Schulden.

Zusätzlich wird empfohlen, für jedes Segment die Cashflows aus der laufenden Geschäftstätigkeit anzugeben (DRS 3.36)

Ergänzend ist u. a. jedes anzugebende Segment zu beschreiben, wobei bei nicht produktionsorientierten Segmenten die ihm zugeordneten Produkte und Dienstleistungen anzugeben sind. Ferner müssen die Merkmale für die Abgrenzung der Segmente und für die Zusammenfassung operativer Segmente erläutert werden (DRS 3.25 ff.). Außerdem muss die Zusammensetzung berichtspflichtiger Segmentdaten und die eventuelle Aufteilung von Gemeinschaftskomponenten erläutert werden (DRS 3.44). Die Gesamterträge der Segmentumsatzerlöse, -ergebnisse, -vermögen, -schulden sowie sonstigen wesentlichen Segmentposten sind auf die entsprechenden Zahlen im (Konzern-)Abschluss überzuleiten, wobei wesentliche Überleitungsposten angegeben und erläutert werden müssen (DRS 3.37).

Nach internationalen Vorbildern ist die bisher beschriebene „primäre" Segmentberichterstattung durch Angaben auf Basis der jeweils anderen Form der Segmentierung zu ergänzen. Auf Basis der gewählten Segmentierung nach Produkten oder Regionen bleiben Details unter dem nicht gewählten Kriterium verborgen. Sie in einem Mindestumfang nachzuliefern ist das Ziel. Bei primär produktorientierter Segmentierung müssen daher regional die Umsatzerlöse zusätzlich nach wichtigen Kundenstandorten sowie die Vermögen und Investitionen zusätzlich nach den Vermögensstandorten aufgegliedert werden (DRS 3.39–3.40). Bei primär regionaler Segmentierung hingegen sind Umsatzerlöse, Vermögen und Investitionen in langfristiges Vermögen für die einzelnen Produkt- oder Dienstleistungsgruppen gesondert anzugeben (DRS 3.38) und die dem jeweiligen operativen Segment zuordenbaren Produkte bzw. Dienstleistungen sind anzugeben (DRS 3.27). Sofern mit einem externen Kunden mehr als 10 % aller externen und internen Umsätze abgewickelt werden, muss schließlich die Größenordnung dieses Umsatzerlöses und das betroffene Segment angegeben werden (DRS 3.42).

M.3.2 Segmentbericht nach IFRS 8

IFRS 8 ist anzuwenden für den Konzernabschluss, wenn das Mutterunternehmen kapitalmarktorientiert ist. Es genügt dabei, wenn entweder Eigen- oder Fremdkapitaltitel des Mutterunternehmens an einem öffentlichen Markt gehandelt werden oder für eine Emission angemeldet sind (IFRS 8.2). Zusätzlich können nicht kapitalmarktorientierte Mutterunternehmen für ihren Konzernabschluss einen Segmentbericht nach IFRS 8 erstellen. Tun sie dies freiwillig, darf er nur dann als „Segmentbericht" bzw. „Segmentinformation" bezeichnet werden, wenn er den Vorschriften von IFRS 8 entspricht (IFRS 8.3).

Die Vorschriften zur Segmentberichterstattung nach IFRS 8 sind zwar ähnlich zu denen nach DRS 3 aufgebaut, aber sowohl die Regelungen zur Abgrenzung der Segmente, als auch zu den zu berichtenden Segmentinformationen sind konsequent auf den „Management Approach" ausgerichtet. IFRS 8 übernimmt deshalb für die externe Segmentberichterstattung die vom Unternehmen oder Konzern für die interne Beurteilung und Steuerung getroffenen Entscheidungen sowohl zur Bildung von Segmenten als auch zu den internen Bilanzierungs- und Bewertungsgrundsätzen (IFRS 8.5 und 8.25).

Ein Unternehmensbereich wird nach IRFS 8.5 entsprechend als Geschäftssegment definiert, wenn

- der Unternehmensbereich Geschäftstätigkeiten betreibt, mit denen Umsatzerlöse erzielt werden, aus denen aber auch Aufwendungen anfallen können,
- sein Betriebsergebnis regelmäßig von den verantwortlichen Hauptentscheidungsträgern („verantwortliche Unternehmensinstanz" IFRS 8.7) hinsichtlich der Entscheidungen zur Allokation von Ressourcen zu diesem Segment und zur Bewertung seiner Ertragskraft überprüft wird und
- für den Unternehmensbereich separate Finanzinformationen zu Verfügung stehen.

Verwendet die für Entscheidungen verantwortliche Unternehmensinstanz in der internen Berichterstattung mehr als nur eine Berichtsstruktur, können andere Faktoren relevant für die Segmentabgrenzung sein. Nach IFRS 8.8 sind dann als Faktoren zur Abgrenzung insbesondere die Art der Geschäftstätigkeit der Unternehmensbereiche, das Vorhandensein von für den Bereich verantwortlichen Führungskräften und die Ausgestaltung der der Geschäftsführung bzw. dem Aufsichtsorgan vorgelegten Informationen heranzuziehen. Zusätzlich hat jedes Segment in der Regel ein Segmentmanagement, das den verantwortlichen Hauptentscheidungsträgern entweder unterstellt ist und diesem die zentralen Finanzergebnisse, Pläne und Prognosen berichten muss oder vom Hauptentscheidungsträger selbst wahrgenommen wird (IFRS 8.9).

Segmente dürfen darüber hinaus zu größeren Segmenten zusammengefasst werden, wenn sie ähnliche langfristige Ertragsentwicklungen aufweisen. Davon geht IFRS 8.12 aus, wenn sie vergleichbare wirtschaftliche Merkmale haben und auch in den folgenden Aspekten vergleichbar sind:

- Art der Produkte und Dienstleistungen,
- Art der Produktionsprozesse,
- Art oder Gruppe der Kunden,
- Methoden des Vertriebs und
- ggf. Art der regulatorischen Rahmenbedingungen.

Zu berücksichtigen ist aber wie nach DRS 3, dass gesondert über ein Geschäftssegment zu berichten ist, wenn eines der drei folgenden Kriterien (IFRS 8.13) erfüllt ist:

- Das Segment erreicht Umsatzerlöse mit Externen oder mit anderen Segmenten von mindestens 10 % aller externen oder mit anderen Segmenten getätigten Umsatzerlöse,
- es weist ein Ergebnis auf, dessen absolute Höhe mindestens 10 % des Maximums der beiden absoluten Summen aus allen positiven bzw. allen negativen Ergebnissen der Geschäftssegmente erreicht, oder
- es verfügt über ein Vermögen, das mindestens 10 % des gesamten Vermögens aller Segmente entspricht.

Auch vergleichbar zu DRS 3 müssen zusätzliche Geschäftssegmente identifiziert werden, wenn die so identifizierten Geschäftssegmente weniger als 75 % der externen Umsatzerlöse umfassen (IFRS 8.15).

Um das Ziel zu erreichen, dass die Abschlussadressaten die Art der finanziellen Auswirkungen und das wirtschaftliche Umfeld der Segmente beurteilen können (IFRS 8.20), müssen folgende Informationen im Segmentbericht ausgewiesen werden (IFRS 8.21):
- Allgemeine Informationen, insbesondere zu den Faktoren der Geschäftssegmentabgrenzung (IFRS 8.22),
- Segmentbezogene Informationen zur Ertrags- und Vermögenslage und zu den Bewertungsgrundlagen (IFRS 8.23–8.27) und
- Überleitungsrechnungen von den Summen der Segmentumsatzerlöse, der ausgewiesenen Segmentperiodenergebnisse, der Segmentvermögenswert und -schulden sowie sonstiger wesentlicher Segmentposten auf die im Konzernabschluss ausgewiesenen Beträge (IFRS 8.28).

Die Segmentberichterstattung hat auf Basis der unternehmensinternen Zahlen, also auf Basis der an die Hauptentscheidungsträger berichteten Werte zu erfolgen (IFRS 8.25 f.). Um den Abschlussadressaten die Interpretation der Segmentinformationen in Bezug auf die Werte des Konzernabschlusses zu erleichtern, muss neben umfangreichen Zusatzinformationen (IFRS 8.27) die in IFRS 8.21 geforderte Überleitungsrechnung auf die Konzernabschlusswerte erfolgen (IFRS 8.28). Für jedes berichtspflichtige Segment ist dann jeweils folgendes gesondert anzugeben (IFRS 8.21 und 8.23–.24)
1. die Umsatzerlöse getrennt nach solchen mit Dritten und solchen mit anderen Segmenten,
2. das Segmentergebnis und gesondert die darin enthaltenen (der darin enthaltene)
   - Zinserträge und -aufwendungen,
   - planmäßige Abschreibungen und Amortisationen,
   - wesentlich Aufwands- und Ertragspositionen,
   - Anteil am Periodenergebnis aus Beteiligungen an assoziierten Unternehmen und Gemeinschaftsunternehmen, die nach Equity-Methode bewertet werden,
   - Ertragsteueraufwand oder -ertrag,
   - wesentlichen zahlungsunwirksamen Posten, wenn es sich nicht um planmäßige Abschreibungen handelt,
3. die Segmentvermögenswerte und -schulden.

Zusätzlich sind weitere umfangreiche Informationen auf Unternehmensebene im Segmentbericht anzugeben (IFRS 8.31–8.34). Trotz der Fülle an gelieferten Informationen und der zusätzlichen Überleitungsrechnung auf die Konzernabschlusswerte erschwert der nach IFRS 8 durchgängig anzuwendende Management Approach für die externen Abschlussadressaten die Interpretation der Segmentinformationen. Insofern fragt sich, ob nicht auch für den Segmentbericht nach IFRS 8 von einem disclosure overload auszugehen ist.

M.4 Die Kapitalflussrechnung

M.4.1 Kapitalflussrechnung nach HGB

Für die in den Konzernabschluss aufgenommene Kapitalflussrechnung hat der Gesetzgeber keine eigenen Regeln im HGB geschaffen. Ausgefüllt wird diese Regelungslücke in DRS 21 „Kapitalflussrechnung", den die folgenden Ausführungen erläutern. Die Kapitalflussrechnung soll Einblicke in die Finanzlage des Konzerns gewähren, indem sie als zahlungsstromorientierte Rechnung Informationen über die Mittelherkunft und Mittelverwendung der Tätigkeitsbereiche des Unternehmens unabhängig vom Grundsatz der Periodenabgrenzung liefert (vgl. Winkeljohann/Rimmelspacher in: Beck Bil-Komm., 11. Aufl., § 297 Anm. 52–53). Entsprechend gibt DRS 21.1 als Ziel der Kapitalflussrechnung vor aufzuzeigen, welche Zahlungsströme im Geschäftsjahr geflossen sind, welche Finanzmittel aus der laufenden Geschäftstätigkeit erwirtschaftet wurden und welche zahlungswirksamen Investition im Geschäftsjahr unternommen wurden. Zu diesem Zweck wird der Finanzmittelfonds, dessen Veränderung durch die Kapitalflussrechnung erklärt werden soll, grundsätzlich auf liquide Mittel ersten Grades (Bilanzposition B.IV nach § 266 Abs. 2 HGB) zuzüglich der Zahlungsmitteläquivalente (Liquiditätsreserven mit Restlaufzeiten von nicht mehr als 3 Monaten, die sich jederzeit und ohne wesentlichen Wertverlust in Geld verwandeln lassen) beschränkt (DRS 21.9, 21.33). Fondsmindernd abzuziehen sind zudem täglich fällige Bankverbindlichkeiten und kurzfristige Kreditaufnahmen, wenn sie Teil des Liquiditätsmanagements des Konzerns sind (DRS 21.34).

Die in der Kapitalflussrechnung dargestellten Fondsveränderungen im Sinne von Mittelzu- und -abflüssen werden in drei Tätigkeitsbereiche aufgegliedert:

- Investitionstätigkeit (Aktivitäten in Verbindung mit Zu- und Abgängen von Vermögensgegenständen des Anlagevermögens sowie von Vermögensgegenständen des Umlaufvermögens, die nicht dem Finanzmittelfonds oder der laufenden Geschäftstätigkeit zuzuordnen sind; DRS 21.9),
- Finanzierungstätigkeit (Aktivitäten, die sich auf die Höhe und/oder die Zusammensetzung der Eigenkapitalposten und/oder Finanzschulden auswirken, einschließlich der Vergütungen für die Kapitalüberlassung; DRS 21.9), und
- laufende Geschäftstätigkeit (Aktivitäten in Verbindung mit wesentlichen, auf Erlöserzielung ausgerichteten Tätigkeiten, wie z. B. dem Verkauf von Produkten, Waren oder Dienstleistungen des Unternehmens, sowie sonstige Aktivitäten, die nicht der Investitions- oder der Finanzierungstätigkeit zuzuordnen sind; DRS 21.9).

Zur Ermittlung der gesamten Fondsveränderung sind zunächst getrennt die Cashflows aus der laufenden Geschäftstätigkeit, aus der Investitionstätigkeit und aus der Finanzierungstätigkeit zu ermitteln. Die gesamte Änderung des Finanzmittelfonds ergibt sich dann als Summe der drei Cashflows, die die zahlungswirksamen Veränderungen des Finanzmittelfonds erfassen, zuzüglich etwaiger zusätzlicher wechselkurs-, konsolidierungskreis- und bewertungsbedingter Fondsänderungen, die Änderungen des Fondsbestandes insbesondere im Konzernabschluss abbilden (DRS 21.15). Der Fondsänderungsnachweis zeigt ausgehend vom Anfangsbestand des Finanzmittelfonds am Geschäftsjahresbeginn und der gesamten Fondsveränderung die Wertänderung des Finanzmittelfonds zu seinem Endbestand am Geschäftsjahresende auf. Die gesamte Kapitalflussrechnung ist dazu in Staffelform zu erstellen (DRS 21.21).

Aufgrund der praktischen Probleme gerade auch im Konzern, die Zahlungen direkt aus der Buchhaltung abzuleiten, räumt DRS 21 als mögliche Alternative eine indirekte Ermittlung der Cashflows aus laufender Geschäftstätigkeit ein (DRS 21.24). Der Cashflow aus laufender Geschäftstätigkeit wird dann nicht unmittelbar aus den Zahlungen ermittelt, sondern aus dem Konzernjahresergebnis korrigiert um zahlungsunwirksame Aufwendungen und Erträge und um Aufwendungen und Erträge, die der Investitions- oder Finanzierungstätigkeit zuzuordnen sind, sowie erweitert um zahlungswirksame aber erfolgsunwirksame Vorgänge aus der Veränderung des Nettoumlaufvermögens bestimmt (DRS 21.25). Zu den zahlungsunwirksamen Aufwendungen und Erträgen zählen insbesondere die Abschreibungen auf das Anlagevermögen, die Veränderung der Höhe der Rückstellungen aber auch der Ertragsteueraufwand bzw. -ertrag. Aufwendungen und Erträge, die der Finanzierungstätigkeit zuzuordnen sind, sind insbesondere die Zinsaufwendungen (DRS 21.48). Zinserträge und Dividenden als Gegenleistung für die Kapitalüberlassung werden als Entgelt für eine Finanzinvestition gesehen und sind deshalb der Investitionstätigkeit zuzurechnen (DRS 21.44). Zu den zusätzlich zu berücksichtigenden zahlungswirksamen aber nicht erfolgswirksamen Vorgängen zählen vor allem die Investition bzw. Desinvestitionen in das sog. Working Capital oder auch Nettoumlaufvermögen. Abgeleitet werden diese Zahlungen i. d. R. aus Beständedifferenzen zwischen Anfangs- und Schlussbilanz. Für diese indirekte Ermittlung des Cashflows aus laufender Geschäftstätigkeit gibt DRS 21.40 folgendes Mindestgliederungsschema vor (siehe Tabelle M.4 auf der folgenden Seite).

Die Cashflows aus den Bereichen der Investitions- und Finanzierungstätigkeit müssen hingegen stets in direkter Form dargestellt werden (DRS 21.24, 21.42, 21.47). Für beide gibt der Standard in DRS 21.46 und DRS 21.50 ebenfalls Mindestgliederungsschemata vor.

Im Konzern können die Zahlen der Konzernkapitalflussrechnung aus den Bewegungen auf den Zahlungskonten der einbezogenen Konzernunternehmen unter Bereinigung der konzerninternen Zahlungen originär, aus Konzernbilanz und Konzern-GuV unter Hinzuziehung weiterer Informationen indirekt oder aus den Kapitalflussrechnungen der einbezogenen Unternehmen durch Konsolidierung ermittelt werden (DRS 21.11). In der Praxis überwiegt die zweite Variante, wohl auch weil in diesem Fall nur eine Kapitalflussrechnung auf der Ebene des Konzerns aufgestellt werden muss. In beiden Fällen berücksichtigen die in der Kapitalflussrechnung dargestellten Fondsveränderungen im Sinne von Mittelzu- und -abflüssen die in den Konzernabschluss

Tab. M.4: Mindestgliederungsschema Cashflow aus laufender Geschäftstätigkeit nach der indirekten Methode (DRS 21.40).

1.		Konzernjahresergebnis inkl. Ergebnisanteile anderer Gesellschafter
2.	+/–	Abschreibungen/Zuschreibungen auf Gegenstände des Anlagevermögens
3.	+/–	Zunahme/Abnahme der Rückstellungen
4.	+/–	Sonstige zahlungsunwirksame Aufwendungen/Erträge (z. B. Abschreibung Disagio)
5.	–/+	Zunahme/Abnahme der Vorräte, der Forderungen aus LuL sowie anderer Aktiva, die nicht der Investition- oder Finanzierungstätigkeit zuzuordnen sind (Working Capital Aktiva)
6.	+/–	Zunahme/Abnahme der Verbindlichkeiten aus LuL sowie anderer Passiva, die nicht der Investition- oder Finanzierungstätigkeit zuzuordnen sind (Working Capital Passiva)
7.	–/+	Gewinn/Verlust aus dem Abgang von Gegenständen des Anlagevermögens
8.	+/–	Zinsaufwendungen/Zinserträge
9.	–	Sonstige Beteiligungserträge
10.	+/–	Aufwendungen/Erträge von außergewöhnlicher Größenordnung oder Bedeutung
11.	+/–	Ertragsteueraufwand/-ertrag
12.	+	Einzahlungen im Zusammenhang mit Erträgen von außergewöhnlicher Größenordnung oder Bedeutung
13.	–	Auszahlungen im Zusammenhang mit Aufwendungen von außergewöhnlicher Größenordnung oder Bedeutung
14.	–/+	Ertragsteuerzahlungen/-erstattungen
15.	=	Cashflow aus laufender Geschäftstätigkeit

einbezogenen Unternehmen getreu der Form ihrer Konsolidierung. Bei vollkonsolidierten Unternehmen werden die Fondsveränderungen vollständig und bei quotenkonsolidierten Unternehmen nur anteilig einbezogen. Von den at equity bewerteten Unternehmen werden nur die Zahlungen zwischen ihnen und dem Konzern sowie diejenigen aus Erwerb und Veräußerung der Beteiligung berücksichtigt (DRS 21.14).

Spezifisch für den Konzernabschluss müssen weitere Besonderheiten bei der Aufstellung der Kapitalflussrechnung berücksichtigt werden. Das betrifft Effekte aus der Währungsumrechnung, aus der Änderung der Konsolidierungskreise sowie den Ausweis von Zahlungen von oder an die Minderheitsgesellschafter.

Aus der Währungsumrechnung kann es, wenn im Geschäftsjahr Wechselkursschwankungen bei relevanten Währungen aufgetreten sind, zu wechselkursbedingten Fondsänderungen kommen, die als gesonderte Änderungen des Bestandes im Finanzmittelfonds auszuweisen sind (DRS 21.15 iVm. DRS 21.13 und 21.35). Wenn die Konzernkapitalflussrechnung aus Konzernbilanz und -GuV abgeleitet wird, ist die Währungsumrechnung bereits nach § 308a und § 256a HGB erfolgt. Sind im Finanzmittelfonds Bestände in fremder Währung enthalten, wird der Zahlungsmittelbestand in fremder Währung am Geschäftsjahresende zum Devisenkassamittelkurs am Stichtag umgerechnet (DRS 21.13). Hat sich in der Berichtsperiode der Wechselkurs geändert, ändert sich aus Konzernsicht in Euro der Finanzmittelbestand im Fonds über das Geschäftsjahr. Tatsächlich ist in der Fremdwährung der Finanzmittelbestand aber unverändert. Diese zahlungsunwirksame Veränderung des Finanzmittelfonds in Euro (vgl. DRS 21.35) ist getrennt von den Cashflows als „wechselkursbedingte Änderung des Finanzmittelfonds" zu erfassen, um ausgehend vom Anfangsbestand des Finanzmittelfonds in Euro unter Berücksichtigung aller zahlungswirksamen und zahlungsunwirksamen Veränderungen des Finanzmittelfonds zum Endbestand in Euro zu gelangen. Ebenfalls zu den zahlungsunwirksamen wechselkursbedingten Fondsveränderungen gehören wechselkursbedingte Bestandsänderungen, die auftreten, wenn im Finanzmittelfonds enthaltene Forderungen, Verbindlichkeiten oder Wertpapiere aufgrund von Wechselkursänderungen neu bewertet werden und deshalb zu- oder abgeschrieben werden (vgl. § 256a HGB; DRS 21.37; Winkeljohann/Rimmelspacher in: Beck Bil-Komm., 11. Aufl., § 297 Anm. 87 und 91). Weitere ergebnis- und zahlungsunwirksame Bestandsänderungen bei Sachanlagen, Vorräten oder Finanzschulden können aufgrund der Währungsumrechnung nach § 308a HGB entstehen. Da sie zahlungsunwirksam sind, dürfen sie sich in keinem der Cashflows niederschlagen (vgl. Winkeljohann/Rimmelspacher in: Beck Bil-Komm., 11. Aufl., § 297 Anm. 91). Bei der nach der direkten Methode zu ermittelnden Cashflows aus Investitions- und Finanzierungstätigkeit werden direkt Zahlungsströme erfasst. Sind diese in fremder Währung, sind sie mit dem Devisenkassamittelkurs am Transaktionstag oder vereinfachend, wenn sie nicht von wesentlicher Bedeutung sind, mit dem Durchschnittskurs der Berichtsperiode umzurechnen (DRS 21.13). Die umgerechneten Zahlungsströme schlagen sich dann direkt in den Cashflows aus Investitions- oder Finanzierungstätigkeit nieder.

Änderungen des Konsolidierungskreises, die nicht unmittelbar im Zusammenhang mit einem Anteilserwerb oder -verkauf stehen, z. B., weil ein bisher wegen Unwesentlichkeit nach § 296 Abs. 2 HGB nicht konsolidiertes Unternehmen nun einbezogen werden muss, führen ebenfalls zu zahlungsunwirksamen Veränderungen des Finanzmittelfonds. Denn mit der Konsolidierung sind die Zahlungsmittel des neueinbezogenen Unternehmens im Finanzmittelfonds zu berücksichtigen, für das neueinbezogene Unternehmen wurde im Geschäftsjahr aber keine Zahlung zum Anteilserwerb geleistet. Auch diese Veränderungen des Finanzmittelbestandes sind getrennt von dem Cashflow gesondert als „konsolidierungskreisbedingte Änderung des Finanzmittelfonds" zu erfassen. (vgl. DRS 21.36; Winkeljohann/Rimmelspacher in: Beck Bil-Komm., 11. Aufl., § 297 Anm. 94). Anteilserwerbe oder -verkäufe, die zur Einbeziehung bzw. zur Endkonsolidierung führen, sind hingegen mit dem Nettozahlungsstrom, also dem Saldo aus gezahlten bzw. erhaltenen Kaufpreis und den mit dem Anteilserwerb bzw. -verkauf erworbenen bzw. verkauften Zahlungsmitteln dem Cashflow aus Investitionstätigkeit zuzuordnen (DRS 21.43; Winkeljohann/Rimmelspacher in: Beck Bil-Komm., 11. Aufl., § 297 Anm. 92).

Zahlungen an die oder von den Minderheitsgesellschaftern sind zwar ebenfalls konzernabschlussspezifisch, sind aber immer zahlungswirksam. Entsprechend sind sie unter den Cashflows aus der Finanzierungstätigkeit zu erfassen (DRS 21.50).

M.4.2 Kapitalflussrechnung nach IFRS

Nach IAS 1.10 und 7.1 ist eine Kapitalflussrechnung Bestandteil jedes Einzel- oder Konzernabschlusses nach IFRS. IAS 7 regelt Inhalt und Aufbau der Kapitalflussrechnung nach IFRS, die derjenigen nach DRS 21 stark ähnelt, da sich DRS 21, wie schon sein Vorgängerstandard DRS 2, eng an IAS 7 orientiert.

Der Finanzmittelfonds setzt sich auch nach IAS 7 aus den Zahlungsmitteln und den Zahlungsmitteläquivalenten zusammen (IAS 7.7–7.9), die aus Barmitteln, Sichteinlagen und „kurzfristigen hochliquiden Finanzinvestition, die jederzeit in festgelegte Zahlungsmittelbeträge umgewandelt werden können und nur unwesentlichen Werteschwankungsrisiken unterliegen", bestehen (IAS 7.6). Vergleichbar zu DRS 21 werden zum einen Finanzinvestitionen nur zu den Zahlungsmitteläquivalenten gerechnet, wenn sie maximal eine Restlaufzeit von 3 Monaten besitzen (IAS 7.7). Zum anderen dürfen jederzeit fällige Bankverbindlichkeiten vom Finanzmittelfondsbestand abgezogen werden, wenn die Bankverbindlichkeiten integraler Bestandteil der Finanzdisposition sind (IAS 7.8). Die für die Kapitalflussrechnung zu ermittelnden Cashflows entsprechen dann den Zu- und Abflüssen von Zahlungsmittel und Zahlungsmitteläquivalenten (IAS 7.6).

IAS 7 verlangt genauso wie DRS 21, dass für die Kapitalflussrechnung die Cashflows getrennt nach den Tätigkeitsbereichen betriebliche Tätigkeiten (auch laufende Geschäftstätigkeit), Investitions- und Finanzierungstätigkeit ermittelt werden (IAS 7.10), wobei für die Ermittlung des Cashflows aus laufender Geschäftstätigkeit sowohl die direkte als auch die indirekte Methode verwendet werden kann (IAS 7.18). IAS 7.19 präferiert allerdings die direkte Methode. Betriebliche Tätigkeiten sind in IAS 7.6 und 7.14 als die „wesentlichen erlöswirksamen Tätigkeiten" des Unternehmens u. a. auch mit Bespielen beschrieben und negativ abgegrenzt als Tätigkeiten, die nicht der Investition- oder Finanzierungstätigkeit zuzuordnen sind. Cashflows aus Investitionstätigkeiten erfassen hingegen die Zahlungsströme aus Investitionen bzw. Desinvestition in langfristige Vermögenswerte und Finanzinvestition, die nicht zum Finanzmittelfonds zählen. Finanzierungtätigkeiten umfassen schließlich Aktivitäten, die Auswirkungen auf Umfang und Zusammensetzung des aufgebrachten Kapitals und auf die Fremdkapitalaufnahme haben (IAS 7.6).

Anders als nach DRS 21 sind Zins- und Dividendenzahlungen nicht zwingend bei Einzahlungen der Investitionstätigkeit bzw. bei Auszahlungen der Finanzierungstätigkeit zuzuordnen, sondern können unterschiedlichen Tätigkeitsbereichen zugerechnet werden (IAS 7.31–.34). Ähnliches gilt für die Ertragssteuern, auch wenn sie grundsätzlich der betrieblichen Tätigkeit zugerechnet werden (IAS 7.35). Im Unterschied zu DRS 21 schreibt IAS 7 auch keine Mindestgliederungsschemata für die einzelnen Cashflows vor, letztlich können deutsche Muttergesellschaften aber die Mindestgliederungsschemata von DRS 21 als Orientierungshilfe heranziehen.

Die konzernbedingten Besonderheiten aus der Währungsumrechnung und Änderungen des Konsolidierungskreises sind aber wieder ähnlich wie nach DRS 21 in der Konzernkapitalflussrechnung nach IAS 7 zu erfassen: Auch nach IAS 7 sind die Bestände an Finanzmitteln zu Beginn und zum Ende des Geschäftsjahres abzustimmen (IAS 7.28). Nicht zahlungswirksame Veränderungen des Bestandes an Zahlungsmitteln und Zahlungsmitteläquivalenten, die dabei aus der Umrechnung des Finanzmittelbestandes am Geschäftsjahresende zum Stichtagskurs entstehen, werden wie nach DRS 21 nach den Cashflows aus betrieblicher, Investitions- und Finanzierungstätigkeit gesondert ausgewiesen (IAS 7.28). Zahlungsströme, die im Rahmen der direkten Methode zur Ermittlung insbesondere der Cashflows aus Investitions- und Finanzierungstätigkeit verwendet werden, sind hingegen zum Umrechnungskurs am Transaktionstag oder vereinfachend zu Periodendurchschnittskursen umzurechnen (IAS 7.25–.27). Übernimmt bzw. verliert das Mutterunternehmen durch Erwerb bzw. Verkauf die Beherrschung über ein Tochterunternehmen oder sonstige Geschäftseinheiten, so sind die daraus resultierenden Cashflows, soweit sie zahlungswirksam sind, gesondert als Teil des Cashflows aus Investitionstätigkeit auszuweisen (IAS 7.39). Der Cashflow aus der Übernahme oder dem Verlust der Beherrschung ergibt sich dabei wie nach DRS 21 aus dem Saldo der für den Erwerb bzw. Verkauf erhaltenen bzw. bezahlten Zahlungsmittel und den miterworbenen bzw. mitveräußerten Beständen an Zahlungsmitteln und Zahlungsmitteläquivalenten.

M.5 Konzerneigenkapitalspiegel bzw. Konzerneigenkapitalveränderungsrechnung

M.5.1 Konzerneigenkapitalspiegel nach HGB

Der Eigenkapitalspiegel, der die Entwicklung des Eigenkapitals im abgelaufenen Geschäftsjahr übersichtlich nach den zentralen Bestandteilen des Eigenkapitals einerseits und nach den Ursachen für die Veränderungen andererseits aufzeigt, greift angelsächsische Vorbilder auf.

Der Aufbau des Konzerneigenkapitalspiegels ist nicht durch gesetzliche Vorgaben geregelt. DRS 22 schließt diese Lücke und klärt darüber hinaus weitere Fragestellungen zum Konzerneigenkapital, die nicht detailliert gesetzlich geregelt sind. Im Anhang von DRS 22 finden sich entsprechend sowohl für Mutterunternehmen in der Rechtsform der Kapitalgesellschaft als auch für Mutterunternehmen in der Rechtsform der Personengesellschaft feste Gliederungsschemata für den Konzerneigenkapitalspiegel. Diese sehen für Konzerne eine Matrixdarstellung vor, die in der Kopfzeile die Komponenten des Eigenkapitals und in der Vorspalte mögliche Quellen für Veränderungen aufführt. Als Komponenten des Eigenkapitals werden bei Kapitalgesellschaften unterschieden (vgl. DRS 22 Anlage 1):

1. Eigenkapital des Mutterunternehmens
   - (Korrigiertes) gezeichnetes Kapital
   - Rücklagen
   - Eigenkapitaldifferenz aus Währungsumrechnung
   - Gewinn-/Verlustvortrag
   - Konzernjahresüberschuss/-fehlbetrag, der dem Mutterunternehmen zuzurechnen ist
   - ∑ Eigenkapital (Konzernanteil)
2. Nicht beherrschende Anteile
   - Nicht beherrschende Eigenkapitalanteile vor Eigenkapitaldifferenz aus Währungsumrechnung und Jahresergebnis
   - Auf nicht beherrschende Anteile entfallende Eigenkapitaldifferenz aus Währungsumrechnung
   - Auf nicht beherrschende Anteile entfallende Gewinne/Verluste
   - ∑ Eigenkapital (nicht beherrschende Anteile)
3. Konzerneigenkapital aus Konzern- und Minderheitenanteil

Die Quellen für Veränderungen zwischen den Beständen am Anfang und Ende des Geschäftsjahres in der Vorspalte werden unterteilt in (vgl. DRS 22 Anlage 1):

4. Stand am 31.12.X1
5. Kapitalerhöhung/-herabsetzung
   - Ausgabe von Anteilen
   - Erwerb oder Einziehung eigener Anteile
   - Kapitalerhöhung aus Gesellschaftsmitteln
6. Einforderung/Einzahlung bisher nicht eingeforderter Einlagen
7. Einstellung in/Entnahmen aus Rücklagen
8. Ausschüttung
9. Währungsumrechnung
10. Sonstige Veränderungen
11. Änderungen des Konsolidierungskreises
12. Konzernjahresüberschuss/-fehlbetrag
13. Stand 31.12.X2

Die Matrix selbst weist dann die Bestände und Veränderungen im Detail aus.

Bei konzernrechnungspflichtigen Handelsgesellschaften (OHG oder KG) ohne natürliche Person als Vollhafter ist das Gliederungsschema von DRS 22 Anlage 2 zu verwenden.

M.5.2 Konzerneigenkapitalveränderungsrechnung nach IFRS

In IAS 1.106 bis 1.111 finden sich die Regelungen zur Eigenkapitalveränderungsrechnung nach IFRS. Dabei schreibt IAS 1 keine verbindliche Form für die Darstellung der Eigenkapitalveränderungsrechnung vor. In der implementation guidance zu IAS 1 finden sich aber Beispiele für Darstellungen, wie die die relevanten Informationen offen gelegt werden können.

Danach muss für den Konzern in der Eigenkapitalveränderungsrechnung zum einen das Gesamtergebnis der Berichtsperiode, getrennt in die auf die Mehrheits- und Minderheitsgesellschafter entfallenden Beträge enthalten sein. Außerdem muss für jede Eigenkapitalkomponente eine Überleitungsrechnung der Buchwerte zu Beginn des Geschäftsjahres auf die Buchwerte zum Ende des Geschäftsjahres erfolgen. Dabei sind alle Veränderungen gesondert auszuweisen, die ausgelöst werden durch den Jahresgewinn bzw. -verlust, das sonstige Ergebnis sowie Transaktionen mit den Eigenkapitalgebern, wobei hier wieder Mehrheits- und Minderheitsgesellschafter getrennt zu betrachten sind (IAS 1.106). Entweder im Konzernanhang oder in der Eigenkapitalveränderungsrechnung sind zusätzlich für jede Eigenkapitalkomponente eine in Posten gegliederte Analyse des sonstigen Einkommens vorzunehmen (IAS 1.107).

Orientiert an den Vorgaben von IAS 1.106 ff. könnte eine Eigenkapitalveränderungsrechnung nach IFRS folgende Gliederung haben (siehe Tabelle M.5):

Tab. M.5: Eigenkapitalveränderungsrechnung nach IAS 1.106 ff.

	Auf EK-Geber des Mutterunternehmens entfallende Anteile								
	Gezeichnetes Kapital	Kapitalrücklagen	Gewinnrücklagen	Umrechnungsdifferenz	Kumuliertes sonst. Gesamtergebnis I	Kumuliertes sonst. Gesamtergebnis II	Summe	Minderheitenanteile	Gesamtsumme
Eigenkapital 1.1.									
– Auswirkungen Fehlerkorrektur									
– Änderung v. Bilanzierung- u. Bewertungsmethoden.									
Korrigiertes Eigenkapital 1.1.									
– Kap.Einlagen/ Kap.Entnahmen									
– Änderung Anteilsverhältnis Tochterunternehmen									
– Dividenden									
– Periodengesamtergebnis									
– Vereinnahmung Neubewertungsrücklage IAS16.41/38.87									
Eigenkapital 31.12.									

M.6 Der Konzernlagebericht

M.6.1 Aufstellungspflicht, Konzeption, Bezugsobjekt und Grundsätze

Der von allen konzernrechnungslegungspflichtigen Mutterunternehmen – auch den zur Konzernrechnungslegung nach IFRS verpflichteten (§ 315e Abs. 1 HGB) und den vom Publizitätsgesetz erfassten (§ 13 Abs. 1 PublG) – aufzustellende Konzernlagebericht ist kein Bestandteil des Konzernabschlusses. Dementsprechend liegt es nahe, dass im Rahmen dieses reinen Informationsinstruments ein vom Konzernabschluss grundsätzlich unabhängiger Weg der Vermittlung entscheidungsrelevanter und vertrauenswürdiger Informationen gesucht wird. Der Versuch, den Konzernabschluss durch ein zweites wirtschaftliches Gesamtbild zu ergänzen, das nur in bedeutsamen Kerngrößen Bezug auf dessen Zahlen nimmt, dafür stärker auf Erwartungen, Wertungen, Einschätzungen etwa von Chancen und Risiken durch das Management sowie dessen Prognosen („voraussichtliche Entwicklung") abstellt, öffnet mit den weicheren Vorgaben und den häufig schwer objektivierbaren Inhalten grundsätzlich Freiräume. Um zu gewährleisten, dass die Adressaten des Konzernlageberichts verlässliche und entscheidungsrelevante Informationen zur Verfügung gestellt bekommen, verpflichtet der Gesetzgeber die Ersteller darauf, dass der Konzernlagebericht ein „den tatsächlichen Verhältnissen entsprechendes Bild" über den Geschäftsverlauf, die Geschäftsergebnisse und die Lage des Konzerns zu vermitteln hat. Die daraus abzuleitenden Grundsätze der Konzernlageberichterstattung sind nicht gesetzlich geregelt, sondern finden sich in DRS 20.

Der Konzernlagebericht bezieht sich auf den Konzern als wirtschaftliche Einheit, was ihn sowohl von Lageberichten einzelner Konzernunternehmen als auch von Sammlungen dieser Einzel-Lageberichte unterscheidet. Da die Lage des Konzerns nicht allein durch das Mutter- und die einbezogenen Tochterunternehmen geprägt sein muss, sondern auch von nicht einbezogenen Tochterunternehmen, Gemeinschafts- und assoziierten Unternehmen bestimmt sein kann, ist letzteren Rechnung zu tragen, soweit nur auf diese Weise ein den tatsächlichen Verhältnissen entsprechendes Bild vermittelt wird. Einer gesonderten Darstellung der Lage einzelner Konzernunternehmen hingegen bedarf es nicht, auch wenn diese aus Konzernsicht erfolgt (vgl. WP-Handbuch, Band I, G Tz. 890). Das gilt selbst dann, wenn der Konzern von einem dominierenden Unternehmen geprägt wird, aber gleichwohl als Konzern zu beurteilen ist (vgl. Grottel in: Beck Bil-Komm., 11. Aufl., § 315 Anm. 16). Da sich die Lageberichte von Konzern- und Mutterunternehmen hinsichtlich des Objekts der Berichterstattung deutlich unterscheiden, ist das Recht nach § 315 Abs. 5 HGB, Konzernlagebericht und Lagebericht des Mutterunternehmens zusammenzufassen, im Sinne räumlicher Geschlossenheit eines „zusammengefassten Lageberichts" zu verstehen. Dieser muss gleichwohl beide Inhalte vermitteln und darf nur echte Wiederholungen vermeiden.

Die Grundsätze, nach denen Lageberichte zu erstellen sind, finden sich in DRS 20.

Vollständigkeit als Grundsatz verlangt die Berücksichtigung aller wichtigen Informationsquellen und die Berichterstattung über alles, was für eine zutreffende wirtschaftliche Gesamtbeurteilung der Lage, insbesondere auch der Chancen und Risiken der Geschäftsentwicklung, erforderlich ist (DRS 20.16). Eine vollständige Erörterung aller Details hingegen folgt aus dem Grundsatz nicht, weil auf diese Weise Information geradezu verhindert werden kann (DRS 20.33). Die Grundsätze der Wesentlichkeit und Ausgewogenheit müssen also den der Vollständigkeit bei der Auswahl der auszuwertenden und zu berichtenden Informationen ergänzen (DRS 20.32). In diesem Zusammenhang ist auch der Grundsatz der Informationsabstufung zu sehen, der verlangt, dass Detailliertheit und Ausführlichkeit der angegebenen Informationen im Konzernlagebericht immer abhängen von den spezifischen Konzerngegebenheiten, insbesondere der Art der Geschäftstätigkeit, der Größe und dem Umfang der Kapitalmarktinanspruchnahme (DRS 20.34).

Grundsätze wie Richtigkeit oder Wahrheit – schon beim Jahresabschluss problematisch – lassen sich auf den Lagebericht nur insoweit übertragen, als dieser keine eindeutig falschen Angaben enthalten darf. Von den subjektiven Gewichtungen zur Sicherung der Ausgewogenheit, den Einschätzungen und Prognosen hingegen ist zu fordern, dass sie plausibel, schlüssig auf Basis realistischer, willkürfreier Annahmen sorgfältig und gewissenhaft abgeleitet werden und subjektiv aufrichtig auch die Einschätzung der Berichtenden widerspiegeln (vgl. DRS 20.19). Insofern müssen Informationen zutreffend und nachvollziehbar sein. Zusätzlich verpflichtet DRS 20.17 dazu, dass Tatsachen und Meinungen als solche erkennbar gekennzeichnet sind.

Klarheit und Übersichtlichkeit stellen einerseits auf die Unzweideutigkeit, Verständlichkeit sowie Prägnanz der Formulierungen und andererseits auf ihre übersichtliche Gliederung ab, die eine rasche Orientierung und gezielte Nutzung von Informationen ermöglichen soll (DRS 20.25). Aus Sicht beider Ziele ist Vergleichbarkeit im Zeitablauf und mit anderen Berichten ebenso notwendig (DRS 20.26) wie eine Trennung von Tatsachenangaben, subjektiven Urteilen, Annahmen und Prognosen (DRS 20.17).

Da über den Geschäftsverlauf des Konzerns als Ganzes zu berichten ist, muss der Konzernlagebericht zudem die Einschätzung und Beurteilung der Konzernleitung darlegen (DRS 20.31).

M.6.2 Grundlagen des Konzerns (DRS 20.36)

Für die Beurteilung und Analyse des Geschäftsverlaufes stellen die Geschäftstätigkeit des Konzerns und die Rahmenbedingungen, in denen der Konzern seine Geschäftstätigkeit ausübt, den Ausgangspunkt dar (vgl. WP-Handbuch, Band I, G Tz. 886). Die Grundlagen des Geschäftsmodells, soweit dieses für das Verständnis der Angaben im Konzernabschluss notwendig ist, sind deshalb zu Beginn des Lageberichtes als

„Grundlagen des Konzerns" darzustellen (DRS 20.36). Dazu sind insbesondere die Angaben nach DRS 20.37, wie Angaben zum Geschäftszweck, zur organisatorischen Struktur des Konzerns, seinen Segmenten, Standorten, für die Geschäftstätigkeit notwendigen Einsatzfaktoren, Produkten und Dienstleistungen, Beschaffungs- und Absatzmärkten sowie Geschäftsprozessen aber auch Angaben zu externen Einflussfaktoren auf das Geschäft zu machen. Wesentliche Änderungen in der Zusammensetzung des Konzerns im Vergleich zu den Vorjahren sind anzugeben (DRS 20.38).

Soweit ergänzend und freiwillig über Ziele und Strategien des Konzerns informiert wird, sind DRS 20.39 bis 20.44 sowie 20.56 zu beachten. Handelt es sich um kapitalmarktorientierte Mutterunternehmen, ist zusätzlich das im Konzern eingesetzte Steuerungssystem darzustellen. Die verwendeten Kennzahlen sind anzugeben und ihre Berechnung, soweit nicht direkt nachvollziehbar, zu erläutern (DRS 20.K45).

M.6.3 Darstellung von Geschäftsverlauf und Lage (sog. Wirtschaftsbericht) nach § 315 Abs. 1 S. 1 bis 3 und Abs. 3 HGB

Dem Konzernlagebericht nach HGB liegt eine klare zeitliche Struktur zugrunde. Danach ist unter dem Geschäftsverlauf die im abgelaufenen Geschäftsjahr und damit in der Vergangenheit eingetretene Entwicklung der für eine wirtschaftliche Gesamtbeurteilung wichtigen Größen und der sie begründenden zentralen Faktoren zu verstehen. Die Lage steht dann für die wirtschaftlichen Verhältnisse am Abschlussstichtag, wie sie sich auf Basis der Entwicklung in der Vergangenheit ergeben haben (WP-Handbuch, Band I, G Tz. 889 iVm. F Tz. 1355). Die Erwartungen für die Zukunft – für eine wirtschaftliche Lage eigentlich ausschlaggebend, aber schwer fassbar – kommen erst in der „voraussichtlichen Entwicklung" zum Tragen. Geschäftsverlauf, Geschäftsergebnisse und die Lage des Konzerns sind darzustellen, zu beurteilen und zu analysieren (vgl. WP-Handbuch, Band I, G Tz. 889).

Geschäftsverlauf und Lage werden üblicherweise dargestellt, indem über wichtige Entwicklungen und Ergebnisse aus folgenden Bereichen berichtet wird (vgl. Grottel in: Beck Bil-Komm., 11. Aufl., § 315 Anm. 64–72):
– relevante gesamtwirtschaftliche und branchenbezogene Entwicklung mit ihren aktuellen Ergebnissen (z. B. Gesamt- und Branchenkonjunktur, Währungskurse, politische Rahmenbedingungen),
– wirtschaftliche Gesamtsituation des Konzerns mit den für sie zentralen Einflussgrößen (z. B. Änderungen bei Beteiligungen oder Geschäftsfeldern, schwere Verluste und deren Ursachen),
– Absatzbereich (z. B. Auftragseingänge und -bestände, Marktanteile, Preistendenzen),
– Produktionsbereich (z. B. Entwicklungen bei Produktionsprogramm, Kapazitäten, Auslastungen),
– Beschaffungsbereich (z. B. Preisentwicklung und Versorgungslage),

- Investitionsbereich (z. B. Schwerpunkte der Investitionen),
- Finanzbereich (z. B. Erweiterungen und Rückführungen bei Eigen- und Fremd-kapital, Zinsentwicklungen, eventuelle Sicherungen gegen Risiken, Finanzpla-nung),
- rechtliche Verhältnisse (z. B. Abschluss, Kündigung oder Änderung wichtiger Ver-träge, bedeutende Rechtsstreitigkeiten),
- Personal- und Sozialwesen (Altersstruktur, Fluktuation, Aus- und Weiterbildung, Möglichkeiten und Grenzen der Versorgung mit Fachkräften),
- Ergebnisbereich (z. B. Gewinnanalysen nach einem Verbandsschema, Segment-ergebnisse, Wertschöpfungsanalysen) und
- wichtige Ereignisse im Geschäftsjahr, wenn sie für Geschäftsverlauf, Geschäfts-ergebnisse und Lage des Konzerns von Bedeutung sind (z. B. Erwerb oder Ver-kauf von Kerngeschäftsfeldern, Abschluss von wichtigen Verträgen wie Beherr-schungs- oder Gewinnabführungsverträgen).

Dabei ist aus der Sicht des Konzerns als wirtschaftlicher Einheit zu berichten. Einzel-darstellung für die einbezogenen Unternehmen sind nicht notwendig (WP-Handbuch, Band I, G Tz. 891).

Mit der bloßen Darstellung ist es allerdings nicht getan. Nach Satz 2 hat der La-gebericht *„eine ausgewogene und umfassende, dem Umfang und der Komplexität der Geschäftstätigkeit entsprechende Analyse des Geschäftsverlaufs und der Lage des Kon-zerns zu enthalten"*. Diese Analyse zielt auf die Aufdeckung der wesentlichen Indika-toren für den eingetretenen Geschäftsverlauf und die daraus resultierende Lage am Abschlussstichtag sowie auf die Einflussfaktoren ab, die die Entwicklungen der Indi-katoren bestimmt haben. Um die Lage zutreffend wiedergeben zu können, muss die Analyse ausgewogen und umfassend sein, darf aber bei einfach strukturierten Kon-zernen knapper ausfallen als bei komplexen. Der vom Lagebericht erzeugte Eindruck soll mit dem durch den Konzernabschluss begründeten Eindruck – gemessen an den „bedeutsamsten finanziellen Leistungsindikatoren" (§ 315 Abs. 1 S. 3 HGB) – vereinbar sein. In diesem Sinne sind diese Leistungsindikatoren in die Analyse einzubeziehen, wobei Beträge und nähere Angaben aus dem Konzernabschluss nicht wiederholt, son-dern durch stimmige Erläuterungen in den Lagebericht integriert werden. Ergänzend ist auch eine Brücke zu nichtfinanziellen Leistungsindikatoren etwa für Umwelt- und Arbeitnehmerbelange zu schlagen, *„soweit sie für das Verständnis des Geschäftsver-laufs oder der Lage von Bedeutung sind"* (§ 315 Abs. 3 HGB). Insgesamt hat demnach die Unternehmensleitung den Geschäftsverlauf und die Lage des Konzerns aus ihrer Sicht zu analysieren und zu beurteilen sowie das Urteil zu einem Gesamtergebnis zu verdichten (DRS 20.58). Dabei hat die Unternehmensleitung auch einen Vergleich zwi-schen der geschäftlichen Entwicklung des Berichtsjahres und der der Vorperiode zu ziehen (DRS 20.57).

M.6.4 Voraussichtliche Entwicklung (sog. Prognose-, Chancen- und Risikobericht) nach § 315 Abs. 1 S. 4 HGB

Der Ausblick auf die „voraussichtliche Entwicklung" gemäß Satz 4 erfordert eine auf die Zukunft gerichtete Berichterstattung (sog. Prognosebericht), die unter Darstellung der wesentlichen Chancen und Risiken (sog. Chancen- und Risikobericht) zu beurteilen und erläutern ist. Dazu müssen auch die der Analyse zugrunde liegenden Annahmen angegeben werden (WP-Handbuch, Band I, G Tz. 894). Darzustellen ist die zukünftige Entwicklung wieder aus Sicht des einheitlichen Konzerns. Als Zeitraum, den die Prognosen abdecken sollen, wird nach DRS 20.127 das dem Berichtsjahr folgende Jahr verlangt. Gleichzeitig fordert DRS 20 im Vergleich zu älteren Standards eine höhere Prognosegenauigkeit (DRS 20.128).

Gegenstand der Prognose sind die bedeutsamsten finanziellen und nichtfinanziellen Leistungsindikatoren, die bereits im Wirtschaftsbericht zur Analyse herangezogen wurden (DRS 20.126). Dabei sind bei der Prognose Aussagen sowohl zu Richtung als auch Intensität der Veränderung des jeweiligen Indikators auch unter Hinzuziehung des Vergleichswertes aus dem Berichtsjahr zu machen (DRS 20.128). Geeignete Prognosearten, die diese Bedingung erfüllen, wären nach DRS 20.130
- die Punktprognose („Wir erwarten für das GJ 20XX einen Umsatz von 19 Mio. €"),
- die Intervallprognose („Wir rechnen für das GJ 20XX mit einem Umsatz zwischen 20 und 22 Mio. €") und
- die qualifiziert-komparative Prognose („Wir erwarten für das GJ 20XX deutlich steigende Umsätze").

Rein komparative („Wir erwarten für das GJ 20XX steigende Umsätze") sowie rein qualitative Prognosen („Wir erwarten für das GJ 20XX angemessene Umsätze") sind hingegen nicht zulässig (vgl. Grottel in: Beck Bil-Komm., 11. Aufl., § 315 Anm. 124). Ausnahme von dieser Eingrenzung der zulässigen Prognosearten bestehen, wenn bezüglich der zukünftigen Entwicklung wegen der gesamtwirtschaftlichen Rahmenbedingungen außerordentlich hohe Unsicherheit besteht (DRS 20.133).

Die Erläuterung und Beurteilung der wesentlichen Chancen und Risiken als positive bzw. negative Prognose- oder Zielabweichung (vgl. DRS 20.11) ermöglichen dem Nutzer im günstigen Fall eine eigene Beurteilung von Wahrscheinlichkeit und Ausmaß der erörterten Abweichungen. Einzugehen ist auf alle Chancen und Risiken, die die Entscheidung der Adressaten beeinflussen können (DRS 20.146 und 20.165). Dabei ist gleichgewichtig über Chancen und Risiken zu berichten (DRS 20.166). Risiken und Chancen dürfen außerdem nicht mit einander verrechnet werden. Vielmehr müssen die Chancen von den Risiken getrennt dargestellt werden (vgl. DRS 20.16 und 167; Grottel in: Beck Bil-Komm., 11. Aufl., § 315 Anm. 134).

Dargestellt werden können die Chancen und Risiken entweder jeweils in einem eigenen Bericht, in einem zusammengefassten Chancen- und Risikobericht oder in einem gemeinsamen Prognose-, Chancen- und Risikobericht. Für die Risikoberichterstattung sind zur Klarheit und Übersichtlichkeit die Risiken entweder in einer Rangfolge zu ordnen oder es müssen gleichartige Risiken zu Kategorien zusammengefasst werden (DRS 20.162). Die Risikokategorien bestimmen sich dann entweder nach denen des internen Risikomanagementsystems oder nach den in DRS 20.164 alternativ vorgesehenen Kategorien Umfeldrisiken, Branchenrisiken, leistungswirtschaftliche Risiken, finanzwirtschaftliche Risiken und sonstige Risiken. Wesentliche Risiken sind einzeln zu berichten und die bei ihrem Eintritt erwarteten Konsequenzen sind zu analysieren und zu beurteilen (DRS 20.149). Bestandsgefährdende Risiken sind als solche zu benennen (DRS 20.148) und daraufhin zu analysieren, ob durch sie nachhaltig die Fortführungsprämisse von § 252 Abs. 1 Nr. 2 gefährdet ist (vgl. Baetge u. a., Konzernbilanzen, 2017, S. 580). Die im Konzernlagebericht dargestellten Risiken sind darüber hinaus zu quantifizieren, wenn dies auch im Rahmen der internen Steuerung erfolgt und die Quantifizierung für die Adressaten im Rahmen ihrer Beurteilung wesentlich ist. Wenn Risiken quantifiziert werden, sind die internen Werte sowie die Berechnungsmodelle und die zugrundeliegenden Annahmen anzugeben (DRS 20.152).

In die Risikoberichterstattung sind risikobegrenzende Maßnahmen einzubeziehen, entweder indem nach der Nettomethode nur die nach Einsatz der Maßnahme verbleibenden Risiken oder nach der Bruttomethode das jeweilige Bruttorisiko und die dazu ergriffene risikoreduzierende Maßnahme dargestellt, analysiert und beurteilt werden (DRS 20.157–158). Wie schon bei der Beurteilung von Geschäftsverlauf und Lage, sind auch im Risikobericht die angegebenen Risiken zu einem Gesamtbild zusammenzuführen, wobei Diversifizierungseffekte berücksichtigt werden dürfen (DRS 20.160). Für kapitalmarktorientierte Mutterunternehmen ist zusätzlich in der Risikoberichterstattung das Risikomanagementsystem darzustellen. Dabei ist auf Ziele, Strategien, Strukturen und Prozesse einzugehen und anzugeben, ob das Risikomanagementsystem neben den Risiken auch die Chancen einbezieht (DRS 20.K137 f.)

Die in § 315 Abs. 1 HGB gleichwertig zur Darstellung der Risiken verlangte Chancenberichterstattung orientiert sich an den Vorschriften zum Risikobericht (DRS 20.165). Beide, Risiko- wie Chancenberichterstattung dürfen auch dann nicht weggelassen werden, wenn sich aus ihnen keine weiteren Informationen für den Adressaten ergeben (vgl. IDW PS 350, Tz. 9).

M.6.5 Versicherung der gesetzlichen Vertreter (sog. Konzernlageberichtseid) nach § 315 Abs. 1 S. 5 HGB

Ergänzend zum sogenannten „Bilanzeid" nach § 297 Abs. 2 S. 4 HGB müssen die gesetzlichen Vertreter des Mutterunternehmens versichern, dass im Konzernlagebericht der Geschäftsverlauf einschließlich des Geschäftsergebnisses und die Lage des Konzerns „*nach bestem Wissen*" so dargestellt sind, dass sie ein tatsächliches Bild vermitteln und auch die wesentlichen Chancen und Risiken erläutert sind (§ 315 Abs. 1 S. 5 HGB). Dies gilt allerdings nur für Mutterunternehmen, die Inlandsemittenten nach

§ 2 WpHG sind und keine Kapitalgesellschaft nach § 325a HGB sind. Diese auch als „Konzernlageberichtseid" bezeichnete Versicherung kann entweder zusammen mit oder getrennt von der Versicherung der gesetzlichen Vertreter nach § 297 Abs. 2 S. 4 HGB erfolgen (vgl. WP-Handbuch, Band I, G Tz. 900).

M.6.6 Einzelangaben nach § 315 Abs. 2 bis 4 HGB

M.6.6.1 Bericht über die Finanzrisiken nach § 315 Abs. 2 Nr. 1 HGB

Gemäß § 315 Abs. 2 Nr. 1 HGB sind bei Bedeutung für die Beurteilung von Lage und voraussichtlicher Entwicklung bezogen auf die Finanzinstrumente des Konzerns einerseits die Risiken und andererseits die Ziele und Methoden des Risikomanagements aufzudecken. Ausgehend von Finanzinstrumenten originärer (vor allem Forderungen, Verbindlichkeiten, Wertpapiere, Devisen und Garantien) und derivativer (futures, forwards, options und swaps) Art müssen die aufgrund von Wertänderungen, Ausfall, drohender Liquiditätsbelastung oder Zahlungsstromschwankungen bestehenden wesentlichen Risiken für den Konzern mit dessen Risikopolitik – vor allem den Maßnahmen zur Risikoabsicherung – erläutert werden. Eine gesonderte Berichterstattung über Chancen und Risiken aus Abs. 1 für Finanzinstrumente biete sich an, weil hier erfahrungsgemäß Risikoabsicherung und große Risiken nahe zusammen liegen.

M.6.6.2 Forschungs- und Entwicklungsbericht (§ 315 Abs. 2 Nr. 2 HGB)

Auf den Bereich Forschung und Entwicklung des Konzerns (§ 315 Abs. 2 Nr. 2 HGB) müssen alle Konzerne eingehen, die auf diesen Gebieten selbst aktiv sind, andere für sich aktiv sein lassen oder keine der beiden Aktivitäten entfalten, obwohl man es erwarten muss (DRS 20.48). Als mögliche Gegenstände des Berichts gelten Ziele, eingesetzte Mitarbeiter, verfügbare Einrichtungen und deren Erweiterungen, entstandene Aufwendungen sowie Ergebnisse wie erteilte Patente oder entwickelte Produkte, wobei Zahlen über die Vergangenheit durch Planungen für die Zukunft ergänzt werden können (DRS 20.49–50). Ist es zu wesentlichen Veränderungen im Vergleich zur Vorperiode gekommen, ist das anzugeben und zu erläutern (DRS 20.51) Werden Entwicklungskosten aktiviert, sind sowohl der Anteil der aktivierten Entwicklungskosten an den gesamten Forschungs- und Entwicklungskosten sowie die Abschreibungen auf die aktivierten Entwicklungskosten anzugeben (DRS 20.52). Spätestens bei den Angaben über die Planung von Forschung und Entwicklung werden freilich die drohenden Gefahren aus zu weitgehender Information erkennbar. Diese kann Konkurrenten in die Lage versetzen, durch geeignete Gegenmaßnahmen die Früchte der Forschungs- und Entwicklungsbemühungen des berichtenden Konzerns zunichte zu machen. Trotz der unbezweifelbaren Bedeutung dieses Bereichs darf daher die Berichterstattung des Konzerns auf ein Maß begrenzt werden, das Wettbewerbsnachteile verhindert (vgl. Brockhoff, WPg 1982, S. 239–2409).

M.6.6.3 Zweigniederlassungsbericht (§ 315 Abs. 2 Nr. 3 HGB)

Im Zweigniederlassungsbericht nach § 315 Abs. 2 Nr. 3 HGB müssen Konzerne für alle einbezogenen Unternehmen über die für das Verständnis der Lage wesentlichen Zweigniederlassungen berichten. Ziel ist es, insbesondere die wirtschaftliche Bedeutung rechtlich unselbständige Zweigniederlassungen, die vergleichbar sind mit selbständigen Tochtergesellschaften, für die Adressaten des Konzernabschlusses herauszuarbeiten.

M.6.6.4 Bericht über das interne Kontroll- und Risikomanagementsystem bezogen auf den Konzernrechnungslegungsprozess (§ 315 Abs.4 HGB)

Für Konzerne, bei denen das Mutter- oder ein Tochterunternehmen kapitalmarktorientiert ist, besteht nach § 315 Abs. 4 HGB die Pflicht, die wesentlichen Merkmale des internen Kontroll- und Risikomanagementsystems im Hinblick auf den Konzernrechnungslegungsprozess zu beschreiben. Eine Zusammenfassung mit den Erläuterungen zum konzernweiten Risikomanagementsystem und den Angaben im Finanzrisikobericht nach § 315 Abs. 2 Nr.1 HGB im Risikobericht ist nach DRS 20.K169 und 20.K171 zulässig. Voraussetzung ist, dass durch die Zusammenfassung die Klarheit und Übersichtlichkeit des Konzernlageberichts nicht leidet. Existiert im Konzern kein Risikomanagementsystem, ist im Lagebericht eine Fehlanzeige notwendig (DRS 20.K178). Wollen Konzerne eine Fehlanzeige vermeiden, müssen sie ein internes Kontroll- und Risikomanagementsystems einrichten (vgl. Melcher/Mattheus, DB 2008, S. 53). Die Angaben zum internen Kontroll- und Risikomanagementsystem müssen sich nur auf die Konzernrechnungslegungsprozesse und dabei insbesondere auf die Konsolidierungsprozesse beziehen (DRS 20.K173). Details zu den notwendigen Angaben zum internen Kontrollsystem einerseits und zum Risikomanagementsystem andererseits finden sich in DRS 20.K174–177. Ziel der Erläuterungen zum internen Kontroll- und Risikomanagementsystem bezogen auf die Rechnungslegungsprozesse im Rahmen des Konzernabschlusserstellungsprozesses ist es, dass die Adressaten die damit in Zusammenhang stehenden Risiken besser einschätzen können (DRS 20.K168). Zur Effektivität und Effizienz des internen Kontroll- und Risikomanagementsystem bezüglich der Konzernrechnungslegungsprozesse müssen aber keine Angaben gemacht werden (DRS 20.K178).

M.6.7 Bericht über die Übernahmesituation nach § 315a Abs. 1 HGB

Mutterunternehmen, deren stimmberechtigte Aktien an einem organisierten Markt notieren, müssen im Lagebericht weitere Angaben machen, die allerdings Anhangangaben nahekommen und daher nur kurz umrissen werden. Anzugeben ist bzw. sind konkret

– die Zusammensetzung des gezeichneten Kapitals mit Angabe der Anteile sowie der Rechte und Pflichten verschiedener Aktiengattungen,

- die dem Vorstand der Konzernmutter bekannten Stimmrechts- oder Übertragungsbeschränkungen bei Aktien, einschließlich der zwischen Gesellschaftern vereinbarten,
- 10 % überschreitende direkte oder indirekte Beteiligungen am Kapital der Mutter,
- die Inhaber von Aktien mit Sonderrechten, die Kontrollbefugnisse verleihen, und eine Beschreibung der Inhalte dieser Sonderrechte,
- die Art der Stimmrechtskontrolle im Fall, dass Arbeitnehmer am Kapital beteiligt sind, die ihre Kontrollrechte aber nicht unmittelbar ausüben,
- gesetzliche Vorschriften und Satzungsbestimmungen über die Ernennung und Abberufung der Vorstandsmitglieder sowie über Satzungsänderungen,
- besondere, auf Ausgabe und Rückkauf von Aktien gerichtete Befugnisse des Vorstands,
- wesentliche Vereinbarungen beim Mutterunternehmen für den Fall eines drohenden Kontrollwechsels als Folge eines Übernahmeangebots (nicht erforderlich, wenn erheblicher Nachteil für das Mutterunternehmen zu erwarten ist) und
- mit Vorstandsmitgliedern oder Arbeitnehmern getroffene Entschädigungsvereinbarungen des Mutterunternehmens für den Fall eines Übernahmeangebots.

M.6.8 Vergütungsbericht § 315a Abs. 2 HGB

Der in § 315a Abs. 2 schließlich von Konzernen mit börsennotierter Mutter-Aktiengesellschaft geforderte „Vergütungsbericht" ergänzt die Anhangangaben nach § 314 Abs. 1 Nr. 6 HGB (siehe Tabelle M.3 Angabe 8.9), die dort, soweit sie § 314 Abs. 1 Nr. 6a S. 5–8 HGB betreffen, auch unterbleiben können, wenn sie in diesen Bericht integriert werden. Unter den Grundzügen des Vergütungssystems werden der Umfang der Vergütung, die erfolgsunabhängigen, erfolgsabhängigen bzw. auf langfristige Anreizwirkung angelegten Anteile mit den wichtigen Konditionen bei den Anreizsystemen – speziell bei Vergütungen durch Aktienoptionen – sowie die Strukturen der Abfindungs- und Altersversorgungszusagen verstanden. Einzugehen ist dabei auf die Vergütung von Kollektiven (Vorstand, Aufsichtsrat, Beirat, frühere Gremienmitglieder und deren Angehörige), wobei auch die Verteilung innerhalb der Gruppe zu erläutern ist, wenn es weder Einzelangaben zu den einzelnen Personen noch eine gleichmäßige Verteilung gibt. Daneben sind auch wesentliche Änderungen zu behandeln.

M.6.9 Nichtfinanzelle Konzernerklärung (Umsetzung der CSR-Richtlinie) nach § 315b und § 315c HGB

Mit dem CSR-Richtlinie-Umsetzungsgesetz vom 11.4.2017 wurde auch in Deutschland die CSR-Richtlinie der EU (Richtlinie 2014/95/EU) wenn auch etwas verspätet umgesetzt. Danach müssen kapitalmarktorientierte Mutterunternehmen ab dem 1.1.2017 ihren Konzernlagebericht ergänzen um eine nichtfinanzielle Konzernerklärung. Berichtspflichtig sind kapitalmarktorientierte Mutterunternehmen jedoch nur dann (§ 315b Abs. 1 HGB; DRS 20.232), wenn die in den Konzernabschluss einbezogenen Unternehmen

- nicht die Voraussetzungen für die größenabhängige Befreiung nach § 293 Abs. 1 S. 1 Nr.1 oder 2 HGB erfüllen und
- bei ihnen im Jahresdurchschnitt mehr als 500 Arbeitnehmer beschäftigt sind.

Außerdem sind kapitalmarktbezogenen Mutterunternehmen dann von der Aufstellung eines nichtfinanziellen Konzernberichtes befreit, wenn sie als Teilkonzernmutter in einen übergeordneten Konzernabschluss, der eine mit EU/EWR-konformen nichtfinanzielle Konzernerklärung enthält, einbezogen sind (§ 315b Abs. 2 HGB; DRS 20.237).

Für die Inhalte der nichtfinanziellen Konzernerklärung verweist § 315c Abs. 1 HGB auf die Regelungen zur nichtfinanziellen Erklärung im handelsrechtlichen Jahresabschluss in § 289c HGB. Vergleichbar zur Regelung in § 315 Abs. 1 S. 1 HGB verlangt auch § 289c Abs. 1 HGB, dass zunächst das Geschäftsmodell des Konzerns kurz zu beschreiben ist. Dadurch soll den Konzernabschlussadressaten ein Verständnis für die Geschäftstätigkeit des Konzerns ermöglicht werden. Entsprechend sind wie bei der Darstellung der Grundlagen des Konzerns zu Beginn des Konzernlageberichts mindestens Ausführungen zu den in DRS 20.37 genannten Aspekten zu machen (vgl. DRS 20.257; Holzmeier/Burth/Hachmeister, IRZ 2017, S. 216–217).

Basierend auf den Vorgaben der Richtlinie 2014/95/EU verlangt § 289c Abs. 2 HGB mindestens Angaben zu folgenden Aspekten (DRS 20.258):

- Umweltbelange (z. B. Angaben zu Treibhausgasemissionen, Wasserverbrauch, Luftverschmutzung, zur Nutzung von erneuerbaren und nicht erneuerbaren Energien oder zum Schutz der biologischen Vielfalt),
- Arbeitnehmerbelange (u. a. Angaben zu Maßnahmen, die zur Gewährleistung der Geschlechtergleichstellung ergriffen wurden, zu Arbeitsbedingungen, zur Umsetzung der grundlegenden Übereinkommen der Internationalen Arbeitsorganisation, zum sozialen Dialog, zur Achtung der Rechte der Gewerkschaften, zum Gesundheitsschutz oder die Sicherheit am Arbeitsplatz),
- Sozialbelange (z. B. Angaben beispielsweise zum Dialog auf kommunaler oder regionaler Ebene),
- die Achtung der Menschenrechte (z. B. Angaben, wie Menschenrechtsverletzungen vermieden werden) und
- die Bekämpfung von Korruption und Bestechung (z. B. Angaben welche Instrumente zur Bekämpfung von Korruption und Bestechung bestehen).

Zu allen fünf Aspekten sind nach § 315c Abs. 2 HGB Angaben zu machen, soweit sie erforderlich sind für das Verständnis des Geschäftsverlaufs, des Geschäftsergebnisses, der Lage des Konzerns sowie der Auswirkungen der Geschäftstätigkeit des Konzerns auf die genannten nichtfinanziellen Aspekte. Insofern ist also detailliert zu den einzelnen nichtfinanziellen Aspekten nur bei Wesentlichkeit dieser Aspekte auch für die Tätigkeit des Konzerns zu berichten (vgl. DRS 20.261; Holzmeier/Burth/Hachmeister, IRZ 2017, S. 217–218). Für die insoweit wesentlichen Aspekte müssen nach § 289c Abs. 3 HGB dann Erläuterungen zu folgenden Bereichen angegeben werden:

- Einer Beschreibung der von der Kapitalgesellschaft verfolgten Konzepte (einschließlich der angewandten Due-Diligence-Prozesse) zur Erreichung der Ziele im Hinblick auf den jeweiligen nichtfinanziellen Aspekt (DRS 20.265 ff.).
- Eine Darstellung der Ergebnisse der vom Konzern verfolgten Konzepte,
- Über die wesentlichen Risiken, die mit der eigenen Geschäftätigkeit der Kapitalgesellschaft verknüpft sind und die sehr wahrscheinlich schwerwiegende negative Auswirkungen auf die nichtfinanziellen Aspekte haben oder haben werden, sowie die Handhabung dieser Risiken durch den Konzern ist zu berichten (DRS 20.277 ff.).
- Ergänzend muss auch über die wesentlichen Risiken und ihre Handhabung berichtet werden, die mit den Geschäftsbeziehungen des berichtenden Unternehmens mit einbezogenen wie fremden Unternehmen verknüpft sind, die sehr wahrscheinlich schwerwiegende negative Auswirkungen auf die nichtfinanziellen Aspekte haben oder haben werden, wenn die Angaben wesentlich sind und die Berichterstattung verhältnismäßig ist (DRS 20.278 ff.).
- Angabe der bedeutsamsten nichtfinanziellen Leistungsindikatoren, die für die Geschäftätigkeit des Konzerns von Bedeutung sind (DRS 20.284 ff.).
- Hinweisen auf im Konzernjahresabschluss ausgewiesene Beträge und, soweit das für das Verständnis erforderlich ist, zusätzliche Erläuterungen dazu (DRS 20.287 ff.).

Soweit der Konzern keine Konzepte hinsichtlich eines der nichtfinanziellen Aspekte verfolgt, muss eine Fehlanzeige erfolgen und das Fehlen eines Konzeptes ist klar und begründet zu erläutern (§ 289c Abs. 4 HGB). Hinsichtlich der wichtigsten nichtfinanziellen Leistungsindikatoren bedeutet die Regelung von § 289c Abs. 2 Nr. 5 HGB, dass diese zukünftig im Bericht zu den nichtfinanziellen Aspekten gesondert zu erläutern sind und nicht nur im Zusammenhang mit den finanziellen Leistungsindikatoren im Prognosebericht nach § 315 Abs. 1 HGB (vgl. Holzmeier/Burth/Hachmeister, IRZ 2017, S. 219 f.).

Wird ein Rahmenwerk wie z. B. der Deutsche Nachhaltigkeitskodex als Standard für die nichtfinanzielle Berichterstattung verwendet, ist das unter Nennung des verwandten Rahmenwerkes anzugeben (§ 289d iVm. § 315c Abs. 3 HGB). Relativ weitreichende Erleichterungen hinsichtlich des inhaltlichen Umfangs gewährt § 289e iVm. § 315b Abs. 3 HGB. Danach können die Angaben unterlassen werden, wenn sie entweder nach vernünftiger kaufmännischer Beurteilung durch Vorstand oder Geschäftsführung dem Konzern erheblich schaden können oder das Weglassen der Angaben für ein den tatsächlichen Verhältnissen entsprechendes und ausgewogenes Verständnis von Geschäftsverlauf und -ergebnis und Lage des Konzerns sowie der Auswirkungen seiner Tätigkeit nicht hinderlich ist (DRS 20.302).

Veröffentlicht werden kann der nichtfinanzielle Konzernbericht entweder zusammen mit dem Konzernlagebericht oder virtuell, indem er auf den Internetseiten des Mutterunternehmens öffentlich zugänglich gemacht wird (§ 315b Abs. 1 und 3 Nr. 2 HGB; DRS 20.246 ff.).

Letztlich bleibt der Unternehmensführung des Mutterunternehmens trotz umfangreicher Vorgaben im Detail seitens des Gesetzgebers ein relativ großer Ermessensspielraum, wie und insbesondere wie tiefgehend über nichtfinanzielle Aspekte berichtet wird.

M.6.10 Erklärung zur Unternehmensführung nach § 315d HGB

Gemäß § 315d iVm. § 289f HGB haben kapitalmarktorientierte Mutterunternehmen in ihren Konzernlagebericht eine gesonderte Erklärung zur Unternehmensführung aufzunehmen (vgl. DRS 20.K224). Hintergrund der Berichterstattung ist, dass der Gesetzgeber erreichen will, dass das Mutterunternehmen für den Konzern die gleichen Unternehmensführungsgrundsätze anwendet, wie für sich selbst (vgl. Baetge u. a., Konzernbilanzen, 2017, S. 591 f.). Inhaltlich sind deshalb nach § 289f Abs. 2 HGB insbesondere auch die Erklärung zum Corporate Governance Kodex nach § 161 AktG abzugeben sowie anzugeben, ob die Frauenquoten nach § 76 und § 111 Aktiengesetz erreicht wurden, ob bei der Besetzung des Aufsichtsrates die Mindestanteile für Frauen und Männer erreicht wurden bzw. wenn nicht, die Gründe dafür und Angaben zum Diversitätskonzept sowie zu den Zielgrößen für den Frauenanteil im Aufsichtsrat, Vorstand und den beiden Führungsebenen darunter zu machen (vgl. DRS 10.K227). Die Erklärung zur Unternehmensführung kann alternativ auch auf der Internetseite des Konzerns veröffentlicht werden (§ 289f Abs. 1 S. 2 iVm. § 315d HGB). Sind nur Tochtergesellschaften kapitalmarktorientiert, entfällt auf Konzernebene die Pflicht für eine gesonderte Erklärung zur Unternehmensführung (§ 315d iVm. § 289f Abs. 1 HGB)

Literaturhinweise

Orientierung zu den Inhalten der Vorschriften im HGB gibt die einschlägige Kommentierung zu den §§ 313 bis 315d aber auch 284 bis 289f (Einzelabschluss) HGB.

Weitere Quellen:

Beck'sches Handbuch der Rechnungslegung (Beck HdR), hrsg. von Hans-Joachim Böcking, Edgar Castan, Gerd Heymann, Norbert Pfitzer und Eberhard Scheffler, München 2017, Beiträge unter C 60.

Holzmeier, Maximilian/Burth, Marius/Hachmeister, Dirk: Die nichtfinanzielle Konzernberichterstattung nach dem CSR-Richtlinie-Umsetzungsgesetz, in: IRZ, 12. Jg., 2017, S. 215–220.

IDW (Hrsg.): Wirtschaftsprüfer-Handbuch 2017, 15. Aufl., Band. I, Düsseldorf 2017.

International Accounting Standards Board (IASB): International Financial Reporting Standards 2017, London 2017.

Literaturverzeichnis

Adler, Hans/Düring, Walther/Schmaltz, Kurt (ADS): Rechnungslegung und Prüfung der Aktienge-
    sellschaft, 4. Aufl., bearb. von Kurt Schmaltz, Karl-Heinz Forster, Reinhard Goerdeler und Hans
    Havermann, Bd. 3, Rechnungslegung im Konzern, Stuttgart 1972.
Adler, Hans/Düring, Walther/Schmaltz, Kurt (ADS): Rechnungslegung und Prüfung der Unterneh-
    men, Kommentar zum HGB, AktG, GmbHG, PublG nach den Vorschriften des Bilanzrichtlinien-
    Gesetzes, neu bearb. von Karl-Heinz Forster, Reinhard Goerdeler, Josef Lanfermann, Hans-Peter
    Müller, Günter Siepe und Klaus Stolberg, 6. Aufl., Stuttgart ab 1995.
Akerlof, George A.: The Market for „Lemons": Quality Uncertainty and the Market Mechanism, in:
    Quarterly Journal of Economics, Vol. 84, 1970, S. 488–500.
Albach, Horst/Forster, Karl-Heinz (Hrsg.): Bilanzrichtlinien-Gesetz, ZfB-Ergänzungsheft 1/1987,
    Wiesbaden 1987.
*Arbeitskreis „Externe Unternehmensrechnung" der Schmalenbach-Gesellschaft – Deutsche Ge-
    sellschaft für Betriebswirtschaft e. V.*: Aufstellung von Konzernabschlüssen, hrsg. von Walther
    Busse von Colbe, Eberhard Müller und Herbert Reinhard, 2. Aufl., Düsseldorf 1989.
*Arbeitskreis „Weltabschlüsse" der Schmalenbach-Gesellschaft – Deutsche Gesellschaft für Betriebs-
    wirtschaft e. V.*: Aufstellung internationaler Konzernabschlüsse, ZfbF-Sonderheft 9/1979.
Arbeitskreis Weltbilanz des IDW: Entwurf einer Verlautbarung zur Einbeziehung ausländischer Unter-
    nehmen in den Konzernabschluß („Weltabschluß"), in: WPg, 30. Jg., 1977, S. 68–71.
Bälz, Ulrich: Einheit und Vielheit im Konzern, in: Funktionswandel der Privatrechtsinstitutionen,
    Festschrift für Ludwig Raiser, hrsg. von Fritz Baur, Josef Esser, Friedrich Kübler und Ernst Stein-
    dorff, Tübingen 1974, S. 287–338.
Baetge, Jörg (Hrsg.): Konzernrechnungslegung und -prüfung, – Vorträge und Diskussion zum neuen
    Recht, Düsseldorf 1990.
Baetge, Jörg: Die Prüfung des Konzernabschlusses, in: Konzernrechnungslegung und -prüfung,
    hrsg. von Jörg Baetge, Düsseldorf 1990, S. 175–200.
Baetge, Jörg/Kirsch, Hans Jürgen/Thiele, Stefan: Konzernbilanzen, 12. Aufl., Düsseldorf 2017.
Baetge, Jörg/Dörner, Dietrich/Kleekämper, Heinz/Wollmert, Peter (Hrsg.): Rechnungslegung nach
    International Accounting Standards (IAS), Kommentar auf der Grundlage des deutschen Bilanz-
    rechts, Stuttgart 1997.
Baetge, Jörg/Hense, Heinz Hermann: Prüfung des Konzernabschlusses, in: Küting/Weber (Hrsg.),
    Handbuch der Konzernrechnungslegung, 2. Aufl., Stuttgart 1998, S. 765–849.
Baetge, Jörg/Wollmert, Peter/Kirsch, Hans-Jürgen/Oser, Peter/Bischof, Stefan (Hrsg.): Rechnungs-
    legung nach IFRS, Kommentar auf Grundlage des deutschen Bilanzrechts, 2. Aufl., Stuttgart ab
    2003.
Bartels, Peter: Zwischenergebniseliminierung und konzerneinheitliche Bewertung, in: WPg, 44. Jg.,
    1991, S. 739–746.
Baumbach/Hueck: GmbH-Gesetz, 21. Aufl., München 2017.
Beck'scher Bilanzkommentar (Beck Bil-Komm.): Handelsbilanz Steuerbilanz, hrsg. von Bernd Grot-
    tel, Stefan Schmidt, Wolfgang J. Schubert und Norbert Winkeljohann, 11. Aufl., München 2018.
Beck'sches Handbuch der Rechnungslegung – HGB und IFRS – (Beck HdR): hrsg. von Hans-Joachim
    Böcking, Edgar Castan, Gerd Heymann, Norbert Pfitzer und Eberhard Scheffler, München 2017.
Beck'sches IFRS-Handbuch Kommentierung der IFRS/IAS (Beck IFRS HB): hrsg. von Dirk Driesch,
    Joachim Riese, Jörg Schlüter und Thomas Senger, 5. Aufl., München 2016.
Beusch, Karl: Rücklagenbildung im Konzern, in: Bilanz- und Konzernrecht, Festschrift für Reinhard
    Goerdeler, hrsg. von Hans Havermann, Düsseldorf 1987, S. 25–44.

https://doi.org/10.1515/9783110535723-014

Bieker, Marcus/Esser, Maik: Der Impairment-Only-Ansatz des IASB: Goodwillbilanzierung nach IFRS 3 „Business Combinations", in: StuB, 6. Jg., 2004, S. 449–458.

Biener, Herbert: Die Konzernrechnungslegung nach der Siebenten Richtlinie des Rates der Europäischen Gemeinschaften über den Konzernabschluß, in: DB, 36. Jg., Beilage 19 zu Heft 35, 1983.

Biener, Herbert/Berneke, Wilhelm: Bilanzrichtlinien-Gesetz, Düsseldorf 1986.

Biener, Herbert/Schatzmann, Jürgen: Konzern-Rechnungslegung, Düsseldorf 1983.

Bössmann, Eva: Unternehmungen, Märkte, Transaktionskosten: Die Koordination ökonomischer Aktivitäten, in: WiSt, 12. Jg., 1983, S. 105–111.

Bores, Wilhelm: Konsolidierte Erfolgsbilanzen und andere Bilanzierungsmethoden für Konzerne und Kontrollgesellschaften, Leipzig 1935.

Bovermann, Brigitte: Die Umrechnung der Jahresabschlüsse ausländischer Tochtergesellschaften für den Weltabschluß in der EG unter dem Aspekt seiner Informationsfunktion, Frankfurt am Main 1988.

Brockhoff, Klaus: Forschung und Entwicklung im Lagebericht, in: WPg, 35. Jg., 1982, S. 237–247.

Bühner, Rolf: Strategische Führung im Bereich der Hochtechnologie durch rechtliche Verselbständigung von Unternehmensteilbereichen, in: DB, 39. Jg., 1986, S. 2341–2346.

Busse von Colbe, Walther: Neuere Entwicklungstendenzen in der Konzernrechnungslegung, in: WPg, 31. Jg., 1978, S. 652–660.

Busse von Colbe, Walther: Der Konzernabschluß im Rahmen des Bilanzrichtlinie-Gesetzes, in: ZfbF, 37. Jg., 1985, S. 761–782.

Busse von Colbe, Walther: Währungsumrechnung unter dem Einfluß neuer Rechnungslegungsvorschriften, in: Konzernrechnungslegung und -prüfung, hrsg. von Jörg Baetge, Düsseldorf 1990, S. 73–96.

Busse von Colbe, Walther/Chmielewicz, Klaus: Das neue Bilanzrichtlinien-Gesetz, in: DBW, 46. Jg., 1986, S. 289–347.

Busse von Colbe, Walther/Ordelheide, Dieter: Konzernabschlüsse, 5. Aufl., Wiesbaden 1984.

Busse von Colbe, Walther/Ordelheide, Dieter/Gebhardt, Günter/Pellens, Bernhard: Konzernabschlüsse, 9. Aufl., Wiesbaden 2010.

Coase, Ronald H.: The Nature of the Firm, in: Economica, New Series, Vol. 4, 1937, S. 386–405.

Coenenberg, Adolf G., unter Mitarbeit von Maria Assel, Daniel Blab, Christoph Durchschein, Julian Faiß, Tobias Groß, Wolfgang Herb, Cristina Landis, Michael Link, Christina Manthei-Geh, Tobias Oswald und Bettina Schabert: Jahresabschluss und Jahresabschlussanalyse, Betriebswirtschaftliche, handelsrechtliche, steuerrechtliche und internationale Grundlagen – HGB, IAS/IFRS, US-GAAP, DRS, 24. Aufl., Stuttgart 2016.

Coenenberg, Adolf G./Hille, Klaus: Latente Steuern in Einzel- und Konzernabschluß, in: DBW, 39. Jg., 1979, S. 601–621.

Deutscher Bundestag: Drucksache 10/4268: Beschlußempfehlung und Bericht des Rechtsausschusses (6. Ausschuss) zu dem von der Bundesregierung eingebrachten Entwurf eines Gesetzes zur Durchführung der Vierten Richtlinie des Rates der Europäischen Gemeinschaften zur Koordinierung des Gesellschaftsrechts (Bilanzrichtlinie-Gesetz) – Drucksache 10/317 – Entwurf eines Gesetzes zur Durchführung der Siebenten und Achten Richtlinie des Rates der Europäischen Gemeinschaft zur Koordinierung des Gesellschaftsrechts – Drucksache 10/3440 – mit Begründung vom 18.11.1985.

Deutscher Bundestag: Drucksache 13/7141, Gesetzentwurf der Bundesregierung (Kapitalaufnahmeerleichterungsgesetz, 6.3.1997).

Deutscher Bundestag: Drucksache 13/9909, Beschlußempfehlung und Bericht des Rechtsausschusses zu dem Kapitalaufnahmeerleichterungsgesetz, 12.2.1998.

Deutscher Bundestag: Drucksache 16/10067: Gesetzentwurf der Bundesregierung. Entwurf eines Gesetzes zur Modernisierung des Bilanzrechts (Bilanzrechtsmodernisierungsgesetz – BilMoG) vom 30.07.2008.

Deutscher Bundestag: Drucksache 16/12407: Beschlussempfehlung und Bericht des Rechtsausschusses (6. Ausschuss) zu dem Gesetzentwurf der Bundesregierung – Drucksache 16/10067 – Entwurf eines Gesetzes zur Modernisierung des Bilanzrechts (Bilanzrechtsmodernisierungsgesetz – BilMoG) vom 24.03.2009.

Deutsches Rechnungslegungs Standards Committee e. V. (Hrsg.): Deutscher Rechnungslegungs Standards, Stuttgart 2016.

Deutsche Treuhand-Gesellschaft: Einführung in das Bilanzrichtlinien-Gesetz, Berlin und Frankfurt am Main 1986.

Dötsch, Ewald/Pung, Alexandra: Steuersenkungsgesetz: Die Änderungen bei der Körperschaftsteuer und bei der Anteilseignerbesteuerung, in: DB, 53. Jg., 2000, Beilage Nr. 10.

Dreger, Karl-Martin: Der Konzernabschluß, Wiesbaden 1969.

Druey, Jean Nicolas (Hrsg.): Das St. Galler Konzernrechtsgespräch, Konzernrecht aus der Konzernwirklichkeit, Bern und Stuttgart 1988.

Eisele, Wolfgang: Anhang, Prüfung des Konzernanhangs, in: HWRev, 2. Aufl., Stuttgart 1992, Sp. 1931–1938.

Eisele, Wolfgang/Rentschler, Ralph: Gemeinschaftsunternehmen im Konzernabschluß, in: BFuP, 41. Jg., 1989, S. 309–324.

Emmerich, Volker/Habersack, Mathias: Konzernrecht, 10. Aufl., München 2013.

Emmerich, Volker/Habersack, Mathias/Schürnbrand, Jan: Aktien- und GmbH-Konzernrecht, 8. Aufl., München 2016.

Emmerich, Gerhard/Künnemann, Martin: Zum Lagebericht der Kapitalgesellschaft, in: WPg, 39. Jg., 1986, S. 145–152.

Enke, Rudolf: Bilanzierung von Beteiligungen nach der Equity-Methode, Diss. Berlin 1977.

Entwurf eines Gesetzes zur Regelung von Unternehmensübernahmen (Übernahmegesetz ÜG), Neue Zeitschrift für Gesellschaftsrecht, 3. Jg., 2000, S. 844–856.

Ernst, Edgar/Gassen, Joachim/Pellens, Bernhard: Verhalten und Präferenzen deutscher Aktionäre, Heft 29 der Studien des Deutschen Aktieninstituts, hrsg. von Rüdiger von Rosen, Frankfurt am Main 2005.

Europäisches Parlament und Rat der Europäischen Union: Verordnung (EG) Nr. 1606/2002 vom 19.7.2002 betreffend die Anwendung internationaler Rechnungslegungsstandards in: Amtsblatt der Europäischen Gemeinschaften Nr. L 243 vom 11.9.2002, S. 1–4.

Europäisches Parlament und Rat der Europäischen Union: Richtlinie 2014/95/EU des Europäischen Parlaments und des Rates vom 22. Oktober 2014 zur Änderung der Richtlinie 2013/34/EU im Hinblick auf die Angabe nichtfinanzieller und die Diversität betreffender Informationen durch bestimmte große Unternehmen und Gruppen Text von Bedeutung für den EWR in: Amtsblatt der Europäischen Union Nr. L 330 vom 15.11.2014, S. 1–9.

Ewert, Ralf/Schenk, Gerald: Offene Probleme bei der Kapitalkonsolidierung im mehrstufigen Konzern, in: BB, 48. Jg., Beilage 14 zu Heft 20, 1993, S. 1–14.

Federmann, Rudolf: Bilanzierung nach Handelsrecht und Steuerrecht, 12. Aufl., Berlin 2010.

Feldhoff, Michael: Die Regulierung der Rechnungslegung, Frankfurt am Main u. a. 1992.

Feldhoff, Michael/Langermeier, Claudia: Zur Aktivierbarkeit des Steuereffekts aus Verlustvortrag nach § 10d EStG, in: DStR, 29. Jg., 1991, S. 195–197.

Flick, Hans F.W.: Steuerliche Aspekte des Unternehmenskaufs in den USA, in: Unternehmenskauf im Steuerrecht, hrsg. von Harald Schaumburg, Stuttgart 1997, S. 315–332.

Forster, Karl-Heinz/Havermann, Hans: Zur Ermittlung der konzernfremden Gesellschaftern zustehenden Kapital- und Gewinnanteile, in: WPg, 22. Jg., 1969, S. 1–6.

Friauf, Karl Heinrich: Die Publizitätspflicht für Gesellschaften mit beschränkter Haftung aus verfassungsrechtlicher Sicht, in: GmbHRdsch., 76. Jg., 1985, S. 245–253.

Fricke, Gabriele: Rechnungslegung für Beteiligungen nach der Anschaffungskostenmethode und nach der Equity-Methode, Bochum 1983.

Gelhausen, Wolf/Gelhausen, Hans Friedrich: Gedanken zur Behandlung des Eigenkapitals im Konzernabschluss, in: Rechnungslegung. Entwicklungen bei der Bilanzierung und Prüfung von Kapitalgesellschaften. Festschrift zum 65. Geburtstag von Karl-Heinz Forster, hrsg. von Adolf Moxter u. a., Düsseldorf 1992, S. 215–233.

Goerdeler, Reinhard: Rücklagenbildung nach § 58 Abs. 2 AktG 1965 im Konzern, in: WPg, 39. Jg., 1986, S. 229–237.

Götz, Heinrich: Die Sicherung der Rechte der Aktionäre der Konzernobergesellschaft bei Konzernbildung und Konzernleitung, in: AG, 29. Jg., 1984, S. 85–94.

Gross, Gerhard: Teilkonzernabschlüsse als Mittel des Minderheitenschutzes?, in: WPg, 29. Jg., 1976, S. 214–220.

Gross, Gerhard/Schruff, Lothar/Wysocki, Klaus von: Der Konzernabschluß nach neuem Recht, Aufstellung-Prüfung-Offenlegung, 2. Aufl., Düsseldorf 1987.

Großfeld, Bernhard: Aktiengesellschaft, Unternehmenskonzentration und Kleinaktionär, Tübingen 1968.

Haase, Klaus-Dittmar: Kapitalkonsolidierung bei mehrstufiger und/oder wechselseitiger Konzernverflechtung – mit Hilfe der Matrizenrechnung, in: DB, 22. Jg., 1969, S. 713–718 u. 760–763.

Haase, Klaus-Dittmar: Zur Zwischenerfolgseliminierung bei Equity-Bilanzierung, in: BB, 40. Jg., 1985, S. 1702–1707.

Haegert, Lutz: Die Konsolidierung der Haftungsverhältnisse in der Konzernbilanz nach neuem Aktienrecht, in: WPg, 18. Jg., 1965, S. 501–504.

Handbuch des Jahresabschlusses (HdJ): hrsg. von Joachim Schulze-Osterloh, Joachim Hennrichs und Jens Wüstemann, Köln 2017.

Handwörterbuch der Revision (HWRev): hrsg. von Adolf G. Coenenberg und Klaus von Wysocki, 2. Aufl., Stuttgart 1992.

Harms, Jens E./Knischewski, Gerd: Quotenkonsolidierung versus Equity-Methode im Konzernabschluß, in: DB, 38. Jg., 1985, S. 1353–1359.

Harms, Jens E./Küting, Karlheinz: Bilanzielle Probleme des Gewinnausweises im Konzernabschluß – Notwendigkeit einer gesetzlichen Regelung im Rahmen der 7. EG-Richtlinie, in: DB, 32. Jg., 1979, S. 2333–2338.

Harms, Jens E./Küting, Karlheinz: Zur Anwendungsproblematik der angelsächsischen Methode der Kapitalkonsolidierung im Rahmen der 7. EG-Richtlinie, in: AG, 25. Jg., 1980, S. 93–100.

Harms, Jens E./Küting, Karlheinz: Sonderfragen des Equity-Accounting im Rahmen der Konzern-Rechnungslegung, in: DB, 33. Jg., 1980, S. 2458–2463.

Harms, Jens E./Küting, Karlheinz: Zur Weiterentwicklung des Erfolgs- und Ergebnisausweises im Konzernabschluß, in: BB, 38. Jg., 1983, S. 344–355.

Harms, Jens E./Küting, Karlheinz: Die Eliminierung von Zwischenverlusten nach der 7. EG-Richtlinie, in: BB, 38. Jg., 1983, S. 1891–1901.

Harms, Jens E./Küting, Karlheinz: Der Konzernanhang nach künftigem Recht, in: BB, 39. Jg., 1984, S. 1977–1984.

Harms, Jens E./Küting, Karlheinz: Konsolidierung bei unterschiedlichen Bilanzstichtagen nach künftigem Konzernrecht, Grundprobleme im Rahmen der Voll-, Quoten- und Equity-Konsolidierung, in: BB, 40. Jg., 1985, S. 432–443.

Harms, Jens E./Küting, Karlheinz/Weber, Claus-Peter: Ergebnisdarstellung im Konzern, in: Küting/Weber (Hrsg.), Handbuch der Konzernrechnungslegung, 2. Aufl., Stuttgart 1998, S. 751–764.

Hauptfachausschuß (HFA): Geänderter Entwurf einer Verlautbarung zur Währungsumrechnung im Jahres- und Konzernabschluß, in: WPg, 39. Jg., 1986, S. 664–667.

Hauptfachausschuß (HFA) des IDW: Stellungnahme zur Rechnungslegung: Vorjahreszahlen im handelsrechtlichen Konzernabschluss und Konzernrechnungslegung bei Änderungen des Konsolidierungskreises, in: WPg-Supplement 2012, S. 32–35 (IDW RS HFA 44).

Hauptfachausschuß (HFA) des IDW: Handelsrechtliche Rechnungslegung bei Personenhandelsgesellschaften, in: WPg Supplement 2012, S. 73 ff.

Havermann, Hans: Zur Bilanzierung von Beteiligungen an Kapitalgesellschaften in Einzel- und Konzernabschlüssen. Einige Anmerkungen zum Equity-Accounting, in: WPg, 28. Jg., 1975, S. 233–242.

Havermann, Hans: Offene Fragen der Konzernrechnungslegung, in: Bericht über die Fachtagung 1986 des Instituts der Wirtschaftsprüfer in Deutschland e. V.; 27. Juni 1986; Düsseldorf 1986, S. 43–51.

Havermann, Hans: Der Konzernabschluß nach neuem Recht – ein Fortschritt?, in: Bilanz- und Konzernrecht, Festschrift für Reinhard Goerdeler, hrsg. von Hans Havermann, Düsseldorf 1987, S. 173–197.

Hayn, Sven/Graf Waldersee, Georg: IFRS und HGB im Vergleich, 8. Aufl., Stuttgart 2014.

Heine, Klaus-Henning: Vorbereitung und Aufstellung des Konzernabschlusses, in: WPg, 20. Jg., 1967, S. 113–125 und 146–154.

Helmrich, Herbert: Umsetzung der Bilanz- und Konzernbilanzrichtlinie in das deutsche Recht, in: WPg, 37. Jg., 1984, S. 625–629.

Heydemann, Bettina/Koenen, Stefan: Die Abgrenzung des Konsolidierungskreises bei Kapitalgesellschaften in Theorie und Praxis, in: DB, 45. Jg., 1992, S. 2253–2260.

Hieke, Max: Einbeziehung ausländischer Konzernunternehmen in den Konzernabschluß einer inländischen Aktiengesellschaft – Zur Kursumrechnung von Abschlußpositionen, in: DB, 28. Jg., 1975, S. 113–117.

Hille, Klaus: Latente Steuern im Einzel- und Konzernabschluß, Frankfurt/Bern 1982.

Hintze, Stefan: Zur Bilanzierung latenter Steuern im Konzernabschluß, in: DB, 43. Jg., 1990, S. 845–850.

Hofbauer Max A./Kupsch, Peter (Hrsg.): Rechnungslegung (ursprünglich unter dem Titel Bonner Handbuch Rechnungslegung), 2. Aufl., Berlin ab 2000.

Hoffmann, Ira: Die Kapitalkonsolidierung bei Interessenzusammenführung gemäß § 302 HGB, Bergisch Gladbach/Köln 1992.

Hoffmann-Becking, Michael: Der qualifizierte faktische AG-Konzern – Tatbestand und Abwehransprüche, in: Probleme des Konzernrechts, ZHR, Beiheft 62, Heidelberg 1989, S. 68–86.

Holzmeier, Maximilian/Burth, Marius/Hachmeister, Dirk: Die nichtfinanzielle Konzernberichterstattung nach dem CSR-Richtlinie-Umsetzungsgesetz, in: IRZ, 12. Jg., 2017, S. 215–220.

Hommelhoff, Peter: Die Konzernleitungspflicht, Köln/Berlin/Bonn/München 1982.

Hommelhoff, Peter: Konzernpraxis nach „Video", in: DB, 45. Jg., 1992, S. 309–314.

Hopt, Klaus J. (Hrsg.): Groups of Companies in European Laws, Legal and Economic Analyses on Multinational Enterprises, Vol. II, Berlin/New York 1982.

Hoyle, Joe B./Schaefer, Thomas F./Doupnik, Timothy S.: Advanced Accounting, 5. Aufl., Boston u. a. 1998.

IDW (Hrsg.): Wirtschaftsprüfer-Handbuch 2012, 14. Aufl., Düsseldorf 2012.

IDW (Hrsg.): Wirtschaftsprüfer-Handbuch 2017, 15. Aufl., Düsseldorf 2017.

IDW: Praktisch relevante Abweichungen zwischen den Rechnungslegungsstandards des IASC und der 4. und 7. EG-Richtlinie, in: WPg, 51. Jg., 1998, S. 183–188.

IDW Prüfungsstandard: Prüfung des Lageberichts (IDW PS 350), in: WPg, 59. Jg., 2006, S. 1293–1327.

IDW Prüfungsstandard: Grundsätze für die ordnungsmäßige Erteilung von Bestätigungsvermerken bei Abschlußprüfungen (IDW PS 400), in: WPg, 52. Jg., 1999, S. 641–657.

IDW Prüfungsstandard: Grundsätze ordnungsmäßiger Berichterstattung bei Abschlußprüfungen (IDW PS 450), in: WPg, 52. Jg., 1999, S. 601–613.

IDW Stellungnahme zur Rechnungslegung: Handelsrechtliche Rechnungslegung bei Personenhandelsgesellschaften (IDW RS HFA 7), in: WPg Supplement 1/2012, S. 73 ff.

IDW Stellungnahme zur Rechnungslegung: Ansatz- und Bewertungsstetigkeit im handelsrechtlichen Jahresabschluss (IDW RS HFA 38), in: WPg Supplement 3/2011, S. 74 ff.

IDW Stellungnahme zur Rechnungslegung: Vorjahreszahlen im handelsrechtlichen Konzernabschluss und Konzernrechnungslegung bei Änderungen des Konsolidierungskreises (IDW RS HFA 44), in: WPg Supplement 1/2012, S. 92 ff.

IDW: s. auch Arbeitskreis Weltbilanz.

IDW: s. auch Hauptfachausschuß.

IDW: s. auch Sonderausschuß Bilanzrichtlinien-Gesetz.

IDW: s. auch Sonderausschuß „Neues Aktienrecht".

(The) Institute of Chartered Accountants in England and Wales: Statement of Standard Accounting Practice (SSAP) 20, Foreign currency translation (April 1983), in: Accounting Standards 1993/94, London 1993, S. 349–361.

International Accounting Standards Board (IASB): Exposure Draft ED/2015/3 Conceptional Framework for Financial Reporting, London 2015.

International Accounting Standards Board (IASB): Discussion Paper DP/2017/1 Disclosure Initiative – Principles of Disclosure, London 2017.

International Accounting Standards Board (IASB): International Financial Reporting Standards 2017, London 2017.

Janz, Reinhard/Schülen, Werner: Der Anhang als Teil des Jahresabschlusses und des Konzernabschlusses, in: WPg, 39. Jg., 1986, S. 57–65.

Jonas, Heinrich H.: Der Konzernabschluß, Stuttgart 1986.

Kanngiesser, Susanne: Konzernlagebericht, Prüfung, in: HWRev, 2. Aufl., Stuttgart 1992, Sp. 1040–1048.

Kieso, Donald E./Weygandt, Jerry J./Warfield, Terry D.: Intermediate Accounting, 10. Aufl., New York u. a. 2001.

Kirchner, Christian: Teilkonzernrechnungslegung – eine Regelung mit Funktionsmängeln, in: BB, 30. Jg., 1975, S. 1611–1617.

Kloock, Josef/Sabel, Hermann: Verfahren zur Kapitalkonsolidierung mehrstufiger Konzerne nach § 331 Aktiengesetz, in: WPg, 22. Jg., 1969, S. 190–202.

Koncok, Gerhard: Zum Gewinnvortrag im konsolidierten Jahresabschluß, in: DB, 21. Jg., 1968, S. 637 f.

Kontaktausschuß für Richtlinien der Rechnungslegung: Eine Überprüfung der Konformität der Internationalen Rechnungslegungsgrundsätze (IAS) mit den europäischen Richtlinien der Rechnungslegung, Dokument XV/7003/96 – DE Rev. 2 vom 1.4.1996.

Krag, Joachim/Müller, Herbert: Zur Zweckmäßigkeit von Teilkonzernabschlüssen der 7. EG-Richtlinie für Minderheitsgesellschafter, in: BB, 40. Jg., 1985, S. 307–312.

Kropff, Bruno: Aktiengesetz, Textausgabe des Aktiengesetzes vom 6.9.1965 (Bundesgesetzbl. I, S. 1089) und des Einführungsgesetzes zum Aktiengesetz vom 6.9.1965 (Bundesgesetzbl. I, S. 1185) mit Begründung des Regierungsentwurfs, Bericht des Rechtsausschusses des Deutschen Bundestages, Verweisungen und Sachverzeichnis, Düsseldorf 1965.

Kropff, Bruno: Der Lagebericht nach geltendem und künftigem Recht, in: BFuP, 32. Jg., 1980, S. 514–532.

Kropff, Bruno: Konzerneingangskontrolle bei der qualifiziert konzerngebundenen Aktiengesellschaft, in: Bilanz- und Konzernrecht, Festschrift für Reinhard Goerdeler, hrsg. von Hans Havermann, Düsseldorf 1987, S. 259–278.

Kübler, Friedrich: Gesellschaftsrecht, 4. Aufl., Heidelberg 1994.

Küffner, Peter: Der Anhang zum Jahresabschluß, München 1988.

Küting, Karlheinz: Zur Problematik des Art. 18 der 7. EG-Richtlinie – Einbeziehung von Gemeinschaftsunternehmen in den Konsolidierungskreis auf der Grundlage der Quotenkonsolidierung, in: DB, 33. Jg., 1980, S. 5–11.

Küting, Karlheinz: Die Quotenkonsolidierung nach der 7. EG-Richtlinie, Anwendungsprobleme und kritische Würdigung, in: BB, 38. Jg., 1983, S. 804–814.

Küting, Karlheinz/Göth, Peter: Negatives Eigenkapital von Tochterunternehmen in der Kapitalkonsolidierung und die Auswirkungen auf den Konzernabschluß, in: BB, 49. Jg., 1994, S. 2446–2456.

Küting, Karlheinz/Seel, Christoph: Die Abgrenzung von joint arrangements nach IFRS 11, in: KoR, 11. Jg., 2011, S. 342–350.

Küting, Karlheinz/Weber, Claus-Peter: Einzelfragen der Eliminierung von Zwischenergebnissen nach neuem Bilanzrecht – unter besonderer Berücksichtigung konzernbilanzpolitischer Aspekte, in: Bilanzrichtlinien-Gesetz, ZfB-Ergänzungsheft 1/1987, S. 299–319.

Küting, Karlheinz/Weber, Claus-Peter (Hrsg.): Handbuch der Konzernrechnungslegung, 2. Aufl., Stuttgart 1998.

Küting, Karlheinz/Pfitzer, Norbert/Weber, Claus-Peter (Hrsg.): Handbuch der Rechnungslegung, 5. Aufl., Stuttgart ab 2002.

Küting, Karlheinz/Weber, Claus-Peter: Der Konzernabschluss – Praxis der Konzernrechnungslegung nach HGB und IFRS, 13. Aufl., Stuttgart 2012.

Küting, Karlheinz/Zündorf, Horst: Die Ermittlung des Minderheitenanteils im Rahmen der Buchwert- und der Neubewertungsmethode des künftigen Konzernbilanzrechts, in: BB, 40. Jg., 1985, S. 1166–1173.

Küting, Karlheinz/Zündorf, Horst: Zurechnungsmodalitäten stiller Reserven im Rahmen der Kapitalkonsolidierung nach künftigem Konzernbilanzrecht, in: BB, 40. Jg., 1985, S. 1302–1311.

Küting, Karlheinz/Zündorf, Horst: Die Equity-Methode im deutschen Bilanzrecht, in: BB, 41. Jg., 1986, Beilage 7 zu Heft 21, 1986.

Lachnit, Laurenz/Ammann, Helmut: Währungsumrechnung als Problem der tatsachengetreuen Darstellung der wirtschaftlichen Lage im Konzernabschluß, in: WPg, 51. Jg., 1998, S. 751–766.

Lanfermann, Josef/Stolberg, Klaus: Zur Kapital- und Gewinnkonsolidierung bei gegenseitigen Beteiligungen, in: WPg, 23. Jg., 1970, S. 353–362.

Langenbucher, Günther: Umrechnung von Fremdwährungsabschlüssen, in: Küting/Weber (Hrsg.), Handbuch der Konzernrechnungslegung, 2. Aufl., Stuttgart 1998, S. 633–673.

Larsen, E. John: Modern Advanced Accounting, 7. Aufl., New York u. a. 1997.

Laux, Helmut/Liermann, Felix: Grundformen der Koordination in der Unternehmung: Die Tendenz zur Hierarchie, in: ZfbF, 39. Jg., 1987, S. 807–828.

Leffson, Ulrich: Die Grundsätze ordnungsmäßiger Buchführung, 7. Aufl., Düsseldorf 1987.

Lehertshuber, Bonaventura: Unternehmensvertragsrecht und Konzernhandelsbilanz, Frankfurt M./Bern/New York 1986.

Lüdenbach, Norbert/Hoffmann, Wolf-Dieter/Freiberg, Jens: Haufe IFRS-Kommentar, 14. Aufl., Freiburg 2016.

Lutter, Bernd/Rimmelspacher, Dirk: Einheitstheorie und Kapitalkonsolidierung – mehr Konflikt als Konsens?, in: DB, 45. Jg., 1992, S. 485–491.

Lutter, Marcus: Rücklagenbildung im Konzern, in: Bilanz- und Konzernrecht, Festschrift für Reinhard Goerdeler, hrsg. von Hans Havermann, Düsseldorf 1987, S. 327–348.

Lutter, Marcus: Der qualifizierte faktische Konzern, in: AG, 35. Jg., 1990, S. 179–185.

Maas, Ulrich/Schruff, Wienand: Unterschiedliche Stichtage im künftigen Konzernabschluß? – Eine Stellungnahmen zur Transformation von Art. 27 der 7. EG-Richtlinie, in: WPg, 38. Jg., 1985, S. 1–6.

Maas, Ulrich/Schruff, Wienand: Der Konzernabschluß nach neuem Recht, in: WPg, 39. Jg., 1986, S. 201–210 und 237–246.

Marbler, Michael/Oser, Peter: Zur Konzernrechnungslegungspflicht der GmbH & Co. KG, in: DStR, 52. Jg., 2014, S. 2474–2480.

Melcher, Winfried/Mattheus, Daniela: Zum Referentenentwurf eines Bilanzrechtsmodernisierungsgesetzes (BilMoG): Lageberichterstattung, Risikomanagement-Bericht und Corporate Governance Statement, in: DB, 61. Jg., 2008, Beilage I, S. 52–55.

Mestmäcker, Ernst-Joachim: Verwaltung, Konzerngewalt und Rechte der Aktionäre, Karlsruhe 1958.

Mestmäcker, Ernst-Joachim: Zur Systematik des Rechts der verbundenen Unternehmen im neuen Aktiengesetz, in: Das Unternehmen in der Rechtsordnung, Festgabe für Heinrich Kronstein, 1967, S. 129–159.

Moxter, Adolf: Offene Probleme der Rechnungslegung bei Konzernunternehmen, in: ZfhF, N. F., 13.Jg., 1961, S. 641–653.

Müller, Eberhard: Konzernrechnungslegung deutscher Unternehmen auf der Basis der 7. EG-Richtlinie, in: DBW, 37. Jg., 1977, S. 53–65.

Müller, Hans-Peter: Zur Gewinn- und Verlustermittlung bei aktienrechtlichen Gewinnabführungsverträgen, in: Bilanz- und Konzernrecht, Festschrift für Reinhard Goerdeler, hrsg. von Hans Havermann, Düsseldorf 1987, S. 375–396.

Münchner Kommentar zum Aktiengesetz (MüKoAktG I): hrsg. von Wulf Goette, Mathias Habersack und Susanne Kalss, Band 1, 4. Aufl., München 2016.

Münchner Kommentar zum Aktiengesetz (MüKoAktG VII): hrsg. von Wulf Goette, Mathias Habersack und Susanne Kalss, Band 7, 4. Aufl., München 2017.

Münchner Kommentar zum Handelsgesetzbuch (MüKoHGB): hrsg. von Karsten Schmidt und Werner F. Ebke, Band 4, 3. Aufl., München 2013.

NA: s. Sonderausschuß „Neues Aktienrecht".

Niehus, Rudolf J.: Die 7. EG-Richtlinie und die „Pooling-of-Interests"-Methode einer konsolidierten Rechnungslegung, in: WPg, 36. Jg., 1983, S. 437–446.

Niehus, Rudolf J.: Vor-Bemerkungen zu einer Konzernbilanzrichtlinie. Die 7. EG-Richtlinie und einige Probleme der Konsolidierungstechnik nach zukünftigem Recht, in: WPg, 37. Jg., 1984, S. 285–289 u. 320–326.

Niehus, Rudolf J./Thyll, A.: Konzernrechnungslegung nach US-GAAP – Grundlagen und Gegenüberstellung mit den deutschen Regeln, Stuttgart 1998.

Ordelheide, Dieter: Einheitliche Bewertung sowie Kapital- und Equity-Konsolidierung im Konzernabschluß, in: WPg, 38. Jg., 1985, S. 575–579.

Ordelheide, Dieter: Anschaffungskostenprinzip im Rahmen der Erstkonsolidierung gem. § 301 HGB, in: DB, 39. Jg., 1986, S. 493–499.

Ordelheide, Dieter: Endkonsolidierung bei Ausscheiden eines Unternehmens aus dem Konsolidierungskreis, in: BB, 41. Jg., 1986, S. 766–772.

Ordelheide, Dieter: Der Konzern als Gegenstand betriebswirtschaftlicher Forschung, in: BFuP, 38. Jg., 1986, S. 293–312.

Pellens, Bernhard./Fülbier, Rolf Uwe/Gassen, Joachim/Sellhorn, Thorsten: Internationale Rechnungslegung, 10. Aufl., Stuttgart 2017.

Picot, Arnold: Transaktionskostenansatz in der Organisationstheorie: Stand der Diskussion und Aussagewert, in: DBW, 42. Jg., 1982, S. 267–284.

Piltz, Detlev J.: Die Unternehmensbewertung in der Rechtsprechung, 3. Aufl., Düsseldorf 1994.

Pöppl, Franz: Aktienrechtlicher Minderheitenschutz durch den „Abhängigkeitsbericht", Stuttgart 1972.

Rammert, Stefan/Wilhelm, Harald: Die Kapitalkonsolidierung in der Bilanzierungspraxis deutscher Konzerne, in: WPg, 44. Jg., 1991, S. 98–104 und 131–136.

Reige, Jürgen: Offene Fragen der Erstkonsolidierung bei der Erwerbsmethode nach § 301 HGB, in: BB, 42. Jg., 1987, S. 1211–1219.

Richardt, Harald: Der aktienrechtliche Abhängigkeitsbericht unter ökonomischen Aspekten, Wiesbaden 1974.

Rowedder, Heinz/Schmidt-Leithoff, Christian: Gesetz betreffend die Gesellschaften mit beschränkter Haftung (GmbHG), Kommentar, 6. Aufl., München 2017.

Rühl, Judith/Althoff, Frank: Beherrschung durch Präsenzmehrheit im Konzernabschluss nach HGB und IFRS, in:KoR, 12. Jg., 2012, S. 553–563.

Russ, Wolfgang: Der Anhang als dritter Teil des Jahresabschlusses, 2. Aufl., Bergisch Gladbach 1986.

SABI: s. Sonderausschuß Bilanzrichtlinien-Gesetz.

Sahner, Friedhelm: Kapitalkonsolidierung nach der 7. EG-Richtlinie, in: Der konsolidierte Abschluß. Unter Berücksichtigung der 4. und 7. EG-Richtlinie, hrsg. von Hans H. Kempe, Würzburg/Wien 1983, S. 38–70.

Sahner, Friedhelm/Kammers, Heinz: Die Abgrenzung des Konsolidierungskreises nach der 7. EG-Richtlinie im Vergleich zum Aktiengesetz 1965 – ein Fortschritt?, in: DB, 36. Jg., 1983, S. 2149–2153 und 2209–2212.

Schäfer, Harald: Bilanzierung von Beteiligungen an assoziierten Unternehmen nach der Equity-Methode. Untersuchung über die Anwendbarkeit der Equity-Methode in der Bundesrepublik Deutschland, Thun/Frankfurt a. M. 1982.

Scheffler, Eberhard: Zur Problematik der Konzernleitung, in: Bilanz- und Konzernrecht, Festschrift für Reinhard Goerdeler, hrsg. von Hans Havermann, Düsseldorf 1987, S. 469–485.

Scheffler, Eberhard: Der qualifizierte faktische Konzern, in: AG, 35.Jg., 1990, S. 173–178.

Scherrer, Gerhard: Konzernrechnungslegung nach HGB, 3. Aufl., München 2012.

Schildbach, Thomas: Jahresabschluß und Markt, Berlin u. a. 1986.

Schildbach, Thomas: Die neue Generalklausel für den Jahresabschluß von Kapitalgesellschaften – zur Interpretation des Paragraphen 264 Abs. 2 HGB, in: BFuP, 39. Jg., 1987, S. 1–15.

Schildbach, Thomas: Anmerkungen zu den neuen Konzernrechnungslegungsvorschriften, in: DBW, 47. Jg., 1987, S. 391–400.

Schildbach, Thomas: Überlegungen zu Grundlagen einer Konzernrechnungslegung, in: WPg, 42. Jg., 1989, S. 157–164 und 199–209.

Schildbach, Thomas: Der Konzernabschluß als Ausschüttungsbemessungsgrundlage, in: WPg, 46. Jg., 1993, S. 53–63 und S. 94–98.

Schildbach, Thomas/Stobbe, Thomas/Brösel, Gerrit: Der handelsrechtliche Jahresabschluss, 10. Aufl., Sternfels 2013.

Schildbach, Thomas/Koenen, Stefan: Die GmbH & Co. KG ist grundsätzlich konzernrechnungslegungspflichtig, in: WPg, 44. Jg., 1991, S. 661–668.

Schindler, Joachim: Der Ausgleichsposten für die Anteile anderer Gesellschafter nach § 307 HGB, in: WPg, 39. Jg., 1986, S. 588–596.

Schindler, Joachim: Kapitalkonsolidierung nach dem Bilanzrichtlinien-Gesetz, Frankfurt a. M./Bern/ New York 1986.

Schmalenbach Gesellschaft: s. Arbeitskreis Externe Unternehmensrechnung.

Schmalenbach Gesellschaft: s. Arbeitskreis Weltabschlüsse.

Schnapauff, Andreas: Fragebogen zur Prüfung des Konzernanhangs nach § 297 Abs. 1 HGB, in: WPg, 40. Jg., 1987, S. 470–483.

Schneider, Dieter: Marktwirtschaftlicher Wille und planwirtschaftliches Können: 40 Jahre Betriebs-wirtschaftslehre im Spannungsfeld zur marktwirtschaftlichen Ordnung, in: ZfbF, 41. Jg., 1989, S. 11–43.

Schubert, Werner: Konzern als Zusammenschlußform, in: Küting/Weber (Hrsg.): Handbuch der Konzernrechnungslegung 2. Aufl., Stuttgart 1998, S. 289–324.

Schulz, Ursula: Der Stetigkeitsgrundsatz im Konzernabschluß, in: WPg, 43. Jg., 1990, S. 357–369.

Schulze, Joachim: Einheitliche Leitung von Konzernunternehmen durch mehrere Obergesellschaften und ihre Bedeutung für die Konzernrechnungslegung nach dem Aktiengesetz, in: WPg, 21. Jg., 1968, S. 85–90.

Selchert, Friedrich W.: Bewertungsstetigkeit nach dem Bilanzrichtlinie-Gesetz, in: DB, 37. Jg., 1984, S. 1889–1894.

Selchert, Friedrich W./Karsten, Jürgen: Inhalt und Gliederung des Konzernanhangs, in: BB, 41. Jg., 1986, S. 1258–1264.

Siebente EG-Richtlinie: Siebente Richtlinie des Rates vom 13. Juni 1983 aufgrund von Artikel 54 Absatz 3 Buchstabe g.) des Vertrages über den Konsolidierten Abschluß (83/349/EWG), abgedruckt u. a. in: Bonner Handbuch der Rechnungslegung, hrsg. von Max A. Hofbauer, Werner Albrecht, Wolfgang Grewe, Peter Kupsch und Gerhard Scherrer, Fach 2, Bonn 1986.

Siebourg, Peter: Pflicht zur Aufstellung des Konzernabschlusses und Abgrenzung des Konsolidierungskreises, in: Konzernrechnungslegung und -prüfung, hrsg. von Jörg Baetge, Düsseldorf 1990, S. 39–61.

Sigle, Hermann: Betriebswirtschaftliche Aspekte der Quotenkonsolidierung, in: Bilanzrichtlinien-Gesetz, ZfB-Ergänzungsheft 1/1987, S. 321–337.

Sonderausschuß Bilanzrichtlinien-Gesetz: Stellungnahme 1/1987: Probleme des Umsatzkostenverfahrens, in: WPg, 40. Jg., 1987, S. 141–143.

Sonderausschuß Bilanzrichtlinien-Gesetz: Stellungnahme SABI 2/1987: Zum Grundsatz der Bewertungsstetigkeit (§ 252 Abs. 1 Nr. 6 HGB) und zu den Angaben bei Abweichungen von Bilanzierungs- und Bewertungsmethoden (§ 284 Abs. 2 Nr. 3 HGB), in: WPg, 41. Jg., 1988, S. 48–50.

Sonderausschuß Bilanzrichtlinien-Gesetz (SABI): Stellungnahme SABI 1/1988: Zur Aufstellungspflicht für einen Konzernabschluß und zur Abgrenzung des Konsolidierungskreises, in: WPg, 41. Jg., 1988, S. 340–343.

Sonderausschuß Bilanzrichtlinien-Gesetz (SABI): Stellungnahme SABI 2/1988: Behandlung des Unterschiedsbetrags aus der Kapitalkonsolidierung, in: WPg, 41. Jg., 1988, S. 622–625.

Sonderausschuß „Neues Aktienrecht" (NA): Stellungnahme 2/1967, Zur Rechnungslegung im Konzern, in: WPg, 20. Jg., 1967, S. 488–490.

Sonderausschuß „Neues Aktienrecht" (NA): Stellungnahme 3/1968, Zur Rechnungslegung im Konzern, in: WPg, 21. Jg., 1968, S. 133.

SSAP: s. Institute of Chartered Accountants in England & Wales.

Stimpel, Walter: „Durchgriffshaftung" bei der GmbH: Tatbestände, Verlustausgleich, Ausfallhaftung, in: Bilanz- und Konzernrecht, Festschrift für Reinhard Goerdeler, hrsg. von Hans Havermann, Düsseldorf 1987, S. 601–621.

Stobbe, Thomas: Zur Umsetzung der Art. 7 und 8 der 7. EG-Richtlinie, Anmerkungen zum Beitrag von Krag/Müller, in: BB, 40. Jg., 1985, S. 1508–1510.

Stobbe, Thomas: Die konzerneinheitliche Bewertung – Eine Herausforderung für Theorie und Praxis?, in: DB, 39. Jg., 1986, S. 1833–1840.

Stobbe, Thomas: Der Lagebericht, in: BB, 43. Jg., 1988, S. 303–311.

Streim, Hannes/Kugel, Birgit: GmbH & Co KG und Rechnungslegungsreform – Analyse der Zweckmäßigkeit der geplanten Regelungen, in: BFuP, 37. Jg., 1985, S. 102–117.

Stützel, Wolfgang: Aktienrechtsreform und Konzentration, in: Die Konzentration in der Wirtschaft, Band 2: Ursachen der Konzentration, hrsg. von Helmut Arndt, Schriften des Vereins für Socialpolitik, Neue Folge, Band 20/II, Berlin 1960, S. 907–987.

Theisen, Manuel René: Vorüberlegungen zu einer Konzernunternehmungslehre, in: DBW, 48. Jg., 1988, S. 279–297.

Theisen, Manuel René: Der Konzern. Betriebswirtschaftliche und rechtliche Grundlagen der Konzernunternehmung, 2. Aufl., Stuttgart 2000.

Thoennes, Horst: Die Rechtsprechung zur Unternehmensbewertung aus der Sicht der Berufspraxis, in: 50 Jahre Wirtschaftsprüferberuf, Bericht über die Jubiläumsfachtagung vom 21. bis 23. Oktober 1981 in Berlin, Düsseldorf 1981, S. 265–275.

Tillmann, Bert: Umwandlung auf doppelstöckige GmbH & Co KG – Ein Ausweg aus der Publizitätspflicht der GmbH?, in: DB, 39. Jg., 1986, S. 1319–1323.

Treuarbeit (Hrsg.): Konzernabschlüsse '89, Düsseldorf 1990.

Trützschler, Klaus: Konsolidierungsgrundsätze, in: Küting/Weber (Hrsg.), Handbuch der Konzernrechnungslegung, 2. Aufl., Stuttgart 1998, S. 623–631.

Uecker, Peter: Der Vorteils- Nachteils- Ausgleich beim Abhängigkeitsbericht, Düsseldorf 1972.

Ulmer, Peter: BFuP Meinungsspiegel 2/1985 zum Thema GmbH & Co KG und Rechnungslegungsreform, in: BFuP, 37. Jg., 1985, S. 147.

Wagenhofer, Alfred: International Accounting Standards, 6. Aufl., Wien 2009.

Weber, Eberhard: Grundsätze ordnungsmäßiger Bilanzierung für Beteiligungen, Düsseldorf 1980.

Wiedmann, Harald: Bilanzrecht, Kommentar zu den §§ 238 bis 342a HGB, München 1999.

Wienken, Robert: Latente Steuern in Unternehmenszusammenschlüssen nach US-GAAP, Frankfurt am Main u. a. 2003.

Williamson, Oliver E.: Markets and Hierarchies: Analysis and Antitrust Implications, New York 1975.

Williamson, Oliver E.: Transaction-Cost Economics: The Governance of Contractual Relations, in: The Journal of Law and Economics, Vol. 22, 1979, S. 233–261.

Wöhe, Günter: Zur Bilanzierung und Bewertung des Firmenwerts, in: StuW, 57. Jg., 1980, S. 89–108.

Wysocki, Klaus von: Weltbilanzen als Planungsobjekte und Planungsinstrumente multinationaler Unternehmen, in: ZfbF, 23. Jg., 1971, S. 682–700.

Wysocki, Klaus von: Das Dritte Buch des HGB 1985 und die Grundsätze ordnungsmäßiger Konzernrechnungslegung, in: WPg, 39. Jg., 1986, S. 177–181.

Wysocki, Klaus von: Die Konsolidierung der Innenumsatzerlöse nach § 305 Abs. 1 Nr.1 HGB, in: Bilanz- und Konzernrecht, Festschrift für Reinhard Goerdeler, hrsg. von Hans Havermann, Düsseldorf 1987, S. 723–749.

Wysocki, Klaus von: Konzernabschluß: Aufstellungs- und Einbeziehungspflichten nach neuem Recht, in: WPg, 40. Jg., 1987, S. 277–281.

Wysocki, Klaus von/Kohlmann, Ulrike: Konzernrechnungslegung III: Schuldenkonsolidierung (I,II), in: WISU, 9. Jg., 1980, S. 538–542 und 592–594.

Wysocki, Klaus von/Kohlmann, Ulrike: Konzernrechnungslegung IV: Zwischenerfolgseliminierung (I,II), in: WISU, 10. Jg., 1981, S. 533–542 und 589–592.

Wysocki, Klaus von/Wohlgemuth, Michael/Brösel, Gerrit: Konzernrechnungslegung, 5. Aufl., Düsseldorf 2014.

Zehner, Klaus: Unternehmensbewertung im Rechtsstreit, in: DB, 34. Jg., 1981, S. 2109–2117.

Zeyer, Fedor: Besondere Problembereiche bei outside basis differences nach IFRS, in: IRZ, 6. Jg., 2011, S. 479–484.

Zündorf, Horst: Quotenkonsolidierung versus Equity-Methode, Stuttgart 1987.

Zündorf, Horst: Der Anlagenspiegel im Konzernabschluß, Stuttgart 1990.

Stichwortverzeichnis

https://doi.org/10.1515/9783110535723-015

www.ingramcontent.com/pod-product-compliance
Lightning Source LLC
Chambersburg PA
CBHW061743210326
41599CB00034B/6779

* 9 7 8 3 1 1 0 5 3 5 3 9 6 *